Lei Tutelar Educativa Anotada

Lei Tutelar Educativa Anotada

2018

Coordenação:
Cristina Dias, Margarida Santos, Rui do Carmo

Ana Massena | Ana Teresa Leal | António José Fialho | Conceição Ferreira da Cunha | Cristina Dias | Flávia Noversa Loureiro | Helena Bolieiro | José António Carvalho | José Eduardo Lima | Margarida Santos | Maria Amélia Sineiro Andrade | Mário Monte | Norberto Martins | Paulo Guerra | Rossana Martingo Cruz | Rui do Carmo

APROVADA PELA LEI N.º 166/99, DE 14 DE SETEMBRO,
COM AS ALTERAÇÕES INTRODUZIDAS PELA LEI N.º 4/2015, DE 15 DE JANEIRO

ALMEDINA

LEI TUTELAR EDUCATIVA
ANOTADA

COORDENAÇÃO
Cristina Dias, Margarida Santos, Rui do Carmo

AUTORES
Ana Massena | Ana Teresa Leal | António José Fialho | Conceição Ferreira da Cunha | Cristina Dias | Flávia Noversa Loureiro | Helena Bolieiro | José António Carvalho | José Eduardo Lima | Margarida Santos | Maria Amélia Sineiro Andrade | Mário Monte | Norberto Martins | Paulo Guerra | Rossana Martingo Cruz | Rui do Carmo

EDITOR
EDIÇÕES ALMEDINA, S.A.
Rua Fernandes Tomás, n.os 76-80
3000-167 Coimbra
Tel.: 239 851 904 · Fax: 239 851 901
www.almedina.net · editora@almedina.net

DESIGN DE CAPA
FBA.

PRÉ-IMPRESSÃO
EDIÇÕES ALMEDINA, SA

IMPRESSÃO E ACABAMENTO
ACD Print, S.A.

Novembro, 2018

DEPÓSITO LEGAL
448852/18

ALMEDINA | GRUPOALMEDINA

BIBLIOTECA NACIONAL DE PORTUGAL – CATALOGAÇÃO NA PUBLICAÇÃO

PORTUGAL. Lei, decretos, etc.

Lei Tutelar Educativa Anotada / coord. Cristina Dias, Margarida Santos, Rui do Carmo. – (Legislação anotada)
ISBN 978-972-40-7699-7

I – DIAS, Cristina, SANTOS, Margarida, CARMO, Rui do

CDU 347

AUTORES

Ana Massena – Procuradora da República, Docente do CEJ

Ana Teresa Leal – Procuradora da República, Docente do CEJ

António José Fialho – Juiz de Direito; Membro da Rede Internacional de Juízes da Conferência da Haia de Direito Internacional Privado e Membro do Conselho Europeu para a Justiça Juvenil

Conceição Ferreira da Cunha – Professora Associada da Universidade Católica do Porto

Cristina Dias – Professora Associada com Agregação da Escola de Direito da Universidade do Minho; Investigadora do *JusGov – Centro de Investigação em Justiça e Governação*

Flávia Noversa Loureiro – Professora Auxiliar da Escola de Direito da Universidade do Minho; Investigadora do *JusGov – Centro de Investigação em Justiça e Governação*

Helena Bolieiro – Juíza Desembargadora

José António Carvalho – Procurador da República

José Eduardo Lima – Procurador da República, Docente do CEJ

Margarida Santos – Professora Convidada equiparada a Professora Auxiliar da Escola de Direito da Universidade do Minho; Investigadora do *JusGov – Centro de Investigação em Justiça e Governação* e da *UICCC – Unidade de Investigação em Criminologia e Ciências do Comportamento*

Maria Amélia Sineiro Andrade – Assistente do ISMAI; Investigadora Colaboradora do *JusGov – Centro de Investigação em Justiça e Governação* e da *UICCC – Unidade de Investigação em Criminologia e Ciências do Comportamento*

Mário Monte – Professor Catedrático da Escola de Direito da Universidade do Minho; Investigador do *JusGov – Centro de Investigação em Justiça e Governação*

Norberto Martins – Procurador da República

Paulo Guerra – Juiz Desembargador, Diretor Adjunto do Centro de Estudos Judiciários

Rossana Martingo Cruz – Professora Convidada equiparada a Professora Auxiliar da Escola de Direito da Universidade do Minho; Investigadora do *JusGov – Centro de Investigação em Justiça e Governação*; Assistente Convidada na Escola Superior de Gestão do IPCA

Rui do Carmo – Procurador da República jubilado

PRINCIPAIS ABREVIATURAS

Ac. – acórdão/acórdãos
al. – alínea
als. – alíneas
art. – artigo
arts. – artigos
BMJ – Boletim do Ministério da Justiça
CC – Código Civil
CDC – Convenção sobre os Direitos da Criança
CEDH – Convenção Europeia dos Direitos Humanos
CEPMPL – Código da Execução das Penas e Medidas Privativas da Liberdade
cfr. – confira
cit. – citada
CJ – Coletânea de Jurisprudência
CJ/STJ – Coletânea de Jurisprudência/Supremo Tribunal de Justiça
CP – Código Penal
CPC – Código de Processo Civil
CPCJ – Comissão de Proteção de Crianças e Jovens
CPP – Código de Processo Penal
CRP – Constituição da República Portuguesa
CRSEPM – Comissão para a Reforma do Sistema de Execução de Penas e Medidas
Dec. – Decreto
Dec.-Lei – Decreto-Lei

DGRSP – Direção-Geral de Reinserção e Serviços Prisionais
DSJJ – Direção de Serviços de Justiça Juvenil
DUDH – Declaração Universal dos Direitos Humanos
ed. – edição
GT-LTE – Grupo de Trabalho para a proposta de alteração legislativa da Lei Tutelar Educativa, aprovada pela Lei n.º 166/99, de 14 de setembro, presidido pela Diretora da Direção-Geral de Reinserção Social, cujo relatório final data de 17 de junho de 2010
IPSS – Instituições Particulares de Solidariedade Social
JOUE – Jornal Oficial da União Europeia
LIC – Lei de Identificação Criminal
LOSJ – Lei da Organização do Sistema Judiciário
LPCJP – Lei de Proteção de Crianças e Jovens em Perigo
LRE – Lei de Responsabilização Educativa
LSM – Lei de Saúde Mental
LTE – Lei Tutelar Educativa
MP – Ministério Público
n.º – número
n.os – números
ob. – obra
OTM – Organização Tutelar de Menores
p. – página
pp. – páginas
PEP – Projeto Educativo Pessoal
p. ex. – por exemplo
RCP – Regulamento das Custas Processuais
RGDCE – Regulamento Geral e Disciplinar dos Centros Educativos
RGPTC – Regime Geral do Processo Tutelar Cível
RHLC – Regulamento da Habilitação Legal para Conduzir
RMNUAJJ – Regras Mínimas das Nações Unidas para a Administração da Justiça Juvenil
RNUPJPL – Regras das Nações Unidas para a Proteção dos Jovens Privados de Liberdade
segs. – seguintes
SICRIM – Sistema de Informação de Identificação Criminal

STA – Supremo Tribunal Administrativo
STJ – Supremo Tribunal de Justiça
TC – Tribunal Constitucional
TRC – Tribunal da Relação de Coimbra
TRE – Tribunal da Relação de Évora
TRG – Tribunal da Relação de Guimarães
TRL – Tribunal da Relação de Lisboa
TRP – Tribunal da Relação do Porto
v. – ver
vol. – volume

NOTA INTRODUTÓRIA

A presente anotação à Lei Tutelar Educativa contou com a colaboração de vários autores, provenientes de diferentes contextos jurídicos, quer da academia quer da magistratura judicial e do Ministério Público.

O projeto que agora se materializa na *Lei Tutelar Educativa Anotada* surgiu, há uns anos atrás, no contexto da realização de um curso breve na Escola de Direito da Universidade do Minho, onde se refletiu sobre os desafios que se colocam à justiça juvenil, sobretudo no contexto da primeira revisão da Lei Tutelar Educativa, operada pela Lei n.º 4/2015, de 15 de janeiro.

Neste sentido, esta obra pretende trazer uma reflexão renovada em torno das principais questões que se colocam hoje no âmbito da justiça juvenil, quando está em causa a prática de um ilícito por um jovem entre os 12 e os 16 anos de idade e onde se afigura necessário apurar a (des)necessidade da intervenção educativa/responsabilizadora estadual.

O projeto era ambicioso e pretendia-se uma obra atualizada e rigorosa. Os autores que colaboraram nesta anotação, e que desde o início se disponibilizaram a participar no projeto, assim o tornaram, e a todos expressamos o nosso agradecimento.

Os comentários aos artigos, apesar de realizados por diferentes autores, seguem, *grosso modo*, a mesma estrutura. O estilo de cada autor foi, no entanto, mantido nesta obra coletiva. Podia, eventualmente, aprofundar-se alguns dos comentários, mas o equilíbrio interno da obra e a sua coerência implicaram algumas cedências. Isso não comprometeu o rigor e a exigência empregues nas anotações de cada um dos artigos da Lei Tutelar Educativa.

Espera-se que o resultado desta iniciativa possa contribuir para a discussão das matérias da justiça juvenil, que tem sido uma área relativamente pouco tratada, quer a nível doutrinário, quer jurisprudencial, em Portugal.

É hora de conjugar esforços vindos da academia e da *praxis* para dar impulso a uma Justiça Amiga das Crianças.

Braga, julho de 2018,

Cristina Dias
Margarida Santos
Rui do Carmo

LEI TUTELAR EDUCATIVA ANOTADA

Aprovada pela Lei n.º 166/99, de 14 de setembro, com as alterações introduzidas pela Lei n.º 4/2015, de 15 de Janeiro

TÍTULO I
Disposição introdutória

ARTIGO 1.º
Âmbito da lei

A prática, por menor com idade compreendida entre os 12 e os 16 anos, de facto qualificado pela lei como crime dá lugar à aplicação de medida tutelar educativa em conformidade com as disposições da presente lei.

Âmbito de aplicação da Lei Tutelar Educativa; diplomas internacionais relevantes em matéria de justiça juvenil; modelo tutelar educativo.

1. O art. 1.º não sofreu alterações com a Lei n.º 4/2015, de 15 de janeiro, mantendo-se a redação originária (Lei n.º 166/99, de 14 de setembro).

2. A intervenção estadual em relação a *menores* com idade compreendida entre os 12 e os 16 anos pela prática de facto qualificado pela lei como crime realiza-se através da LTE – aprovada pela Lei n.º 166/99, de 14 de setembro, alterada pela Lei n.º 4/2015, de 15 de Janeiro, que entrou em vigor no dia 1 de janeiro de 2000. Em parte, preferíamos a terminologia "jovem", ancorando-nos nas tendências internacionais, ou mesmo o termo "criança", seguindo, desde logo, a CDC (art. 1.º), em detrimento da expressão "menor"; iremos, no entanto, adotar igualmente o termo "menor", por ser esta a nomenclatura legal; de resto, se compreendemos as críticas apontadas à utilização do termo "menor", que não ignoramos e com as quais em parte concordamos, ainda assim consideramos a expressão "menor" "tecnicamente válida", "pois permite a identificação inequívoca do destinatário da intervenção como aquele que é inimputável em razão da idade, para efeitos penais" – colhemos, por isso, em certa medida, a posição de San-Bento, Marta, "A Lei Tutelar Educativa – que futuro?", *in* AAVV, *Intervenção Tutelar Educativa*, Lisboa, Centro de Estudos Judiciários, disponível em *http://www.cej.mj.pt/cej/recursos/ebooks/familia/Intervencao_Tutelar_Educativa.pdf*, consultado a 4 de abril de 2017. Com interesse ver igualmente a proposta do GT-LTE, que sugere a substituição da expressão "menor" pela expressão "jovem" – cfr., Furtado, Leonor (coord.) *et. al.*, *Relatório final do Grupo de Trabalho de Alteração à Lei Tutelar Educativa remetido ao Senhor Secretário de Estado da Justiça*", Bubook Publishing SL, 2013 – versão *e-book*, p. 17: "[n]a verdade, um conceito abrangente de «jovem», aceite pela psicologia, tem capacidade para abarcar adolescentes e jovens entre os 12 e os 16 anos; por outro lado, instrumentos internacionais e legislação de outros países da Europa reportam-se, em regra, a este conceito sendo que, internacionalmente, é usada a expressão *young offenders*"; no mesmo sentido ver Santos, Boaventura de Sousa (coord.) *et. al.*, *Os Caminhos Difíceis da "Nova" Justiça Tutelar Educativa – Uma avaliação de dois anos de aplicação da Lei Tutelar Educativa, Relatório do Observatório Permanente da Justiça*, Coimbra, Centro de Estudos Sociais, 2004, p. 693 e Santos, Boaventura de Sousa (coord.) *et. al.*, *Entre a Lei e a Prática: Subsídios Para Uma Reforma Da Lei Tutelar Educativa*, Coimbra, Centro de Estudos Sociais (CES)//Observatório Permanente da Justiça Portuguesa (OPJP), p. 333; ver, entre outros, ainda, Duarte-Fonseca, António Carlos, "Menores, mas imputáveis: que protecção?", in Oliveira, Guilherme de (coord.), *Volume Comemorativo dos 10 anos do curso de pós-graduação "Protecção de menores – Prof. Doutor F. M. Pereira Coelho*", Coimbra, Coimbra Editora, 2008, p. 391; Silva, Júlio Barbosa e, "E se todo o mundo é composto de mudança...: um primeiro comentário sobre as novidades trazidas pelas alterações à Lei Tutelar Educativa, efetuadas pela Lei n.º 4/2015, de 15 de Janeiro", *Revista do Ministério Público*, n.º 143, jul.-set., 2015, p. 29).

3. Assume-se mister atentar em diversos diplomas internacionais relevantes em matéria de justiça juvenil, que enformam os modelos atuais de justiça juvenil e que pela sua importância vale a pena aqui elencar: a CDC, assinada em Nova Iorque, em 26 de janeiro de 1990, aprovada para ratificação pela Resolução da Assembleia da República n.º 20/90, de 12 de setembro, e ratificada pelo Decreto do Presidente da República n.º 49/90, de 12 de setembro (que considera criança "todo o ser humano com idade inferior a 18 anos" (art. 1.º) e elege como princípio norteador o "superior interesse da criança" (art. 3.º/1) e descreve no art. 40.º um conjunto de direitos e garantias processuais, a serem observados pelos Estados-parte; as Regras Mínimas das Nações Unidas para a Administração da Justiça de menores – "Regras de Beijing" (Pequim) – recomendadas pelo Sétimo Congresso das Nações Unidas para a Prevenção do Crime e Tratamento de Delinquentes e aprovadas pela Resolução da Assembleia Geral 40/33, de 1985; as Regras Mínimas das Nações Unidas para a Elaboração de Medidas Não Privativas da Liberdade – "Regras de Tóquio", recomendada pelo Oitavo Congresso das Nações Unidas para a Prevenção do Crime e Tratamento dos Delinquentes e aprovada pela Resolução da Assembleia Geral 45/110, de 1990; as Diretrizes das Nações Unidas para a Prevenção da Delinquência Juvenil – "Diretrizes de Riade", recomendada pelo Oitavo Congresso das Nações Unidas para a Prevenção do Crime e Tratamento dos Delinquentes e aprovada pela Resolução da Assembleia Geral 45/112, de 1990; as Regras das Nações Unidas para a Proteção dos Jovens Privados da Liberdade – "Regras de Havana" –, recomendada pelo Oitavo Congresso das Nações Unidas para a Prevenção do Crime e Tratamento dos Delinquentes e aprovada pela Resolução da Assembleia Geral 45/113, de 1990.

No âmbito do Conselho da Europa, importa referir a Recomendação R (87) 20 do Comité de Ministros do Conselho da Europa sobre reações sociais à delinquência juvenil e a Recomendação R (88) 6 do Comité de Ministros do Conselho da Europa sobre reações sociais ao comportamento delinquente dos jovens de famílias imigrantes, bem como as Diretrizes do Comité de Ministros do Conselho da Europa sobre a justiça adaptada às crianças, adotadas pelo Comité de Ministros do Conselho da Europa em 17 de novembro de 2010, estabelecendo, desde logo, os princípios do superior interesse da criança, do respeito e da participação.

No âmbito da União Europeia, importa, nomeadamente, atentar no Parecer do Comité Económico e Social Europeu sobre "A Prevenção da delinquência juvenil, as formas de tratamento da mesma e o papel da justiça de menores na União Europeia" (2006/C110/13); no art. 24.º da Carta dos Direitos Fundamentais da União Europeia; e na Resolução do Parlamento Europeu, de 21 de junho de 2007, sobre a delinquência juvenil: o papel da mulher, da família e da sociedade (2007/2011(INI)).

4. A LTE surge em sequência de uma necessidade de *reforma* da anterior Organização Tutelar de Menores, que, desde logo, não assentava na distinção entre as crianças/os jovens delinquentes ou infratores e as crianças/os jovens em situações de risco e desvalorizava a proteção dos direitos fundamentais dos sujeitos envolvidos (ver ANDRADE, Amélia Sineiro/SANTOS, Margarida, "A Lei n.º 4/2015, de 15 de janeiro, e as alterações introduzidas na Lei Tutelar Educativa – uma primeira leitura", *Scientia Ivridica*, Tomo XLIV, n.º 339, set.-dez. 2015, pp. 329-348).

A LTE rompeu com o anterior paradigma do sistema de justiça juvenil, que consagrava um modelo de proteção, assente na ideia de que o jovem que praticava atos ilícitos carecia de proteção. Tendo por base a necessidade de promover a distinção entre as finalidades de intervenção tutelar educativa e de proteção, a intervenção estadual juvenil promove-se através da LTE e da Lei de Proteção de Crianças e Jovens em Perigo (LPCJP) – Lei n.º 147/99, de 1 de setembro, com as alterações introduzidas pelas Leis n.º 31/2003, de 22 de agosto, n.º 142/2015, de 8 de setembro, n.º 23/2017, de 23 de maio, e n.º 26/2018, de 5 de julho, que visa a promoção dos direitos e a proteção de crianças e jovens em perigo (para uma análise da evolução da intervenção estadual em relação a menores que pratiquem factos qualificados pela lei como crime, em Portugal, v., *inter alia*, GERSÃO, Eliana, "A reforma da Organização Tutelar de Menores e a Convenção sobre os Direitos da Criança", *Revista Portuguesa de Ciência Criminal*, ano 7, n.º 4, out.-dez. 1997, pp. 577 e segs.; e, da mesma Autora, "Ainda a revisão da Organização Tutelar de Menores – Memória de um processo de reforma", in *Estudos em Homenagem a Cunha Rodrigues*, vol. I, Coimbra, Coimbra Editora, 2001, pp. 447 e segs.; "Menores agentes de infracções criminais – que intervenção? Apreciação crítica do sistema português", *Separata do número especial do Boletim da Faculdade de Direito de Coimbra – Estudos em Homenagem ao Professor Doutor Eduardo Correia*, 1984, pp. 1 e segs.; "Um século de justiça de menores em

Portugal (No centenário da Lei de Protecção à Infância, de 27 de Maio de 1911)", *in Andrade,* Manuel da Costa *et al.* (org.), *Direito Penal, Fundamentos Dogmáticos e Político-Criminais – Homenagem ao Prof. Peter Hünerfeld,* Coimbra, Coimbra Editora, 2013, pp. 1365 e segs.; RODRIGUES, Anabela Miranda, "Repensar o direito de menores em Portugal – utopia ou realidade?", *Revista Portuguesa de Ciência Criminal,* ano 7, n.º 3, jul.-set. 1997; RODRIGUES, Anabela Miranda/DUARTE-FONSECA, António Carlos, *Comentário da Lei Tutelar Educativa,* Coimbra, Coimbra Editora, 2003, pp. 5 e segs.).

5. O modelo gizado na LTE consagra um modelo de "terceira via" (e não um modelo de proteção ou de justiça puro) – cfr., entre outros, paradigmaticamente, sobre o modelo de "terceira via", GERSÃO, Eliana, "Menores agentes de infracções – interrogações acerca de velhas e novas respostas", *Revista Portuguesa de Ciência Criminal,* 4, 1994, p. 254; GERSÃO, Eliana, "A reforma da Organização Tutelar de Menores...", *loc. cit.,* pp. 577 e segs; RODRIGUES, Anabela Miranda, "Repensar o Direito...", *loc. cit.,* p. 373. Nas palavras de Eliana Gersão, está em causa a promoção de um modelo de intervenção estadual "que impeça os abusos do sistema de «protecção», nomeadamente reconhecendo aos menores as garantias concedidas aos adultos pelo direito constitucional, pelo direito processual penal e pelo próprio direito penal (...) mas que simultaneamente salvaguarde a herança positiva do modelo de «protecção», em especial a natureza educativa das medidas aplicáveis e a profunda consideração dos «interesses da criança» ao longo de todo o processo de aplicação e execução de medidas" – cfr. GERSÃO, Eliana, "A reforma da Organização Tutelar de Menores...", *loc. cit,* pp. 580 e ss. Como salienta Anabela Miranda Rodrigues, "[p]retendeu-se (...) encontrar uma «terceira via» que harmonize em si a salvaguarda dos direitos do menor – o que conferirá legitimidade à intervenção – e a satisfação das expectativas comunitárias de segurança e paz social – o que lhe conferirá, por sua vez, eficácia" – cfr. RODRIGUES, Anabela Miranda, "Introdução", in RODRIGUES, Anabela Miranda/DUARTE-FONSECA, António Carlos, *ob. cit.,* p. 19. Ou nas palavras de Souto de Moura, "[o] sistema tutelar educativo (...) será então uma «terceira via» que procura conciliar um princípio incontornável de subtração do menor ao sistema penal – e por aí se aproxima do "sistema de proteção" –, com uma disciplina mais garantística do ponto de vista processual e com uma estratégia responsabilizante, com o que cobra alguma similitude com o modelo de justiça penal" – cfr. MOURA, José Adriano Souto de, "A tutela educativa: factores de legitimação e objectivos", in *Direito Tutelar de Menores. O sistema em mudança*, Coimbra, Coimbra Editora, 2002, p. 111. Como sublinha o Autor (*ob. e loc. cit.*), a LTE assenta num paradigma "tutelar", "porque atende aos imperativos de protecção da infância e juventude a cargo do Estado, constitucionalmente consagrados", e "educativo", "no sentido de que com ele se pretende conquistar o jovem para o respeito pelas normas, prevenindo-se ulteriores infracções, assim se logrando a própria segurança da comunidade".

6. O modelo de intervenção tutelar educativa enforma uma intervenção estadual "contida", na medida em que "... não visa a educação global do menor, que compete aos pais ou seus substitutos, mas tão-só a sua «educação para o direito»..."; "... baliza a intervenção dentro dos limites impostos pela idade do menor e pela gravidade dos factos cometidos, que determinam o tipo e a duração da medida"; "... aceita que os tribunais não constituem a 'linha da frente' nessa 'educação para o direito', mas sim a 'linha da retaguarda'" e "...porque aceita que, também para as crianças e os adolescentes, a liberdade é um valor supremo e que não é legítimo privar da liberdade para assegurar a escolaridade ou a formação profissional ou para substituir uma família inadequada" – cfr. GERSÃO, ELIANA, "Um século de justiça de menores em Portugal...", *ob. e loc. cit.*, p. 1390. Com efeito, como sintetiza DUARTE-FONSECA, António Carlos, *Internamento de Menores Delinquentes. A Lei Portuguesa e os seus modelos. Um século de tensão entre protecção e repressão, educação e punição*, Coimbra, Coimbra Editora, pp. 374/375, "... a LTE pode considerar-se conformada a um *modelo de responsabilização*", onde "[a] originalidade e novidade da LTE consiste precisamente em fundar a reacção estadual não apenas no facto praticado, mas também no défice educativo e de socialização do menor". Na verdade, "... com a exigência da prova do facto, a LTE visa, assim, prevenir a arbitrariedade de juízos meramente centrados na personalidade e conduta de vida do menor, permitida pelo *modelo de protecção*, e evitar com a exigência da prova da actualidade das necessidades educativas do menor, manifestadas na prática do facto, os riscos de pura retribuição que têm estado no cerne das críticas aos *modelos de justiça*" (p. 375). Sobre o "*modelo educativo de responsabilidade* para o séc. XXI", v., DUARTE-FONSECA, António Carlos, *Internamento de*

Menores Delinquentes..., ob. cit., especialmente pp. 369 e segs. Para uma caracterização de novos modelos (de justiça restaurativa, de intervenção mínima e neo-correcionalista), ver também DUARTE-FONSECA, António Carlos, "Sobrevivência e erosão do paradigma da protecção nos sistemas europeus de justiça juvenil", *Ousar Integrar, Revista de Reinserção Social e Prova*, n.º 7, 2010, pp. 64 e 65); também LÚCIO, Álvaro Laborinho, "O advogado e a Lei Tutelar Educativa", *Revista do Ministério Público*, n.º 104, Out.-Dez, 2005, pp. 48 segs; ver SILVA, Júlio Barbosa e, *Lei Tutelar Educativa Comentada no âmbito das principais orientações internacionais, da jurisprudência nacional e do Tribunal Europeu dos Direitos do Homem*, Coimbra, Coimbra Editora, 2013, pp. 26 e segs., nomeadamente a propósito dos principais modelos de justiça juvenil, com exemplos de Estados representativos; para uma caracterização dos diversos modelos, ver igualmente, SANTOS, Boaventura de Sousa (coord.) *et. al.*, *Entre a Lei..., ob. cit.*, pp. 101 e segs.; com interesse ver igualmente a proposta do GT-LTE, que sugere a substituição da designação "lei tutelar educativa" por "lei de responsabilização educativa", de forma a clarificar o caráter responsabilizador patente na LTE – cfr., FURTADO, Leonor (coord.) *et. al.*, *Relatório final do..., ob. cit.*, pp. 16 e segs.

7. O modelo tutelar educativo contempla, pois, uma intervenção educativa e responsabilizadora do jovem, assente no superior interesse da criança/do jovem e no reconhecimento de direitos e princípios constitucionais, olhando para o menor enquanto verdadeiro sujeito de direitos, assumindo, por isso um estatuto de *sujeito processual*. Está, pois, em causa a concretização da política de juventude estadual, que assume como objetivos políticos prioritários os descritos no art. 70.º/2 CRP: "o desenvolvimento da personalidade dos jovens, a criação de condições para a sua efectiva integração na vida activa (...) e o sentido de serviço à comunidade".

8. A intervenção tutelar educativa justifica-se "quando se tenha manifestado uma situação desviante que torne clara a ruptura com elementos nucleares da ordem jurídica", legitimando-se o Estado para educar o menor, mesmo contra a vontade de quem está investido das responsabilidades parentais (cfr. ponto 4, da Exposição de Motivos, da LTE).

9. O Estado deve intervir nas situações em que o menor com idade compreendida entre os 12 e os 16 anos, "ao ofender valores essenciais da comunidade e regras mínimas de convivência social, revele uma personalidade hostil ao dever-ser jurídico básico, traduzido nas normas criminais. Torna-se necessário educa-lo para o direito, para que interiorize as normas e os valores jurídicos" (cfr. ponto 6, da Exposição de Motivos da LTE da Proposta de Lei n.º 266/VII, que deu origem à LTE).

10. O modelo traçado dá forma, como se sintetiza na Exposição de Motivos da LTE (ponto 6): "ao dever que ao Estado incumbe de garantir o gozo e o exercício dos direitos fundamentais à liberdade e à autodeterminação (de que é titular o menor) e à educação e manutenção dos filhos (de que são detentores os progenitores); ao dever que ao Estado incumbe de proteger a infância e a juventude, nomeadamente a formação da sua capacidade de autodeterminação (função-educação); ao dever que ao Estado incumbe de proteger a paz social e os bens jurídicos essenciais da comunidade (função-segurança); [e] ao dever que ao Estado incumbe, em homenagem a objectivos de prevenção geral e especial, de atacar precocemente o desenvolvimento de carreiras criminosas".

11. Como princípios e fundamentos estruturantes da intervenção tutelar educativa salienta-se, entre outros: *i)* o princípio da mínima intervenção, da proporcionalidade, da necessidade e da atualidade da existência de necessidades educativas, assim se garantindo "o inarredável respeito pelo direito do menor à liberdade e à autodeterminação e o de, por regra, evoluir no seu ambiente sócio-familiar natural, sem constrangimentos por parte de outrem ou do Estado" (ponto 7 da Exposição de Motivos da LTE da Proposta de Lei n.º 266/VII, que deu origem à LTE); *ii)* a intervenção tutelar é fixada nos 12 anos de idade, enquanto concretização do "limiar da maturidade requerida para a compreensão do sentido da intervenção" (ponto 8 da Exposição de Motivos da LTE da Proposta de Lei n.º 266/VII, que deu origem à LTE); *iii)* o princípio da tipicidade quanto à previsão das medidas tutelares educativas, embora se contemple um princípio de flexibilização quanto à determinação do conteúdo e das modalidades de execução das medidas, que devem ser aplicadas seguindo os princípios da necessidade, da adequação e da proporcionalidade; *iv)* preponderância das medidas não privativas da liberdade e, dentro destas, das medidas reparadoras e consensuais; *v)* importação de princípios/institutos relevantes do processo penal e que procedem à concretização de garantias constitucionais, como a salvaguarda dos direitos do jovem, o que confere legitimidade à intervenção, o princípio da legalidade processual, o princípio do contraditório, o princípio da judicialidade, a participação do ofendido; a celeridade do processo judicial; a inclusão da mediação; o princípio da obtenção da verdade material, da oralidade, da imediação e da livre apreciação da prova; *v)* o envolvimento dos pais, representante legal ou da pessoa que tenha a guarda de facto do menor; *vi)* a articulação entre a intervenção tutelar educativa e a de promoção e proteção das crianças em perigo.

12. São pressupostos da intervenção tutelar educativa: *i)* a prova da prática de um facto ilícito qualificado pela lei como crime, independentemente da sua natureza pública, semipública ou particular em sentido estrito (cfr. arts. 1.º, 72.º, 75.º, 87.º/1, a) e b), 110/1, b), 3, b) e 120.º), por menor entre os 12 e os 16 anos; *ii)* a necessidade de educação do menor para o direito (cfr. art. 2.º/1 e respetiva anotação), *iii)* subsistente no momento da decisão (cfr. art. 7.º/1, parte final – princípio da atualidade; cfr. igualmente arts. 78.º/1, 87.º/1, c), 93.º/1, b), 110.º/2, e 119.º/2 e 120.º). Com efeito, a intervenção tutelar educativa assenta na especificidade do destinatário, enquanto "ser biológico e psicossocial em evolução", inimputável, ou seja, verifica-se "... incapacidade de culpa (jurídico-penal) (...), de um juízo de censura ético-social à personalidade do agente, que aqui está, ainda, em construção" e que nessa medida reclama uma resposta distinta da dos adultos, sujeitos à intervenção do sistema penal (cfr. Rodrigues, Anabela Miranda, "Repensar o Direito...", *loc. cit.*, pp. 374 e 378). Com efeito, como se afirma na Exposição de Motivos (ponto 8), "[a] opção pelo limite dos 12 anos, descontada a margem de aleatoriedade de que inevitavelmente padece, procura traduzir tendencialmente o início da puberdade, fase a que corresponde uma maior expressão social da actividade do menor e que normalmente representa o limiar da maturidade requerida para a compreensão do sentido da intervenção"; além disso sublinha-se, no âmbito da LTE, a relevância atribuída à prova do facto, que rompe com o paradigma anterior (como sublinha Anabela Miranda Rodrigues, "[s]e não se prova que o menor praticou o facto, o estado não se legitima para intervir no plano educativo" (Rodrigues, Anabela Miranda, "Justiça Juvenil e Delinquência: uma questão de direitos", in AAVV, *40 Anos de Política de Justiça em Portugal*, Coimbra, Almedina, 2017, p. 785).

13. Tem se apontado como fundamental a existência de uma perspetiva multidisciplinar na intervenção tutelar educativa de forma a obter "um conhecimento global" do jovem (cfr. as Diretrizes do Comité de

Ministros do Conselho da Europa sobre a justiça adaptada às crianças, adotadas pelo Comité de Ministros do Conselho da Europa em 17 de novembro de 2010, em especial a Regra n.º 16: "No pleno respeito pelo direito da criança à vida privada e familiar, deve ser encorajada a cooperação estreita entre os diferentes profissionais, com vista a obter um conhecimento global da criança e avaliar a sua situação jurídica, psicológica, social, emocional, física e cognitiva"). Cfr., entre outros, o ponto 7.1.4.1. do Parecer do Comité Económico e Social Europeu sobre "A Prevenção da delinquência juvenil, as formas de tratamento da mesma e o papel da justiça de menores na União Europeia" (2006/C110/13), onde se sublinha que a intervenção no âmbito da justiça juvenil "não se efectua apenas ao nível jurídico (em que os diferentes modelos e tradições jurídicas podem representar um obstáculo ao dito processo), devendo, pelo contrário, ser multidisciplinar e multi-institucional. Deve, assim, integrar diversos domínios do saber, tais como as ciências sociais e de comportamento, e diferentes instituições, autoridades e organizações (administrações públicas, regionais e locais, serviços sociais de diferentes âmbitos, aparelho policial e judicial, organizações sem fins lucrativos, empresas privadas através de projectos de responsabilidade social empresarial, associações de famílias, actores económicos e sociais, etc.), as quais actuam frequentemente de forma pouco coordenada". Em sequência, sobretudo na execução de medidas tutelares educativas de acompanhamento educativo e de frequência de programas formativos, tem-se sublinhado a necessidade de uma intervenção tutelar educativa que vá de encontro a uma "abordagem multissistémica", "multimodal", que considere o comportamento ilícito como o resultado de diferentes fatores e variáveis, intervindo nos vários contextos de inserção do menor, considerando a relação com os seus cuidadores mais próximos, com a escola, grupo de pares e comunidade (sobre esta "abordagem multissistémica", cfr. Brazão, Celso/Cunha, Magda/Mesquita, Paula, "Intervenção tutelar educativa e abordagem multissistémica. Contributos da prática", *Ousar Integrar, Revista de Reinserção Social e Prova*, n.º 3, DGRS, 2009, pp. 101 e segs.; ver também Júlio, *Lei Tutelar Educativo Comentada*..., *ob. cit.*, p. 88, n.º 8).

14. A primeira revisão da LTE operada através da Lei n.º 4/2015, de 15 de janeiro, veio sobretudo corrigir e dissipar algumas dúvidas sentidas na prática, mantendo-se o paradigma e os princípios estruturantes da intervenção tutelar educativa, embora tenha promovido algumas inovações e alterações significativas (cfr. ANDRADE, Amélia Sineiro/SANTOS, Margarida, *ob. cit.*, pp. 329-348).

15. Refira-se, ainda, que para os jovens entre os 16 e os 21 anos vigora o regime penal especial para jovens adultos (Dec.-Lei n.º 401/82, de 23 de setembro). Este regime penal especial assenta na ideia de que o jovem imputável deve ser alvo de um tratamento penal especializado, atendendo a que o jovem se encontra ainda no limiar da sua maturidade (cfr. art. 2.º do preâmbulo do Dec.-Lei n.º 401/82, de 23 de setembro), não constituindo, por isso, a aplicação deste regime uma faculdade, mas um poder-dever, se verificados os pressupostos. Este direito assenta na flexibilidade na aplicação das medidas de correção nos termos do art. 6.º (admoestação; imposição de determinadas obrigações; multa; internamento em centros de detenção) - cfr. art. 2.º do preâmbulo do Dec.-Lei n.º 401/82, de 23 de setembro; e na possibilidade, sempre que a pena prevista seja a de prisão, de esta ser especialmente atenuada, nos termos gerais do direito penal, quando o Tribunal entender que há sérias razões para crer que da atenuação resultem vantagens para a reinserção social do jovem condenado (art. 4.º).

16. Ficam excluídos da justiça tutelar educativa os menores portadores de anomalia psíquica que o impeça de compreender o sentido desta intervenção – cfr. art. 49.º e respetiva anotação.

MARGARIDA SANTOS

TÍTULO II
Das medidas tutelares educativas

CAPÍTULO I
Disposições gerais

ARTIGO 2.º
Finalidades das medidas

1 – As medidas tutelares educativas, adiante abreviadamente designadas por medidas tutelares, visam a educação do menor para

o direito e a sua inserção, de forma digna e responsável, na vida em comunidade.

2 – As causas que excluem ou diminuem a ilicitude ou a culpa são consideradas para a avaliação da necessidade e da espécie de medida.

Objetivos das medidas tutelares educativas; a necessidade de educação para o direito; as causas que excluem a ilicitude e que excluiriam a culpa

1. O art. 2.º não sofreu alterações com a Lei n.º 4/2015, de 15 de janeiro, mantendo-se a redação originária (Lei n.º 166/99, de 14 de setembro).

2. A intervenção tutelar educativa não visa a punição, tendo as medidas tutelares educativas como finalidade a "educação do menor para o direito e a inserção, de forma digna e responsável, na vida em comunidade" (art. 2.º/1). Com efeito, à luz do modelo tutelar educativo ancorado na LTE (cfr. anotação ao art. 1.º), o Estado deve intervir nas situações em que o jovem, "ao ofender valores essenciais da comunidade e regras mínimas de convivência social, revele uma personalidade hostil ao dever-ser jurídico básico, traduzido nas normas criminais. Torna-se necessário educa-lo para o direito, para que interiorize as normas e os valores jurídicos" (cfr. ponto 6, da Exposição de Motivos da Proposta de Lei n.º 266/VII, que deu origem à LTE).

3. Está, pois, em causa a *necessidade* (avaliada em concreto) de correção da personalidade do jovem no plano do dever-ser jurídico concretizada na prática de um facto ilícito (cfr. ponto 7, da Exposição de Motivos da LTE), na prática de " um facto de tal modo grave que indicie a sua incapacidade de se inserir na comunidade" (cfr. Rodrigues, Anabela, "Introdução", in Rodrigues, Anabela Miranda/Duarte-Fonseca, António Carlos, *ob. cit.*, p. 8). O princípio da necessidade revela-se o elemento chave do sistema tutelar educativo (cfr. Rodrigues, Anabela, "Introdução", in Rodrigues, Anabela Miranda/Duarte-Fonseca, António Carlos, *ob. cit.*, p. 20). Neste sentido, afigura-se mister investigar (concretizar) se existe uma necessidade de educação do menor para o respeito pelos valores mínimos essenciais à vida em comunidade, no momento da decisão (vale um princípio de atualidade da existência de necessidades educativas). O princípio da necessidade traduz a ideia de que a intervenção educativa não se apresenta uma intervenção punitiva, mas tem em vista o "interesse do menor", baseado no direito à concretização das condições que lhe permitam desenvolver a sua personalidade de forma socialmente responsável, ainda que a intervenção do Estado pressuponha uma restrição de outros direitos, *v.g.*, do direito à liberdade e à autodeterminação pessoal, por uma banda, e à educação e manutenção dos filhos, por outra (cfr. RODRIGUES, Anabela, "Introdução", in RODRIGUES, Anabela Miranda/DUARTE-FONSECA, António Carlos, *ob. cit.*, p. 21 e pontos 6 e 7 da Exposição de Motivos da Proposta de Lei n.º 266/VII, que deu origem à LTE).

4. Como sintetiza Anabela Miranda Rodrigues, "[e]ntendeu-se que, no caso de delinquentes menores, as necessidades de defesa da sociedade têm de se considerar satisfeitas na estrita medida em que a intervenção seja exigida pelo «direito» que eles têm a uma intervenção que os eduque para o direito. Só nestes termos é legítimo assegurar a satisfação das exigências de prevenção. Que não se pode também descurar, é certo, quando está em causa a delinquência juvenil. Mas que, nalguns casos, pode frustrar-se, como «custo» a suportar pela própria sociedade pela preservação de certos valores essenciais à sua organização como um estado de direito, no caso, o direito do menor à socialização, que prevalece sobre o direito da sociedade à segurança" (RODRIGUES, Anabela Miranda, "Justiça Juvenil e...", *ob. cit.*, p. 798).

5. Com efeito, não deverá existir intervenção tutelar educativa "... se a prática do facto exprimir ainda uma atitude de congruência ou mesmo tão-só de não desrespeito pelos valores essenciais à vida em comunidade ou se se insere nos processos normais de desenvolvimento da personalidade, os quais incluem, dentro de limites razoáveis, a possibilidade de o menor testar a vigência das normas através da sua violação" – cfr. RODRIGUES, Anabela Miranda, "Introdução", in RODRIGUES, Anabela Miranda/FONSECA, António, *ob. cit.*, p. 21.

6. Nesta medida, as medidas são "instrumentos de pedagogia para a responsabilidade" e socialização (cfr., RODRIGUES, Anabela Miranda, "Repensar o Direito...", *loc. cit.*, pp. 355-357. Para uma reflexão sobre o que significa educar para o direito, cfr., entre outros, RODRIGUES, Anabela Miranda, "Repensar o Direito...", *loc. cit.*, em especial pp. 355 e segs.; GERSÃO, Eliana, "Um século de justiça de menores em Portugal...", *ob. e loc. cit.*, p. 1390, salientando que não se visa a educação global do menor, mas a sua educação para o direito; CUNHA, M. Conceição, "Respostas à Delinquência Juvenil – Do internamento para a vida em liberdade: primeiros passos para a inserção social dos jovens", *Revista Portuguesa de Ciência Criminal*, n.º 1 a 4, 2016, em especial pp. 460 e segs.).

7. Além do princípio da necessidade de educação para o direito (art. 2.º), importa sublinhar o princípio de atualidade quanto à existência de necessidades educativas (cfr. art. 7.º; cfr. igualmente arts. 78.º/1, 87.º/1, c), 93.º/1, b), 110.º/2, e 119.º/2 e 120.º), sendo que a medida tutelar educativa aplicada é revista nos termos dos arts. 137.º e segs. (cfr. as respetivas anotações).

8. Tem-se apontado como essencial, no âmbito da intervenção tutelar educativa, a necessidade de cooperação entre diversos profissionais (Tribunal, DGRSP, Comissões de Proteção de Crianças e Jovens, Segurança Social, bem como outras instituições, como a escola) de forma a obter-se um entendimento global da criança, que atenda à sua situação psicológica, social, emocional, física e cognitiva, salvaguardando-se o seu direito à vida privada e familiar (Regra n.º 16 das Diretrizes do Comité de Ministros do Conselho da Europa sobre a justiça adaptada às crianças, adotadas pelo Comité de Ministros do Conselho da Europa em 17 de novembro de 2010) – cfr. anotação ao art. 1.º.

9. Na esteira do art. 2.º/1, verificando-se uma causa de exclusão da ilicitude ou que excluiria a culpa, são as mesmas consideradas para a avaliação da necessidade e da espécie da medida. Como sublinha Rui do Carmo, "... se se verificar uma causa de exclusão da ilicitude ou que excluiria a culpa de imputável (cf. arts. 31.º a 39.º CP), não se pode afirmar que o facto praticado por um menor entre os 12 e os 16 anos seja uma manifestação de desrespeito por aqueles valores essenciais, podendo até expressar uma atitude de congruência com eles", não se verificando, assim, "...o pressuposto da aplicação de qualquer medida tutelar educativa: a prática de facto qualificado pela lei como crime" (cfr. CARMO, Rui do, "Lei Tutelar Educativa – Traços essenciais, na perspectiva da intervenção do Ministério Público", *Revista do Ministério Público,* n.º 84, out-dez 2000, pp. 121 e 122). Nesta medida, quando tal ocorre no decurso do inquérito, o Ministério Público deve arquivá-lo independentemente da pena máxima aplicável ao respetivo crime. De resto, sublinhe-se que no *Relatório Final do Grupo de Trabalho de alteração à Lei Tutelar Educativa remetido ao Senhor Secretário de Estado da Justiça* (FURTADO, Leonor (coord.) *et. al.*, *Relatório final do... ob. cit.*, p. 46) propunha-se a alteração deste segmento normativo (cfr. art. 33.º/2 LRE), no sentido de excluir a referência às causas de exclusão da ilicitude (na medida em que o facto se torna lícito, e sendo um facto justificado, não carece nem está legitimada a intervenção) e a referência às causas que diminuem ou excluem a culpa, "pelo facto de o jovem não ser passível de um juízo de censura ético-penal, sendo, por conseguinte, tecnicamente incorrecta esta alusão".

MARGARIDA SANTOS

ARTIGO 3.º
Aplicação da lei no tempo

1 – Só pode aplicar-se medida tutelar a menor que cometa facto qualificado pela lei como crime e passível de medida tutelar por lei anterior ao momento da sua prática.

2 – No caso de sucessão de leis no tempo, é sempre aplicado o regime que concretamente se mostrar mais favorável ao menor.

Aplicação da lei no tempo; aplicação do regime que concretamente se mostrar mais favorável ao menor

1. O n.º 2 do art. 3.º foi aditado pela Lei n.º 4/2015, de 15 de janeiro, mantendo-se, no demais, a redação que resultava da sua primitiva versão (Lei n.º 166/99, de 14 de setembro). Esta inserção decorre da proposta constante do *Relatório Final do Grupo de Trabalho de alteração à Lei Tutelar Educativa remetido ao Senhor Secretário de Estado da Justiça* (FURTADO, Leonor (coord.) *et. al.*, *Relatório final...", ob. cit.*, pp. 113 e 35). Este aditamento importa, no essencial, o previsto no art. 2.º/4 CP (decorrência do disposto no art. 29.º/4 CRP). Cfr. ainda o art. 40.º/2, a), CDC.

2. A necessidade desta introdução legislativa fundamenta-se, como se expressa no Relatório Final, na inexistência de remissão para o CP nos termos do art. 128.º. Cremos, contudo, não obstante ser de saudar a clarificação que a revisão da LTE levou a cabo, que há uma remissão implícita para o ordenamento jurídico-penal assente na remissão expressa constante do art. 1.º, devendo este aplicar-se nas situações em que não existam regras específicas (por exemplo no que concerne às disposições relativas aos pressupostos da punição, às formas do crime e às causas que excluem a ilicitude e a culpa), a não ser que exista fundamento para a sua não aplicação, atendendo às especificidades e objetivos da intervenção tutelar educativa. Como observa Amorim, Rui, "Fundamentos e alcance da recente revisão da Lei Tutelar Educativa", *Revista do Centro de Estudos Judiciários*, 2015-II, p. 185: "É certo que existem situações em que as especificidades da intervenção tutelar educativa demandam um tratamento autónomo face ao Direito Penal e a própria LTE se encarrega de estabelecer regras próprias que garantem essa resposta diferenciada (...). Todavia, entendemos que já serão subsidiariamente aplicáveis à LTE as chamadas «*normas processuais materiais*», ou seja, os preceitos substantivos relativos à procedibilidade da ação penal, designadamente o Título II, que contém as disposições relativas aos pressupostos da punição, às formas do crime e às causas que excluem a ilicitude e a culpa" – cfr. art. 128.º e respetiva anotação.

3. O artigo em anotação estatui o princípio da legalidade, estabelecendo-se: *i)* que só pode aplicar-se medida tutelar a menor que cometa facto qualificado pela lei como crime por lei anterior ao momento da sua prática (e que continue a ser crime), sendo aplicado o regime que concretamente se mostrar mais favorável ao menor, no caso de sucessão de leis no tempo (art. 3.º/1, primeira parte e 2); *ii)* e que só pode aplicar-se ao menor as medidas tutelares previstas em lei anterior ao momento da prática do facto, sendo aplicado o regime que concretamente se mostrar mais favorável ao menor, no caso de sucessão de leis no tempo (art. 3.º/1, segunda parte e 2; art. 4.º) – neste sentido, Rodrigues, Anabela Miranda/Duarte-Fonseca, António Carlos, *ob. cit.*, p. 64; em sentido diferente parece ir Silva, Júlio Barbosa e, *Lei Tutelar Educativa Comentada...*, *ob. cit.*, p. 40, entendendo que pode ser aplicada uma medida nova, com base numa lei nova, posterior ao facto praticado, "[a]tendendo aos objectivos fixados pelo artigo 2.º da LTE e ao carácter plástico e moldável das medidas tutelares educativas, (...) procurando-se, tão somente a melhor maneira de cumprir os objectivos traçados no art. 40.º, n.º 1 da Convenção Sobre os Direitos da Criança e do artigo 2.º da LTE".

4. Importa-se, aqui, o princípio *nullum crimen nulla poena sine lege* e o princípio da proibição da retroatividade, aplicando-se apenas a lei nova nas situações em que esta for em concreto mais favorável ao menor. Neste âmbito, cumpre indagar o que se deve entender por "regime que concretamente se mostrar mais favorável ao menor", no âmbito do sistema tutelar educativo. Cremos que, sem descurar os objetivos específicos da intervenção tutelar educativa, no caso concreto, é aquele regime que potencie uma menor intromissão na autonomia de decisão e de condução de vida do menor (assim também Silva, Júlio Barbosa e, "E se todo o mundo...", *ob. cit.*, pp. 28 e 29).

5. Esta disposição legal está em sintonia com o disposto no art. 40.º/2, a), CDC que estabelece que nenhuma criança pode ser suspeita, acusada ou reconhecida como tendo infringindo a lei penal por ações ou omissões que, no momento da sua prática, não eram proibidas pelo direito nacional ou internacional.

Margarida Santos

ARTIGO 3.º-A
Momento da prática do facto

O facto considera-se praticado no momento em que o menor atuou ou, em caso de omissão, deveria ter atuado, independentemente do momento da produção do resultado.

Momento da prática do facto ilícito

1. O art. 3.º-A foi aditado pela Lei n.º 4/2015, de 15 de janeiro.

2. Esta inserção decorre da proposta constante do *Relatório Final do Grupo de Trabalho de alteração à Lei Tutelar Educativa remetido ao Senhor Secretário de Estado da Justiça* (Furtado, Leonor (coord.) *et. al.*, *Relatório final do... ob. cit.*, pp. 113 e 35).

3. Importou-se nesta norma aditada o previsto no art. 3.º CP, definindo-se o "momento da prática do facto" como "o momento em que o menor atuou ou devia ter atuado, independentemente do momento da produção do resultado".

4. Cfr. art. 3.º e respetiva anotação.

Margarida Santos

ARTIGO 3.º-B
Aplicação da lei no espaço

1 – A presente lei é aplicável ao menor que, residindo ou sendo encontrado em território nacional, aqui tenha praticado facto qualificado pela lei como crime.

2 – Salvo tratado ou convenção internacional em contrário, a presente lei é, ainda, aplicável aos menores desde que:

a) Pratiquem facto qualificado como crime em território estrangeiro, sejam encontrados em território nacional e residam em Portugal;

b) O facto praticado seja qualificado como crime, quer pela lei portuguesa, quer pela lei do lugar da prática do facto.

Âmbito da aplicação espacial da Lei Tutelar Educativa

1. O art. 3.º-B foi aditado pela Lei n.º 4/2015, de 15 de janeiro.

2. Esta inserção decorre da proposta constante do *Relatório Final do Grupo de Trabalho de alteração à Lei Tutelar Educativa remetido ao Senhor Secretário de Estado da Justiça* (Furtado, Leonor (coord.) *et. al.*, *Relatório final do... ob. cit.*, pp. 114 e 35 a 37). A necessidade desta introdução legislativa fundamenta-se, como se expressa no Relatório Final, na inexistência de remissão para o CP (cfr. 128.º). Cremos, contudo, não obstante ser de saudar a clarificação que a revisão da LTE levou a cabo, que há uma remissão implícita para o ordenamento jurídico-penal, com base na remissão constante no art.º 1.º LTE, devendo este aplicar-se nas situações em que não existam regras específicas, a não ser que exista fundamento para a sua não aplicação, atendendo às especificidades e objetivos da intervenção tutelar educativa – cfr. art. 128.º e respetiva anotação.

3. Como se alerta no *Relatório Final*, atendendo à crescente mobilidade geográfica dos jovens, importava contemplar a resposta a situações problemáticas, nomeadamente nas situações em que o jovem pratique factos qualificados como crimes em país estrangeiro e, depois, venha para Portugal, considerando-se inadequada uma remissão para o art. 5.ºCP (cfr., Furtado, Leonor (coord.) *et. al.*, *Relatório final do... ob. cit.*, p. 36).

4. Está, pois, sujeito à LTE o jovem que pratique o facto em território português, desde que seja encontrado ou resida em Portugal (princípio da territorialidade – art. 3.º-B/1), bem como o jovem que pratique o facto em país estrangeiro *e* seja encontrado e resida em Portugal, desde que o facto praticado seja qualificado como crime pela lei portuguesa e pela lei do lugar da prática do facto (art. 3.º-B/2, a) e b)), a não ser que exista tratado ou convenção internacional em contrário.

5. Está, pois, aqui em causa a legitimidade e o interesse do Estado português na promoção "[d]a educação do menor para o direito e [d]a sua inserção, de forma digna e responsável, na vida em comunidade" (cfr. art. 2.º), com base no local da prática do facto ou do local da residência do jovem (independentemente da sua nacionalidade). Com efeito, como se analisa no *Relatório Final* (p. 37), nas situações em que o jovem pratica o facto em país estrangeiro, mas regressa a Portugal, onde já residia anteriormente ou onde passa a residir, afigura-se do interesse do Estado português educar para com os valores fundamentais da ordem jurídica portuguesa (salvo tratado ou convenção internacional em contrário), sobretudo nas situações em que o jovem não poderá ser entregue ao Estado onde cometeu o facto qualificado como crime (cfr. art.33.º/ 4 e 6 CRP).

MARGARIDA SANTOS

ARTIGO 3.º-C
Lugar da prática do facto

O facto considera-se praticado tanto no lugar em que o menor atuou ou, no caso de omissão, devia ter atuado, como naquele em que o resultado se tiver produzido.

Lugar da prática do facto ilícito

1. O art. 3.º-C foi aditado pela Lei n.º 4/2015, de 15 de janeiro.

2. Esta inserção decorre da proposta constante do *Relatório Final do Grupo de Trabalho de alteração à Lei Tutelar Educativa remetido ao Senhor Secretário de Estado da Justiça* (FURTADO, Leonor (coord.) *et. al.*, *Relatório final do... ob. cit.*, pp. 114 e 37).

3. O artigo em anotação contempla uma "solução mista ou plurilateral" para a fixação do lugar da prática do facto: o *locus* ou *sedes delicti* é quer o local onde o jovem atuou ou devia ter atuado (critério da conduta), quer o lugar onde o resultado se verificou (critério do resultado), servindo qualquer um dos critérios para concretização do local da prática do facto. Este critério resulta da importação do consagrado no art. 7.º CP (ver, entre outros, sobre este critério misto, DIAS, Jorge de Figueiredo, *Direito Penal, Parte Geral, Tomo I, 2.ª Edição, Questões fundamentais, a* *doutrina geral do crime*, Coimbra, Coimbra Editora, 2007, p. 211 e ALBUQUERQUE, Paulo Pinto de, *Comentário do Código Penal à luz da Constituição da República e da Convenção Europeia dos Direitos do Homem*, 3.ª Edição, Lisboa, Universidade Católica Portuguesa, 2015, anotação ao art. 7.º.

4. A introdução deste critério alternativo/misto pretende evitar conflitos negativos de competência, ou seja, situações em que nem a ordem jurídica portuguesa se consideraria legitimada a aplicar a sua lei nem a outra ordem jurídica relacionada com o caso.

MARGARIDA SANTOS

ARTIGO 4.º
Princípio da legalidade

1 – São medidas tutelares:

a) A admoestação;

b) A privação do direito de conduzir ciclomotores ou de obter permissão para conduzir ciclomotores;

c) A reparação ao ofendido;

d) A realização de prestações económicas ou de tarefas a favor da comunidade;

e) A imposição de regras de conduta;

f) A imposição de obrigações;

g) A frequência de programas formativos;

h) O acompanhamento educativo;

i) O internamento em Centro Educativo.

2 – Considera-se medida institucional a prevista na alínea i) do número anterior e não institucionais as restantes.

3 – A medida de internamento em Centro Educativo aplica-se segundo um dos seguintes regimes de execução:

a) Regime aberto;

b) Regime semiaberto;

c) Regime fechado.

Elenco taxativo das medidas tutelares educativas

1. O art. 4.º não sofreu alterações com a Lei n.º 4/2015, de 15 de janeiro, mantendo-se a redação originária (Lei n.º 166/99, de 14 de setembro).

2. Só poderão ser aplicadas as medidas tutelares educativas previstas taxativamente na lei (princípio da legalidade e da tipicidade) e não outras.

3. As medidas tutelares educativas estão descritas na LTE por ordem crescente de gravidade (art. 133.º/4), em termos de restrição dos direitos fundamentais da criança/do jovem: da menos grave (a admoestação) à mais grave (o internamento em Centro Educativo).

4. A LTE (art. 4.º/1) estabelece a distinção entre:

– medidas não institucionais, executadas na comunidade: a admoestação (arts. 9.º e 140.º); a privação do direito de conduzir ciclomotores ou de obter permissão para conduzir ciclomotores (arts. 10.º e 19.º/2); a reparação ao ofendido (arts. 11.º e 141.º/1) – a executar eventualmente pela DGRSP nos casos do art. 11.º/1, b) e c)); a realização de prestações económicas ou de tarefas a favor da comunidade (com uma duração máxima 60 horas/3 meses – arts. 12.º, 20.º e 141.º/2 – a executar eventualmente pela DGRSP); a imposição de regras de conduta (art. 13.º); a imposição de obrigações (arts. 14.º e 21.º); a frequência de programas formativos – ocupação tempos livres; educação sexual; educação rodoviária; orientação psicopedagógica; despiste e orientação profissional; aquisição de competências pessoais e sociais; programas desportivos (arts. 15.º e 21.º) e o acompanhamento educativo (arts.16.º/3 e 4 e 142.º);

– e a medida institucional, executada em centro educativo: o internamento em Centro Educativo abrange três regimes de execução – aberto, semiaberto e fechado (n.º 3), descritos por ordem crescente de gravidade em razão do grau de abertura ao exterior (cfr. arts. 17.º, 18.º e 143.º a 209.º).

5. A aplicação das medidas tem finalidades educativas (cfr. art. 2.º/1 e anotação ao art. 1.º e 2.º).

6. No que diz respeito a jovens que padeçam de algum problema mental, cumpre ainda salientar que se vem suscitando a inserção de uma medida de "internamento terapêutico", tendo-se perdido uma oportunidade na Lei n.º 4/2015, de 15 de janeiro para introduzir uma alteração há muito almejada (cfr. ANDRADE, Amélia Sineiro/SANTOS, Margarida, *ob. cit.*, p. 348). Assim, por exemplo, a medida já tinha sido proposta pelo OPJP, que acentuou a necessidade de diferenciação e especialização da intervenção para jovens com problemas relacionados com a saúde mental: ("[l]*acuna frequentemente indicada pelos operadores é a da*

ausência de resposta para as situações relacionadas com a saúde mental. *A ausência de diferenciação e de especialização da intervenção em centro educativo no âmbito da saúde mental do jovem reclama a necessidade de instituir um internamento para tratamento médico e médico-psicológico, ainda que não executado numa instituição da justiça ...*" – cfr. SANTOS, Boaventura de Sousa (coord.) et. al., *Entre a Lei..., ob. cit.*, p. 343, (destacado dos Autores). No mesmo sentido, no *Relatório Final do Grupo de Trabalho de alteração à Lei Tutelar Educativa remetido ao Senhor Secretário de Estado da Justiça* (FURTADO, Leonor (coord.) *et. al.*, *Relatório final do... ob. cit.*), previa-se, no art. 45.º da LRE, a introdução de uma nova medida: a medida de internamento terapêutico (cfr. art. 34.º/1, i) LRE), a aplicar a jovens com idade igual ou superior a 14 anos à data da aplicação da medida (cfr. art. 44.º/3, *ex vi* art. 45.º/4 LRE), que compreendessem o sentido da intervenção (cfr. art. 77.º *a contrario*, *ex vi* art. 45.º/4, ambos da LRE). A medida de internamento terapêutico visa "proporcionar a um jovem que cometeu um facto qualificado pela lei como crime e que padece de um problema de saúde mental ou de adição grave, um tratamento adequado, uma verdadeira terapia, que está muito para além da sua sujeição a medicação", a ser executada em centro educativo especialmente destinado a esse fim ou em unidade especialmente destinada ao internamento terapêutico (art. 220.º LRE).

7. Para uma descrição aprofundada do conteúdo e do regime das medidas tutelares educativas, cfr. os arts. 9.º a 18.º e respetivas anotações, bem como os arts. 19.º a 22.º e respetivas anotações.

8. A execução das medidas (princípios gerais; revisão das medidas tutelares; regras de execução das medidas não institucionais; internamento em centro educativo) vem consagrada nos arts. 129.º a 209.º (cfr. os arts. referidos e as respetivas anotações).

9. As decisões judiciais que apliquem, revejam ou declarem a cessação ou extensão de medidas tutelares educativas estão sujeitas a registo – art. 210.º (sobre o registo das medidas tutelares educativas cfr. arts. 210 e segs. e respetivas anotações).

MARGARIDA SANTOS

ARTIGO 5.º
Execução das medidas tutelares

A execução das medidas tutelares pode prolongar-se até o jovem completar 21 anos, momento em que cessa obrigatoriamente.

Limite de idade obrigatório para o cumprimento das medidas tutelares

1. O art. 5.º não sofreu alterações com a Lei n.º 4/2015, de 15 de janeiro, mantendo-se a redação originária (Lei n.º 166/99, de 14 de setembro).

2. Nos termos do artigo em anotação, a execução das medidas tutelares educativas pode prolongar-se até o jovem completar 21 anos, momento em que finda.

3. O tribunal que aplicar a medida tutelar educativa tem o ónus de acompanhar a sua execução (aqui se incluindo as legais revisões) – cfr. art. 38.º.

4. Cfr., art. 39.º, quanto à execução de medidas (corre a execução nos próprios autos perante o Juiz do juízo de família e menores ou constituída como tal, nos casos de não especialização – art. 29.º).

5. Cfr., o art. 28.º/2 e 3, de acordo com o qual "2 – Cessa a competência dos juízos de família e menores quando: a) For aplicada pena de prisão efetiva, em processo penal, por crime praticado pelo menor com idade compreendida entre os 16 e os 18 anos; b) O menor completar 18 anos antes da data da decisão em 1.ª instância. 3 – Nos casos previstos no número anterior, o processo não é iniciado ou, se o tiver sido, é arquivado".

6. Cfr., o art. 8.º/ 6 e 7, que estabelece o limite de idade obrigatório dos 21 anos para o cumprimento da medida tutelar, mesmo no caso de cumprimento sucessivo de medidas tutelares, ou no cumprimento da medida de internamento única, obtida através do cúmulo jurídico.

7. Uma nota se impõe relativamente à oportunidade da intervenção no jovem até aos 21 anos. Com efeito, deve existir, para que se alcance um efetivo efeito pedagógico da intervenção tutelar educativa, uma proximidade entre a prática do facto e a aplicação (a ocorrer) da medida tutelar para que o jovem compreenda "a noção de comportamento-consequência e interiorz[e] o desvalor da sua conduta (cfr. Brazão, Celso/Cunha, Magda/Mesquita, Paula, "Intervenção tutelar educativa..., *ob. cit.*, pp. 99 e 100). A observância do princípio da celeridade afigura-se essencial, atendendo à oportunidade da intervenção tutelar educativa. Nesta medida, como sublinha Maria João Leote de Carvalho "um dos maiores desafios que se coloca na administração da justiça é precisamente o desfasamento temporal entre os factos identificados nas vidas de crianças e jovens, tanto no sistema de promoção e proteção como no sistema tutelar educativo, e a execução das medidas adequadas" (Carvalho, Maria João Leote de, "Delinquência juvenil: conhecer os jovens e os territórios para situar as intervenções", *in Revista do Ministério Público*, n.º 148, out-dez 2016, p. 89). Como afirma a Autora, "[o] jovem vive, essencialmente, em função do tempo presente, do que é imediato e visivelmente atingível, situação que se reflete tanto na passagem ao ato delinquente como obriga também a pensar a oportunidade da reação social em relação ao mesmo" (cfr. Carvalho, Maria João Leote de, "A Lei Tutelar Educativa – A criança e o facto qualificado na lei como crime. A medida de internamento – sentido e potencialidades", in *Intervenção Tutelar Educativa*, CEJ, 2015, p. 231, disponível em disponível em http://www.cej.mj.pt/cej/recursos/ebooks/familia/Intervencao_Tutelar_Educativa.pdf (consultado a 4 de abril de 2017) .

Margarida Santos

ARTIGO 6.º
Critério de escolha das medidas

1 – Na escolha da medida tutelar aplicável o tribunal dá preferência, de entre as que se mostrem adequadas e suficientes, à medida que represente menor intervenção na autonomia de decisão e de condução de vida do menor e que seja suscetível de obter a sua maior adesão e a adesão de seus pais, representante legal ou pessoa que tenha a sua guarda de facto.

2 – O disposto no número anterior é correspondentemente aplicável à fixação da modalidade ou do regime de execução de medida tutelar.

3 – A escolha da medida tutelar aplicável é orientada pelo interesse do menor.

4 – Quando o menor for considerado autor da prática de uma pluralidade de factos qualificados como crime o tribunal aplica uma ou várias medidas tutelares, de acordo com a concreta necessidade de educação do menor para o direito.

A fase de escolha da medida tutelar educativa

1. O art. 6.º não sofreu alterações com a Lei n.º 4/2015, de 15 de janeiro, mantendo-se a redação originária (Lei n.º 166/99, de 14 de setembro).

2. A primeira fase no âmbito do procedimento de determinação da medida tutelar educativa a cumprir pelo jovem é a fase de escolha da medida tutelar educativas, dentro das medidas previstas taxativamente na lei (princípio da legalidade e da tipicidade – cfr. art. 4.º e respetiva anotação).

3. O art. 6.º estabelece os critérios gerais da operação de escolha da medida tutelar educativa, a levar a cabo pelo Tribunal (e pelo Ministério Público, a propósito da indicação da medida a aplicar, no âmbito do requerimento para a abertura da fase jurisdicional). Vale desde logo, um princípio de flexibilidade na escolha das medidas tutelares educativas, em que não se liga um facto ilícito criminal a determinada medida tutelar educativa, com a exceção para a escolha e determinação da medida de internamento em centro educativo em regime semiaberto ou fechado, em que se exige a prática de um facto qualificado como crime com um certo grau de gravidade – cfr. art. 17.º/3 e 4.

4. O sistema tutelar educativo promove a flexibilidade na escolha da medida (e fixação da modalidade ou do regime de execução), definindo-se como princípios orientadores que: *i)* o tribunal dê preferência, de entre as medidas tutelares educativas que se mostrem *adequadas* e *suficientes* ao cumprimento das concretas finalidades educativas, à medida que *represente menor intervenção na autonomia de decisão e de condução de vida do menor* (art. 6.º/1) e que vá de encontro ao *interesse do menor* (art. 6.º/3); *ii)* que seja suscetível de obter a sua maior *adesão* e a *adesão* de seus pais, representante legal ou pessoa que tenha a sua guarda de facto, *iii)* sendo que, na esteira do n.º 3, a escolha da medida tutelar é orientada pelo interesse do menor.

5. Com efeito, na fase de escolha da medida tutelar educativa (e na da determinação em concreto da sua modalidade ou regime de execução), o Tribunal deve optar pela medida que melhor satisfaça o princípio da adequação, da necessidade, da menor restrição de direitos e que vá de encontro ao interesse do menor (cfr. art. 18.º/2 e 3 CRP; arts. 6.º/1 e 2, 7.º LTE e art. 6.º/3, em linha com os principais instrumentos internacionais mencionados na anotação ao art. 1.º da LTE, que sublinham a ideia de mínima restrição de direitos e de respeito pelos direitos do menor e pelo seu "superior interesse". De resto, o critério do "superior interesse" consagrado no n.º 3 do artigo em anotação não reveste autonomia enquanto critério de escolha das medidas, nada se acrescentando ao disposto no n.º 1 (cfr. RODRIGUES, Anabela Miranda/DUARTE-FONSECA, António Carlos, *ob. cit.*, p. 70, § 5). O "interesse superior da criança" (cfr. art. 3.º CDC) funda-se no seu direito à realização de condições que lhe permitam desenvolver a sua personalidade de forma socialmente responsável, só devendo haver restrição dos seus direitos a título excecional e com base no princípio da necessidade e da proporcionalidade (sobre o interesse do menor, ver RODRIGUES, Anabela Miranda, "Introdução", in RODRIGUES, Anabela Miranda /DUARTE-FONSECA, António Carlos, *ob. cit.*, pp. 7 e 8.

Em sequência, a intervenção tutelar educativa orienta-se pelo princípio da preferência pelas medidas não institucionais, no âmbito da denominada "justiça amiga das crianças", tendo por base as orientações e diretrizes dos instrumentos internacionais e europeus em matéria de justiça juvenil. Tem-se, pois, acentuado que o Tribunal deve dar preferência, sempre que possível, às medidas não privativas da liberdade e, dentro destas, às medidas reparadoras e consensuais (cfr., entre outros documentos internacionais e europeus, o art. 37.º, b) CDC e as Regras 17.1c) e 19.1) das *Regras de Beijing* que indicam a privação da liberdade como o último recurso, devendo ter a duração mais breve possível; cfr. a Regra 19 das Diretrizes do Comité de Ministros do Conselho da Europa sobre a justiça adaptada às crianças, adotadas pelo Comité de Ministros do Conselho da Europa em 17 de novembro de 2010). Com efeito, os instrumentos internacionais e europeus têm acentuado a opção pelas medidas na comunidade, pelas medidas centradas na formação e acompanhamento do menor e pelas medidas flexíveis e consensuais. Cfr., a referência aos instrumentos internacionais na anotação ao art. 1.º, em especial, cfr., por exemplo, o art. 40.º/4 CDC, que sublinha a necessidade de previsão de medidas alternativas às medidas institucionais, e as Regras 17.1 b) e 18.1 e 19.1 das *Regras de Beijing*, que acentuam a restrição da liberdade como medida de último recurso, reduzida ao mínimo possível, devendo existir uma pluralidade de medidas, que permita a flexibilidade e evite ao máximo a institucionalização. Cfr., ainda, entre outros, o ponto 3.3.1., do Parecer do Comité Económico e Social Europeu sobre "A Prevenção da delinquência juvenil, as formas de tratamento da mesma e o papel da justiça de menores na União Europeia" (2006/ /C110/13), onde se sublinha, nomeadamente, que o *modelo de responsabilidade* assenta, entre outros princípios, na flexibilização e diversificação das reações, promovendo-se "medidas flexíveis, ajustáveis às circunstâncias do menor, de acordo com as condições, a evolução e os progressos no tratamento ou na execução da sentença, como alternativas à privação de liberdade" (ponto 3.3.1); dá-se igualmente destaque às novas tendências de justiça juvenil, salientando-se a importância de "alternativas possíveis para responder à delinquência juvenil, deixando de parte o sistema de internamento tradicional", designadamente com recurso a sistemas substitutivos ou complementares das medidas privativas da liberdade "de forma que o tratamento dos menores seja mais eficaz e sobretudo mais educativo para o seu desenvolvimento pessoal e socioprofissional" (ponto 4.1). Sublinha-se que "[a]s boas práticas europeias no âmbito da justiça de menores dividem-se em três grandes eixos: a prevenção, a intervenção educativa na própria comunidade ou em centros e a integração sociolaboral" (ponto 4.2). Ou seja, "[v]ão ganhando terreno as sanções não punitivas, como o serviço comunitário, a compensação e a reparação, a mediação com a vítima ou com a comunidade de origem, a formação profissional em práticas, ou tratamentos especiais para as toxicodependências e outras dependências, como o alcoolismo" (ponto 4.5).

6. A medida escolhida deve ser suscetível de obter a maior adesão do menor e dos seus pais, representante legal ou pessoa que tenha a sua guarda de facto (art. 6.º/1; neste seguimento, a participação dos pais ou de outras pessoas está prevista em diversos momentos processuais: o art. 22.º estabelece que o Tribunal associe os pais ou outra pessoa de referência para o menor, sempre que possível e adequado, à execução da medida; para além do disposto nos arts. 53.º/2 (comunicação da detenção), 82.º (obrigação de comparência na sessão conjunta de prova), 84.º/2 e 5 (audição sobre o plano de conduta no âmbito da suspensão do processo), também no âmbito da audiência prévia/audiência, nomeadamente na esteira dos arts. 101.º/2, b), 104.º/2, b), 109.º, 120.º, se alude à audição dos pais, represente legal ou pessoa que tenha a guarda de facto do menor). O princípio da adesão do menor e dos seus pais (ou do representante legal ou da pessoa que tenha a guarda de facto do

menor) promove a reconstrução de vínculos à comunidade e a interiorização de que é necessário alterar comportamentos, por parte dos jovens e dos pais (ou de outras pessoas), para que estes reconstruam práticas educativas (cfr. Brazão, Celso/Cunha, Magda/Mesquita, Paula, "Intervenção tutelar educativa..., *ob. cit.*, p. 101). Cumpre acentuar que, no que diz respeito à execução participada (art. 22.º), a Lei n.º 4/2015 veio reforçar o princípio da adesão dos pais ou de outras pessoas de referência para o menor ao alargar a execução participada às medidas tutelares institucionais, passando a abranger todas as medidas tutelares educativas (na linha da "Proposta de Alteração da lei Tutelar Educativa subscrita pela Comissão de Acompanhamento e Fiscalização dos Centros Educativos", abril de 2013) – cfr., art. 22.º e respetiva anotação. De resto, o envolvimento dos pais ou de outras pessoas de referência decorre de várias recomendações dos instrumentos internacionais e europeus: cfr., nomeadamente, as *Regras de Beijing* (Regras 1.3 e 15.2); a Recomendação do Comité dos Ministros do Conselho da Europa aos Estados-Membros sobre novas formas de tratar a delinquência juvenil e o papel da justiça juvenil (Rec (2003)20), de 24 de Setembro de 2003 (parte III, ponto 10) e a Resolução do Parlamento Europeu, de 21 de junho de 2007, sobre a delinquência juvenil: o papel da mulher, da família e da sociedade (2007/2011(INI)), especialmente n.º 7 e 11. Aqui se sublinha "o papel específico da família em todas as etapas do combate à delinquência juvenil ..." (n.º 7) e impele-se os Estados-Membros na formulação de "novas medidas inovadoras de abordagem judicial, como a participação directa dos pais ou tutores do menor no processo penal – desde a fase da acusação até à da aplicação da pena – conjugadas com a reeducação e o apoio psicológico intensivo, a possibilidade de escolher uma família de acolhimento para, se necessário, assegurar a educação do menor e o apoio em termos de aconselhamento e de informação aos pais, professores e alunos nos casos de comportamento violento dos menores no espaço escolar" (n.º 19).

7. Quanto à aplicação da medida tutelar educativa ao menor vale um princípio geral da não cumulação das medidas por um mesmo facto (art. 19.º/1). Este princípio comporta, no entanto, duas exceções: uma no que concerne ao acompanhamento educativo (art. 16.º/2), onde poderá conjugar-se a imposição de regras de conduta com a imposição de obrigações (art. 14.º) e /ou com a frequência de programas formativos (art. 15.º), podendo existir um «"cocktail" de medidas tutelares que vão cumular-se, na prática, relativamente ao mesmo menor, pelo mesmo facto, no mesmo processo, excepcionado a regra da não cumulação de medidas...» (cfr. RODRIGUES, Anabela Miranda/DUARTE-FONSECA, António Carlos, *ob. cit.*, p. 94, § 2); outra exceção no que diz respeito à privação do direito de conduzir ciclomotores ou de obter permissão para conduzir ciclomotores (art. 19.º/2). O motivo subjacente a esta exceção assenta na natureza desta medida, enquanto medida acessória (cfr. RODRIGUES, Anabela Miranda/DUARTE-FONSECA, António Carlos, *ob. cit.*, pp. 79 e 80, §8). Além disso, saliente-se que pode impor-se mais do que uma regra de conduta (art. 13.º), por um mesmo facto, uma vez que a medida tutelar educativa é a mesma. Para uma análise da proibição de não cumulação cfr. art. 19.º e respetiva anotação.

8. Tem-se apontado como fundamental a existência de uma perspetiva multidisciplinar na intervenção tutelar educativa de forma a obter "um conhecimento global" do jovem (cfr. as Diretrizes do Comité de Ministros do Conselho da Europa sobre a justiça adaptada às crianças, adotadas pelo Comité de Ministros do Conselho da Europa em 17 de novembro de 2010, em especial a Regra n.º 16: "No pleno respeito pelo direito da criança à vida privada e familiar, deve ser encorajada a cooperação estreita entre os diferentes profissionais, com vista a obter um conhecimento global da criança e avaliar a sua situação jurídica, psicológica, social, emocional, física e cognitiva"). Em sequência, sobretudo na execução de medidas tutelares educativas de acompanhamento educativo e de frequência de programas formativos, tem-se sublinhado a necessidade de uma intervenção tutelar educativa que vá de encontro a uma "abordagem multissistémica", "multimodal", que considere o comportamento ilícito como o resultado de diferentes fatores e variáveis, intervindo nos vários contextos de inserção do menor, considerando a relação com os seus cuidadores mais próximos, com a escola, grupo de pares e comunidade (sobre esta "abordagem multissistémica", cfr. BRAZÃO, Celso/CUNHA, Magda/MESQUITA, Paula, "Intervenção tutelar educativa...", *ob. cit.*, pp. 101 e segs.; ver também SILVA, Júlio Barbosa e, *Lei Tutelar Educativa Comentada...*, *ob. cit.*, p. 88, n.º 8).

9. *JURISPRUDÊNCIA*:

– Quanto aos critérios de escolha da medida tutelar educativa, ver o sumário do Ac. TRP 22/05/2013 (2289/12.3TAVNG.P1), disponível em *www.dgsi.pt*, consultado a 10 de janeiro de 2018:

"(...) IV – Tal como acontece com as penas, exclui-se qualquer finalidade retributiva: as medidas tutelares não são um castigo, uma expiação ou compensação do mal do crime (punitur quia peccatum est), mas visam garantir que o desenvolvimento do menor «ocorra de forma harmoniosa e socialmente integrada e responsável, tendo como referência o dever-ser jurídico consubstanciado nos valores juridicamente tutelados pela lei penal, enquanto valores mínimos e essenciais da convivência social»;

V – À semelhança do que sucede no processo penal, em que a tarefa primeira do juiz é a escolha da pena a aplicar, também no processo tutelar deve o julgador começar por ponderar e decidir qual a medida tutelar mais adequada, a que melhor serve o interesse do menor, dando-se preferência àquela que realize de forma adequada e suficiente a finalidade subjacente à sua aplicação, isto é, a socialização do menor;

VI – Na determinação da dosimetria concreta da medida a aplicar importa observar os critérios de proporcionalidade e necessidade de correcção da personalidade do menor manifestada na prática do facto e que subsista no momento da decisão.

VII – Na fixação da duração da medida concretamente aplicada, o tribunal deve ter em conta a gravidade do facto cometido, a necessidade de correcção da personalidade do menor, manifestada na prática do facto, e a actualidade dessa necessidade de correcção.

VIII – O Tribunal deve dar preferência, de entre as medidas que se mostrem adequadas e suficientes, à medida que represente menor intervenção na autonomia de decisão e de condução de vida do jovem e que seja susceptível de obter a sua maior adesão e a adesão dos pais, representante legal ou pessoa que tenha a sua guarda de facto.

IX – A escolha da medida tutelar aplicável é orientada pelo interesse do jovem (balizado pela protecção dos seus direitos fundamentais, assim se exigindo a observância no âmbito do processo tutelar educativo dos princípios da legalidade, tipicidade, oficialidade, obtenção da verdade material, contraditório, livre apreciação da prova e celeridade processual);

X – A medida, sempre de duração determinada, deve ser proporcionada à gravidade do facto e à necessidade de educação do jovem para o direito, manifestada na prática do facto e subsistente no momento da decisão".

– Cfr., quanto à escolha da medida de internamento, o Ac. TRL 31-03-2009 (processo 11250/2008-5), disponível em *www.dgsi.pt*, consultado a 2 de fevereiro de 2018.

Margarida Santos

ARTIGO 7.º
Determinação da duração das medidas

1 – A medida tutelar deve ser proporcionada à gravidade do facto e à necessidade de educação do menor para o direito manifestada na prática do facto e subsistente no momento da decisão.

2 – A duração da medida de internamento em Centro Educativo não pode, em caso algum, exceder o limite máximo da pena de prisão prevista para o crime correspondente ao facto.

A fase de determinação da medida concreta

1. O art. 7.º não sofreu alterações com a Lei n.º 4/2015, de 15 de janeiro, mantendo-se a redação originária (Lei n.º 166/99, de 14 de setembro).

2. O art. 7.º estabelece os critérios gerais de determinação da duração das medidas tutelares educativas. Como foi já abordado (cfr., anotação ao art. 2.º), além do princípio da necessidade de educação para o direito (art. 2.º), é princípio estruturante da intervenção tutelar educativa o princípio da atualidade da necessidade de educação (art. 7.º). Cfr., igualmente arts. 78.º/1, 87.º/1, c), 93.º/1, b), 110.º/ 2, e 119.º/2 e 120.º).

3. No art. 7.º/1 fixam-se os critérios a observar quanto à determinação da *medida concreta* da medida tutelar educativa. Depois da primeira operação de escolha da medida (art. 6.º), cade determinar o *conteúdo exato* da medida de acordo com o *princípio da proporcionalidade* por referência *i)* à *gravidade* do facto (a determinação da medida deve ter ligação com o facto praticado) e *ii)* à *necessidade de educação para o direito revelada na prática do facto subsistente no momento da decisão* (art. 7.º/1). Ou seja, a medida tutelar educativa, sempre de duração determinada, deve ser proporcional à gravidade do facto e à necessidade de educação do jovem para o direito, manifestada na prática do facto e subsistente no momento da decisão (cfr. arts. 7.º e 18.º/2 CRP; cfr., desde logo, a

Regra 82 das Diretrizes do Comité de Ministros do Conselho da Europa sobre a justiça adaptada às crianças, adotadas pelo Comité de Ministros do Conselho da Europa em 17 de novembro de 2010 que apela ao princípio da proporcionalidade na aplicação das medidas ou sanções a às crianças em conflito com a lei, devendo igualmente ter-se em atenção a idade, o bem-estar físico e mental e o desenvolvimento da criança, bem como as circunstâncias do caso; cfr. a Regra 17.1 das *Regras de Beijing*, de acordo com a qual "a resposta à infração será sempre proporcional não só às circunstâncias e à gravidade da infração, mas também às circunstâncias e às necessidades do jovem, assim como às necessidades da sociedade"; sobre este princípio da proporcionalidade, cfr., Cunha, M. Conceição, "Respostas à Delinquência Juvenil...", *ob. cit.*, em especial pp. 456 e segs.).

4. Na determinação da gravidade do facto será relevante avaliar, entre outros fatores, o dano, tanto material como moral, produzido pelo comportamento, a espécie, e modo de execução do facto, ou o grau de conhecimento, ou a intensidade da vontade manifestados na prática do mesmo – cfr. Rodrigues, Anabela Miranda/Duarte-Fonseca, António Carlos, *ob. cit.*, p. 72 e, entre outros, o Ac. TRL 31-03-2009 (processo 11250/2008-5), disponível em *www.dgsi.pt*, consultado a 2 de fevereiro de 2018.

5. Com efeito, cabe determinar, dentro da moldura abstrata da medida fixada pelo legislador, a medida concreta.

6. A duração da medida de internamento não pode exceder o limite máximo da pena de prisão prevista para o crime correspondente ao facto (art. 7.º/2), constituindo esta "uma barreira intransponível, mesmo que, em concreto, os objetivos educativos falhem" (Silva, Júlio Barbosa e, *Lei Tutelar Educativa Comentada...*, *ob. cit.*, p. 58).

7. Neste âmbito, questiona(va)-se se deveria proceder-se ao desconto da medida cautelar de guarda em Centro Educativo na duração da medida tutelar de internamento. Sendo a questão controversa, doutrinal e jurisprudencialmente, afigura-se relevante o entendimento perfilhado no Ac. STJ 3/2009, de 8 de outubro de 2008 (*Diário da República*, n.º 33/2009, Série I, 17-02-2009), que fixou a seguinte jurisprudência: "Não há lugar, em processo tutelar educativo, ao desconto do tempo de permanência do menor em centro educativo, quando, sujeito a tal medida cautelar, vem, posteriormente, a ser-lhe aplicada a medida tutelar de internamento". Deve, pois, o Tribunal, na determinação da duração da medida de internamento a aplicar, avaliar as necessidades de educação do menor para o direito, apurando o tempo necessário neste âmbito. Só assim não se desvirtuaria o princípio subjacente às necessidades educativas do menor (cfr. SUSANO, Helena, "A dinâmica do processo na Lei Tutelar Educativa", *Revista Julgar*, n.º 11, mai.-ago., 2010, pp. 123-127).

8. A intervenção tutelar educativa não tem, pois, carácter retrospetivo, mas apenas prospetivo, de educação, pelo que só será aplicada medida tutelar educativa se à data da decisão existirem necessidades tutelares educativas.

9. Se for aplicada medida de realização de prestações económicas ou de tarefas a favor da comunidade, na esteira do art. 20.º, o Tribunal determina a modalidade da medida; o montante e a forma da prestação económica ou a atividade, a duração e a forma da sua prestação; a entidade que acompanha a execução ou a entidade destinatária da prestação. O tribunal também poderá deferir aos serviços de reinserção social a definição da forma da prestação da atividade (art. 20.º/2) – cfr., art. 20.º e respetiva anotação.

10. *JURISPRUDÊNCIA*:

– Sobre a (escolha) e a determinação da medida tutelar educativa cfr., o sumário do Ac. TRL 25/01/2011 (2581/09.4TQLSB.L1-5), disponível em *www.dgsi.pt,* consultado a 21 de fevereiro de 2018: "I – Tal como das penas se exclui qualquer finalidade retributiva (cfr. art.º 40.º, n.º 1, do Cód. Penal), também as medidas tutelares não são um castigo, uma expiação ou compensação do mal do crime (*punitur quia peccatum est*), visam, sim, garantir que o desenvolvimento do menor ocorra de forma harmoniosa e socialmente integrada e responsável.

II – Ainda à semelhança da lei penal (art.º 70.º do Cód. Penal) que manda dar preferência às penas não privativas da liberdade, no direito tutelar de menores, o legislador definiu como directriz a prevalência das medidas não institucionais, isto é, todas as que não sejam de internamento em centro educativo, pois o que se pretende é corrigir os seus desvios comportamentais e fomentar o sentido de responsabilização, visando o seu desenvolvimento harmonioso, e não moldar o seu carácter ou impor-lhe um estilo de vida.

III – Concluindo-se que, face às profundas e notórias carências educativas a todos os níveis reveladas pelo menor que praticou factos qualificados como crime de roubo, que vem revelando tendência para práticas delitivas e a quem, já anteriormente, lhe fora aplicada medida tutelar de acompanhamento educativo que ele desprezou e não cumpriu, o internamento em centro educativo é a medida mais adequada e eficaz, esta não deve ser de curta duração: para que se reúnam as condições indispensáveis ao sucesso, mínimo que seja, da medida, esta não poderá ter uma duração inferior a dois anos.

IV – Sendo dever do Estado proteger a infância e a juventude, nomeadamente, na formação da sua capacidade de autodeterminação, incumbe-lhe, também, o dever de assegurar a paz social e os bens jurídicos essenciais da comunidade e, para tanto, há que atacar precocemente o desenvolvimento de carreiras criminosas.

V – Um menor que tem agora 16 anos de idade, está desocupado, passa os dias no bairro (problemático e conotado com práticas criminosas) onde reside, é permeável a influências do seu grupo de pares, é praticamente analfabeto, apesar de ter concluído a 3.ª classe, e revela carências educativas básicas, não está preparado para viver em sociedade (como cidadão livre, responsável, socialmente inserido e adaptado) e por isso será facilmente levado a adoptar comportamentos delinquentes.

VI – Nesse quadro, a medida de acompanhamento educativo – com metas e objectivos bem definidos e regras para cumprir – é a que se apresenta mais adequada e eficaz, pois permitirá incutir no menor o respeito pelos valores ético-jurídicos fundamentais da comunidade (que se sobreponham àqueles que no bairro pelos seus pares lhe são veiculadas e a que já aderiu) e adquirir (alguns) recursos que lhe permitam, no futuro, conduzir a sua vida de modo socialmente responsável".

Margarida Santos

ARTIGO 8.º
Aplicação de várias medidas

1 – Quando forem aplicadas várias medidas tutelares ao mesmo menor, no mesmo ou em diferentes processos, o tribunal determina o seu cumprimento simultâneo, quando entender que as medidas são concretamente compatíveis.

2 – Quando considerar que o cumprimento simultâneo de medidas tutelares aplicadas no mesmo processo não é possível, o tribunal,

ouvido o Ministério Público, substitui todas ou algumas medidas por outras ou determina o seu cumprimento sucessivo, nos termos da presente lei.

3 – No caso de aplicação de várias medidas ao mesmo menor em diferentes processos, cujo cumprimento simultâneo não seja possível nos termos do n.º 1, o tribunal determina o seu cumprimento sucessivo, nos termos da presente lei.

4 – Quando for aplicada mais do que uma medida de internamento ao mesmo menor, sem que se encontre integralmente cumprida uma delas, é efetuado, ouvido o Ministério Público, o menor e o seu defensor, o competente cúmulo jurídico de medidas, nos termos previstos na lei penal.

5 – No caso de substituição de medidas tutelares o tribunal toma em conta o disposto nos artigos anteriores do presente capítulo.

6 – Se for caso de cumprimento sucessivo de medidas tutelares, o tempo total de duração não pode ultrapassar o dobro do tempo de duração da medida mais grave aplicada, cessando, em qualquer caso, o cumprimento na data em que seu destinatário completar 21 anos.

7 – Sempre que forem aplicáveis medidas de internamento com diferentes regimes de execução, o tempo total de duração não pode ultrapassar o dobro do tempo de duração da medida mais grave aplicada, cessando, em qualquer caso, o cumprimento com o limite de idade previsto no número anterior.

Cumprimento simultâneo e sucessivo de medidas tutelares educativas; cúmulo jurídico das medidas de internamento

1. Este artigo define as regras a respeitar quando ao mesmo menor são aplicadas mais do que uma medida tutelar educativa e tem de ser relacionado com os arts. 31.º (carácter individual do processo), 19.º (não cumulação) e 6.º/4 (prática de uma pluralidade de factos).

2. O n.º 1 estabelece a regra do cumprimento cumulativo e simultâneo das medidas tutelares educativas, desde que sejam "concretamente compatíveis".

Quando não for possível o seu cumprimento simultâneo, estabelecem os n.os 2 e 3 que:

a) Se as medidas tiverem sido aplicadas no mesmo processo, o tribunal pode, conforme o caso, determinar o seu cumprimento sucessivo ou substituir todas ou algumas das medidas aplicadas por outras cuja escolha e duração respeitem os critérios definidos nos arts. 6.º e 7.º (n.º 5);

b) Se as medidas tiverem sido aplicadas em processos diferentes, o tribunal determina o seu cumprimento sucessivo.

3. Quando houver lugar à execução sucessiva de medidas, o n.º 6 deste artigo limita o tempo total da sua duração ao "dobro do tempo de duração da medida mais grave aplicada", cessando, em qualquer caso, aos 21 anos, em coerência com o disposto no art. 5.º.

A execução sucessiva encontra-se disciplinada no art. 133.º, cujo n.º 4 estabelece qual a ordem de gravidade das medidas tutelares educativas.

4. A revisão de 2015 da LTE introduziu normas específicas sobre a aplicação de medidas de internamento (atuais n.os 4 e 7), substituindo a regra da execução sucessiva pelo "cúmulo jurídica de medidas, nos termos previstos na lei penal", quando, tendo sido aplicada mais do que uma medida de internamento ao mesmo menor, não se encontre integralmente cumprida uma delas.

As questões suscitadas pelos n.os 4 e 7 deste artigo são:

4.1. Como deve interpretar-se a remissão para a lei penal?

4.2. O cúmulo jurídico engloba apenas medidas ainda por cumprir total ou parcialmente ou também as já cumpridas/extintas?

4.3. O que deve entender-se por "medida mais grave aplicada"?

4.4. O regime da medida do cúmulo pode ser agravado relativamente ao regime das medidas parcelares?

4.1. Como deve interpretar-se a remissão para a lei penal?

Ao cúmulo jurídico das medidas tutelares educativas é aplicável, com as necessárias adaptações e salvo o que neste artigo é especificamente regulado, o disposto nos arts. 77.º e 78.º CP, que assim se carateriza sumariamente:

i. Aplica-se uma única pena quando o arguido praticou vários crimes sem que tenha transitado em julgado a condenação por qualquer deles, ou se após o trânsito em julgado for condenado, por decisão também transitada em julgado, por outro ou outros crimes praticados anteriormente;

ii. Na medida da pena são considerados, em conjunto, os factos e a personalidade do agente;

iii. A pena do cúmulo tem como limite máximo a soma das penas parcelares, não podendo ultrapassar a medida máxima legalmente admitida para aquela espécie de pena, e como limite mínimo a mais elevada das penas parcelares;

iv. Desconta no cumprimento da pena única a pena que já tiver sido cumprida.

O art. 8.º LTE apenas não contém disciplina expressa quanto aos critérios de determinação da medida do cúmulo, ao seu limite mínimo e ao desconto do já cumprido. A aplicação do que sobre estes aspetos afirma a lei penal ao processo tutelar educativo significa que: a) são os critérios dos arts. 6.º e 7.º LTE que vão, agora numa avaliação global do comportamento e das necessidades educativas do menor, determinar a medida do cúmulo e a sua duração; b) a duração mínima da medida é a da medida parcelar de maior duração; e c) períodos de internamento já cumpridos em execução de medidas que integraram o cúmulo são descontados na duração da medida do cúmulo.

No que respeita aos aspetos do regime do cúmulo que a LTE expressamente define, as normas do CP constituirão um elemento de interpretação.

4.2. O cúmulo jurídico engloba apenas medidas ainda por cumprir total ou parcialmente ou também as já cumpridas/extintas?

A redação do n.º 4 suscita a questão do âmbito das medidas incluídas no cúmulo: se este abrange todas as medidas de internamento aplicadas ao menor, tenham já sido ou não cumpridas, ou se apenas abrange as medidas de internamento cujo cumprimento ainda não se iniciou ou ainda não se concluiu.

A letra da lei, por si só, não permite responder a esta questão. Pode afirmar-se que "sem que se encontre totalmente cumprida uma delas" quer "significa[r] que as medidas já cumpridas/extintas não entram no cúmulo (único sentido útil – senão dir-se-ia: «tenha ou não sido já cumprida»)" (Silva, Júlio Barbosa e, "E se todo o mundo...", *loc. cit.*, pp. 27 e 28). Contudo, a letra da lei comporta também a interpretação oposta, pois tendo sido aplicada uma medida de internamento a um menor que já cumpriu outra ou outras, há também uma medida por cumprir, a última que foi aplicada. A resposta tem de ser, pois, encontrada na razão de ser da norma e no seu relacionamento e coerência com outras que caraterizam o sentido da aplicação e execução das medidas tutelares educativas.

A consagração do cúmulo jurídico foi proposta pela Comissão de Acompanhamento e Fiscalização dos Centros Educativos, que se manifestou contra o cumprimento de medidas de internamento sucessivas, "correspondendo a períodos de internamento que cobrem toda a adolescência e contrariam direitos fundamentais e a eficácia de qualquer projecto educativo". No seu relatório do ano de 2014, advogou a "transferência do instituto penal – com provas dadas no Direito penal – do «cúmulo jurídico» de medidas tutelares para a LTE, por se verificar que o art. 8.º da mesma tem permitido que o jovem cumpra sucessiva e longamente tais medidas, arrastando-se no tempo uma situação indesejável e com pouca prognose de êxito, no que tange aos objectivos da intervenção tutelar educativa" (Comissão de Acompanhamento e Fiscalização dos Centros Educativos, *Relatório 2014*).

Substituiu-se, expressamente, o regime de cumprimento sucessivo de medidas de internamento pelo "cúmulo jurídico" [apesar de contraditoriamente se ter mantido inalterada a norma do art. 133.º/3, b)] e afirmou-se que o tempo máximo de duração do cumprimento sucessivo de medidas (n.º 6) se aplica à medida do cúmulo (n.º 7) – "o dobro do tempo de duração da medida mais grave aplicada". Esta duração máxima do tempo de internamento (que, no limite, pode atingir os 4 ou os 6 anos – cf. art. 18.º) tem de ser compreendida em função do período temporal a que é aplicável (factos praticados entre os 12 e os 16 anos, tendo os 21 anos como idade limite de execução) e das finalidades das medidas e dos critérios da sua escolha afirmados nos arts. 2.º e 6.º.

Ou seja, foi estabelecido um limite máximo ao período de internamento em centro educativo durante a janela temporal em que são aplicáveis ou exequíveis medidas tutelares educativas, que obriga a uma reavaliação do percurso institucional do menor sempre que lhe é aplicada uma nova medida de internamento, independentemente de a anterior ou anteriores se encontrarem já cumpridas ou não, à luz das necessidades educativas, da afirmação da sua autonomia e inserção social e do seu superior interesse.

4.3. O que deve entender-se por "medida mais grave aplicada"?

Tendo as medidas regimes diferentes, tem-se debatido se, ao referir "o dobro do tempo de duração da medida mais grave aplicada" (n.º 7), a lei quer significar o dobro do tempo da medida de maior duração ou o dobro do tempo da medida mais grave segundo o critério do art. 133.º/4.

A regra estabelecida no n.º 7 é idêntica à estabelecida no n.º 6 – o limite temporal das medidas aplicadas ao mesmo menor é o dobro da duração da medida mais grave aplicada. O sentido de medida mais grave não pode ser diferente nas medidas não institucionais e nas medidas institucionais. Em ambas tem de ser entendido com o sentido do regime mais restritivo conforme o estabelecido no art. 133.º/4. Pelo que, quando ao mesmo menor forem aplicadas medidas de internamento em diferentes regimes, a medida máxima do cúmulo é o dobro do tempo de duração da medida de regime mais restritivo. Neste sentido se manifestou já Rui Jorge Guedes Faria de Amorim, que apresentou o seguinte exemplo: "se ao jovem tiverem sido aplicadas duas medidas de internamento em regime aberto por um ano cada, uma medida de internamento em regime semiaberto por um ano e meio e uma medida internamento em regime fechado por um ano, então, o limite do cúmulo jurídico de medidas será o internamento em regime fechado por dois anos (art. 8.º/7)" (Amorim, Rui Jorge Guedes Faria de, "Fundamento e Alcance da Recente Revisão da Lei Tutelar Educativa", *Revista do Centro de Estudos Judiciários*, 2015-II, pp. 168 e 169).

Se as medidas de internamento tiverem o mesmo regime, a duração máxima do cúmulo será o dobro da medida de maior duração. Assim como se tiver sido aplicada mais do que uma medida num regime mais restritivo, também a duração máxima do cúmulo será o dobro daquela que tiver maior duração.

Aplica-se à duração da medida do cúmulo o estabelecido no art. 7.º/2.

4.4. O regime da medida do cúmulo pode ser agravado relativamente ao regime das medidas parcelares?

Não se verifica qualquer impedimento legal a que a medida de internamento do cúmulo tenha um regime mais restritivo do que as medidas cumuladas, desde que possa ser aplicado aos factos praticados e ao menor, por estarem satisfeitos os requisitos estabelecidos no art. 17.º.

Se esse agravamento é possível na revisão de medidas em execução [em caso de medida não institucional, pode ser ordenado o internamento em regime semiaberto [art. 138º/2.d)]; em caso de medida institucional, pode ser substituído o regime de execução por outro mais grave (art. 139.º/2, c)], pode sê-lo também em resultado de cúmulo jurídico, que constitui uma nova avaliação do comportamento e necessidades educativas do menor provocada pela prática de novos factos que conduziram à aplicação de nova medida de internamento.

5. Quanto ao tribunal competente para efetuar o cúmulo jurídico de medidas de internamento, nos casos de conhecimento superveniente do concurso, aplica-se o art. 471.º/2 CPP.

Rui do Carmo

CAPÍTULO II
Conteúdo das medidas

ARTIGO 9.º
Admoestação

A admoestação consiste na advertência solene feita pelo juiz ao menor, exprimindo o carácter ilícito da conduta e o seu desvalor e consequências e exortando-o a adequar o seu comportamento às normas e valores jurídicos e a inserir-se, de uma forma digna e responsável, na vida em comunidade.

Admoestação

1. As medidas tutelares educativas respeitam o princípio da legalidade (art. 4.º), estando elencadas por ordem crescente de gravidade (art. 133.º/4). A admoestação é a medida tutelar educativa que aparece em primeiro lugar (art. 4.º/1, a)), exatamente por ser a medida mais suave, a menos limitativa dos direitos do menor.

2. A admoestação está também prevista como medida de correção, no regime jurídico para jovens adultos (art. 7.º Dec.-Lei n.º 401/82, de 23 de setembro), que a define como advertência, indicando a sua forma (solene e pública), mas nada dizendo sobre o seu conteúdo.

3. Por seu turno, o CP prevê a admoestação (art. 60.º), enquanto pena de substituição da multa, descrevendo a sua forma (oral e solene) e o lugar onde é proferida (audiência), mas, quanto ao conteúdo, apenas a qualifica como "censura" ao agente do crime.

4. Já o art. 9.º LTE define de modo bastante completo a forma e o conteúdo desta medida tutelar educativa.

5. Trata-se de uma advertência solene proferida pelo juiz ao menor, ou seja, está em causa uma chamada de atenção expressa de modo grave, visando infundir respeito; o facto de tal advertência se dirigir a um menor não lhe deve retirar seriedade, ao invés, será importante, para alcançar finalidades ressocializadoras, que tal advertência seja levada muito a sério pelo menor, suscitando respeito, não devendo, assim, ser proferida de modo ligeiro, pouco atento ou apressado.

6. Tal advertência deverá exprimir o caráter ilícito da conduta e o seu desvalor e consequências. Assim, esta chamada de atenção visa esclarecer/consciencializar o menor acerca da gravidade do seu comportamento, que contraria valores fundamentais da comunidade (a prática de um facto qualificado pela lei como crime atenta sempre contra valores fundamentais – art. 18.º/2 CRP). É importante que esta advertência cumpra a função de consciencialização do jovem acerca dos valores que violou e das consequências nefastas de tal conduta: por exemplo, que consciencialize o menor da gravidade de injuriar ou bater noutra pessoa ou de danificar ou furtar um objeto, chamando a atenção para os efeitos lesivos de tal conduta na pessoa da vítima.

7. A referência às "consequências" da conduta pode abranger ainda um outro sentido (referindo-se apenas a este sentido, Rodrigues, Anabela Miranda/Fonseca, António, *Comentário da Lei Tutelar Educativa*, Coimbra, Coimbra Editora, 2003, p. 76 e Silva, Júlio, *Lei Tutelar Educativa Comentada*..., *ob. cit.*, p. 63): o de chamar a atenção do menor para as consequências futuras da repetição de tal conduta (ou do mesmo tipo de condutas), ou seja, um sentido de intimidação/aviso, pois tal repetição poderá implicar a aplicação de uma medida mais grave (mais restritiva dos direitos do menor). Contudo, para abranger este sentido, melhor seria, em nossa opinião, que tal referência se fizesse na última parte do preceito (no âmbito da exortação do menor a inserir-se de forma digna e responsável na comunidade).

8. Por fim, tal advertência deve ainda exortar o menor a adequar o seu comportamento às normas e valores jurídicos e a inserir-se, de forma digna e responsável, na vida em comunidade: depois de consciencializar o menor acerca da gravidade do seu comportamento, depois de se apelar a uma reflexão virada para o passado, cumpre olhar para o futuro, apelando à mudança de atitude/comportamento, incentivando o menor a respeitar os valores fundamentais da comunidade, "fazendo-o interiorizar a ideia de que, no futuro, deve pautar a sua atuação de acordo com as regras de normal convivência social" (BOLIEIRO, Helena/GUERRA, Paulo, *A Criança e a Família – uma Questão de Direitos(?)*, 2.ª ed., Coimbra, Coimbra Editora, 2014, p. 129). Está aqui presente a finalidade de educação para o direito – art. 2.º-, finalidade que é comum a todas as medidas tutelares educativas, para dar resposta às necessidades de educação para o direito, que devem subsistir no momento da sua aplicação – art. 7.º/1 (sobre a finalidade de educação do jovem para o direito, cfr., RODRIGUES, Anabela, "Repensar o Direito de Menores...", *loc. cit.*, em especial pp. 355 e segs.; GERSÃO, Eliana, "Um século de justiça de menores em Portugal...", *ob. e loc. cit.*, p. 1390, salientando que não se visa a educação global do menor, mas a sua educação para o direito; CUNHA, M. Conceição, "Respostas à Delinquência Juvenil – Do internamento para a vida em liberdade: primeiros passos para a inserção social dos jovens", *Revista Portuguesa de Ciência Criminal*, n.º 1 a 4, 2016, em especial pp. 460 e segs.).

9. Deverá ainda salientar-se que esta advertência solene, visando a referida consciencialização e exortação, não pode, de modo algum, lesar a dignidade do menor. Seriedade e solenidade da advertência nada têm em comum com atitudes de desrespeito e desvalorização do jovem. Ao invés, a exortação ao respeito pelos valores da comunidade apenas surtirá o efeito desejado se o juiz se mostrar respeitador da dignidade do jovem.

10. Porém, esta medida suscita algumas dúvidas relativamente à sua eficácia educativa/ressocializadora. Duvida-se da sua potencialidade para incutir no jovem o respeito pelos valores fundamentais da comunidade, ou apenas se reconhece tal potencialidade em casos raros – naqueles em que o jovem, para além de não ter cometido factos graves e que demonstrem elevadas necessidades de educação para o direito (arts. 6.º e 7.º), demonstre capacidade de reflexão e interiorização (o que se relaciona ainda, evidentemente, com aquelas menores necessidades educativas).

11. Pode, no entanto, detetar-se aqui uma certa contradição ou até paradoxo: se o caso é pouco grave, tendo em conta o princípio da mínima intervenção (art. 6.º e art. 18.º/2 CRP), por que não se resolveu em fase de inquérito, no âmbito da suspensão provisória do processo (art.

84.º), que abrange um leque variado de estratégias/injunções (onde se pode incluir a própria advertência ao menor), flexíveis, dirigidas à ressocialização do menor e adequadas a cada situação concreta? Por que chegou o caso à audiência de julgamento – ainda que se trate de audiência prévia (arts. 93.º e segs.)? (Cfr., em sentido idêntico, SILVA, Júlio, *Lei Tutelar Educativa Comentada...*, *ob. cit.*, p. 63).

12. Assim, tendo em consideração estas dúvidas, conclui-se que a aplicação da admoestação deverá ser residual (esta medida não consta das estatísticas, nem encontramos qualquer referência à admoestação *in http://www.dgrs.mj.pt/c/portal/layout?p_l_id=PUB.1001.37*, consultado a 4 de abril de 2017), quando haja necessidades de educação para o direito (caso contrário deveria ter havido arquivamento – arts. 78.º, 86.º e 93.º/1, b)), não tendo sido possível a aplicação da suspensão do processo: imagine-se que o menor já fora sujeito a medida tutelar anterior (art. 84.º/1, b)) ou que, no momento em que se poderia ter optado pela suspensão do processo, não evidenciou estar disposto a evitar, no futuro, a prática dos outros crimes (art. 84.º/1, c), tendo, entretanto, melhorado a sua atitude (de tal modo que passou a ser considerada suficiente a admoestação).

13. As regras de execução desta medida constam do art. 140.º – saliente-se que a admoestação será executada de imediato se houver renúncia ao recurso (note-se que a decisão que aplique esta medida, tal como a decisão que aplique qualquer medida tutelar educativa, é recorrível – art. 121.º/1, c)).

14. Esta medida está sujeita a registo, tal como todas as outras medidas tutelares educativas (art. 210.º).

CONCEIÇÃO FERREIRA DA CUNHA

ARTIGO 10.º
Privação do direito de conduzir

A medida de privação do direito de conduzir ciclomotores ou de obter permissão para conduzir ciclomotores consiste na cassação ou na proibição de obtenção da licença, por período entre um mês e um ano.

Privação do direito de conduzir

1. Esta é a medida tutelar educativa que aparece em segundo lugar no elenco das medidas (art. 4.º/1, b), sendo considerada, assim, das medidas menos restritivas de direitos do menor (art. 133.º/4).

2. Esta medida pode ser aplicada, por um mesmo facto, cumulativamente com outra medida (art. 19.º/2), conferindo-lhe, neste caso, a qualidade de medida acessória (à semelhança da inibição de conduzir – art. 69.º CP –, que é uma pena acessória, e da cassação do título e interdição da concessão do título de condução de veículo motor – art. 101.º CP –, que é uma medida de segurança) e constituindo uma exceção ao princípio geral da não cumulação das medidas (art. 19.º/1). Exemplificando, RODRIGUES, Anabela Miranda/DUARTE-FONSECA, António Carlos, *ob. cit.*, p.76, referem-se à possibilidade de aplicação cumulativa desta medida e da obrigação de frequência de programas formativos de educação rodoviária (art. 15.º); v. também, SILVA, Júlio, *Lei Tutelar Educativa Comentada...*, *ob. cit.*, p. 80, § 9.

3. A medida pode ser aplicada quer a jovens titulares de licença, sendo-lhes tal licença retirada (cassada) e proibindo-se a emissão de nova licença, quer a jovens que não a possuam, ficando impedidos de a obter. O período de cassação ou de proibição será determinado pelo juiz, dentro dos limites legais (de um mês a um ano), tendo em consideração a gravidade do facto ilícito praticado e a necessidade de educação para o direito, manifestada na prática do facto e subsistente no momento de aplicação da medida (art. 7.º/1).

4. Saliente-se que, desde o Dec.-Lei n.º 209/98 (art. 37.º), existem licenças especiais de condução de ciclomotores para jovens entre os 14 e os 16 anos. Estas licenças especiais estão atualmente previstas no art. 10.º Regulamento da Habilitação Legal para Conduzir (Dec.-Lei n.º 40/2016, de 29 de julho, que altera o Código da Estrada e aprova o Regulamento da Habilitação Legal para Conduzir, transpondo parcialmente a Diretiva n.º 2006/126/CE, do Parlamento Europeu e do Conselho, de 20 de dezembro, alterada pelas Diretivas n.os 2009/113//CE, da Comissão, de 25 de agosto, e 2011/94/UE, da Comissão, de 28 de novembro, relativas à carta de condução), exigindo o cumprimento de certos requisitos, tais como: autorização da pessoa que exerça as responsabilidades parentais (o regulamento refere-se a "poder paternal", mas a designação atual é "responsabilidades parentais"), atestado médico comprovativo da aptidão física e mental exigida ao exercício da condução, certificado escolar de frequência, no mínimo, do 7.º ano de escolaridade, com aproveitamento no ano letivo anterior; aprovação em exame de condução, após frequência de ação especial de formação ministrada por entidade autorizada para o efeito pelo IMT, I. P. Note-se que o programa de formação, a sua duração, bem como os requisitos a preencher pelas entidades formadora e examinadora, são definidos por portaria dos membros do Governo responsáveis pelas áreas da administração interna, dos transportes e da educação e ciência (n.º 2 do art. 10.º RHLC).

Estas licenças especiais caducam quando o seu titular completar 16 anos de idade, mas, nos seis meses subsequentes à caducidade do título, pode ser requerida a emissão de carta de condução da categoria AM com dispensa de exame. Porém, a licença de condução é cancelada seis meses após o seu titular completar os 16 anos de idade. A licença também é cancelada quando se verificar que o seu titular praticou infração rodoviária sancionada com pena acessória de proibição ou inibição de conduzir.

5. O conceito de ciclomotor vem descrito no art. 107.º/2 Código da Estrada: ciclomotor é o veículo dotado de duas ou três rodas, com uma velocidade máxima, em patamar e por construção, não superior a 45 km/h, e cujo motor: a) no caso de ciclomotores de duas rodas, tenha cilindrada não superior a 50 cm3, tratando-se de motor de combustão interna ou cuja potência máxima não exceda 4 kW, tratando-se de motor elétrico; b) No caso de ciclomotores de três rodas, tenha cilindrada não superior a 50 cm3, tratando-se de motor de ignição comandada ou cuja potência máxima não exceda 4 kW, no caso de outros motores de combustão interna ou de motores elétricos.

6. Tendo em consideração a possibilidade de jovens entre os 14 e os 16 anos obterem licenças especiais para conduzir ciclomotores, compreende-se que existissem relevantes expectativas aquando da criação desta medida tutelar educativa, expectativas fundadas na sua potencialidade para dissuadir os jovens de praticar factos ilícitos, restringindo um direito que lhes era/é "particularmente caro", em razão da crescente "apetência dos adolescentes pela utilização e condução de ciclomotores" (Rodrigues, Anabela Miranda/Duarte-Fonseca, António, *ob. cit.*, p. 78, § 4.).

7. Porém, passando o "teste da realidade", esta medida vem sendo questionada, pelo menos enquanto medida autónoma.

8. Assim, o GT-LTE propôs a eliminação desta medida tutelar, considerando a sua escassa aplicação prática. Na verdade, o Relatório refere-se mesmo à sua "inexistente aplicação prática" (cfr., Furtado, Leonor (coord.) *et. al.*, *Relatório final do... ob. cit.*, p. 56) e ao difícil controlo do seu cumprimento. Já Júlio Silva critica a sua previsão autónoma, porquanto a cassação ou a proibição de concessão da licença de conduzir sempre poderia ser aplicada no âmbito do art. 13.º (imposição de regras de conduta) ou do art. 14.º (imposição de obrigações), dada a abertura destas medidas tutelares (*Lei Tutelar Educativa Comentada...*, *ob.cit.*, p. 64, nº 1). Por seu turno, Bolieiro, Helena/Guerra, Paulo, *ob. cit.*, pp. 131 e 139, são também críticos desta medida, parecendo-lhes "limitadora dos objetivos visados com a aplicação de medidas tutelares e que são mais do que a simples prevenção da delinquência juvenil", considerando esta medida "uma simples medida de segurança não privativa da liberdade".

9. Apesar destas críticas, a primeira revisão da LTE, pela Lei n.º 4/ /2015, manteve o art. 10.º inalterado.

10. Note-se que esta medida parece mais adequada no caso da prática de crimes relacionados com a condução rodoviária – p. ex., condução em estado de embriaguez ou sob efeito de drogas (art. 292.º CP), condução perigosa (art. 291.º CP), roubos (art. 210.º) por esticão com uso de veículo.

11. Porém, estes crimes seriam sancionadas com a pena acessória de inibição de conduzir (art. 69.º CP) – evidentemente, no caso de o agente ter 16 anos ou mais no momento da prática do facto, ou seja, se o agente fosse imputável (art. 19.º CP); assim, segundo o citado art. 10.º do RHLC, estes casos conduzem ao cancelamento da licença de condução. Por outro lado, de acordo com o art. 148.º Código da Estrada, a prática de contraordenações graves e muito graves pode conduzir à cassação do título de condução.

12. A previsão destas consequências para a prática de crimes e de contraordenações coloca a questão de saber se ainda haverá necessidade de se continuar a prever a medida tutelar de privação do direito de conduzir, enquanto medida autónoma.

13. O tribunal associa à execução da medida, sempre que tal seja possível e adequado aos fins educativos, os pais ou outras pessoas de referência para o menor (art. 22.º).

14. A decisão que aplique esta medida, tal como a decisão que aplique qualquer medida tutelar educativa, é recorrível (art. 121.º/1, c)).

15. Esta medida, tal como todas as outras medidas tutelares educativas, está sujeita a registo (art. 210.º).

Conceição Ferreira da Cunha

ARTIGO 11.º
Reparação ao ofendido

1 – A reparação ao ofendido consiste em o menor:

a) Apresentar desculpas ao ofendido;

b) Compensar economicamente o ofendido, no todo ou em parte, pelo dano patrimonial, exclusivamente através de bens ou verbas que estejam na disponibilidade do menor;

c) Exercer, em benefício do ofendido, atividade que se conexione com o dano, sempre que for possível e adequado.

2 – A apresentação de desculpas ao ofendido consiste em o menor exprimir o seu pesar pelo facto, por qualquer das seguintes formas:

a) Manifestação, na presença do juiz e do ofendido, do seu propósito de não repetir factos análogos;

b) Satisfação moral ao ofendido, mediante ato que simbolicamente traduza arrependimento.

3 – O pagamento da compensação económica pode ser efetuado em prestações, desde que não desvirtue o significado da medida, atendendo o juiz, na fixação do montante da compensação ou da prestação, apenas às disponibilidades económicas do menor.

4 – A atividade exercida em benefício do ofendido não pode ocupar mais de dois dias por semana e três horas por dia e respeita o período de repouso do menor, devendo salvaguardar um dia de descanso semanal e ter em conta a frequência da escolaridade, bem como outras atividades que o tribunal considere importantes para a formação do menor.

5 – A atividade exercida em benefício do ofendido tem o limite máximo de doze horas, distribuídas, no máximo, por quatro semanas.

6 – A medida de reparação nas modalidades previstas nas alíneas b) e c) do n.º 1 exige o consentimento do ofendido.

Reparação ao ofendido

1. Esta é a medida prevista em terceiro lugar no elenco das medidas tutelares educativas (art. 4.º/1, c)), que as ordena segundo o seu crescente grau de gravidade (art. 133.º/4).

2. Em nossa opinião trata-se de uma medida com elevado potencial educativo, pois radica na consciencialização do menor acerca do mal causado à vítima, no seu arrependimento e na assunção de um comportamento reparador. Em sentido semelhante cfr., "Reinserção Social Justiça de Crianças e Jovens": "Esta medida visa incutir o sentido da responsabilidade e consciencializar o jovem para os prejuízos provocados pela sua conduta e dar-lhe a possibilidade de manifestar o seu arrependimento e/ou compensar o ofendido de acordo com as suas capacidades e disponibilidade"(*http://www.dgrs.mj.pt/c/portal/layout?p_l_id=PUB.1001.37*, consultado a 4 de abril de 2017). Insere-se, assim, na ideia de justiça reparadora e consensual, alcançando, de um só passo, várias finalidades (incindivelmente relacionadas): a reparação da vítima, a pacificação social e a educação do menor para o direito, finalidade primordial das medidas tutelares (art. 2.º) – em sentido próximo, Guerra, Paulo, "Lei Tutelar Educativa – para onde vais?", *Julgar*, n.º 11, 2010, (*http://julgar.pt/wp-content/uploads/2015/10/099-108-LTE-para-onde-vais.pdf*, consultado a 4 de abril de 2017); Silva, Júlio, *Lei Tutelar Educativa Comentada..., ob. cit.*, p. 66, Rodrigues, Anabela Miranda/Duarte-Fonseca, António Carlos, *ob. cit.*, p. 81, § 2.

3. É evidente, porém, que esta medida supõe a adesão do menor e do ofendido. Só assim surtirá os efeitos desejados. Nas palavras de Rodrigues, Anabela Miranda/Duarte-Fonseca, António Carlos, *ob. cit.*, p. 81 (§ 2), que subscrevemos: "Se a adesão do menor (art. 6.º n.º 1) constitui fator de primordial importância para o êxito da execução e para alcançar os fins das medidas tutelares educativas em geral, nesta medida em particular, em qualquer das suas modalidades, a adesão do menor, a sua participação e envolvimento motivados, assumem o relevo de condição quase absoluta".

4. Mas também a adesão do ofendido é importante, estando expressamente previsto o seu consentimento como requisito para a aplicação da medida nas modalidades de compensação económica e de atividade em favor do ofendido (n.º 6) e, de certo modo, implicitamente (não propriamente o seu consentimento, mas pelo menos a sua não oposição), na modalidade de apresentação de desculpas, uma vez que estas deverão ser expressas na sua presença. Sendo assim, esta medida implica a presença do ofendido na audiência, ou, no caso da compensação económica e das tarefas, não estando presente, impõe-se a sua prévia aquiescência, por escrito, em documento acessível nos autos (neste sentido, SILVA, Júlio, *Lei Tutelar Educativa Comentada…, ob. cit.*, p. 69, n.º 3).

5. Deve relevar-se que esta medida tutelar educativa está em sintonia com as diretrizes dos instrumentos internacionais em matéria de delinquência juvenil, enquadrando-se na denominada "justiça amiga das crianças", que privilegia as medidas não privativas da liberdade e, dentro destas, as medidas reparadoras e consensuais, assim como formas de pacificação/resolução dos conflitos que apelem à mediação.

6. Para além de vários instrumentos no seio das Nações Unidas, em especial, as *Regras de Beijing* – Regras Mínimas das Nações Unidas para Administração da Justiça de Menores, adotadas pela Assembleia Geral das Nações Unidas em 1985, através da Resolução 40/33 –, os *Princípios de Riade* – Princípios Orientadores das Nações Unidas para Prevenção da Delinquência Juvenil, adotados pela Assembleia Geral das Nações Unidas em 1990, através da Resolução 45/112 –, as *Regras de Havana* – Regras das Nações Unidas para a Proteção dos Jovens Privados da Liberdade, adotadas pela Assembleia Geral das Nações Unidas em 1990, através da Resolução 45/113 – e as *Regras de Tóquio* – Regras Mínimas das Nações Unidas para a Elaboração de Medidas Não Privativas da Liberdade, adotadas pela Assembleia Geral das Nações Unidas em 1990, através da Resolução 45/110 –, saliente-se, no âmbito europeu, o Parecer do Comité Económico e Social Europeu sobre a "Prevenção da delinquência juvenil, as formas de tratamento da mesma e o papel da justiça de menores na União Europeia" (2006/C110/13, de 15 de março de 2006), relevando as vantagens das medidas de reparação, pelo seu "elevado valor pedagógico" e a Recomendação do Conselho de Ministros dos Estados Membros da União Europeia para os jovens infratores sujeitos a sanções ou medidas (CM/Rec (2008)11), que refere, no ponto n.º 12: "A mediação ou outras medidas restaurativas devem ser encorajadas em todos os momentos da intervenção com jovens", assim como as Diretrizes do Comité de Ministros do Conselho da Europa (de 7 de novembro de 2010) sobre a "justiça adaptada às crianças" (ou"uma justiça amiga das crianças"), estabelecendo os princípios do superior interesse da criança, do respeito e participação. O Conselho da Europa para a Justiça Juvenil desenvolveu ainda três livros verdes (*Green Papers*)para uma "justiça amiga das crianças" e um livro branco (*White Paper)* sobre as consequências da crise na justiça "amiga das crianças". Impõe-se ainda a referência à Recomendação N.º R(99)19 sobre mediação em matéria penal, aprovada pelo Conselho da Europa e à Diretiva 2012/29/EU do Parlamento Europeu e do Conselho, no sentido da justiça restaurativa e, ainda, ao *Projeto Europeu REVIJ*, que conduziu uma investigação para se averiguar do cumprimento da referida diretiva e comparar práticas restaurativas ("Reparation to the victim in the European Juvenile Justice Systems: Comparative analysis and transfer of best practices". (JUST/JPEN/AG/4513) – O relatório de Portugal pode encontrar-se *in* *http://www.fep.porto.ucp.pt/sites/default/files/files/FEP/CEDH/docs/Primeiro_Relatorio_Portugal_Final.pdf*, consultado a 7 de abril de 2017.

7. A medida de reparação ao ofendido abrange três modalidades distintas: a apresentação de desculpas, a compensação económica e o exercício, em benefício do ofendido, de atividade que se conexione com o dano causado.

8. A apresentação de desculpas deve exprimir arrependimento sincero, genuíno, podendo traduzir-se na expressão de pesar pelo facto praticado e promessa de não repetir atos análogos e/ou em ato simbólico que exprima tal arrependimento – por vezes há gestos mais significativos do que palavras (p. ex., oferecer um desenho ou um doce feito pelo próprio, oferecer um ramo de flores). Mas, qualquer que seja a forma usada para este pedido de desculpas, deverá ser adequada à satisfação moral do ofendido. Como a lei não exige o consentimento do ofendido, mas apenas a sua presença, não terá de se verificar, efetivamente, a satisfação moral do lesado, mas a referida adequação da conduta a tal satisfação moral; ou seja, a opinião do lesado no sentido da insuficiência de tal medida (ou da forma como foi prestada) para o seu ressarcimento poderá não obstar à aplicação da medida. Assim, embora estejamos no âmbito de uma medida tutelar educativa próxima da justiça reparadora e consensual, não estamos propriamente, nesta primeira modalidade da medida, no âmbito da reparação (nem da mediação, sem intervenção do juiz), pois nesse caso teria de se exigir o consentimento/satisfação efetiva do lesado (neste sentido, RODRIGUES, Anabela Miranda/DUARTE-

-Fonseca, António Carlos, *ob. cit.*, p. 82, § 3). Porém, é importante a participação/recetividade do ofendido, próxima da adesão, pois se o ofendido estiver frontalmente contra esta medida, manifestando uma atitude de hostilidade em relação ao menor, então, tal medida perderá a sua finalidade educativa, principal finalidade de qualquer medida tutelar (sobre esta finalidade, cfr., art. 9.º/8) e também o seu sentido reparador e pacificador (cfr. também, Silva, Júlio, *Lei Tutelar Educativa Comentada..., ob. cit.*, p. 67). No entanto, no âmbito da audiência preliminar (art. 104.º/3, b)) pode ser pedida a colaboração de serviços de mediação para se encontrar uma medida consensual (salvo a medida de internamento), a qual pode consistir nesta medida (art. 11.º), em qualquer uma das suas modalidades – não se tratando ainda de mediação sem intervenção do juiz. Saliente-se que, embora a mediação penal tenha sido concetualizada como um importante instrumento educativo, raramente é utilizada na justiça juvenil (Observatório Permanente da Justiça Portuguesa (OPJP), *Entre a lei e a Prática: Subsídios para uma Reforma da lei Tutelar Educativa*).

9. Se o facto praticado provocar danos patrimoniais poderá ser escolhida a modalidade de compensação económica, que supõe o consentimento do ofendido, aceitando a quantia entregue. A finalidade educativa (e também a reparadora/pacificadora do conflito) implica uma certa proporcionalidade entre o dano causado, as necessidades de educação para o direito e a disponibilidade económica do menor, podendo, assim, a compensação ser total ou parcial (art. 7.º). A finalidade educativa impõe que se onere efetivamente a esfera patrimonial do menor, não a dos seus pais, embora se trate de requisito difícil de controlar. Na verdade, o juiz deverá ter em consideração, por exemplo, a mesada do menor e/ou, eventualmente, o rendimento do seu trabalho (se o menor, que entretanto atingiu os 16 anos, tiver rendimentos do trabalho); mas não só será raro que o menor já exerça uma atividade profissional, como será difícil controlar a eventual dádiva dos pais para cobrir este pagamento... Tendo em consideração estas dificuldades, esta modalidade da medida tem sido questionada: "Qual a eficácia educativa e pedagógica das reparações pecuniárias... quando, não tendo o jovem idade para desenvolver (ou não desenvolvendo) qualquer atividade remunerada, são os seus pais ou representantes legais que desembolsam o valor pecuniário da compensação em que é sancionada? Como fazer sentir ao jovem, através desta medida, que está a ser responsabilizado pela prática do facto em causa?" (Guerra, Paulo, "Lei Tutelar Educativa: para onde vais?", *loc. cit.*, pp. 99 e segs.; também neste sentido, Bolieiro, Helena/Guerra, Paulo, *ob. cit.*, p. 133). No sentido da eliminação desta modalidade da medida pronunciou-se o GT-LTE (cfr., Furtado, Leonor (coord.) *et. al.*, *Relatório final do... ob. cit.*, pp. 56-57).

11. No entanto, apesar destas críticas, a Lei n.º 4/2015 manteve esta modalidade da medida tutelar, reforçando expressamente a ideia de que a compensação económica deverá onerar "exclusivamente bens ou verbas na disponibilidade do menor", ao inserir este requisito logo no n.º 1, b). Note-se ainda que, no n.º 3, que se refere ao modo de pagamento, já se exigia (e tal exigência manteve-se) que, na fixação do montante da compensação ou da prestação, o juiz atenda apenas às disponibilidades económicas do menor. Saliente-se ainda que o pagamento poderá ser feito em prestações, desde que tal não obste ao sentido da medida, ou seja, desde que não se trate de prestações tão insignificantes que não sejam adequadas a responsabilizar/educar o menor para o direito.

12. Outro problema que se coloca, neste âmbito, diz respeito à eventual cumulação de compensações económicas – pela via da medida de reparação do ofendido e pela indemnização do lesado em processo cível. Note-se que não há princípio de adesão (art. 91.º), até porque se pretende que o processo tutelar educativo se centre no menor e seja o mais célere possível; saliente-se ainda que as finalidades desta medida tutelar e as finalidades indemnizatórias são distintas: a medida tutelar tem por finalidade primordial a educação do menor para o direito e a defesa do seu superior interesse (art. 2.º), enquanto a finalidade da ação de indemnização é a de ressarcir o lesado da totalidade do dano sofrido (sobre este princípio de não adesão cfr., "Exposição de Motivos", n.º 21, *in* Rodrigues, Anabela Miranda/Duarte-Fonseca, António Carlos, *ob. cit.*, p. 48). Porém, o lesado pode ser ressarcido através de ambos os institutos. A resposta para este problema parece-nos ser a seguinte: não poderá haver duplicação de compensações económicas, ao ponto de se ultrapassar o montante necessário ao ressarcimento do lesado, pois tal provocaria um "enriquecimento sem causa". Assim, a medida de reparação ao ofendido na modalidade de compensação económica total pelo dano deverá extinguir a obrigação de indemnizar, caso em que o lesado já não poderá interpor uma ação cível autónoma; a compensação económica parcial não obstará à ação cível, mas imporá uma redução da indemnização (por analogia com o instituto previsto no art. 82.º-A CPP).

13. O exercício de atividade em favor do ofendido é a modalidade mais aplicada no âmbito desta medida tutelar e parece-nos ser, de facto, a que apresenta melhor potencialidade responsabilizante/educativa. Impor ao menor o exercício de uma tarefa em prol do ofendido, tarefa que deverá estar relacionada com o dano causado, geralmente no sentido reparador de tal dano, poderá ajudar o jovem a tomar consciência das consequências dos seus atos, apercebendo-se do esforço necessário à reparação do mal causado: por exemplo, limpar as paredes da casa que o jovem riscou, sujou ou pintou, limpar o jardim que incendiou e replantar as árvores... Porém, é preciso também algum cuidado na escolha desta modalidade da medida e da atividade a exercer, porquanto, geralmente, o jovem estará próximo da vítima enquanto exerce a atividade; para que a medida resulte são necessárias as genuínas aceitação/adesão da vítima e do menor, só assim sendo previsível uma pacífica convivência, ou, pelo menos, uma pacífica coexistência (em sentido próximo, RODRIGUES, Anabela Miranda/DUARTE-FONSECA, António Carlos, *ob. cit.*, p. 83, § 5, referindo outros exemplos).

14. O respeito pelos direitos do menor impõe ainda outros cuidados na aplicação desta medida. A atividade não pode implicar esforços excessivos, desproporcionais, tendo em consideração a idade do menor e as suas caraterísticas físicas e psicológicas, nem deveres humilhantes, lesivos da sua dignidade, não devendo também prolongar-se demasiado no tempo. Na verdade, não está neste âmbito expressamente prevista uma norma correspondente (ou semelhante) à do n.º 3 do art. 13.º, que proíbe regras de conduta que representem "limitações abusivas ou desrazoáveis à autonomia de decisão e condução de vida do menor". Mas, para além daquela norma poder ser aplicada aqui por analogia, as proibições que enunciámos decorrem do princípio do "superior interesse do menor" (art. 6.º/3) e dos próprios princípios e valores constitucionais de um Estado de Direito, cujo pilar é o respeito pela dignidade da pessoa humana (art. 1.º CRP), relacionando-se ainda com os princípios da menor restrição de direitos, da adequação e da proporcionalidade (art. 18.º/2 e 3 CRP e arts. 6.º e 7.º LTE), assim como com os direitos à integridade pessoal e ao livre desenvolvimento da personalidade (arts. 25.º e 26.º CRP: para uma análise destes preceitos constitucionais, cfr.,

MIRANDA, Jorge/MEDEIROS, Rui, *Constituição Portuguesa Anotada*, Tomo I, 2ª ed., Coimbra, Wolters Kluwer/Coimbra Editora, 2010, pp. 73 e segs., 310 e segs., e 551 e segs., e CANOTILHO, José /MOREIRA, Vital, *Constituição da República Portuguesa Anotada*, 4ª ed., Coimbra, Coimbra Editora, 2007). Saliente-se que também os instrumentos internacionais reforçam esta ideia de mínima restrição de direitos e de respeito pelos direitos do menor e pelo seu "superior interesse", destacando-se o art. 3.º da CDC e ainda outros instrumentos internacionais *supra* citados (art. 11.º/7), de acordo com uma "justiça amiga das crianças".

15. Por outro lado, a execução desta medida não deve obstar à prossecução dos estudos nem de outras atividades relevantes para o desenvolvimento físico e psicológico do menor: p. ex., se o adolescente desenvolve uma atividade desportiva ou artística com regularidade, deverá ser possível continuar a desenvolvê-la. No intuito de acautelar estes direitos, a lei estipula limites e regras no cumprimento da medida: não pode exceder dois dias por semana e três horas por dia, devendo salvaguardar um dia de descanso semanal e ter em consideração os estudos e outras atividades relevantes, tendo como limite máximo doze horas distribuídas até quatro semanas. Porém, este limite das 12 h. tem sido contestado, porque o número de horas é bastante reduzido em comparação com outras legislações europeias, havendo quem defenda o seu alargamento (GERSÃO, Eliana/CAMPOS, Maria Cecília Monteiro, "A justiça reparadora e a Lei Tutelar Educativa – Princípios e Práticas", *in Volume Comemorativo dos 10 anos do Curso de Pós-Graduação Protecção de Menores – Prof. Doutor F.M. Pereira Coelho*, Coimbra, Coimbra Editora, 2008, pp. 254 segs.).

16. O tribunal associa à execução da medida, sempre que tal seja possível e adequado aos fins educativos, os pais ou outras pessoas de referência para o menor (art. 22.º).

17. De acordo com o art. 141.º, no caso de aplicação das modalidades de compensação económica ou de atividade em benefício do ofendido, o tribunal pode encarregar os serviços de reinserção social de acompanhar a execução da medida.

18. A decisão que aplique esta medida, tal como a decisão que aplique qualquer medida tutelar educativa, é recorrível (art. 121.º/1, c)).

19. Esta medida, tal como todas as outras medidas tutelares educativas, está sujeita a registo (art. 210.º).

20. Apesar de, em nossa opinião, esta medida ter potencialidade educativa e reparadora, em especial na modalidade de atividade em benefício do ofendido, a sua aplicação prática tem sido escassa. No relatório de Portugal do *Projeto REVIJ* pode ler-se: "Em dezembro de 2013 não estava a decorrer nenhuma medida de reparação à vítima nem o pagamento de benefícios económicos. As atividades a favor da comunidade representam 183 medidas, menos do que no mesmo período de 2012, quando estas representavam 217 medidas aplicadas. Em suma, a medida de reparação à vítima e o pagamento de benefícios económicos são raramente aplicadas aos jovens ofensores abrangidos pelo sistema de justiça juvenil. (p. 19, *http://www.fep.porto.ucp.pt/sites/default/files/files/FEP/CEDH/docs/Primeiro_Relatorio_Portugal_Final.pdf*, consultado a 7 de abril de 2017).

21. A que se deverá a escassa aplicação desta medida? Será difícil harmonizar os interesses da vítima e os do menor? Será a atitude do ofendido hostil, desconfiada ou, no mínimo, pouco recetiva, não prestando o seu consentimento? Ou não se acredita nas potencialidades educativas desta medida?

Conceição Ferreira da Cunha

ARTIGO 12.º
Prestações económicas ou tarefas a favor da comunidade

1 – A medida de prestações económicas ou de realização de tarefas a favor da comunidade consiste em o menor entregar uma determinada quantia ou exercer atividade em benefício de entidade, pública ou privada, de fim não lucrativo.

2 – A atividade exercida tem a duração máxima de sessenta horas, não podendo exceder três meses.

3 – A realização de tarefas a favor da comunidade pode ser executada em fins de semana ou dias feriados.

4 – É correspondentemente aplicável o disposto nos n.os 3 e 4 do artigo 11.º.

Prestações económicas ou tarefas a favor da comunidade

1. Esta é a medida prevista em quarto lugar no elenco das medidas tutelares educativas (art. 4.º/1, c)), que as ordena segundo o seu crescente grau de gravidade (art. 133.º/4); é, assim, uma medida mais severa do que a anterior, embora apresentem muitas afinidades.

2. Na verdade, tal como na medida de reparação do ofendido, prevê-se uma modalidade que consiste no pagamento de uma determinada quantia e uma outra modalidade que consiste na realização de uma atividade. Porém, o destinatário daquela prestação económica ou desta atividade deixa de ser a vítima concreta do facto praticado pelo menor e passa a ser uma entidade, pública ou privada, de fim não lucrativo. Está também aqui presente um sentido reparador, não de um ofendido em concreto, mas da comunidade – que é sempre ofendida com a prática de um crime, mas que, em certos crimes que afetam bens coletivos (RODRIGUES, Anabela Miranda/DUARTE-FONSECA, António Carlos, *ob. cit.*, p. 85, § 2, referem-se aos crimes em que o ofendido é uma "pluralidade indeterminada ou indeterminável de pessoas), é diretamente afetada. Parece, então, que a aplicação desta medida será mais adequada no caso da prática deste tipo de crimes. Exemplificando: se no caso de o menor ter danificado o jardim do vizinho seria adequado ter de limpar e replantar esse jardim (art. 11.º – aplicação da modalidade "atividade em favor do ofendido"), já no caso de o menor ter destruído um jardim público ou incendiado um pinhal faria sentido ter de limpar e replantar esse jardim público ou esse pinhal (art. 12.º – aplicação da modalidade "tarefas a favor da comunidade"). Neste caso, a medida teria, então, um sentido diretamente reparador do mal causado à comunidade. Mas as coisas não terão de se passar rigorosamente assim, tendo em consideração a flexibilidade da aplicação das medidas tutelares educativas, em que não se liga um facto ilícito criminal à medida x ou y (com a ressalva da aplicação das medidas de internamento em centro educativo em regime semiaberto ou fechado, em que se exige um certo grau de gravidade dos crimes praticados – cfr., art. 17.º/3 e 4), apenas tendo de se observar os critérios da mínima restrição de direitos (arts. 6.º e 18.º/2 CRP) e da proporcionalidade e adequação da medida tutelar à gravidade do facto e às necessidades de educação para o direito reveladas na prática do facto e subsistentes no momento da decisão (art. 7.º – sobre este princípio da proporcionalidade, cfr., CUNHA, M. Conceição, "Respostas à Delinquência Juvenil...", *loc. cit.*, em especial pp. 456 e segs.). Assim, poderá suceder que o menor tenha incendiado o jardim do vizinho e lhe seja aplicada a medida de tarefas a favor da comunidade – quer porque o ofendido, no caso, não consentiu na prestação da atividade reparadora do menor, quer tendo em consideração o grau de gravidade do facto e as necessidades de educação do menor (acrescidas, no caso concreto). Saliente-se que a gravidade do facto e as necessidades de educação para o direito terão de justificar uma medida mais grave (a maior gravidade desta medida é clara comparando os limites temporais de ambas as medidas) do que a de reparação do ofendido (arts. 6.º e 7.º). Caso contrário, e não podendo ser aplicada a medida de compensação económica ou de prestação de atividade em favor do ofendido, por faltar o seu consentimento, teria de se recorrer a uma medida mais leve, porventura a admoestação (podia pensar-se na apresentação de desculpas do art. 11.º, mas, se a atitude do ofendido fosse de hostilidade face ao menor, tal medida não se adequaria, não surtindo qualquer efeito educativo; também a medida do art. 10.º poderia eventualmente ser aplicável, apesar de se tratar de medida que faz mais sentido no caso de crimes relacionados com a condução perigosa – ou com o uso de veículo para cometer o crime).

3. Em nossa opinião esta medida tem elevado potencial educativo (sobre a finalidade de educação do jovem para o direito, cfr., bibliografia citada *supra* art. 9.º/8), pois apela à consciencialização do menor acerca do mal causado e à assunção de um comportamento reparador, que poderá, evidentemente, ser uma reparação simbólica – quer na modalidade de prestações económicas, quer (e principalmente) na modalidade de tarefas a favor da comunidade. Insere-se assim (tal como a medida anterior) numa ideia de justiça restaurativa, embora, como já referimos, tendo como destinatária direta a própria comunidade – quaisquer entidades públicas ou privadas de fins não lucrativos (saliente-se a semelhança, quanto ao conteúdo, já não, evidentemente, quanto aos seus limites temporais, desta medida com o trabalho a favor da comunidade do art. 58.º CP).

4. A este propósito, refira-se o Ac. TRP 22/05/2013 (RP20130522 2289/12.3TAVNG.P1), disponível em *www.dgsi.pt*, consultado a 1 de maio de 2017, que optou por esta medida, considerando que a admoestação (medida pretendida pelo recorrente) não seria suficiente: "Conclui-se, pois, que atenta a factualidade assente, a medida aplicada, de forte pendor pedagógico, intimamente ligado à prestação de serviço a favor de uma generalidade de pessoas, com exigência de disponibilidade, de entrega, de partilha e execução de regras, objectivos que são plenamente ajustados à formação da personalidade da menor e da interiorização pela mesma do respeito devido aos outros, se mostra adequada e suficiente, na medida em que representa a menor intervenção possível na autonomia de decisão e de condução de vida da menor, sendo orientada pelo interesse da mesma e é proporcionada à gravidade do facto e à necessidade de educação da recorrente para o direito, manifestada na prática do facto e subsistente no momento da decisão (...) Do que resulta que, ao contrário do defendido pela recorrente, não se verifica qualquer violação do artigo 18.º da Constituição da República Portuguesa, nem dos artigos 6.º e 7.º da LTE".

5. Continuamos, assim, no âmbito da denominada "justiça amiga das crianças", em sintonia com as diretrizes dos instrumentos internacionais em matéria de delinquência juvenil, que privilegiam as medidas não privativas da liberdade e, dentro destas, as medidas restaurativas (remetemos para os comentários ao art. 11.º/6, onde se referem instrumentos internacionais neste sentido). Saliente-se, em particular, a Regra n.º 18.1, c) das *Regras de Beijing*, referindo-se a "medidas de prestação de serviços à comunidade", podendo ler-se, no comentário a esta regra, que "a comunidade desempenha um papel importante na aplicação de medidas alternativas" (cfr. ainda a Regra n.º 25.1. e respetivo comentário: "A cooperação com a comunidade é indispensável... os voluntários e serviços de voluntariado, revelaram-se recursos valiosos...").

6. A modalidade de prestações económicas a favor de uma entidade com fins não lucrativos obedece às mesmas regras (desde logo, a possibilidade de pagamento em prestações, desde que tal não desvirtue o significado da medida) e coloca problemas semelhantes aos já referidos a propósito da compensação do ofendido (art. 11.º), mormente a dificuldade em fazer recair exclusivamente sobre a esfera patrimonial do menor o sacrifício da prestação. Note-se que, no seio do GT-LTE não suscitou grande hesitação a eliminação desta medida (ou desta modalidade da medida), com base na pouca aplicabilidade prática da mesma, bem como no fraco efeito educativo nela contida (cfr., Furtado, Leonor (coord.) *et. al.*, *Relatório final do... ob. cit.*, pp. 56 e 57 e *supra* art. 11.º/10, a crítica de Paulo Guerra à compensação económica do ofendido, crítica que pode ser transposta para este contexto). Porém, a lei manteve esta modalidade da medida.

7. Quanto à realização de tarefas a favor da comunidade parece-nos ser uma medida com um mais promissor efeito educativo, desde que seja bem compreendida e bem executada, para o que será necessário um adequado acompanhamento do menor. É uma medida claramente mais gravosa do que a de prestação de atividade a favor do ofendido, porquanto se pode prolongar durante três meses (por contraposição a um máximo de quatro semanas – cfr., art. 11.º/5), com uma duração máxima de sessenta horas (por contraposição a doze horas – cfr., art. 11.º/5). Porém, as preocupações já referidas no comentário ao art. 11.º, no sentido de não se poder impor trabalhos excessivos e/ou humilhantes e no sentido de se dever permitir que o menor continue os seus estudos e prossiga atividades consideradas relevantes para o seu desenvolvimento, usufruindo ainda, no mínimo, de um dia de descanso semanal, mantêm-se (assim, este art. 12.º remete para os n.os 3 e 4 do art. 11.º).

8. Esta é uma medida mais frequente do que a de reparação do ofendido, em especial se confrontarmos as atividades em benefício do ofendido com as tarefas a favor da comunidade. A razão para que a aplicação das tarefas a favor da comunidade seja muito mais frequente residirá porventura no facto de ser mais fácil encontrar instituições dispostas a acolher o trabalho do menor do que conseguir a aceitação/consentimento do ofendido. Por outro lado, sendo esta uma medida mais grave estará também vocacionada para situações mais graves (factos ilícitos mais graves, revelando maiores necessidades de educação para o direito – cfr., art. 7.º).

9. De acordo com o art. 20.º o tribunal determinará a modalidade da medida e, consoante os casos, o montante e forma de prestação económica ou a atividade, duração e forma da sua prestação, a entidade destinatária da medida ou a entidade que acompanhará a sua execução, que, segundo o art. 141.º/2, serão os serviços de reinserção social, sempre que esse acompanhamento não possa ser adequadamente assegurado pela entidade destinatária. O tribunal associa ainda à execução da medida, sempre que possível e adequado, os pais ou outras pessoas de referência para o menor (art. 22.º/1).

10. A decisão que aplique esta medida, tal como a decisão que aplique qualquer medida tutelar educativa, é recorrível (art. 121.º/1, c)).

11. Esta medida, tal como todas as outras medidas tutelares educativas, está sujeita a registo (art. 210.º).

12. Segundo estudos de *follow-up* (2012), relativamente aos 397 jovens que cessaram a medida de tarefas a favor da comunidade, verifica-

-se que 94% não voltam a reincidir, sendo a taxa de reincidência de 4%. Todavia, esta medida é aplicada a jovens que cometeram crimes de pouca gravidade, sendo o risco de reincidência também menor (Cóias, João, "Delinquentes Juvenis em Portugal – quem são e o que os faz correr?", *Delinquência Juvenil, Justiça e Prevenção*, p. 111, *in* *http://www.cej.mj.pt/cej/recursos/ebooks/familia/Intervencao_Tutelar_Educativa.pdf*, consultado a 7 de abril de 2017).

Conceição Ferreira da Cunha

ARTIGO 13.º
Imposição de regras de conduta

1 – A medida de imposição de regras de conduta tem por objetivo criar ou fortalecer condições para que o comportamento do menor se adeque às normas e valores jurídicos essenciais da vida em sociedade.

2 – Podem ser impostas, entre outras, as seguintes regras de conduta com a obrigação de:

a) Não frequentar certos meios, locais ou espetáculos;
b) Não acompanhar determinadas pessoas;
c) Não consumir bebidas alcoólicas;
d) Não frequentar certos grupos ou associações;
e) Não ter em seu poder certos objetos.

3 – As regras de conduta não podem representar limitações abusivas ou desrazoáveis à autonomia de decisão e de condução de vida do menor e têm a duração máxima de dois anos.

Imposição de regras de conduta

1. Esta é a medida prevista em quinto lugar no elenco das medidas tutelares educativas (art. 4.º/1, c)), que as ordena segundo o seu crescente grau de gravidade (art. 133.º/4). Parece, então, que estamos perante uma medida de severidade intermédia; porém, o grau de restrição dos direitos do menor dependerá muito da(s) regras em concreto aplicadas.

2. Apesar de todas as medidas tutelares educativas terem por finalidade a educação do menor para o direito e a sua inserção digna e responsável na comunidade (art. 2.º), o legislador entendeu por bem salientar o propósito educativo desta medida (sobre a finalidade de educação do jovem para o direito cfr. *supra*, art. 9.º/8). Pensamos que se trata de uma norma que visa reforçar e clarificar o sentido da imposição destas regras; na verdade, no momento de o julgador decidir da aplicação desta medida e das concretas regras a impor, deverá averiguar que regras poderão contribuir para que o menor crie ou desenvolva condições que lhe permitam alterar o seu comportamento no sentido do respeito pelos valores essenciais da sociedade. Trata-se, nas palavras de GERSÃO, Eliana, "Regras de conduta, obrigações e programas formativos. Notas soltas à volta dos arts. 13.º e 15.º da LTE", *in* AAVV, *Direito das crianças e jovens: Actas do Colóquio*, ISPA, 2008, p. 420, de "normas de conduta que visam sobretudo a chamada "prevenção situacional", ou seja, que pretendem evitar que o jovem se coloque naquelas situações concretas que o levaram já a praticar uma infração".

3. Também esta medida está em sintonia com as recomendações internacionais e europeias, que privilegiam as medidas não privativas da liberdade (cfr. *supra* art. 11.º/6, referência aos instrumentos internacionais), nomeadamente, o art. 40.º/4 CDC, referindo-se a medidas não institucionais e, entre elas, ao regime de prova e a Regra n.º 18.1, b) das *Regras de Beijing*, relativa ao "regime de prova".

4. As regras não estão descritas taxativamente, mas a título exemplificativo. Dificilmente poderia ser de outro modo, dada a impossibilidade de se prever todas as regras que se poderão vir a aplicar por, em concreto, se mostrarem adequadas à criação daquelas condições propícias à educação do menor para o direito. A realidade confronta-nos com situações muito variadas e, assim, tais regras terão de ter em consideração os diferentes casos e as diferentes oportunidades/condições adequadas à educação do menor. De resto, também no âmbito do Direito Penal, por exemplo, no caso de aplicação da suspensão da execução da pena de prisão (art. 50.º CP), o legislador optou por apresentar elencos exemplificativos de regras e de deveres que poderão ser impostos ao agente (arts. 51.º a 54.º CP).

5. Criticável será a utilização da expressão "obrigação de", neste contexto, sendo suscetível de criar alguma ambiguidade (ou confusão) face à medida de imposição de obrigações do art. 14.º (cfr, neste sentido, RODRIGUES, Anabela Miranda/DUARTE-FONSECA, António Carlos, *ob. cit.*, p. 88, § 4, salientando que esta expressão não constava da redação primitiva do texto – art. 13.º nos ProjFin e PropGov.).

6. Os exemplos descritos contêm proibições (de frequência de lugares, de acompanhamento de certas pessoas, de consumos e de acesso a certos objetos), tendo por objetivo a já referida "prevenção situacional". Fará então todo o sentido que estas proibições se relacionem com o facto ilícito praticado: por exemplo, proibição de o menor acompanhar certos jovens que com ele cometeram o crime (ou que o influenciaram no sentido do cometimento do crime). Se tal não ocorrer, se não houver qualquer relação entre o facto praticado e as proibições, estas poderão ser consideradas excessivas ou desrazoáveis, violando o n.º 3 deste artigo (cfr. *infra* quanto à análise deste número). Também podem equacionar-se regras que não sejam de conteúdo proibitivo, mas impositivo: por exemplo, impor que o menor frequente certos lugares ou acompanhe certas pessoas, que exerçam uma influência positiva (neste sentido, GERSÃO, Eliana. "Regras de conduta, obrigações e programas formativos...", *ob. e loc. cit.*, p. 420). Porém, as regras impositivas poderão aproximar-se (ou até confundir-se) com as imposições de obrigações do art. 14.º.

7. Saliente-se que, segundo o art. 19.º, é proibida a cumulação de medidas, por um mesmo facto (com as exceções das medidas dos arts. 10.º e 16.º). Porém, pode impor-se mais de uma regra, por um mesmo facto (uma vez que a medida é a mesma) e, no âmbito do acompanhamento educativo (art. 16.º), poderá conjugar-se a imposição de regras de conduta com a imposição de obrigações (art. 14.º) e /ou com a frequência de programas formativos (art. 15.º). A tendência parece ser, de facto, a de impor esta medida no âmbito do art. 16.º, embora também se verifique a sua aplicação autónoma. A necessidade de se recorrer à aplicação de uma medida mais grave (o acompanhamento educativo) para se poderem conjugar, por exemplo, regras de conduta e obrigações e/ou frequência de programas formativos é questionável, sendo objeto de crítica por parte de alguns autores (cfr., GERSÃO, Eliana, "Regras de conduta, obrigações e programas formativos...", *ob. e loc. cit.*, p. 427 e SILVA, Júlio, *Lei Tutelar Educativa Comentada...*, *ob. cit.*, p. 73-74, n.º 11).

8. Fundamental é a norma do n.º 3, que proíbe "limitações abusivas ou desrazoáveis à autonomia de decisão e condução de vida do menor", impondo ainda o limite máximo de dois anos de duração da medida. Na verdade, esta proibição decorre já do princípio do interesse da criança (art. 6.º/3) e dos princípios e valores constitucionais de um Estado de

Direito, cujo pilar é o respeito pela dignidade da pessoa humana (art. 1.º CRP), relacionando-se ainda com os princípios da menor restrição de direitos, da adequação e da proporcionalidade (art. 18.º/2 e 3 CRP e 6.º LTE) e, ainda, com os direitos à integridade pessoal e ao livre desenvolvimento da personalidade (arts. 25.º e 26.º CRP – para uma análise destes preceitos constitucionais, *cfr.* MIRANDA, Jorge/MEDEIROS, Rui, *ob. cit.*, pp. 73 e segs., 310 e segs., 551 e segs. e CANOTILHO, José/MOREIRA, Vital, *ob. cit.*). Por outro lado, também os instrumentos internacionais reforçam esta ideia de proporcionalidade, mínima restrição de direitos e respeito pelos direitos do menor e pelo seu "superior interesse" (cfr., por todos, o art. 3.º CDC e ainda os instrumentos referidos *supra* art. 11.º/6, no sentido de uma "justiça amiga das crianças"). Isto significa que, mesmo que esta proibição não estivesse expressa, deveria ser respeitada, por obediência a estes princípios. Saliente-se ainda que a imposição de regras excessivas, desproporcionadas, demasiado limitativas ou humilhantes, não surtiria o efeito desejado – de educação do menor para o respeito pelos valores essenciais da comunidade – mas, ao invés, seria suscetível de despoletar a sua revolta (em sentido semelhante, RODRIGUES, Anabela Miranda/DUARTE-FONSECA, António Carlos, *ob. cit.*, p. 87, § 3). Por exemplo, a proibição de acompanhar quaisquer colegas ou mesmo quaisquer jovens ou de frequentar todo e qualquer clube, grupo ou associação juvenil, não contribuiria certamente para o pleno desenvolvimento da personalidade do menor, nem para uma sã inserção social, isolando-o dos seus pares. Uma regra que chegou a constar do ProjCom (art. 14.º/2, d), mas que foi contestada e eliminada, foi a de proibição de fumar. Ao contrário da proibição de consumir bebidas alcoólicas, que poderá contribuir para que o menor não cometa ilícitos criminais, a proibição de fumar imporia um estilo de vida saudável, mas não teria qualquer direta relação com a prevenção de cometimento de crimes, podendo, assim, ser considerada uma regra desrazoável ou excessiva (cfr., em sentido semelhante, RODRIGUES, Anabela Miranda/ /DUARTE-FONSECA, António Carlos, *ob. cit.*, p. 88, § 3.).

9. Por outro lado, o GT-LTE propôs a possibilidade de recurso à vigilância eletrónica para fiscalização do cumprimento das regras de conduta "*Não frequentar certos meios, locais ou espectáculos*" e "*Não frequentar certos grupos ou associações*", proposta que não passou a lei. Considerou-se, no âmbito deste grupo de trabalho, que é a regra em si que limita os direitos do menor, não o seu controlo (cfr., FURTADO, Leonor (coord.) *et. al.*, *Relatório final do... ob. cit.*, pp. 59/60; sobre esta questão cfr., SAN-BENTO, Marta, "A Lei Tutelar Educativa – que futuro?", *ob. e loc. cit.*, consultado a 4 de abril de 2017).

10. O art. 130.º/2 indica quem poderá acompanhar a execução desta medida e o art. 22.º estipula que o tribunal associe ainda à execução da medida, sempre que possível e adequado, os pais ou outras pessoas de referência para o menor.

11. A decisão que aplique esta medida, tal como a decisão que aplique qualquer medida tutelar educativa, é recorrível (art. 121.º/1, c)).

12. Esta medida, tal como todas as outras medidas tutelares educativas, está sujeita a registo (art. 210.º).

CONCEIÇÃO FERREIRA DA CUNHA

ARTIGO 14.º
Imposição de obrigações

1 – A medida de imposição de obrigações tem por objetivo contribuir para o melhor aproveitamento na escolaridade ou na formação profissional e para o fortalecimento de condições psicobiológicas necessárias ao desenvolvimento da personalidade do menor.

2 – A imposição de obrigações pode consistir na obrigação de o menor:

a) Frequentar um estabelecimento de ensino com sujeição a controlo de assiduidade e aproveitamento;

b) Frequentar um centro de formação profissional ou seguir uma formação profissional, ainda que não certificada;

c) Frequentar sessões de orientação em instituição psicopedagógica e seguir as diretrizes que lhe forem fixadas;

d) Frequentar atividades de clubes ou associações juvenis;

e) Submeter-se a programas de tratamento médico, médico-psiquiátrico, médico-psicológico ou equiparado junto de entidade ou de instituição oficial ou particular, em regime de internamento ou em regime ambulatório.

3 – A submissão a programas de tratamento visa, nomeadamente, o tratamento das seguintes situações:

a) Habituação alcoólica;

b) Consumo habitual de estupefacientes;
c) Doença infetocontagiosa ou sexualmente transmissível;
d) Anomalia psíquica.

4 – O juiz deve, em todos os casos, procurar a adesão do menor ao programa de tratamento, sendo necessário o consentimento do menor quando tiver idade superior a 16 anos.

5 – É correspondentemente aplicável o disposto no n.º 3 do artigo 13.º.

Imposição de obrigações

1. Esta é a medida prevista em sexto lugar no elenco das medidas tutelares educativas (art. 4.º/1, c)), que as ordena segundo o seu crescente grau de gravidade (art. 133.º/4). Parece tratar-se, assim, de uma medida que se aproxima das medidas mais graves de caráter não institucional. Porém, tal como na medida anterior, o grau de restrição dos direitos do menor dependerá muito da(s) obrigações em concreto aplicadas. Apesar das semelhanças face à medida anterior (imposição de regras de conduta), esta medida tende a ser mais grave, considerando as obrigações que poderão ser impostas ao menor – desde a frequência de escolaridade com controlo de assiduidade e aproveitamento até à sujeição a programas de tratamento médico-psiquiátrico (porém, quanto a estes programas requer-se o consentimento do menor com mais de 16 anos – sobre esta questão cfr. *infra*).

2. Saliente-se que, tal como na medida anterior, o legislador enfatiza a finalidade educativa da medida tutelar (sobre a finalidade de educação do jovem para o direito, cfr., art. 9.º/8), concretizando, neste caso, o tipo de formação/educação que se visa alcançar: o melhor aproveitamento na escolaridade ou na formação profissional e o fortalecimento das condições psicobiológicas necessárias ao desenvolvimento da personalidade do menor. Trata-se, tal como na medida de imposição de regras de conduta, da criação de condições propícias à prevenção do comportamento criminal. Porém, se, ali, estava essencialmente em causa o evitamento de situações propícias ao cometimento de crimes (não acompanhar certas pessoas, não frequentar certos lugares...), aqui, a preocupação é a de impor obrigações que, contribuindo para a formação do menor e o desenvolvimento da sua personalidade (frequentar cursos, sessões de orientação, submeter-se a tratamentos...), potenciem comportamentos/ /atitudes conformes aos valores essenciais da comunidade. Esta distinção relaciona-se, assim, com a diferenciação entre proibições (no art. 13.º) e imposições/obrigações (no art. 14.º), as quais podem ser mais conformadoras da personalidade do que aquelas proibições. É verdade que dissemos que a imposição de regras de conduta não terá necessariamente de se verificar pela negativa, através de proibições; contudo, se se verificar pela positiva, através de imposições, será difícil distinguir claramente as duas medidas.

3. Saliente-se que está em causa a frequência de cursos, atividades e programas, formativos ou terapêuticos, abertos a qualquer jovem, não apenas a jovens que cometeram um ilícito criminal, distinguindo-se, assim, dos programas impostos no âmbito da medida prevista no art. 15.º (frequência de programas formativos).

4. Trata-se, de novo, de uma medida que está de acordo com as recomendações internacionais e europeias, que privilegiam as medidas na comunidade (cfr., *supra* art. 11.º, n.º 6, a referência aos principais instrumentos internacionais, nomeadamente, o art. 40.º/4 da CDC, reportando-se a medidas não institucionais e, entre elas, ao regime de prova e a Regra n.º 18.1, b) das *Regras de Beijing*, referindo-se ao "regime de prova", e ainda a al. e), quanto ao "tratamento intermédio e outras medidas de tratamento"). Deve salientar-se ainda que o absentismo escolar, a falta de ocupação saudável e formativa/produtiva do tempo dos jovens, vêm sendo apontados como fatores de risco de delinquência juvenil (cfr. a Resolução do Parlamento Europeu (2007/2011) – "Delinquência juvenil, o papel das mulheres, da família e da sociedade"). Neste mesmo sentido salienta Gersão, Eliana, "Regras de conduta, obrigações e programas formativos...", *ob. e loc. cit.*, p. 420, que as "obrigações" têm por objetivo "atacar as causas profundas" da delinquência juvenil, tendo as medidas que impõem uma ocupação salutar e formativa, tal como a frequência da escolaridade, de cursos profissionais, assim como de atividades desportivas e artísticas, elevado potencial no sentido da educação do menor para o respeito pelos valores fundamentais da comunidade (cfr. em sentido próximo, Silva, Júlio, *Lei Tutelar Educativa Comentada..., ob. cit.*, p. 75, n. 2).

5. O elenco de obrigações (n.º 2) é exemplificativo, embora bastante extenso. Tal como na medida anterior, seria impossível elencar todas as obrigações equacionáveis, aptas a educar o jovem para o direito, o que dependerá sempre das circunstâncias particulares de cada caso concreto.

6. Porém, quanto à submissão a programas de tratamento, a indicação é taxativa: trata-se de programas de tratamento médico, médico-psiquiátrico, médico-psicológico ou equiparado (só nesta última parte havendo possibilidade de analogia). Rodrigues, Anabela Miranda/Duarte-Fonseca, António Carlos, *ob. cit.*, p. 90, § 4, salientam este aspeto, relevando que, por muito salutar que seja um tratamento antitabagismo, nunca se poderia impor tal tratamento; isto, de resto, está em sintonia com o que se disse a propósito da impossibilidade de impor como regra de conduta a proibição de fumar (no contexto do art. 13.º/8).

7. Por outro lado, embora possa fazer sentido impor uma obrigação que se encontre numa relação direta com o facto praticado – p. ex., submissão a tratamento contra a dependência do álcool ou das drogas, se o facto foi praticado sob efeito destas substâncias ou se foi praticado para conseguir dinheiro para o consumo de tais substâncias – nem sempre terá de se estabelecer tal relação; se pensarmos na imposição de frequência de um estabelecimento de ensino ou de um curso profissional ou ainda na frequência de um clube juvenil, tais imposições poderão ser adequadas relativamente a jovens que cometeram tipos de ilícito muito diversos, na medida em que se trata de imposições com conteúdo formativo, que sempre contribuirão para a educação do jovem para o direito, em especial, como é evidente, se a prática do crime teve como fator de risco a desocupação do jovem, a falta de objetivos e de formação escolar/profissional.

8. Sendo muito importante, em relação a qualquer medida tutelar educativa, procurar a adesão do menor, no contexto desta medida e, em particular, no âmbito dos programas de tratamento, afigura-se crucial que haja tal adesão para que a medida tenha sucesso. Assim, o n.º 4 estabelece que "o juiz deve, em todos os casos, procurar a adesão do menor ao programa de tratamento", impondo mesmo, como requisito indispensável, "o consentimento do menor quando tiver idade superior a 16 anos" (recorde-se que a LTE é aplicável no caso de o menor ter idade compreendida entre os 12 e os 16 anos no momento da prática do facto (art. 1.º), podendo, no entanto, este menor já ter idade superior a 16 anos no momento da aplicação da medida). Saliente-se que a Lei n.º 4/2015 elevou o limite etário (a partir do qual é necessário este consentimento) dos 14 para os 16 anos; ter-se-á visado harmonizar este preceito com o art. 38.º/3 CP, que, desde 2007 (Lei n.º 59/2007), prevê os 16 anos como a idade mínima para se consentir validamente. Segundo a exposição de motivos, pretendeu-se "promover uma tutela mais intensa das crianças e adolescentes...", aproximando-se "o regime do consentimento do ofendido das orientações que têm vindo a ser preconizadas pela União Europeia, sobretudo quanto a crimes quanto à liberdade e autodeterminação de menores". Este requisito implica ainda, para que esteja em causa um consentimento livre e esclarecido, que haja informação completa e adequada, quanto ao conteúdo do tratamento (em especial, quanto aos métodos usados e aos objetivos visados). A exigência do consentimento do menor é questionada por alguns autores (cfr., Silva, Júlio, *Lei Tutelar Educativa Comentada...*, *ob. cit.*, p. 76, n.º 2), mas terá em vista o respeito por princípios constitucionais e o próprio sucesso da medida; advirta-se, porém, que este preceito não obsta a que se recorra, em casos graves, a tratamentos compulsivos, desde que estejam preenchidos os pressupostos para a sua aplicabilidade, de acordo com a LSM (cfr., Lei n.º 147/99). Por outro lado, exigir o consentimento do menor, logo a partir dos 12 anos, à semelhança do que ocorre no âmbito dos acordos de promoção e proteção (LPCJP), também nos parece excessivo, atenta a diferente natureza de cada uma destas intervenções. Não se deverá esquecer que a aplicação de uma medida tutelar educativa pressupõe a prática de um ilícito criminal e a necessidade de educação do menor para o direito (arts. 1.º, 2.º e 7.º); ao invés, o âmbito da aplicação de medidas de promoção e proteção é o da necessidade de proteção de crianças e jovens em perigo.

9. Releve-se ainda a importância da audição e adesão dos pais (ou outros representantes/cuidadores do menor). Na verdade, esta norma não se refere a tal audição e adesão, o que seria porventura preferível (neste sentido, cfr., Silva, Júlio, *Lei Tutelar Educativa Comentada...*, *ob. cit.*, p. 76, n.º 2), mas não esqueçamos que, segundo uma interpretação conjugada dos vários preceitos, se deve procurar tal adesão: na verdade, o art. 6.º/1 impõe como um dos critérios para a escolha das medidas tutelares a adesão, não só do menor, como dos pais; por outro lado, no âmbito da audiência prévia impõe-se a audição dos pais (art. 104.º/2, b)) e o art. 22.º prescreve que o tribunal associe os pais (ou outra pessoa de refe-

rência para o menor), sempre que possível e adequado, à execução da medida.

10. Saliente-se ainda que os tratamentos a que se refere a norma em análise podem ter lugar junto de qualquer instituição oficial, desde que não seja em entidade dependente do Ministério da Justiça – por maioria de razão, tendo em conta o que se estipula no n.º 3 do art. 15.º (neste sentido, RODRIGUES, Anabela Miranda/DUARTE-FONSECA, António Carlos, *ob. cit.*, p. 90, § 4).

11. Tal como está expressamente referido no n.º 5, aplicam-se a esta medida as proibições do n.º 3 do artigo anterior, pelas razões apontadas (remete-se, assim, para as considerações que aí se fizeram – cfr., art. 13.º/8).

12. Trata-se, tal como na medida anterior (imposição de regras de conduta), de uma medida que se poderia conjugar bem com outras, nomeadamente, com a imposição de regras de conduta (art. 13.º) e/ou com a obrigação de frequência de programas formativos (art. 15.º). Porém, tendo em consideração o art. 19.º, estas medidas só se poderão conjugar no âmbito da medida de acompanhamento educativo (art. 16.º); pode ainda ser aplicada em articulação com a privação de conduzir (art. 19.º/2 e art. 10.º).

13. De acordo com o art. 21.º, antes de aplicar a medida de imposição de obrigações, o tribunal pode pedir ao Instituto de Reinserção Social informações sobre entidades ou instituições junto das quais o menor deve cumprir as medidas, respetivos programas, horários, condições de frequência e vagas disponíveis, devendo aqueles serviços informar o tribunal em prazo não superior a 20 dias.

14. O art. 130.º/2 indica quem poderá acompanhar a execução desta medida.

15. O art. 22.º estipula que o tribunal associe ainda à execução da medida, sempre que possível e adequado, os pais ou outras pessoas de referência para o menor.

16. A decisão que aplique esta medida, tal como a decisão que aplique qualquer medida tutelar educativa, é recorrível (art. 121.º/1, c)).

17. Esta medida, tal como todas as outras medidas tutelares educativas, está sujeita a registo (art. 210.º).

18. Saliente-se que, segundo estudos de *follow-up* (2012), relativamente aos 197 jovens que cessaram a medida de imposição de obrigações, verifica-se que em 89% dos casos não voltaram a reincidir, sendo a taxa de reincidência de 7%. No entanto, esta medida é geralmente aplicada a jovens que cometeram crimes de pouca gravidade, pelo que, o risco de reincidência será menor (CÓIAS, João, *ob. e loc. cit.*, p. 109).

CONCEIÇÃO FERREIRA DA CUNHA

ARTIGO 15.º
Frequência de programas formativos

1 – A medida de frequência de programas formativos consiste na participação em:

a) Programas de ocupação de tempos livres;
b) Programas de educação sexual;
c) Programas de educação rodoviária;
d) Programas de orientação psicopedagógica;
e) Programas de despiste e orientação profissional;
f) Programas de aquisição de competências pessoais e sociais;
g) Programas desportivos.

2 – A medida de frequência de programas formativos tem a duração máxima de seis meses, salvo nos casos em que o programa tenha duração superior, não podendo exceder um ano.

3 – A título excecional, e para possibilitar a execução da medida, o tribunal pode decidir que o menor resida junto de pessoa idónea ou em instituição de regime aberto não dependente do Ministério da Justiça que faculte o alojamento necessário para a frequência do programa.

Frequência de programas formativos

1. Esta é a medida prevista em sétimo lugar no elenco das medidas tutelares educativas (art. 4.º/1, g)), que as ordena segundo o seu crescente grau de gravidade (art. 133.º/4). Trata-se, assim, de uma das mais graves medidas tutelares de caráter não institucional, antecedendo imediatamente a medida mais grave: o acompanhamento educativo (art. 16.º).

2. Mas por que se considera esta medida mais grave, mais restritiva dos direitos do menor, do que a medida anterior, a imposição de obrigações (ar. 14.º), tendo ainda em consideração que a medida anterior pode durar até dois anos (cfr., art. 14.º/5, que remete para o n.º 3 do art. 13.º) e que esta nunca poderá exceder um ano?

3. Numa primeira leitura poderá não ser clara a distinção entre estas duas medidas, impondo ambas a frequência de cursos ou formações que contribuam para o desenvolvimento sadio da personalidade do jovem, criando assim condições para que passe a respeitar os valores fundamentais da comunidade.

4. Porém, do que se trata, nesta medida, é da imposição da frequência de programas especificamente criados para jovens que cometeram ilícitos criminais, visando, em regra, a prevenção criminal daquele tipo de crimes: ou seja, fará todo o sentido que tenha de haver uma relação entre o crime praticado, por exemplo, um crime sexual, e o tipo de programa a frequentar – de educação sexual –, ou o crime rodoviário (p. ex. condução do perigosa do art. 291.º CP) e o programa imposto – de educação rodoviária. Pode, no entanto, haver programas mais abrangentes, no sentido de serem adequados à prevenção de vários tipos de crimes: pense-se em programas de aquisição de competências pessoais e sociais; em qualquer dos casos, fará sentido partir de uma visão holística do jovem, tendo em consideração a sua personalidade, o seu contexto familiar e social, envolvendo o jovem no programa e, sempre que possível e adequado, envolvendo também a sua família (cfr., art. 22.º).

5. Neste contexto vem-se apelando ao reforço de programas de prevenção de delitos rodoviários e de programas especializados de integração social do menor na comunidade, sobretudo para os jovens de outras nacionalidades (cfr., Carvalho, Cristina/Castelha, Susana/Vieira, Ana, "Um contributo para a reflexão sobre a intervenção nas medidas tutelares não institucionais", *in* AAVV, António Carlos Fonseca/José Silva/M.ª Emília Marques/Norberto Martins (coord.), *Direito das crianças e jovens: Actas do Colóquio*, ISPA, 2008, pp. 461 segs.; cfr. também, neste sentido, Sanahuja, Mafalda, "Medidas tutelares não institucionais – Reflexões críticas", *Veritati, Repositório da Universidade Católica Portuguesa*, p. 37 – conclusões).

6. Assim, tratando-se destes programas específicos, dirigidos a jovens delinquentes, enquanto os cursos a que se refere o art. 14.º são abertos a quaisquer jovens, serão programas mais intensivos (daí a sua duração ser, em regra, curta – até 6 meses-, não podendo nunca exceder um ano – n.º 2 do art. 15.º) e que exigem um maior envolvimento/participação do jovem, sendo, por esta via, mais restritivos dos seus direitos (cfr., neste sentido, RODRIGUES, Anabela Miranda/DUARTE-FONSECA, António Carlos, *ob. cit.*, p. 92, §1). Note-se, ademais, que para ser possível a frequência destes programas, o tribunal poderá determinar que o jovem resida junto de pessoa idónea ou em instituição de regime aberto (não dependente do Ministério da Justiça – n.º 3 do art. 15.º), o que imporá ainda mais restrições aos seus direitos.

7. Trata-se de uma medida com elevado potencial educativo, principalmente se se conseguir a adesão do menor. Sendo esta adesão um dos critérios a seguir na escolha da medida tutelar a aplicar (art. 6.º/1), neste tipo de programas, que apela à sua participação ativa, será mesmo essencial. Por outro lado, a adesão dos pais e sua participação também será importante (cfr. ainda o art. 6.º/1 e art. 22.º).

8. É, sem dúvida, uma medida que está de acordo com as recomendações internacionais e europeias, que privilegiam as medidas na comunidade, as medidas centradas na formação e acompanhamento do menor e as medidas consensuais: cfr. *supra* referência aos instrumentos internacionais – art. 11.º, n.º 6 – nomeadamente, ao art. 40.º/4 CDC, referindo-se a medidas não institucionais e, entre elas, ao regime de prova e a Regra 18.1 das *Regras de Beijing* relativa a "medidas de orientação, proteção e vigilância" (al. a)), ao "regime de prova" (al. b)), "tratamento intermédio e outras medidas de tratamento" (al. e)); cfr. ainda os pontos 14 e 15 da Recomendação R (87) 20 do Conselho da Europa sobre as Reações Sociais à Delinquência Juvenil, recomendando medidas de tratamento intermédio intensivo.

9. Tal como as duas medidas anteriores (imposição de regras de conduta e imposição de obrigações), esta é uma medida que se poderia articular bem com outras, nomeadamente com a imposição de regras de conduta (art. 13.º) e/ou com a imposição de obrigações (art. 14.º). Porém, tendo em consideração o art. 19.º, estas medidas só se poderão conjugar, por um mesmo facto, no âmbito da medida de acompanhamento educativo (art. 16.º), podendo também aplicar-se conjuntamente com a privação do direito de conduzir (art. 10.º), o que fará sentido no caso de prática de crime rodoviário, impondo-se esta privação em conjugação com a imposição de um programa de educação rodoviária.

10. De acordo com o art. 21.º, antes de aplicar a medida de "Frequência de programas formativos", o tribunal pode pedir ao IRS informações sobre entidades ou instituições junto das quais o menor deve cumprir as medidas, respetivos programas, horários, condições de frequência e vagas disponíveis, devendo aqueles serviços informar o tribunal em prazo não superior a 20 dias.

11. O art. 130.º/2 indica quem poderá acompanhar a execução desta medida.

12. O art. 22.º impõe que o tribunal associe ainda à execução da medida, sempre que possível e adequado, os pais ou outras pessoas de referência para o menor.

13. A decisão que aplique esta medida, tal como a decisão que aplique qualquer medida tutelar educativa, é recorrível (art. 121.º/1, c)).

14. Esta medida, tal como todas as outras medidas tutelares educativas, está sujeita a registo (art. 210.º).

Conceição Ferreira da Cunha

ARTIGO 16.º
Acompanhamento educativo

1 – A medida de acompanhamento educativo consiste na execução de um projeto educativo pessoal que abranja as áreas de intervenção fixadas pelo tribunal.

2 – O tribunal pode impor ao menor sujeito a acompanhamento educativo regras de conduta ou obrigações, bem como a frequência de programas formativos.

3 – O projeto é elaborado pelos serviços de reinserção social e sujeito a homologação judicial.

4 – Compete aos serviços de reinserção social supervisionar, orientar, acompanhar e apoiar o menor durante a execução do projeto educativo pessoal.

5 – A medida de acompanhamento educativo tem a duração mínima de três meses e a máxima de dois anos, contados desde a data do trânsito em julgado da decisão de homologação judicial prevista no n.º 3.

6 – No caso de o tribunal impor ao menor a frequência de programas formativos é correspondentemente aplicável o disposto no n.º 3 do artigo 15.º

7 – No caso de o tribunal impor ao menor a obrigação prevista na alínea e) do n.º 2 do artigo 14.º vale correspondentemente o disposto no n.º 4 do mesmo artigo.

Acompanhamento educativo

1. Esta é a medida prevista em oitavo lugar no elenco das medidas tutelares educativas (art. 4.º/1, h)), que as ordena segundo o seu crescente grau de gravidade (art. 133.º/4). É a medida não institucional mais limitativa dos direitos do menor, muito embora o grau de limitação dos seus direitos possa variar bastante consoante o projeto educativo pessoal – nomeadamente, atendendo às áreas de intervenção fixadas pelo tribunal e ao tempo de duração da medida, que tem um mínimo de três meses e um máximo de dois anos.

2. Saliente-se que o GT-LTE propôs o alargamento do limite mínimo para seis meses e do limite máximo para três anos, proposta que não foi acolhida pela lei. De acordo com o Relatório, "o alargamento dos prazos de duração máxima das medidas resulta de uma opção do GT--LTE, na convicção que essa maior margem de manobra para o aplicador da LRE virá, em certos casos, de encontro às exigências de intervenção no sentido da responsabilização educativa do jovem" (cfr., Furtado, Leonor (coord.) *et. al.*, *Relatório final do... ob. cit.*, p. 71). Segundo San-Bento, Marta ("A Lei Tutelar Educativa – que futuro?", *ob. e loc cit.*, consultado a 4 de abril de 2017), "o alargamento dos prazos de duração mínima da medida pretendeu dar resposta à necessidade de cumprimento de certos programas de intervenção estruturados, incompatíveis com os atuais prazos de duração destas medidas, de acordo com as informações prestadas pelos executores dos projetos educativos pessoais, uma evidência que veio a encontrar eco em algumas das iniciativas legislativas em curso".

3. Trata-se de uma medida muito flexível, capaz de tomar em consideração as concretas necessidades de educação para o direito que o menor revele com a prática do facto e que subsistam no momento da definição da medida (arts. 1.º, 2.º, 6.º e 7.º), visando atuar nas próprias causas da delinquência, estruturando a vida do menor e, assim, criando condições mais propícias à sua inserção digna e responsável na vida em comunidade (cfr. art. 2.º/1; sobre a finalidade de educação do jovem para o direito, cfr., art. 9.º/8).

4. Na formulação expressiva de Rodrigues, Anabela Miranda/ /Duarte-Fonseca, António Carlos, *ob. cit.,* p. 94, § 2, "a medida de acompanhamento educativo pode constituir...como que um «cocktail» de medidas tutelares que vão cumular-se, na prática, relativamente ao mesmo menor, pelo mesmo facto, no mesmo processo, excepcionado a regra da não cumulação de medidas (*cfr.* art. 19.º n.º 1)". Esta ideia de se tratar de um "cocktail" de medidas advém, assim, do facto de poder congregar em si outras medidas, tais como a imposição de regras de conduta e/ou a imposição de obrigações e/ou a frequência de programas formativos. Consoante o crime praticado e as necessidades de educação para direito manifestadas no facto e persistentes no momento da decisão da medida a aplicar e da elaboração do projeto educativo pessoal, assim se determinarão as regras e/ou obrigações a cumprir.

5. Segundo a opinião de Silva, Júlio, *Lei Tutelar Educativa Comentada..., ob. cit.,* p. 84, n. 2, citando o art. 40º /1 CDC, que subscrevemos, "esta medida tutelar educativa é... a que melhor espelha os objetivos propostos pela LTE e a que melhor poderá colocar em prática "o direito a um tratamento capaz de favorecer o seu sentido de dignidade e valor, reforçar o seu respeito pelos direitos do homem e as liberdades fundamentais de terceiro e que tenha em conta a sua idade e a necessidade de facilitar a sua reintegração social e o assumir de um papel construtivo no seio da sociedade".

6. A sua flexibilidade, a possibilidade de congregar várias regras e obrigações e o acompanhamento intensivo e holístico que deve conceder ao menor contribuem para o seu elevado potencial educativo, mesmo no caso de haver consideráveis necessidades de educação para o direito, sendo uma boa alternativa às medidas institucionais, tendo em conta o princípio da mínima restrição de direitos. Todavia, tal como Bolieiro, Helena/Guerra, Paulo, *ob. cit.*, advertem, este potencial educativo depende essencialmente da "capacidade dos serviços sociais, designadamente no que se refere ao seu apetrechamento técnico e humano", dependendo também do envolvimento dos cuidadores e do próprio apoio que lhes seja facultado.

7. Neste sentido tem-se defendido a terapia "multissistémica", intervindo nos vários contextos de vida do menor (família, escola, vizinhança, amigos) e nas suas competências, favorecendo a criação de condições preventivas da prática de crimes, condições para a reestruturação das suas relações e para a sua inserção social (sobre esta abordagem "multissistémica", *cfr.* BRAZÃO, Celso/CUNHA, Magda/MESQUITA, Paula, "Intervenção tutelar educativa e abordagem multissistémica. Contributos da prática", *Ousar Integrar, Revista de Reinserção Social e Prova,* n.º 3, DGRS, 2009, pp. 101 e segs.; teoria e artigo também referidos *in* SILVA, Júlio, *Lei Tutelar Educativa Comentada...ob. cit.*, p. 88, n.º 8).

8. Se, por exemplo, um menor de 14 anos pratica um roubo (art. 210.º/1 CP), verificando-se que falta continuadamente à escola, acompanha outros jovens que praticam desacatos ou mesmo crimes, tem uma família desestruturada, que não o supervisiona devidamente, e revela tendências conflituosas e mesmo agressivas, poderá ser necessário estabelecer um plano duradouro (dentro dos limites legais, claro), em que se conjugue a regra de não acompanhar certas pessoas (art. 13.º/2, b)), a obrigação de frequência de estabelecimento de ensino com controlo de assiduidade e aproveitamento, impondo-se ainda a frequência de um programa de aquisição de competências pessoais e sociais (art. 15.º/1, f)). Saliente-se o programa GPS (*Gerar Percursos Sociais*), criado para prevenção de comportamentos e para reabilitação de delinquentes – neste caso, não devendo ser aplicado isoladamente, mas no âmbito de uma intervenção mais alargada. Trata-se, assim, de um programa que poderá ser aplicado no âmbito desta medida tutelar, conjugando-se com outras intervenções.

9. Apesar de a prática do crime de roubo poder conduzir à aplicação de uma medida institucional, mesmo em regime semiaberto ou fechado (cfr., art. 17.º/3 e 4), deve considerar-se o referido princípio da mínima restrição de direitos, sendo o internamento a *ultima ratio* e, assim, devendo recorrer-se a uma medida não institucional se esta se revelar adequada a educar o menor para o direito (cfr., art. 6.º e art. 18.º/2 CRP). Ora, face à gravidade da situação (cfr., art. 7.º) poderá ser necessário recorrer à medida não institucional mais grave – o acompanhamento educativo, no âmbito do qual há esta possibilidade de conjugação articulada (e adequada ao caso) de medidas tutelares.

10. Refira-se, a este propósito, o Ac. TRL 25/01/2011 (2581/09.4TQLSB.L1-5), disponível em www.dgsi.pt, consultado a 4 de abril de 2017, onde se discute, precisamente em relação a um jovem que cometeu um crime de roubo, da aplicação da medida de internamento ou de acompanhamento educativo.

11. Esta é, sem dúvida, uma medida que está em sintonia com os instrumentos internacionais e europeus, que privilegiam as medidas na comunidade, as medidas centradas na formação e acompanhamento do menor e as medidas flexíveis e consensuais (cfr. *supra* – art. 11.º, n.º 6, a referência aos instrumentos internacionais); refira-se, nomeadamente, o art. 40.º/4 da CDC, reportando-se a medidas não institucionais e, entre elas, ao regime de prova e as Regras 17.1 b) e 18.1 das *Regras de Beijing*, referindo-se, respetivamente, às restrições da liberdade como *ultima ratio*, e a "medidas de orientação, proteção e vigilância" (al. a), ao "regime de prova" (al. b)), "tratamento intermédio e outras medidas de tratamento" (al. e)); por seu turno, a Regra 19.1 esclarece que a criminologia mais avançada recomenda o tratamento em meio aberto. Salientem-se ainda os pontos 14 e 15 da *Recomendação R (87) 20 do Conselho da Europa sobre as Reações Sociais à Delinquência Juvenil*, recomendando medidas de tratamento intermédio intensivo e o *Memorando Explicativo da Recomendação Rec (2003) 20 do Comité de Ministros aos Estados membros*, parte I, relativa à "Necessidade de respostas novas", referindo-se a abordagens alternativas, passando pela justiça restaurativa e apoio e supervisão intensiva no âmbito de medidas comunitárias. Releve-se ainda o Parecer do Comité Económico e Social Europeu sobre a "Prevenção da delinquência juvenil, as formas de tratamento da mesma e o papel da justiça de menores na União Europeia", de 15 de março de 2006, recomendando: "Flexibilizar e diversificar a reacção penal com medidas flexíveis, ajustáveis às circunstâncias do menor, de acordo com as condições, a evolução e os progressos no tratamento ou na execução da sentença, como alternativas à privação de liberdade" (ponto 3.3.1.)

12. Nesta medida tutelar conjugam-se estes vários aspetos: é uma medida não privativa da liberdade, centrada no menor, nas suas necessidades concretas, na sua formação e acompanhamento intensivo e procura obter a adesão do menor e dos seus pais, representantes legais ou cuidadores, envolvendo-os na própria elaboração e execução do projeto educativo pessoal.

13. Saliente-se que o projetivo educativo pessoal é elaborado pelos serviços de reinserção social, que também deverão supervisionar e acompanhar o menor durante a sua execução (art. 16.º/3 e 4), devendo motivar o menor e os seus pais, representante legal ou pessoa que tenha a sua guarda de facto a participar na elaboração de tal projeto (art. 142.º/2 e 3), tendo em consideração a importância deste envolvimento para o bom êxito da medida; de resto, os pais ou representantes serão também associados à execução da medida, sempre que tal seja possível e adequado (art. 22.º). Releve-se ainda que o Ministério Público emite parecer obrigatório sobre este projeto (art. 40.º/1, e)). Trata-se, assim, de um projeto cuidadosamente elaborado, apelando à adesão do menor e dos seus pais (art. 6.º/1). A elaboração do projeto e o seu envio ao tribunal para homologação não deve exceder o prazo de um mês (art. 142.º/2), tendo a Lei n.º 4/2015 esclarecido que o prazo de duração da medida se conta desde o trânsito em julgado da decisão de homologação judicial prevista no n.º 3 do art. 16.º (cfr., n.º 5).

14. Note-se que a duração desta medida tem um limite mínimo (3 meses); tal dever-se-á à necessidade de haver um mínimo de tempo indispensável para que tal projeto possa ser executado e possa atingir os objetivos de educação para o direito visados, sendo ainda a única medida não institucional que impõe a elaboração de um projeto educativo pessoal (o qual também é elaborado no âmbito das medidas de internamento), tendo cada menor um dossier individual, de onde consta toda a informação que lhe diz respeito, tal como no caso de jovens internados (art. 132.º). Também estes aspetos reforçam a ideia de se tratar, de entre as medidas não institucionais, da mais conformadora e da que acompanha mais de perto a evolução do menor.

15. Na proposta apresentada pelo GT-LTE o nome desta medida era substituído por "supervisão intensiva" (designação inspirada na lei irlandesa – *Children Act, 2001, "probation intensive supervision order")*, pretendendo-se salientar esta ideia de proximidade e vigilância do menor: "reforçando a ideia de que a medida mais gravosa de execução na comunidade deve obrigar a um acompanhamento mais próximo e rigoroso... passou a designar-se medida de *acompanhamento com supervisão intensiva*" (Furtado, Leonor (coord.) *et. al.*, *Relatório final do... ob. cit.*, pp. 56/57).

16. O GT-LTE propôs a criação de centros de dia (Furtado, Leonor (coord.) *et. al.*, *Relatório final do... ob. cit.*, pp. 63 e ss.), os quais poderiam constituir uma ajuda na implementação desta medida (neste sentido, Silva, Júlio, *Lei Tutelar Educativa Comentada...*, *ob. cit.*, p. 86, n.º 5.);

porém, tal proposta não foi convertida em lei. Discutida foi ainda a possibilidade de controlo do cumprimento das regras impostas através de vigilância eletrónica. Porém, inicialmente, entendeu o GT-LTE, por maioria, restringir a possibilidade de recurso à vigilância eletrónica à fiscalização do cumprimento das regras de conduta "*Não frequentar certos meios, locais ou espetáculos*" e "*Não frequentar certos grupos ou associações.* Não obstante, o GT-LTE acabou por aprovar uma norma de teor genérico, que possibilitaria o recurso aos meios de vigilância eletrónica aquando da aplicação da medida de acompanhamento com supervisão intensiva, sempre que necessário e adequado. (FURTADO, Leonor (coord.) *et. al.*, *Relatório final do... ob. cit.*, pp. 59/60; sobre esta questão cfr. SAN-BENTO, Marta, *ob. e loc. cit.*).

17. Saliente-se que, se forem aplicados programas de tratamento (art. 14.º/1, e) e 3), aplicar-se-ão as regras previstas no art. 14.º/4 – ou seja, deve procurar-se a adesão do menor ao tratamento e, tratando-se de menor com mais de 16 anos, será exigido o seu consentimento informado (art. 14.º/8, por remissão expressa do art. 16.º/7).

18. Por outro lado, se forem impostos programas formativos (art. 15.º) é aplicável o n.º 3 deste art. 15.º (por remissão do art. 16.º/6), ou seja, o menor poderá ter de residir junto de pessoa idónea ou em instituição não dependente do Ministério da Justiça.

19. Por fim, embora este art. 16.º não remeta expressamente para o art. 13.º/3, é evidente que a proibição de imposição de regras de conduta abusivas ou desrazoáveis também se aplica se, no contexto do acompanhamento educativo, se impuserem regras de conduta ou obrigações (cfr. art. 14.º/5 que remete para o art. 13.º/3).

20. Nem poderia ser de outro modo, tendo em conta os nossos princípios constitucionais e os princípios estabelecidos em instrumentos internacionais a que estamos vinculados (art. 13.º, n. 8.) Porém, em nossa opinião teria sido preferível estabelecer aquela remissão expressa. Para RODRIGUES, Anabela Miranda/DUARTE-FONSECA, António Carlos, *ob. cit.*, pp. 94 e 95, § 3, o legislador não terá feito tal remissão com receio de confusão quanto ao limite mínimo da medida de acompanhamento educativo que combine a imposição de regras de conduta ou de obrigações, uma vez que estas não têm qualquer limite mínimo.

21. De acordo com o art. 21.º, antes de aplicar a medida de "Acompanhamento educativo que incluir obrigações ou frequência de programas formativos", o tribunal pode pedir ao DGRSP informações sobre entidades ou instituições junto das quais o menor deve cumprir a medida, respetivos programas, horários, condições de frequência e vagas disponíveis, devendo aqueles serviços informar o tribunal em prazo não superior a 20 dias.

22. A propósito desta medida o GT-LTE sublinhou a necessidade de estabelecer um efetivo cruzamento de fontes, mediante a comunicação entre os serviços de reinserção social e os serviços da comunidade, escolas, associações comunitárias, órgãos de polícia, e, de um modo geral, as entidades com competência em matéria de infância e juventude (Furtado, Leonor (coord.), *et. al.*, *Relatório final do...ob. cit.*, p. 62.

23. A decisão que aplique esta medida, tal como a decisão que aplique qualquer medida tutelar educativa, é recorrível (art. 121.º/1, c)).

24. Esta medida, tal como todas as outras medidas tutelares educativas, está sujeita a registo (art. 210.º).

25. Segundo estudos de *follow-up* (2012), verifica-se que, dos 233 jovens que cessaram a medida de acompanhamento educativo em 2010, a grande maioria, isto é, 198 jovens, não reincide, o que corresponde a 85%. Só 9% dos jovens reincidiu. Cóias, João, *ob. e loc cit.*, p. 109, salienta a importância deste dado "se considerarmos que esta é a medida mais grave não institucional". Dos 198 jovens não reincidentes só se conseguiu avaliar a situação de 50, uma vez que em 75% dos casos não foi possível recolher dados avaliativos. Dos 50 jovens avaliados, a maioria está completamente integrada, em 52% dos casos, e, em 36%, parcialmente integrada. Só 6 jovens se encontram em situação considerada de risco.

Conceição Ferreira da Cunha

ARTIGO 17.º
Internamento

1 – A medida de internamento visa proporcionar ao menor, por via do afastamento temporário do seu meio habitual e da utilização de programas e métodos pedagógicos, a interiorização de valores conformes ao direito e a aquisição de recursos que lhe permitam, no futuro, conduzir a sua vida de modo social e juridicamente responsável.

2 – A medida de internamento em regime aberto, em regime semiaberto e em regime fechado é executada em Centro Educativo classifi-

cado com o correspondente regime de funcionamento e grau de abertura ao exterior.

3 – A medida de internamento em regime semiaberto é aplicável quando o menor tiver cometido facto qualificado como crime contra as pessoas a que corresponda pena máxima, abstratamente aplicável, de prisão superior a três anos ou tiver cometido dois ou mais factos qualificados como crimes a que corresponda pena máxima, abstratamente aplicável, superior a três anos.

4 – A medida de internamento em regime fechado é aplicável quando se verifiquem cumulativamente os seguintes pressupostos:

a) Ter o menor cometido facto qualificado como crime a que corresponda pena máxima, abstratamente aplicável, de prisão superior a cinco anos ou ter cometido dois ou mais factos contra as pessoas qualificados como crimes a que corresponda pena máxima, abstratamente aplicável, de prisão superior a três anos; e

b) Ter o menor idade igual ou superior a 14 anos à data da aplicação da medida.

Medida de internamento

1. O internamento em centro educativo encontra-se previsto em último lugar no elenco das medidas tutelares educativas (art. 4.º/1, i)), ordenadas segundo o seu grau crescente de gravidade (art. 133.º/4). Configurada como medida institucional (n.º 2), comporta três regimes de execução: aberto, semiaberto e fechado (n.º 3), igualmente enumerados por ordem crescente de gravidade em razão do diferente grau de abertura ao exterior (cfr., arts. 167.º, 168.º e 169.º).

O art. 17.º, reportando-se especificamente a esta medida, define o seu conteúdo (n.º 1), estabelece a sua execução em centro educativo (n.º 2), fixando ainda os pressupostos legais específicos para a aplicação da medida de internamento em regime semiaberto (n.º 3) e em regime fechado (n.º 4).

2. Esta medida destina-se a jovens cuja necessidade educativa evidenciada na prática de facto qualificado pela lei como crime exija um *afastamento temporário* (uma separação ou rutura) do seu meio familiar e social (do seu "contexto de origem"), com o recurso a específicos programas e métodos pedagógicos, que proporcionem ao jovem a interiorização de valores conformes ao direito e a aquisição de recursos (e de competências) que permitam conduzir a sua vida de modo social e juridicamente responsável (n.º 1).

3. Estamos, pois, perante uma medida institucional, executada em centro educativo (contrapondo-se às restantes medidas, não institucionais, executadas na comunidade), que constitui a *ultima ratio* no âmbito das possíveis respostas (consequências) jurídicas face à problemática da delinquência juvenil. De facto, a intervenção tutelar educativa orienta-se pelo princípio da preferência pelas medidas não institucionais, corolário dos princípios da intervenção mínima e da proporcionalidade (arts. 6.º e 7.º/1); apontam neste sentido diversos instrumentos internacionais, merecendo destaque as *Regras de Beijing* ao preverem a privação da liberdade como o último recurso e apenas durante o tempo estritamente necessário (regras 17.1c) e 19.1)). Esta é, sem dúvida, a mais severa e gravosa das medidas tutelares educativas, a que representa maior intervenção na autonomia de decisão e de condução de vida do jovem e que implica privação de liberdade.

4. É de notar que no debate, evolutivo e inacabado, em torno da procura de respostas diferenciadas para a delinquência juvenil (o que exige desde logo instituições e legislação específicas), os modelos de justiça juvenil apontam diversos caminhos: entre um modelo de proteção – Lei de Proteção da Infância (1911) e OTM (1962/1978), com um tratamento unitário dos "menores delinquentes" e dos "menores em risco", acolhidos nos mesmos estabelecimentos tutelares numa "convivência aberrante" – e um outro estritamente punitivo/repressivo, de justiça, procuram um modelo (intermédio) de "terceira via" – LTE (1999), com um tratamento diferenciado, prevê uma intervenção tutelar educativa aplicável aos "menores delinquentes" –, educativo e/ou de responsabilização (destarte, a LTE, tendo entrado em vigor a 1 de janeiro de 2001, marcou uma profunda rutura com o sistema de proteção até aí vigente. Tendo sido revista através da Lei n.º 4/2015, de 15 de janeiro, esta traduziu-se numa alteração pontual, mantendo-se o paradigma e os princípios estruturantes da intervenção tutelar educativa, registando-se, no entanto, algumas inovações significativas, como referem ANDRADE, Amélia Sineiro/SANTOS, Margarida, *loc. cit.*, pp. 329-348).

Nestes caminhos, apontam-se ainda novas fórmulas num emergente modelo de justiça restaurativa/reparadora ou numa possível evolução para um modelo comum europeu (uma "justiça amiga das crianças") (com um estudo muito aprofundado sobre o sistema de justiça juvenil e os diferentes modelos refletidos na evolução legislativa e tomando como base a medida de internamento, v., DUARTE-FONSECA, António Carlos, *Internamento de Menores Delinquentes..., ob. cit.* Identificando e caraterizando novos modelos (de justiça restaurativa, de intervenção mínima e neo-correcionalista), veja-se também DUARTE-FONSECA, António Carlos, "Sobrevivência e erosão do paradigma da protecção nos sistemas europeus de justiça juvenil", *Ousar Integrar, Revista de Reinserção Social e Prova,* n.º 7, 2010, pp. 64 e 65).

Registe-se que, apesar da evolução ocorrida no sentido do reconhecimento dos direitos das crianças e da privação da liberdade como último recurso, o internamento enquanto resposta à delinquência manteve-se como instrumento comum aos diversos modelos de justiça juvenil, embora encontrando aí fundamentação e finalidades diversas, que modelaram estruturas e métodos distintos. É, pois, pertinente questionar se a privação da liberdade constitui uma solução incontornável ou inevitável como reação jurídica (e social) à delinquência juvenil e, ainda, no quadro que se desenha de novas respostas e novos métodos de intervenção, qual o papel que deve ser reservado à medida de internamento.

5. O que se pretende, afinal, com a medida de internamento: proteger, educar, responsabilizar e/ou sancionar?

A intervenção tutelar educativa não visa a punição (ou a retribuição pelo facto praticado), apontando-se como finalidade das medidas a "educação para o direito" e a inserção, de forma digna e responsável, na vida em comunidade (art. 2.º/1). Esclarece Anabela Miranda Rodrigues que "Educar (versus submeter) é formar, isto é, desenvolver harmonicamente a personalidade (...), devendo interiorizar valores e normas (...)". As medidas são "instrumentos de pedagogia para a responsabilidade" e de socialização (desenvolvendo as implicações do objetivo de educar para o direito, cfr., RODRIGUES, Anabela Miranda, "Repensar o Direito de Menores...", *loc. cit.*, pp. 355-357. Pode ver-se, também, CUNHA, Maria da Conceição Ferreira da, "Respostas à delinquência juvenil. Do internamento para a liberdade: primeiros passos para inserção social dos jovens", *Revista Portuguesa de Ciência Criminal,* Ano 26, n.º 1 a 4, janeiro-dezembro 2016, pp. 460-464, discorrendo sobre o que significa educar para o direito; e pp. 464 segs., cotejando medidas privativas de liberdade e educação para o direito. Ainda quanto à perceção que os jovens internados fazem desta intervenção – sancionar vs. educar para o direito, v., Manso, Ana/Almeida, Ana Tomás de, "Representações sociais de jovens institucionalizados em Centro Educativo. Perspetivas sobre a educação para o direito", *Ousar Integrar, Revista de Reinserção Social e Prova*, n.º 3, 2009, pp. 31-42).

O que se pretende, assim, é corrigir e desenvolver a personalidade dos jovens, ainda em formação, que se revelou hostil ao dever-ser jurídico básico da comunidade, de forma socialmente responsável, tendo como referência os valores mínimos tutelados pelo direito penal –, afinal, aprender (e ensinar) a ser "ator social", pensando-se e debatendo-se um modelo educativo (e) de responsabilidade (com um estudo aprofundado sobre o modelo educativo de responsabilidade para o séc. XXI e tomando como referência o internamento em centro educativo, veja-se Duarte-Fonseca, António Carlos, *Internamento...*, *ob. cit.*, pp. 369 segs.; também Lúcio, Álvaro Laborinho, "O advogado e a Lei Tutelar Educativa", *loc. cit.*, pp. 48 segs. apresenta o modelo de terceira via como "educativo e de responsabilidade". Atente-se ainda na proposta de "Lei de Responsabilização Educativa", apresentado pelo GT-LTE, quanto à sua designação, em que substitui o termo "tutelar" e acentua o seu caráter responsabilizador).

A este propósito, especialmente controversa é a medida de internamento, pois "(...) excluindo o menor da convivência social que lhe é comum, não parece adequar-se nem parece congruente, à primeira vista, com os fins das medidas tutelares educativas. A educação do menor para o direito (...) parece antinómica relativamente a um meio que tem de excluir para (re)integrar", sendo desenvolvida num contexto contentor "artificial" (v., Rodrigues, Anabela Miranda/Duarte-Fonseca, António Carlos, *ob. cit.*, p. 295, e, por isso, afirmam tratar-se de uma "medida-limite", extrema e para casos extremos).

O princípio da máxima adequação possível da medida de internamento aos seus destinatários exige uma resposta especializada e individualizada, que se traduz na execução de um projecto educativo pessoal (art. 164.º), exigindo a implementação e o desenvolvimento de métodos pedagógicos e de programas educativos bem elaborados e concretizados, adequados às necessidades específicas de cada "educando" (idade, personalidade, (in)competências, tipo de facto praticado,...), que permitam garantir a qualidade da intervenção em instituição. Aqui, revela-se essencial questionar o sucesso da intervenção: os centros educativos cumprem o seu objetivo primordial de "educar os jovens para o direito"? Importa, pois, assegurar que a intervenção desenvolvida não se traduza numa "artificialidade educativa" nem transforme a educação para o direito numa mera interiorização de normas regulamentares de funcionamento interno (num sistema iminentemente normativo). Essencial é inverter/ corrigir trajetórias de vida, apresentando-se o internamento em centro educativo como uma oportunidade de mudança, com a efetiva consciencialização e interiorização de normas e valores conformes ao direito que permitem ao jovem conduzir a sua vida de modo social e juridicamente responsável.

6. A intervenção do Estado face à delinquência juvenil implica restrições de direitos fundamentais (*maxime*, o direito à liberdade do jovem infrator – art. 27.º/1 CRP) e justifica-se desde que observados os requisitos previstos no art. 18.º/2 e 3 CRP (uma atuação minimalista e excecional) e em nome do interesse do menor, estabelecendo a LTE determinados pressupostos para que a intervenção tutelar educativa possa ter lugar.

Impõe-se, desde logo, uma delimitação etária, com a fixação dos limiares mínimo (12 anos) e máximo (16 anos) da intervenção (art. 1.º) – idades no momento da prática do facto. O sistema de justiça juvenil deve, assim, ancorar-se na especificidade dos destinatários (jovens em pleno processo de formação e desenvolvimento), o que exige uma resposta individualizada, especializada e diferenciada da dos adultos (sujeitos a um sistema penal, que assenta na sua imputabilidade). No entanto, "inimputabilidade de modo algum significa irresponsabilidade", mas a exigência de uma resposta distinta da de Direito Penal (neste sentido adverte Rodrigues, Anabela Miranda, "Repensar o Direito de Menores...", *loc. cit.*, p. 374 e 378, olhando para o menor enquanto "ser biológico e psicossocial em evolução", que "A barreira à intervenção penal junto dos menores infractores (...) funda-se na sua incapacidade de culpa (jurídico-penal), ou seja, de um juízo de censura ético-social à personalidade do agente, que aqui está, ainda, em construção").

Sendo pressuposto da intervenção uma ofensa grave aos bens jurídicos fundamentais da comunidade, optou-se pelo critério da ilicitude penal, exigindo-se a prova da prática de facto qualificado pela lei como crime (art. 1.º). Registe-se a relevância atribuída ao facto no âmbito da

LTE (num modelo de terceira via), o que contrasta com o modelo de proteção (consagrado na Lei de Proteção da Infância e na OTM) em que as medidas eram tomadas com base na personalidade do jovem dada a desvalorização (irrelevância) do facto e a sua irresponsabilidade pelos delitos praticados (v., *infra*, Ac. TRC 12/10/2011 (9.T3ETR.C1), disponível em *www.dgsi.pt*, consultado a 21 de fevereiro de 2018). Importa aferir, aqui, da necessidade de uma diferenciação da intervenção por tipo de crime e da eventual consideração de uma "criminalidade juvenil" (?), diversa e específica, que poderá exigir respostas específicas, implicando uma distinta ponderação na escolha e determinação das medidas aplicáveis (referem-se crimes praticados com violência, incluindo a violência filio-parental ou a violência no namoro, o *bullying*, os gangues juvenis, as agressões sexuais quando praticadas por jovens (sendo as vítimas, em regra, também jovens ou crianças). Veja-se em Espanha a especial preocupação com o terrorismo, prevendo-se uma medida especial: a "inabilitação absoluta" (art. 7.1., ñ) Ley Orgánica Reguladora de la Responsabilidad Penal de los Menores (LORPM); e ainda o art. 9. 2., c) ao prever a medida de internamento em regime fechado para os crimes praticados em grupo (...)).

Um último pressuposto prende-se com a necessidade do jovem ser educado para o direito (art. 7.º/1). Deste modo, a intervenção estadual apenas poderá ocorrer se se concluir, em concreto, pela necessidade de corrigir a personalidade no plano do dever-ser jurídico e manifestada na prática do facto. Avaliada e devendo subsistir *no momento da decisão* (princípio da atualidade), impõe que se atente na idade e personalidade do jovem, na conduta anterior e posterior ao facto e ainda à sua inserção familiar, escolar e social. O que implica que, em caso de desnecessidade a intervenção tutelar educativa não tenha lugar, apesar de comprovada a prática do facto.

7. A que critérios deve obedecer a escolha das medidas (e, também, a de internamento)?

Importa notar que na Justiça Juvenil não existe uma medida prevista para cada infração, mas um amplo "catálogo", devendo selecionar-se a medida mais adequada ao facto e às circunstâncias, personalidade e interesse do menor. Permitindo este sistema alguma margem de discricionariedade judicial e de flexibilidade (adaptabilidade de cada medida ao específico caso concreto), não deve, no entanto, ser confundido com arbitrariedade ou um poder ilimitado desvinculado de pressupostos legalmente definidos. Implicando juízos de ponderação, o legislador define princípios orientadores e critérios de decisão. Neste sentido, dispõe o n.º 1 do art. 6.º LTE que na escolha da medida tutelar aplicável o tribunal dá preferência, de entre as que se mostrem *adequadas* e *suficientes*, à medida que represente *menor intervenção* na autonomia de decisão e de condução de vida do menor e que seja suscetível de obter a sua maior *adesão* e a adesão de seus pais, representante legal ou pessoa que tenha a sua guarda de facto, acrescentando o n.º 3 que a escolha da medida tutelar aplicável é orientada pelo *interesse do menor*. Impõe-se distinguir aqui o princípio da proporcionalidade e o da intervenção mínima, conformadores de todo o processo de decisão e com importantes implicações na seleção da medida concreta, dos quais decorre o princípio da preferência pelas medidas não institucionais, constituindo a medida de internamento "o último recurso".

8. A LTE distingue três regimes de execução da medida de internamento – aberto, semiaberto e fechado –, em centro educativo classificado com o correspondente regime de funcionamento e grau de abertura ao exterior (ou, se preferirmos, de restrição da liberdade).

Objeto de discussão, importa indagar da necessidade daqueles três regimes de execução (diferenciados ao nível da lei e ordenados pelo seu grau crescente de gravidade).

Relativamente ao regime aberto (art. 167.º: os jovens residem e são educados no estabelecimento, mas frequentam no exterior, preferencialmente, todas as outras atividades previstas no seu projeto educativo pessoal) sustentam-se diversas posições: enquanto alguns preconizam a sua *eliminação* (inicialmente de escassa aplicação e "acusado" de ser utilizado apenas como instrumento *de proteção,* pode ver-se o *Relatório da CRSEPM* que não previa o internamento em regime aberto, mantendo apenas os outros dois regimes – v., RODRIGUES, Anabela Miranda/ /DUARTE-FONSECA, António Carlos, *ob. cit.*, pp. 435 e 492) ou, apenas, a sua subsistência enquanto *fase final* da execução de uma medida de internamento (neste sentido, v., GUERRA, Paulo, "A Lei Tutelar Educativa: para onde vais?", *Revista Julgar*, Maio-Agosto, 2010, p. 105), outros defendem que este deveria ser o *regime-regra* (considerando os efeitos negativos do internamento e as vantagens deste regime pelo seu grau de abertura à comunidade, veja-se CRUZ MARQUÉZ, Beatriz, *La medida de in-*

ternamento y sus alternativas en el Derecho Penal Juvenil, Madrid, Dykinson S.L., 2007, em que defende, em Espanha, o regime aberto como regime-regra; também entre nós a Comissão de Fiscalização dos Centros Educativos, no Relatório de 2012, pp. 9 e 40, propõe como regra o regime aberto, destacando as suas potencialidades e vantagens que decorrem da abertura ao exterior).

O regime semiaberto (art. 168.º: os jovens frequentam no estabelecimento atividades educativas e de tempos livres, podendo ser autorizados a frequentá-las no exterior) é, na prática, o regime-regra. Sendo o regime mais flexível e o menos contestado, pode ainda assim questionar-se a correta definição dos seus pressupostos específicos e a sua interpretação e aplicação.

Quanto ao regime fechado (art. 169.º: todas as atividades são frequentadas exclusivamente dentro do estabelecimento, estando as saídas, sob acompanhamento, limitadas ao cumprimento de obrigações judiciais ou à satisfação de necessidades de saúde), sendo um regime muito controverso (de *extrema ratio*), será possível a sua eliminação progressiva? Não estaremos, aqui, perante uma verdadeira sanção (para alguns, uma "pena juvenil" ou mesmo "prisão") com uma grande dimensão criminógena e estigmatizadora? (v., DUARTE-FONSECA, António Carlos, *Internamento...*, *ob. cit.*, p. 393; também LANDROVE DÍAZ, Gerardo, *Introducciónal Derecho Penal de Menores*, Madrid, Tirant lo Blanch, 2007, p. 17: "em definitivo, prisão" (considerando também a medida cautelar de internamento "sem eufemismos, prisão preventiva"). Questiona SANZ MULAS, Nieves/VALENTE, Manuel Monteiro Guedes, *Direito de Menores. Estudo luso-hispânico sobre menores em perigo e delinquência juvenil*, Lisboa, Âncora Editora, 2003, p. 421, "Pode ser uma privação de liberdade num CE em regime fechado uma medida educativa no interesse exclusivo do menor? Ou será uma autêntica pena? Uma concessão à defesa social...?").

Registe-se que a intervenção em centro educativo (arts. 143.º a 209.º) é baseada num sistema progressivo de faseamento (art. 162.º) – distinguindo-se 4 fases, a fase 1 é igual para todos os regimes, "fechada", prevendo-se uma abertura progressiva ao exterior nas restantes fases (com uma aquisição gradual de liberdade) atendendo aos progressos educativos dos jovens. Esta intervenção institucional, assim configurada, permite tensões entre a lei e a sua aplicação prática. Importa referir, num sentido crítico, uma indiferenciação entre os regimes aberto e semiaberto (e, mesmo, fechado), numa perversão prática do sistema (ao nível dos centros educativos, dada ainda a sua polivalência – o art. 207.º admite a coexistência no mesmo centro educativo de "unidades residenciais diferenciadas", o que as torna permeáveis a uma intervenção tendencialmente igualitária, justificada por razões economicistas e/ou securitárias) que desvirtua os princípios que inspiram a intervenção na resposta às diversas necessidades educativas dos jovens (neste sentido, pode ver-se o Ac. TRC 23/10/2013 (1233/11.0TAGRD-B.C1), disponível em www.dgsi.pt, consultado a 21 de fevereiro de 2018 – resulta, assim, algo estéril a discussão em torno da distinção dos dois regimes e da subsistência (?)/eliminação do regime aberto, quando os jovem (con)vivem no centro educativo, frequentando aí as atividades educativas e de formação (e não no exterior, como se pretende num regime aberto). Neste sentido, crítico, e chamando a atenção para os problemas de incompleta diferenciação dos centros segundo o respetivo regime de funcionamento e de falta de diferenciação e de especialização da intervenção relativamente a certas problemáticas específicas, ver DUARTE-FONSECA, António Carlos, *Internamento...*, *cit.*, pp. 478-480).

9. Note-se que para a aplicação da medida de internamento e dos seus regimes de execução, para além da observância dos pressupostos gerais da intervenção tutelar educativa (arts. 1.º e 7.º) e dos critérios de escolha das medidas (art. 6.º), a lei exige ainda o preenchimento de determinados pressupostos específicos (mínimos e necessários, mas não suficientes, podendo aplicar-se um regime menos restritivo ou outra medida, atendendo, designadamente, à menor necessidade de educação do jovem para o direito) – quais as "fronteiras" entre esses regimes estabelecidos no art. 17.º?

Registe-se que a exceção é o regime aberto: sem a exigência de pressupostos específicos, pode ser aplicado a qualquer facto qualificado como crime (independentemente da moldura penal), desde que o afastamento do seu meio habitual de vida seja reclamado pelo interesse do jovem, verificados os demais critérios de escolha da medida plasmados nos arts. 6.º e 7.º/1 (atente-se no Ac. TRG 15/05/2006 (719/05-1), disponível em www.dgsi.pt, consultado a 21 de fevereiro de 2018, parecendo aqui questionável a opção pelo regime aberto).

Para aplicação do regime semiaberto (o regime dominante) ou do regime fechado (um regime "limite", excecional) o n.º 3 e o n.º 4, a), respetivamente, atendem à natureza dos factos qualificados como crime, ao número de factos praticados e ao seu grau de gravidade (moldura penal), devendo estabelecer-se requisitos mais gravosos para o regime fechado. O regime semiaberto justifica-se desde que: (i) o jovem tenha praticado um único facto qualificado como crime contra as pessoas a que corresponda pena máxima, abstratamente aplicável, de prisão superior a três anos; (ii) tenha cometido dois ou mais factos qualificados como crimes a que corresponda pena máxima, abstratamente aplicável (note-se: a cada um deles), superior a três anos. Já o regime fechado poderá ser aplicado desde que: (i) o menor tenha praticado facto qualificado como crime a que corresponda pena máxima, abstratamente aplicável, de prisão superior a cinco anos; (ii) tenha cometido dois ou mais factos contra as pessoas qualificados como crime a que corresponda pena máxima, abstratamente aplicável, de prisão superior a três anos; (iii) em qualquer caso, exige-se ainda que o jovem tenha idade "igual" (clarificação prevista pela Lei n.º 4/2015) ou superior a 14 anos, à data da aplicação da medida (al. *b*) – atendendo-se a uma conceção gradualista da capacidade dos jovens de entender o sentido da intervenção) (ver Ac. TRG 17/09/2007 (1038/07-2), disponível em www.dgsi.pt, consultado a 21 de fevereiro de 2018).

Exemplificando: a crimes como o de homicídio por negligência, ofensa à integridade física simples, participação em rixa, difamação, injúria, coação, ameaça simples, furto simples, dano simples, condução perigosa de veículo rodoviário, não pode ser aplicada a medida de internamento em regime semiaberto ou em regime fechado; pode, porém, ser aplicado o internamento em regime aberto.

Questionando a correta definição/ redação daqueles pressupostos e a sua interpretação literal, detetamos uma contradição que importa assinalar: assim, se um jovem praticar um só facto tipificado como crime de furto qualificado – ao abrigo do art. 204.º/2 CP, punido com pena de prisão de dois a oito anos – não pode ser aplicado o regime semiaberto (pois teria que praticar dois ou mais factos), mas permite-se a aplicação do regime fechado (mais gravoso (?)). Constata-se, nestes termos (o que já não se verifica nos crimes contra as pessoas), uma incongruência dos pressupostos definidos no n.º 3 e no n.º 4, a), não se observando o princípio da proporcionalidade que exige, desde logo, um grau crescente de gravidade dos factos praticados.

Registe-se que na "Lei de Responsabilização Educativa" aqueles pressupostos específicos para a aplicação dos regimes de execução da medida de internamento eram eliminados, sendo esta uma proposta polémica e geradora de debate (v., CUNHA, Maria da Conceição Ferreira da, "Respostas à delinquência juvenil...", *loc. cit.*, pp. 458-460, assinalando (mas duvidando da sua bondade) que a opção da proposta do GT-LTE reside em considerar as necessidades de educação para o direito como critério adequado e suficiente para a escolha do regime a aplicar, aproximando-se do modelo de proteção).

10. Importa, ainda, atentar nos efeitos negativos do internamento e nos riscos que comporta. Na verdade, o internamento, privando o jovem de liberdade e autonomia de decisão, constitui uma rutura no seu processo de socialização (deixando o seu ambiente "natural" para se inserir num meio "artificial"), podendo provocar consequências prejudiciais para o seu desenvolvimento biopsicossocial, desencadear efeitos estigmatizantes, acentuando o isolamento social e a consolidaçao da "carreira criminosa". Importa, ao invés, desenvolver e potenciar a capacidade educativa desta medida e minimizar os riscos que poderão constituir um enorme obstáculo à reinserção do jovem. A medida de internamento deve, pois, ser encarada como um desafio e uma oportunidade de mudança, que comporta efeitos benéficos com a aquisição de competências e a interiorização de valores e regras num ambiente contentor mas amigável e facilitador da intervenção tutelar educativa.

11. Impõe-se fazer sempre o confronto e a adequada ponderação com outras medidas/ soluções (menos gravosas) que, obedecendo ao princípio da intervenção mínima, poderão configurar-se como preferíveis, permitindo mais facilmente a adesão do jovem e, nessa medida, o maior sucesso da intervenção.

Designadamente: constituirá o acompanhamento educativo (a medida não institucional mais gravosa) a melhor alternativa ao internamento e/ou a última oportunidade para o jovem antes de se recorrer a este? Onde fixar a fronteira entre estas duas medidas? O critério decisivo parece residir na (des)necessidade de afastamento do seu meio habitual ou, se quisermos, da (in)suficiência de uma reeducação na comunidade – a opção pelo internamento evidencia-se na necessidade de uma rutura na vivência desestruturada do jovem e na ineficácia das instâncias informais de controlo/ de socialização (*maxime* a família e a escola) – v., Ac. TRE 18/06/2013 (30/12.0TQFAR.E1) e Ac. TRL 25/01/2011 (2581/09.4TQLSB.L1-5), disponíveis em www.dgsi.pt, consultado a 21 de fevereiro de 2018.

Aqui, revela-se essencial a identificação dos fatores de risco (relativos ao jovem, familiares, escolares, grupo de pares, vizinhança e comunidade) que explicam o comportamento delituoso e determinam o âmbito da intervenção, a escolha da medida e sua execução, institucional ou em comunidade. Uma intervenção que pretenda ser eficaz e completa implica uma abordagem multissistémica orientada para as causas/os fatores (de risco) que, na rede social do jovem, contribuem para o seu comportamento antissocial (explicitando esta terapia multissistémica, uma intervenção integrada e em rede, como base teórica para a intervenção tutelar educativa, v., BRAZÃO, Celso/CUNHA, Magda/MESQUITA, Paula, "Intervenção tutelar educativa e abordagem multissistémica. Contributos da prática", *Ousar Integrar, Revista de Reinserção Social e Prova*, n.º 3, 2009, pp. 101 segs). Impõe-se o reforço dos fatores de proteção que afastem o perigo e previnam a delinquência, devendo qualquer sistema de Justiça Juvenil desenvolver uma estratégia de intervenção precoce com uma abordagem multidisciplinar.

12. Impõe-se, ainda aqui, indagar: justifica-se a criação de uma nova medida adequada às características de alguns jovens (com problemáticas de saúde mental ou com comportamentos aditivos ou, até, quando praticam certos factos qualificados pela lei como crime) que permita um permanente acompanhamento especializado e um maior sucesso da intervenção – o internamento terapêutico? (Tratando-se de questão polémica, que permanece em aberto, a Lei n.º 4/2015 não previu o internamento terapêutico – uma oportunidade perdida? Registando essa controvérsia, pode ver-se ANDRADE, Amélia Sineiro/SANTOS, Margarida, *loc. cit.*, p. 348).

13. Questão e preocupação fundamental – podendo estar em causa a credibilidade da intervenção (da lei e da sua aplicação prática) – é a do pós-internamento e a preparação para a vida em liberdade, tendo sido objeto de inúmeras críticas por se entender ter sido deficientemente considerada na LTE.

A Lei n.º 4/2015 respondeu a esta questão com a previsão de um período de supervisão intensiva (art. 158.º-A) ou de um acompanhamento pós-internamento (art. 158.º-B), que reclamam uma efetiva implementação prática.

Remissões

14. As regras de execução da medida de internamento em centro educativo estão descritas nos arts. 143.º a 209.º, prevendo o art. 22.º (com a redação da Lei n.º 4/2015) uma execução participada. Pode ver-se, ainda, o RGDCE, aprovado pelo Dec.-Lei n.º 323-D/2000, de 20 de dezembro.

15. No processo tutelar educativo importa atentar no papel que está reservado aos juízes sociais, compreender a sua função e as razões da sua institucionalização (no Dec.-Lei n.º 156/78, de 30 de Junho). Refira-se que a intervenção dos juízes sociais limita-se à audiência em que esteja em causa a aplicação da medida de internamento, ao exigir um tribunal coletivo misto (constituído pelo juiz do processo, que preside, e por dois juízes sociais, deliberando por maioria – arts. 119.º e 30.º/2 LTE).

16. Quando for de aplicar medida de internamento em regime aberto ou semiaberto é obrigatória a elaboração de relatório social com avaliação psicológica (art. 71.º/5); para aplicar a medida de internamento em regime fechado a autoridade judiciária ordena aos serviços de reinserção social a realização de perícia sobre a personalidade (art. 69.º). Refira-se que podem ser utilizados como meios de obtenção de prova a informação e o relatório social (art. 71.º/1).

17. A possibilidade de revisão da medida de internamento (e, também, das restantes medidas) constitui a garantia de uma intervenção e avaliação evolutiva e atualizada que permite, durante a execução, a sua modificação, substituição, suspensão, redução ou prorrogação da duração ou mesmo a extinção da medida (arts. 136.º, 137.º e 139.º). Consagra-se, assim, o *princípio da atualidade* dos pressupostos da decisão, que funciona como uma garantia da defesa do interesse do menor.

18. O regime dos recursos está definido nos arts. 44.º e 121.º a 127.º (alterados pela Lei n.º 4/2015) – sendo um processo urgente, o recurso é interposto para o Tribunal da Relação, no prazo de cinco dias.

19. O registo do internamento (como das outras medidas tutelares educativas) faz-se nos termos dos arts. 210.º a 224.º – organizado em ficheiro central, o registo funciona na Direção-Geral da Administração da Justiça, sendo cancelado decorridos dois anos a contar da data da cessação ou extinção da medida ou na data em que o respetivo titular completar 21 anos.

20. *Jurisprudência*

– Ac. TRE 18/06/2013 (30/12.0TQFAR.E1), disponível em www.dgsi.pt, consultado a 21 de fevereiro de 2018 (medida de internamento em regime semiaberto/ acompanhamento educativo ou prestações a favor da comunidade – medidas alternativas inviáveis e ineficazes?/ o princípio da preferência das medidas não institucionais e a necessidade de afastamento do meio habitual):

"(...) face à gravidade dos factos praticados (tráfico de droga dentro do estabelecimento escolar) e a falência das instâncias de autoridade de referência (família, escola e comunidade), e verificando-se uma forte necessidade de educar o jovem para o direito, por o mesmo negar veementemente a prática dos factos e arrastar o irmão para a mesma actuação, apresentando risco elevado de reincidência, impõe-se o seu afastamento temporário do meio natural de vida."

"É pois do interesse do menor interiorizar que a sociedade não admite comportamentos do género e que reage privando da liberdade as pessoas que os têm, pelo que se o internamento limita a liberdade do menor, é também adequado a permitir-lhe perceber como é custosa esta consequência, sendo, por outro lado, uma aprendizagem dentro de condições bem mais humanas do que a prisão e feita num ambiente especialmente vocacionado para a ressocialização."

– Ac. TRL 25/01/2011 (2581/09.4TQLSB.L1-5), disponível em www.dgsi.pt, consultado a 21 de fevereiro de 2018 (medidas diferentes aplicadas a 2 menores: acompanhamento educativo e internamento/ duração/ diferente grau de necessidade de educação para o direito):

"III – Concluindo-se que, face às profundas e notórias carências educativas a todos os níveis reveladas pelo menor que praticou factos qualificados como crime de roubo, que vem revelando tendência para práticas delitivas e a quem, já anteriormente, lhe fora aplicada medida tutelar de acompanhamento educativo que ele desprezou e não cumpriu, o internamento em centro educativo é a medida mais adequada e eficaz, esta não deve ser de curta duração: para que se reúnam as condições indispensáveis ao sucesso, mínimo que seja da medida, esta não poderá ter uma duração inferior a dois anos".

"V – Um menor que tem agora 16 anos de idade, está desocupado, passa os dias no bairro (problemático e conotado com práticas criminosas) onde reside, é permeável a influências do seu grupo de pares, é praticamente analfabeto, apesar de ter concluído a 3ª classe, e revela carências educativas básicas, não está preparado para viver em sociedade (como cidadão livre, responsável, socialmente inserido e adaptado) e por isso será facilmente levado a adoptar comportamentos delinquentes".

"Se a gravidade dos factos (um crime de roubo) impunha que a medida fosse de quantum superior ao fixado na douta sentença (seis meses de internamento em regime semiaberto em centro educativo), as efectivas e actuais necessidades educativas do menor, impõem que se fixe a duração da medida por período bem superior".

"A problemática evidenciada pelo menor e os seus deficits pessoais e sociais exigirão um trabalho faseado e prolongado, sob pena de se manter a porta aberta para a continuação de uma vida desestruturada".

"Limitar a duração da medida de internamento a seis meses neste caso, corresponde a não satisfazer as numerosas e prementes necessidades educativas do J... e a deixar escapar a oportunidade de recuperar o jovem para uma vida estruturada, socialmente condigna e pessoalmente gratificante".

– Ac. TRL 06/11/2003 (8670/2003-9), disponível em www.dgsi.pt, consultado a 21 de fevereiro de 2018 (a prática de um crime de furto simples, na forma continuada e de um crime de furto simples, na forma tentada/ a opção pelos regimes aberto ou semiaberto/ aferição das penas abstratas relativamente a cada crime):

"(...) para que o regime semiaberto tenha lugar, à luz da previsão da 2ª parte, do n.º 3, do art. 17.º, é necessário que se verifiquem os elementos objectivos de dois ou mais crimes, que não tenham as pessoas por objecto, e que a cada um deles corresponda, abstractamente, uma pena de prisão superior a três anos. Assim sendo, ao menor em causa não poderá ser aplicada outra medida de internamento em centro educativo que não seja em regime aberto".

– Ac. TRC 23/10/2013 (1233/11.0TAGRD-B.C1), disponível em www.dgsi.pt, consultado a 21 de fevereiro de 2018 (medida de internamento em regime aberto, sem contacto com o exterior (?)):

"Com efeito, desde Junho de 2012 (data da entrada no Centro Educativo) que o menor não está com a mãe, pois nunca foi autorizada a sua deslocação para casa, situação que tem perturbado o menor, pois permanece sem contacto com o exterior, sem ver a mãe e sem ter oportunidade de se deslocar, ainda que por curtos períodos, a sua casa.

Desta forma, e dado que ao menor foi aplicada a medida de internamento em regime aberto, a execução da medida aplicada afigura-se excessivamente penosa para o menor por se encontrar privado de estar com a família e privado do contacto com o meio social, não sendo esse o sentido da medida de internamento em regime aberto".

"Ao nível escolar/ profissional, o menor vem frequentando um curso EFA (Educação e Formação de Adultos) com equivalência ao 9.º ano, com componente tecnológica em "pré-impressão", com ligeiras melhorias no interesse e participação demonstradas, bem como no comportamento, sendo previsível que venha a concluir o curso, e sendo efectivamente desejável que isso venha a suceder, sobretudo ainda no âmbito do centro educativo".

– Ac. TRC 12/10/2011 (9.T3ETR.C1), disponível em www.dgsi.pt, consultado a 21 de fevereiro de 2018 (pressupostos da intervenção tutelar educativa: prova da prática de facto/ necessidade de educação para o direito):

"Nos termos da LTE, só podemos aplicar a um menor inimputável uma qualquer medida tutelar educativa desde que se tenha provado, fora de qualquer dúvida razoável, que ele participou no concreto facto qualificado pela lei como crime, mesmo que se saiba que estamos perante um jovem habitualmente avesso aos valores do nosso Estado de Direito, por força da investigação sócio-familiar levada a cabo.

Sem factos provados não há hipótese de se accionar os meios ressocializadores e reeducativos ínsitos na LTE, sob pena de voltarmos ao informal e agarantístico processo tutelar da OTM e à zona negra e nubelosa, comprometida com um Modelo de Protecção, em que caminhava a Justiça das Crianças antes de 2001".

– Ac. TRG 15/05/2006 (719/05-1), disponível em www.dgsi.pt, consultado a 21 de fevereiro de 2018 (internamento em regime aberto/ crime de violação/ gravidade objetiva do facto/ inserção familiar e escolar/ duração da medida):

"(...) não pode deixar de ser ponderada a gravidade objectiva do comportamento (cfr. art. 7.º, n.º 1 da LTE), pelo que, reagir com uma simples admoestação, ou outra medida não institucional, aos factos praticados pelo recorrente, seria transmitir-lhe uma errada ideia de lassidão, que não o prepararia para a vida adulta, e poria gravemente em causa os objectivos de prevenção geral e especial também visados pela lei.

Assim, tendo sido fixado em seis meses, numa moldura de três meses e seis anos, próximo do mínimo, estando-se perante uma culpa concreta bem superior à média, as exigências de prevenção impedem que se baixe, ainda mais, a duração de tal internamento".

– Ac. TRG 17/09/2007 (1038/07-2), disponível em www.dgsi.pt, consultado a 21 de fevereiro de 2018 (a medida de internamento em regime fechado e a idade mínima de 14 anos/ à data da aplicação da medida):

"I – A decisão de aplicar a um menor de 13 anos à data da aplicação da medida, uma medida tutelar de internamento em centro educativo em regime fechado, viola o estatuído no artigo 17.º n.º 4 alínea b) da Lei 166/99, de 14 de Outubro".

"III – Reportando-se a fixação daquela idade, os 14 anos, a pelo menos cinco momentos distintos – data da prática dos factos; data da instauração do processo; data da aplicação da medida; data do trânsito em julgado da decisão que aplicou a medida e data do início da execução da medida –, o legislador perfilhou claramente o terceiro dos apontados critérios: a data da aplicação da medida".

Amélia Sineiro Andrade

ARTIGO 18.º
Duração da medida de internamento

1 – A medida de internamento em regime aberto e semiaberto tem a duração mínima de seis meses e a máxima de dois anos.

2 – A medida de internamento em regime fechado tem a duração mínima de seis meses e a máxima de dois anos, salvo o disposto no número seguinte.

3 – A medida de internamento em regime fechado tem a duração máxima de três anos, quando o menor tiver praticado facto qualificado como crime a que corresponda pena máxima, abstratamente aplicável, de prisão superior a oito anos, ou dois ou mais factos qualificados como crimes contra as pessoas a que corresponda a pena máxima, abstratamente aplicável, de prisão superior a cinco anos.

Duração da medida de internamento; regime aberto e semiaberto; regime fechado

1. As medidas tutelares educativas são de carácter prospetivo, devendo atender à idade do jovem, que tem uma perceção da passagem do tempo diversa dos adultos. Na verdade, dada a sua personalidade em formação, o tempo do jovem nem sempre é compatível com os tempos da justiça, sendo que uma duração excessiva (ou, pelo contrário, insuficiente) das medidas (*maxime*, do internamento) poderá tornar-se frustrante e até contraproducente ou "deseducativo", devendo encontrar-se e fixar-se a sua duração mais adequada e que produza os desejáveis efeitos (educativos) positivos (v., Ac. TRL 31/03/2004 (1382/2004-3), disponível em *www.dgsi.pt*, consultado a 21 de fevereiro de 2018).

Pode-se questionar, aqui, a necessidade de uma diferenciação da duração (e da intervenção) também em função da idade, distinguindo-se diversas faixas etárias que corresponderiam a diferentes níveis de formação e desenvolvimento da personalidade dos jovens (neste sentido, pode ver-se em Espanha o art. 10.º Ley Orgánica Reguladora de la Responsabilidad Penal de los Menores (LORPM) que distingue duas faixas etárias: 14-15 anos e 16-17 anos).

2. Note-se que a LTE (art. 7.º/1) adotou o princípio da duração determinada das medidas (que contrasta com o seu caráter indeterminado na legislação anterior, a OTM), do qual decorrem exigências ao nível da sua determinação legal (moldura abstrata) e da fixação da sua duração concreta (individualização judicial). O n.º 1 do art. 7.º fixa os critérios a observar quanto à determinação da duração da medida escolhida: a determinação concreta obedece ao princípio da proporcionalidade por referência à gravidade do facto e à necessidade de educação para o direito subsistente no momento da decisão (cfr., Ac. TRL 25/01/2011 (2581/09.4TQLSB.L1-5), disponível em *www.dgsi.pt*, consultado a 21 de fevereiro de 2018).

3. Quanto à duração da medida de internamento, o art. 18.º fixa para os regimes aberto, semiaberto e fechado a duração mínima de seis meses e a máxima de dois anos (n.ºs 1 e 2). Para casos de especial gravidade, a duração máxima do regime fechado pode ser de três anos (n.º 3).

Refira-se que foi a Lei n.º 4/2015 que alargou a duração mínima da medida de internamento em regime aberto e semiaberto de "três" para "seis" meses, sendo este o período mínimo considerado necessário para o planeamento e organização dos programas e atividades no centro educativo e para assegurar a execução de um projeto educativo pessoal que permita o sucesso da intervenção. Na verdade, o prazo de três meses raramente era aplicado, mostrando-se inviável um tempo de adaptação e de conhecimento do jovem tão curto para que fosse possível a sua educação para o direito (note-se que na "Lei de Responsabilização Educativa" previa-se uma maior duração da medida (com um cunho mais repressivo): fixava-se a duração mínima de um ano e o alargamento do limite máximo para três anos e, no regime fechado, para quatro anos).

4. Registe-se a possibilidade de revisão da medida, reduzindo ou prorrogando a sua duração (art. 139.º/1, b) e 2, b)).

5. Estando em causa uma pluralidade de factos e de medidas de internamento, o n.º 4 (introduzido pela Lei n.º 4/2015) do art. 8.º prevê o seu cúmulo jurídico e o n.º 7 fixa o limite do tempo total de duração.

6. Atente-se, ainda, que a duração da medida de internamento não pode, em caso algum, exceder o limite máximo da pena de prisão prevista para o crime correspondente ao facto (art. 7.º/2).

7. Note-se que, em qualquer caso, a execução da medida de internamento cessa obrigatoriamente quando o jovem completar 21 anos (arts. 5.º e 8.º/7).

8. Questão pertinente é, ainda, a do desconto da medida cautelar de guarda em Centro Educativo na duração da medida tutelar de internamento – sendo questão omissa na LTE, e objeto de decisões judiciais diversas, foi resolvida (?) no Acórdão do STJ (fixação de jurisprudência) n.º 3/2009 no sentido de que "não há lugar" a esse desconto.

9. *Jurisprudência*

– Ac. TRL 31/03/2004 (1382/2004-3), disponível em *www.dgsi.pt*, consultado a 21 de fevereiro de 2018 (duração da medida/art. 7.º/1/art. 37.º/2/redução da medida inicialmente imposta):

"No caso, o menor cumpre uma medida tutelar de internamento por dois anos, e de seguida iria, ou irá cumprir mais 18 meses de internamento, ou seja, o menor ficará privado de liberdade por três anos e meio com a agravante de, para um jovem adolescente, a noção do tempo não ser a mesma que para um adulto: 3 anos e meio de privação de liberdade são uma «eternidade», um exagero.

E devendo ser a escolha da medida tutelar orientada pelo interesse do menor (art. 6.º, n.º 3), a sua desadequação gerará revolta, incompreensão, desânimo, isto é, será contraproducente e deseducativa, exactamente o oposto ao objectivo legal".

"(...) revogando o acórdão recorrido, na parte relativa à duração (...), fixada em dezoito meses, que se substitui por dez meses".

Amélia Sineiro Andrade

CAPÍTULO III
Regime das medidas

ARTIGO 19.º
Não cumulação

1 – Salvo o disposto no n.º 2 do artigo 16.º e no número seguinte, as medidas tutelares não podem ser aplicadas cumulativamente por um mesmo facto ao mesmo menor.

2 – A medida de privação do direito de conduzir ciclomotores ou de obter permissão para conduzir ciclomotores pode cumular-se com outra medida.

Regime das medidas; não cumulação

1. Com a regra da não cumulação de medidas por um mesmo facto, a um mesmo menor, o legislador terá querido prevenir excessos, impondo taxativamente uma certa ideia de proporcionalidade (cfr., art. 7.º e art. 18.º/2 CRP).

2. Pode, no entanto, perguntar-se se não terá ido longe demais nesta proibição. Gersão, Eliana, "Regras de conduta, obrigações e programas formativos...", *ob. e loc. cit.*, p. 427, critica a proibição de cumulação da imposição de regras de conduta (art. 13.º) com a imposição de obrigações (art. 14.º), pois esta articulação de medidas poderia ser adequada; a autora refere ainda que, para se conseguir esta articulação, terá de se aplicar uma medida mais grave, que poderia não ser necessária – o acompanhamento educativo (art. 16.º). No mesmo sentido, Silva, Júlio, *Lei Tutelar Educativa Comentada..., ob. cit.*, p. 105, n.º 1. Na verdade, como estipula claramente o n.º 2 do art. 16.º, para o qual o n.º 1 deste art. 19.º remete, no âmbito da medida de acompanhamento educativo, "o tribunal pode impor ao menor ...regras de conduta ou obrigações, bem como a frequência de programas formativos", estando em causa o já referido "cocktail de medidas" (cfr., art. 16.º/3).

3. Outra exceção à regra da não cumulação refere-se à medida de privação do direito de conduzir (art. 19.º/2). A razão para tal exceção residirá na caraterística de medida acessória (neste sentido, Rodrigues, Anabela Miranda/Duarte-Fonseca, António Carlos, *ob. cit.*, pp. 79 e 80, §8), de que esta medida se reveste, sendo adequada a sua combinação com outra medida, nomeadamente com a obrigação de frequência de um programa de educação rodoviária (art. 15.º), em situações de crime relacionado com a condução (p. ex., do art. 291.º ou 292.º CP).

Conceição Ferreira da Cunha

ARTIGO 20.º
Prestações económicas ou tarefas a favor da comunidade

1 – Se for aplicada medida de realização de prestações económicas ou de tarefas a favor da comunidade, o tribunal fixa, na decisão:

a) A modalidade da medida;

b) Consoante o caso, o montante e a forma da prestação económica ou a atividade, a duração e a forma da sua prestação;

c) Consoante o caso, a entidade que acompanha a execução ou a entidade destinatária da prestação.

2 – O tribunal pode deferir aos serviços de reinserção social a definição da forma da prestação de atividade.

Regime da medida de realização de prestações económicas ou de tarefas a favor da comunidade

1. Deve ter-se em consideração os comentários ao art. 12.º.

2. O tribunal determina a modalidade da medida, ou seja, se se trata de prestação económica a favor da comunidade ou de prestação de atividade a favor da comunidade (n.º 1, a)).

3. No primeiro caso (prestação económica) o tribunal deverá fixar o montante e forma de prestação económica (n.º 1, b)), bem como a entidade destinatária ou que acompanha a sua execução (n.º 1, c)). Note-se que o tribunal poderá determinar o pagamento em prestações, desde que tal não desvirtue o significado da medida (cfr., art. 12.º/4, que remete para o art. 11.º/3).

4. No segundo caso (atividade), o tribunal fixará a duração e forma da sua prestação (n.º 1, b)), a entidade destinatária da medida ou a entidade que acompanhará a sua execução (n.º 1, c)). Porém, o tribunal também poderá deferir aos serviços de reinserção social a definição da forma da prestação da atividade (n.º 2). De todo o modo, os serviços de reinserção social podem auxiliar o tribunal, sempre que este o solicite, "na determinação e/ou forma de prestação das tarefas a favor da comunidade. Para tal, elaboram relatórios para auxiliar na seleção da Entidade Beneficiária de Tarefas e da atividade mais adequada ao perfil do jovem e à natureza do ato praticado" (neste sentido, cfr. Reinserção Social, "Justiça de Crianças e Jovens", *in* *http://www.dgrs.mj.pt/web/rs/serviços/contactos*, consultado a 4 de abril de 2017).

5. Saliente-se que a atividade nunca poderá ocupar mais de sessenta horas, nem exceder três meses, poderá ser realizada em fins-de-semana e em feriados, mas não ocupará mais de dois dias por semana e três horas por dia, respeitando um dia de descanso semanal e permitindo a prossecução dos estudos e outras atividades relevantes do menor (limites estabelecidos no art. 12.º/2, 3 e 4, que remete para o art. 11.º/4 – cfr., comentários a estes artigos).

6. Em nossa opinião não se compreende a alternativa ("ou") em relação à entidade destinatária / entidade que acompanha a execução da medida, pois poderá ser necessário determinar ambas as entidades, caso a entidade destinatária não acompanhe a execução da medida. Também segundo o art. 130.º/1 o tribunal fixa a entidade encarregada de acompanhar e assegurar a execução da medida. E, de acordo com o estipulado no art. 110.º, c), a decisão deverá conter a designação das entidades a quem é deferida a execução da medida e o seu acompanhamento.

7. Na verdade, a própria entidade destinatária da prestação económica ou da atividade poderá acompanhar a sua execução e essa seria até a situação desejável. Para RODRIGUES, Anabela Miranda/DUARTE-FONSECA, António Carlos, *ob. cit.*, pp. 104 e 105, § 2, "pretende-se que seja, em primeira linha, a própria entidade beneficiária da quantia ou atividade a acompanhar a execução da medida". Porém, tal como está previsto no art. 141.º/2, esse acompanhamento poderá ser deferido aos serviços de reinserção social, sempre que não possa ser adequadamente assegurado pela entidade destinatária. O tribunal associa ainda à execução da medida, sempre que possível e adequado, os pais ou outras pessoas de referência para o menor (art. 22.º/1).

8. Segundo as estatísticas, os pedidos de apoio à DGRSP para a execução da medida de tarefas a favor da comunidade têm vindo a aumentar nos últimos anos, o que está em sintonia com a maior frequência na aplicação desta medida. Assim, em 2015, as medidas de execução na comunidade registaram um aumento nos pedidos de apoio: a Frequência de Programas Formativos, de 57%, a Realização de Tarefas a Favor da Comunidade, de 26,05%, e a Imposição de Obrigações, de 28,00% (*Relatório Estatístico Anual da DGRSP*, de 2015, Quadro 19). Em 2016, a DGRSP recebeu das entidades judiciais um total de 2.112 pedidos de apoio para execução de medidas no âmbito do processo tutelar educativo. Destacaram-se as medidas de Realização de Tarefas a Favor da Comunidade, com 483 pedidos e uma representatividade de 22,86%, e o Acompanhamento Educativo, com 480 pedidos. Em 31 de dezembro encontravam-se em execução 1.473 medidas, sendo que apenas 146 (9,91%) eram de internamento em centro educativo (Quadro 20, *Relatório Estatístico Anual da DGRSP*, de 2015). Comparativamente com o ano de 2015, observou-se um crescimento em 36,79% no total de pedidos de apoio recebidos. O crescimento verificou-se nas medidas de execução na comunidade. Os pedidos de apoio à execução de medidas em centro educativo diminuíram 1,72%, parecendo existir a mesma tendência do ano anterior de limitação ao mínimo da privação de liberdade. (Quadro 21, *Relatório Estatístico Anual da DGRSP*, 2016).

Neste processo de acompanhamento, "os serviços de reinserção social comunicam ao tribunal eventuais anomalias no decurso da execução da medida, bem como elaboram o respetivo relatório final, que compreende, nomeadamente, a avaliação do empenhamento e desempenho do jovem na realização da TFC e a forma como percecionou o seu cumprimento. Atualmente, mais de 300 entidades colaboraram com os serviços de reinserção social, integrando uma "bolsa" da qual constam escolas, bombeiros, autarquias locais", cfr. Reinserção Social, "Justiça de Crianças e Jovens", *loc. cit*.

Conceição Ferreira da Cunha

ARTIGO 21.º
Imposição de obrigações, frequência de programas formativos e acompanhamento educativo

1 – Antes de aplicar as medidas de imposição de obrigações, de frequência de programas formativos ou de acompanhamento educativo que incluir obrigações ou frequência de programas formativos o tribunal pode pedir aos serviços de reinserção social informação sobre instituições ou entidades junto das quais o menor deve cumprir a medida, respetivos programas, horários, condições de frequência e vagas disponíveis.

2 – Os serviços de reinserção social informam o tribunal em prazo não superior a 20 dias.

Regime das medidas de imposição de obrigações, frequência de programas formativos e acompanhamento educativo

1. Trata-se de uma norma que visa tornar exequíveis as medidas de imposição de obrigações, de frequência de programas formativos e de acompanhamento educativo, que incluir obrigações ou frequência de programas formativos.

2. Sobre as medidas referidas, cfr. arts. 14.º, 15.º e 16.º e respetivos comentários.

Conceição Ferreira da Cunha

ARTIGO 22.º
Execução participada

1 – O tribunal associa à execução de todas as medidas tutelares, sempre que for possível e adequado aos fins educativos visados, os pais ou outras pessoas de referência para o menor, familiares ou não.

2 – O tribunal delimita a colaboração das pessoas referidas no número anterior relativamente a serviços e entidades encarregados de acompanhar e assegurar a execução das medidas, em ordem a garantir a conjugação de esforços.

3 – Na ausência de qualquer pessoa de referência e colaborante, o tribunal associa uma entidade de proteção social à execução das medidas tutelares educativas.

Execução participada

1. Está aqui presente a ideia de envolvimento parental na execução das medidas tutelares, ideia que se encontra em sintonia com o princípio da adesão (do menor e dos seus pais – cfr., art. 6.º/1), enquanto princípio essencial para o bom êxito da educação do menor para o direito, objetivo de toda e qualquer medida tutelar educativa (cfr. art. 2.º/1).

2. Note-se que a Lei n.º 4/2015 veio reforçar esta ideia ao alargar a execução participada às medidas tutelares institucionais (aceitando a proposta apresentada pela "Proposta de Alteração da lei Tutelar Educativa subscrita pela Comissão de Acompanhamento e Fiscalização dos Centros Educativos", abril de 2013) – assim, este envolvimento parental (ou de outras pessoas de referência para o menor) passou a abranger todas as medidas tutelares educativas e não, apenas, as medidas não privativas da liberdade.

3. Estamos de acordo com este alargamento, pois também no âmbito das medidas de internamento se torna crucial a participação dos pais ou, quando tal não for possível ou adequado (quando o contacto com os pais for profundamente desestabilizador, sendo improvável a possibilidade de reestruturação destas relações), de outras pessoas próximas e significativas para o menor. Assim, "procura-se...vincular as pessoas de referência para o jovem ao seu projeto educativo pessoal para que monitorizem e apoiem o seu regresso à comunidade" (Andrade, Amélia/Santos, Margarida, *loc. cit.*, p. 338), estando aqui presente "uma forma de comprometer os responsáveis pelo menor com os objetivos da intervenção educativa" (San-Bento, Marta, *ob. e loc. cit.*). Na verdade, o período de internamento, em qualquer dos seus regimes (ou seja, mesmo no regime fechado), não deve ser um período de isolamento e afastamento da sociedade e, muito menos, da família, sendo importante trabalhar com as famílias ao mesmo tempo que se trabalha com o jovem ou, talvez melhor, aproveitar esta oportunidade para, em conjunto com a família, apoiar o jovem no seu percurso, na sua aprendizagem e/ou abrir a porta a novas formas de interação (sempre que as interações familiares sejam problemáticas), que promovam a reinserção do jovem (sobre o trabalho com as famílias durante a execução de medidas institucionais, cfr., Santos, Diamantino/Alberto, Isabel, "Família e delinquência juvenil: práticas discursivas e singularidades. Um estudo exploratório com cuidadores e adolescentes delinquentes", *Ousar Integrar, Revista de Reinserção Social e Prova*, n.º 11, ano 5, 2012, pp. 23 e segs).

4. Note-se que, já antes desta alteração legal, previa-se, no art. 173.º, um elenco de direitos dos pais durante a execução da medida de internamento (cfr., comentário a este artigo), previsão esta que se manteve inalterada. Porém, do que se trata nesta execução participada é de algo diferente, implicando um envolvimento parental – para além dos seus direitos a serem informados acerca do/a filho/a (nomeadamente acerca da sua evolução durante o internamento).

5. Muitas vezes questiona-se se os pais serão causa (ou pelo menos parte) do problema ou fonte para a sua resolução (colocando esta questão, Silva, Júlio, *Lei Tutelar Educativa Comentada..., ob. cit.*, p. 109, n.º 3). A resposta não pode ser unívoca nem linear. Dependendo dos casos poderão ser causa do problema ou ajudar à sua resolução; mas as duas perspetivas não se excluem necessariamente: mesmo no caso de os pais terem contribuído (por vezes por omissão) para o percurso delinquente do jovem, poderão (deverão) passar a ser fonte de resolução do problema, desde que estejam dispostos a alterar o seu modo de interagir com o filho/a, passando a contribuir para a sua educação para o respeito pelos valores fundamentais da sociedade. E, na verdade, a sua participação na execução de uma medida tutelar poderá ser o início de um importante ponto de viragem relacional. De resto, o trabalho com as famílias do jovem durante a fase de execução das medidas de internamento será essencial para uma boa transição entre a vida no centro educativo e a vida em liberdade.

6. Salientem-se ainda, a este propósito, as alterações da Lei n.º 4/ /2015, na perspetiva de criar uma fase de transição e acompanhamento do menor (cfr., arts. 158-.º-A e B e seus comentários; sobre estas medidas cfr. ainda Cunha, M. Conceição, *loc. cit.*, pp. 478 e segs).

7. Note-se ainda que o GT-LTE chegou a propor a coresponsabilização parental, à semelhança do que ocorre em algumas outras ordens jurídicas, proposta que não passou a lei. Trata-se de questão controversa quer pela dificuldade em estabelecer um nexo de imputação entre o crime praticado pelo jovem e a conduta dos pais, quer pela dificuldade em encontrar sanções adequadas e em fazê-las cumprir (sobre esta proposta e seus fundamentos, cfr., Furtado, Leonor (coord.) *et. al.*, *Relatório final do... ob. cit.*, pp. 67 e segs). Por outro lado, poderá sustentar-se que os pais precisam de ajuda para educar adequadamente os filhos, ao invés de se transferir para eles uma culpa que não lhes pertence (cfr., neste sentido, o Parecer do Comité Económico e Social Europeu sobre a "Prevenção da delinquência juvenil...", anteriormente citado, ponto 4.6.2.).

8. O envolvimento parental está em sintonia com as recomendações de vários instrumentos internacionais e europeus: *cfr.* as *Regras de Beijing* (Regras 1.3 e 15.2.), a *Recomendação Rec (2003)* 20 do Comité de Ministros ("novas formas de lidar com a delinquência juvenil e o papel da justiça juvenil", de 24 de setembro de 2003, parte III, ponto 10) e a *Recomendação CM/Rec (2008) 11* do Comité de Ministros dos Estados membros sobre "Regras europeias para jovens infratores sujeitos a sanções ou medidas", de 5 de novembro de 2008, apelando ao envolvimento parental, em todos os estádios dos procedimentos. Também a *Resolução do Parlamento Europeu* (2007/2011) sobre "Delinquência juvenil, o papel das mulheres, da família e da sociedade" faz recomendações no sentido de um trabalho conjunto com as famílias, escolas e sociedade em geral para prevenção da delinquência juvenil, passando pelo envolvimento parental, apoio aos pais, se necessário através de aconselhamento psicossocial, segundo uma abordagem multidisciplinar.

9. Releve-se ainda que a participação dos pais está, tal como é recomendado por estes instrumentos internacionais, prevista em vários momentos da intervenção tutelar educativa (para além da sua participação na execução da medida e para além de a sua adesão ser fator a ponderar na escolha da medida – art. 6.º/1): cfr., arts. 53.º/2, 82.º, 84.º/2, 101.º/2, b) e 104.º/2, b)).

10. Porém, este envolvimento parental está sujeito a limites: e o limite há de ser sempre o superior interesse do menor: cfr., art. 3.º CDC; *Comentário Geral n.º 10 (2007) – Direitos da Criança na Justiça Juvenil* –, onde se salienta que "não é obviamente do superior interesse da criança crescer em circunstâncias que possam causar um risco sério ou acrescido de se envolver em atividades criminosas". Na verdade, se o envolvimento parental não for adequado, não puder contribuir para a educação do menor para o direito, sempre que for desestabilizador ou constituir mesmo um risco para o jovem, não havendo (provavelmente) possibilidade de reverter esta situação, melhor será rejeitar tal envolvimento, procurando uma outra pessoa significativa para o jovem, que o possa apoiar neste percurso de aprendizagem e formação pessoal. Daí, a possibilidade de serem envolvidas na execução da medida tutelar "outras pessoas de referência para o menor, familiares ou não". É claro que, à partida, se deverá equacionar a hipótese de trabalhar no sentido de uma reestruturação sadia das relações, que possibilite o envolvimento parental; mas nem sempre tal será possível. E há que ter consciência dos problemas e ponderar todas as vantagens/desvantagens de tal aposta, havendo situações de risco em que melhor será que seja(m) outra(s) pessoa(s) a acompanhar o jovem. De todo o modo, é de saudar o cuidado da lei ao procurar que o menor tenha o acompanhamento de alguém próximo, sejam os pais (ou apenas a mãe ou o pai) ou outra pessoa significativa.

11. Todavia, que fazer quando não for possível tal acompanhamento nem pelos pais nem por outra pessoa de referência para o menor? A Lei n.º 4/2015 veio responder ainda a esta questão, estipulando que o Tribunal associe uma entidade de proteção social à execução das medidas tutelares educativas (dando voz, mais uma vez, à proposta da "Proposta de Alteração da lei Tutelar Educativa subscrita pela Comissão de Acompanhamento e Fiscalização dos Centros Educativos", abril de 2013). Trata-se de uma norma importante, permitindo que, em qualquer caso, haja acompanhamento do menor, senão por familiares ou pessoas de referência, por uma entidade de proteção. No entanto, tratando-se de uma Comissão de Proteção de Crianças e Jovens levantam-se alguns problemas, pois deverão verificar-se os consentimentos exigidos por lei e a sua intervenção deverá fazer-se no contexto de um processo de promoção e proteção. Assim, segundo San-Bento, Marta, *ob. e loc. cit.*, pp. 673-675, "a CPCJ não surge como simples entidade executora de uma medida tutelar educativa, mas no exercício de competências próprias previstas na lei pois é ainda a vertente de proteção da criança (particularmente vulnerável em virtude da ausência de um adulto de referência) que aí estará em causa. De resto, o consentimento terá de ser prestado em contexto da CPCJ e nunca perante a autoridade judiciária".

12. Por fim, também será de saudar o cuidado da lei ao prever que o tribunal deverá delimitar a colaboração destas pessoas relativamente a serviços encarregados de acompanhar a execução das medidas para que seja possível uma adequada conjugação de esforços.

13. Salientem-se os seguintes dados da DGRSP (relativos ao ano de 2015): "Na área tutelar educativa foram recebidas um total de 1.546

solicitações de apoio à execução de medidas. Destacou-se a medida de Tarefas a Favor da Comunidade com um total de 387 solicitações e uma representatividade de 25,03%. Os pedidos recebidos para a execução de medidas relativas a jovens internados (173) representaram 11% do total. Em dados acumulados, a medida de Acompanhamento Educativo representou 33%; a 31 de dezembro encontravam-se em execução um total de 1.330 medidas, o que traduz uma diminuição de 6,07% face às 1.416 medidas em execução no período homólogo de 2014. Deste total, 181 medidas (13,60%) respeitavam a jovens internados em centro educativo" (*Relatório Estatístico Anual da DGRSP*, de 2015, p. 27). "Em 2015, o total de pedidos de apoio recebidos pela DGRSP para execução de medidas tutelares educativas registou um aumento de 6,84%. Pareceu existir, no entanto, tendência para a aplicação por parte dos tribunais das medidas tutelares educativas menos gravosas. As medidas de Acompanhamento Educativo e Internamento em Centro Educativo registaram diminuições nos pedidos recebidos em 0,28% e 41,75%, respetivamente. Ao contrário, as restantes medidas de execução na comunidade registaram um aumento nos pedidos recebidos: a Frequência de Programas Formativos, de 57%, a Realização de Tarefas a Favor da Comunidade, de 26,05%, e a Imposição de Obrigações, de 28,00%" (relatório citado, Quadro 19). Em 2016, a DGRSP recebeu das entidades judiciais um total de 2.112 pedidos de apoio para execução de medidas no âmbito do processo tutelar educativo. Destacaram-se as medidas de Realização de Tarefas a Favor da Comunidade, com 483 pedidos e uma representatividade de 22,86% e o Acompanhamento Educativo, com 480 pedidos. Nota-se, assim, um incremento na aplicação desta medida. Em 31 de dezembro encontravam-se em execução um total de 1.473 medidas, sendo apenas 146 (9,91%) de internamento em centro educativo (Quadro 20, *Relatório Estatístico Anual da DGRSP*, de 2016). Comparativamente com o ano de 2015, observou-se um crescimento em 36,79% no total de pedidos de apoio recebidos. O crescimento verificou-se nas medidas de execução na comunidade. Os pedidos de apoio à execução de medidas em centro educativo diminuíram 1,72%, parecendo existir a mesma tendência do ano anterior de limitação ao mínimo da privação de liberdade. Destacaram-se também a Suspensão do Processo na fase de inquérito, e a Frequência de Programas Formativos com crescimentos de 72,10% e 67,31%, respetivamente (Quadro 21, *Relatório Estatístico Anual da DGRSP*, de 2016).

Conceição Ferreira da Cunha

CAPÍTULO IV
Interatividade entre penas e medidas tutelares

ARTIGO 23.º
Execução cumulativa de medidas e penas

O menor sujeito a processo tutelar que for simultaneamente arguido em processo penal cumpre cumulativamente as medidas tutelares e as penas que lhe forem aplicadas, sempre que as mesmas forem entre si concretamente compatíveis.

Execução cumulativa de medidas e penas

1. O art. 23.º inaugura o capítulo IV do título II (medidas tutelares educativas) da LTE, dedicado à interatividade entre penas e medidas tutelares. Nenhum dos preceitos dele constantes sofreu alterações através da Lei n.º 4/2015, de 15 de janeiro, mantendo-se em vigor a redação inicial da Lei n.º 166/99, de 14 de setembro.

2. Como sublinham Rodrigues, Anabela Miranda/Duarte-Fonseca, António Carlos, *ob. cit.*, pp. 106 e 107, o estabelecimento destas regras constituiu novidade trazida pela Lei n.º 166/99, pois que a OTM, na versão introduzida em 1978, apenas se referia, no seu art. 16.º, à possibilidade de, perante a prática de um crime por um menor com idade superior a 16 anos que se encontrasse a cumprir medida tutelar, o tribunal conhecer desta nova infração com o intuito de eventualmente rever a medida aplicada, face à personalidade do menor e às circunstâncias pouco graves do facto, nada mais dispondo a propósito da relação que pudesse estabelecer-se entre penas e medidas tutelares educativas (cfr., a este propósito, as reflexões de Duarte-Fonseca, António Carlos, "Interactividade entre Penas e Medidas Tutelares – Contributo para a (Re)Definição da Política Criminal relativamente a Jovens Adultos", *Revista Portuguesa de Ciência Criminal*, 11 (2001), pp. 251-301).

3. Assim, todo o capítulo que se inicia com a norma aqui em comentário pretende, tal como decorre da sua epígrafe, regular as relações que por vezes hão de estabelecer-se entre as medidas tutelares (educativas) e as penas (criminais), tendo em atenção a fronteira etária que o legislador traçou entre os dois ramos do direito (tutelar educativo, por um lado, e penal, por outro). De facto, levando em consideração que o regime tutelar é aplicável a factos qualificados como crimes praticados entre os 12 e os 16 anos de idade, momento a partir do qual passa a ser aplicável o regime criminal, não é de estranhar que surjam intersecções ou sobreposições entre as duas soluções, na medida em que casos haverá em que o menor que atinja os 16 anos, estando sujeito (ou devendo sê-lo) a uma medida tutelar educativa por força de um ato praticado antes daquela idade (que está a cumprir ou cujo cumprimento ainda não se iniciou), pratique factos ilícitos que se tornem relevantes agora ao abrigo do direito penal, sendo necessário aplicar-lhe uma pena. Como há de proceder-se nestas hipóteses, em que não só se encontram em conflito ou justaposição duas normas distintas, como, sobretudo, duas conceções teleologicamente diferenciadas, é aquilo que este capítulo pretende ajudar a esclarecer.

4. A regra fixada neste art. 23.º é a do cumprimento cumulativo da medida tutelar e da pena, a não ser que as duas sejam concretamente incompatíveis (como sucederá, por exemplo, quando o menor seja condenado em pena de prisão efetiva, como veremos na anotação ao preceito seguinte desta lei). A razão de ser de uma tal opção do legislador – preferindo, portanto, que o menor a quem foi aplicada uma pena criminal continue a ter de cumprir medida tutelar educativa por ato qualificado como crime praticado antes dos 16 anos – estriba-se, sobretudo, no facto de se entender que permanecem válidos os objetivos que norteiam a intervenção tutelar educativa, na medida em que estamos ainda perante um menor a suscitar a necessidade de reeducação para o direito (conforme nos dizem Rodrigues, Anabela Miranda/Duarte-Fonseca, António Carlos, *ob. cit.*, p. 106; cfr., igualmente, Silva, Júlio Barbosa e, *Lei Tutelar Educativa Comentada...*, *ob. cit.*, pp. 113 e 114). Atente-se, a este propósito, no argumentário utilizado no *Relatório Final da Comissão para a Reforma do Sistema de Execução de Penas e Medidas*, Secção H, Propostas, 4: "A uma primeira visão das coisas, pareceria que a condenação por crime cometido depois dos 16 anos deveria fazer cessar toda a intervenção tutelar, pois ter-se-ia frustrado a esperança de afastar o menor da prática de crimes e, assim, precludir-se-ia a intenção de uma educação para o direito. Todavia, entende a Comissão que, mesmo nestes casos, deve subsistir a intervenção tutelar, sempre que compatível com a pena. Na verdade, pode acontecer que o crime praticado seja pouco grave e se verifique, ainda assim, uma necessidade de correcção de uma personalidade hostil ao dever-ser jurídico, manifestada na prática de um facto ilícito típico antes dos 16 anos – que pode até ser muito grave –, que subsista no momento da decisão do tribunal tutelar. Nesses casos, justifica-se a intervenção tutelar, pois a execução da pena e da medida tutelar concorrerão para o mesmo fim, quer se conceba a primeira como adjuvante dos fins educativos da segunda, quer se conceba a segunda como adjuvante dos fins de socialização postulados pela primeira".

5. Muito embora se possa concordar, à partida, com a opção que o legislador exprimiu neste preceito, a verdade é que uma análise mais cuidada das suas implicações e consequências nos coloca algumas interrogações.

Em primeiro lugar, no que diz respeito às finalidades de aplicação de direito tutelar e do direito penal. Se é certo que processo tutelar educativo e processo penal visam objetivos distintos – um assente na reeducação do menor para o direito e outro na proteção de bens jurídicos, por um lado, e na ressocialização do agente, por outro –, o que explica a razão pela qual podem, de facto, ser cumuladas medidas pertencentes a uma e outra esfera, a verdade é que esta cumulação tem de ser ponderada cuidadosamente, sobretudo à luz dos princípios da *ultima ratio* e da mínima intervenção que caraterizam o direito penal. Efetivamente, ao dizermos que uma medida tutelar pode ser aplicada conjuntamente com uma pena (desde que não incompatíveis), estamos a afirmar que se mantêm ainda vigentes a necessidade e a suscetibilidade de educar aquele concreto menor para o respeito pelos valores jurídicos comunitários. Essa a única razão pela qual ao ser-lhe aplicada uma pena depois de ele atingir os 16 anos de idade não cessam imediatamente todas as medidas tutelares que estejam a ser cumpridas ou que dependessem ainda de aplicação ou cumprimento.

Se assim é, todavia, temos de admitir que uma tal opção legislativa belisca, ao menos em determinada medida, a conceção de intervenção de última linha que é reservada ao direito penal, pois que se aquele jovem pode ainda ser reeducado para o direito, através de uma limitação menor dos seus direitos fundamentais, poderia questionar-se a necessidade e legitimidade da intervenção penal (conforme nos diz DUARTE-FONSECA, António Carlos, "Interactividade entre Penas e Medidas Tutelares...", *loc. cit.*, p. 289, "[a] admissão da cumulação do cumprimento da medida e da pena concretamente compatíveis não deixa de constituir ainda, de certo modo, uma manifestação do mesmo objectivo [de privilegiar a intervenção tutelar em detrimento da criminal], à custa de alguma compressão do princípio da intervenção mínima"). Naturalmente, o Estado não abre mão (pelo menos em princípio) desta intervenção, uma vez que não só se trata de factos distintos como estamos perante um atentado a um bem jurídico que a comunidade já não estará disposta a suportar, pois que praticado por alguém que atingiu a idade de imputabilidade penal, que tem, nessa medida, maturidade psíquica e emocional para compreender o seu ato e respetivas consequências, merecendo, por isso, a censura da comunidade. Se assim é, porém, agora desta perspetiva, fará sentido manter a aplicação de uma medida tutelar a alguém que o Estado entende ter de cumprir uma pena? A opção foi feita, como resulta das palavras da Comissão, na expetativa de que esta cumulação ajude a atingir mais facilmente os efeitos de prevenção especial positiva a que a pena aspira.

6. Ainda que assim se entenda, todavia, e se passe por sobre as dúvidas teleológicas que uma tal cumulação coloca, distintas questões de ordem metodológica se nos apresentam, a tornar esta matéria da interatividade entre penas e medidas tutelares especialmente complexa. Para lá daquelas que veremos nas anotações aos restantes artigos deste capítulo, é preciso não esquecer, desde logo, que temos diferentes realidades dentro desta hipótese de aplicação cumulativa de reações criminais e reações tutelares. Na verdade, se é certo que as regras constantes da presente lei são aplicáveis aos factos qualificados como crimes praticados por menores entre os 12 e os 16 anos (cfr. art. 1.º), se em relação a estes se verificar ainda, no momento da aplicação da medida, a necessidade de os educar para o direito (nos termos do n.º 1 do art. 2.º e do n.º 1 do art. 7.º), não podemos esquecer que, por força do art. 5.º, a execução das medidas tutelares pode prolongar-se até o jovem completar 21 anos, momento em que cessa obrigatoriamente. Surge aqui, portanto, uma franja de 5 anos de possível sobreposição entre penas e medidas tutelares que, é preciso sublinhar, não pode ser tratada de modo uniforme, dando origem a dois momentos distintos: um, entre os 16 e os 18; e outro, entre os 18 e os 21 anos de idade (como veremos em mais detalhe na anotação aos dois preceitos seguintes).

7. Algumas notas ainda, a propósito deste preceito enquanto regra geral da interatividade entre penas e medidas tutelares educativas. Muito embora a epígrafe deste artigo e, bem assim, a própria designação do capítulo falem em penas e medidas tutelares, a verdade é que se abrange aqui também a prisão preventiva (de que falaremos em concreto *infra*, na anotação ao art. 27.º), estando igualmente em causa, portanto, uma medida de coação – e não somente as penas. Ficam-nos dúvidas, como veremos, sobre a (des)necessidade de regulação da interatividade que surja entre as medidas tutelares e as demais medidas de coação (pois que se nos afigura que o argumento *ad maiorem* possa não ser aqui o mais adequado), bem como entre as penas e as medidas cautelares em processo tutelar (tratadas nos arts. 56.º e segs. LTE), para não dizer já, em última hipótese, entre estas medidas cautelares e as medidas de coação.

8. Por outro lado ainda, como bem salienta SILVA, Júlio Barbosa e, *Lei Tutelar Educativa Comentada..., ob. cit.*, p. 113, a questão da interatividade colocar-se-á, ainda, em relação à aplicação de injunções ou regras de conduta por força do instituto de suspensão provisória do processo, previsto nos arts. 281.º e 282.º CPP. Se mesmo após a aplicação de uma pena, entende o legislador que se mantém, em regra, a necessidade e a adequação do cumprimento das medidas tutelares educativas, também a nós não nos parece fazer sentido que seja outra a opção quando o processo penal se veja suspenso por força da aplicação das regras deste instrumento. Tanto mais que se farão sentir aqui de modo superlativo – pois que ainda não posto em causa pela aplicação efetiva de uma pena – as necessidades de intervenção tutelar no sentido da educação para o direito.

FLÁVIA NOVERSA LOUREIRO

ARTIGO 24.º

Condenação em pena de prisão efetiva

1 – Cessa a execução das medidas tutelares quando o jovem maior de 16 anos for condenado em pena de prisão efetiva, salvo o disposto no número seguinte.

2 – Tratando-se das medidas de admoestação, de reparação ao ofendido na modalidade de compensação económica ou de prestações económicas a favor da comunidade a sua execução não cessa com a condenação em pena de prisão efetiva, nos casos em que a situação concreta do jovem, durante a execução da pena, lhe garanta disponibilidades económicas bastantes para satisfazer os encargos resultantes do cumprimento das medidas.

3 – Quando a execução da medida tutelar cesse nos termos do n.º 1, a execução da pena de prisão inicia-se com o trânsito em julgado da sentença condenatória.

Condenação em pena de prisão efetiva; cessação da execução das medidas tutelares

1. Conforme se disse já, este artigo não sofreu ainda alterações, mantendo a sua redação original (texto da Lei n.º 166/99, de 14 de setembro).

2. O que vai preceituado no n.º 1 deste artigo constitui a mais significativa exceção à regra da execução cumulativa de penas e medidas tutelares, tal como analisámos no artigo precedente. Efetivamente, quando esteja em causa a aplicação de uma pena de prisão efetiva a maior de 16 anos (necessariamente por crime cometido a partir desta idade), que esteja a cumprir ou não haja ainda iniciado medida tutelar educativa que lhe tenha sido aplicada por facto qualificado como crime praticado até àquela idade, não parece persistir a possibilidade de cumulação que o legislador expressamente prefere, pois que a pena de prisão dificilmente poderia ser compaginada com aquelas medidas. Não só, por um lado, porque "os fins da pena de prisão efectiva exigem que esta seja executada imediatamente", como, por outro, "por se considerar que após a execução de uma pena tão gravosa e marcante como a prisão, muito dificilmente subsistem e se mantêm as circunstâncias pessoais do menor ou do jovem que dão sentido e finalidade à medida tutelar educativa" (cfr. Rodrigues, Anabela Miranda/ Duarte-Fonseca, António Carlos, *ob. cit*, p. 107).

3. Se a norma, sobretudo quando conjugada com a al. a) do n.º 2 do art. 28.º ("cessa a competência das secções de família e menores quando for aplicada pena de prisão efetiva, em processo penal, por crime praticado pelo menor com idade compreendida entre os 16 e os 18 anos") e com o respetivo n.º 3 ("nos casos previstos no número anterior, o processo não é iniciado ou, se o tiver sido, é arquivado"), parece não suscitar dúvidas de relevo, a verdade é que uma sua análise mais detida e, sobretudo, com tentativa de concretização prática, levanta algumas questões importantes.

3.1. Em primeiro lugar, temos de ter em conta que vão ínsitas nesta mesma formulação hipóteses distintas. Suponha-se, desde logo, o caso em que um menor com idade compreendida entre os 16 e os 18 anos de idade se encontra a cumprir medida tutelar (por exemplo, de internamento), por facto praticado antes dos 16 anos, sendo entretanto condenado em pena de prisão efetiva, por crime praticado depois daquela idade. O que sucederá nestes casos? De acordo com o n.º 1 do preceito que estamos a analisar, cessa a execução da medida de internamento, devendo a execução de pena de prisão iniciar-se logo que transite em julgado a decisão penal condenatória. A idêntica conclusão parece conduzir o já referido art. 28.º/2, a), que faz mesmo cessar a competência do juízo de família e menores nestes casos.

Seria possível, porém, configurar outra solução, pois que se a medida tutelar (de internamento pelo menos, como sucede na nossa hipótese) se encontra em execução, está a ser cumprida pelo jovem, poderia sustentar-se dever manter-se essa execução, por ser aquela que mais diretamente se dirige à educação do menor para o direito e, nessa medida, aquela que, com custo inferior, poderá conduzir o jovem ao cumprimento das regras que cristalizam os valores comunitários, tornando desnecessário, ao menos nessa medida (a da prevenção especial), o cumprimento da pena de prisão – restariam, naturalmente, o que não é de pouca monta, as necessidades preventivas gerais (que poderiam dar origem, por exemplo, a uma revisão ou ajustamento da pena, se fosse caso disso). Coisa próxima desta, se bem vemos, era sustentada pela CRSEPM no seu *Relatório Final*, Secção H, Propostas, 5.2., para os casos de condenação em pena de prisão efetiva inferir a 3 anos. Aí se defendia que, nestes casos, a condenação não fazia cessar a execução da medida de internamento, mas antes haveria o tribunal de família e menores de proceder obrigatoriamente à revisão daquela medida, decretando o internamento do menor em estabelecimento especializado de segurança.

3.2. Hipótese consequente mas distinta desta é aquela em que uma pena de prisão efetiva é aplicada a um maior, entre os 18 e os 21 anos de idade, por facto praticado depois de atingir a maioridade, mas que se encontra ainda a cumprir uma medida tutelar (aplicada antes dos 18 anos), por força da possibilidade prevista no art. 5.º do presente diploma. Este caso parece caber ainda na letra do n.º 1 do art. 24.º, na medida em que se trata de um jovem maior de 16 anos que é condenado em prisão efetiva no momento em que se encontra a cumprir uma medida tutelar. Não pode deixar de anotar-se, porém (como veremos melhor na quarta possibilidade colocada *infra*), que o art. 28.º/2 nada diz quanto à cessação da competência do juízo de família e menores nestas circunstâncias, pois que se trata de aplicação de uma pena de prisão efetiva, mas por crime praticado por jovem com mais de 18 anos (que, todavia, pode estar ainda a cumprir medida tutelar).

3.3. Temos ainda, por outro lado, o caso de estarmos perante um menor com idade compreendida entre os 16 e os 18 anos de idade, a quem foi aplicada uma pena de prisão efetiva que começou já a cumprir, existindo igualmente a prática de um facto qualificado como crime praticado antes dos 16 anos que está a ser analisado (processo em curso) ou cujo processo ainda não se iniciou, mas que tinha suscetibilidade de gerar a aplicação de uma medida tutelar educativa. Neste caso específico, não estamos já perante a hipótese prevista no n.º 1 deste preceito, uma vez que não se trata de fazer cessar as medidas tutelares para permitir a execução da pena de prisão efetiva. A pena de prisão executa-se imediatamente com o trânsito em julgado da decisão condenatória. A questão aqui joga-se antes na al. a) do n.º 2 do art. 28.º, que faz cessar a competência do juízo de família e menores quando for aplicada pena de prisão efetiva, em processo penal, por crime praticado pelo menor com idade compreendida entre os 16 e os 18 anos. Nenhuma dúvida reside, pois, na aplicação desta norma. A aplicação de uma pena de prisão efetiva a menor entre os 16 e os 18 anos de idade resultará no cumprimento imediato da pena privativa de liberdade em causa e no arquivamento ou não abertura no processo tutelar educativo pelo facto qualificado como crime praticado antes dos 16 anos (art. 28.º/3).

Se não restam interrogações quanto à letra e sentido da lei, não podemos, contudo, dizer o mesmo quanto à sua teleologia e coerência. De facto, se a execução de uma pena de prisão pode ser cumulada com determinadas medidas tutelares, nos termos do n.º 2, quando estas já foram aplicadas, que sentido faz adotar uma posição distinta quando a ordem dos fatores se inverta? Estamos aqui perante uma opção formalista, que atende apenas ao processo que primeiro finda e se executa, ou na base da preferência legislativa há uma raiz axiológica que fundamenta e legitima a opção? É que, segundo cremos, nenhuma razão existe para tratar de modo diferente duas situações que podem ser materialmente idênticas, apenas diferindo tendo em atenção o desenvolvimento processual.

3.4. Por último, poderíamos ainda equacionar uma outra hipótese, em que estivéssemos perante um maior entre os 18 e os 21 anos, em cumprimento de uma pena de prisão efetiva aplicada por facto praticado depois de atingir os 18 anos, que tivesse igualmente praticado um facto qualificado como crime antes dos 16 anos, em razão do qual se entendesse necessário aplicar-lhe uma medida tutelar. Nesta hipótese, por força da al. b) do n.º 2 do art. 28.º, em princípio o processo tutelar seria arquivado ou nem se iniciaria sequer, mas somente se o menor completasse 18 anos de idade antes da data da decisão em 1.ª instância. Supondo que tal não sucedia (que, *v.g.*, a decisão de primeira instância era tomada antes daquele perfazer os 18 anos, havendo entretanto lugar a recurso, que diferisse a execução de medida para depois da maioridade do menor – até aos 21 anos, naturalmente), sempre restaria a questão de saber como trataríamos o problema nesta hipótese.

É curioso notar que, tanto quanto julgamos, esta hipótese não aparece tratada na LTE. Efetivamente, nem se trata de um caso em que a aplicação de uma pena de prisão efetiva faz cessar a medida tutelar, nos termos do art. 24.º, pois que esta não existe ainda nem se encontra em execução; nem de uma das hipóteses previstas no n.º 2 do art. 28.º, pois que este faz cessar a competência do juízo de família e menores por aplicação de uma pena de prisão efetiva por crime praticado por menor com idade compreendida entre os 16 e os 18 anos (al. a) do preceito), ou quando o menor atinja os 18 anos antes da decisão em 1.ª instância do processo tutelar (nos termos da al. b) referida).

Naturalmente, parece-nos que a solução não poderá ser distinta da que vai prescrita nessas normas, apesar da lacuna, pois que se a aplicação de uma pena de prisão efetiva por crime praticado por menor com idade compreendida entre os 16 e os 18 anos faz cessar a competência do juízo de família e menores, o mesmo sucederá quando o jovem tiver mais de 18 anos e menos de 21.

4. Se a regra da cumulação é afastada quando esteja em causa a condenação em pena de prisão efetiva, por força do n.º 1 acabado de analisar, a verdade é que o n.º 2 do art. 24.º consubstancia uma exceção à exceção, devolvendo-nos, portanto, à regra do art. 23.º. De facto, muito embora tenha sido aplicada pena de prisão efetiva a jovem maior de 16 anos (e inferior a 21), esta aplicação não faz cessar as medidas tutelares de admoestação (art. 9.º), de reparação ao ofendido, na modalidade de compensação económica (art. 11.º/1, b), e 3), ou de prestações económicas a favor da comunidade (art. 12.º/1, 1.ª parte), desde que a situação concreta do jovem durante a execução da pena lhe garanta os meios económicos necessários para satisfazer tais encargos. Nestas hipóteses, entende o legislador que há possibilidade de cumulação da medida tutelar e da pena, mesmo quando de prisão, pois que os atos a praticar pelo jovem ao abrigo da LTE não ficam impedidos pela execução de pena de prisão.

Assim é, de facto, e porventura não apenas nessas situações. Como bem diz Silva, Júlio Barbosa e, *Lei Tutelar Educativa Comentada..., ob. cit.*, pp. 114 e 115, não se compreende bem qual a razão que motivou o legislador a não incluir neste preceito a medida de reparação ao ofendido, na modalidade de apresentação de desculpas (art. 11.º/1, a), e 2), ou mesmo a de tarefas a favor da comunidade (art. 12.º/1, 2.ª parte), pois que estas não serão incompatíveis com o cumprimento da pena de prisão.

5. Apesar destas razões, não deixa, quanto a nós, de poder questionar-se esta opção do legislador, pois que se estamos perante um caso de gravidade tal que exige a aplicação ao jovem de uma pena privativa de liberdade – certamente com base, sobretudo, em motivos de prevenção geral positiva –, sempre poderemos interrogar-nos sobre a razão de ser da execução das medidas tutelares, pois que não só se considerou que a educação do jovem para o direito não era suficiente, por um lado, como se lhe aplicou uma pena que cumpre, igualmente, finalidades de ressocialização, por outro. Nessa exata medida, não estaremos perante uma redundância?

6. Por fim, questão que pode ser debatida em função da letra do preceito agora em comentário é a de saber a partir de que momento cessa a execução das medidas tutelares. O n.º 1 refere-se, na verdade, à condenação em pena de prisão efetiva, podendo, pois, estar a referir-se ao primeiro momento de condenação (por exemplo, em primeira instância) ou apenas ao trânsito em julgado de decisão condenatória privativa de liberdade. Muito embora o n.º 3 do mesmo artigo venha introduzir algum ruído, segundo julgamos, na interpretação da norma (pois que aí se fala, explicitamente, em trânsito em julgado da decisão condenatória, em moldes não absolutamente coincidentes com os que vão ditos no n.º 1), afigura-se-nos que a única interpretação que faz sentido é aquela que faz depender a cessação da execução das medidas tutelares do trânsito em julgado da decisão condenatória. De facto, só a partir desse momento poderemos afirmar estar perante uma pena de prisão efetiva (pois que até aí, uma tal sanção pode ser alterada por recurso), e só desse momento em diante faz sentido cessar a execução das medidas tutelares, pois que terá de executar-se imediatamente a prisão. Fazer cessar tais medidas em momento anterior poderia redundar numa negação da regra estabelecida no art. 23.º se, por exemplo, a final, a prisão viesse a ser substituída por uma medida não privativa de liberdade, que permitiria a cumulação da execução de pena e medida tutelar.

Flávia Noversa Loureiro

ARTIGO 25.º

Condenação nas penas de internamento em centro de detenção, colocação por dias livres em centro de detenção ou colocação em centro de detenção em regime de semi-internato.

1 – Quando for aplicada pena de internamento em centro de detenção, pena de colocação por dias livres em centro de detenção ou pena de colocação em centro de detenção em regime de semi-internato a jovem maior de 16 anos que esteja a cumprir medida tutelar de internamento, a execução das penas referidas tem início após o cumprimento da medida tutelar.

2 – Quando for aplicada medida tutelar não institucional a jovem maior de 16 anos que esteja a cumprir pena de internamento em centro de detenção, pena de colocação por dias livres em centro de detenção ou pena de colocação em centro de detenção em regime de semi-internato e a medida aplicada for incompatível com a pena em execução, aquela é executada após o cumprimento desta.

3 – Quando for aplicada medida tutelar de internamento em regime aberto ou semiaberto a jovem maior de 16 anos que esteja a cumprir pena de internamento em centro de detenção, pena de colocação por dias livres em centro de detenção ou pena de colocação em centro de detenção em regime de semi-internato, a execução da medida tutelar tem início após o cumprimento da pena.

4 – Quando for aplicada medida tutelar de internamento em regime fechado a jovem maior de 16 anos que esteja a cumprir pena de internamento em centro de detenção, pena de colocação por dias livres em centro de detenção ou pena de colocação em centro de detenção em regime de semi-internato, a pena cessa no momento em que o tempo que falte cumprir for igual ou inferior ao da duração da medida cuja execução se inicia nesse momento.

Condenação nas penas de internamento em centro de detenção, colocação por dias livres em centro de detenção ou colocação em centro de detenção em regime de semi-internato

1. Estranhamente, também este preceito não foi alterado pela Lei n.º 4/2015, de 15 de janeiro, mantendo a sua redação original. E diz-se estranhamente porque as penas que aqui são tratadas não existem, tendo sido incluídas no texto originário da LTE em 1999 por se esperar que, juntamente com a LTE e com a LPJCP, fosse aprovada uma nova Lei relativa ao Regime Penal para Jovens Adultos entre os 16 e os 21 anos, tal como resultava dos trabalhos tendentes à Reforma do Direito de Menores. Muito embora o Governo tenha apresentado à Assembleia da República a proposta de lei n.º 275/VII, tendo em vista alterar o Decreto-Lei n.º 401/82, de 23 de setembro, esta proposta viria a não ser aprovada, mantendo-se até hoje vigente o Regime Penal Especial para Jovens de 1982.

2. Essa proposta e a pretendida concatenação com a LTE eram particularmente importantes, na medida em que está aqui em causa criminalidade praticada por jovens, ainda num momento de formação da personalidade e aos quais, por isso mesmo, se entende ser necessário prestar especial atenção – cfr., a este propósito, as considerações de Rodrigues, Anabela Miranda, "Repensar o Direito de Menores...", *loc. cit.*, pp. 355-386; Duarte-Fonseca, António Carlos, *Internamento..., ob. cit.*, pp. 369 e segs.; e DUARTE-FONSECA, António Carlos, "Interactividade...", *loc. cit.*, pp. 251-301, em especial, pp. 278 e segs.). A regulamentação da interatividade entre tais disposições e as relativas às medidas tutelares educativas era, por isso, de extrema importância. Infelizmente, porque realizada em função de uma proposta de lei que nunca chegou a ser aprovada, esta norma não tem aplicação.

3. De facto, as penas de que aqui se trata (pena de internamento em centro de detenção, pena de colocação por dias livres em centro de detenção ou pena de colocação em centro de detenção em regime de semi-internato) foram propostas como alteração àquelas que constam do Decreto-Lei n.º 401/82, que prevê apenas a possibilidade de atenuação especial da pena (art. 4.º) – ou a, entretanto revogada, aplicação subsidiária do art. 18.º da OTM de 1978 (art. 5.º). Fixa-se ainda, de modo duvidoso, a possibilidade de aplicação de medidas de correção (art. 6.º), que deixaram igualmente de fazer sentido ao abrigo da LTE – cfr., para uma análise da norma em causa e das propostas, RODRIGUES, Anabela Miranda/DUARTE-FONSECA, António Carlos, *ob. cit.*, pp. 109 e 110; bem como o *Relatório Final da Comissão para a Reforma do Sistema de Execução de Penas e Medidas*, Secção H).

4. Assim, a solução político-criminal para jovens adultos infratores continua a ser muito incipiente e manifestamente acanhada, o que naturalmente se verte na curtíssima aplicação do Regime Penal Especial para Jovens (cfr., a este propósito, as considerações de RODRIGUES, Anabela Miranda, "Os modelos de intervenção institucional e não institucional no âmbito dos menores e jovens adultos – Breve enquadramento jurídico internacional", in AAVV, *O Direito de Menores – Reforma ou Revolução?*, Lisboa, Edição Cosmos, 1998, pp. 19-26; DUARTE-FONSECA, António Carlos, *ob. et loc ult. cit.;* FIGUEIROA, Filipa de, "«Punição no Limiar da Idade Adulta»: O Regime Penal Especial para Jovens Adultos e, em especial, a Interactividade entre Penas e Medidas Tutelares Educativas", *Julgar*, 11 (2010), pp. 147-173).

FLÁVIA NOVERSA LOUREIRO

ARTIGO 26.º

Condenação em pena de multa, prestação de trabalho a favor da comunidade ou suspensão da execução da pena de prisão

1 – Quando for aplicada pena de multa, prestação de trabalho a favor da comunidade ou suspensão da execução da pena de prisão a jovem maior de 16 anos que esteja a cumprir medida tutelar de internamento, o tribunal da condenação:

a) Tratando-se de multa que o jovem não possa cumprir dada a sua situação concreta, pode proceder à suspensão da prisão subsidiária, nos termos do n.º 3 do artigo 49.º do Código Penal;

b) Tratando-se de prestação de trabalho a favor da comunidade, procede à suspensão da pena de prisão determinada na sentença, nos termos da alínea b) do n.º 6 do artigo 59.º do Código Penal;

c) Tratando-se da suspensão da pena de prisão, modifica os deveres, regras de conduta ou obrigações impostos.

2 – Nos casos previstos nas alíneas a) a c) do número anterior, o tribunal da condenação procede, respetivamente, à fixação ou modificação dos deveres, regras de conduta ou obrigações, por forma a adequá-los à situação concreta do jovem, ou pode solicitar ao tribunal que aplicou a medida as informações que entender necessárias para proceder a essa fixação ou modificação.

3 – Quando for aplicada medida tutelar de internamento a jovem maior de 16 anos que esteja a cumprir alguma das penas referidas no n.º 1, o regime da medida a executar tem em conta, tanto quanto possível, a compatibilidade da pena com a medida.

Condenação em pena de multa, prestação de trabalho a favor da comunidade ou suspensão da execução da pena de prisão

1. Preceito correspondente à versão originária da Lei n.º 166/99, de 14 de setembro – também não modificado, portanto, pela Lei n.º 4/2015, de 15 de janeiro.

2. Está aqui em causa, tal como nos dois preceitos antecedentes, o estabelecimento de regras especiais em relação à afirmação genérica feita no art. 23.º de cumulação da execução de penas e medidas tutelares. No caso, trata-se agora de perceber como funcionará uma tal orientação quando estejam em causa, de um lado, a pena de multa, a pena prestação de trabalho a favor da comunidade ou a pena de suspensão da execução da pena de prisão, e, do outro, a medida tutelar de internamento. A norma não consubstancia, portanto, uma exceção ao fixado regime de execução cumulativa, mas antes uma especialização deste regime, detalhando alguns aspetos que poderiam suscitar maior dificuldade de aplicação.

3. Deve notar-se que, logicamente, estamos a falar de penas não detentivas (pois que se de pena de prisão se tratasse regeria o art. 24.º, como já vimos), sobretudo de caráter substitutivo. No caso da pena de multa, como bem se sabe, esta tanto pode ser aplicada a título principal como substitutivo – e não vemos razão para que um e outro casos sejam tratados de modo distinto, à luz do que vai preceituado neste capítulo da LTE. Efetivamente, a regra da cumulação aplica-se em relação a todas as penas e medidas tutelares não incompatíveis, qualquer que seja a natureza daquelas, não se vislumbrando argumento que sustente que este preceito se aplique apenas aos casos em que a multa é aplicada em substituição da pena de prisão – nos termos, atualmente, do art. 45.º CP (depois das alterações introduzidas pela Lei n.º 94/2017, de 23 de agosto) –, mas não já quando esta se aplique na modalidade de pena principal – de acordo com o art. 47.º CP. A essa mesma conclusão conduz, aliás, a remissão para o n.º 3 do art. 49.º, que tanto se aplica a um como a outro caso (cfr. art. 45.º/1 e 2, art. 47.º e art. 49.º, em especial o n.º 3, todos do CP).

Não era assim, todavia, no texto das propostas apresentadas pela Comissão para a Reforma do Sistema de Execução de Penas e Medidas, que se referia apenas ao efeito da aplicação da medida tutelar de internamento sobre penas de substituição já decretadas e com ela concretamente incompatíveis, especificando as penas de suspensão da execução da pena de prisão e a pena de prestação de trabalho a favor da comunidade (cfr. *Relatório Final da Comissão para a Reforma do Sistema de Execução de Penas e Medidas*, Secção H, Propostas, 4.3.). É seguramente essa a razão pela qual Rodrigues, Anabela Miranda/Duarte-Fonseca, António Carlos, *ob. cit.*, p. 111, se referem expressamente a penas de substituição não detentivas como sendo o âmbito de aplicação deste preceito.

Efetivamente, a proposta que era defendida por aquela Comissão, tal como se diz no *Relatório* referido *supra*, dizia respeito à aplicação de uma medida de internamento a jovem com mais de 16 anos que estivesse a cumprir pena de substituição de suspensão da execução da pena de prisão ou de trabalho a favor da comunidade – o que faria todo o sentido, uma vez que se tratava de norma a introduzir na LTE.

4. Sucede, porém, que o que se encontra, de facto, vertido no artigo em comentário é coisa distinta. Como sublinha SILVA, Júlio Barbosa e, *Lei Tutelar Educativa Comentada..., ob. cit.*, pp. 116 e 117, os n.os 1 e 2 do preceito dirigem-se ao juiz de julgamento penal, pois que dizem respeito aos casos em que, estando em execução uma medida tutelar de internamento, o jovem maior de 16 anos é condenado em processo crime, sendo-lhe aplicada uma destas penas; sendo que apenas o n.º 3 se destina, especificamente, ao juiz de família e menores, que deva aplicar medida de internamento.

Ora, esta opção, se bem que compreensível à luz do problema da interatividade que ocupa este capítulo, parece-nos um pouco duvidosa. Não só faz pouco sentido ter uma norma expressamente dirigida ao julgador penal prevista em diploma não penal, cuja aplicação está entregue, por força do art. 28.º, aos juízos de família e menores, como as diretrizes que aqui se traçam perdem razão de ser se tivermos em conta que, no momento em que o juiz criminal aplica a sanção, está já em execução a medida de internamento e, nessa medida, ele deve tê-la em consideração para a fixação da espécie e medida da pena.

5. Ainda assim, o n.º 1 do preceito fixa um conjunto de regras que o juiz penal deve ter em conta quando aplica uma destas penas a um maior de 16 anos (e menor de 21, necessariamente, por força do art. 5.º) que esteja a cumprir uma medida de internamento, de modo a assegurar a compatibilização entre as duas.

5.1. Sendo aplicada uma multa ao jovem (como dissemos já, cremos que a título principal ou substitutivo – arts. 45.º ou 47.º CP), e não podendo este cumpri-la dada a sua situação concreta (al. a) do n.º 1 do preceito em análise), pode utilizar-se a faculdade prevista no n.º 3 do art. 49.º CP, suspendendo a execução da prisão subsidiária por um período de 1 a 3 anos, por considerar-se que o não pagamento da multa não é imputável ao condenado. Esta suspensão há de ser subordinada, nos termos da lei, ao cumprimento de deveres ou regras de conduta, naturalmente com conteúdo não económico ou financeiro. Uma suspensão assim concedida findará de um de dois modos: se o agente incumpre os deveres ou regras de conduta estabelecidos, executa-se a prisão subsidiária; se os cumprir durante o período estipulado, a pena é declarada extinta.

5.2. Tratando-se de hipótese em que ao agente, pelo crime por que vai condenado, se aplique pena de prestação de trabalho a favor da comunidade (art. 58.º CP), coisa semelhante se passa. O tribunal deve, em conformidade com o estabelecido na al. b) do n.º 1 do artigo em anotação, considerar que o condenado não pode prestar o trabalho em causa por motivo que não lhe é imputável e, nessa medida, de acordo como o preceituado no n.º 6 do art. 59.º CP, suspender a execução da pena de prisão determinada na sentença a título principal, igualmente por um período de 1 a 3 anos, subordinando essa suspensão ao cumprimento de deveres e regras de conduta que considere adequados.

Tais deveres e regras de conduta, que o legislador penal detalha por remissão para os arts. 51.º e 52.º CP (referentes à suspensão da execução da pena de prisão, que a seguir veremos), podem ter por finalidade reparar o mal do crime – caso em que estaremos perante deveres – ou promover a reintegração do condenado na sociedade – hipótese em que enfrentaremos regras de conduta. Embora nada se diga nestes preceitos, ao contrário do que vimos suceder com a hipótese anterior, quanto à revogação e à extinção da medida, parece-nos curial que se apliquem as regras previstas nos arts. 55.º, 56.º e 57.º CP, igualmente previstas para a pena de suspensão da execução da pena de prisão.

5.3. Por último, nos termos da al. c) do n.º 1 do presente art. 26.º, se se aplicar ao jovem uma pena de suspensão da execução da pena de prisão, o tribunal deverá modificar os deveres ou regras de conduta impostos, de acordo com os arts. 50.º e segs. CP, de modo a concatená-los com a execução da medida de internamento. Da leitura dos deveres (art. 51.º) e das regras de conduta (art. 52.º) exemplificativamente elencados no CP compreende-se cabalmente que apenas alguns deles – ou porventura outros aqui não especificados – poderão ser compatíveis com o cumprimento de medida tutelar institucional.

6. Em todas estas hipóteses, de acordo com o n.º 2, o tribunal criminal, para proceder à fixação ou modificação dos deveres, regras de conduta ou obrigações em modo que seja adequado às concretas exigências do caso e necessidades do jovem, pode solicitar as informações que entenda adequadas ao juízo de família e menores.

Deve notar-se, sublinhando uma vez mais a ideia que procurámos transmitir no início desta anotação, que a forma como estão construídos os referidos n.os 1 e 2 deste art. 26.º sucessivamente nos remetem não para a circunstância de aplicação da pena (de substituição) pelo juiz de julgamento quando este conhece a medida de internamento que está a ser executada pelo jovem, mas antes para a hipótese de só depois da decisão ela vir a ser conhecida – e ser, nessa medida, necessário proceder à modificação dos seus termos.

7. Da hipótese inversa, por sua vez, trata o n.º 3 do presente artigo. Aí está em causa a aplicação de uma medida tutelar de internamento, necessariamente a maior de 16 anos por ato que ela haja praticado antes disso, estando o jovem já a cumprir uma das penas em referência. O legislador dirige-se agora diretamente ao juiz de família e menores, estabelecendo que o regime do internamento (aberto, semiaberto ou fechado – arts. 17.º, 18.º e 143.º e segs.) deve ter em conta tanto quanto possível, naturalmente, a compatibilidade da pena e da medida (conforme se defendia, como dissemos já, no *Relatório Final da Comissão para a Reforma do Sistema de Execução de Penas e Medidas*, Secção H, Propostas, 4.3.).

Como salienta Ramião, Tomé d'Almeida, *Lei Tutelar Educativa – Anotada e Comentada*, 2.ª ed. revista e atualizada, Lisboa, Quid Iuris, 2007, p. 66, pode suceder, do mesmo modo que alertámos para os casos precedentes, que só após a aplicação da medida de internamento se venha a ter conhecimento da existência daquelas penas. Poderá optar-se (diremos mesmo, deverá optar-se) nessas hipóteses pela revisão oficiosa da medida, nos termos dos arts. 136.º e 137.º LTE.

Flávia Noversa Loureiro

ARTIGO 27.º
Prisão preventiva

1 – A aplicação de prisão preventiva a jovem maior de 16 anos não prejudica a execução cumulativa de medida tutelar não institucional que esteja a cumprir ou lhe seja aplicada, desde que esta não seja concretamente incompatível com a prisão.

2 – Tratando-se das medidas de admoestação, de reparação ao ofendido na modalidade de compensação económica ou de prestações eco-

nómicas a favor da comunidade a execução é compatível com a prisão preventiva, salvo nos casos em que a situação concreta do jovem não lhe permitir disponibilidades económicas bastantes para satisfazer os encargos resultantes do cumprimento das medidas.

3 – A execução das medidas tutelares não institucionais incompatíveis com a prisão preventiva não se inicia ou interrompe-se conforme o momento em que a prisão seja ordenada.

4 – Compete ao juiz que aplica a prisão preventiva determinar, em concreto, a compatibilidade da execução cumulativa de medida tutelar não institucional com a prisão preventiva.

5 – Quando for aplicada prisão preventiva a jovem maior de 16 anos que esteja a cumprir medida tutelar de internamento, a execução da medida não se interrompe, o menor é colocado ou mantido em Centro Educativo de regime fechado pelo tempo correspondente à prisão preventiva e o seu termo não afeta a continuação da medida pelo tempo que falte.

6 – Quando for aplicada medida tutelar de internamento a jovem maior de 16 anos que esteja a cumprir prisão preventiva, bem como quando a medida tutelar não se iniciar ou for interrompida nos termos do n.º 3, a execução da medida ou a sua continuação depende do resultado do processo penal, procedendo-se à revisão da medida e o jovem for absolvido ou aplicando-se, conforme o caso, o disposto nos artigos 23.º a 26.º.

Aplicação de prisão preventiva; jovem maior de 16 anos

1. Redação originária, conferida pela Lei n.º 166/99, de 14 de setembro, não modificada pela Lei n.º 4/2015, de 15 de janeiro (que procedeu à sua primeira – e, até ao momento, única – alteração).

2. Como salientámos já na abertura deste capítulo (anotação ao art. 23.º), não se trata aqui da interatividade entre uma pena e uma medida tutelar, mas antes entre esta e uma específica medida de coação prevista no CPP, a prisão preventiva (art. 202.º CPP). A epígrafe do capítulo aparece, assim, um pouco desadequada, dizendo menos do que efetivamente um tal corpo de artigos compreende. De todo o modo, é indiscutível a importância da compatibilização da possibilidade de aplicação de uma medida cautelar privativa de liberdade concomitantemente com a execução de uma medida tutelar, razão pela qual se percebe a inserção deste preceito na LTE.

3. Tendo em conta estas considerações, parece-nos, ainda assim, que a revisão operada pela Lei n.º 4/2015, de 15 de janeiro, talvez pudesse ter atentado sobre esta questão das medidas de coação processuais penais, pois que se justificaria porventura uma específica regulação da outra medida privativa de liberdade – a obrigação de permanência na habitação (art. 201.º CPP). Estranha-se, aliás, que mesmo a versão originária da LTE não tivesse já dedicado atenção a este aspeto, pois que, se bem que em termos muito incipientes e distintos dos atualmente vigentes, o CPP previa, desde a sua primeira versão de 1987, esta obrigação de permanência na habitação.

Chamando igualmente a atenção para este problema, SILVA, Júlio Barbosa e, *Lei Tutelar Educativa Comentada..., ob. cit.*, pp. 118-120, entende que devem aplicar-se, "por identidade de razões e situações" (p. 118), as regras contidas no presente preceito à medida de coação de obrigação de permanência na habitação. Se compreendemos a bondade deste entendimento, afigura-se-nos que esta solução pode enfrentar alguns obstáculos, nomeadamente no que respeita às normas de articulação com a medida tutelar de internamento.

4. Uma vez mais se parte do princípio, como resulta de todo o capítulo que temos vindo a comentar, de que a preferência deve ser dada à execução cumulativa da medida tutelar e da medida de coação, sempre que isso seja possível. Esta posição do legislador é perfeitamente coerente tendo em conta a opção que fez quanto à interatividade, pois que se entendeu que a execução coordenada de penas e medidas tutelares é mais eficaz para o cumprimento das finalidades de umas e outras, não se compreenderia que diferente fosse a solução quando estejam em causa finalidades cautelares do processo penal (que, não estando ainda findo, pode ou não desembocar na aplicação de uma pena, mais razões havendo, portanto, para que não se suste a execução de uma medida tutelar).

5. Assim, o n.º 1 do preceito em comentário começa por afirmar este mesmo princípio, reforçando a ideia de compatibilização afirmada no art. 23.º, agora quando esteja em causa a aplicação da prisão a jovem com mais de 16 anos (e menos de 21) que esteja a cumprir ou lhe veja ser aplicada medida tutelar não institucional e, naturalmente, desde que esta concreta medida não se mostre inconciliável com a prisão. Nestas hipóteses, portanto, a regra mantém-se: o jovem cumpre, cumulativamente, a medida tutelar (não institucional) e a medida de coação privativa de liberdade.

6. À semelhança do que vimos suceder nos casos de condenação em prisão efetiva, tratados no art. 24.º *supra* analisado, se as medidas tutelares em causa foram a admoestação (art. 9.º), a reparação ao ofendido na modalidade de compensação económica (art. 11.º/1, b), e 3) ou a de prestações económicas a favor da comunidade (art. 12.º/1, 1.ª parte), o n.º 2 do preceito expressamente afirma a sua compatibilidade – o que seria até desnecessário face ao teor do n.º 1 –, desde que a situação concreta do jovem lhe permita disponibilidades económicas bastantes para satisfazer os respetivos encargos. Tal como dissemos já na anotação ao art. 24.º (para a qual remetemos), não deixa de ser questionável a razão pela qual não se referem aqui as medidas tutelares de reparação ao ofendido na modalidade de apresentação de desculpas ao ofendido (al. a) do n.º 1 do art. 11.º) e de tarefas a favor da comunidade (art. 12.º) – cfr., no mesmo sentido, Silva, Júlio Barbosa e, *Lei Tutelar Educativa Comentada..., ob. cit.*, p. 118.

Note-se que, nos termos no n.º 4, a competência para determinar, em cada caso, a compatibilidade da execução cumulativa da medida tutelar não institucional com a prisão preventiva é atribuída ao juiz que aplica a prisão preventiva. Como salientam, todavia, Rodrigues, Anabela Miranda/Duarte-Fonseca, António Carlos, *ob. cit.*, p.112, tal só poderá suceder, obviamente, no caso de a decisão penal ser posterior àquela que aplicou a medida tutelar. Na hipótese inversa, quando a medida tutelar seja aplicada a jovem que se encontra a cumprir prisão preventiva, essa é naturalmente uma circunstância que deverá ser tida em conta no momento de determinação daquela medida (como decorrerá, ao menos no seu sentido, do disposto no n.º 6 do preceito – que expressamente se refere apenas à medida de internamento).

7. Se, todavia, as medidas tutelares ainda que não institucionais forem incompatíveis com a prisão preventiva, fixa o n.º 3 do presente artigo que a sua execução não se inicia ou interrompe-se (se se houver já iniciado), pois que não podem ser cumuladas. A execução da medida de coação detentiva adia, assim, o cumprimento da medida tutelar, que só poderá dar-se quando aquela medida de coação findar. Conforme se diz no n.º 6 (também) quanto a esta hipótese, uma tal execução ficará necessariamente dependente do resultado do processo penal: na hipótese de o jovem ser absolvido a final, a medida poderá iniciar-se, depois de obrigatoriamente revista, para que se avalie da necessidade e adequação da sua atualização; se, ao contrário, o jovem for condenado, deverão aplicar-se as regras previstas nos preceitos anteriores (arts. 23.º a 26.º).

8. Hipótese distinta daquelas que temos vindo a explorar até aqui é a que se coloca quando a medida tutelar em causa é institucional. De facto, tal como imediatamente sublinharam RODRIGUES, Anabela Miranda /DUARTE-FONSECA, António Carlos, *ob. cit.*, p. 113, "a medida de internamento em centro educativo constitui um caso especial relativamente à cumulação com a prisão preventiva. Ambas as medidas, tutelar educativa e de coacção, são de execução em instituição e, por isso, aparentemente incompatíveis entre si". Tendo em atenção, todavia, os aspetos comuns que podem existir entre as duas medidas, nomeadamente quando o internamento se cumpra em regime fechado, o n.º 5 do presente art. 27.º estabelece que, encontrando-se o jovem maior de 16 anos a cumprir medida tutelar de internamento e sendo-lhe aplicada, em processo-crime, medida de coação de prisão preventiva, a execução daquela medida não se interrompe, demonstrando-se, assim, a importância de não descontinuar o projeto educativo pessoal especialmente pensado para as necessidades daquele jovem.

8.1. Devendo, portanto, prosseguir a execução do internamento, este pode, contudo, ter de ser adaptado face à aplicação da prisão preventiva. Assim, se a medida se cumpre em regime fechado (cfr. arts. 17.º e 143.º e segs.), o jovem manter-se-á no mesmo regime, pelo prazo correspondente à prisão preventiva. Neste caso, se eventualmente a duração da medida de internamento atingir o seu término antes do fim da prisão preventiva, o jovem continuará a execução da medida de coação em estabelecimento prisional, pois que já não haverá razão para o manter em centro educativo (como veremos *infra*, não concordamos totalmente com esta posição). Já se o contrário suceder, se a prisão preventiva atingir o seu fim antes de cumprida a duração da medida de internamento, esta deverá continuar a executar-se, nos termos gerais, podendo ser revista de acordo com o n.º 1 do art. 136.º, nomeadamente das suas als. b), c) e d) – não terá, todavia, de o ser obrigatoriamente, por força da al. b) do n.º 2 do mesmo artigo (como adequadamente sublinham RODRIGUES, Anabela Miranda/DUARTE-FONSECA, António

Carlos, *ob. et loc. ult. cit.*), pois que o termo da medida de coação não acarreta necessariamente o fim dos motivos que conduziram à aplicação da medida tutelar em causa.

8.2. Se, por outro lado, o internamento decretado se está a cumprir em regime aberto ou semiaberto, a aplicação da prisão preventiva determina que este continue a ser executado, mas agora em regime fechado, pelo tempo correspondente à prisão preventiva. Finda esta medida de coação, se a duração do internamento ainda não tiver sido alcançada, a medida cautelar continuará a cumprir-se, mas o jovem não pode permanecer sem mais em regime fechado, impondo-se uma revisão obrigatória da medida, nos termos da al. b) do n.º 2 do art. 136.º (conforme defendem Rodrigues, Anabela Miranda/Duarte-Fonseca, António Carlos, *ob. cit.*, p. 113 e p. 257; Silva, Júlio Barbosa e, *Lei Tutelar Educativa Comentada...*, *ob. cit.*, pp. 409 e 410; e Ramião, Tomé d'Almeida, *Lei Tutelar Educativa...*, *ob. cit.*, p. 68). Inversamente, se o internamento findar mantendo-se ainda a medida de coação privativa de liberdade, a solução é a mesma da hipótese anterior, o jovem terá de ser colocado em estabelecimento prisional, uma vez que não mais é legítimo mante-lo em centro educativo.

Esta solução suscita algumas dúvidas, não aparecendo como totalmente adequada e indo até um pouco ao arrepio daquela que é a intenção do normativo em comentário. De facto, se o interesse vertido na opção legislativa é, como se disse, o da manutenção do projeto educativo pessoal do jovem, pois que especificamente vocacionado para fazer face às exigências de educação para o direito que naquele se manifestam, e se este interesse se sobrepõe, ao menos em alguma medida, aos interesses cautelares processuais que ditam a prisão preventiva (cumprida em estabelecimento prisional), pois que mesmo após o seu decretamento se continua a executar o internamento, não se compreende bem o sentido de, findo o internamento, o jovem dever ser remetido ao estabelecimento prisional para cumprimento do remanescente da medida de coação (o que pode, mesmo, reconhecidos os efeitos nefastos que a prisão pode ter em um jovem, por em causa os resultados eventualmente alcançados com a medida tutelar).

Outra era, aliás, como nos dizem Rodrigues, Anabela Miranda/ /Duarte-Fonseca, António Carlos, *ob. cit.*, pp. 113 e 114, a proposta apresentada pela Comissão para a Reforma do Sistema de Execução de

Penas e Medidas, que considerava que, nestes casos, o cumprimento da prisão deveria prosseguir em unidade residencial específica, no mesmo ou em diferente centro de regime fechado. Também se nos afigura que seria essa uma solução menos gravosa, suscetível de proteger o esforço envidado pela medida tutelar.

Não se entendendo assim, como sucede, parece-nos que deverá ainda chamar-se a atenção para a importância de, agora à luz das normas do CPP, se poder (se dever) realizar o reexame dos pressupostos da prisão preventiva – muito embora o art. 213.º CPP não faça referência expressa a esta circunstância – ou mesmo a sua substituição (ou revogação, no limite), de acordo com o art. 212.º do mesmo diploma. Não existindo identidade de pressupostos de aplicação de uma e outra medida, a verdade é que o cumprimento das finalidades do internamento pode ter feito atenuar as exigências cautelares que determinaram a aplicação da medida de coação, impondo a sua substituição por uma menos grave (pense-se, desde logo, na obrigação de permanência na habitação).

9. No caso, agora, de o jovem maior de 16 anos estar já a cumprir medida de coação de prisão preventiva quando lhe é aplicada a medida tutelar de internamento, estabelece o já referido n.º 6 do preceito que esta só poderá executar-se quando a medida de coação findar e dependendo sempre do desfecho do processo penal em causa. Assim, se o jovem for condenado, aplicar-se-ão as regras previstas nos arts. 23.º a 26.º, consoante a pena que esteja em causa. Se o mesmo for absolvido, a execução do internamento poderá ter lugar, mas antes passará por uma revisão obrigatória (conforme estabelece este n.º 6 e a al. c) do n.º 2 do art. 136.º) – também aqui a proposta da CRSEPM era distinta, não exigindo esta revisão quando o internamento decretado seguisse o regime fechado e o jovem se encontrasse a cumprir prisão preventiva (cfr. Rodrigues, Anabela Miranda/Duarte-Fonseca, António Carlos, *ob. cit.*, p. 114).

Flávia Noversa Loureiro

TÍTULO III
Dos tribunais

CAPÍTULO I
Tribunal

ARTIGO 28.º
Competência

1 – Compete às secções de família e menores da instância central do tribunal de comarca:

a) Praticar os atos jurisdicionais relativos ao inquérito tutelar educativo;

b) Apreciar os factos qualificados pela lei como crime, praticados por menor com idade compreendida entre os 12 e os 16 anos, com vista à aplicação de medida tutelar;

c) Executar e rever as medidas tutelares;

d) Declarar a cessação ou a extinção das medidas tutelares;

e) Conhecer, nos termos previstos no artigo 201.º, do recurso das decisões que apliquem medidas disciplinares a menores a quem tenha sido aplicada medida de internamento.

2 – Cessa a competência das secções de família e menores da instância central do tribunal de comarca quando:

a) For aplicada pena de prisão efetiva, em processo penal, por crime praticado pelo menor com idade compreendida entre os 16 e os 18 anos;

b) O menor completar 18 anos antes da data da decisão em 1.ª instância.

3 – Nos casos previstos no número anterior, o processo não é iniciado ou, se o tiver sido, é arquivado.

Competência; tribunais.

1. Em conformidade com o disposto no art. 124.º/2 LOSJ, são da competência dos juízos de família e menores (designação atribuída pela Lei n.º 40.º-A/2016, de 22 de dezembro, às anteriores secções de família e menores) a prática dos atos jurisdicionais respeitantes ao inquérito, a fase jurisdicional do processo tutelar educativo e a fase de execução das medidas.

2. No que respeita aos atos jurisdicionais a praticar durante a fase de inquérito, a LTE especifica a emissão de mandado para detenção fora de flagrante delito (art. 51.º/2), a aplicação de medidas cautelares (art. 59.º/1) e a autorização para a realização de perícia em regime não ambulatório (art. 68.º/2). Mas, aplica-se-lhe subsidiariamente o disposto nos arts. 268.º e 269.º CPP (art. 128.º/1).

3. Sobre a aplicação do impedimento previsto do art. 40.º/1, a) CPP ao juiz que, no âmbito de inquérito tutelar educativo, aplica a menor a medida cautelar de guarda em centro educativo, pronunciou-se o Ac. TRE 7/1/2014 (14/13.0TQFAR-A.E.1), disponível em www.dgsi.pt, consultado a 29 de março de 2018, no seguinte sentido:

"I – Os princípios que informam a aplicação das medidas de coação em processo penal são substancialmente distintos daqueles que subjazem à aplicação das medidas cautelares em processo tutelar educativo.

II – O juiz que aplicou ao menor medida cautelar de guarda em centro educativo na fase do inquérito não está impedido de intervir na fase jurisdicional do processo.

III – No regime processual atinente ao julgamento em processo tutelar educativo, não estão previstas situações de impedimento" (sumário).

Contra este entendimento se pronunciou já, com fundamento, Silva, Júlio Barbosa e, "(Im)parcialidade do juiz e Lei Tutelar Educativa: o caso especial da aplicação da medida cautelar detentiva – a lei, o TEDH e a rejeição de diminuição de garantias no processo tutelar educativo", *Revista do Ministério Público*, n.º 140, out-dez 2014, pp. 144-155, defendendo que, "de acordo com o artigo 128.º da LTE, sempre que esta não preveja modos de atuação distintos, aplicar-se-ão, com as devidas adaptações, as disposições previstas no Código de Processo Penal ao Título IV da LTE", sendo que, no processo tutelar educativo como no processo penal, "o juiz [que aplica a medida] terá de ter necessariamente uma convicção (...) sobre a futura declaração de responsabilidade do jovem pelos factos", ficando "minada a sua imparcialidade" para sobre eles decidir na fase jurisdicional.

4. O n.º 2, reproduzindo o art. 124.º/3 LOSJ, define as circunstâncias que constituem fatores impeditivos da ação tutelar educativa, que não permitem que se inicie o procedimento ou que determinam o seu arquivamento (n.º 3): a aplicação de pena de prisão efetiva em processo penal a jovem com idade entre os 16 e os 18 anos (veja-se, contudo o disposto no art. 24.º/2); e ter atingido a maioridade sem que tenha havido decisão de 1.ª instância.

5. O Tribunal da Relação de Guimarães apreciou a validade de decisão de aplicação, pela 1.ª instância, de uma medida tutelar educativa após o jovem ter completado 18 anos, na sequência de acórdãos em que o Tribunal da Relação havia anulado decisões anteriores proferidas antes de o jovem atingir a maioridade. Foi considerado que "[p]or via da declaração de nulidade decretada (...) os (...) acórdãos do tribunal *a quo* foram como que eliminados do processo, tudo se passando como se não tivessem sido proferidos, como se aqueles actos não tivessem sido praticados", pelo que, para efeitos da determinação da competência do tribunal da 1ª instância, não podem ser consideradas as decisões aí proferidas que foram anuladas pelo Tribunal da Relação. Assim, tendo "apreciado os factos e decidido pela aplicação de medida tutelar educativa (...) depois de o jovem ter completado 18 anosa de idade, o tribunal recorrido ultrapassou os limites da sua competência legal" e "só poderia ter ordenado o (...) arquivamento [do processo], nos termos do art. 28.º, n.º 2, al. b) e n.º 3 LTE". O sumário do acórdão [TRG 11/1/2016 (10/13.8TABGC.G2), disponível em www.dgsi.pt, consultado a 29 de março de 2018] é o seguinte:

"I – A declaração do Tribunal da Relação que «anula todo o processado a partir das alegações de julgamento» repõe os autos no momento imediatamente anterior à fase das alegações, destruindo os efeitos produzidos pelo Acórdão que, na sequência do julgamento foi proferido em primeira instância, designadamente o da fixação da competência material das Secções de Família e Menores para aplicar medidas tutelares educativas.

II – Isto não significa que aquela decisão final enferme do vício de inexistência, mas antes que, tendo existido, foi posteriormente eliminada do processo, tudo se passando como se não tivesse sido proferida, como se aquele acto não tivesse sido praticado.

III – Para efeitos da determinação da competência das Secções de Família e Menores, a que alude o artigo 28.º e 29.º da Lei Tutelar Educativa não se poderá atender às decisões proferidas pela primeira instância que, posteriormente, vieram a ser anuladas pelo Tribunal da Relação".

Rui do Carmo

ARTIGO 29.º
Secções da instância local

1 – Fora das áreas abrangidas pela jurisdição das secções de família e menores, cabe às secções criminais da instância local conhecer dos processos tutelares educativos, por aplicação, com as devidas adaptações, do disposto no n.º 5 do artigo 124.º, da Lei n.º 62/2013, de 26 de agosto.

2 – Sem prejuízo do disposto no número anterior, em caso de não ocorrer desdobramento, cabe às secções de competência genérica da instância local conhecer dos processos tutelares educativos, conforme o disposto na alínea a) do n.º 1 do artigo 130.º, da Lei n.º 62/2013, de 26 de agosto.

3 – Nos casos previstos nos números anteriores, o tribunal constitui-se em secção de família e menores.

Secções da instância local; competência

1. A organização judiciária definida pela LOSJ (Lei n.º 62/2013, de 26 de agosto) e sua regulamentação (Dec.-Lei n.º 49/2014, de 27 de março), optou pela especialização com o objetivo de aumentar a qualidade da resposta judiciária. Na jurisdição de família e menores a especialização não abrangeu todo o território nacional, sendo apresentada a seguinte justificação:

"A oferta de especialização para cada comarca em matéria de família e menores foi adequada não só ao volume processual expectável para os municípios integrados na comarca mas, sobretudo, à respetiva dimensão geográfica, às frequentes deslocações e, também, à inadequada oferta de transportes públicos. Tal determinou uma apropriada delimitação da competência territorial, cingindo-a, em certos casos, apenas a alguns dos municípios da comarca" (Preâmbulo do Dec.-Lei n.º 49/2014).

Foi, contudo, uma resposta positiva à crescente afirmação, por diversos estudos e entidades (por exemplo: a Submissão de Igualdade de Oportunidades da Comissão de Assuntos Constitucionais, Direitos, Liberdades e Garantias da Assembleia da República – *Relatório das audições efectuadas no âmbito da "avaliação dos sistemas de acolhimento, protecção e tutelares de crianças e jovens"*, *http://www.oa.pt/upl/%7Bfb8145aa-a76b-4e10-9413-ed5f50d12481%7D.pdf* (consultado a 28 de março de 2018);

o Observatório Permanente da Justiça do Centro de Estudos Sociais da Universidade de Coimbra – Santos, Boaventura Sousa/Gomes, Conceição, *A Geografia da Justiça – para um novo mapa judiciário*, vol. II, Coimbra, 2006; ou o Observatório Permanente da Adoção do Centro de Direito da Família da Faculdade de Direito da Universidade de Coimbra – Alfaiate, Ana Rita/San-Bento, Marta, "Propostas do Observatório Permanente da Adopção com vista à alteração do sistema legislativa vigente em matéria de Promoção e Protecção de Crianças e Jovens", *Lex Familiae – Revista Portuguesa de Direito da Família*, ano 9, n.os 17-18, 2012, pp. 117 e 118), da necessidade de cobertura de todo o território nacional por instâncias judiciais especializadas em matéria de direito da família e das crianças e jovens.

"Quatro ideias [vinham] ganhando crescente adesão – (1) a necessidade de cobertura de todo o país por uma justiça especializada; (2) cuja competência abrangesse todas as matérias do âmbito do direito da família e das crianças e jovens; (3) servida por profissionais com formação especializada; (4) exercida em condições que tenham em conta a natureza dos litígios, as pessoas neles envolvidas e as particulares exigências da intervenção.

Que se alicerça[va]m, por sua vez, em quatro ordens de razões essenciais.

Em primeiro lugar, na importância fundamental de uma especial qualificação para a averiguação, a compreensão e interpretação dos factos e a construção das respostas jurídicas, numa área fortemente marcada por rápidas e acentuadas modificações na organização da sociedade e nas conceções sociais, assim como pelo significativo desenvolvimento da investigação e do conhecimento científicos. Que exigem uma sólida e atualizada formação dos agentes da justiça, não exclusivamente jurídica, como condição essencial da correta condução dos procedimentos e de uma informada interpretação e aplicação da lei por parte dos tribunais, que desenvolvem as suas funções em articulação e diálogo com uma ampla e multidisciplinar rede de intervenção nos conflitos familiares, na protecção e promoção dos direitos das crianças e jovens e na delinquência juvenil, que nalguns casos com eles repartem mesmo competências, cujo apetrechamento técnico-científico tem evoluído significativamente.

Em segundo lugar, a exiguidade de contacto com estas problemáticas gera compreensíveis dificuldades de decisão e maior possibilidade de erro. O conhecimento, acompanhamento, estudo e observação de um número significativo de casos é, nesta área, muito relevante para uma prática que, alicerçada sobre o conhecimento e a reflexão crítica da experiência, seja capaz de compreender o problema e o seu contexto e de lhe dar uma reposta adequada e esclarecida.

Em terceiro lugar, a especificidade da jurisdição de família e menores, pela natureza dos litígios e pela frequente vulnerabilidade dos envolvidos, impõe especiais condições logísticas e também de assessoria técnico-científica e apoio administrativo.

Por último, mas não menos importante, o alargamento a todo o país de estruturas judiciárias especializadas para os assuntos do direito da família e das crianças e jovens potencia, mais do que em outros, um efetivo alargamento do acesso ao direito e aos tribunais e a tendencial igualdade no tratamento dos casos pelo sistema judiciário, tanto no que respeita à celeridade como aos padrões de qualidade da sua tramitação e da decisão" (Carmo, Rui do, "A Nova Organização do Sistema Judiciário e a Jurisdição de Família e Menores", *Revista do Ministério Público*, n.º 140, out-dez 2014, pp. 11 e 12).

Ideias e razões que mantêm toda a atualidade.

2. Em 2016, a LOSJ e respetiva regulamentação foram alteradas pela Lei n.º 40.º-A/2016, de 22 de dezembro, e pelo Dec.-Lei n.º 86/2016, de 27 de dezembro. Por um lado, foram criados novos juízos especializados de família e menores; por outro lado, foi devolvida esta competência a alguns juízos locais. A justificação é a necessidade de "corrigir o distanciamento da jurisdição de família e menores". Criaram-se "sete novos juízos de família e menores (Fafe, Leiria, Alcobaça, Mafra, Vila do Conde, Marco de Canaveses e Abrantes) e devolve[u]-se essa competência a cerca de 25 juízos locais, à imagem, aliás, do que já hoje acontece em algumas comarcas (Bragança, Guarda e Portalegre)", na convicção de que, assim, se alcançará "a conciliação equilibrada entre a manutenção da especialização e a imprescindível acessibilidade da população aos equipamentos judiciários onde se administra essa justiça" (Preâmbulo do Dec.-Lei n.º 86/2016, de 27 de dezembro, ponto VI).

3. Nos tribunais de comarca, que correspondem à área geográfica dos distritos administrativos no Continente (à exceção de Lisboa, dividido em três comarcas, e do Porto, dividido em duas) e das regiões autónomas dos Açores e Madeira, existem juízos de família e menores (exceto nas comarcas/distritos de Bragança, Guarda e Portalegre), que nem sempre abrangem todos os municípios da comarca. Estas secções têm a sua competência definida nos arts. 122.º a 124.º da Lei n.º 62/2013, tratando das questões respeitantes ao direito da família e das crianças e jovens, que aí se encontram especificadas, incluindo a reapreciação de decisões atribuídas por lei a outras entidades na sequência do processo de desjudicialização que, no âmbito do direito da família, foi iniciado com o Dec.-Lei n.º 272/2001, de 13 de outubro (que operou a "transferência de competência decisória em determinados processos de jurisdição voluntária dos tribunais judiciais para o Ministério Público e as conservatórias do registo civil").

Nas comarcas de Bragança, Guarda e Portalegre, e fora da área abrangida pelos juízos de família e menores, nas restantes comarcas, são os juízos locais que tratam as matérias do direito da família e das crianças e jovens, sendo que quando exista juízo local criminal cabe a este conhecer dos processos tutelares educativos.

4. O art. 130.º/1, a) LOSJ, referido no n.º 2 deste artigo, corresponde, após a alteração introduzida pela Lei n.º 40.º-A/2016, de 22 de dezembro, ao art. 130.º/1.

Rui do Carmo

ARTIGO 30.º
Constituição

1 – A secção de família e menores funciona, em regra, com um só juiz.

2 – Na audiência em que esteja em causa a aplicação de medida de internamento o tribunal é constituído pelo juiz do processo, que preside, e por dois juízes sociais.

Constituição do tribunal

1. O processo tutelar educativo decorre perante o tribunal singular, com exceção da audiência em que esteja em causa a aplicação de medida de internamento, que decorre perante tribunal misto, constituído pelo juiz do processo, que preside, e por dois juízes sociais.

O juiz do processo "tem voto de qualidade e lavra a decisão" (art. 118.º/3), estando as regras da deliberação do tribunal estabelecidas no art. 119.º.

2. O preâmbulo do Dec.-Lei n.º 156/78 (que "estabelece normas para o regime de recrutamento e funções dos juízes sociais") refere que "com a institucionalização dos juízes sociais procura-se fundamentalmente trazer a opinião pública até aos tribunais e levar os tribunais até à opinião pública: já actuando contra a rotina dos juízes e sensibilizando--os em relação aos valores sociais dominantes e suas prioridades, já estimulando os cidadãos à formação de opiniões correctas a respeito da administração da justiça e ao reforço do seu sentimento de legalidade."

3. "A constituição do Tribunal com um juiz profissional e dois juízes sociais é uma das expressões da participação popular na administração da justiça, com fundamento constitucional na consideração de que se trata de questões "em que se justifi[ca] uma especial ponderação dos valores sociais ofendidos" (n.º 2 do art. 207.º CRP).

Os juízes sociais são cidadãos com mais de 25 e menor de 65 anos de idade, que saibam ler e escrever, que estejam no pleno gozo dos seus direitos cívicos e políticos e não estejam pronunciados nem tenham sofrido condenação por crime doloso, residentes na área do município da sede do tribunal, cujo processo de candidatura é organizado pela Câmara Municipal em cooperação com entidades ligadas ao apoio, formação e educação das crianças e jovens. As listas de juízes sociais são votadas pela Assembleia Municipal e a sua nomeação é feita por despacho do Ministro da Justiça, devendo incluir igual número de candidatos de cada sexo. As funções, consideradas "serviço público obrigatório", são exercidas pelo período de dois anos (Dec.-Lei n.º 156/78, de 30 de junho).

"A participação dos juízes sociais, para além de co-responsabilizar a comunidade local na definição do projecto de vida das crianças a ela pertencentes, transporta para a audiência conhecimentos e modos de abordagem das situações diferentes dos do juiz profissional, e diferentes e complementares entre si. O que enriquece a compreensão dos factos e habilita o Tribunal a decidir melhor, numa área em que a interdisciplinariedade e a experiência diversa revestem especial importância, porque aqui, por excelência, julgar é compreender e as decisões têm por objectivo abrir o caminho à construção estável de novos comportamentos, de um novo tipo de relacionamento, de novas realidades humanas e sociais" (ALBERTO, Isabel/CARMO, Rui do, "Adoção ou Institucionalização?", *Revista do Ministério Público*, n.º 111, jul.-set. 2007, pp. 192 e 193).

4. A falta de juízes sociais na constituição do tribunal constitui nulidade insanável, por aplicação subsidiária do previsto no art. 119.º, a) CPP, nos termos do art. 128.º/1.

Rui do Carmo

ARTIGO 31.º
Competência territorial

1 – É competente para a apreciação dos factos e para a aplicação de medida tutelar o tribunal da residência do menor no momento em que for instaurado o processo.

2 – Sendo desconhecida a residência do menor é competente o tribunal da residência dos titulares das responsabilidades parentais.

3 – Se os titulares das responsabilidades parentais tiverem diferentes residências é competente o tribunal da residência daquele a cuja guarda o menor estiver confiado ou, no caso da guarda conjunta, com quem o menor residir.

4 – Nos casos não previstos nos números anteriores é competente o tribunal do local da prática do facto ou, não estando este determinado, o tribunal do local onde o menor for encontrado.

Competência territorial; tribunal

1. A regra é ser competente para o processo tutelar educativo o tribunal da residência do menor no momento em que for instaurado o processo, sendo que este momento "corresponde àquele em que for determinada a abertura do inquérito pelo Ministério Público" (art. 32.º/1).

Esta regra de competência territorial difere da definição de domicílio legal do menor, cujas normas estão estabelecidas no art. 85.º CC, bem como da fixada no CPP, que estabelece que "[é] competente para conhecer de um crime o tribunal em cuja área se tiver verificado a consumação" (art. 19.º/1). Mas é idêntica às que contam dos arts. 79.º/1 LPCJP e 9.º/1 RGPTC.

A justificação apresentada foi a seguinte:

"A definição do regime da competência territorial elege como critério preferencial a residência do menor. A esta opção subjazem várias preocupações:

a) evitar que, por força do processo tutelar, o menor seja retirado do seu meio;
b) facilitar a participação dos vários intervenientes (o menor, os seus pais e representantes legais, testemunhas que devam depor sobre a personalidade do menor, etc.) no processo;
c) aproximar a administração da justiça daqueles a quem ela se destina" (Ministério da Justiça/Ministério do Trabalho e da Solidariedade, "Relatório Final da Comissão para a Reforma do Sistema de Execução de Penas e Medidas", *in Reforma do Direito de Menores*, 1999, p. 143).

2. Os n.os 2 a 4 definem, as regras a observar quando não for conhecida a residência do menor.

Estas são, por sua vez, diferentes das previstas no art. 79.º/2 LPCJP e 9.º/2 a 4 RGPTC para as situações em que é desconhecida a residência da criança ou do jovem.

3. Sobre a definição da competência territorial para a direção de inquérito tutelar educativo de jovem que se encontra em acolhimento residencial, foi proferida decisão no Conflito Negativo de Competência n.º 1/2015-2016 da PGDC, em 16/10/2015.

Relembrando que a LTE se afastou do critério da competência territorial do CPP "*porque (...) se pretendeu aproximar a resolução dos casos que motivam a abertura de inquéritos tutelares educativos dos locais de residência dos menores* e não do local da prática dos factos", faz apelo à jurisprudência que tem vindo a ser proferida sobre o art. 79.º LPCJP, "que vem defendendo que o acolhimento de um menor em instituição, mesmo que de forma prolongada, não é factor que determine só por si a alteração da residência nos termos e para os efeitos da determinação da competência em razão do território (cfr. a este propósito Acs. da Relação de Lisboa de 25-03-2007, processo n.º 2560/2007-8, e de 29-09-2009, processo n.º 1667/09.0YRLSB-7, e da Relação do Porto de 5-11-2001, processo n.º 0150967, e de 24/1/2012, proc. N.º 0132128, todos na Base de Dados *www.dgsi.pt*)". E sublinha, como elemento interpretativo relevante, o teor do art. 79.º/5 LPCJP (introduzido pela Lei n.º 142/2015, de 8 de setembro), ao afirmar que "a execução de medida de promoção e proteção de acolhimento não determina a alteração de residência da criança ou jovem acolhido".

Conclui, assim, que, "mantendo o menor ligação ao seu local de origem – de residência – quer em termos sociais, quer em termos familiares ou outros, assumir-se-á sempre a passagem por uma instituição como temporária", a menos "que se comprove que o menor tenha cortado todos os vínculos com o seu local de origem em termos familiares, pessoais e sociais, tendo passado a funcionar como centro da sua vida e de todas as suas preocupações atuais e futuras, nomeadamente de formação e integração social, no local onde se encontra e se situa a instituição".

No mesmo sentido foi a decisão proferida no PA n.º 13/06 da Procuradoria-Geral Distrital de Lisboa (*http://www.pgdlisboa.pt/docpgd/files/ITE%20PA%2013%2006.pdf*, consultado a 2 de abril de 2018).

4. Ver anotações aos arts. 32.º, 33.º, 35.º, 36.º e 37.º.

Rui do Carmo

ARTIGO 32.º
Momento da fixação da competência

1 – Para efeitos da presente lei, o momento da instauração do processo corresponde àquele em que for determinada a abertura de inquérito pelo Ministério Público.

2 – São irrelevantes as modificações que ocorrerem posteriormente ao momento da instauração do processo.

Momento da fixação da competência; instauração do processo

1. O n.º 1, introduzido neste artigo em 2015, determina o momento a considerar para determinar a competência territorial – o momento da abertura do inquérito pelo Ministério Público.

2. A competência territorial não se altera após aquele momento.

Não existe na LTE norma semelhante à do art. 79.º/4 LPCJP, que permite a transmissão do processo se "a criança ou o jovem mudar de residência por período superior a três meses".

Rui do Carmo

ARTIGO 33.º
Atos urgentes

A prática de atos urgentes é assegurada pelas secções de competência genérica da instância local, ainda que a respetiva comarca seja servida por secção de família e menores, nos casos em que esta se encontre sediada em diferente município.

Prática de atos urgentes

1. A redação deste artigo é de 2015, efetuado à luz da organização judiciária definida pela LOSJ.

A LTE distingue atos urgentes de processos urgentes (art. 44.º).

2. "Atos urgentes são atos que devem ser praticados num período de tempo muito curto, incompatível, no caso concreto, com a intervenção de um tribunal que está sediado noutro município (nomeadamente, por razões de emergência, de exigência concreta de proximidade e da demora e/ou indisponibilidade de deslocação do tribunal ou de qualquer sujeito ou interveniente processual, ou de dificuldade de comunicação), sob pena de grave prejuízo ou de inviabilização do fim visado. Em regra, a prática de ato urgente pela secção da instância local [*juízo* local] sem competência para os assuntos de família e menores ocorrerá a solicitação da respetiva secção especializada da instância central [*juízo de família e menores*], mas não se lhe restringe; pode ser diretamente requerida à secção da instância local [*juízo local*] a prática de ato urgente, cabendo ao juiz a avaliação dos pressupostos que legitimam a sua intervenção por ocorrer perigo na demora. Em qualquer dos casos, a tramitação posterior do respetivo procedimento, praticado o ato urgente, caberá à respetiva secção [*juízo*] de família e menores" (Carmo, Rui, "A Nova Organização do Sistema Judiciário...", *loc. cit.*, p. 16).

3. A importância desta norma tem sido referida a propósito da exigência do cumprimento do prazo de 48 horas para interrogatório do menor após a sua detenção (cfr., Silva, Júlio Barbosa e, "E se todo o mundo...", *loc. cit.*, pp. 44 e 45).

Rui do Carmo

ARTIGO 34.º
Carácter individual do processo

1 – Sem prejuízo do disposto no número seguinte, organiza-se um único processo relativamente a cada menor, ainda que lhe sejam atribuídos factos diversos ocorridos na mesma ou em diferentes comarcas.

2 – A conexão só opera em relação a processos que se encontrem simultaneamente na fase de inquérito, na fase jurisdicional ou na fase de execução.

Carácter individual do processo

1. A organização de um único processo relativamente a cada menor só não deve ocorrer quanto a processos que se encontrem em fases diferentes (n.º 2) ou quando questões de celeridade ou do interesse daquele o justifiquem (art. 36.º).

2. A razão de ser da organização de um único processo ainda que ao mesmo menor "sejam atribuídos factos diversos ocorridos na mesma ou em diferentes comarcas" é uma decorrência das finalidades e dos critérios de escolha e determinação das medidas tutelares educativas, que terão de ser adequadas e suficientes para responder às necessidades educativas do menor no momento em que é proferida a decisão (cfr. arts. 6.º e 7.º/1). O que exige um conhecimento e uma avaliação global e atual da sua conduta e inserção sociofamiliar e educativa.

3. Também nos casos em que não há conexão de processos por força do n.º 2, é importante que se reúna a informação disponível sobre o menor, para que sejam conhecidas as circunstâncias relevantes para as decisões a tomar na fase em que o processo se encontra. Pode, com este objetivo, ser solicitada e integrada no processo documentação existente nos autos que se encontrem noutra fase processual (cfr., arts. 65.º e 71.º).

4. Nos casos em que o menor tenha praticado diversos factos e seja aplicável a regra de competência territorial definida na primeira parte do art. 31.º/4 (local da prática do facto), usar-se-ão, por força do art. 128.º/1, os critérios definidos no art. 28.º CPP com as necessárias adaptações:

a) a competência é atribuída ao tribunal que deva conhecer o "crime" mais grave;

b) em caso de igual gravidade, é competente o tribunal à ordem do qual o menor esteja a cumprir medida cautelar de guarda em centro educativo;
c) tratando-se de "crimes" de igual gravidade e não estando o menor sujeito à medida cautelar de guarda em centro educativo, é competente o tribunal da área em que tiver sido encontrado.

5. Ver anotação 4 ao art. 37.º.

Rui do Carmo

ARTIGO 35.º
Conexão subjetiva

1 – Organiza-se um só processo quando vários menores tiverem cometido um ou diversos factos, em comparticipação ou reciprocamente, na mesma ocasião ou lugar, sendo uns causa ou efeito dos outros, ou destinando-se uns a continuar ou a ocultar os outros.

2 – No caso referido no número anterior é competente o tribunal da residência do maior número de menores e, em igualdade de circunstâncias, o tribunal do processo que tiver sido instaurado em primeiro lugar.

3 – É correspondentemente aplicável o disposto no n.º 2 do artigo anterior.

Carácter individual do processo; conexão subjetiva

1. As regras de conexão previstas no n.º 1 deste artigo são idênticas às estabelecidas no art. 24.º/1, c), d) e e) CPP. Justificam-nas razões de celeridade e de economia processual, permitem uma melhor avaliação da prova e acautelam a eventual disparidade de decisões proferidas em processos distintos.

2. A estas regras de competência subjetiva e mista aplica-se o disposto no n.º 2 do artigo anterior, ou seja, só são aplicáveis a "processos que se encontrem simultaneamente na fase de inquérito, na fase jurisdicional ou na fase de execução"

3. O n.º 2 deste artigo, em consonância com a regra de competência territorial do art. 31.º/1, estabelece que "é competente o tribunal da residência do maior número de menores". Nos casos em que esta regra não permite determinar a competência ou em que "falta o elemento «residência» de determinação da competência do tribunal" (RODRIGUES, Anabela Miranda/DUARTE-FONSECA, António Carlos, *ob. cit.*, pp. 124 e 125), esta é atribuída ao "tribunal do processo que tiver sido instaurado em primeiro lugar".

4. Ver anotação 4 ao art. 37.º.

RUI DO CARMO

ARTIGO 36.º
Separação de processos

A autoridade judiciária determina a separação de processos quando a celeridade do processo ou o interesse do menor o justificar.

Separação de processos

1. As regras de conexão estabelecidas nos arts. 34.º e 35.º podem não ser aplicadas ou os processos serem separados se, no caso concreto, razões de celeridade ou o interesse do menor o impuserem. Podem justificar a separação de processos, por exemplo, razões de preservação da prova, a aproximação do termo do prazo de medida cautelar, especiais necessidades de proteção do menor ou a necessidade de não protelar a ação educativa.

2. Sobre a aplicação de medidas tutelares educativas ao mesmo menor em diferentes processos, ver art. 8.º.

3. Ver anotação 4 ao art. 37.º.

RUI DO CARMO

ARTIGO 37.º
Apensação

1 – Se houver vários processos procede-se à apensação ao processo instaurado em primeiro lugar, se os menores forem irmãos, ou sujeitos à guarda de facto da mesma pessoa.

2 – Quando forem organizados vários processos relativamente ao mesmo menor, após o trânsito em julgado da decisão, os processos são apensados àquele cuja decisão tenha transitado em primeiro lugar.

Apensação de processos

1. A apensação aplica-se aos casos em que foi instaurado mais do que um processo relativamente ao mesmo menor e àqueles em que, abrangendo mais do que um menor, não se verifica uma situação de conexão prevista no art. 35.º.

2. A apensação de processos respeitantes a irmãos ou a menores sujeitos à guarda de facto da mesma pessoa tem em vista um melhor conhecimento da situação e enquadramento familiares, de grande relevância para a compreensão do facto, para a avaliação das necessidades educativos e para a escolha e determinação da(s) medida(s).

A apensação é feita ao que tiver sido instaurado em primeiro lugar e só se aplica a processos que se encontrem na mesma fase processual. Valem nestes casos as considerações feitas na anotação 3 ao art. 34.º.

3. Nos casos em que tenham sido instaurados mais do que um processo para conhecimento de factos praticados pelo mesmo menor, os processos serão apensados àquele cuja decisão primeiro transitou em julgado, mas apenas quando as respetivas decisões se tenham tornado definitivas.

4. Sintetizando o regime previsto nos arts. 34.º a 37.º:

a) *Regra*: Organiza-se *um único processo relativamente a cada menor* (art. 34.º/1).
Exceções: (1) Correm separadamente os processos que se encontrem em fase diferente (art. 34.º/2); (2) Pode haver separação de processos por decisão da autoridade judiciária por razões de celeridade ou de proteção do interesse do menor (art. 36.º).
A *competência territorial* obedece às regras definidas no art. 31.º.
Existindo *processos separados relativamente ao mesmo menor*, serão apensados àquele cuja decisão tenha primeiro transitado em julgado, à medida que as decisões finais se tornarem definitivas (art. 37.º/2).

b) Quando *vários menores tiverem cometido um ou diversos factos*, em comparticipação ou reciprocamente, na mesma ocasião ou lugar, sendo uns causa ou efeito dos outros, ou destinando-se uns a continuar ou a ocultar os outros – *organiza-se um só processo, não operando a conexão relativamente a processos que estejam em diferentes fases* (art. 35.º/1 e 3).

A *competência territorial*, nestes casos, está definida no art. 35.º/2.

c) São apensados os *processos respeitantes a irmãos ou a menores sujeitos à guarda de facto da mesma pessoa* (art. 37.º/1), quando se encontrarem na mesma fase processual.

A apensação ocorre no processo que tenha sido instaurado em primeiro lugar.

Rui do Carmo

ARTIGO 38.º
Tribunal competente para a execução

A execução das medidas tutelares, incluída a revisão, compete ao tribunal que as aplicou.

Execução das medidas tutelares; tribunal competente

Sobre a execução das medidas, vejam-se o art. 39.º e o Título V (Da execução das medidas – arts. 129.º a 209.º).

Rui do Carmo

ARTIGO 39.º
Execução

1 – A execução das medidas tutelares corre nos próprios autos, perante o juiz da secção de família e menores ou constituída como tal.

2 – Compete ao juiz:

a) Tomar as decisões necessárias à execução efetiva das medidas tutelares aplicadas;

b) Ordenar os procedimentos que considere adequados face a ocorrências que comprometam a execução e que sejam levadas ao seu conhecimento;

c) Homologar os projetos educativos pessoais dos menores em acompanhamento educativo ou internados;

d) Decidir sobre a revisão da medida tutelar aplicada;

e) Acompanhar a evolução do processo educativo do menor através dos relatórios de execução das medidas;

f) Decidir sobre os recursos interpostos relativamente à execução das medidas tutelares a que se refere o artigo 134.º;

g) Decidir sobre os pedidos e queixas apresentados sobre quaisquer circunstâncias da execução das medidas suscetíveis de pôr em causa os direitos dos menores;
h) Realizar visitas aos centros educativos e contactar com os menores internados.

Execução das medidas

1. A execução das medidas tutelares educativas corre no próprio processo, perante o juiz que tomou a decisão.

2. Este artigo assume a judicialização da execução das medidas tutelares educativas. É ao juiz que compete determinar "a entidade encarregada de acompanhar e assegurar a execução da medida aplicada, exceto se estiver definida na lei (art. 130.º), como acontece com a medida de internamento em centro educativo, cuja execução é assegurada e acompanhada pela DGRSP (cf. art. 150.º e seguintes).

3. As funções atribuídas ao juiz no decurso da execução da medida, elencadas no n.º 2 deste artigo, visam:

a) Controlar e assegurar a execução da decisão judicial, verificar se os fins educativos estão a ser alcançados e tomar as decisões necessárias para que o sejam de forma adequada e suficiente [als. a) a e)];
b) Proteger os direitos e garantias do menor sujeito a medida tutelar educativa [als. f) e g)];
c) O conhecimento e o acompanhamento da realidade do internamento em centro educativo e da implementação do plano educativo pessoal [al. h)].

Rui do Carmo

CAPÍTULO II
Ministério Público

ARTIGO 40.º
Competência

1 – Compete ao Ministério Público:
a) Dirigir o inquérito;

b) Promover as diligências que tiver por convenientes e recorrer, na defesa da lei e no interesse do menor;

c) Promover a execução das medidas tutelares e das custas e demais quantias devidas ao Estado;

d) Dar obrigatoriamente parecer sobre recursos, pedidos e queixas interpostos ou apresentados nos termos da lei;

e) Dar obrigatoriamente parecer sobre o projeto educativo pessoal de menor em acompanhamento educativo ou internado em Centro Educativo;

f) Realizar visitas a centros educativos e contactar com os menores internados.

2 – É correspondentemente aplicável o disposto nos artigos 31.º e 33.º.

Competência do Ministério Público

1. Este artigo define as competências do MP no âmbito do procedimento tutelar educativo: competências de direção e execução da investigação, de exercício exclusivo da ação tutelar educativa, de promoção processual e de fiscalização das decisões judiciais, em defesa da lei e do superior interesse do menor.

Estas competências têm o seu fundamento nas atribuições constitucionais do MP de defesa da legalidade democrática e dos interesses que a lei determinar (art. 219.º/1 CRP), que são reafirmadas no art. 1.º do seu Estatuto (Lei n.º 47/86, de 15 de outubro, cuja mais recente alteração foi introduzida pela Lei n.º 114/2017, de 29/12), atribuindo-lhe o art. 3º/1, a), expressamente, a representação dos incapazes.

2. As competências do MP no âmbito do inquérito estão concretizadas nos arts. 72.º a 91.º, para cujas anotações se remete.

3. A defesa do superior interesse do menor informa toda a intervenção do MP, que é exigida pela lei nos momentos relevantes do processo tutelar educativo nas suas diferentes fases.

Três notas caracterizadoras dessa intervenção: (a) a alínea b) do n.º 1 afirma agir o MP "na defesa da lei e no interesse do menor"; (b) o exercício da ação tutelar educativa, em coerência com as finalidades (art. 2.º/1.) e com os critérios para fixação das medidas (arts. 6.º/3 e 7.º/1), só é legítima se defender e promover o interesse superior do menor, respondendo às suas necessidades educativas (cfr. anotação 2 do art. 90.º);

(c) o art. 43.º atribui ao MP a obrigação de desencadear, no decurso do processo tutelar educativo e "nomeadamente em caso de arquivamento", as iniciativas tutelares cíveis e de proteção que se mostrem necessárias à afirmação daquele interesse.

4. As visitas aos centros educativos e o contacto com os menores internados é uma obrigação do magistrado do MP, sendo direitos dos menores internados o contacto em privado com este, a quem podem formular pedidos, queixas ou reclamações [art. 171.º/3, j) e o)].

Estas visitas e contactos são importantes para um melhor conhecimento da realidade dos jovens internados, para uma maior e melhor informação sobre a evolução da execução da medida, e para que o menor internado possa ter um acesso mais facilitado ao MP para o exercício dos seus direitos, para a procura de esclarecimentos sobre a sua situação ou para a formulação de pretensões, seja quanto a aspetos da sua permanência no centro educativo, seja sobre outras questões do seu processo, seja sobre a situação familiar ou o regresso à liberdade.

Podem ser uma importante fonte de informação que desencadeie iniciativas de intervenção no próprio processo tutelar educativo em que a medida está a ser executada ou a instauração de outros procedimentos necessários à defesa do superior interesse do menor.

5. Aplicam-se ao MP as regras sobre competência territorial que constam dos arts. 31.º a 33.º.

Rui do Carmo

TÍTULO IV
Do processo tutelar

CAPÍTULO I
Princípios gerais

ARTIGO 41.º
Sigilo

1 – O processo tutelar é secreto até ao despacho que designar data para a audiência prévia ou para a audiência, se aquela não tiver lugar.

2 – A publicidade do processo faz-se com respeito pela personalidade do menor e pela sua vida privada, devendo, na medida do possível, preservar a sua identidade.

Segredo de justiça e publicidade

1. O art. 41.º não sofreu grandes alterações com a Lei n.º 4/2015, de 15 de janeiro, mantendo quase integralmente a redação que resultava da sua primitiva versão (Lei n.º 166/99, de 14 de setembro). Com efeito, apenas se alterou a terminologia usada no n.º 1, referindo-se agora à audiência prévia (em vez da denominada anteriormente audiência preliminar).

2. O processo tutelar educativo está sujeito a segredo de justiça até ao despacho que designa dia para a audiência prévia ou para a audiência (art. 41.º/1).

3. A exceção ao princípio da publicidade assenta na proteção do interesse do jovem, nomeadamente, prevalecente relativamente a outros interesses fundamentais, nomeadamente os relacionados com a transparência e a democraticidade na administração da justiça.

4. A partir do despacho que designa dia para a audiência prévia ou para a audiência, vigora o princípio da publicidade (art. 41.º/1; cfr. também arts. 93.º/1, c) e 116.º/1), devendo, contudo, respeitar-se a personalidade do menor e a sua vida privada, e, na medida do possível, preservar a sua identidade (art. 45.º/1 e 2).

5. A publicidade do processo implica a assistência, pelo público em geral, à realização atos processuais; a narração dos atos processuais, ou reprodução dos seus termos, pelos meios de comunicação social; e a consulta do auto e obtenção de cópias, extratos e certidões de quaisquer partes dele (cfr. art. 86.º/6 CPP, *ex vi* 128.º/1).

6. Não obstante, pode o Tribunal determinar a existência de restrições ou de exclusão da publicidade da audiência prévia (ou da audiência), oficiosamente ou mediante requerimento, para salvaguarda da dignidade das pessoas e da moral pública ou para garantir o normal funcionamento do tribunal (nomeadamente nas situações em que a presença do público é suscetível de afetar psíquica ou psicologicamente o menor ou a genuinidade das provas) – art 97.º/ 1 e 2 e 120.º. Além disso, pode igualmente o Tribunal proibir, oficiosamente ou mediante requerimento, a narração ou a reprodução de certos atos ou peças do processo, bem como a divulgação da identidade do menor, por parte da comunicação social, sob cominação do crime de desobediência (art. 97.º/3).

7. A leitura da decisão é sempre pública, mesmo nos casos em que há restrição ou exclusão da publicidade (art. 97.º/4).

8. Relativamente à comunicação social, cfr., ainda, o disposto no art. 176.º, no que diz respeito à situação dos jovens internados em centros educativos.

9. Constitui nulidade insanável a realização de audiência (prévia ou "final"), com exclusão de publicidade, fora das circunstâncias prevista neste normativo (art. 321.º/1 CPP, *ex vi* art. 128.º CPP).

MARGARIDA SANTOS

ARTIGO 42.º
Mediação

1 – Para realização das finalidades do processo, e com os efeitos previstos na presente lei, a autoridade judiciária pode determinar a cooperação de entidades públicas ou privadas de mediação.

2 – A mediação tem lugar por iniciativa da autoridade judiciária, do menor, seus pais, representante legal, pessoa que tenha a sua guarda de facto ou defensor.

1. Enquadramento jurídico

Em matéria de mediação em geral e também com incidência nas crianças e jovens, deve salientar-se um conjunto de instrumentos jurídicos internacionais e regionais (entre outros): a) *Regras Mínimas das Nações Unidas para a Administração da Justiça de Jovens* (Regras de Bejing), adotadas pela Assembleia Geral das Nações Unidas na sua resolução 40/33, de 29 de novembro de 1985, de que se destaca a regra 1.3 ("Será prestada suficiente atenção à adopção de medidas positivas que impliquem a plena mobilização de todos os recursos possíveis, incluindo a família, os voluntários e outros grupos da comunidade, bem como as escolas e outras instituições comunitárias, a fim de promover o bem-estar do jovem, com vista a reduzir a necessidade de intervenção nos termos da lei, e tratar de forma eficaz, justa e humana o jovem em conflito com a lei"); b) *Declaração de Viena sobre Crime e Justiça, das Nações Unidas, adotada pela Assembleia Geral em 17 de janeiro de 2001*, que reforça a necessidade de se intensificar a justiça alternativa, nomeadamente a mediação e a justiça restaurativa, nos pontos 27 e 28; c) *Recomendação n.º R(87) do Comité de Ministros do Conselho da Europa sobre o apoio à vítima e a prevenção da vitimação, de 17 de setembro de 1987*, que "recomenda aos Governos dos Estados-Membros que incentivem experiências de mediação, a nível nacional ou local, entre o ofensor e a vítima, e avaliem os seus resultados, com especial referência à medida em que são defendidos os interesses da vítima"; d) *Resolução 1999/26 do Comité Económico e Social das Nações Unidas, de 28 de Julho de 1999*, relativa ao desenvolvimento e à execução de medidas de mediação e justiça reparadora no direito Penal, exorta os Estados, as organizações internacionais e outras entidades a trocar informações e experiências em matéria de mediação e justiça reparadora; e) *Comunicação da Comissão ao Parlamento Europeu, ao Conselho e ao Comité Económico e Social, de 14 de julho de 1999, sobre "As vítimas da criminalidade na União Europeia – Reflexão sobre as normas e medidas a adoptar"*, que afirma que a mediação vítima-infrator pode constituir uma solução alternativa para processos penais morosos e desencorajadores, no interesse das vítimas, possibilitando a reparação de danos ou a recuperação de bens perdidos fora de uma ação penal normal; f) *Recomendação n.º R(99) 19 do Comité de Ministros do Conselho da Europa, relativa à mediação em matéria penal*, que estabelece princípios a que os Estados-Membros devem atender ao desenvolver a mediação em matéria penal; g) *Conselho Europeu de Tampere, de 15 e 16 de outubro de 1999*, que afirma, no ponto 30 das suas Conclusões, que os Estados-Membros devem criar procedimentos alternativos extrajudiciais; h) *Resolução 2000/14 do Conselho Económico e Social das Nações Unidas, de 27 de julho de 2000*, relativa aos princípios básicos para o uso de programas de justiça reparadora em matéria penal, que exorta os Estados a prosseguir o intercâmbio de informações e experiências sobre a mediação e a justiça reparadora; i) *Decisão-Quadro 2001/220/JAI do Conselho, de 15 de março de 2001, relativa ao estatuto da vítima em processo penal*, que, no art. 10.º, determina "que os Estados-Membros devem procurar promover a mediação nos processos penais por infracções para as quais considerem adequadas este tipo de medidas e garantir que possam ser tomadas em consideração quaisquer acordos entre a vítima e o autor da infracção que sejam obtidos através dessa mediação em processos penais"; j) *Diretrizes do Comité de Ministros do Conselho da Europa sobre a Justiça Adaptada às Crianças*, onde na Parte IV, B, se estabelece sobre a justiça adaptada às crianças antes do processo judicial, e se incentiva a utilização de meios de mediação. Sobre os instrumentos regionais e suas implicações na criação de outros instrumentos, veja-se ainda a exposição de considerandos da *Iniciativa do Reino da Bélgica tendo em vista a aprovação da decisão do Conselho que cria uma rede europeia de pontos de contacto nacionais para a justiça reparadora, in https://eur-lex.europa.eu/legal-content/PT/TXT/?uri=CELEX%3A52002IG1008%2801%29*, consultado a 2 de abril de 2018. Veja-se ainda, sobre alguns destes instrumentos e seu impacto no direito interno português, Silva, Júlio, *Lei Tutelar Educativa Comentada..., ob. cit.*, pp. 143 e segs.

A nível nacional, ainda que não seja de enquadramento, é de ter em conta o Programa de Mediação e Reparação dos Serviços de Reinserção Social, elaborado na base da Recomendação N.º R (99) 19 sobre Mediação em matéria penal, aprovada pelo Conselho da Europa, em 15 de setembro, *in http://www.dgrs.mj.pt/c/portal/layout?p_l_id=PUB.1001.37*, consultado a 2 de abril de 2018, como programa de concretização desta norma.

2. A mediação no contexto da LTE

O art. 42.º constitui, no contexto da LTE, uma norma geral em que se institui e regula a mediação no processo tutelar educativo. Outras normas, como veremos, referem-na, pressupondo-a. Tal como está aqui prevista, de um modo minimalista, falta-lhe densificação, não se sabendo ao certo quando pode a mediação ter lugar, qual o procedimento concreto a adotar, entre outras questões. Tudo levado à conta de uma certa dificuldade e ausência de aplicação da mediação no âmbito da justiça juvenil – disso nos dá nota Faria, Paula, "Justiça restaurativa em contexto juvenil", *in* AAVV, *Estudos Comemorativos dos 20 Anos da FDUP*, Vol. II, Coimbra, Almedina, 2017, p. 422. Ainda que possa presumir-se que deva ser informal e flexível, a verdade é que não pode deixar de se concordar que "seria conveniente estabelecer regras precisas acerca dos critérios de seleção dos casos, dos menores e das vítimas a abranger pela mediação" (cfr., Faria, Paula, *ob. cit.*, p. 431), entre outras tarefas, para que a mediação venha a ser bem sucedida, como deve.

Ainda assim, em concreto, existem duas situações previstas nesta LTE que preveem a mediação: a do art. 84.º/3, no contexto da suspensão, enquanto solução de diversão; a do art. 104.º/3, b), no âmbito da audiência prévia, imposta pelo juiz. A elas dedicaremos maior atenção adiante.

E poderá ocorrer em outros momentos do processo? A resposta só pode ser afirmativa, embora o legislador não tenha determinado esses momentos nem, bem vistas as coisas, essa possibilidade. Mas, por exemplo, se atendermos ao Programa de Mediação e Reparação dos Serviços de Reinserção Social (*supra*), este programa contempla a possibilidade de mediação nas duas fases do processo tutelar (inquérito e audiência prévia). Entrando em detalhes, e tentando estabelecer uma ligação com a LTE – como faz Silva, Júlio, *Lei Tutelar Educativa Comentada..., ob. cit.*, p. 143) –, aquele PMR prevê na fase de inquérito, além da mediação como apoio à elaboração do plano de conduta, com vista à suspensão do processo (art. 84.º/3), a mediação vítima-jovem infrator, "que pode resultar no arquivamento do processo por desnecessidade de aplicação de medida tutelar (cfr. artigo 87.º, n.º 1, alínea, c) da LTE)"; para a fase jurisdicional, de modo idêntico, além da mediação para a aplicação de medida tutelar educativa não institucional (art. 104.º/3 e 4), também se prevê a mediação vítima-jovem infrator, "que pode resultar no arquivamento do processo por desnecessidade de aplicação de medida tutelar (cfr. artigo 93.º, n.º 1, alínea b) da LTE)". Ora, são, portanto, quatro hipóteses distintas para diferentes momentos, isto sem contarmos ainda outras duas posteriores à aplicação da medida que, segundo o PMR, consistiria no apoio à execução do acordo de mediação ou plano de conduta ou a mediação vítima-jovem com vista à aplicação de uma medida tutelar de reparação ao ofendido. A verdade é que, nem o art. 87.º/1, c), nem o art. 93.º/1, b), preveem expressamente a utilização da mediação para o arquivamento do processo. E, contudo, não pode dizer-se que essa possibilidade seja inviável, face ao teor do art. 42.º

Em suma, o art. 42.º, ao não prever exatamente quando e de que modo pode haver mediação, acaba por admitir, para benefício do jovem infrator e, em alguns casos, da vítima, o uso da mediação para lá dos casos expressamente previstos nos arts. 84.º/3, e 104.º/3 e 4 LTE. Melhor teria sido, no entanto, que o legislador tivesse sido mais claro na definição dos espaços e dos requisitos de possível mediação no processo tutelar.

3. As finalidades do processo

O que são as "finalidades do processo": são as finalidades do processo de mediação ou são as finalidades das medidas tutelares educativas?

Não podem ser as finalidades do processo de mediação por duas razões: à uma, porque o legislador nunca indica que finalidades seriam essas; à outra, porque se fossem essas, este primeiro segmento seria inconclusivo – é como se dissesse: "para realização das finalidades do processo de mediação (...) pode haver mediação". Para se tratar de finalidades do processo de mediação, teríamos de ao menos ter uma norma que disciplinasse esse processo e que, de algum modo, se referisse às suas finalidades. Para encurtar argumentos, é evidente que com o "processo" o legislador quis referir-se ao processo tutelar. Por isso, só podem ser as finalidades das medidas educativas.

Também não vale a pena procurarmos por finalidades específicas do *processo* tutelar, porque o legislador não sentiu necessidade de autonomizar, do ponto de vista teleológico, o processo das próprias medidas. Normalmente, em direito penal e direito processual penal não existe total coincidência de finalidades. Fazendo um paralelo com o direito penal, como é consabido, há uma distinção entre finalidades do processo penal – promoção e proteção dos direitos fundamentais, descoberta da verdade e realização da justiça e o restabelecimento da paz jurídica – e finalidades do direito penal – prevenção geral ou de integração e prevenção especial ou de reintegração – que se dirigem à realização da função jurídico-penal de proteção subsidiária de bens jurídicos, com vista à livre realização da pessoa humana. Mas na aplicação de medidas tutelares educativas não existe qualquer distinção entre finalidades do processo educativo e finalidades das medidas educativas.

E, portanto, somos remetidos para o art. 2.º LTE que nos diz que "[a]s medidas tutelares educativas (...) visam a educação do menor para o direito e a sua inserção, de forma digna e responsável, na vida em comunidade". As finalidades das medidas educativas são as que relevam no processo de aplicação dessas mesmas medidas. E, portanto, as finalidades que o art. 42.º impõe que sejam alcançadas com a mediação são as finalidades das medidas educativas, ou seja, com estas cumpre-se "funções educativas" (nesse sentido, Faria, Paula, *ob. cit.*, p. 427).

Esta conclusão não pode ser alcançada sem uma observação crítica. Convém não esquecer que a mediação é uma das modalidades de diversão do sistema penal ou para-penal. Os chamados *Victim-Offender Mediation Programs* são normalmente soluções que se inscrevem no âmbito da justiça restaurativa (nesse sentido e em referência ao art. 42.º, veja-se Rodrigues, Anabela Miranda/Duarte-Fonseca, António Carlos, *ob. cit.*, p. 136; igualmente, Robalo, Teresa, "Dois modelos de justiça restaurativa: a mediação penal (adultos) e os *Family Group Conferences* (menores e jovens adultos)", *Revista Portuguesa de Ciência Criminal*, Ano 22, n.º 1, janeiro-março 2012, especialmente, pp. 110 e segs). Esta forma alternativa e às vezes complementar de resolução de conflitos de natureza penal tanto se aplica aos adultos como às crianças e jovens. As suas finalidades são conhecidas: reconciliação entre agente do facto e vítima e/ou a comunidade; reparação; reintegração do agente; restauração dos interesses da vítima; restabelecimento da paz social, e não apenas da paz jurídica (cfr., Monte, Mário Ferreira, "Diritto penale riparativo", *Criminalia. Annuario di Scienze Penalistiche*, 2013, pp. 32 e segs). A prossecução destas finalidades implica uma opção política virada para a resolução de concretos problemas, sem atender necessariamente às tradicionais finalidades preventivas (ou retributivas, quando for o caso) do sistema penal. Por isso, para o processo tutelar, uma opção pela mediação deveria significar uma predisposição para abraçar as finalidades que a mediação entre ofensor e vítima potenciam, que são finalidades restaurativas, de cariz reparador – sobre a preferência pela ideia de justiça restaurativa no âmbito da lei tutelar educativa, como corolário das normas internacionais, veja-se, por todos, Silva, Júlio, *Lei Tutelar Educativa Comentada...*, *ob. cit.*, p. 143. Mas, nos termos desta Lei, não é necessariamente assim. As finalidades da mediação serão sempre (e, às vezes, só) "a educação do menor para o direito e a sua inserção, de forma responsável, na vida em comunidade". Excluídas ficam assim finalidades essencialmente restaurativas (assim, Faria, Paula, *ob. cit.*, p. 428), nomeadamente dirigidas à satisfação das vítimas, que muitas vezes, também são jovens, entre outras.

O que, tudo ponderado, não deixa de ser estranho que no art. 11.º se preveja a reparação como uma das medidas tutelares educativas, quando esta, afinal, tal como está regulada, é claramente uma das dimensões mais relevantes da justiça restaurativa. Nesse sentido, e sublinhando as três dimensões da "reparação do ofendido", previstas na LTE, quais sejam, a apresentação de desculpas ao ofendido, a compensação económica ao ofendido, no todo ou em parte, pelo dano patrimonial causado e o exercício, em benefício do ofendido, de uma atividade que se conexione com o dano, veja-se Robalo, Teresa, *loc. cit.*, p. 115. Tudo modalidades de justiça restaurativa, como sublinha a Autora (p. 117). E, contudo, duas notas críticas não podem deixar de ser aqui apontadas: uma, para acompanhar ROBALO, Teresa, *loc. cit.*, p. 116 (que invoca Anabela Miranda Rodrigues e Carlos Duarte-Fonseca), no sentido de que a reparação do ofendido (a Autora refere-se ao pedido de desculpas, mas a ideia vale para as outras hipóteses), não envolvendo voluntariedade (assim, também, FARIA, Paula, *ob. cit.*, p. 425), nem a participação da vítima, não é perfeitamente restaurativa; a outra para, na sequência daquela, dizer que uma melhor regulamentação da mediação poderia ser aqui uma via para uma resolução restaurativa do conflito com apoio na reparação como "sanção" educativa autónoma, pois que a reparação do ofendido não acontece num processo de mediação, mas é imposta (em idêntico sentido, ROBALO, Teresa, *loc. cit.*, p. 116). Mais estranho ainda será se considerarmos que a reparação pode ser uma das soluções da mediação quando esta for a via a seguir nos termos do art. 84.º/3, ou do art. 104.º/3, b). Mas aqui cabem duas objeções: uma, para enfatizar que estas duas soluções não podem considerar-se verdadeiramente restaurativas, porque, entre outras razões, ora falta a vítima, ora a voluntariedade – sobre isto, veja-se ROBALO, Teresa, *loc. cit.*, p. 120; outra, para lembrar que o art. 42.º nada nos refere sobre a possibilidade de se recorrer à reparação como sanção autónoma e própria da mediação, de tipo restaurativo. Por isso, a reparação só pode ser uma finalidade da mediação quando esta for utilizada em uma situação concreta – no art. 84.º/3, se considerarmos que as hipóteses previstas para o plano de conduta, nos termos do n.º 4, são de tipo reparador – e não necessariamente no art. 104.º/3, b), nem muito menos em geral.

Sendo a reparação uma das finalidades da justiça restaurativa (juvenil), não pode a mediação, que é uma solução restaurativa, deixar de ser ao menos experimentada nos casos em que existe a possibilidade de o conflito terminar com essa medida. Claro que, ao dizermos isto, não estamos a dizer mais: nem que a reparação é uma medida típica dos processos de mediação; nem que a mediação deve terminar com a aplicação da reparação.

Do mesmo modo, não pode esquecer-se que o art. 84.º/3 prevê o processo de suspensão do processo. Tanto a mediação como a suspensão do processo são formas diversas de solucionar o caso. Por isso, pergunta-se: faz sentido que coexistam? E, em caso afirmativo, como se articulam?

Quanto à primeira pergunta, a resposta é afirmativa. Isso é o que também sucede no processo penal. O facto de existir suspensão provisória do processo penal, não impede que se possa tentar a mediação penal de adultos nos casos em que isso seja possível. Porém, aí, esse processo decorre autonomamente do processo penal, sendo o seu resultado repercutido no processo penal. Na LTE isso não está previsto. A mediação, nesta sede, é o modo assumido para a elaboração do plano de conduta. E, portanto, é uma parte do próprio procedimento de suspensão do processo.

Em suma, nos termos desta Lei, o que a mediação em geral deve procurar é simplesmente realizar as finalidades das medidas educativas, porque foi isso que o legislador determinou. O que, todavia, não impede que, no processo de mediação, o art. 11.º se ofereça como uma solução concreta do conflito, não porque o legislador o tenha dito, mas porque essa hipótese não está excluída. Nesse caso, a finalidade reparadora passa a ser uma das finalidades a atingir pela mediação. E, finalmente, quando realizada no contexto da suspensão do processo, nos termos do art. 84.º/3, ou nos termos do art. 104.º/3 e 4, a mediação também *poderá* ter finalidades reparadoras.

4. Os efeitos previstos na LTE

Quanto aos "efeitos previstos na presente lei" (art. 42.º/1), parece-nos que o legislador está, em primeiro lugar, a referir-se aos efeitos das medidas educativas, porque não estando nesta lei regulado o processo de mediação, não poderiam estes efeitos assestar-se a um pretenso processo de mediação. Cremos que, para além dos efeitos que a cada medida educativa possa vincular-se – não sendo aqui a sede para fazer o seu tratamento –, os efeitos gerais serão os que se resumem à resolução do conflito. E, portanto, com a cooperação de entidades públicas ou privadas de mediação pretende-se atingir algumas finalidades – a educação do menor para o direito e a sua inserção, de forma digna e responsável, na vida em comunidade –, um efeito geral – o da resolução do conflito – e outro consequencial – o da celeridade processual (próprio da mediação). Naturalmente que se atendermos a cada uma das medidas educativas, seremos capazes de identificar efeitos específicos. Por exemplo, a reparação do ofendido, além da resolução do conflito, também terá o efeito de permitir o arrependimento do agente, a reconciliação, a restauração e satisfação moral da vítima. Mas, como se disse já, o estudo de tais efeitos específicos extravasa o âmbito deste comentário.

Quanto aos dois casos em que concretamente a LTE prevê a utilização da mediação, os efeitos serão os da suspensão do processo e, uma vez cumprido o plano de conduta, os que resultarem das medidas deste plano, no caso do art. 84.º/3, e o da concordância, no caso do art. 104.º/3, b).

5. A autoridade judiciária decisória

A autoridade judiciária a que alude o art. 42.º/1 depende da fase em que a mediação ocorra. Se a mediação suceder na fase inicial do processo, a entidade judiciária a que se refere esta norma será o Ministério Público. Se ela tiver lugar na fase de audiência, a entidade judiciária será o juiz. Cremos que esta solução é a que melhor se adequa à opção do legislador, de prever aqui a atuação da "entidade judiciária" e não do Ministério Público ou do juiz.

Em concreto, no entanto, dado que há dois momentos relativamente aos quais a LTE prevê a possibilidade de mediação, no caso do art. 84.º/3, a entidade judiciária a decidir será o Ministério Público, e no caso do art. 104.º/3, b), será decidida pelo juiz. Sobre as duas hipóteses, veremos mais pormenores adiante quando analisarmos o poder de iniciativa dos vários intervenientes.

6. Cooperação de entidades públicas ou privadas de mediação

A lei não especifica que entidades públicas e privadas de mediação é que poderão cooperar. E, portanto, não havendo qualquer indicação, podemos afirmar que dependerá sempre da autoridade judiciária a escolha das entidades que o poderão fazer em concreto. Também se não regula o procedimento para essa escolha nem o regime que lhes é aplicado – trata-se de uma lista pré-definida, trata-se de uma cooperação gratuita ou remunerada, e, nesta hipótese, em que termos? Dado o total vazio legal, naturalmente que esta norma já devia ter sido objeto de regulamentação. Enquanto isso não sucede, podemos apenas alvitrar que, a decorrerem processos de mediação ao abrigo do art. 42.º, serão seguramente em regime de voluntariado e de acordo com os conhecimentos que tais entidades tenham e que, casuisticamente, vão pondo ao serviço desse propósito. O que, como é óbvio, não é a melhor opção. Sujeitar a solução de conflito ao improviso e ao casuísmo do momento é algo que se deve evitar. A intervirem entidades públicas ou privadas, como é óbvio, deveriam os seus agentes possuir conhecimentos de mediação, especialmente vocacionada para a criminalidade juvenil. O facto de o art. 42.º acrescentar o designativo "mediação" para qualificar as entidades, não altera esta advertência. Entidades de mediação não implica que o sejam especialmente vocacionadas para tratar de conflitos penais juvenis. E, como é óbvio, este tipo de conflitos exige uma abordagem adequada. Por isso, um pouco à semelhança da Lei de mediação penal de adultos, também aqui faria sentido uma regulamentação a exigir uma formação de mediadores (ainda que no âmbito de entidades públicas ou privadas) para o exercício da mediação juvenil.

Deve, no entanto, salientar-se o Programa de Mediação e Reparação dos Serviços de Reinserção Social, a que já fizemos referência. Este Programa, que "assenta em princípios e orientações constantes em importantes instrumentos jurídicos internacionais, de que se destaca a Recomendação N.º R (99) 19 sobre Mediação em matéria penal, aprovada pelo Conselho da Europa, em 15 de setembro", visa proporcionar "apoio ao jovem para que este encontre soluções, reparadoras ou outras, incrementando o seu sentido de responsabilidade, o seu envolvimento genuíno nos compromissos que, com o apoio do IRS, venha a assumir e a sua disposição a não praticar no futuro factos qualificados como crime". À míngua de soluções regulamentadas na base da LTE, esta iniciativa de algum modo oferece-se como uma solução pioneira e interessante para concretização da norma do art. 42.º.

7. A mediação no âmbito tutelar educativo: âmbito, alcance e requisitos

Esta questão atira-nos desde logo para o nó górdio desta matéria: o que é a mediação no âmbito tutelar educativo e como deve realizar-se. Não há qualquer resposta legal a esta questão. O legislador pautou-se por nada de relevante dizer. E, não estando devidamente regulamentada, como já deveria estar, não se percebe o que será e como poderá a ela recorrer-se, fora dos casos dos arts. 84.º/3 e 104.º/3, b), bem como nestes casos, em termos exclusivamente procedimentais – nesse sentido, Robalo, Teresa, *loc. cit.*, p. 121.

Além da inspiração que o Programa de Mediação e Reparação dos Serviços de Reinserção Social trouxe, resta-nos olhar para práticas institucionalizadas mais próximas. Topamos com duas: uma, na área penal, que é o Sistema de Mediação Penal (SMP) para adultos, previsto na Lei n.º 20/2007, de 12 de junho (*http://www.dgpj.mj.pt/sections/gral/mediacao-publica/sistema-de-mediacao7982*, consultado a 2 de abril de 2018); outra, na área familiar, que é o Sistema de Mediação Familiar (SMF), criado pelo Despacho n.º 18778/2007, de 13 de julho (*http://www.dgpj.mj.pt/sections/gral/mediacao-publica/sistema-de-mediacao*, consultado a 2 de abril de 2018). Ambos, no entanto, têm um âmbito de aplicação muito diferente do que está pressuposto na LTE. O que têm de comum – e por isso os referimos – é o facto de terem a mediação como base de resolução de conflitos e de tais conflitos serem de natureza penal e/ou familiar, em muitos aspetos tangentes dos conflitos que estão na mira da LTE. Mas as semelhanças ficam-se por aqui. Não seriam a resposta adequada aos desafios que a delinquência juvenil implica. Mas podem servir de inspiração para a construção de um sistema de mediação juvenil, como de algum modo o Programa de Mediação e Reparação procurou criar.

8. A iniciativa da mediação

A mediação tem lugar por iniciativa da autoridade judiciária, do menor, seus pais, representante legal, pessoa que tenha a sua guarda de facto ou defensor.

O art. 42.º nada nos diz sobre o momento em que pode ter lugar a mediação. Nada dizendo, significa que, em princípio, a mediação poderá ocorrer em qualquer fase do processo. Nada existe que obste a uma tal hipótese. Naturalmente que haverá ganhos substanciais se ela ocorrer logo no início do processo. Estabelecendo um paralelo com a mediação penal de adultos é isso que estaria previsto. Mas se essa pode ser a regra, nada impede – pelo contrário – que se recorra à mediação mesmo na fase de audiência.

Há quem entenda que isso pode suceder, por exemplo, se a entidade judiciária acreditar que há razões para arquivar o processo, socorrendo-se previamente da mediação – nesse sentido, o Programa de Mediação e Reparação dos Serviços de Reinserção Social alude à "mediação vítima-jovem infrator", ao abrigo do art. 87.º/1, c) ou do art. 93.º/1, b).

Além destas duas hipóteses, como já se foi antecipando, outras duas aludem expressamente à mediação: uma, no art. 84.º/3 – "O Ministério Público pode solicitar aos serviços de reinserção social ou aos serviços de mediação a elaboração do plano de conduta" –, como parte do instituto da suspensão do processo; outra, no art. 104.º/3, b) – "Não sendo obtido consenso, o juiz pode: b) Determinar a intervenção de serviços de mediação e suspender a audiência por prazo não superior a 30 dias" –, como parte da audiência prévia. Concordando com RODRIGUES,

Anabela Miranda/Duarte-Fonseca, António Carlos, *ob. cit.*, p. 137, aquela primeira solução, voluntária, insere-se no "contexto da *diversão*", ao passo que a segunda "surge num contexto de *coactividade* que o processo significa".

Se a entidade que decide sujeitar o processo a medição é o Ministério Público ou o juiz, consoante a fase processual, a iniciativa de requerer ou propor a mediação já pertence a um conjunto mais vasto de pessoas: a autoridade judiciária, que será o MP ou o juiz, consoante a fase em que ela é promovida, o próprio menor, os seus pais, o representante legal do menor, a pessoa que tenha o menor à sua guarda de facto ou o defensor.

Mas aqui importa fazer duas precisões. Em primeiro, embora o art. 42.º/2, diga que a "mediação tem lugar por iniciativa da autoridade judiciária, do menor, seus pais, representante legal, pessoa que tenha a sua guarda de facto ou defensor", a verdade é que, nos termos do art. 84.º/3, é o Ministério Público que toma a iniciativa de promover a suspensão do processo e de, no seu âmbito, fazer acontecer a mediação. E, ocorrendo esta, para a elaboração do plano de conduta, nos termos do n.º 2 daquela norma, os "pais, o representante legal ou quem tiver a guarda de facto do menor são ouvidos" sobre esse plano. Portanto, a entidade judiciária a que se refere o art. 42.º/2, é para a mediação no contexto da suspensão do processo o Ministério Público, ao passo que ouvidos são apenas os pais, o representante legal ou quem tenha a guarda de facto. É neste sentido que deve ser concretizada a norma do art. 42.º/2. Depois, quando a mediação deve ocorrer na audiência prévia, por força do art. 104.º/3, b), a entidade judiciária em questão é o juiz, porque é este que preside à audiência prévia. E aqui, sim, no silêncio desta norma, aplicando-se o regime do art. 42.º/2, a mediação, ocorrendo por decisão do juiz, pode ter lugar por iniciativa do Ministério Público, do menor, seus pais, representante legal, pessoa que tenha a sua guarda de facto ou defensor. Em sentido concordante, veja-se Rodrigues, Anabela Miranda/Duarte-Fonseca, António Carlos, *ob. cit.*, p. 139.

As pessoas referenciadas no art. 42.º/2, além da entidade judiciária, são as que de algum modo estão ligadas ao menor e/ou ao conflito e que podem/devem compreender melhor as necessidades específicas do caso. Porém, a nosso ver, falta a alusão à vítima. Se se trata de mediação, é no mínimo estranho que se ignore a vítima como uma das pessoas que poderia ter a iniciativa de propor a mediação. Uma das finalidades da mediação, num conflito penal, tem de ser obrigatoriamente a restauração dos interesses da vítima, sem prejudicar a prevenção especial (reintegração) do ofensor, e o restabelecimento da paz social e não apenas da paz jurídica. Por isso, a ausência da vítima, que até pode ser um menor, é no mínimo estranha. Note-se que um processo de mediação, a ocorrer por iniciativa da vítima, pode ter o interesse de mais facilmente contribuir para a reinserção do menor ofensor. Claro que neste caso, como em todos, deve evitar-se processo de catarse que estigmatize o menor ofensor ao invés de contribuir para a sua reintegração. Um processo de mediação não pode ser um processo de vingança, de ajuste de contas. Mas caberá às entidades mediadoras assegurar que isso não sucede.

MÁRIO MONTE

ARTIGO 43.º
Iniciativas cíveis e de proteção

1 – Em qualquer fase do processo tutelar educativo, nomeadamente em caso de arquivamento, o Ministério Público:

a) Participa às entidades competentes a situação de menor que careça de proteção social;

b) Toma as iniciativas processuais que se justificarem relativamente ao exercício ou ao suprimento das responsabilidades parentais;

c) Requer a aplicação de medidas de proteção.

2 – Em caso de urgência, as medidas a que se refere a alínea c) do número anterior podem ser decretadas provisoriamente no processo tutelar educativo, caducando se não forem confirmadas em ação própria proposta no prazo de um mês.

3 – As decisões proferidas em processos que decretem medidas ou providências de qualquer natureza relativamente ao menor devem conjugar-se com as proferidas no processo tutelar educativo.

Iniciativas cíveis e de proteção; processos tutelares cíveis e medidas de proteção

1. O art. 43.º não sofreu grandes alterações com a Lei n.º 4/2015, de 15 de janeiro, mantendo quase integralmente a redação que resultava da sua primitiva versão (Lei n.º 166/99, de 14 de setembro). Na verdade, apenas atualizou a terminologia usada na alínea *b*) do seu n.º 1, referindo-se agora ao suprimento das responsabilidades parentais (em vez do denominado anteriormente poder paternal).

2. Visando a articulação do processo tutelar educativo com a intervenção em sede de promoção dos direitos e proteção de crianças e jovens em perigo (prevista na Lei n.º 147/99, de 1 de setembro, com as alterações introduzidas pelas Leis n.º 31/2003, de 22 de agosto, n.º 142/2015, de 8 de setembro, n.º 23/2017, de 23 de maio, e n.º 26/2018, de 5 de julho – LPCJP), prevê-se no n.º 1 do art. 43.º que em qualquer fase do processo tutelar educativo, nomeadamente em caso de arquivamento, o Ministério Público participe às entidades competentes a situação de menor que careça de proteção social; tome as iniciativas processuais que se justificarem relativamente ao exercício ou ao suprimento das responsabilidades parentais; ou requeira a aplicação de medidas de proteção.

Como escrevem Rodrigues, Anabela Miranda/Duarte-Fonseca, António Carlos, *ob. cit.*, p. 139, no que diz respeito ao previsto nas alíneas *a*) e *c*) do n.º 1, está em causa, no caso da alínea *a*), "*sinalizar* a situação do menor às entidades competentes, que a apreciarão e actuarão", nos termos da LPCJP, ou seja, caberá às comissões de proteção de crianças e jovens ou aos tribunais a referida atuação. Já no caso da alínea *c*), o Ministério Público "requer de imediato às entidades competentes a aplicação de medidas de protecção, que aquelas aplicam" nos termos da LPCJP.

Cabe ainda ao Ministério Público, nos termos da alínea *b*), tomar as iniciativas processuais que se justificarem relativamente ao exercício ou ao suprimento das responsabilidades parentais.

O RGPTC (Lei n.º 145/2015, de 8 de setembro) consagra a iniciativa processual do Ministério Público neste domínio. Este tem competência para requerer a regulação das responsabilidades parentais quando os pais não o façam (n.º 3 do art. 34.º RGPTC) e a alteração do regime do exercício das responsabilidades parentais em vigor (n.º 1 do art. 42.º RGPTC), bem como requerer a regulação das responsabilidades parentais nos casos previstos no art. 43.º RGPTC (por exemplo, regulação das responsabilidades parentais de crianças apadrinhadas civilmente quando os padrinhos cessem a vida em comum). Pode, ainda, o Ministério Público solicitar a inibição – total ou parcial – do exercício das responsabilidades parentais quando qualquer dos pais infrinja culposamente os deveres para com os filhos, com grave prejuízo destes, ou quando, por inexperiência, enfermidade, ausência ou outras razões, se não mostre em condições de cumprir aqueles deveres (art. 52.º RGPTC). Todavia, este pedido de inibição do exercício das responsabilidades parentais fica prejudicado se, num processo de promoção e proteção pendente, estiver promovida a medida prevista na alínea *g*) do n.º 1 do artigo 35.º LPCJP (confiança a pessoa selecionada para adoção, a família de acolhimento ou a instituição com vista à adoção) e até decisão desta – art. 53.º RGPTC –, ou seja, o processo tutelar cível fica suspenso até à decisão no processo de proteção. Na verdade, se o projeto de vida da criança passar pela adoção, a inibição será consequência da aplicação daquela medida de proteção, sendo inútil o prosseguimento do processo tutelar cível relativo ao pedido de inibição do exercício das responsabilidades parentais.

Além das já referidas iniciativas processuais, o Ministério Público tem também competências no que concerne à fixação ou alteração dos alimentos devidos à criança (art. 45.º do RGPTC), à instrução dos processos de averiguação oficiosa para investigação de maternidade ou paternidade (arts. 60.º e segs. RGPTC) e no âmbito do apadrinhamento civil (art. 66.º RGPTC e Lei n.º 103/2009, de 11 de setembro, alterada pela Lei n.º 141/2015, de 8 de setembro).

O art. 17.º RGPTC regula a iniciativa processual do Ministério Público estabelecendo que lhe compete, *inter alia*, representar as crianças em juízo, intentar ações em seu nome, requerer ações de regulação e a defesa dos seus direitos e usar de quaisquer meios judiciais necessários à defesa dos seus direitos e superior interesse (n.º 2). O n.º 3 do mesmo preceito vem esclarecer que o Ministério Público está presente em todas as diligências e atos processuais presididos pelo juiz, "clarificando algumas dúvidas que se suscitavam a esse respeito no âmbito da O.T.M, por ausência de disposição nesse sentido, em particular quando as partes estavam devidamente representadas por profissional forense" (Ramião, Tomé d'Almeida, *Regime Geral do Processo Tutelar Cível – Anotado e Comentado*, Lisboa, Quid Juris, 2016, p. 63). Para este autor tal será um "simples corolário da atribuição dos poderes de representação das crianças em juízo", sendo a sua inobservância cominada com nulidade processual, nos termos do art. 195.º CPC, *ex vi* art. 33.º RGPTC (Ramião, Tomé d'Almeida, *ibidem*).

A competência do Ministério Público neste domínio suplanta, assim, uma mera representação dos incapazes (como lhe cabe nos termos da alínea *a*) do n.º 1 do art. 3.º do Estatuto do Ministério Público – Lei n.º 47/86, de 15 de outubro, com as alterações subsequentes), sendo elevado à categoria de um verdadeiro propiciador e afiançador dos direitos da criança e do seu superior interesse. Materializando-se, deste modo, a obrigação do Estado na proteção da infância (art. 69.º CRP), assegurando o desenvolvimento integral da criança, perspetivando-a não só como pessoa em formação mas como um sujeito autónomo de direitos e merecedor de máxima proteção.

3. Pode dar-se o caso de o processo tutelar educativo ser arquivado, atuando apenas as entidades competentes no âmbito da LPCJP. Mas, a intervenção tutelar educativa pode ter que articular-se com a intervenção de proteção, atuando até simultaneamente, implicando, por isso, uma articulação entre as medidas a aplicar à criança ou jovem.

4. O n.º 2 do art. 43.º prevê até que, em caso de urgência, as medidas de proteção, referidas na alínea *c*) do n.º 1, podem ser decretadas provisoriamente em qualquer fase do processo tutelar educativo, tendo "competência para as decretar, nas fases de inquérito e jurisdicional, o ministério público e o juiz, respectivamente, ou seja, as entidades a quem cabe a direcção de cada uma delas" (RODRIGUES, Anabela Miranda/DUARTE-FONSECA, António Carlos, *ibidem*).

As medidas de proteção aplicadas ao abrigo do n.º 2, sendo provisórias, caducam se não forem confirmadas em ação própria proposta no prazo de um mês. Referem os autores citados anteriormente que este caráter provisório justifica-se atendendo à especificidade da intervenção que as diversas situações dos menores suscitam (crianças e jovens em perigo ou que tenham praticado um facto qualificado pela lei penal como crime), e, consequentemente, da especificidade das respostas que devem ser dadas pelas entidades competentes nas diversas áreas de intervenção (RODRIGUES, Anabela Miranda/DUARTE-FONSECA, António Carlos, *ibidem*).

5. Como referimos, a intervenção tutelar educativa pode ocorrer conjugadamente com a intervenção de proteção, o que exigirá a devida articulação entre as medidas a aplicar à criança ou ao jovem. A questão é a de saber como deverá ocorrer a referida articulação, atendendo aos objetivos diferentes das diversas atuações.

A intervenção à luz da LPCJP exige a verificação de uma situação de perigo, definida nos termos do seu art. 3.º. Assim, a criança está numa situação de perigo perante uma situação de facto que ameace a sua segurança, saúde, formação, educação ou desenvolvimento. O perigo pode resultar de ação ou omissão dos pais, representante legal, ou de quem tem a guarda de facto da criança ou do jovem, que a colocam numa situação de perigo, ou de ação ou omissão de terceiros ou da própria criança, a que aqueles não se oponham de modo adequado a removê-lo. O n.º 2 do referido art. 3.º, auxiliando o intérprete, exemplifica algumas situações em que a criança estará numa situação de perigo. São os casos de a criança estar abandonada ou viver entregue a si própria, ser vítima de maus tratos físicos ou psíquicos ou ser vítima de abusos sexuais, não ter os cuidados ou a afeição adequados à sua idade, ser obrigada a atividades ou trabalhos excessivos/inadequados, estar sujeita a comportamentos que afetem gravemente a sua segurança/equilíbrio emocional ou, ainda, ter comportamentos, atividades ou consumos que afetem a sua saúde, segurança, formação, educação ou desenvolvimento.

O art. 69.º CRP reconhece às crianças o direito à proteção da sociedade e do Estado, com vista ao seu desenvolvimento integral, especialmente contra todas as formas de abandono, de discriminação e de opressão e contra o exercício abusivo da autoridade na família e nas demais instituições. A atuação das diversas entidades com competência para agir ao abrigo da LPCJP visa tal objetivo, respeitando os princípios de intervenção previstos no art. 4.º LPCJP. O escopo da intervenção, em sede de promoção e proteção, é o de afastar o perigo a que as crianças e jovens se encontrem expostos, proporcionar-lhes as condições que permitam proteger e promover a sua segurança, saúde, formação, educação, bem-estar e desenvolvimento integral e garantir a recuperação física e psicológica das crianças e jovens vítimas de qualquer forma de exploração ou abuso (art. 34.º LPCJP).

Objetivos diferentes visa a intervenção tutelar educativa, como já se referiu noutros comentários aos artigos iniciais desta LTE.

Decorre do n.º 3 do art. 43.º que as decisões proferidas em processos que decretem medidas ou providências de qualquer natureza relativamente ao menor devem conjugar-se com as proferidas no processo tutelar educativo. Resulta, por isso, desta norma que, devendo articular-se as medidas aplicadas em sede de processo tutelar educativo e de intervenção de proteção, procurando-se harmonizar os respetivos objetivos visados com a sua aplicação, em caso de conflito deverá prevalecer o fim visado com a aplicação da medida tutelar educativa. Nas palavras de Bolieiro, Helena/Guerra, Paulo, *ob. cit.*, pp. 164 e 165, as decisões proferidas em processos que decretem medidas ou providências de qualquer natureza relativamente ao mesmo menor devem conjugar-se com as proferidas no processo tutelar educativo. "Existe aqui um *prius* metodológico do processo tutelar face a outros processos de natureza protectiva ou de natureza tutelar cível, sempre que concorrerem na vida de um jovem". Consideram os autores que a visão unitária da criança e do jovem exige que haja articulação entre as várias formas processuais que conheçam da sua vida e entre as várias medidas que lhe venham a ser aplicadas, harmonizando-se elas entre si. Mas, "em situação de conflito inultrapassável entre as duas intervenções, deve sempre prevalecer a realização da finalidade visada com a aplicação da medida tutelar educativa, na medida em que tal finalidade é mais imediata, tornando-se mais premente a sua concretização – a ideia base é esta: uma criança ou jovem de bem com o direito mais facilmente se desvia de uma situação de perigo". Consideram, por isso, que o início de execução de uma medida tutelar educativa impõe a revisão da medida protetiva, decidindo-se a cessação de tal medida, na consideração de ser desnecessária a respetiva continuação (v., arts. 62.º/2 e 3, a), e 4 LPCJP). Quanto à consequência no processo de proteção e respetiva medida aplicada, veja-se a orientação proferida, no dia 6 de dezembro de 2010, no 4.º Encontro de Magistrados da Jurisdição de Família e Menores do Distrito de Lisboa, organizado pela Procuradoria-Geral Distrital (v., *http://www.pgdlisboa.pt/leis/lei_mostra_articulado.php?artigo_id=542A0043&nid=542&tabela=leis&pagina=1&ficha=1&so_miolo=&nversao=#artigo*, consultado a 7 de setembro de 2016). Aí se considera, como a generalidade da doutrina que se pronuncia quanto ao assunto, que o Ministério Público deve zelar pelo cumprimento de todas as regras tendentes à boa harmonização das decisões proferidas no âmbito de processos de promoção e proteção, tutelares cíveis e tutelares educativos, dando cabal cumprimento ao que vem disposto no art. 81.º/1 LPCJP, nos arts. 11.º e 27.º RGPTC, e nos arts. 37.º/2, e 43.º/3 LTE. Mas, sublinha-se que, visando a medida tutelar educativa de internamento a educação do menor para o direito e a sua inserção, de forma digna e responsável, na vida em comunidade (art. 2.º LTE), a execução daquela prevalece sobre a medida protetiva de acolhimento institucional (residencial), anteriormente decretada, inviabilizando a execução desta última, enquanto aquela perdurar. A norma do artigo 43.º/3, conferindo primazia ao processo tutelar educativo relativamente ao de promoção e proteção, assenta na consideração de que a intervenção no sentido da educação para o direito e da inserção do menor, de forma digna e responsável, na vida em comunidade (art. 2.º/1 LTE), reveste natureza preponderante e mais abrangente do que a mera remoção da situação de perigo a que aquele haja sido exposto, propósito que norteia o processo de promoção e proteção. No mesmo sentido da prevalência da medida tutelar educativa, RAMIÃO, Tomé d'Almeida, *Lei Tutelar Educativa..., ob. cit.*, p. 81, e SILVA, Júlio Barbosa e, *Lei Tutelar Educativa Comentada..., ob. cit.*, p. 151.

Quanto à questão de saber se o início de execução da medida tutelar educativa de internamento impõe a revisão da medida protetiva de acolhimento institucional (residencial) e se deverá ser decidida a cessação de tal medida, na consideração de ser desnecessária a respetiva continuação, como entendem os autores referidos anteriormente, formulou a Procuradoria-Geral Distrital de Lisboa a seguinte orientação: "iniciada a execução de medida tutelar educativa de internamento de um jovem, deverá declarar-se a insusceptibilidade de execução da medida de promoção e protecção de acolhimento institucional que anteriormente relativamente ao mesmo haja sido decretada, enquanto tal internamento perdurar, com a correspondente suspensão da instância (...), pelo período no decurso do qual tiver lugar a execução da referida medida tutelar educativa.

Finda esta e salvo a ocorrência de factos novos que a tal obstem, deverá o Ministério Público pronunciar-se no sentido de ser retomada a execução da medida de promoção e protecção de acolhimento institucional".

Assentou tal orientação no facto de a medida de internamento em Centro Educativo ter um prazo máximo de execução de três anos (art. 18.º/3 LTE), sendo, muitas vezes, desde o seu início, suscetível de "efetuar-se um juízo de prognose favorável relativamente à necessidade de execução da medida de acolhimento institucional do jovem, em momento subsequente ao termo da execução do internamento (mormente, por, desde logo, se saber da inexistência de esteio familiar apto a proporcionar àquele as condições adequadas ao seu processo de crescimento e desenvolvimento).

Nesses casos e perante tal necessidade, a cessação da medida de acolhimento institucional decorrente do início de execução da medida tutelar educativa de internamento, revelar-se-ia prematura e imporia o oportuno accionamento do dispositivo legal contido no art. 43.º, n.º 2, da LTE, com dispensável acréscimo de actividade processual.

De modo que, a conclusão a extrair é a de que, iniciada a execução de medida tutelar educativa de internamento, deverá declarar-se a insusceptibilidade de execução da medida de promoção e protecção de acolhimento institucional enquanto o internamento perdurar, com a correspondente suspensão da instância (...), a qual deverá subsistir até à cessação da execução daquela medida tutelar educativa".

O processo instaurado em segundo lugar correrá por apenso ao primeiramente instaurado (arts. 81.º/1 LPCJP, e 11.º/1 RGPTC).

Conclui ainda a referida orientação da Procuradoria-Geral Distrital de Lisboa que a imposição legal de elaboração periódica de relatórios sobre a execução das medidas de internamento e, em especial, de elaboração de relatório final da sua respetiva execução (a remeter ao Tribunal pelo diretor do Centro com a antecedência de 15 dias relativamente à data prevista para a cessação da medida, nos termos do n.º 4 do artigo 154.º LTE) permitirão aferir da necessidade de subsequente execução da medida de acolhimento institucional, proporcionando a inexistência de hiatos e a harmonização de decisões, em prol da defesa do superior interesse do jovem.

6. *Jurisprudência*:

– Ac. TRE 16/06/2016 (390/10.7TBCCH-D.E1), disponível em *www.dgsi.pt*, consultado a 10 de novembro de 2016:

"1. Quando relativamente à mesma criança ou jovem forem instaurados, sucessivamente ou em separado, processos de promoção e proteção, inclusive na comissão de proteção, tutelar educativo ou relativos a providências tutelares cíveis, devem os mesmos correr por apenso, independentemente do respetivo estado, sendo competente para deles conhecer o juiz do processo instaurado em primeiro lugar.

2. Determinando a lei apensação dos processos relativos ao menor, não fazendo qualquer distinção entre processos anteriores pendentes ou findos, tal distinção não cabe ao intérprete fazer, não sendo, por isso,

obstáculo à apensação o estado em que se encontre o processo ao qual se fará a apensação".

Cristina Dias/Rossana Martingo Cruz

ARTIGO 44.º
Processos urgentes

1 – Correm durante as férias judiciais os processos relativos a menor sujeito a medida cautelar de guarda em instituição pública ou privada ou em Centro Educativo ou a internamento para efeito de realização de perícia sobre a personalidade.

2 – Quando a demora do processo puder causar prejuízo ao menor, o tribunal decide, por despacho fundamentado, que o processo seja considerado urgente e corra durante férias.

3 – Sempre que for aplicada medida de internamento, e houver recurso, o processo assume natureza urgente e corre durante férias.

Natureza urgente dos processos

1. O n.º 3 do art. 44.º foi aditado pela Lei n.º 4/2015, de 15 de janeiro, mantendo-se, no demais, a redação que resultava da sua primitiva versão (Lei n.º 166/99, de 14 de setembro).

2. Está aqui em causa assegurar a salvaguarda da liberdade do jovem, consagrando-se o princípio da celeridade processual, devendo a intervenção ser efetuada "em tempo útil para o menor, por forma a permitir uma resposta adequada e eficaz" (cfr. Ramião, Tomé d'Almeida, *Lei Tutelar Educativa..., ob. cit.*, p. 84).

3. O legislador, em 2015, alargou a natureza urgente do processo, em fase de recurso, à medida tutelar de internamento (cfr., Exposição de Motivos do Projeto de Lei n.º 520/XII), contemplando que sempre que for aplicada tal medida e houver interposição de recurso o processo assume natureza urgente e corre durante férias (art. 44.º/3).

4. São considerados urgentes *ope legis* os processos em que se apliquem medidas cautelares de guarda em instituição pública ou privada ou em Centro Educativo e internamento para realização de perícia, bem como sempre que exista recurso para o Tribunal da Relação da decisão de aplicação da medida de internamento (art. 44.º/ 1 e 3).

5. O art. 44.º/2 consagra uma "válvula de segurança", permitindo-se que, independentemente das situações contempladas no n.º 1 e 3 do art. 44.º, seja considerada, *ope judicis*, a natureza urgente do processo.

6. Estes processos assumem natureza urgente, sendo tramitados em férias, quer no Tribunal de primeira instância, quer no Tribunal da Relação, em fase de recurso (cfr. também art. 125.º).

MARGARIDA SANTOS

ARTIGO 45.º
Direitos do menor

1 – A participação do menor em qualquer diligência processual, ainda que sob detenção ou guarda, faz-se de modo que se sinta livre na sua pessoa e com o mínimo de constrangimento.

2 – Em qualquer fase do processo, o menor tem especialmente direito a:

a) Ser ouvido, oficiosamente ou quando o requerer, pela autoridade judiciária;

b) Não responder a perguntas feitas por qualquer entidade sobre os factos que lhe forem imputados ou sobre o conteúdo das declarações que acerca deles prestar;

c) Não responder sobre a sua conduta, o seu carácter ou a sua personalidade;

d) Ser assistido por especialista em psiquiatria ou psicologia sempre que o solicite, para efeitos de avaliação da necessidade de aplicação de medida tutelar;

e) Ser assistido por defensor em todos os atos processuais em que participar e, quando detido, comunicar, mesmo em privado, com ele;

f) Ser acompanhado pelos pais, representante legal ou pessoa que tiver a sua guarda de facto, salvo decisão fundada no seu interesse ou em necessidades do processo;

g) Oferecer provas e requerer diligências;

h) Ser informado dos direitos que lhe assistem;

i) Recorrer, nos termos desta lei, das decisões que lhe forem desfavoráveis.

3 – O menor não presta juramento em caso algum.

4 – Os direitos referidos nas alíneas f) e h) do n.º 2 podem ser exercidos, em nome do menor, pelos pais, representante legal, pessoa que tenha a sua guarda de facto ou defensor.

Direitos processuais do jovem

1. O art. 45.º não sofreu alterações com a Lei n.º 4/2015, de 15 de janeiro, mantendo-se a redação originária (Lei n.º 166/99, de 14 de setembro).

2. O art. 45.º (em sintonia com o art. 40.º CDC) consagra o estatuto processual do jovens, verdadeiro *sujeito processual*. Está pois em causa, como sublinha Anabela Miranda Rodrigues, "assegurar ao menor o estatuto de sujeito do processo, em que ele passa a desempenhar o papel principal" (cfr. RODRIGUES, Anabela Miranda, "Repensar o Direito de Menores...", *ob. cit.*, p. 383).

Designadamente o art. 40.º/2 CDC prevê regras que asseguram garantias mínimas de natureza processual: presunção da inocência; direito à informação acerca dos factos sob os quais poderá o menor vir a ser responsabilizado; direito ao silêncio; direito a assistência judiciária; presença dos pais ou representantes legais; direito a ser acompanhada por intérprete gratuitamente, se não compreender a língua utilizada; direito ao recurso.

Com efeito, há aqui a consagração de um estatuto que se aproxima do estatuto do arguido no processo penal (assim, BRAVO, Teresa, "As faces de Janus – Uma perspectiva crítica sobre o direito de menores em Portugal", in *Estudos em Homenagem ao Juiz Conselheiro António da Costa Neves Ribeiro*, Coimbra, Almedina, 2007), ancorado, em parte, na legislação processual penal e na teleologia subjacente, "embora pelo lado dos direitos", havendo situações em que a extrapolação não fará sentido (ver LÚCIO, Álvaro Laborinho, "O advogado e a Lei Tutelar Educativa", *loc. cit.*, pp. 69, 75, entre outras) .

Como salienta GERSÃO, Eliana, "Ainda a revisão da Organização Tutelar de Menores – Memória de um processo de reforma", *ob. e loc. cit.*, com a LTE institui-se "a posição jurídica a que as crianças têm direito no mundo de hoje", impondo-se que aos menores "sejam reconhecidas, pelo menos, as garantias do processo criminal de natureza constitucional, que, aliás, coincidem em larga medida com as mencionadas no artigo 40.º da Convenção sobre os Direitos da Criança".

3. No âmbito do art. 45.º/2, vêm consagrados expressamente os seguintes direitos do jovem: o direito a ser ouvido; o direito ao silêncio; o direito a ser assistido por especialista em psiquiatria ou psicologia sempre que o solicite, para efeitos de avaliação da necessidade de aplicação de medida tutelar; o direito a ser assistido por defensor; o direito a ser acompanhado pelos pais, representante legal ou pessoa que tiver a sua guarda de facto, exceto se o interesse do menor ou a exigência do processo tutelar apontarem em sentido diverso; o direito a oferecer provas e a requerer diligências (direito de intervenção); o direito a ser informado dos seus direitos e o direito ao recurso.

Direito de audição

4. O menor tem o direito a ser ouvido, *oficiosamente ou quando o requerer*, sendo este direito de audição uma das vertentes do princípio do contraditório (cfr. arts. 45.º/2, a), 47.º e 77.º e art. 12.º CDC; ver, igualmente, o princípio geral da audição da criança (Comentário Geral n.º 12 (2009) ao art. 12.º CDC ("The right of the child to be heard"); as Diretrizes do Comité de Ministros do Conselho da Europa sobre a justiça adaptada às crianças, adotadas pelo Comité de Ministros do Conselho da Europa em 17 de novembro de 2010, que estabelece o direito da criança a ser ouvida (regras 44 a 49), sublinhando que o direito a ser ouvida é um direito da criança e não um dever (regra 46); art. 24.º/1, 2.ª parte da Carta dos Direitos Fundamentais da União Europeia, que refere que as crianças "[p]odem exprimir livremente a sua opinião, que será tomada em consideração nos assuntos que lhes digam respeito, em função da sua idade e maturidade". Decorre destas normas de direito internacional, a que Portugal está vinculado, que não podem ser estabelecidas restrições ao princípio geral da audição da criança. O Ac. TRP 7/6/2006 (665/06-4), disponível em *www.dgsi.pt*, consultado a 1 de dezembro de 2018, entendeu que "a falta de audição do menor constitui nulidade atinente à insuficiência de inquérito e não à sua falta – art. 120.º, n.º 2, al. d) do CPP", devendo ser "arguida tempestivamente nos termos do n.º 3, al. c) do mesmo preceito legal".

A audição do menor é realizada sempre pela autoridade judiciária (arts. 45.º/1, a) e 47.º/1), sem nunca o ajuramentar (art. 45.º/3), podendo ser nomeado técnico que acompanhe o menor e, eventualmente, lhe proporcione o apoio psicológico necessário (art. 47.º/2). Esta imposição de audição pela autoridade judiciária justifica-se pela "elevada densidade tutelar que impregna muitas das normas do processo tutelar" (cfr. Rodrigues, Anabela Miranda/Duarte-Fonseca, António Carlos, *ob. cit.*, p. 141).

Direito ao silêncio

5. O jovem tem o direito a participar nos processos que a ele respeitem e a que a sua opinião seja tomada em consideração na decisão a proferir.

6. O menor tem o direito ao silêncio (cfr. art. 45.º/2, b) e c)). De forma a promover o direito ao silêncio, a autoridade judiciária, nomeadamente antes de ouvir o menor, deverá informá-lo sobre o direito ao silêncio, ou seja, de que não é obrigado a responder a perguntas feitas sobre os factos que lhe são imputados ou sobre o conteúdo das declarações que acerca deles prestar e de não responder sobre a sua conduta, o seu carácter e a sua personalidade (arts. 45.º, b), c) e h) e 343.º e 345.º CPP *ex vi* art. 128.º).

Direito a ser assistido por especialista em psiquiatria ou psicologia

7. O menor tem o direito a ser assistido por especialista em psiquiatria ou psicologia sempre que o solicite, para efeitos de avaliação da necessidade de aplicação de medida tutelar (cfr. art. 45.º/2, d)).

Direito à assistência por defensor

8. O menor tem o direito a ser assistido por defensor em todos os atos processuais em que participar (cfr. art. 45.º/2, e); arts. 37.º, d) e 40.º/2, b), ii) CDC); Regras 7.1 e 15.1 das "Regras de Pequim"; Regras 37 a 41 das Diretrizes do Comité de Ministros do Conselho da Europa sobre a justiça adaptada às crianças, adotadas pelo Comité de Ministros do Conselho da Europa em 17 de novembro de 2010). Sobre o direito à assistência cfr., art. 46.º e sobre a obrigatoriedade de assistência cfr., art. 46.º-A, e respetivas anotações.

Direito a ser acompanhado pelos pais, representante legal ou pessoa que tiver a sua guarda de facto

9. O menor tem o direito a ser acompanhado pelos pais, representante legal ou pessoa que tiver a sua guarda de facto, exceto se o interesse do menor ou exigência do processo tutelar apontarem em sentido diverso (cfr. art. 45.º/2, f); Cfr., Regras 58 a 60 das Diretrizes do Comité de Ministros do Conselho da Europa sobre a justiça adaptada às crianças, adotadas pelo Comité de Ministros do Conselho da Europa em 17 de novembro de 2010: "Deve ser permitido às crianças que se façam acompanhar pelos pais ou, quando apropriado, por um adulto da sua escolha, a não ser que uma decisão fundamentada tenha sido tomada em contrário em relação àquela pessoa".

Direito de participação

10. O menor tem o direito a oferecer provas e requerer diligências (direito de participação) (cfr. art. 45.º/2, g)). As provas e as diligências requeridas devem revestir interesse processual, sob pena de os atos requeridos serem indeferidos pela autoridade judiciária (cfr. art. 80.º/2 e 117.º/2)

11. De resto, o jovem tem direito a participar na audiência prévia ou "final" (art. 45.º/2), podendo, contudo, a sua presença ser dispensada (art. 101.º/3), por despacho fundamentado do juiz. Aliás, a sua presença, quando não dispensada, afigura-se essencial para que o jovem se envolva na própria escolha e determinação da(s) medida(s) tutelar(es) a aplicar.

Direito à informação sobre os direitos

12. O menor tem o direito a ser informado dos seus direitos (cfr. art. 45.º/2, h)). Deve salientar-se que ao menor deverão ser lidos e explicitados em linguagem compreensível e adequada à sua idade os direitos previstos no art. 45.º.

Direito ao recurso

13. O menor tem o direito ao recurso das decisões que lhe sejam desfavoráveis (arts. 45.º/2, i) e 121.º); art. 40.º/2, b), v) CDC; Regra 7.1. das Regras Mínimas para a Administração da Justiça de Menores – *Regras de Beijing* e Regra 34 da Diretrizes do Comité de Ministros do Conselho da Europa sobre a Justiça adaptada às crianças, adotadas pelo Comité de Ministros em 17 de novembro de 2010. Refira-se que na LTE vale um princípio de taxatividade dos recursos, só sendo recorríveis as decisões enunciadas no art. 121.º/1, a) a f), e vale um único grau de recurso (para o Tribunal da Relação), estando, assim, assegurado um pleno e efetivo direito a um duplo grau de jurisdição (art. 121.º/2) – cfr. art. 121.º e respetiva anotação. Saliente-se que, na esteira do art. 123.º, têm legitimidade para recorrer das decisões que forem desfavoráveis ao menor, o MP (al. a)), o menor, os pais, o representante legal ou quem tenha a guarda de facto (al. b)) ou qualquer pessoa que tiver a defender direito afetado pela decisão (al. c)). Uma apontamento se impõe relativamente ao disposto no art. 145.º/4. Tem-se questionado se o recurso interposto pelos pais, representante legal ou quem tenha a guarda de facto (al. b)) é interposto em nome próprio ou em nome do menor, desde logo porque a remissão feita no art. 45.º/4 apenas contempla as alíneas f) e h) do n.º 2, não incluindo, entre outras, a al. i) ou g), que eram as que constavam especificamente no Projeto de Lei Tutelar Educativa (projeto final, resultado da discussão pública), apresentado pela Comissão de Reforma da Legislação sobre o Processo Tutelar Educativo. Ora, como analisam Rodrigues, Anabela Miranda/Duarte-Fonseca, António, *ob. cit.*, p. 142, a remissão feita no art. 45.º/4 para as alíneas f) e h) do n.º 2 afigura-se um "manifesto lapso". Com feito, no Projeto de Lei Tutelar Educativa (projeto final, resultado da discussão pública), apresentado pela Comissão de Reforma da Legislação sobre o Processo Tutelar Educativo, os direitos a oferecer provas e requerer diligências (atual al. g)) e a recorrer (atual al. i)) podiam ser exercidos pelos pais, representante legal ou quem tenha a guarda de facto, em nome do menor. Ora, no decurso do processo legislativo, foi acrescentada uma alínea ao elenco de direitos do menor na Proposta de LTE apresentada pelo Governo, sem que se efetuasse a correspondente alteração na remissão feita naquele n.º 4.

Nesta medida, cremos que este lapso legislativo poderia já ter sido corrigido, nomeadamente através da revisão operada pela Lei n.º 4/2015 de 15 de janeiro. Assim, deve entender-se que o recurso nos termos da al. b) do art.º 123.º deve ser lido em sintonia com o disposto no art. 45.º/4. Em sentido contrário, advogando que existe legitimidade para recorrer, em nome próprio e não do menor, vai Tomé d' Almeida Ramião, uma vez que de acordo com o art. 45.º/4 o direito de recorrer conferido ao menor apenas por ele pode ser exercido, cfr., Ramião, Tomé d' Almeida, *Lei Tutelar Educativa..., ob. cit.*, p.166.

Direito à presunção da inocência

14. A este elenco de direitos contemplado no art. 45.º, poderemos acrescentar, designadamente, o direito à presunção da inocência. Com efeito, o menor presume-se inocente até que a sua responsabilidade pela prática dos factos seja estabelecida pelo Tribunal, beneficiando de assistência jurídica ou outra considerada necessária para a preparação e apresentação da sua defesa (art. 40.º/2, b), i CDC). Articulado ao princípio da presunção da inocência surge o princípio *in dubio pro reo* quanto à existência, ou não, de indícios suficientes (art. 32.º/2 CRP), na justiça juvenil. Cremos que faz sentido a aplicação deste princípio na intervenção tutelar educativa, devendo o MP/Tribunal decidir em sentido favorável ao jovem nas situações em que tem dúvida relativamente à matéria de facto, devendo assim ser entendido o disposto nos arts. 87.º/1, b) e 92.º/1, a) (neste sentido RODRIGUES, Anabela Miranda/ DUARTE-FONSECA, António Carlos, *ob. cit.*, p. 202).

MARGARIDA SANTOS

ARTIGO 46.º
Defensor

1 – O menor, os pais, o representante legal ou a pessoa que tenha a sua guarda de facto podem constituir ou requerer a nomeação de defensor, em qualquer fase do processo.

2 – Não tendo sido anteriormente constituído ou nomeado, a autoridade judiciária providencia pela nomeação de defensor no despacho em que determine a audição ou a detenção do menor.

3 – O defensor nomeado cessa funções logo que seja constituído outro.

4 – O defensor é advogado ou, quando não seja possível, advogado estagiário.

5 – A nomeação de defensor deve recair preferencialmente entre advogados com formação especializada, segundo lista a elaborar pela Ordem dos Advogados.

Direito à constituição ou nomeação de defensor

1. O art. 46.º não sofreu grandes alterações com a Lei n.º 4/2015, de 15 de janeiro, mantendo quase integralmente a redação que resultava da sua primitiva versão (Lei n.º 166/99, de 14 de setembro). Com efeito, apenas se alterou a terminologia usada no n.º 2, referindo-se agora que a autoridade judiciária "providencia pela nomeação de" (em vez de "nomeia").

2. A consagração do direito do menor ser assistido por defensor (cfr. art. 45.º/2, e), arts. 37.º, d) e 40.º/2, b), ii) CDC); Regras 7.1 e 15.1 das "Regras de Pequim"; Regras 37 a 41 das Diretrizes do Comité de Ministros do Conselho da Europa sobre a justiça adaptada às crianças, adotadas pelo Comité de Ministros do Conselho da Europa em 17 de novembro de 2010) é um reflexo da "*revolutio* operada, com a LTE, relativamente ao estatuto do menor – que adquire a posição de sujeito processual..." (assim RODRIGUES, Anabela Miranda/DUARTE-FONSECA, António Carlos, *ob. cit.*, pp. 144/145).

3. De acordo com o disposto no art. 46.º/1, "[o] menor, os pais, o representante legal ou a pessoa que tenha a sua guarda de facto podem constituir ou requerer a nomeação de defensor, em qualquer fase do processo", enquanto concretização do direito à assistência por defensor relativamente ao menor. Nesta medida, resulta do texto da lei, que o menor tem o direito de constituir ou requerer a nomeação de defensor, em qualquer fase do processo tutelar educativo, cabendo aos pais, ao representante legal ou a pessoa que tenha a sua guarda de facto o exercício deste direito de escolha (cfr. RODRIGUES, Anabela Miranda/ /DUARTE-FONSECA, António Carlos, *ob. cit.*, p. 145; SILVA, Júlio Barbosa e, *Lei Tutelar Educativa Comentada...*, *ob. cit.*, p. 164). Não obstante, da leitura conjugada do art. 46.º/1 e 2, parece poder o jovem requerer ao Tribunal a nomeação de defensor oficioso (assim LÚCIO, Álvaro Laborinho, "O advogado e a Lei Tutelar Educativa", *loc. cit.*, p. 69 e, se bem interpretamos, SILVA, Júlio Barbosa e, *Lei Tutelar Educativa Comentada...*, *ob. cit.*, p. 165). Como salienta Laborinho Lúcio, o menor, nomeadamente em caso de conflito com os seus pais, representante legal ou de quem tenha a guarda de facto, pode "exercer, por si, aquele direito, ou seja, o de requerer a nomeação de advogado". Nas restantes situações em que inexiste conflito entre o menor e aqueles, assistindo-se a um "envolvimento convergente (...) não deixará de caber ao advogado a promoção, junto destes e em conjunto com o menor, da reflexão acerca da melhor estratégia a seguir, tendo em conta primacialmente o *interesse do menor*" – cfr., LÚCIO, Álvaro Laborinho, *loc. cit.*, p. 69. Parece também ser este o sentido que se pode retirar de algumas disposições internacionais: das Regras 15.1 e 15.2 das "Regras de Pequim" ("15.1. Ao longo de todo o processo, o menor tem o direito de ser representado *pelo seu advogado ou pedir a designação de um advogado oficioso*, quando existam no país disposições legais que prevejam essa assistência. 15.2. Os pais ou o tutor podem participar no processo e a autoridade competente pode, no interesse do menor, requerer que o façam. *Esta pode, contudo, recusar essa participação se existirem razões para supor que essa exclusão é necessária no interesse do menor*" (itálico nosso); das Regras 37 a 41 das Diretrizes do Comité de Ministros do Conselho da Europa sobre a justiça adaptada às crianças, adotadas pelo Comité de Ministros do Conselho da Europa em 17 de novembro de 2010 ("37. *As crianças devem ter o direito a estar individualmente representadas por um advogado nos processos em que haja, ou possa haver, um conflito de interesses entre a criança e os pais ou outras partes envolvidas.* 40. As crianças devem ser consideradas como clientes de pleno direito e os advogados que as representem devem dar relevo à opinião da criança. 41. Os advogados devem fornecer à criança todas as informações e explicações necessárias quanto às possíveis consequências dos pontos de vista e das opiniões da criança. 42. *Nos casos em que haja conflito de interesses entre os pais e as crianças,* a *autoridade competente deve nomear um tutor ad litem ou outro representante independente para defender os pontos de vista e os interesses da criança.* 43. *Deve ser garantida à criança representação adequada e o direito a ser representada de forma independente em relação aos pais,* especialmente em processos nos quais estes últimos, os membros da família ou as pessoas que cuidam da criança sejam os presumíveis infratores" (itálico nosso).

4. Discutível será a coexistência de mandatários judiciais no processo tutelar educativo, atendendo às especificidades da intervenção tutela educativa. Parece ser de entender que não deve existir um mandatário judicial do menor e outro dos pais, representante legal ou pessoa que tenha a sua guarda de facto, no caso de divergência ou conflito de interesses (ao contrário do que sucede, por exemplo, nos processos de promoção e proteção de menor, onde "[é] obrigatória a nomeação de patrono à criança ou jovem quando os seus interesses e os dos seus pais, representante legal ou de quem tenha a guarda de facto sejam conflituantes e ainda quando a criança ou jovem com a maturidade adequada o solicitar ao tribunal" – 103.º/2 LPCJP). Com efeito o direito à assistência na LTE é um direito do menor, e não dos seus cuidadores. O que está em causa, sobremaneira, é a promoção da defesa do menor e a salvaguarda dos seus direitos, tarefa que deve ser sempre orientada pelo "superior interesse" do menor, e não pela defesa dos direitos dos pais, do representante legal ou da pessoa que tenha a sua guarda de facto (assim, Rodrigues, Anabela Miranda/Duarte-Fonseca, António Carlos, *ob. cit.*, pp. 146).

5. O defensor afigura-se um *sujeito processual* com uma função essencial, no âmbito da defesa dos direitos e garantias do jovem, na "procura proactiva da melhor solução para o superior interesse do jovem e para a sua educação para o direito", bem como "na ligação com a família e a comunidade" – cfr. MANATA, Celso, "Lei Tutelar Educativa – desafios da sua aplicação prática. Breves notas de trabalho", *Intervenção Tutelar Educativa*, CEJ, 2015, p. 418, disponível em disponível em *http://www.cej.mj.pt/cej/recursos/ebooks/familia/Intervencao_Tutelar_Educativa.pdf* (consultado a 4 de abril de 2017). O advogado do menor "«surge como garantia de uma real efectividade de direitos» por parte deste, ao nível da prova dos pressupostos da intervenção do Estado, da definição do seu sentido e da construção da decisão a proferir", ver LÚCIO, Álvaro Laborinho, "O advogado e a Lei Tutelar Educativa", *loc. cit.*, pp. 48 segs. Para uma reflexão sobre as características e o sentido da intervenção do advogado do menor, no "campo aberto à indispensável actuação do defensor do menor", no "*Modelo Educativo e de Responsabilidade*", ver o Autor e *ob. cit.* Como aí se refere (p. 53), "... fácil será imaginar o relevo a atribuir à intervenção do defensor neste domínio, nem sempre claro, onde, em cada caso, importa decidir não já sobre as medidas a aplicar, mas antes disso do tipo de intervenção a adoptar..." (p. 63). O que está em causa é pois uma intervenção comprometida no alcance do "interesse do menor", enquanto "«material» de excelência sobre o qual o advogado é chamado a trabalhar" (p. 70).

6. A nomeação de defensor deve recair preferencialmente entre advogados com formação especializada – cfr., art. 46.º/5 e Regra 39 das Diretrizes do Comité de Ministros do Conselho da Europa sobre a justiça adaptada às crianças, adotadas pelo Comité de Ministros do Conselho da Europa em 17 de novembro de 2010 ("39. Os advogados que representam crianças devem ter formação e conhecimentos sobre os direitos da criança e matérias conexas, receber formação contínua e aprofundada e ser capazes de comunicar com as crianças de acordo com o seu nível de compreensão"). Ora, importa pois acentuar que as especificidades da intervenção tutelar educativo reclamam que exista uma maior investimento na aplicação deste normativo legal, nomeadamente no âmbito da Ordem dos Advogados, para que se verifique uma correta aplicação do espírito da LTE, onde a formação especializada do defensor (com programas de formação que contemplem, além de formação jurídica específica, igualmente outras áreas do saber, como a criminologia, a sociologia, a psicologia, entre outras). Sobre esta necessidade ver

LÚCIO, Álvaro Laborinho, "O advogado e a Lei Tutelar Educativa", *loc. cit.*, nomeadamente pp. 76/77 e SILVA, Júlio Barbosa e, *Lei Tutelar Educativa Comentada...*, *ob. cit.*, pp. 162 e segs.; SANTOS, Boaventura de Sousa (coord.) *et. al.*, *Entre a Lei ...*, *ob. cit.*, p. 335-336 e 338-340 e FURTADO, Leonor (coord.) *et. al.*, *Relatório final do...*, *ob. cit.*, p. 106.

MARGARIDA SANTOS

ARTIGO 46.º-A
Obrigatoriedade de assistência

É obrigatória a assistência de defensor em qualquer ato processual do processo tutelar, incluindo nos recursos ordinários ou extraordinários.

Assistência de defensor

1. O art. 46.º-A foi aditado pela Lei n.º 4/2015, de 15 de janeiro.

2. Contempla-se neste normativo a obrigatoriedade de assistência de defensor em qualquer ato processual, estipulando-se, no art. 45.º/2, e), a assistência por defensor em todos os atos processuais em que o menor participar como um dos direitos do menor. A Lei n.º 4/2015, de 15 de janeiro, pretendeu "reforçar as garantias processuais de defesa do jovem" (assim ANDRADE, Amélia Sineiro/SANTOS, Margarida, *ob. cit.*, p. 340). Pretende "reforçar" – e acrescentamos agora – "formalmente", na medida em que em termos de "forma" estava apenas consagrada a assistência enquanto direito do menor, e não enquanto "garantia geral" (ver FURTADO, Leonor (coord.) *et. al.*, *ob. cit.*, p. 34).

3. Não obstante a norma fazer referência à "obrigatoriedade de assistência de defensor em qualquer ato do processo tutelar" cremos que estão aqui em causa apenas os atos em que o jovem estiver ou puder estar presente (assim, SILVA, Júlio Barbosa e, "E se todo o mundo...", *loc. cit.*, p. 46). É pois obrigatória a assistência por defensor nos casos de audição do menor, desde logo no primeiro interrogatório do menor detido (cfr. art. 55.º); em qualquer caso de audição do menor, na fase de inquérito (art. 46.º/2; cfr., ainda, arts 54.º/ 2, a) e 77.º) e na fase jurisdicional (cfr. arts. 101.º/1, 105.º, 106.º, 107.º, 109.º; cfr. ainda art. 51.º/1, b); 46.º/2). É ainda obrigatória a nomeação de defensor no despacho que determine a detenção do menor (arts. 46.º/2 e art. 51.º/1, b) e c), quando não tiver sido anteriormente constituído ou nomeado); é também obrigatória a assistência de defensor no caso de aplicação e revisão de medidas cautelares (cfr. arts. 59.º/2 e 4, e 61.º/3) e na audiência prévia e audiência (arts. 101.º/1 e 120.º) – cfr. a síntese de RODRIGUES, Anabela Miranda/DUARTE-FONSECA, António Carlos, *ob. cit.*, p. 146. Seria pois mais adequada, por exemplo, a formulação proposta no art. 27.º LRE, constante do *Relatório Final do Grupo de Trabalho de alteração à Lei Tutelar Educativa remetido ao Senhor Secretário de Estado da Justiça* (FURTADO, Leonor (coord.) *et. al.*, *Relatório final do... ob. cit.*, p. 119: "É obrigatória a assistência do defensor: *a)* Na audição do jovem, em qualquer fase do processo de responsabilização; *b)* Na audiência preliminar e de julgamento; *c)* Em qualquer acto processual, sempre que o jovem for cego, surdo, mudo, analfabeto, desconhecedor da língua portuguesa ou se for suscitada a questão da sua inimputabilidade ou da sua imputabilidade diminuída, em razão de anomalia psíquica; *d)* Nos recursos ordinários ou extraordinários; *e)* Nos demais casos que a lei determinar".

4. Se estivermos perante um ato em que se afigura obrigatória a presença de defensor, a sua ausência constitui uma nulidade insanável, de conhecimento oficioso (cfr. arts 64.º e 119.º/3 CPP, *ex vi* 128.º). Nas demais situações em que não seja de considerar obrigatória a presença de mandatário (cfr. anotação *supra*), deve considerar-se a sua ausência como uma mera irregularidade (cfr. arts. 118.º/2 e 123.º CPP, *ex vi* 128.º).

MARGARIDA SANTOS

ARTIGO 47.º
Audição do menor

1 – A audição do menor é sempre realizada pela autoridade judiciária.

2 – A autoridade judiciária pode designar um técnico de serviço social ou outra pessoa especialmente habilitada para acompanhar o menor em ato processual e, se for caso disso, proporcionar ao menor o apoio psicológico necessário por técnico especializado.

Audição do menor pela autoridade judiciária

1. O art. 47.º não sofreu alterações com a Lei n.º 4/2015, de 15 de janeiro, mantendo-se a redação originária (Lei n.º 166/99, de 14 de setembro).

2. Um dos direitos do menor é o direito a ser ouvido, sendo este direito de audição uma das vertentes do princípio do contraditório (cfr. arts. 45.º/2, a), 47.º e 77.º e art. 12.º CDC. As Diretrizes do Comité de Ministros do Conselho da Europa sobre a justiça adaptada às crianças, adotadas pelo Comité de Ministros do Conselho da Europa, em 17 de novembro de 2010, sublinham que o direito a ser ouvida é um direito da criança e não um dever (Regra 46).

3. O Ac. TRP 7/6/2006 (665/06-4), disponível em *www.dgsi.pt*, consultado a 1 de dezembro de 2018, entendeu que "a falta de audição do menor constitui nulidade atinente à insuficiência de inquérito e não à sua falta – art. 120.º, n.º 2, al. d) do CPP", devendo ser "arguida tempestivamente nos termos do n.º 3, al. c) do mesmo preceito legal".

4. A audição do menor é realizada sempre pela autoridade judiciária (art. 47.º/1), que pode nomear técnico que acompanhe o menor e, eventualmente, lhe proporcione o apoio psicológico necessário (art. 47.º/2).

Margarida Santos

ARTIGO 48.º

Condições dos meios de transporte utilizados nas deslocações de menores

A deslocação e o transporte do menor devem realizar-se de modo a assegurar, em todos os casos, o respeito pela sua dignidade e condições particulares de maturidade física, intelectual e psicológica e a evitar, tanto quanto possível, a aparência de intervenção de justiça.

Condições de realização das deslocações de menores

1. O art. 48.º não sofreu alterações com a Lei n.º 4/2015, de 15 de janeiro, mantendo-se a redação originária (Lei n.º 166/99, de 14 de setembro).

2. Na realização das deslocações dos menores deve ser salvaguardado o respeito pela dignidade humana, atendendo às "condições particulares de maturidade física, intelectual e psicológica". Como consta da Regra 8.1 das "Regras de Pequim", "[o] direito do menor à proteção da sua vida privada deve ser respeitado em todas as fases a fim de se evitar que seja prejudicado por uma publicidade inútil ou pelo processo de estigmatização". Cfr., também, a Regra 26 das Regras das Nações Unidas para a Proteção dos Jovens Privados de Liberdade, adotadas pela Assembleia Geral das Nações Unidas (Resolução 45/113, de 14 de dezembro de 1990): "[o] transporte dos jovens deve ser efetuado a expensas da administração, em veículos com ventilação e iluminação adequadas e em condições que de forma alguma os submetam a condições duras ou indignas. Os jovens não devem ser transferidos arbitrariamente de um estabelecimento para outro". Deve, por isso, em sequência, ser assegurado que o transporte do jovem, em qualquer momento processual (ou pré-processual), seja efetuado de forma a evitar qualquer tipo de estigmatização, devendo, "tanto quanto possível", ser realizado por viaturas descaraterizadas e na presença de profissionais não identificáveis (cfr., Rodrigues, Anabela Miranda/Duarte-Fonseca, António Carlos, *ob. cit.*, p. 149 e Silva, Júlio Barbosa e, *Lei Tutelar Educativa Comentada...*, *ob. cit.*, p. 168).

Margarida Santos

ARTIGO 49.º
Inimputabilidade em razão de anomalia psíquica

1 – Quando, em qualquer fase do processo, se verificar que o menor sofre de anomalia psíquica que o impede de compreender o sentido da intervenção tutelar, o processo é arquivado.

2 – No caso previsto no número anterior, o Ministério Público encaminha o menor para os serviços de saúde mental, examina a necessidade de internamento e, se for caso disso, providencia, nos termos da lei, o internamento compulsivo.

3 – O despacho de arquivamento é notificado ao menor, aos pais, representante legal ou pessoa que tenha a sua guarda de facto e ao ofendido.

Anomalia psíquica impeditiva de compreender o sentido da intervenção tutelar educativa

1. O art. 49.º não sofreu alterações com a Lei n.º 4/2015, de 15 de janeiro, mantendo-se a redação originária (Lei n.º 166/99, de 14 de setembro).

2. Ficam excluídos da justiça tutelar educativa os jovens portadores de anomalia psíquica que o impeça de compreender o sentido desta intervenção, ou seja, a intervenção ligada à educação para o direito e a inserção do menor, de forma digna e responsável, na vida em comunidade (cfr., art. 2.º e respetiva anotação). Nesta medida, o processo é arquivado, nos termos gerais, se, em qualquer momento do processo tutelar educativo, ficar demonstrada a existência de anomalia psíquica com o efeito normativo descrito (cfr., art. 49.º/1). Este despacho de arquivamento é notificado ao menor, aos pais, representante legal ou pessoa que tenha a sua guarda de facto e ao ofendido (cfr., art. 49.º/3).

3. Refira-se que a LTE, bem como a LSM (Lei n.º 36/98, de 24 de julho, alterada pela Lei n.º 101/99, de 26 de julho), não identificam as categorias diagnósticas que se incluem dentro do conceito de anomalia psíquica, na medida em que o conceito de anomalia psíquica transcende estas categorias. Além disso, é necessário aferir se a anomalia psíquica é impeditiva de entender o sentido da intervenção tutelar educativa. O legislador da LTE aderiu, assim, como sublinham Anabela Miranda Rodrigues e António Carlos Duarte-Fonseca, a um "*método misto*, que pode ser chamado de *método biopsicológico-normativo*" (cfr. RODRIGUES, Anabela Miranda/DUARTE-FONSECA, António Carlos, *ob. cit.*, pp. 149 e 150). Neste âmbito, o substrato biopsicológico assenta na anomalia psíquica do jovem (avaliada em concreto) e o substrato normativo está reproduzido na fórmula legal que impõe a análise da (in)capacidade de compreender o sentido da intervenção tutelar. Ou seja, "... embora a verificação do elemento biopsicológico seja imprescindível, decisivo para excluir do sistema tutelar educativo os menores portadores de anomalia psíquica é sempre o efeito normativo que ao substrato biopsicológico há-de estar ligado" (RODRIGUES, Anabela Miranda/DUARTE-FONSECA, *ob. cit.*, p. 150).

4. Neste contexto, deve ser realizada perícia psiquiátrica, enquanto meio de análise das características psíquicas do jovem que possam suscitar inimputabilidade por anomalia psíquica e da (in)capacidade de compreender o sentido da intervenção tutelar (cfr. art. 159.º CPP, com as devidas adaptações, *ex vi* art 128.º).

5. Verificando-se inimputabilidade em razão da anomalia psíquica, o MP encaminha o menor para os serviços de saúde mental e examina a necessidade de internamento, providenciando, se necessário, nos termos da LSM, o internamento compulsivo. Nesta medida, é suficiente que fique demonstrada a existência de uma anomalia psíquica que inviabilize o menor de compreender o sentido da intervenção, não sendo necessário qualquer juízo sobre a perigosidade criminal do menor – cfr., Rodrigues, Anabela Miranda/Duarte-Fonseca, António Carlos, *ob. cit.*, p. 150. Ou seja, o MP tem o poder-dever de arquivar com base na inimputabilidade em razão da anomalia psíquica, seguindo-se depois o encaminhamento do menor para os serviços de saúde mental para tratamento. Ademais, pode o MP requerer o internamento compulsivo, se verificados os pressupostos (cfr. art. 12.º LSM), em sintonia com o disposto no art. 13.º/1 LSM. De resto, cumpre salientar que pode ocorrer um internamento voluntário, com o consentimento do jovem portador de anomalia psíquica maior de 14 anos ou a solicitação do representante legal (cfr. art. 7.º, b) LSM). Pode, igualmente, o MP socorrer-se dos mecanismos previstos no art. 43.º (iniciativas cíveis e de proteção).

6. Além disso, se existir anomalia psíquica superveniente à prática do facto, que inviabilize o menor de compreender o sentido da intervenção, deve igualmente ser arquivado o processo (assim, Silva, Júlio Barbosa e, *Lei Tutelar Educativa Comentada...*, *ob. cit.*, pp. 170/171)

7. Se a anomalia psíquica não obstar o menor de compreender o sentido e o alcance da intervenção tutelar educativa, o processo tutelar educativo segue o decurso processual (cfr. arts. 1.º e 2.º e respetivas anotações), nada impedindo, nomeadamente, que o MP recorra ao art. 43.º (iniciativas cíveis e de proteção) ou mesmo do art. 49.º/2 (encaminhamento do menor para os serviços de saúde mental).

8. No que diz respeito a jovens que padeçam de algum problema mental, cumpre ainda salientar que se vem suscitando a inserção de uma medida de internamento terapêutico, tendo-se perdido uma oportunidade na Lei n.º 4/2015, de 15 de janeiro, para introduzir uma alteração há muito almejada (cfr. Andrade, Amélia Sineiro/Santos, Margarida, *ob. cit.*, p. 348). Assim, por exemplo, a medida já tinha sido proposta pelo Observatório Permanente da Justiça Portuguesa (OPJP), que acentuou a necessidade de diferenciação e especialização da intervenção para jovens com problemas relacionados com a saúde mental: ("[l]*acuna frequentemente indicada pelos operadores é a da* ***ausência de resposta para as situações relacionadas com a saúde mental****. A ausência de diferenciação e de especialização da intervenção em centro educativo no âmbito da saúde mental do* *jovem reclama a necessidade de instituir um internamento para tratamento médico e médico-psicológico, ainda que não executado numa instituição da justiça ...*" – cfr. Santos, Boaventura de Sousa (coord.) *et. al.*, *Entre a Lei...*, *ob. cit.*, p. 343 (destacado dos Autores). No mesmo sentido, no *Relatório Final do Grupo de Trabalho de alteração à Lei Tutelar Educativa remetido ao Senhor Secretário de Estado da Justiça* (Furtado, Leonor (coord.) *et. al.*, *Relatório final do... ob. cit.*, p. 55) previa-se, no art. 45.º LRE, a introdução da medida de internamento terapêutico, a aplicar a jovens com idade igual ou superior a 14 anos à data da aplicação da medida (cfr. art. 44.º/3, *ex vi* art. 45.º/4 LRE), que compreendessem o sentido da intervenção (cfr. art. 77.º *a contrario*, *ex vi* art. 45.º/4, ambos da LRE). A medida de internamento terapêutico visa "proporcionar a um jovem que cometeu um facto qualificado pela lei como crime e que padece de um problema de saúde mental ou de adição grave, um tratamento adequado, uma verdadeira terapia, que está muito para além da sua sujeição a medicação", a ser executada em centro educativo especialmente destinado a esse fim ou em unidade especialmente destinada ao internamento terapêutico (art. 220.º LRE).

Margarida Santos

CAPÍTULO II
Identificação, detenção e medidas cautelares

SECÇÃO I
Identificação

ARTIGO 50.º
Formalidades

O procedimento de identificação de menor obedece às formalidades previstas no processo penal, com as seguintes especialidades:

a) Na impossibilidade de apresentação de documento, o órgão de polícia criminal procura, de imediato, comunicar com os pais, representante legal ou pessoa que tenha a guarda de facto do menor;

b) O menor não pode permanecer em posto policial, para efeito de identificação, por mais de três horas.

Formalidades de identificação de menor

1. O procedimento de identificação pode conduzir a limitações ou restrições de certos direitos fundamentais, designadamente o direito à liberdade (art. 27.º/1 CRP) e o direito ao bom nome e reputação (art. 26.º CRP).

Sendo a dignidade humana um princípio basilar nas relações entre o indivíduo e o Estado, toda a estrutura do sistema jurídico deve ter como primeira finalidade a defesa desse princípio, especialmente quando esteja em causa um adolescente ou jovem, para quem a autoridade emergente do exemplo é particularmente importante.

Deste modo, os direitos dos jovens cidadãos não poderão ser vistos como uma barreira à eficácia da atividade policial, devendo ser especialmente protegidos e respeitados.

A identificação de um menor em local público, aberto ao público ou sujeito a vigilância policial, sempre que sobre ele recaiam fundadas suspeitas da prática de factos qualificados como crime ou que esteja pendente contra si mandado de detenção, representa um dos poderes cautelares e de polícia dos órgãos de polícia criminal, com o objetivo de assegurar as provas pessoais para futuro contacto e comparência em sede de processo judicial.

Esse procedimento deve respeitar o princípio da escalada de meios previsto no art. 250.º CPP – disposição normativa para a qual remete este artigo –, ou seja, devem ser privilegiados previamente os meios menos onerosos ou limitativos para os direitos fundamentais do menor visado e a sua aplicação está condicionada aos princípios da proibição do excesso e aos requisitos da necessidade, adequação e proporcionalidade em sentido estrito.

2. Os órgãos de polícia criminal podem proceder à identificação de menores que se encontrem em local público, aberto ao público, ou sujeito a vigilância policial, sempre que sobre ele recaiam fundadas suspeitas da prática de factos que sejam qualificados como crime ou que esteja pendente contra si mandado de detenção (art. 250.º/1 CPP).

Antes de proceder à identificação do menor, os órgãos de polícia criminal devem provar a sua qualidade, identificando-se e comunicando ao menor as circunstâncias que fundamentam a obrigação de identificação por parte deste, dando-lhe ainda conhecimento sobre os meios porque se pode identificar (art. 250.º/2 CPP).

Estas informações, assim como os motivos da identificação, devem ser prestados pelas autoridades policiais de forma compreensível, sendo utilizada linguagem acessível, apropriada à idade do menor e ao seu nível de entendimento (Diretriz 28 das *Guidelines* do Comité de Ministros do Conselho da Europa para uma Justiça Amiga das Crianças de 17 de novembro de 2010).

3. Apesar de não ser expressamente referido, esta disposição normativa não se aplica apenas aos menores que se encontrem dentro do âmbito de aplicação desta lei (entre os 12 e os 16 anos) uma vez que apenas os procedimentos de identificação poderão determinar não só a identidade do menor mas também a sua idade.

Não sendo possível ao órgão de polícia criminal determinar se está perante um menor com idade diversa daquela que justifica as regras desta disposição normativa, a utilização de uma linguagem apropriada e compreensível, na primeira abordagem e ao longo de todo o procedimento, revela-se essencial para obter uma maior eficácia nos procedimentos de identificação.

O primeiro contacto que o menor tem com os órgãos de polícia criminal pode influenciar profundamente a atitude daquele em relação ao Estado e à comunidade e o sucesso de qualquer intervenção depende da forma como decorre este contacto. Firmeza, capacidade de diálogo, compreensão e respeito pela idade, maturidade e vulnerabilidade do adolescente ou do jovem são atitudes fundamentais que devem igualmente ser observadas pelos órgãos de polícia criminal em todos os procedimentos que envolvam crianças.

4. Deve ser facultada ao menor a possibilidade de contacto com os pais ou pessoa da sua confiança (art. 250.º/9 CPP), em particular quando estejam em causa contextos culturais diferentes (Recomendação n.º R (88) 6 do Comité de Ministros do Conselho da Europa sobre "reacções sociais à delinquência juvenil no âmbito de jovens provenientes de famílias migrantes").

Essa pessoa de confiança pode ser um advogado ou defensor que seja solicitado pelo menor para o assistir em todo o procedimento de identificação, sempre que tal seja solicitado.

5. Caso o menor seja cidadão português, a sua identificação pode ser feita mediante a apresentação do bilhete de identidade, cartão de cidadão ou passaporte (art. 250.º/3, a), CPP).

Tratando-se de um menor de nacionalidade estrangeira, pode fazê-lo com a apresentação do título de residência, bilhete de identidade, passaporte ou documento que legalmente o substitua (art. 250.º/3, b), CPP).

Na impossibilidade de apresentação de um destes documentos, o menor pode ainda ser identificado mediante a apresentação de documento original, ou cópia autenticada, que contenha o seu nome completo, a sua assinatura e a sua fotografia (art. 250.º/4 CPP).

A possibilidade do menor ser identificado através de uma terceira pessoa não deve ser realizada, por ser desaconselhada (Silva, Júlio Barbosa e, *Lei Tutelar Educativa Comentada..., ob. cit.*, p. 173).

Com efeito, mesmo no âmbito dos procedimentos de identificação de adultos imputáveis, esta modalidade de identificação deve ser evitada já que não tem qualquer valor jurídico na medida em que a pessoa que efetuar essa declaração não incorre em qualquer sanção, caso a mesma não corresponda à verdade.

6. Não se afigurando possível a identificação do menor através da apresentação de algum destes documentos e não sendo aconselhada a identificação através de declaração de terceiro, o órgão de polícia criminal deve, de imediato, comunicar com os pais, representante legal ou com a pessoa que tenha a guarda de facto do menor, devendo ainda ser facultada ao menor a possibilidade de comunicar com pessoa que apresente os seus documentos de identificação ou da deslocação, sendo então acompanhado pelo órgão de polícia criminal até ao lugar onde se encontrem esses documentos (art. 250.º/5, a) e b), CPP).

Frustrando-se estes procedimentos de identificação, os órgãos de polícia criminal podem conduzir o jovem até ao posto policial mais próximo, devendo estas deslocações e transportes serem realizados de modo a assegurar o respeito pela sua dignidade e condições particulares de maturidade física, intelectual e psicológica, evitando, tanto quanto possível, a aparência de intervenção de justiça (art. 48.º).

7. A permanência do menor no posto policial não pode ultrapassar o tempo necessário à identificação, estabelecendo a lei um tempo máximo de três horas, inferior àquele que se encontra definido no processo penal (seis horas).

Em caso de necessidade, poderão ser realizadas provas dactiloscópicas, fotográficas ou de natureza análoga, solicitando-se ao menor ou à pessoa que tenha sido chamada que indiquem residência onde aquele possa ser encontrado e receber comunicações (art. 250.º/6 CPP).

8. Ao longo de todo o procedimento de identificação, os órgãos de polícia criminal deverão respeitar os direitos pessoais e a dignidade do menor, tendo em especial atenção a sua idade e maturidade, vulnerabilidade, bem como quaisquer outras necessidades especiais daqueles que possam estar com alguma incapacidade física ou mental ou tenham dificuldade de comunicação (Diretriz 27 das *Guidelines* do Comité de Ministros do Conselho da Europa para uma Justiça Amiga das Crianças de 17 de novembro de 2010).

Os atos de identificação do menor são sempre reduzidos a auto e as provas de identificação daquele são destruídas na presença dos pais, representante legal ou pessoa que tenha a guarda de facto, a pedido destes, se a suspeita que determinou o procedimento de identificação não se confirmar (art. 250.º/7 CPP) (Silva, Júlio Barbosa e, *Lei Tutelar Educativa Comentada…, ob. cit.*, p. 173).

Caso não haja lugar a participação por factos qualificados como crime, o órgão de polícia criminal deve apenas remeter o auto de identificação ao Magistrado do Ministério Público junto do Juízo de Família e Menores territorialmente competente, na medida em que se revela desnecessária a abertura de inquérito tutelar educativo.

9. O auto de identificação deve conter, de forma detalhada, a hora e o local de abordagem do menor, os motivos que determinaram o procedimento (confirmação ou não das suspeitas), as diligências realizadas com vista à sua identificação, bem como as horas de entrada e de saída do menor no posto policial.

António José Fialho

SECÇÃO II
Detenção

ARTIGO 51.º
Pressupostos

1 – A detenção do menor é efetuada:

a) Em caso de flagrante delito, para, no mais curto prazo, sem nunca exceder quarenta e oito horas, ser apresentado ao juiz, a fim de ser interrogado ou para sujeição a medida cautelar;

b) Para assegurar a presença imediata ou, não sendo possível, no mais curto prazo, sem nunca exceder doze horas, perante o juiz, a fim de ser interrogado ou para aplicação ou execução de medida cautelar, ou em ato processual presidido por autoridade judiciária;

c) Para sujeição, em regime ambulatório ou de internamento, a perícia psiquiátrica ou sobre a personalidade.

2 – A detenção fora de flagrante delito tem apenas lugar quando a comparência do menor não puder ser assegurada pelos pais, representante legal ou pessoa que tenha a sua guarda de facto e faz-se por mandado do juiz, a requerimento do Ministério Público durante o inquérito e, depois, mesmo oficiosamente.

Detenção do menor; pressupostos

1. O art. 51.º estabelece os pressupostos de detenção do menor em função de determinadas circunstâncias (flagrante delito) ou da finalidade dessa detenção.

Em primeiro lugar, a detenção do menor pode ser efetuada quando ocorra uma situação de flagrante delito para, num prazo que não pode exceder as 48 horas, ser apresentada ao juiz, a fim de ser interrogado ou para sujeição a medida cautelar (art. 52.º/1).

O flagrante delito ocorre quando o crime se verifica em qualquer fase de cometimento e mesmo depois de cometido, durante a execução de atos preparatórios puníveis, durante a prática de actos de execução puníveis, no momento da sua consumação, até à verificação do resultado não compreendido no tipo ou logo após a consumação, na condição, neste caso, de a pessoa ter sido perseguida ou encontrada com objetos ou sinais que mostrem claramente que acabou de cometer o crime (art. 256.º CPP).

2. Não se verificando flagrante delito e não podendo a comparência do menor ser assegurada pelos pais, representante legal ou pessoa que tenha a sua guarda de facto, mediante mandado do juiz, a requerimento do Ministério Público durante o inquérito e, depois deste, mesmo oficiosamente, a detenção do menor pode ser efetuada para assegurar a sua presença imediata perante o juiz ou, não sendo possível, no mais curto prazo que não exceda doze horas, a fim de ser interrogado ou para aplicação ou execução de medida cautelar.

3. A detenção do menor também pode ser efetuada mediante mandado do juiz, a requerimento do Ministério Público durante o inquérito e, na fase jurisdicional, mesmo oficiosamente, para assegurar a sua presença em ato processual presidido por autoridade judiciária ou para sujeição, em regime ambulatório ou de internamento, a perícia psiquiátrica ou sobre a personalidade e quando essa comparência não possa ou não tenha sido assegurada pelos pais, representante legal ou pessoa que tenha a sua guarda de facto.

Da conjugação destas normas, resulta evidente que a detenção do menor fora de flagrante delito deve ser utilizada como medida de último recurso – não sendo assegurada a comparência voluntária pelos adultos cuidadores – e deverá ter a duração mais breve possível (arts. 37.º, b) e 40.º/2, b), *iii*, CDC e 27.º, a) e e) CRP).

Enquanto não for possível assegurar a comparência do menor perante a autoridade judiciária, o menor deverá aguardar a sua apresentação em Centro Educativo próximo do tribunal onde deva ser apresentado ou em instalações próprias e adequadas da autoridade policial, assegurando-se a sua separação de adultos detidos ou presos (art. 54.º).

António José Fialho

ARTIGO 52.º
Flagrante delito

1 – O menor só pode ser detido em flagrante delito por facto qualificado como crime punível com pena de prisão, sem prejuízo do disposto no número seguinte.

2 – A detenção só se mantém quando o menor tiver cometido facto qualificado como crime contra as pessoas, a que corresponda pena máxima, abstratamente aplicável, de prisão igual ou superior a três anos ou tiver cometido facto qualificado como crime a que corresponda pena máxima, abstratamente aplicável, igual ou superior a cinco anos ou, ainda, tiver cometido dois ou mais factos qualificados como crimes a que corresponda pena máxima, abstratamente aplicável, superior a três anos, cujo procedimento não dependa de queixa ou de acusação particular.

3 – Fora dos casos referidos no número anterior procede-se apenas à identificação do menor.

4 – Em caso de flagrante delito:

a) A autoridade judiciária ou qualquer entidade policial procede à detenção;

b) Se não estiver presente autoridade judiciária ou entidade policial nem puder ser chamada em tempo útil, qualquer pessoa pode proceder à detenção, entregando imediatamente o menor àquelas entidades.

Detenção em flagrante delito

1. A detenção do menor apenas pode ter lugar quando se verifique uma situação de flagrante delito e o facto qualificado como crime seja punível com pena de prisão.

Esta detenção pode ser efetuada pela autoridade judiciária (juiz ou Ministério Público) ou qualquer entidade policial mas, se não estiver presente autoridade judiciária ou entidade policial nem puder ser chamada em tempo útil, qualquer pessoa pode proceder à detenção, entregando imediatamente o menor àquelas entidades (art. 255.º, b) CPP).

Por seu turno, a exigência de que se trate de facto qualificado como crime punível com pena de prisão pressupõe que essa detenção apenas pode ocorrer em situações que revelem alguma gravidade, ou seja, como medida de último recurso (art. 37.º, b) CDC).

2. Esta solução de último recurso relativamente à detenção pressupõe ainda que esta, ainda que em flagrante delito, apenas se mantém se o menor tiver cometido:

a) Facto qualificado como crime contra as pessoas, a que corresponda pena máxima, abstratamente aplicável, de prisão igual ou superior a três anos; ou

b) Facto qualificado como crime a que corresponda pena máxima, abstratamente aplicável, igual ou superior a cinco anos; ou ainda,

c) Dois ou mais factos qualificados como crime a que corresponda pena máxima, abstratamente aplicável, superior a três anos, cujo procedimento não dependa de queixa ou de acusação particular.

As situações previstas em primeiro e terceiro lugar já existiam na versão originária da lei, tendo sido introduzida a segunda situação com vista a dar resposta adequada aos casos em que o menor cometesse factos qualificados como crime com alguma gravidade mas que, por não se incluírem na sistematização de crimes contra as pessoas (Título I da Parte Especial do Código Penal – arts. 131.º a 201.º), não permitiam a manutenção da detenção em flagrante delito.

Deste modo, nas duas primeiras situações, basta a prática de apenas um facto com a moldura penal definida por parte do menor para se poder manter a detenção e a posterior apresentação daquele a interrogatório.

Contudo, na terceira situação, "o legislador coloca (ou deixa) uma pedra no caminho, ao fazer referência à natureza do crime (semi-público ou particular), no âmbito de uma lei que agora prescinde dessa mesma queixa para factos qualificados como crimes semi-públicos ou particulares" (SILVA, Júlio Barbosa e, "E se todo o mundo ...", *loc. cit.*, p. 48).

3. A gravidade dos factos que permite que a detenção se mantenha é determinada através de uma formulação da lei idêntica à utilizada para definir o âmbito de aplicação do internamento em regime semiaberto ou regime fechado (art. 17.º/3 e 4), salvaguardando-se a exigência de último recurso e de necessidade de qualquer medida que implique a captura, detenção ou prisão de uma criança (art. 37.º, b) CDC).

Apesar das melhorias introduzidas, o regime deveria ser significativamente simplificado face aos objetivos que visa prosseguir uma vez que é difícil conceber que se possam cometer, em flagrante delito, dois ou mais factos qualificados como crime ou obrigar as entidades policiais a ter imediatamente presentes a sua inserção sistemática, as penas de prisão abstratamente aplicáveis e a natureza dos ilícitos, antes de saber se pode manter uma detenção de um menor em flagrante delito.

4. Quando se proceda à detenção do menor, deve ser lavrado auto, do qual conste (SILVA, Júlio Barbosa e, *Lei Tutelar Educativa Comentada...*, *ob. cit.*, p. 174):

a) O dia, hora e local em que se efetuou a detenção;

b) A identificação de quem efetuou a detenção, da entidade a quem foi entregue e do menor;

c) A informação sobre quaisquer lesões físicas ou queixas apresentadas pelo menor;

d) Os motivos que levaram à sua detenção;

e) A menção da comunicação ao menor dos seus direitos, incluindo o direito de acesso ao um advogado enquanto detido e a contactar com os pais ou pessoa da sua confiança;

f) Salvo em circunstâncias excecionais, a menção de que foram contactados os pais ou cuidadores e que lhes foi transmitida a informação sobre a detenção do menor;

g) A data de elaboração do auto e a assinatura de quem o elaborou.

5. Não se verificando nenhum dos pressupostos que legitimam a detenção do menor, deve a entidade policial proceder apenas à sua identificação (art. 50.º).

António José Fialho

ARTIGO 53.º
Comunicação

1 – Salvo quando haja risco de a inviabilizar, a detenção fora de flagrante delito é precedida de comunicação aos pais, representante legal ou pessoa que tenha a guarda de facto do menor.

2 – Sem prejuízo do disposto no número anterior, qualquer detenção é comunicada, no mais curto prazo e pelo meio mais rápido, aos pais, representante legal ou pessoa que tiver a guarda de facto do menor.

Detenção fora de flagrante delito; comunicação aos pais, representante legal ou pessoa que tenha a guarda de facto do menor

1. A detenção do menor fora de flagrante delito deve ser precedida de comunicação aos pais, representante legal ou pessoa que tenha a guarda de facto do menor, salvo quando se verifique o risco da mesma inviabilizar a sua concretização.

Deste modo, a decisão de não comunicação deve ser justificada pelo juiz, ainda que de forma indiciária, baseada em factos ou suspeitas fundadas, ouvido o Ministério Público.

2. A comunicação posterior à detenção, quer esta tenha ocorrido em flagrante delito, quer se tenha verificado fora de flagrante delito, é sempre comunicada posteriormente, no mais curto prazo e pelo meio mais rápido, aos pais, representante legal ou pessoa que tenha a guarda de facto.

Em princípio, deverão ser contactados ambos os pais, sendo suficiente a comunicação a um deles, caso não seja encontrado o outro uma vez que a urgência das situações pode não se compadecer com diligências exaustivas com vista a determinar essas formalidades de contacto.

De qualquer modo, estes procedimentos devem ser interpretados e concretizados de forma a garantir que, a partir do momento em que o menor seja detido, os adultos cuidadores, deverão ser imediatamente informados ou, se isso não for possível, dentro do mais curto prazo de tempo, sendo-lhes fornecidos os detalhes essenciais acerca do modo de detenção e convidados a comparecerem no posto policial.

O cumprimento adequado destas comunicações não só garante a exigência legal de informação como possibilita o necessário apoio psicológico e emocional de que o jovem possa beneficiar com o envolvimento dos seus cuidadores no início do processo (Regra 10.1 das Regras Mínimas das Nações Unidas para a Administração da Justiça, da Infância e da Juventude, e Diretriz 29 das *Guidelines* do Comité de Ministros do Conselho da Europa para uma Justiça Amiga das Crianças de 17 de novembro de 2010).

3. A comunicação efetuada aos pais ou cuidadores deve ser feita, preferencialmente, utilizando o meio mais rápido e no mais curto prazo, não existindo qualquer formalidade especial.

O contacto pessoal ou telefónico continua a ser eficaz nestas circunstâncias uma vez que permite o fornecimento de informações essenciais sobre a detenção e a conveniência em que os pais ou outros cuidadores acompanhem o menor no posto policial onde se encontra detido.

Neste caso, a pessoa que proceder à comunicação deve lavrar uma informação no processo (cota) indicando que se procedeu à comunicação pessoal ou telefónica, identificando os pais ou cuidadores e, se for caso disso, as diligências realizadas que se revelaram infrutíferas.

4. Esta comunicação destina-se a garantir igualmente o controlo da legalidade da detenção pelo que, quando seja a autoridade policial a proceder à detenção, é obrigatória a comunicação imediata ao juiz para aplicação de medida cautelar ou na fase jurisdicional ou ao Ministério Público nos restantes casos (Silva, Júlio Barbosa e, *Lei Tutelar Educativa Comentada...*, *ob. cit.*, p. 181; Rodrigues, Anabela Miranda/Duarte-Fonseca, António Carlos, *ob. cit.*, p. 155-156).

António José Fialho

ARTIGO 54.º
Confiança do menor

1 – Quando não for possível apresentá-lo imediatamente ao juiz, o menor é confiado aos pais, ao representante legal, a quem tenha a sua guarda de facto ou a instituição onde se encontre internado.

2 – Se a confiança do menor nos termos do número anterior não for suficiente para garantir a sua presença perante o juiz ou para assegurar as finalidades da detenção, o menor é recolhido no Centro Educativo mais próximo ou em instalações próprias e adequadas de entidade policial, sendo-lhe, em qualquer caso, ministrados os cuidados e a assistência médica, psicológica e social que forem aconselhados pela sua idade, sexo e condições individuais.

3 – O menor confiado nos termos dos números anteriores é apresentado ao juiz no prazo e para os efeitos do disposto na alínea a) do n.º 1 do artigo 51.º.

Confiança do menor

1. Estabelece os procedimentos a realizar pelas autoridades policiais e, em certos casos, pelo próprio Ministério Público quando não seja possível apresentar o menor ao juiz durante o prazo de quarenta e oito horas (art. 51.º/1) o que, em princípio, apenas pode verificar-se em situações muito limitadas uma vez que, nos tribunais, são organizados turnos para assegurar o serviço previsto na lei que deva ser executado aos sábados, nos feriados que recaiam em segunda-feira e no segundo dia feriado, em caso de feriados consecutivos (arts. 36.º/2 LOSJ e 53.º/1 Regime aplicável à organização e funcionamento dos tribunais judiciais).

Esta organização de turnos destina-se, justamente, a evitar que sejam ultrapassados os prazos de apresentação o que não impede que se mostre necessário acautelar os períodos que possam ocorrer entre a detenção do menor e a sua apresentação ao juiz.

2. Não sendo possível essa apresentação imediata, o menor deve ser confiado aos pais, ao representante legal, a quem tenha a sua guarda de facto ou a instituição onde se encontre acolhido.

Caso os pais ou cuidadores não garantam a presença do menor junto do juiz "por aqueles serem permissivos ou nao conseguirem ou nao quererem estabelecer regras e disciplinas (...) perante um agregado familiar desestruturado ou com uma estrutura débil" (SILVA, Júlio Barbosa e, *Lei Tutelar Educativa Comentada..., ob. cit.*, p. 182), o menor deve ser confiado a outras entidades que assegurem aquela presença.

Deste modo, é estabelecida uma prevalência da confiança do menor a Centro Educativo mais próximo do local onde deva ser apresentado ao juiz.

Essa detenção deve ser concretizada em Centro Educativo de regime semiaberto ou fechado, preferencialmente em unidade residencial especialmente destinada a esse fim (art. 146.º).

3. Verificando-se a inexistência de Centro Educativo de regime semiaberto ou fechado, próximo da área do tribunal onde o menor deva ser apresentado, pode este aguardar a sua apresentação em instalações próprias e adequadas da autoridade policial.

Estas instalações devem assegurar o bem-estar e o respetivo devido à idade e condição do menor, garantindo a separação de adultos detidos ou presos (Diretrizes 31 e 32 das *Guidelines* do Comité de Ministros do Conselho da Europa para uma Justiça Amiga das Crianças de 17 de novembro de 2010).

ANTÓNIO JOSÉ FIALHO

ARTIGO 55.º
Primeiro interrogatório

Quando assistirem ao primeiro interrogatório, os pais, representante legal ou pessoa que tiver a guarda de facto do menor abstêm-se de qualquer interferência.

Primeiro interrogatório do menor

1. A criança suspeita ou acusada de ter infringido a lei penal deve ser informada pronta e diretamente das acusações formuladas contra si ou, se necessário, através dos pais ou representantes legais (art. 40.º/2, b) CDC).

Este direito deve ser especialmente concretizado no primeiro interrogatório ou audição do menor, sendo permitido que este se faça acompanhar pelos pais ou outros cuidadores ou, quando apropriado, por outro adulto à sua escolha, a não ser que haja motivos relevantes contra aquela pessoa.

2. O menor detido em flagrante delito, ou fora de flagrante delito, quando não seja presente perante autoridade judiciária para a realização de ato processual ou sujeito a perícia psiquiátrica ou sobre a personalidade, é interrogado pelo juiz (art. 51.º/1, a) e b)).

Na sequência da comunicação que lhes deve ser efetuada (art. 53.º), aquando do primeiro interrogatório do menor, os pais ou cuidadores ou outro adulto de confiança do menor podem estar presentes na diligência mas não podem interferir.

Assim, "devem remeter-se ao silêncio, não devem causar perturbação da diligência e não se devem esquecer que ali estão para assistir ao jovem e não exercer o contraditório em nome daquele" (Silva, Júlio Barbosa e, *Lei Tutelar Educativa Comentada…, ob. cit.*, p. 188).

Deste modo, esta disposição normativa exige que a audição do menor durante o primeiro interrogatório se faça entre o juiz e o menor, devendo aquele interagir com este com respeito e sensibilidade, utilizando linguagem apropriada à sua idade e nível de entendimento, tendo em conta qualquer dificuldade de comunicação que possa existir.

3. O menor é obrigatoriamente assistido por defensor no interrogatório (art. 45.º/2, e)).

Mesmo que o defensor não seja advogado constituído pelos pais, representante legal ou pessoa que tenha a guarda de facto do menor, no âmbito da nomeação oficiosa de advogado, o menor deve ter o direito de contactar previamente com o defensor, com vista a possibilitar o exercício da atividade de representação técnico-jurídica por parte deste, sendo igualmente razoável que os adultos cuidadores procurem conversar com o advogado nomeado ou constituído no sentido de obter os esclarecimentos e as informações necessárias sobre a assistência jurídica do menor.

Ocorrendo estes contactos em momento prévio ao interrogatório, o advogado deve igualmente informar os pais, representante legal ou pessoa que tenha a guarda de facto do menor de que têm o direito de assistir ao primeiro interrogatório mas que recai sobre eles a obrigação de não interferência no ato processual em causa, colaborando para que o mesmo decorra com elevação e serenidade.

4. Caso ocorra alguma interferência no primeiro interrogatório por parte dos pais, representante legal ou pessoa que tenha a guarda de facto, ao abrigo dos poderes de direção e disciplina daquele ato processual, o juiz deverá advertir com urbanidade a pessoa em causa no sentido de se abster de interferir; persistindo esta nessa atitude, deverão ser adotadas pelo juiz as providências necessárias contra quem perturbar o decurso dos atos respetivos, levantando ou ordenando o levantamento de auto ou, se necessário, ordenando a detenção dessa pessoa (art. 85.º CPP).

5. Ao menor deverão ser lidos e explicados em linguagem compreensível e adequada à sua idade os direitos previstos no art. 45.º e, em particular antes de prestar declarações, deverá ser esclarecido sobre o direito ao silêncio, ou seja, de que não é obrigado a responder a perguntas feitas sobre os factos que lhe são imputados ou sobre o conteúdo das declarações que acerca deles prestar e de não responder sobre a sua conduta, o seu carácter e a sua personalidade (art. 45.º, b), c) e h) e 343.º e 345.º CPP *ex vi* art. 128.º).

6. A audição do menor no primeiro interrogatório versa sobre a imputação dos factos e sobre as demais circunstâncias relevantes para a apreciação do caso, com vista a justificar a eventual aplicação de uma medida cautelar.

O menor presume-se inocente até que a sua responsabilidade pela prática dos factos seja estabelecida pelo tribunal, beneficiando de assistência jurídica ou outra considerada necessária para a preparação e apresentação da sua defesa (art. 40.º/2, b), i e ii CDC).

O interrogatório do menor é realizado pelo juiz, podendo o Ministério Público e o defensor solicitar ao juiz que formule perguntas de esclarecimento sobre as respostas prestadas pelo menor.

7. Findo o interrogatório, o juiz poderá aplicar ou não medida cautelar, devendo, sempre que possível, ouvir antes o menor, os pais, o representante legal ou pessoa que tiver a guarda de facto, o Ministério Público, quando não seja o requerente, e o defensor (art. 59.º/2).

O juiz que aplica medida cautelar de guarda em Centro Educativo não fica impedido de participar na fase jurisdicional (em sentido contrário, Silva, Júlio Barbosa e, *Lei Tutelar Educativa Comentada..., ob. cit.*, p. 207).

Com efeito, os fundamentos da intervenção tutelar educativa são diversos daqueles que justificam idêntica solução no âmbito do processo criminal (art. 40.º, a) CPP) e, por outro lado, a existência de juízos preconcebidos sobre a verificação dos factos qualificados como crime não é essencial à aplicação de medida tutelar, inexistindo qualquer juízo abstrato de eventual violação do princípio da imparcialidade se o juiz, no caso concreto, fundamentar a aplicação da medida tutelar em função da verificação dos seus pressupostos [neste sentido, Ac. TRE 07/01/2014 (14/13.0TQFAR-A.E1)].

António José Fialho

SECÇÃO III
Medidas cautelares

ARTIGO 56.º
Adequação e proporcionalidade

As medidas cautelares devem ser adequadas às exigências preventivas ou processuais que o caso requerer e proporcionadas à gravidade do facto e às medidas tutelares aplicáveis.

Medidas cautelares; adequação e proporcionalidade

1. Estabelece que a aplicação de uma medida cautelar, seja ela qual for, está sujeita aos princípios da necessidade, adequação e proporcionalidade.

A aplicação de uma medida cautelar pressupõe que as exigências preventivas sejam consideradas quando esteja em causa a "finalidade processual de restabelecimento da paz jurídica comunitária posta em causa com a prática do facto" enquanto que "as exigências processuais visam acautelar a averiguação da prática do facto e das necessidades educativas do menor" (Terra, Renata, "Breves Apontamentos sobre a Medida Cautelar de Guarda em Centro Educativo", *Revista Julgar*, n.º 8, mai.-ago., 2009, p. 29).

As medidas cautelares inserem-se, deste modo, numa perspetiva de futuro processual ou numa lógica de encadeamento ou de continuidade com o processo e a medida tutelar educativa que, a final, deva ser aplicada.

2. Os princípios da adequação e da proporcionalidade pressupõem uma ideia de proporção ou de proibição de excessos, ou seja, referem-se fundamentalmente à necessidade de uma relação equilibrada de meios e de fins.

Assim, para realizar as suas finalidades, as medidas cautelares não devem empregar meios que se cifrem, pela sua restrição ou limitação, em encargos excessivos ou não equilibrados para as necessidades educativas do menor a que se destinam.

O princípio da proporcionalidade desdobra-se em três subprincípios:

a) O princípio da adequação, segundo o qual as medidas restritivas de direitos, liberdades e garantias devem revelar-se como um meio para a prossecução dos fins visados, com salvaguarda de outros direitos ou bens constitucionalmente protegidos;

b) O princípio da exigibilidade o qual estabelece que as medidas restritivas têm que ser exigidas para alcançar os fins em vista uma vez que o órgão decisor não dispõe de outros meios menos restritivos para alcançar aquelas finalidades;

c) O princípio da justa medida ou da proporcionalidade em sentido estrito segundo o qual não poderão adotar-se medidas excessivas ou desproporcionadas para alcançar as finalidades pretendidas.

O critério da justa medida estabelece que a intervenção, nos seus efeitos restritivos ou lesivos, deve estar numa relação equilibrada – de justa medida – com os fins prosseguidos, o que exige uma ponderação, graduação e correspondência dos efeitos e das medidas possíveis.

O critério da inadequação do meio em fim pressupõe um exame mais próximo das especificidades do caso concreto pois, através dele, se avalia a existência, neste caso, de várias possibilidades, igualmente idóneas, a realizar o fim pretendido, sendo escolhida aquela que se revele menos onerosa ou restritiva.

Os princípios da necessidade, da proporcionalidade e da subsidiariedade assumem incidência reforçada quando estejam em causa restrições à liberdade do menor e, em certa medida, assentam na consideração do seu superior interesse na medida em que, caso se mostrem necessárias, a não aplicação poderia atrasar ou protelar a intervenção educativa ou contribuir para a prática de novos factos qualificados como crime.

3. O processo tutelar educativo encontra-se organizado relativamente a dois objetivos: a investigação do facto eventualmente praticado e as finalidades subjacentes às necessidades educativas.

Na sua prossecução, assumem especial relevância as medidas cautelares, nas quais a investigação do facto assume uma natureza perfunctória ou indiciária, bem como a de (a)cautelar determinadas exigências preventivas de natureza processual.

Assim, em primeiro lugar, a exemplo das medidas tutelares, se não existirem necessidades educativas, atuais ou futuras, não pode ser aplicada medida cautelar.

Em segundo lugar, as medidas cautelares destinam-se também a garantir a salvaguarda da investigação e obtenção de prova, bem como assegurar que o menor não comete novos factos ou se exime à intervenção tutelar educativa.

4. Na determinação da medida cautelar a aplicar, o juiz deverá então aferir se, em face dos indícios sobre a prática do facto e as exigências preventivas que a mesma visa salvaguardar, aquela que venha a ser aplicada de acordo com a enumeração taxativa no artigo 57.º, é a que se mostra idónea e apta a alcançar esses objetivos e, bem assim, proporcional à gravidade do facto e à medida que previsivelmente possa vir a ser aplicada.

António José Fialho

ARTIGO 57.º
Tipicidade

São medidas cautelares:

a) A entrega do menor aos pais, representante legal, família de acolhimento, pessoa que tenha a sua guarda de facto ou outra pessoa idónea, com imposição de obrigações ao menor;
b) A guarda do menor em instituição pública ou privada;
c) A guarda do menor em Centro Educativo.

Medidas cautelares; elenco; tipicidade

1. O artigo em anotação estabelece a enumeração taxativa das medidas cautelares por ordem crescente de gravidade consagrando não apenas o princípio da tipicidade mas também da legalidade das medidas.

O princípio da tipicidade ou da legalidade pressupõe que apenas podem ser aplicadas estas medidas cautelares e não outras.

A ordem crescente de gravidade encontra-se estabelecida de acordo com a restrição à liberdade pessoal do menor que cada uma delas determina.

2. A medida cautelar de entrega do menor aos pais, representante legal, família de acolhimento, pessoa que tenha a sua guarda de facto ou outra pessoa idónea, com imposição de obrigações ao menor, consiste, essencialmente, na atribuição aos pais ou outros cuidadores da responsabilidade sobre o comportamento do menor durante o processo, configurando uma previsão de medida não institucional, na qual poderão ser fixadas determinadas obrigações que acautelem ou evitem a prática de novos factos qualificados como crime, designadamente:

a) Não permanecer num determinado local onde o facto tenha sido levado a cabo ou onde habitem as pessoas contra as quais possam ser cometidos novos factos qualificados como crime;

b) Não se ausentar da povoação, freguesia ou concelho onde reside sem autorização do tribunal, salvaguardadas as deslocações relacionadas com as atividades escolares, formativas ou extracurriculares que sejam relevantes para o percurso educativo do menor ou relacionadas com o cumprimento de obrigações processuais;

c) Não contactar com determinadas pessoas (outros menores ou adultos relacionados com a prática de factos qualificados como crime ou com comportamentos aditivos que prejudiquem o menor);

d) Não frequentar determinados lugares, certos meios ou recintos (zonas ou locais onde se verifique ou facilite a prática de factos qualificados como crime);

e) Não trazer consigo objetos que possam facilitar a prática de factos qualificados como crime (armas, objetos relacionados com furtos, roubos ou tráfico de estupefacientes);

f) Sujeitar-se, mediante prévio consentimento, a tratamentos de dependências de que padeça ou que possam ter favorecido a prática de crime.

Com a revisão da lei, foi introduzida a referência a família de acolhimento no leque dos cuidadores.

3. A medida cautelar de guarda do menor em instituição pública ou privada consiste na confiança do menor a uma instituição diversa do Centro Educativo, vocacionada para receber menores em conflito com a lei, designadamente no âmbito da promoção e proteção.

Contudo, os objetivos desta medida cautelar (bem como de qualquer uma das outras) não são aqueles que estão subjacentes às medidas de promoção e proteção ou medidas de saúde mental juvenil, não obstante poderem existir pontos de contacto entre as mesmas.

Esta medida é de rara aplicação pela inexistência de instituições públicas ou privadas que acautelem as suas finalidades. Mesmo nas situações, cada vez mais frequentes, de menores que praticaram factos qualificados como crime e a que foi aplicada medida de promoção e proteção de acolhimento residencial, não é possível aplicar esta medida cautelar na medida em que, por um lado, as instituições não querem assumir essa responsabilidade e, por outro lado, boa parte das vezes, os factos qualificados como crime foram cometidos contra outras pessoas ou bens da instituição, inviabilizando qualquer projeto que possa ser realizado relativamente a esse menor.

4. O prazo máximo de duração destas medidas cautelares (entrega do menor aos pais, representante legal, família de acolhimento, pessoa que tenha a sua guarda de facto ou outra pessoa idónea, com imposição de obrigações ao menor, ou medida de guarda do menor em instituição pública ou privada) é de seis meses até à decisão do tribunal de 1.ª instância e de um ano até ao trânsito em julgado da decisão (art. 60.º/2).

5. A medida cautelar de guarda em Centro Educativo é cumprida nos centros educativos classificados de regime semiaberto ou fechado, de preferência, em unidade residencial destinada a esse fim e à detenção (arts. 145.º, b) e 146.º).

Deste modo, pretende-se evitar que a curta permanência dos menores nestes centros educativos possa favorecer o seu contacto com outros menores internados.

6. O regime de internamento é um dos fatores de diferenciação e de classificação dos centros educativos, condicionando o respetivo funcionamento e o grau de abertura ao exterior (art. 206.º/1 e 2).

Contudo, no mesmo Centro Educativo, poderão coexistir unidades residenciais para diferentes regimes de execução do internamento, situação que se verificado em quase todos os centros (Portaria n.º 102/2008, de 1 de fevereiro).

Assim, no regime semiaberto, os menores são educados e frequentam atividades educativas e de tempos livres no estabelecimento, mas podem ser autorizados a frequentar no exterior atividades escolares, educativas ou de formação, laborais ou desportivas, podendo os menores ser autorizados a sair sem acompanhamento para a frequência das atividades referidas no número anterior e a passar períodos de férias com os pais ou cuidadores (art. 168.º).

No regime fechado, os menores residem, são educados e frequentam atividades formativas e de tempos livres exclusivamente dentro do estabelecimento, estando as saídas, sob acompanhamento, estritamente limitadas ao cumprimento de obrigações judiciais, à satisfação de necessidades de saúde ou a outros motivos igualmente ponderados e excecionais (art. 169.º/1). Neste regime, a amplitude e a intensidade das restrições à liberdade do menor internado é equivalente às que se encontram previstas na prisão de adultos.

7. A diferença da medida de guarda em Centro Educativo relativamente às demais medidas cautelares consiste, essencialmente, nos meios a utilizar para atingir a socialização do menor, designadamente através dos programas e métodos pedagógicos aplicados num contexto de maior restrição da liberdade, consoante as necessidades educativas de cada um, resultando da contenção institucional uma maior eficácia na aplicação daqueles programas a menores particularmente resistentes à intervenção educativa.

8. A medida cautelar de guarda em Centro Educativo apenas pode ser aplicada quando o menor tenha cometido facto qualificado como crime a que corresponda pena máxima, abstratamente aplicável, de prisão superior a cinco anos ou ter cometido dois ou mais factos contra as pessoas qualificados como crimes a que corresponda pena máxima, abstratamente aplicável, de prisão superior a três anos (arts. 17.º/4, a) e 58.º/2).

Neste caso, se o menor tiver idade inferior a 14 anos, a medida é executada em Centro Educativo de regime semiaberto mas, se tiver idade igual ou superior a 14 anos, o juiz pode determinar a execução da medida em Centro Educativo de regime semiaberto ou fechado (arts. 17.º/4 e 58.º/3).

9. Caso seja aplicada medida cautelar de guarda em instituição pública ou privada ou em Centro Educativo, o processo passa a ter natureza urgente, correndo em férias judiciais, devendo a audiência prévia ou de julgamento ser designada com precedência sobre qualquer outro processo (arts. 44.º e 94.º/2).

António José Fialho

ARTIGO 58.º
Pressupostos

1 – A aplicação de medidas cautelares pressupõe:

a) A existência de indícios do facto;

b) A previsibilidade de aplicação de medida tutelar; e

c) A existência fundada de perigo de fuga ou de cometimento de outros factos qualificados pela lei como crime.

2 – A medida prevista na alínea c) do artigo anterior só pode ser aplicada quando se verificarem os pressupostos previstos na alínea a) do n.º 4 do artigo 17.º

3 – No caso previsto no número anterior, a medida é executada em Centro Educativo semiaberto se o menor tiver idade inferior a 14 anos. Se o menor tiver idade igual ou superior a 14 anos, o juiz determina a execução da medida em Centro Educativo de regime semiaberto ou fechado.

Medidas cautelares; pressupostos de aplicação

1. Estabelece o princípio da necessidade das medidas cautelares em função da verificação cumulativa de determinadas exigências processuais e apenas em função delas.

2. A aplicação de uma medida cautelar pressupõe, em primeiro lugar, a existência de indícios do facto qualificado pela lei como crime, ou seja, de elementos probatórios que permitam formar um juízo de probabilidade sobre a ocorrência desse facto.

Os factos probatórios indiciários são os que permitem concluir pela verificação ou não verificação de outros factos por meio de raciocínio alicerçado em regras de experiência comum ou de ciência ou técnica.

São sinais da ocorrência de um facto qualificado como crime, donde se possa formar a convicção de que existe a probabilidade razoável de que esse facto foi cometido.

Esse juízo não impõe a mesma exigência de verdade e de certeza requerida na decisão final mas a convicção baseada num conjunto de elementos que, logicamente relacionados e conjugados, formam um conjunto persuasivo, na pessoa de quem os examina, sobre a existência do facto e de quem foi o seu autor, impondo um juízo de probabilidade sobre a verificação desse facto.

3. O juízo indiciário sobre os factos deve ainda pressupor que, caso os mesmos se verifiquem, é altamente provável que venha a ser aplicada ao menor medida tutelar, probabilidade essa que deve ser mais positiva do que negativa.

No juízo de adequação e de proporcionalidade da medida cautelar, deverá ser tida em conta a gravidade dos factos e a previsibilidade sobre uma concreta medida tutelar educativa que possa vir a ser aplicada ao menor, em função das suas necessidades educativas.

4. Finalmente, a aplicação de medida cautelar, para além dos critérios de adequação, necessidade e de proporcionalidade, está ainda dependente de um juízo fundado de perigo de fuga ou de cometimento de novos factos qualificados pela lei como crime, concretizando as exigências processuais de averiguação da prática do facto e das necessidades educativas do menor.

A simples possibilidade de fuga ou de cometimento de novos factos não permite a aplicação de medida cautelar já que é exigido que essa probabilidade seja fundada, ou seja, assente em factos concretos.

A intervenção tutelar educativa e as suas finalidades fundamentam-se na existência de "uma situação desviante que torne clara a rutura com elementos nucleares da ordem jurídica" (Exposição de Motivos da Proposta de Lei n.º 266/VII), permitindo ao Estado o direito de intervir sempre que o menor ofenda valores essenciais da comunidade, tornando assim necessária a interiorização pelo menor das normas e valores jurídicos necessários a uma convivência em sociedade.

Estas exigências são particularmente evidentes na aplicação das medidas tutelares já que, num direito educativo e não sancionador, as mesmas são decididas em função do interesse do menor – *as necessidades educativas* – mas sem esquecer que estamos perante a prática de um facto qualificado como crime – *a averiguação da prática do facto* – cuja gravidade justifica uma intervenção antecipatória face à medida definitiva que possa vir a ser aplicada.

5. A medida cautelar de guarda em Centro Educativo apenas pode ser aplicada quando o menor tenha cometido facto qualificado como crime a que corresponda pena máxima, abstratamente aplicável, de prisão superior a cinco anos ou ter cometido dois ou mais factos contra as pessoas qualificados como crimes a que corresponda pena máxima, abstratamente aplicável, de prisão superior a três anos (art. 17.º/4, a)).

Neste caso, se o menor tiver idade inferior a 14 anos, a medida é executada em Centro Educativo de regime semiaberto mas, se tiver idade igual ou superior a 14 anos, o juiz pode determinar a execução da medida em Centro Educativo de regime semiaberto ou fechado.

Com a revisão de 2015, foi clarificado o texto legal com a alteração introduzida na al. b) do n.º 4 do artigo 17.º, passando a constar que o menor deve ter idade igual ou superior a 14 anos à data da aplicação da medida para que lhe possa ser aplicada medida de internamento em regime fechado.

6. Não há lugar ao desconto da medida cautelar de internamento em Centro Educativo quando, posteriormente, lhe venha a ser aplicada medida tutelar de internamento (Ac. STJ 3/2009, de 17-02-2009, Diário da República, n.º 33, Série I, de 17 de fevereiro de 2009).

Esta decisão foi proferida depois de alguma divergência na jurisprudência prevalecendo a tese de que, através da aplicação das medidas, não está em causa a satisfação das expectativas comunitárias de segurança mas sim a socialização. Deste modo, na ponderação do período da medida de internamento a aplicar, em sede de decisão final, o juiz deve considerar as necessidades de educação do menor para o direito e, em conformidade, pode ser irrelevante o tempo até então decorrido em que foi sujeito a medida cautelar ou, em sentido inverso, se no decurso desse tempo, o processo de educação teve algum resultado, então deverá ser avaliado o tempo necessário para alcançar o escopo da medida que urge aplicar.

Assim, qualquer subtração matemática desse tempo ao tempo ainda necessário para o processo de educação para o direito desvirtuaria o princípio subjacente às necessidades educativas do menor (neste sentido, SUSANO, Helena, "A dinâmica do processo na Lei Tutelar Educativa", *Revista Julgar*, n.º 11, mai.-ago., 2010, pp. 123-127).

7. Este entendimento expresso na jurisprudência uniformizada não resolveu a questão de saber se, ainda assim, deve ser aplicado ou não o desconto do período de tempo relativo à medida cautelar quando lhe venha a ser aplicada medida tutelar educativa de internamento que, na soma de ambos os períodos, ultrapasse o tempo máximo de duração da medida de internamento (SILVA, Júlio Barbosa e, *Lei Tutelar Educativa Comentada...*, *ob. cit.*, pp. 213-215).

Considerando os princípios subjacentes à privação de liberdade do menor, a qual deverá ocorrer pelo tempo considerado necessário e indispensável à obtenção das finalidades das medidas tutelares educativas e o sentido expresso na jurisprudência uniformizada, parece-nos serem de considerar as duas medidas (cautelar e tutelar educativa) de idêntica natureza numa linha de unidade e de continuidade da intervenção, quando o limite máximo de duração da medida seja atingido. Assim, o decurso do período correspondente à medida cautelar deve ser considerado para que aquele limite máximo não seja ultrapassado.

António José Fialho

ARTIGO 59.º
Formalidades

1 – As medidas cautelares são aplicadas por despacho do juiz, a requerimento do Ministério Público durante o inquérito e, posteriormente, mesmo oficiosamente.

2 – A aplicação de medidas cautelares exige a audição prévia do Ministério Público, se não for o requerente, do defensor e, sempre que possível, dos pais, representante legal ou pessoa que tenha a guarda de facto do menor.

3 – O despacho referido no n.º 1 é notificado ao menor e comunicado aos pais, representante legal ou pessoa que tenha a sua guarda de facto.

Aplicação das medidas cautelares; formalidades

1. A competência para a aplicação das medidas cautelares é atribuída exclusivamente ao juiz mesmo durante o inquérito tutelar, inexistindo qualquer diferença relativamente ao regime processual penal.

Durante o inquérito, as medidas cautelares apenas podem ser aplicadas a requerimento do Ministério Público mas, posteriormente, as mesmas podem ser aplicadas oficiosamente pelo juiz, o que não impede que o Ministério Público não possa ter idêntica iniciativa na fase jurisdicional.

2. Mesmo na fase de inquérito, o juiz não se encontra limitado à medida cautelar requerida pelo Ministério Público.

Com efeito, não colhe o argumento de que "é o Ministério Público quem sabe, na fase de inquérito, até onde e de que forma quer conduzir o inquérito tutelar educativo com a promoção de uma determinada medida cautelar" (Silva, Júlio Barbosa e, *Lei Tutelar Educativa Comentada...*, *ob. cit.*, p. 204).

As finalidades processuais das medidas cautelares não impõem nem são determinadas pela orientação e pelas finalidades do inquérito e, por outro lado, essa limitação também já não existe no âmbito das medidas de coação aplicadas no processo penal (art. 194.º/2 CPP).

Com efeito, se o juiz pode, oficiosamente, alterar a medida, aplicando outra mais gravosa, se concluir que a medida anteriormente aplicada não realiza as finalidades pretendidas (art. 61.º/1), não se compreende que esteja limitado pela gravidade da medida cautelar que é requerida pelo Ministério Público na fase de inquérito (Ac. TRL 22/05/2005, *CJ*, Ano XXVI, Tomo III, pp. 143-145).

3. A aplicação das medidas cautelares deve ser precedida de audição do Ministério Público, se não for o requerente, e do defensor.

Mostrando-se possível o contacto com os pais, representante legal ou pessoa que tenha a guarda de facto do menor, estes também deverão ser ouvidos e, caso seja detido para aplicação de medida cautelar, o menor também será obrigatoriamente ouvido (art. 45.º/2, a)).

A aplicação de medida cautelar implica uma restrição à liberdade do menor pelo que deve ser-lhe dada a oportunidade de expressar os seus pontos de vista perante uma decisão que o afeta significativamente.

4. No âmbito do primeiro interrogatório, a audição do menor e dos pais ou cuidadores que estejam presentes mostra-se fácil de concretizar, logo após a audição do Ministério Público e do defensor, em momento anterior à decisão que, em regra, será proferida de seguida.

Esse direito de audição mostra-se mais difícil de concretizar nos casos em que o requerimento do Ministério Público, durante o inquérito, ou a iniciativa oficiosa do juiz sobre as finalidades processuais de uma medida cautelar não se verifiquem durante o primeiro interrogatório e, mais ainda, quando essa audição prévia possa comprometer a execução da medida.

Deste modo, uma boa forma de solucionar este problema poderá ser concretizada através da emissão de mandados de detenção do menor com vista a assegurar a sua comparência perante o juiz para eventual aplicação de medida cautelar, garantindo-se a presença dos pais ou cuidadores no primeiro interrogatório a realizar e, deste modo, estando todos presentes, observar os direitos de audição e de comunicação que lhes assistem sobre a aplicação de medida cautelar.

5. A decisão que aplique medida cautelar é imediatamente notificada ao menor e ao seu defensor e ainda comunicada aos pais, representante legal ou pessoa que tenha a sua guarda de facto.

Por se tratar de um acto decisório que versa sobre direitos fundamentais, esta decisão deverá ser fundamentada, de facto e de direito, sendo o conteúdo da mesma explicado ao menor numa linguagem que este possa entender, em particular quando o seu ponto de vista ou a sua opinião não foram seguidas (Diretriz 49 das *Guidelines* do Comité de Ministros do Conselho da Europa para uma Justiça Amiga das Crianças, de 17 de novembro de 2010).

Ao explicar a decisão que aplica medida cautelar – assim como em qualquer decisão que aplique medida tutelar educativa – o juiz deverá evitar "o uso de linguagem técnico-jurídica, devendo os conceitos serem alvo de transformação em algo que possa ser apreensível e compreensível pelo jovem, para que saiba o porquê da decisão judicial e qual o motivo da sua visão dos factos não ter sido acolhida, pelo menos na extensão desejada" (Silva, Júlio Barbosa e, *Lei Tutelar Educativa Comentada..., ob. cit.*, p. 206).

6. A decisão que aplique ou reveja medida cautelar educativa é suscetível de recurso (art. 121.º/1, b)).

A questão que se coloca consiste em saber se apenas (só) a decisão que aplique ou reveja medida cautelar é recorrível pelo que, em sentido contrário, a decisão que negue a aplicação de medida cautelar não é suscetível de recurso (Ramião, Tomé d' Almeida, *Lei Tutelar Educativa..., ob. cit.*, p. 103).

Com esta proibição de recurso, o único sujeito processual prejudicado é o Ministério Público que fica limitado no seu "direito à reavaliação, por um tribunal superior, de uma decisão judicial, a qual pode ser desprovida de sentido (...) e, na sequência da sua não aplicação, podem ficar comprometidas, em relevante medida e, nalguns casos, até irremediavelmente, as finalidades da justiça juvenil" pelo que, a exemplo do que sucedia no processo penal, esta proibição de recurso seria irrazoável e inconstitucional (Silva, Júlio Barbosa e, *Lei Tutelar Educativa Comentada..., ob. cit.*, p. 204).

No âmbito do processo penal, a insusceptibilidade de recurso da decisão judicial que não aplicasse medida de coação foi revogada pela Lei n.º 26/2010, de 30 de agosto (art. 219.º CPP).

ANTÓNIO JOSÉ FIALHO

ARTIGO 60.º
Duração

1 – A medida de guarda de menor em Centro Educativo tem o prazo máximo de três meses, prorrogável até ao limite máximo de mais três meses em casos de especial complexidade devidamente fundamentados.

2 – O prazo de duração das restantes medidas cautelares é de seis meses até à decisão do tribunal de 1.ª instância e de um ano até ao trânsito em julgado da decisão.

Duração das medidas cautelares

1. As medidas de privação da liberdade a menores de 18 anos devem ser estabelecidas de acordo com a lei e aplicadas como medida de último recurso, tendo a duração mais breve possível (art. 37.º, b) CDC, Regras 13.1. e 13.2 das Regras de Beijing e Diretriz 19.ª das *Guidelines* do Comité de Ministros do Conselho da Europa para uma Justiça Adaptada às Crianças).

Esta disposição normativa estabelece que o prazo máximo de duração da medida cautelar de guarda em Centro Educativo é de três meses, prorrogável até ao limite máximo de mais três meses em casos de especial complexidade devidamente fundamentados, prazos estes que são coincidentes com os prazos fixados para a conclusão do inquérito tutelar educativo (art. 72.º/4).

2. A noção de excecional complexidade está, de certa forma, referenciada a espaços de indeterminação, pressupondo uma integração densificada pela análise e ponderação de todos os elementos do procedimento; a integração da noção exige, assim, uma intensa e exclusiva ponderação sobre os elementos da concreta configuração processual, que se traduz, no essencial, numa avaliação prudencial sobre factos.

Deste modo, a especial complexidade constitui, no rigor, uma noção que apenas assume sentido quanto avaliada na perspetiva do processo, considerado não nas incidências estritamente jurídico-processuais, mas na dimensão factual de procedimento enquanto sequência e conjunto de atos e revelação externa e interna de acrescidas dificuldades de investigação, composição e sequência com refração nos termos e nos tempos do procedimento.

A decisão sobre a verificação da especial complexidade não depende, pois, da aplicação da lei a factos e da integração de elementos compostos com dimensão normativa, nem está tributária da interpretação de normas.

O juízo sobre a complexidade assume-se, assim, como juízo prudencial, de razoabilidade, de critério da justa medida na apreciação e avaliação das dificuldades suscitadas pelo procedimento mas não estritamente do processo; as questões de interpretação e de aplicação da lei, por mais intensas e complexas, não atingem a noção.

Assim, as dificuldades de investigações técnicas, o número de intervenientes processuais, a deslocalização dos atos, as contingências procedimentais provenientes das intervenções dos sujeitos processuais, a intensidade de utilização dos meios, tudo serão elementos a considerar, no prudente critério do juiz, para determinar que um determinado procedimento apresenta, no conjunto ou, parcelarmente, em alguma das suas fases, uma excecional complexidade.

A excecional complexidade de um processo é, por isso, uma noção de facto cuja determinação, por despacho fundamentado, cabe exclusivamente ao juiz de 1.ª instância, oficiosamente ou a requerimento do Ministério Público, mediante prévia audição do jovem, do seu defensor, dos pais, representante legal ou da pessoa que tenha a sua guarda de facto.

Mais ainda, no âmbito do processo tutelar educativo, este conceito deve fundar-se em "critérios objectivos que revelem uma dificuldade adicional e extravagante no desenrolar do procedimento, não se devendo cingir apenas ao apuramento dos indícios dos factos correspondentes aos crimes cometidos pelo jovem mas também à indagação da sua realidade social, passada e contemporânea e de prognose quando ao futuro, bem como ao apuramento da sua personalidade" [Ac. RP 27/10/2010 (1749/09.3TBVNG-B.P1), disponível em *www.dgsi.pt*, consultado a 5 de fevereiro de 2018].

Assim, para aferir se estamos perante uma situação de excecional complexidade no âmbito da intervenção tutelar educativa, importa fazer um juízo de apreciação e de avaliação sobre as análises que devam ser realizadas para determinar o trinómio relativo aos factos cometidos, ao meio social e familiar em que se encontra inserido o jovem e à sua personalidade e, caso essas análises pressuponham dificuldades adicionais e acrescidas no procedimento, deve ser ponderada a possibilidade de declaração de excecional complexidade.

3. Quando seja aplicada medida cautelar, cabe à autoridade judiciária responsável por cada uma das fases do processo (inquérito ou fase jurisdicional) agilizá-lo, dirigi-lo e adequar as diligências probatórias que visem investigar a existência de facto qualificado como crime e determinar as necessidades educativas do jovem com vista à decisão sobre a aplicação de medida tutelar.

Na verdade, ao contrário do que sucede com as medidas de coacção impostas no processo penal, o prazo de duração das medidas cautelares não é alargado em função da fase processual (art. 215.º/1 CPP).

Com efeito, uma vez que o prazo de duração máxima de medida cautelar de guarda em Centro Educativo e a respetiva prorrogação coincidem com o prazo de duração máxima do inquérito (art. 72.º/4), a duração do inquérito tutelar educativo pode esgotar todo o prazo de duração da medida cautelar ainda antes de se iniciar a fase jurisdicional (art. 64.º/1, a)).

4. Caso tenha sido aplicada ao menor medida cautelar de guarda em Centro Educativo e se revelar necessária a realização de perícia sobre a personalidade, deve ser suspenso o decurso do prazo da medida cautelar de guarda, realizando-se a perícia no Centro Educativo onde o menor se encontra internado (neste sentido, TERRA, Renata, "Breves Apontamentos...", *ob. e loc. cit.*, p. 34).

5. O menor a quem tenha sido aplicada medida cautelar de guarda em Centro Educativo pode lançar mão da providência de *habeas corpus* por se tratar de uma medida processual privativa da liberdade (neste sentido, enunciando diversa jurisprudência, TERRA, Renata, "Breves Apontamentos...", *ob. e loc. cit*, p. 35).

ANTÓNIO JOSÉ FIALHO

ARTIGO 61.º
Revisão

1 – Oficiosamente ou a requerimento, as medidas cautelares são substituídas, se o juiz concluir que a medida aplicada não realiza as finalidades pretendidas.

2 – As medidas cautelares são revistas, oficiosamente, de dois em dois meses.

3 – O Ministério Público e o defensor são ouvidos, se não forem os requerentes, bem como os pais, representante legal ou pessoa que tenha a guarda de facto do menor.

Revisão das medidas cautelares.

1. No âmbito da justiça juvenil, a avaliação rápida e periódica da situação do menor é um requisito decorrente dos princípios da intervenção e das exigências de adequação do processo às necessidades educativas do menor.

As medidas cautelares educativas não são imutáveis, mas modificáveis, constituindo um afloramento dos princípios da necessidade e da precariedade ou, mais propriamente, do princípio *rebus sic standibus*.

A possibilidade de modificação (ou de cessação) das medidas cautelares educativas justifica-se em função da alteração das circunstâncias (Terra, Renata, "Breves Apontamentos...", *ob. e loc. cit.*, p. 34).

2. A medida cautelar pode ser substituída ou revista quando o juiz, oficiosamente ou a requerimento, concluir que a medida aplicada não realiza as finalidades pretendidas, deixando de ser adequada.

O juiz pode também substituir a medida cautelar por outra mais ou menos gravosa consoante se verifique uma agravação ou atenuação das exigências cautelares que determinaram a sua aplicação ou mesmo uma forma mais ou menos gravosa da execução da medida, modificando as condições impostas.

3. As medidas cautelares são revistas de dois em dois meses o que não impede que a mesma não possa ser revista antes de decorrido esse prazo, ou seja, em qualquer altura, desde que se alterem as circunstâncias.

Existem, assim, duas formas de revisão das medidas cautelares:

a) Oficiosamente, de dois em dois meses;

b) Oficiosamente ou a requerimento do Ministério Público, do defensor, do menor ou dos pais ou cuidadores, quando se entenda que a medida não realiza as finalidades previstas, o que pode ocorrer em qualquer altura durante o prazo da medida.

Em qualquer uma destas situações, o Ministério Público e o defensor devem ser ouvidos, assim como os pais e cuidadores.

Embora não seja expressamente referido, o menor deve ter a oportunidade de se pronunciar sobre a revisão da medida cautelar, caso não seja o requerente.

4. A opção de limitar ou restringir a aplicação de certas medidas tutelares ou cautelares à prática de factos qualificados pela lei como crimes sujeitos a molduras penais mais graves não tem permitido que o sistema de justiça juvenil disponha de uma válvula de escape para os incumprimentos sucessivos das medidas cautelares menos gravosas (entrega do menor aos pais, representante legal, pessoa que tenha a sua guarda de facto, família de acolhimento ou outra pessoa idónea, ou de guarda do menor em instituição pública ou privada).

Com efeito, caso o menor não cumpra alguma destas medidas cautelares e continue a praticar factos qualificados como crime com molduras penais inferiores às que permitem a aplicação de medida cautelar de guarda em Centro Educativo, não é possível substituir a medida aplicada por outra mais grave (Silva, Júlio Barbosa e, *Lei Tutelar Educativa Comentada...*, *ob. cit.*, p. 218).

5. Com vista a fundamentar a decisão, o juiz pode solicitar informação social à equipa técnica do Centro Educativo, especialmente quando esteja em causa a revisão de medida cautelar de guarda em Centro Educativo.

António José Fialho

ARTIGO 62.º
Cessação

As medidas cautelares cessam logo que deixarem de se verificar os pressupostos da sua aplicação.

Cessação das medidas cautelares

1. Esta disposição normativa estabelece os princípios da necessidade e da precariedade das medidas cautelares, ou seja, no primeiro caso, quando o tribunal entenda que não existem necessidades educativas que justifiquem a sua manutenção e, no segundo caso, quando qualquer um dos pressupostos que determinaram a sua aplicação não subsistem (art. 58.º/1), devendo a medida cessar imediatamente.

Esta decisão de cessação cabe ao juiz mas a mesma pode ter lugar por iniciativa oficiosa deste ou a requerimento do Ministério Público, do menor ou do seu defensor, dos pais, representante legal ou da pessoa que tenha a guarda de facto, na sequência de revisão de medida ou de qualquer outra circunstância que chegue ao conhecimento do juiz.

2. Embora esta disposição normativa seja também uma expressão dos princípios da necessidade e da precariedade das medidas cautelares e, em termos processuais, possam surgir em sede de revisão da medida, a diferença entre a modificação da medida ou a sua cessação assenta num juízo diverso que deve ser feito em relação a cada uma delas, ou seja, quando a medida cautelar educativa aplicada não satisfaça ou realiza as finalidades para que foi aplicada, pode ser substituída mas, se não estiverem verificados os pressupostos que determinaram a sua aplicação (art. 58.º/1), esta deve cessar.

3. A decisão de cessação deve observar previamente o princípio do contraditório, permitindo que, em especial, o Ministério Público e o defensor possam enunciar os fundamentos de facto e de direito subjacentes à alteração das circunstâncias que determinaram a modificação dos pressupostos que delimitaram a sua aplicação, em ordem a determinar a sua cessação.

Com vista a fundamentar a sua decisão e no caso de medida cautelar de guarda em Centro Educativo, o juiz pode solicitar a realização de informação junto dos serviços de reinserção social (art. 63.º).

Esta informação será normalmente fornecida pela equipa técnica do Centro Educativo, se necessário em articulação com a equipa local de reinserção social com vista a aferir se as condições de vida dos pais ou cuidadores se alteraram ou se ocorreu uma evolução favorável do percurso do menor que justifique a cessação da medida.

4. A decisão de cessação não é, todavia, definitiva ou imutável uma vez que a mesma medida ou medida diversa, ainda que mais gravosa, podem ser objeto de nova aplicação, desde que estejam verificados os pressupostos para a sua aplicação e sem prejuízo dos prazos máximos de duração das medidas cautelares educativas (art. 60.º).

A aplicação dos princípios da necessidade e da precariedade podem gerar, deste modo, um verdadeiro "efeito *boomerang*" (SILVA, Júlio Barbosa e, *Lei Tutelar Educativa Comentada..., ob. cit.*, p. 220).

5. A decisão que declara cessada medida cautelar educativa é suscetível de recurso (art. 121.º/1, b)).

ANTÓNIO JOSÉ FIALHO

ARTIGO 63.º
Pedido de informação

A fim de fundamentar as decisões sobre a substituição e a cessação da medida de guarda em Centro Educativo o juiz, oficiosamente ou a requerimento, pode solicitar informação aos serviços de reinserção social.

Substituição e cessação de medida cautelar; informações

A medida cautelar de guarda em Centro Educativo prossegue as mesmas finalidades educativas da intervenção tutelar ainda que aquelas sejam preliminares ou preparatórias da medida definitiva.

Estando configurada como a medida cautelar mais grave e podendo estar em causa a sua substituição ou cessação, é evidente "a necessidade de dotar a decisão de uma força factual bem alicerçada numa abordagem que se quer multidisciplinar" (SILVA, Júlio Barbosa e, *Lei Tutelar Educativa Comentada..., ob. cit.*, p. 221).

Para o efeito, o juiz pode, por sua própria iniciativa, ou a requerimento do Ministério Público, do menor ou do seu defensor, ou ainda dos pais, representante legal ou da pessoa que tenha a guarda de facto, solicitar aos serviços de reinserção social uma resposta a uma solicitação concreta sobre a situação pessoal, familiar e escolar do menor, bem como da evolução da intervenção educativa iniciada com a sua integração em Centro Educativo.

Esta informação deve ser apresentada no prazo de quinze dias (art. 71.º/3) e é normalmente fornecida pela equipa técnica do Centro Educativo.

ANTÓNIO JOSÉ FIALHO

ARTIGO 64.º
Extinção

1 – As medidas cautelares extinguem-se:

a) Quando tiver decorrido o prazo da sua duração;

b) Com a suspensão do processo;

c) Com o arquivamento do inquérito ou do processo;

d) Com o trânsito em julgado da decisão.

2 – As medidas cautelares extinguem-se também quando a decisão de 1.ª instância, ainda que não transitada em julgado, não tiver aplicado qualquer medida ou tiver aplicado medida menos grave do que a de acompanhamento educativo.

Extinção das medidas cautelares

1. O artigo em anotação estabelece as causas ou motivos de extinção das medidas cautelares educativas de acordo com os princípios da precariedade e da instrumentalidade destas face ao tempo máximo da sua duração, às circunstâncias relacionadas com as decisões finais proferidas no processo ou à sua eventual desnecessidade face uma decisão que ponha termo ao processo.

2. Em primeiro lugar, o decurso do prazo de duração máxima das medidas cautelares educativas determina a extinção destas pelo que, quando se mostrem decorridos três meses sobre o início da execução de medida cautelar de guarda em Centro Educativo, não se tratando de caso de excecional complexidade devidamente fundamentado, a mesma extingue-se.

Ocorre igualmente a extinção da medida quando estejam decorridos seis meses sobre o início da execução de medida cautelar de entrega do menor aos pais, representante legal, família de acolhimento, pessoa que tenha a sua guarda de facto ou outra pessoa idónea, com imposição de obrigações ao menor, ou de guarda em instituição pública ou privada, sem que tenha sido proferida decisão pelo tribunal de 1.ª instância ou decorrido um ano sem que tenha havido trânsito em julgado dessa decisão (art. 60.º).

O prazo de duração da medida cautelar educativa deve ser contado a partir do início da sua execução e não da decisão que a aplica [Ac. TRC

03/02/2010 (200/07.2TATND-B.C1), disponível em www.dgsi.pt, consultado a 5 de fevereiro de 2018].

3. Em segundo lugar, a suspensão do processo determinada pelo Ministério Público (arts. 84.º e 85.º) implica igualmente a extinção de qualquer medida cautelar que tenha sido aplicada no mesmo processo.

A suspensão do processo pode ter lugar por decisão do Ministério Público quando se verifique a necessidade de medida tutelar, o facto qualificado como crime seja punido com pena de prisão de máximo não superior a cinco anos, mediante a apresentação de um plano de conduta realizado pelos serviços de reinserção social, obtida a concordância do menor ao plano proposto e quando este não tenha sido sujeito a medida tutelar anterior e evidenciar que está disposto a evitar, no futuro, a prática de factos qualificados como crime (art. 84.º/1).

O Ministério Público dispõe agora da iniciativa de suspensão do processo e na elaboração do plano de conduta, facultando-lhe o uso deste mecanismos de potenciação do consenso, da celeridade processual ou da mínima intervenção que enforma o processo tutelar educativo, deixando o mesmo de estar dependente da iniciativa do menor, circunstância que inviabilizou significativamente a utilização desta solução até à alteração da lei.

Contudo, caso o menor não cumpra o plano de conduta ou pratique novo facto qualificado como crime (art. 85.º/1 e 3), mostrando-se verificados os pressupostos que a determinam, pode ser aplicada nova medida cautelar educativa (Silva, Júlio Barbosa e, *Lei Tutelar Educativa Comentada…*, *ob. cit.*, p. 223).

Neste caso, a exemplo do que sucede com a cessação da medida cautelar, deverão ser igualmente respeitados os prazos máximos de duração da medida (art. 60.º).

4. Em terceiro lugar, a medida cautelar extingue-se com o arquivamento liminar do inquérito.

O arquivamento liminar do inquérito ocorre quando, sendo o facto qualificado como crime punível com pena de prisão não superior a um ano, perante a informação recolhida sobre a conduta anterior do menor e a sua situação familiar, educativa e social, se revelar desnecessária a aplicação de medida tutelar face à reduzida gravidade dos factos, à conduta anterior e posterior do menor e à sua inserção familiar, educativa e social (art. 78.º/1).

Pressupõe um juízo, ainda que indiciário, sobre a desnecessidade de aplicação de medida cautelar educativa em função da reduzida gravidade dos factos (aferida pela pena aplicável) e à desnecessidade de educação do menor para o direito (determinada pela sua conduta anterior e posterior e inserção na família e na comunidade).

Embora esta causa de arquivamento possa dar lugar à extinção de medida cautelar, a verdade é que os seus pressupostos dificilmente justificariam a aplicação de medida cautelar.

5. O arquivamento do inquérito pode também ser decidido pelo Ministério Público quando conclua pela inexistência do facto, pela insuficiência de indícios da prática do facto ou pela desnecessidade de aplicação de medida tutelar, sendo o facto qualificado como crime punível com pena de prisão de máximo não superior a três anos (art. 87.º/1).

O Ministério Público pode ainda determinar o arquivamento do inquérito quando, tratando-se de facto qualificado pela lei como crime de natureza semipública ou particular, o ofendido manifeste no processo oposição ao seu prosseguimento, invocando fundamento especialmente relevante (art. 87.º/2).

As finalidades de interesse público da intervenção tutelar educativa – educação do menor para o direito e a sua inserção, de forma digna e responsável, na vida em comunidade – não devem estar dependentes da inércia do ofendido.

Como fundamento especialmente relevante deste arquivamento, não pode estar a simples declaração do ofendido de que não pretende o prosseguimento do processo mas sim a salvaguarda de interesses especialmente relevantes para o ofendido, designadamente quando a eventual exposição de factos no processo seja suscetível de produzir um prejuízo grave e insuportável na esfera imaterial e patrimonial do ofendido, de tal forma que o interesse público prosseguido com a intervenção tutelar educativa exija àquele uma compressão significativa e inconstitucional dos seus próprios direitos, tornando desproporcional o preço que o Estado educador exige ao exercício da cidadania pelo ofendido.

Em qualquer uma destas situações, o arquivamento do inquérito implica a extinção da medida cautelar que tenha sido aplicada ao menor.

6. Em quarto lugar, a extinção da medida cautelar pode ter lugar com o arquivamento do processo por decisão do juiz quando lhe mereça concordância a proposta de arquivamento formulada pelo Ministério Público no sentido de que não é necessária a aplicação de medida tutelar e o facto qualificado como crime é punível com pena de prisão de máximo superior a três anos (art. 93.º/1, b)).

7. Em quinto lugar, a medida cautelar extingue-se com o trânsito em julgado da decisão, salvo se não tiver sido aplicada qualquer medida ou tenha sido aplicada medida menos grave que o acompanhamento educativo uma vez que, nestas duas circunstâncias, a extinção não depende do trânsito em julgado da decisão.

Na primeira situação, trata-se de decisão judicial que determina o arquivamento do processo por falta de prova do facto ou pela inexistência de necessidades educativas (arts. 110.º/3, b), e 119.º/2).

Na segunda situação, estamos perante uma decisão judicial que tenha aplicado medida tutelar de admoestação, privação do direito conduzir ciclomotores ou de obter permissão para conduzir ciclomotores, reparação ao ofendido, realização de prestações económicas ou de tarefas a favor da comunidade, imposição de regras de conduta, imposição de obrigações e de frequência de programas formativos (art. 4.º/1, a) a g)).

Em relação às demais decisões, a medida cautelar apenas se extingue decorridos cinco dias sobre a data do depósito da sentença ou, tratando-se de decisão oral reproduzida em ata, a partir da data em que tiver sido proferida, se o menor estiver ou dever considerar-se presente (art. 122.º/1 e 411.º/1, b) e c) CPP *ex vi* art. 128.º).

Quando tenha sido aplicada medida cautelar de guarda em instituição pública ou privada ou em Centro Educativo, este prazo corre durante as férias judiciais (art. 44.º/1), bem como quando seja aplicada medida de internamento e haja recurso (art. 44.º/3).

Havendo recurso da decisão de 1.ª instância que tenha aplicado medida de acompanhamento educativo ou de internamento, não ocorrendo qualquer outra causa de extinção ou cessação, a extinção da medida cautelar apenas ocorre depois do trânsito da decisão do tribunal de recurso.

António José Fialho

CAPÍTULO III
Provas

ARTIGO 65.º
Objeto

Constituem objeto de prova os factos juridicamente relevantes para a verificação da existência ou inexistência do facto, para avaliação da necessidade de medida tutelar e para determinação da medida a aplicar.

Provas; objeto de prova

1. No âmbito da justiça tutelar, o objeto da prova não visa o apuramento dos factos juridicamente relevantes para a existência ou inexistência de crime mas sim a verificação da existência ou inexistência do facto qualificado como crime.

Do mesmo modo, não visa a punibilidade ou não punibilidade do agente e a determinação da pena ou medida de segurança mas sim a avaliação da necessidade de medida tutelar e a determinação da medida a aplicar.

Na verdade, estamos perante uma obtenção de prova "a três tempos, com relevância para três momentos diversos, sendo que uns precedem os seguintes" (SILVA, Júlio Barbosa e, *Lei Tutelar Educativa Comentada..., ob. cit.*, p. 224).

Num primeiro momento, o objeto da prova visa o apuramento dos factos juridicamente relevantes para a verificação da existência ou inexistência do facto, ou seja, a verificação sobre ocorrência de um determinado evento histórico qualificado pela lei como crime, tendo o menor como autor desse evento (art. 1.º).

Num segundo momento, o objeto da prova visa determinar se a prática daquele facto justifica a necessidade de educação do menor para o direito, traduzida na necessidade de facilitação da sua reintegração social, no reforço de uma atitude de respeito pelos direitos e liberdades fundamentais de terceiros e de o fazer assumir um papel construtivo no seio da sociedade (art. 40.º/1 CDC).

Finalmente, num terceiro momento, o objeto da prova visa determinar não apenas a escolha e conteúdo da medida tutelar educativa a aplicar mas também a sua duração.

2. Os factos são ocorrências da vida real, eventos materiais e concretos ou quaisquer mudanças operadas no mundo exterior.

A atividade probatória do tribunal apenas deve ter como objeto determinar o que aconteceu, expresso no eventos históricos concretos que expressam esse acontecimento dotado de relevância para os objetivos da intervenção tutelar: a verificação da existência ou inexistência de facto qualificado como crime, a necessidade de educação para o direito e a escolha e duração da medida.

É estabelecido um critério de relevância desses factos, o que implica que os mesmos deverão ser selecionados, qualificados e instrumentalizados para o processo de acordo com critérios jurídicos.

A demonstração da realidade ou da ocorrência desses eventos históricos com relevância para a decisão é realizada através das provas, cujo objetivo consiste em criar no espírito do julgador uma convicção psicológica, assente num determinado grau de probabilidade de que aqueles eventos históricos tiveram lugar.

3. Os meios de prova e de obtenção de prova que podem ser utilizados para esse fim são os seguintes:

a) A prova testemunhal (art. 66.º);
b) As declarações do menor na sua audição (arts. 51.º e 77.º);
c) A acareação (arts. 146.º CPP e 70.º);
d) O reconhecimento (arts. 147.º e 148.º CPP);
e) A reconstituição do facto (art. 150.º CPP);
f) Os exames e as perícias (arts. 151.º e 171.º a 173.º CPP e 68.º e 69.º);
g) A prova documental (arts. 164.º e seguintes CPP);
h) As revistas e as buscas (art. 174.º CPP);
i) As escutas telefónicas (arts. 187.º e seguintes CPP);
j) As informações e os relatórios sociais (art. 71.º).

De igual modo, tendo presente que o propósito da intervenção tutelar diz respeito a um menor e que o objeto da prova visa avaliar a necessidade de aplicação de medida tutelar, poderão ser igualmente relevantes outras provas recolhidas noutros processos que revistam interesse para o processo tutelar educativo e a que o juiz tenha acesso (art. 81.º LPCJP), havendo, assim, "no domínio da prova, toda a conveniência no estabelecimento de um diálogo pluriprocessual" (Silva, Júlio Barbosa e, *Lei Tutelar Educativa Comentada..., ob. cit.*, p. 225).

4. A prova é apreciada segundo as regras de experiência e a livre convicção do julgador (art. 127.º CPP *ex vi* art. 128.º) o que implica uma valoração racional e crítica, de acordo com as regras comuns da lógica, da razão, das máximas de experiência e dos conhecimentos científicos, que permita ao julgador objetivar a apreciação dos factos, requisito necessário para uma efetiva motivação da decisão.

Esta livre apreciação da prova não dispensa a existência de limites imanentes à sua valoração, designadamente o princípio da legalidade da prova (art. 125.º CPP) e a proibição do uso de determinados métodos de prova (art. 126.º CPP).

António José Fialho

ARTIGO 66.º
Declarações e inquirições

1 – Os pais, o representante legal ou quem tenha a guarda de facto do menor prestam declarações, mas não são ajuramentados.

2 – A inquirição sobre factos relativos à personalidade e ao carácter do menor, bem como às suas condições pessoais e à sua conduta anterior e posterior, é permitida, quer para prova do facto quer para avaliação da necessidade de medida tutelar e determinação da medida a aplicar.

3 – Quando tenham idade inferior a 16 anos, o ofendido e as testemunhas são inquiridos pela autoridade judiciária.

4 – O ofendido é inquirido quando a autoridade judiciária, oficiosamente ou a requerimento, o entender conveniente para a boa decisão da causa.

Declarações e inquirições

1. Estabelece este artigo as regras de inquirição e o objeto das declarações que podem ser recolhidas junto dos pais ou cuidadores mas também do ofendido e das testemunhas.

Em primeiro lugar, é estabelecido que os pais ou cuidadores não dispõem da faculdade de recusar prestar declarações mas não prestam juramento.

Deste modo, quando tenham que prestar declarações, devem ser advertidos pela autoridade judiciária que presidir ao ato processual que, não obstante não prestarem juramento, estão obrigados ao dever de verdade e as cominações penais em que incorrem.

2. As declarações prestadas têm como objeto a aquisição de elementos que possam ajudar a determinar a necessidade de aplicação de medida tutelar e, em caso afirmativo, qual a medida a aplicar e o modo de execução.

Deste modo, as declarações versarão sobre o enquadramento familiar passado e presente, o percurso escolar do menor, o apoio familiar e a capacidade dos pais ou cuidadores o prestarem no futuro, os hábitos de vida do menor, a rede familiar de apoio e o envolvimento na execução de uma qualquer medida, a existência ou não de regras e o impacto da intervenção tutelar.

3. A inquirição do ofendido e das testemunhas com idade inferior a 16 anos é exclusivamente realizada pela autoridade judiciária, consoante a fase em que o processo se encontre, obrigatoriedade justificada pela especial sensibilidade que deve estar presente nessa audição e não permitindo que as mesmas sejam delegadas nas entidades policiais.

As testemunhas com idade inferior a 16 anos de idade não prestam juramento (art. 91.º/6, a) CPP *ex vi* art. 128.º) e poderão fazer-se acompanhar dos seus próprios pais ou cuidadores, os quais não poderão, no entanto, determinar a testemunha a não prestar declarações ou intervir durante a sua inquirição.

Ainda que a produção de prova possa não ter lugar, o ofendido é convocado para estar presente na audiência prévia (art. 101.º/2, c)) e deverá ser ouvido sobre a medida a aplicar ao menor (art. 104.º/2, b)), especialmente quando esteja em causa a aplicação de medida tutelar de reparação ao ofendido (art. 11.º/1, b), e 6).

4. Salvo nestas situações, não existe uma obrigatoriedade de audição do ofendido, mas sim uma faculdade, estando esta dependente de um juízo de conveniência para a boa decisão da causa.

Embora o processo tutelar esteja gizado no interesse do menor autor da prática de factos qualificados como crime, importa não esquecer que, muitas vezes, as vítimas desses factos são também crianças, a quem serão igualmente aplicáveis as orientações internacionais e nacionais sobre a audição de crianças, designadamente as que determinam que se tenha em conta a sua idade, maturidade, necessidades, pontos de vista, fragilidades e suscetibilidades, garantindo-se que nenhum destes fatores constitua um entrave à efetiva participação na produção e relevo da prova que as mesmas podem facultar.

ANTÓNIO JOSÉ FIALHO

ARTIGO 67.º
Convocação de menores

As testemunhas ou quaisquer outros participantes processuais com idade inferior a 18 anos são convocados na sua pessoa e nas pessoas dos pais, representante legal ou quem tiver a sua guarda de facto, podendo o juiz fazer recair sobre estes as sanções devidas por falta injustificada.

Convocação de menores

1. O artigo em anotação estabelece as regras sobre a convocação de testemunhas ou de outros participantes processuais com idade inferior a dezoito anos.

A previsão de uma disposição específica para estes justifica-se pela circunstância de a esmagadora maioria de factos qualificados como crime terem como ofendidos outros menores da mesma idade dos autores desses factos ou ocorrerem em circunstâncias de tempo e de lugar em que estejam presentes os mesmos menores.

Daí que a convocação dessas testemunhas ou de outros participantes processuais se encontre especialmente prevista, fazendo recair sobre os adultos responsáveis pelos mesmos (pais, representantes legais ou pessoas que têm a sua guarda de facto) o encargo de assegurar a sua presença nos atos processuais para que sejam convocados.

2. A convocação destas testemunhas ou outros participantes processuais com idade inferior a 18 anos deve ser realizada na pessoa destes mas também na pessoa dos seus pais, representante legal ou pessoa que tenha a guarda de facto.

Na convocatória, deve constar a expressa menção de condenação por falta injustificada em caso de falta de comparência no dia, hora e local designado para o ato processual, indicando-se expressamente o valor da multa processual (duas a dez unidades de conta).

Do teor da mesma, deverá ainda constar que, sem prejuízo do pagamento dessa multa, o juiz pode ordenar a detenção da testemunha ou do participante com idade inferior a 18 anos, que tenha faltado sem justificação, pelo tempo indispensável à realização da diligência, bem como a eventual condenação nas despesas ocasionadas pela sua não comparência.

A convocatória deve ainda conter o modo e o prazo como pode a justificação da falta ser apresentada, considerando-se como justificada a falta motivada por facto não imputável ao faltoso que o impeça de comparecer no ato processual para que foi convocado ou notificado (art. 117.º CPP).

António José Fialho

ARTIGO 68.º
Exames e perícias

1 – Os exames e as perícias têm carácter de urgência e, salvo quando outro prazo for exigido pela sua natureza, são apresentados no prazo máximo de dois meses.

2 – As perícias sobre o menor podem ser realizadas em regime ambulatório ou de internamento, total ou parcial. A realização de perícia em regime não ambulatório é autorizada por despacho do juiz.

3 – O internamento para a realização da perícia não pode exceder dois meses, prorrogáveis por um mês, por despacho do juiz, em caso de especial complexidade devidamente fundamentado.

Exames e perícias

1. Os exames são os meios de obtenção de prova, efetuados nas pessoas, lugares ou coisas, através dos quais se inspecionam os vestígios que possa ter deixado o crime e todos os indícios relativos ao modo como e ao lugar onde foi praticado, às pessoas que o cometeram ou sobre as quais foi cometido (art. 171.º/1 CPP).

As perícias são os meios de obtenção de prova que devem ter lugar quando a perceçao ou a apreciação dos factos exijam especiais conhecimentos técnicos, científicos ou artísticos, incidindo especialmente sobre os vestígios da prática do crime.

A prova pericial é essencial quando estejam em causa factos que, pela sua natureza, exijam especiais conhecimentos para a sua perceção ou apreciação e que o julgador não possui.

É um meio de prova "ao serviço da investigação, da reconstrução histórica do acontecido e da sua avaliação" (Carmo, Rui do, "A prova pericial – Enquadramento legal", *in Manual de Psicologia Forense: Contextos, Práticas e Desafios*, Braga, Psiquilíbrios Edições, 2011, p. 34) na qual o perito tem por missão recolher não apenas os elementos que permitam estabelecer uma relação de causalidade mas também explicar de forma fundamentada o raciocínio subjacente ao estabelecimento dessa conexão.

A perícia beneficia da presunção de subtração à livre convicção do julgador, circunstância que não ocorre relativamente aos exames e pareceres (art. 163.º/1 CPP *ex vi* art. 128.º).

2. Os exames e as perícias realizadas no âmbito da intervenção tutelar têm carácter de urgência, o que significa que a sua realização precede a de qualquer outro serviço ou atividade que deva ser realizada, podendo ser concretizadas mesmo em período de férias judiciais.

Deste modo, a autoridade judiciária não deveria necessitar de justificar ou assinalar a urgência da sua realização já que a mesma decorre da lei.

Não obstante, a cautela aconselha a que "os ofícios elaborados a solicitar a realização de qualquer um destes exames ou perícias devem fazer menção, bem visível, do carácter urgente, com referência a esta disposição legal (Silva, Júlio Barbosa e, *Lei Tutelar Educativa Comentada...*, *ob. cit.*, p. 246).

3. O prazo para a realização dos exames e das perícias é de dois meses, exceto se, pela natureza dos mesmos, devam ser realizados num prazo mais curto, designadamente nas situações em que o tempo assuma um papel essencial na intervenção tutelar.

4. Caso alguém se pretenda eximir ou obstar à realização de exame ou facultar coisa que deva ser examinada, pode ser obrigado por decisão da autoridade judiciária.

A realização de um qualquer exame ou perícia deve ser fundamentada, podendo esta fundamentação ser mais simplificada nos casos em que as perícias são obrigatórias (art. 69.º).

5. As perícias sobre o menor podem ser realizadas em regime ambulatório ou de internamento, total ou parcial.

A realização das perícias em regime de internamento deve ser autorizada por despacho do juiz, não podendo esse internamento exceder os dois meses, prazo esse prorrogável por mais um mês, nos casos de especial complexidade devidamente fundamentados (anotação ao art. 60.º).

6. A abordagem multidisciplinar que caracteriza a intervenção junto das crianças e dos jovens e a necessidade de uma adequada avaliação psicológica, social, emocional, física e cognitiva, não impõem a realização de qualquer exame ou perícia que seja requerido, excepto quando as mesmas devam ser realizadas, estando dependentes do seu interesse ou relevância para a prova dos factos ou para a determinação das necessidades educativas.

António José Fialho

ARTIGO 69.º
Perícia sobre a personalidade

Quando for de aplicar medida de internamento em regime fechado a autoridade judiciária ordena aos serviços de reinserção social a realização de perícia sobre a personalidade.

Perícia sobre a personalidade; medida de internamento em regime fechado

1. No âmbito da justiça juvenil, a cooperação estreita entre diversos profissionais deve ser encorajada com vista a obter um entendimento compreensivo da criança, assim como uma avaliação da sua situação psicológica, social, emocional, física e cognitiva, salvaguardando-se o seu direito à vida privada e familiar (Diretriz 16 das *Guidelines* do Comité de Ministros do Conselho da Europa para uma Justiça Amiga das Crianças, de 17 de novembro de 2010).

A intervenção tutelar educativa deve estar estruturada de forma a incentivar a avaliação compreensiva não só dos fatores protetivos mas também das estimativas de risco dos menores envolvidos com vista a auxiliar na melhor determinação das medidas a aplicar e na planificação das intervenções junto desses menores.

Os princípios da proporcionalidade e da necessidade determinam que essa avaliação e escolha da medida deve ter ligação com o facto praticado e, bem assim, que apenas os fatores associados ao comportamento de risco e potencialmente modificáveis devem constituir-se alvos de intervenção individualizada e adaptados às necessidades educativas.

A perícia sobre a personalidade constitui um dos meios auxiliares de compreensão da personalidade e do modo de vida do menor sendo um elemento essencial quando esteja em causa a aplicação da medida tutelar educativa mais grave.

2. A medida de internamento em regime fechado apenas pode ser aplicada quando se verifiquem, cumulativamente, os seguintes pressupostos (art. 17.º/4):

a) Ter o menor cometido facto qualificado como crime a que corresponda pena máxima, abstratamente aplicável, de prisão superior a cinco anos ou ter cometido dois ou mais factos contra as pessoas qualificados como crimes a que corresponda pena máxima, abstratamente aplicável, de prisão superior a três anos; e

b) Ter o menor idade igual ou superior a 14 anos à data da aplicação da medida.

3. A perícia sobre a personalidade é realizada pelos serviços de reinserção social ou, quando isso não for possível ou conveniente, a especialistas em criminologia, em psicologia, em sociologia ou em psiquiatria (art. 160.º/2 CPP).

Em termos de conteúdo, o relatório de perícia sobre a personalidade inicia-se normalmente pela contextualização do pedido e a informação sobre a metodologia utilizada, com a indicação das fontes e dos instrumentos de avaliação psicológica.

Deverá ainda conter os elementos relevantes do percurso de vida do menor, efetuando ainda uma observação direta de comportamentos bem como a análise dos resultados das provas psicológicas e de outros elementos de avaliação, efetuando a necessária interpretação e integração de dados e formulando nas conclusões uma proposta de medida ou de intervenção.

António José Fialho

ARTIGO 70.º
Acareação

A prova por acareação em que intervenha o menor é ordenada pela autoridade judiciária e tem lugar na sua presença.

Acareação

1. A acareação é um meio de prova que consiste no confronto entre as pessoas que prestaram declarações contraditórias e tem como finalidade esclarecer depoimentos divergentes sobre o mesmo facto (art. 523.º e 524.º CPC e 146.º CPP).

É um procedimento instrumental, realizado com o objetivo de confrontar "duas ou mais pessoas que depuseram com o fim de resolver as discrepâncias evidenciadas pelas respectivas declarações e, simultaneamente, obter elementos probatórios sobre a credibilidade de cada interveniente a partir do comportamento do mesmo durante a realização do acto processual" (Sousa, Luís Filipe Pires de, *Prova Testemunhal*, Coimbra, Almedina, 2014, p. 270).

Como meio de prova, é de utilização subsidiária e excepcional na medida em que depende da existência de oposição direta entre depoimentos, ou seja, que os depoentes tenham narrado, de forma diversa, o mesmo facto, sustentando que o observaram.

Esta divergência de depoimentos "pode resultar de naturais divergências na apreensão das sensações, retenção na memória e sua transmissão pelo depoimento. Sendo as divergências, muitas vezes, tão-só aparentes, resultando de omissões involuntárias ou de deficiências de expressão nos depoimentos, a acareação poderá, eventualmente, permitir o seu esclarecimento" (Silva, Germano Marques da, *Curso de Processo Penal*, tomo II, 5.ª edição, Lisboa, Verbo, 2010, p. 255).

Quando estejam em causa versões totalmente opostas e inconciliáveis, em que não se mostre possível o esclarecimento de possíveis divergências aparentes, designadamente porque os acareados persistem na sua versão dos factos, a realização deste ato processual revestirá pouca ou nenhuma utilidade.

2. A acareação apenas deve ter lugar quando se mostre útil para a descoberta da verdade (art. 146.º/2 CPP), ou seja, quando os factos que visa esclarecer sejam juridicamente relevantes para a verificação da existência ou inexistência do facto, para avaliação da necessidade de medida tutelar e para a determinação da medida a aplicar (art. 65.º).

Na fase de inquérito, a acareação é ordenada pelo Ministério Público ou requerida pelo menor e, na fase jurisdicional, essa decisão cabe ao juiz, devendo ser aferida por estes a relevância das declarações em causa por forma a determinar um juízo de utilidade na realização da diligência para a descoberta da verdade.

Quando esteja em causa a acareação do menor com outros intervenientes processuais ou a mesma envolva intervenientes ajuramentados ou testemunhas menores de 16 anos, esta deve ter lugar na presença da autoridade judiciária que preside à fase processual em que a diligência tem lugar (arts. 45.º/1, a), e 66.º/3).

Nos restantes casos, na fase de inquérito, a sua realização pode ser delegada (art. 75.º/1 *ex vi* art. 270.º CPP).

3. A acareação pode também ser requerida pelo menor ou pelo seu defensor (neste sentido, Silva, Júlio Barbosa e, *Lei Tutelar Educativa Comentada...*, *ob. cit.*, p. 251; em sentido contrário, Rodrigues, Anabela Miranda/Duarte-Fonseca António Carlos, *ob. cit.*, p. 180).

4. Estando presentes os intervenientes cujas declarações justificam a realização deste ato processual, o mesmo deve ter lugar de imediato mas, não sendo isso possível, deve ser designado dia para a diligência.

A autoridade judiciária que preside à diligência deve reproduzir as declarações prestadas, recordando aos intervenientes que depõem sob juramento as sanções criminais em que incorrem no caso de faltarem à verdade.

Em seguida, deve enunciar de forma clara e compreensível as contradições verificadas, pedindo-se a cada um dos intervenientes que, a partir de um contexto espacial e temporal mais pormenorizado, confirme aquelas declarações ou as modifique, total ou parcialmente (art. 146.º/4 CPP).

Durante a acareação, pode suceder que os intervenientes contestem as declarações das outras pessoas, criando-se um diálogo cruzado, exigindo a intervenção e supervisão pela autoridade judiciária que preside à diligência de forma a atenuar ou eliminar "a carga de tensão psicológica inerente à diligência" (Sousa, Luís Filipe Pires de, *ob. cit.*, p. 272).

As perguntas são todas realizadas pela autoridade judiciária que preside à diligência a qual pode formular as perguntas que entenda convenientes para o esclarecimento da verdade, podendo os advogados sugerir questões.

5. A avaliação dos resultados da acareação pressupõe a observação cuidada e atenta das condutas verbais e não verbais que possam transparecer a partir das declarações prestadas, uma vez que "raramente se extraem resultados diretos da acareação quanto à indagação da verdade, relevando esta mais pelas indicações que pode fornecer no âmbito da razão de ciência dos acareados e da forma mais ou menos desapaixonada com que depõem e pela importância que, futuramente, poderá revestir na fundamentação da convicção do tribunal" (Ferreira, Marques,

"Meios de Prova", *in Jornadas de Direito Processual Penal – O Novo Código de Processo Penal,* Coimbra, Almedina, 1988, p. 251).

António José Fialho

ARTIGO 71.º
Informação e relatório social

1 – Podem utilizar-se como meios de obtenção da prova a informação e o relatório social.

2 – A informação e o relatório social têm por finalidade auxiliar a autoridade judiciária no conhecimento da personalidade do menor, incluída a sua conduta e inserção socioeconómica, educativa e familiar.

3 – A informação é ordenada pela autoridade judiciária e pode ser solicitada aos serviços de reinserção social ou a outros serviços públicos ou entidades privadas, devendo ser apresentada no prazo de 15 dias.

4 – O relatório social é ordenado pela autoridade judiciária e solicitado aos serviços de reinserção social, devendo ser apresentado no prazo máximo de 30 dias. Pode solicitar-se a sua atualização ou informação complementar e ouvir-se, em esclarecimentos e sem ajuramentação, os técnicos que o subscreveram.

5 – É obrigatória a elaboração de relatório social com avaliação psicológica quando for de aplicar medida de internamento em regime aberto ou semiaberto.

Meios de obtenção de provas; informação e relatório social

1. Quando esteja em causa a decisão sobre factos que envolvam a necessidade de aplicação de uma medida tutelar ao menor, envolvendo a apreciação sobre as circunstâncias em que o facto foi praticado, as condições pessoais e familiares do menor e a necessidade de intervenção, deve haver lugar a um inquérito profundo (Regra 16.1 das Regras Mínimas das Nações Unidas para a Administração da Justiça, da Infância e da Juventude) ou a uma avaliação da sua situação psicológica, social, emocional, física e cognitiva (Diretriz 16 das *Guidelines* do Comité de Ministros do Conselho da Europa para uma Justiça Amiga das Crianças, de 17 de novembro de 2010).

Os instrumentos de avaliação da situação do menor a que o tribunal pode recorrer apresentam como metodologia comum a realização de entrevistas com o menor, entrevistas com os pais, representantes legais ou pessoas que tenham a sua guarda de facto, bem como outros familiares, a observação direta do comportamento do menor, a aplicação de instrumentos de avaliação, contactos com outras fontes e a consulta de outros documentos relevantes para a realização dessa avaliação.

2. A informação social é designada como a resposta a solicitações concretas do tribunal sobre a situação pessoal, familiar e escolar do menor (art. 1.º, h) CPP), não contendo nenhuma conclusão ou proposta de medida.

Deve ser apresentada pelos serviços de reinserção social ou por qualquer outro serviço púbico ou entidade privada no prazo de quinze dias após a solicitação da autoridade judiciária.

3. O relatório social é a informação sobre a inserção familiar e socioprofissional do menor, elaborada pelos serviços de reinserção social, com o objetivo de auxiliar a autoridade judiciária no conhecimento da personalidade do menor, incluindo a sua conduta e inserção socioeconómica, educativa e familiar (art. 1.º, g) CPP).

O relatório social é normalmente constituído pela informação sobre as fontes e metodologia utilizadas, informação sobre os factos cometidos e intervenções prévias e atuais, o enquadramento socioeducativo do menor na família, na escola, na relação com os pares e na organização dos seus tempos livres e os elementos de caracterização pessoal e comportamental, incluindo as características individuais e comportamentais e as atitudes e orientação face ao facto praticado e trajetória em termos de comportamentos semelhantes.

O relatório social e outros instrumentos de avaliação (relatório social com avaliação psicológica e relatório de perícia sobre a personalidade) têm expressado igualmente a avaliação das características e circunstâncias de vida dos menores, com relevância para as decisões respeitantes aos graus de intervenção, supervisão e planeamento da intervenção, normalmente designadas por "inventário de avaliação de risco de reincidência geral" (*Youth Level of Service/Case Management Inventory – YLS/CMI*) (com desenvolvimentos sobre este instrumento de avaliação, Braga, Teresa/Gonçalves, Rui Abrunhosa, "YLS/CMI: um instrumento de avaliação de risco de jovens ofensores", *Revista Portuguesa de Ciência Criminal*, Ano 20, jan-mar. 2010, n.º 1, pp. 127-146).

O prazo para a apresentação do relatório social é de trinta dias e, no final, deve apresentar uma conclusão com proposta de medida ou da desnecessidade da sua aplicação, circunstância que o distingue da informação social.

4. Ambos os documentos prosseguem o objetivo de auxiliar o tribunal no conhecimento da personalidade do menor com a diferença de que o relatório pressupõe um estudo global e genérico do contexto do seu enquadramento familiar, ao invés das informações, que consubstanciam meras respostas a perguntas concretas sobre o mesmo assunto colocadas pela autoridade judiciária.

5. A informação social pode ser solicitada a outros serviços ou instituições, públicas ou privadas, especialmente nos casos em que os menores estejam acolhidos nessas instituições ao abrigo de medidas de proteção, revelando-se aquelas como as mais adequadas a fornecer à autoridade judiciária as informações sobre a vida do jovem, perspetivas, percursos, fazendo todo o sentido que, numa lógica de proximidade e de harmonização de decisões, sejam aproveitadas essas informações sempre que se mostre possível.

A informação das entidades policiais e a sua situação familiar, educativa e social pode ser utilizada pelo Ministério Público para fundamentar um arquivamento liminar do inquérito, devendo essa informação ser dada no prazo de quinze dias (art. 78.º/1).

6. O relatório social deve finalizar com a proposta ou visão dos serviços de reinserção social acerca da medida tutelar educativa a aplicar ao menor ou a sua eventual desnecessidade.

O juízo expresso neste relatório não vincula o decisor, não beneficiando da presunção de subtração à livre convicção do julgador pois não consubstanciam qualquer perícia.

Contudo, especialmente quando esteja em causa a análise de risco de reincidência geral (YLS/CMI), instrumento técnico dotado de uma avaliação bastante precisa sobre os potenciais de mudança do menor e a necessidade de intervenção, bem como auxiliando numa gestão eficiente e parcimoniosa dos recursos do sistema de justiça juvenil, a sua eventual discordância pela autoridade judiciária deve ser especialmente ponderada e justificada (no mesmo sentido, embora com outros fundamentos, Silva, Júlio Barbosa e, *Lei Tutelar Educativa Comentada...*, *ob. cit.*, p. 253).

7. A autoridade judiciária pode solicitar uma atualização ou informação complementar ou ouvir em esclarecimentos e sem ajuramentação, os técnicos ou pessoas que subscreveram as informações ou relatórios sociais.

Caso se verifiquem estes pressupostos, deve ser especialmente utilizada este mecanismo sujeito aos princípios da oralidade e mediação, justificada pelas exigências de atualidade da decisão que poderiam ficar comprometidas pela necessidade de realização de novos instrumentos de avaliação, especialmente na fase jurisdicional do processo.

Os esclarecimentos prestados deste modo não constituem prova testemunhal nem meios de prova sendo meros esclarecimentos sobre meios de obtenção de prova (Ramião, Tomé d' Almeida, *Lei Tutelar Educativa...*, *ob. cit.*, p. 117).

8. É obrigatória a realização de relatório social com avaliação psicológica quando for de aplicar medida de internamento em regime aberto ou semiaberto.

A avaliação psicológica tem por base o conhecimento científico sobre a personalidade, as capacidades ou défices a nível cognitivo, as competências do examinado, bem como a sua implicação ou relação direta com os factos.

O internamento em regime semiaberto pressupõe que o menor tenha cometido facto qualificado como crime contra as pessoas a que corresponda pena máxima, abstratamente aplicável, de prisão superior a três anos ou que tenha cometido dois mais factos qualificados como crime a que corresponda pena máxima, abstratamente aplicável, superior a três anos, enquanto que o internamento em regime aberto não tem qualquer limite que não seja a necessidade educativa do menor, abstraindo-se da moldura penal aplicável aos factos cometidos (art. 17.º/3).

A omissão de elaboração de relatório social com avaliação psicológica quando for de aplicar medida de internamento em regime aberto ou semiaberto consubstancia nulidade dependente de arguição (art. 120.º/2, d) CPP *ex vi* art. 128.º).

9. Com vista a não protelar os atos processuais realizados em sede de inquérito, o Ministério Público tem requerido aos serviços de reinserção social a realização de relatório social e, caso os factos qualificados como crime permitam e as necessidades educativas o justifiquem, a equipa técnica dos serviços de reinserção social procede imediatamente à realização da avaliação psicológica, dotando assim a autoridade judiciária dos elementos necessários para, se for caso disso, requerer a aplicação de medida de internamento, sem necessidade de esperar pelo envio do relatório social e, com o conteúdo das conclusões expressas neste, concluir que se torna necessária a realização de relatório social com avaliação psicológica para poder requerer a aplicação de medida de internamento em regime aberto ou semiaberto.

Esta solução tem-se revelado fortemente potenciadora de alguma agilidade e eficácia no âmbito do inquérito tutelar educativo uma vez que, normalmente, as propostas apresentadas dizem respeito a situações que podem ser resolvidas em sede de solução negociada (audiência prévia) permitindo separar os casos que exijam um tratamento mais solene e maiores exigências em termos de necessidades educativas do menor, subjacentes à escolha da medida de internamento.

10. A autoridade judiciária pode elaborar quesitos ou questões às quais pretenda uma resposta concreta, acerca de aspetos específicos relacionados com o menor aquando da solicitação destes relatórios ou informações.

11. Tratando-se de meios de prova, todos os elementos que o Ministério Público ou o juiz entendam convenientes ou relevantes, deverão ser sujeitos aos princípios que regulam a atividade probatória, ou seja, deverão observar o princípio do contraditório, sendo dado conhecimento dos mesmos nos momentos proccssualmente adequados (arts. 90.º, f), 92.º/2 e 105.º/1).

António José Fialho

CAPÍTULO IV
Inquérito

SECÇÃO I
Abertura

ARTIGO 72.º
Denúncia

1 - Qualquer pessoa pode denunciar ao Ministério Público ou a órgão de polícia criminal facto qualificado pela lei como crime, independentemente da natureza deste, praticado por menor com idade compreendida entre os 12 e os 16 anos.

2 - (*Revogado.*)

3 - A denúncia não está sujeita a formalismo especial, mas deve, sempre que possível, indicar os meios de prova.

4 - A denúncia apresentada a órgão de polícia criminal é transmitida, no mais curto prazo, ao Ministério Público.

Aquisição da notícia do facto; denúncia: requisitos; transmissão ao Ministério Público; os crimes semipúblicos ou particulares.

1. O processo tutelar educativo inicia-se com a aquisição pelo Ministério Público da notícia da ocorrência de facto qualificado pela lei como crime, praticado por menor com idade compreendida entre os 12 e os 16 anos.

2. A notícia do facto pode ser adquirida por conhecimento próprio ou através de denúncia, não sujeita a qualquer formalidade especial, apresentada por qualquer pessoa perante órgão de polícia criminal, preferencialmente com a indicação dos meios de prova, que a transmitirá ao Ministério Público.

Da denúncia devem constar, na medida do possível, nos termos dos arts. 246.º/3 e 243.º/1 CPP, aplicáveis por força do disposto no art. 128.º/1 LTE:

a) a descrição dos factos, bem como o dia, hora, local e circunstâncias em que ocorreram;

b) o que se souber sobre a "identificação dos agentes e dos ofendidos, bem como os meios de prova conhecidos, nomeadamente testemunhas que puderem depor sobre os factos".

3. Na transmissão da denúncia feita por órgão de polícia criminal ao Ministério Público, há que tomar em consideração o disposto no art. 73.º/2, ou seja, que deve ser acompanhada, logo ou no prazo máximo de oito dias, da "informação que puder obter sobre a conduta anterior do menor e a sua situação familiar, educativa e social."

4. O n.º 2 deste artigo, que foi revogado em 2015, tinha a seguinte redação:

"2. *Se o facto for qualificado como crime cujo procedimento depende de queixa ou de acusação particular a legitimidade para a denúncia cabe ao ofendido*". Ou seja, quando os factos pudessem integrar a prática de crimes de natureza semipública ou particular, o ofendido, o titular do bem jurídico violado, mantinha, como no processo penal, a prerrogativa de decidir, depois de ponderar as vantagens e as desvantagens, sobre a apresentação de queixa. Estava, portanto, na sua disponibilidade dar ou não dar início ao processo tutelar educativo. Visava-se, para além de uma avaliação feita à luz dos interesses do ofendido, que este, enquanto cidadão inserido na comunidade, fizesse a primeira avaliação sobre a necessidade de se desencadear o procedimento na perspetiva da educação para o direito da criança infratora. Neste sentido se pronunciou a Exposição de Motivos da proposta que deu origem à LTE: "(...) as condições de procedibilidade estão ligadas ou à reduzida gravidade do facto ou a necessidades de tutela de certos direitos da vítima, entre os quais o da intimidade. Qualquer das razões permanece válida quando o agente do facto é menor de 16 anos. Quanto à gravidade, porque se tornam menos imperativas as razões que determinam a necessidade de educação do menor para o direito e, havendo-as, será razoável atribuir-se a um membro da comunidade (o ofendido) o primeiro juízo sobre elas; quanto à tutela da vítima, porque a menoridade não diminui (pelo contrário, pode agravar) o interesse na disponibilidade do direito à acção" (Ministério da Justiça/Ministério do Trabalho e da Solidariedade, "Proposta de Lei n.º 266/VII. Aprova a Lei Tutelar Educativa. Exposição de Motivos", *in Reforma do Direito de Menores*, 1999, p. 307).

A revogação do n.º 2 levou à não distinção entre os factos que possam ser qualificados pela lei penal como crime particular, semipúblico ou público, bastando a aquisição da notícia do facto pelo Ministério Público para, em qualquer caso, ser aberto inquérito e desencadeado o procedimento tutelar educativo. O que está expressamente referido no n.º 1 deste artigo (*"independentemente da natureza deste"*). Os fundamentos da alteração constavam da Exposição de Motivos da proposta de Lei n.º 534/XII, apresentada pelo PSD em 2013, em que se avançava que "a falta de queixa não significa que não haja necessidade de educação do menor para o direito" e ainda que o interesse público na necessidade de educação para o direito "não deverá claudicar perante a inércia do ofendido nos crimes particulares e semipúblicos" [Partido Social Democrata – Grupo Parlamentar, "Projeto de Lei n.º 534/XII", *http://app.parlamento.pt/webutils/docs/doc.pdf?path=6148523063446f764c3246795a5868774d546f334e7a67774c336470626d6c7561574e705958527 0646d467a4c31684a535339305a58683062334d76634770734e544d30-4c56684a5353356b62324d3d&fich=pjl534-II.doc&Inline=true* (consultado em 24 de fevereiro de 2018)].

*Todavia, t*endo em vista salvaguardar situações em que tal se mostre claramente contrário aos interesses (e direitos) do ofendido ou ao interesse superior da criança, passou a prever-se, na mesma ocasião, no art 87.º/2, que o Ministério Público pode determinar o arquivamento do inquérito *"quando, tratando-se de facto qualificado pela lei como crime de natureza semipública ou particular, o ofendido manifeste no processo oposição ao seu prosseguimento, invocando fundamento especialmente relevante."*

5. Nos casos em que numa mesma denúncia ou numa mesma investigação se noticiam ou indiciam factos praticados por imputáveis e por inimputáveis em razão da idade:

a) Se esse conhecimento consta da denúncia, o órgão de polícia criminal que a recebe deve transmiti-la ao Ministério Público da área criminal e também ao Ministério Pública da jurisdição de família e menores, correndo as investigações paralelamente, em inquérito e em inquérito tutelar educativo respetivamente;

b) Quando a notícia da prática de facto por menor de 16 anos se obtém no decurso do inquérito (ou nas fases subsequentes do processo criminal), deve ser de imediato transmitida ao Ministério Público da jurisdição de família e menores, não se aguardando pelo termo dessa fase processual, pois a lei tutelar educativa tem uma especial preocupação pela celeridade, que é condição de eficácia da medida atendendo à etapa do desenvolvimento da criança, e também porque só pode ser aplicada medida tutelar em 1.ª instância antes de "o menor completar 18 anos" [art. 28.º/2, b)].

RUI DO CARMO

ARTIGO 73.º
Denúncia obrigatória

1 – A denúncia é obrigatória:

a) Para os órgãos de polícia criminal, quanto a factos de que tomem conhecimento;

b) Para os funcionários, quanto a factos de que tomem conhecimento no exercício das suas funções e por causa delas.

2 – A denúncia ou a transmissão da denúncia feita por órgão de polícia criminal é, sempre que possível, acompanhada de informação que puder obter sobre a conduta anterior do menor e sua situação familiar, educativa e social. Se não puder acompanhar a denúncia, a informação é apresentada no prazo máximo de oito dias.

O exercício do dever de denúncia; a informação policial que deve acompanhar a denúncia

1. A denúncia obrigatória reporta-se agora, em consonância com a alteração introduzida em 2015 ao artigo anterior, a quaisquer factos qualificados pela lei como crime, independentemente da natureza deste.

2. A obrigação de denúncia na lei tutelar educativa acompanha o que estava já definido no art. 242.º/1 CPP, sendo o conceito de funcionário o que está consignado no art. 386.º CP. É igualmente aplicável à LTE o disposto no art 242.º/2 CPP, segundo o qual "*[q]uando várias pessoas forem obrigadas à denúncia do mesmo crime, a sua apresentação por uma delas dispensa as restantes*".

3. Suscita-se, com frequência, a dúvida sobre se os funcionários estão obrigados a denunciar quaisquer suspeitas da prática de factos que possam constituir crime. Não é esta, manifestamente, a intenção do legislador:

a) Por um lado, só existe dever de denúncia quando o funcionário tiver informações consistentes e credíveis de que o facto terá sido praticado, não bastando um rumor, uma suspeita vaga. Pelo que a decisão de denúncia pode ser antecedida de um momento de recolha de informação que comprove suficientemente o seu fundamento, em particular quando existam dúvidas sérias sobre a ocorrência dos factos.

b) Por outro lado, quando estiverem em causa factos de pequena gravidade (suscetíveis de integrarem a prática de crime não punível com pena de prisão superior a 3 anos) e o funcionário dispuser de informação suficiente e estiver em condições, nomeadamente pela sua formação e contexto profissional e institucional, de avaliar as necessidades educativas do menor, concluindo seguramente pela desnecessidade da intervenção, não lhe é exigido que formalize a denúncia.

4. A informação policial sobre "a conduta anterior do menor e a sua situação familiar, educacional e social" (n.º 2) é relevante, nomeadamente porque:

a) Pode fundamentar o arquivamento liminar do inquérito, nos casos em que o facto é qualificado como crime punível com pena de prisão de máximo não superior a um ano (art. 78.º/1);

b) Pode ser particularmente relevante na verificação, numa fase inicial do procedimento, dos pressupostos de aplicação de uma medida cautelar (cf. art. 58.º);

c) Atendendo a que, na lei tutelar educativa, o inquérito não visa apenas apurar os factos mas também, e simultaneamente, as necessidades de educação para o direito do menor infrator, constitui um elemento informativo relevante para a condução do inquérito tendo em vista a concretização dos seus objetivos, a avaliação do seu prosseguimento e a definição, da responsabilidade do Ministério Público, do plano de conduta (no caso de suspensão do processo) ou da proposta de medida tutelar educativa que deva ser aplicada.

As fontes desta informação devem ser o conhecimento já adquirido pela entidade policial no normal exercício das suas funções e outros elementos de fácil e rápida obtenção junto de fontes próximas da criança e da família. Que abranjam a situação escolar e informação relevante sobre o comportamento social, o contexto em que ocorreram os factos denunciados, suas consequências e atitude posterior do menor, composição, caraterísticas e inserção social do agregado familiar.

Rui do Carmo

ARTIGO 74.º
Abertura

Adquirida a notícia do facto, o Ministério Público determina a abertura de inquérito.

Abertura de inquérito; notícia de factos manifestamente insuscetíveis de constituírem crime; notícia de factos praticados por menores de 12 anos.

1. Quando a denúncia é rececionada pelo Ministério Público ou quando este formaliza o conhecimento próprio de factos que possam ser qualificados como crime, é aberto um inquérito. O processo tutelar educativo obedece, como o processo penal, aos princípios da oficiosidade e da legalidade.

2. Se os factos denunciados não forem manifestamente suscetíveis de serem classificados como crime, o Ministério Público deve arquivar a comunicação recebida sem que proceda à abertura de inquérito.

3. Se os factos tiverem sido praticados por criança com idade inferior a 12 anos, "o expediente não deve ser registado, distribuído e autuado como inquérito, devendo ser remetido à CPCJ da área da residência da criança, face ao perigo consubstanciado na conduta levada a cabo" (SILVA, Júlio Barbosa e, *Lei Tutelar Educativa Comentada…, ob. cit.*, p. 264), exceto se se verificar alguma das exceções ao princípio da subsidiariedade previstas no art. 11.º LPCJP, situações em que deverá ser requerida a abertura de processo judicial de promoção e proteção.

4. Nos casos de arquivamento limitar (art. 78.º/1), ou em que haja outro motivo que determine o imediato arquivamento da denúncia, mas cujos factos pudessem ser qualificados pela lei penal como crime, o Ministério abrirá inquérito e nele proferirá o despacho de arquivamento.

RUI DO CARMO

SECÇÃO II
Formalidades

ARTIGO 75.º
Direção, objeto e prazo

1 – O inquérito é dirigido pelo Ministério Público, assistido por órgãos de polícia criminal e por serviços de reinserção social.

2 - O inquérito compreende o conjunto de diligências que visam investigar a existência de facto qualificado pela lei como crime e determinar a necessidade de educação do menor para o direito, com vista à decisão sobre a aplicação de medida tutelar.

3 - A assistência dos serviços de reinserção social tem por objeto a realização dos meios de obtenção da prova a que se refere o artigo 71.º.

4 - O prazo para a conclusão do inquérito é de três meses, podendo, mediante despacho fundamentado, ser prorrogado por mais três meses, em razão de especial complexidade.

Objetivo do inquérito; direção do inquérito; prazo do inquérito; segredo de justiça.

1. O inquérito é a primeira fase do processo tutelar educativo e tem por objetivo investigar dois pressupostos da aplicação de uma medida tutelar educativa: a) a existência de facto qualificado pela lei penal como crime; e b) a necessidade de educação para o direito de quem é responsável pela sua prática (cfr., anotação 2. ao art. 90.º). No que difere do inquérito no processo penal, que visa "investigar a existência de um crime, determinar os seus agentes e a responsabilidade deles e descobrir e recolher as provas" (art. 262.º/1 CPP) e, como regra, separa a investigação dos factos da averiguação sobre as condições pessoas, sociofamiliares, de personalidade, psicológicas e sobre o comportamento do autor dos factos.

2. O inquérito tutelar educativo é dirigido pelo Ministério Público (cfr. anotação ao art. 40.º), assistido pelos órgãos de polícia criminal (como no processo penal – art. 263.º/1.CPP) e também pelos serviços de reinserção social, cujas informações e relatórios são meios de obtenção de prova (cfr. art. 71.º) e têm um âmbito muito mais alargado do que na mesma fase do processo penal.

3. O prazo definido para a conclusão do inquérito está em consonância com os prazos de duração da medida cautelar de "guarda do menor em centro educativo" (art. 60.º/1). Não é um prazo perentório, não resultando da sua ultrapassagem a invalidade do inquérito e da prova recolhida, mas pode dar origem a um pedido de aceleração processual, nos termos dos arts. 108.º e 109.º CPP (aplicável nos termos do art. 128.º).

4. O prazo curto fixado para a conclusão do inquérito tutelar educativo tem plena justificação na defesa dos direitos da criança e na necessidade de uma intervenção célere, que atenda às caraterísticas e particular importância deste período do seu desenvolvimento. Como afirma Maria João Leote de Carvalho, "um dos maiores desafios que se coloca na administração da justiça é precisamente o desfasamento temporal entre os factos identificados nas vidas de crianças e jovens, tanto no sistema de promoção e proteção como no sistema tutelar educativo, e a execução das medidas adequadas" (Carvalho, Maria João Leote de, "Delinquência juvenil: conhecer os jovens e os territórios para situar as intervenções", *in Revista do Ministério Público*, n.º 148, out-dez 2016, p. 89).

5. O inquérito tutelar educativo está sujeito a segredo de justiça, nos termos do art. 41.º/1.

Rui do Carmo

ARTIGO 76.º
Cooperação

O Ministério Público pratica os atos e assegura os meios de prova necessários à realização do inquérito e pode solicitar as diligências e informações que entender convenientes a qualquer entidade pública ou privada.

Realização dos atos de inquérito pelo Ministério Público; colaboração de outras entidades; intervenção do juiz no inquérito.

1. Não existe na LTE norma, semelhante à que resulta do art. 270.º/1 e 4 CPP, que permita ao Ministério Público delegar nos órgãos de polícia criminal a realização do inquérito. Esta delegação não seria compatível com a disciplina do inquérito tutelar educativo, que visa uma efetiva direção e presença do Ministério Público nos atos que o integram. Para além de os atos de inquéritos se efetuarem "pela ordem que o Ministério Público reputar mais conveniente" (art. 80.º/1) há um conjunto de diligências probatórias essenciais que têm de ser realizadas pela autoridade judiciária (inquirição dos ofendidos e testemunhas com idade inferior a 16 anos – art. 66.º/3; acareação em que intervenha o menor – art. 70.º; audição do menor – art. 77.º/1; sessão conjunta de prova – arts 81.º a 83.º).

2. O Ministério Público pode, contudo, solicitar a realização de diligências concretas e informações aos órgãos de polícia criminal, aos serviços de reinserção social e a quaisquer outras entidades, públicas ou privados, que possam contribuir, no âmbito das suas competências, para o apuramento dos factos e para o conhecimento do menor e do seu contexto sociofamiliar.

3. São da competência do juiz, no âmbito do inquérito, os atos que a LTE expressamente lhe cometer (arts. 59.º e 68.º/3) e aqueles que no processo penal são praticados, ordenados ou autorizados pelo juiz de instrução [cfr. arts. 28.º/1, a) e 128.º/1.].

Sobre a eventual aplicação no processo tutelar educativo do art. 271.º CPP (*declarações para memória futura*), pode ler-se no sumário do Ac. TRL 30/6/2011 (4752/10.1T3AMD-A.L1-9), disponível em *www.dgsi.pt*, consultado a 1 de março de 2018:

"I – A admissão de declarações para memória futura, no cado previsto no n.º 2 do art. 271.º do Código de Processo Penal, visa a protecção do menor vítima de crime contra a liberdade e autodeterminação sexual, poupando-o ao trauma de reviver vezes sem conta os acontecimentos e ao constrangimento inerente à solenidade e formalismo de uma audiência de julgamento;

II – Aquela norma, por força do art. 123.º, n.º 1 da Lei Tutelar Educativa, é subsidiariamente aplicável ao inquérito tutelar educativo, devendo a vítima de menoridade ser ouvida pelo juiz nesta fase processual".

A decisão da 1.ª instância tinha entendido que "o recurso à norma específica do artigo 271.º do CPP apenas poderia fazer-se por apelo ao disposto no n.º 1 do art. 128.º da LTE, o que pressuporia sempre que não existisse norma reguladora da tomada de declarações ao ofendido, que de facto existe", sendo no caso a do art. 66.º/3; e invocou o art. 106.º, que permite a leitura em audiência daquelas declarações anteriormente prestadas perante autoridade judiciária. Sobre este acórdão, cfr., Silva, Júlio Barbosa e, "«Por quem os sinos dobram». As declarações para memória futura e a sua (des)necessidade no âmbito da lei tutelar educativa e o contraditório no âmbito da jurisprudência nacional e do TEDH", *Julgar Online*, n.º 19, 2013, *http://julgar.pt/lei-tutelar-educativa-e-o-contraditrio-no-ambito-da-jurisprudencia-nacional-e-do-tedh/* (consultado em 22/2/2018).

Rui do Carmo

ARTIGO 77.º
Audição do menor

1 – Aberto o inquérito, o Ministério Público ouve o menor, no mais curto prazo.

2 – A audição pode ser dispensada quando for caso de arquivamento liminar e pode ser adiada no interesse do menor.

O direito do menor a ser ouvido; a falta de audição do menor; a dispensa de audição em caso de arquivamento liminar; o adiamento da audição do menor.

1. A audição é um direito do menor, cuja disciplina se encontra nos arts. 45.º e 47.º e está consignado no art. 12.º CDC. As *Diretrizes para uma Justiça Amiga das Crianças*, adaptadas pelo Comité de Ministros do Conselho da Europa em 17/11/2010, sublinham que o direito a ser ouvida é um direito da criança e não um dever (Diretriz 46).

2. O Ac. TRP 7/6/2006 (665/06-4), disponível em www.dgsi.pt, consultado a 5 de fevereiro de 2018, entendeu que "a falta de audição do menor constitui nulidade atinente à insuficiência de inquérito e não à sua falta – art. 120.º, n.º 2, al. d) do CPP", que tem ser "arguida tempestivamente nos termos do n.º 3, al. c) do mesmo preceito legal".

3. Este ato processual não pode ser delegado pelo Ministério Público (art. 47.º/1), que, contudo, em face do caso concreto, pode nomear técnico que lhe preste assessoria na realização da diligência.

4. A regra de audição da criança "no mais curto prazo" está em consonância com as preocupações que informam a disciplina do processo tutelar educativo – preocupações de celeridade, de participação informada e proteção da autonomia de vida.

5. A dispensa da audição em caso de arquivamento liminar é coerente com o princípio da intervenção mínima, pois não existe qualquer necessidade de intervenção educativa (cfr., anotação art. 78.º).

6. A audição em fase mais avançada do inquérito pode ser justificada: a) por circunstâncias respeitantes ao menor, à sua proteção e necessidade de se garantirem as condições adequadas à realização do ato; ou b) por razões ligadas à direção e eficácia da investigação, que levem o Ministério Público, sem por em perigo o interesse superior da criança, a concluir pela conveniência do adiamento (cfr., anotação ao art. 80.º).

Rui do Carmo

ARTIGO 78.º
Arquivamento liminar

1 – O Ministério Público procede ao arquivamento liminar do inquérito quando, sendo o facto qualificado como crime punível com pena de prisão de máximo não superior a um ano e, perante a informação a que se refere o n.º 2 do artigo 73.º, se revelar desnecessária a aplicação de medida tutelar face à reduzida gravidade dos factos, à conduta anterior e posterior do menor e à sua inserção familiar, educativa e social.

2 – Se o crime for de consumo de estupefacientes ou substâncias psicotrópicas, o Ministério Público procede ao arquivamento liminar do inquérito e, sendo caso disso, encaminha o menor para serviços de apoio e tratamento, se não tiver notícia do cometimento ou do perigo de cometimento de facto qualificado como crime de diferente espécie.

3 – O despacho de arquivamento é comunicado ao menor e aos pais, ao representante legal ou a pessoa que tenha a sua guarda de facto.

4 – (*Revogado.*)

Os pressupostos do arquivamento liminar do inquérito; o crime de consumo de estupefacientes ou substâncias psicotrópicas; comunicações do despacho de arquivamento liminar.

1. O arquivamento liminar depende dos seguintes pressupostos: (a) ser o facto qualificado como crime punível com pena de prisão de máximo não superior a um ano ("Por maioria de razão, o mesmo vale para os casos em que o facto seja punível com pena de multa" – Rodrigues, Anabela Miranda/Duarte-Fonseca António Carlos, *ob. cit.*, p. 190); b) ser, no caso concreto, de reduzida gravidade; e c) não se afigurar necessária, em face da informação recolhida, a educação para o direito.

2. O arquivamento liminar aplica-se às chamadas "bagatelas", que abrangem um universo muitíssimo reduzido de infrações criminais e cuja ocorrência isolada não exprime, em regra, a necessidade de uma intervenção estadual sobre o menor. A verificação dos seus pressupostos pode resultar da análise do teor da denúncia e da informação "sobre a conduta anterior do menor e sua situação familiar, educativa e social", que a deve acompanhar quando elaborada ou transmitida por órgão de polícia criminal (art. 73.º/2); mas também pode ser fundamentada em informações fornecidas por outras entidades, quer acompanhem a denúncia, quer tenham sido solicitadas pelo Ministério Público logo após a sua receção por se lhe afigurar que podem estar preenchidos os pressupostos do arquivamento liminar.

3. Aprovado quando ainda se encontrava em vigor o art. 40.º do Dec.-Lei n.º 15/93, de 22 de janeiro, que tipifica o crime de consumo, a LTE, em consonância com a *Estratégia Nacional de Luta contra a Droga*, aprovada em 1999, diferenciou o consumo do tráfico, querendo "evitar a aplicação de uma medida tutelar educativa nos casos de consumo – apesar de ainda incriminado – privilegiando soluções terapêuticas", exceto "se o consumo estiver ligado à eventual prática ou perigo de prática de outros factos qualificados como crimes", em que "é justificável a intervenção educativa" (RODRIGUES, Anabela Miranda/DUARTE-FONSECA António Carlos, *ob. cit.*, p. 191).

O n.º 2 deste artigo mantém a redação original, mas a Lei n.º 30/2000, de 29 de novembro, determinou que "o consumo, aquisição e a detenção para consumo próprio ... constituem contra-ordenação" (art. 2.º/1), não podendo, contudo, "exceder a quantidade necessária para o consumo médio individual durante o período de 10 dias" (art. 2.º/2), revogando o art. 40.º do Dec.-Lei n.º 15/93, de 22 de janeiro (crime de consumo) "excepto quanto ao cultivo" (art. 28.º). Esta descriminalização entrou em vigor no dia 1 de julho de 2001 (art. 29.º).

No ano de 2008, o Supremo Tribunal de Justiça fixou jurisprudência (Ac. STJ 8/2008, de 5-8-2008) no seguinte sentido:

"Não obstante a derrogação operada pelo art. 28.º da Lei n.º 30/2000, de 29 de Novembro, o art. 40.º/2 do DL n.º 15/93, de 22 de Janeiro, manteve-se em vigor não só "quanto ao cultivo" como relativamente à aquisição ou detenção, para consumo próprio, de plantas, substâncias ou preparações compreendidas nas Tabelas I a IV, em quantidade superior à necessária para o consumo média individual durante o período de 10 dias".

4. Havendo lugar a arquivamento liminar por estar em causa *crime de consumo de estupefacientes ou substâncias psicotrópicas*, o menor é encaminhado para os serviços de apoio e tratamento da toxicodependência. E deve ser promovida a abertura de processo de promoção dos direitos e proteção da criança se os pais, representante legal ou guardião de facto não demonstrarem capacidade de a proteger [art. 3.º/2, g) LPCJP], comunicando-se a situação à Comissão de Proteção de Crianças e Jovens da área da sua residência (art. 64.º/1 LPCJP) ou instaurando-se processo judicial (art. 11.º/2 LPCJP).

Deve, contudo, prosseguir o inquérito tutelar educativo se o Ministério Público "tiver notícia do cometimento ou do perigo de cometimento de facto qualificado como crime de diferente espécie" (n.º 2, parte final).

5. Em 2015, foi revogado o n.º 4 deste artigo, deixando de ser obrigatória a notificação do despacho de arquivamento liminar ao ofendido, na linha de outras alterações que evidenciam um caminho de retrocesso do seu comprometimento na intervenção tutelar educativa.

Rui do Carmo

ARTIGO 79.º
Diligências

O inquérito é constituído pelas diligências que se mostrarem necessárias e, quando útil às finalidades do processo, por uma sessão conjunta de prova.

Diligências de prova no inquérito tutelar educativo: aplicação subsidiária do CPP; princípio da necessidade.

1. Aplicam-se ao inquérito tutelar educativo as disposições gerais sobre a prova estabelecidas no CPP, nomeadamente: o art. 125.º, que afirma serem admissíveis "as provas que não forem proibidas por lei"; e o art. 126.º, que define os métodos proibidos de prova.

2. Este artigo afirma o princípio da necessidade da diligência para a prossecução do fim do inquérito ["investigar a existência de facto qualificado pela lei como crime e determinar a necessidade de educação do menor para o direito" (art. 75.º/2)], como pressuposto que legitima a sua realização. O que está em consonância com as exigências de intervenção mínima e celeridade que informam o processo tutelar educativo.

3. Sobre a sessão conjunta de prova e o critério da utilidade na sua realização, ver anotação ao art. 81.º.

4. O Ac. TRL 7/2/2012 (3610/10.4TAALM.L1-5) pronunciou-se sobre a admissibilidade, como prova em processo tutelar educativo, de "certidão do auto de declarações de testemunha (menor vítima de crime contra a liberdade e autodeterminação sexual), prestadas para memória futura em processo-crime instaurado pelos mesmos factos", nos seguintes termos:

"II. Em processo tutelar educativo, é de admitir a junção de certidão do auto de declarações de testemunha (menor vítima de crime contra a liberdade e autodeterminação sexual), prestadas para memória futura em processo-crime instaurado pelos mesmos factos, mesmo não tendo intervindo nesse processo o menor/arguido do processo tutelar, nem o seu defensor;

III. Não estando a defesa do menor/arguido impedida de indicar outra prova que contradite aquelas declarações, de confrontar o menor com as mesmas, ou de as discutir em contra-argumentação, com a sua produção em audiência não são afetadas as exigências de contraditório e de possibilidade de defesa".

Rui do Carmo

ARTIGO 80.º
Disciplina processual

1 – Os atos de inquérito efetuam-se pela ordem que o Ministério Público reputar mais conveniente.

2 – O Ministério Público indefere, por despacho, os atos requeridos que não interessem à finalidade do inquérito ou sirvam apenas para protelar o andamento do processo.

Plano de investigação definido pelo Ministério Público; o princípio da limitação dos atos no inquérito.

1. As diligências a realizar no decurso do inquérito devem obedecer a um plano de investigação definido no início, que parte de uma leitura jurídico-penal da informação recebida, identifica os factos relevantes a investigar e os meios de prova e de obtenção de prova adequados, estabelece a sua sequência e organiza a execução; plano que vai sendo reanalisado e reajustado à medida que se vão conhecendo os resultados das diligências já efetuadas. O planeamento da investigação e o acompanhamento da execução são essenciais para que prossiga um rumo esclarecido, se evite a realização de atos inúteis e não se prolongue injustificadamente no tempo.

2. A audição da criança deve ser, em regra, realizada "no mais curto prazo" (art. 77.º/1), mas as necessidades de proteção e as caraterísticas específicas da investigação podem justificar o seu adiamento (cfr., anotação ao art. 77.º).

3. A necessidade de uma intervenção tutelar educativa célere está uma vez mais vincada neste artigo (cfr., anotação ao art. 75.º), bem como o *princípio da limitação dos atos* ("Não é lícito realizar no processo atos inúteis" – art. 130.º CPC).

Rui do Carmo

ARTIGO 81.º
Sessão conjunta de prova

A sessão conjunta de prova tem por objetivo examinar contraditoriamente os indícios recolhidos e as circunstâncias relativas à personalidade do menor e à sua inserção familiar, educativa e social, com a finalidade de fundamentar a suspensão do processo ou o despacho final.

Sessão conjunta de prova: objetivos; utilidade e momento da sua realização; documentação.

1. A sessão conjunta de prova introduz, na fase de investigação, um exame contraditório, oral e sem formalidades específicas, dos indícios recolhidos sobre a prática do facto qualificado pela lei penal como crime e das circunstâncias apuradas respeitantes à personalidade do menor e à sua inserção familiar, educativa e social.

2. Deve ocorrer, em regra, no termo da investigação, sem prejuízo de o seu decurso poder suscitar a necessidade de realização de novas diligências de inquérito e de poder ser retomada após estas. A realização da sessão conjunta de prova não é obrigatória, como resulta do disposto no art. 79.º. Mas o Ministério Público deve convocá-la sempre que, no caso concreto, se revelar útil para a decisão sobre a suspensão do processo e sua concretização, para uma avaliação mais rigorosa sobre a existência dos pressupostos de que depende a aplicação de uma medida tutelar educativa e também para a escolha e definição concreta desta. Ou seja, pode ser uma diligência fundamental para que: (a) só prossigam para a fase jurisdicional, com requerimento de aplicação de medida tutelar educativa, os processos em que exista uma forte convicção de que o menor terá praticado o facto e de que tem necessidades educativas; (b) se obtenha a concordância para a suspensão do processo e se defina mais adequadamente e com maior probabilidade de êxito o plano de conduta; (c) melhor se concretize a medida tutelar educativa a requerer, à luz dos critérios estabelecidos no art. 6.º/1; e (d) se promova a celeridade do processo, potenciando a sua resolução por consenso na fase jurisdicional (art. 104.º/2).

3. No que respeita à documentação da diligência, aplica-se subsidiariamente o disposto no art. 305.º CPP (art. 128.º/1).

Rui do Carmo

ARTIGO 82.º
Obrigação de comparência na sessão conjunta de prova

1 – Na sessão conjunta de prova é obrigatória a presença do menor e dos pais, representante legal ou quem tenha a sua guarda de facto e do defensor.

2 – Quando se mostrar necessária à finalidade do ato o Ministério Público determina a comparência do ofendido.

3 – O Ministério Público pode ainda determinar a comparência de outras pessoas, nomeadamente técnicos de serviço social e de reinserção social.

Participantes na sessão conjunta de prova

1. Embora seja obrigatória a presença do menor, dos pais, representante legal ou guardião de facto, o art. 83.º apenas obriga ao adiamento da diligência se o menor faltar na primeira data para que a diligência é marcada (n.os 2, 4 e 5). A presença de defensor é obrigatória, nos termos do art. 46.º-A.

2. Atendendo aos objetivos da sessão conjunta de prova, nos crimes com vítima a presença do ofendido deve ser a regra, pela relevância da sua participação no tratamento do conflito e da sua adesão à resposta tutelar educativa.

3. De entre outras pessoas que o Ministério Público pode convocar para a diligência, têm particular importância os técnicos e participantes na ação de afirmação dos direitos e proteção das crianças e jovens em perigo, nomeadamente membros das Comissões de Proteção de Crianças e Jovens, pela frequência da simultaneidade das intervenções de proteção e tutelar educativa.

Rui do Carmo

ARTIGO 83.º

Notificações e adiamento da sessão conjunta de prova

1 – A notificação para a sessão conjunta de prova faz-se com a antecedência mínima de cinco dias, com menção de segunda data para o caso de o menor não poder comparecer e da cominação das consequências a que se referem os números seguintes.

2 – A sessão é adiada, se o menor faltar.

3 – Na ausência de outras pessoas que tenham sido convocadas, o Ministério Público decide sobre se a sessão deve ou não ser adiada.

4 – A sessão conjunta de prova só pode ser adiada uma vez.

5 – Se o menor faltar na data novamente designada, é representado por defensor.

Convocatória e adiamento da sessão conjunta de prova

1. A notificação da sessão conjunta de prova deverá indicar logo a segunda data em que se realizará, no caso de o menor faltar à primeira data ou de não comparecer outra pessoa cuja ausência o Ministério Público entenda por em causa os objetivos da diligência.

2. A preocupação de celeridade que este regime manifesta não pode, contudo, pela importância que a sessão conjunta de prova pode ter no desfecho do inquérito, impedir que ainda se possa realizar numa outra data para a qual esteja assegurada a presença das pessoas cuja participação seja essencial ao cumprimento dos seus objetivos.

Rui do Carmo

SECÇÃO III
Suspensão do processo

ARTIGO 84.º
Regime

1 – Verificando-se a necessidade de medida tutelar e sendo o facto qualificado como crime punível com pena de prisão de máximo não superior a cinco anos, o Ministério Público pode decidir-se pela suspensão do processo, mediante a apresentação de um plano de conduta, quando o menor:

a) Der a sua concordância ao plano proposto;
b) Não tiver sido sujeito a medida tutelar anterior;
c) Evidenciar que está disposto a evitar, no futuro, a prática de factos qualificados pela lei como crime.

2 – Os pais, o representante legal ou quem tiver a guarda de facto do menor são ouvidos sobre o plano de conduta.

3 – O Ministério Público pode solicitar aos serviços de reinserção social ou aos serviços de mediação a elaboração do plano de conduta.

4 – O plano de conduta pode consistir, nomeadamente:

a) Na apresentação de desculpas ao ofendido;
b) No ressarcimento, efetivo ou simbólico, total ou parcial, do dano, com dispêndio de dinheiro de bolso ou com a prestação de uma atividade a favor do ofendido, observados os limites fixados no artigo 11.º;
c) Na consecução de certos objetivos de formação pessoal nas áreas escolar, profissional ou de ocupação de tempos livres;
d) Na execução de prestações económicas ou tarefas a favor da comunidade, observados os limites fixados no artigo 12.º;
e) Na não frequência de determinados lugares ou no afastamento de certas redes de companhia.

5 – Para os efeitos previstos na alínea a) do n.º 1 e no n.º 2, o Ministério Público procede à audição do menor e das pessoas aí referidas.

6 – A suspensão do processo faz-se pelo prazo máximo de um ano e interrompe o prazo do inquérito.

7 – É correspondentemente aplicável o disposto no n.º 3 do artigo 78.º.

Âmbito de aplicação da suspensão provisória do processo; pressupostos; plano de conduta; duração; comunicação do despacho do Ministério Público.

1. "A previsão da suspensão provisória do processo significa, sobretudo, uma aposta forte na solução do caso tutelar no seio do consenso processual. Espera-se que os seus contornos permitam torná-la na forma preferencial do términus do processo tutelar.

Não será demais realçar as extraordinárias virtualidades da suspensão provisória do processo para satisfazer os interesses da intervenção tutelar – realização da finalidade educativa, adesão do menor à medida que lhe dá corpo e pacificação do conflito social ocorrido. A juntar a estas aptidões, saliente-se ainda que se trata da forma processual que melhor cumpre o interesse na celeridade da intervenção".

Assim era caraterizada a suspensão do processo no *Relatório Final sobre o Direito de Menores da CRSEPM* (MINISTÉRIO DA JUSTIÇA/MINISTÉRIO DO TRABALHO E DA SOLIDARIEDADE, "Relatório Final da Comissão para a Reforma do Sistema de Execução de Penas e Medidas", *in Reforma do Direito de Menores*, 1999, p. 98).

2. A suspensão do processo, da exclusiva responsabilidade do Ministério Público, é aplicável na fase de inquérito do processo tutelar educativo quando está em causa facto qualificado pela lei penal como crime punível com pena de prisão não superior a 5 anos, tenham sido obtidos indícios suficientes da sua prática por menor com idade compreendida entre os 12 e os 16 anos e haja necessidade de educação para o direito; ou seja, "[a] opção pela suspensão provisória não é uma alternativa ao arquivamento mas sim uma alternativa ao requerimento de abertura da fase jurisdicional" (SILVA, Júlio Barbosa e, *Lei Tutelar Educativa Comentada..., ob. cit.*, p. 387).

3. Vale também para a suspensão do processo tutelar educativo, por identidade de razão, a posição assumida na Diretiva n.º 1/2014-PGR sobre a suspensão provisória do processo penal, segundo a qual esta é "aplicável aos casos em que se indicia suficientemente um concurso de crimes punível com pena de prisão superior a 5 anos mas em que a pena de cada um deles não excede esta medida" (n.º 3, Cap. I, Sec. I), pois "é um meio processual de tratamento da pequena e média criminalidade, que é constituída pelo universo dos crimes puníveis com pena de prisão não superior a 5 anos" [Notas Explicativas, Secção I, Capítulo I

– Procuradora-Geral da República, *Diretiva n.º 1/2014*, de 15/1/2014, atualizada pela *Diretiva n. /2015*, de 4/5/2015 *https://simp.pgr.pt/circulares/mount/anexos/1430757379_diretiva_1_2014_versao_atualizada.pdf* (consultada em 23 de fevereiro de 2018)].

4. São pressupostos da aplicação da suspensão provisória do processo no caso concreto:

a) Não ter o menor sido ainda sujeito a uma medida tutelar educativa;
b) Ter uma atitude que evidencie estar disposto a evitar a prática de novos factos;
c) A concordância do menor com um plano de conduta que satisfaça as necessidades educativas.

5. O n.º 1 deste artigo, na versão inicial, afirmava que o menor deveria "apresent[ar] um plano de conduta que evidencie estar disposto a evitar, de futuro, a prática de factos qualificados pela lei como crime", acreditando-se que "[o] plano de conduta [seria] apresentado espontaneamente pelo menor, acompanhado ou assistido pelos pais, representante legal ou pessoa que tenha a sua guarda de facto" (Ministério da Justiça/Ministério do Trabalho e da Solidariedade, "Proposta de Lei n.º 266/VII. Aprova a Lei Tutelar Educativa. Exposição de Motivos", in *Reforma do Direito de Menores*, 1999, p. 314). Como afirmei na altura, "fazer assentar o plano de conduta na pura espontaneidade [pode] mostrar[-se] incompatível com a intenção de fazer da suspensão do processo a forma preferencial de conclusão do processo tutelar. O Ministério Público deve ter um papel activo na criação de condições para a elaboração do plano de conduta – deve incentivar o menor e os seus pais ou representante a apresentá-lo quando entender ser este o meio adequado de tratamento do caso concreto (e para isso serve, também, a sessão conjunta de prova), deve determinar a cooperação das entidades de mediação (como lhe é permitido pelo art. 42.º) no sentido da sua elaboraçao e execução. Mais do que a espontaneidade, o que é preciso, a meu ver, para que legitimamente haja lugar à suspensão do processo, é a adesão do menor ao processo da sua elaboração e a voluntariedade na sua apresentação" (Carmo, Rui do, "Lei Tutelar Educativa – Traços essenciais, na perspectiva da intervenção do Ministério Público", *Revista do Ministério Público*, n.º 84, out-dez 2000, pp. 129 e 130).

A atual redação do art. 84.º tornou claro que o plano de conduta não tem de ser um ato espontâneo do menor, ao alterar a redação do n.º 1 e ao afirmar no n.º 3 que "[o] Ministério Público pode solicitar aos serviços de reinserção social ou aos serviços de mediação a elaboração do plano de conduta" (cfr., art. 42.º). Contudo, não ficou excluída a possibilidade de o menor requerer a aplicação da suspensão do processo, apresentando o seu plano de conduta.

6. A exigência de o menor "não ter sido sujeito a medida tutelar anterior" foi introduzida em 2015.

O regime da suspensão do processo na LTE distingue-se, neste aspeto, do regime da suspensão provisória do processo penal porque: (1) não existe impedimento a que possam ser aplicadas mais do que uma suspensão do processo ao mesmo menor, mesmo que por factos da mesma natureza; e (2) não importa se a medida tutelar anterior, para que seja impeditiva de nova suspensão do processo, tenha sido aplicada ou não por factos da mesma natureza.

Este novo pressuposto não é, a meu ver, compatível: por um lado, com a manutenção do entendimento de que a aplicação da suspensão do processo é uma mera faculdade do MP, e não uma obrigação quando se verificarem os respetivos pressupostos (passo que foi explicitamente dado no processo penal para a suspensão provisória do processo, em 2007); por outro lado, com a não previsão de forma de reação à posição do MP de não aceitação da suspensão do processo no caso concreto. Por isso, tem toda a pertinência o alerta de Júlio Barbosa e Silva quando afirma que esta solução pode "deixar o jovem refém de um escusado e mau uso anterior da fase jurisdicional por parte do MP" (SILVA, Júlio Barbosa e, "«Por quem os sinos dobram». As declarações para memória futura...", *loc. cit.*, p. 53).

No CPP, pode requerer-se a abertura de instrução tendo em vista a aplicação nesta fase da suspensão provisória do processo [cfr., Ac. STJ 12/2/2008 (4561/07-5), disponível em www.dgsi.pt, consultado a 5 de fevereiro de 2018]. No processo tutelar educativo não existe fase de instrução, mas deveria prever a lei a possibilidade de, na fase jurisdicional, poder haver lugar à suspensão do processo por decisão do juiz.

7. As obrigações que podem constar do plano de conduta estão elencadas, de forma exemplificativa, no n.º 4.

Não podem ser impostas obrigações que ofendam a dignidade e devem respeitar os princípios da adequação e da estrita necessidade.

8. A concordância ao plano de conduta é dada pelo menor, não pelos seus pais, representante legal ou guardião de facto. Estes devem, contudo, ser ouvidos no decurso do processo da sua elaboração e antes de ser apresentado ao jovem, sendo, em regra, importante o seu contributo para o êxito da execução do plano.

A audição do menor, dos seus pais, representante legal ou guardião de facto, bem como a obtenção da concordância daquele, são atos processuais obrigatoriamente realizados pelo magistrado do Ministério Público, que os não pode delegar. A imediação é uma preocupação presente na LTE, claramente assumida também na fase de inquérito, com dois grandes objetivos: (1) permitir que o magistrado que dirige o inquérito obtenha uma melhor perceção da prova produzida, um melhor conhecimento da dinâmica dos factos e da personalidade do menor; (2) proteger o menor no decurso do processo.

9. A duração da suspensão tem o prazo máximo de um ano, interrompendo o prazo do inquérito (cfr., art. 75.º/4).

10. De acordo com a revisão de 2015, o despacho de suspensão do processo é "comunicado ao menor e aos pais, ao representante legal ou a pessoa que tenha a sua guarda de facto" [cfr., art. 78.º/3 e respetiva anotação (5.)].

11. A assistência de menor por defensor é obrigatória nos termos do art. 46.º-A.

Rui do Carmo

ARTIGO 85.º
Termo

1 – No decurso do período de suspensão, o Ministério Público determina o prosseguimento do processo se verificar que não está a ser observado o plano de conduta.

2 – Esgotado o prazo de suspensão e cumprido o plano de conduta, o Ministério Público arquiva o inquérito; caso contrário, o inquérito prossegue com as diligências a que houver lugar.

3 – Se, no período de suspensão, for recebida notícia de facto qualificado como crime imputado ao menor, a denúncia ou participação é junta aos autos e o inquérito prossegue, sendo o objeto do processo alargado aos novos factos.

4 – É correspondentemente aplicável o disposto no n.º 3 do artigo 78.º.

O cumprimento do plano de conduta; o incumprimento e o prosseguimento do processo.

1. O acompanhamento do cumprimento do plano de conduta é feito pela DGRSP. O menor pode ser obrigado a comprovar no processo, em determinado prazo, o cumprimento de certos atos que constem do plano de conduta.

2. É também aplicável à suspensão do processo tutelar educativo o disposto nos n.os 1 e 2 do Capítulo V da Secção I da Diretiva n.º 1/2014-PGR sobre a suspensão provisória do processo penal. Ou seja, em caso de alteração de circunstâncias ou de não cumprimento pelo menor de obrigação acordada que se considere não por em causa os objetivos do instituto no caso concreto, pode o Ministério Público readaptar o plano de conduta imposto para que seja garantida a sua execução, não se excluindo a possibilidade de serem efetuadas modificações da natureza ou do conteúdo das injunções e regras de conduta, assim como o prolongamento da duração da suspensão. Como é referido nas Notas Complementares daquela Diretiva, "[p]odem ocorrer vicissitudes diversas no decurso da suspensão provisória, impondo-se distinguir entre o incumprimento culposo das suas condições e que comprometa definitivamente a sua finalidade, conduzindo necessariamente ao prosseguimento do processo, e o incumprimento que decorre e se justifica com a superveniente alteração de condições relevantes ou que, atendendo às circunstâncias e grau de importância no plano de conduta imposto ao arguido, não prediz a frustração dos objetivos do instituto no caso concreto, pelo que se deve procurar readaptá-lo às novas condições".

3. No caso de comprovado cumprimento do plano de conduta, findo o prazo de suspensão o inquérito é arquivado.

Havendo incumprimento, o inquérito prossegue. A revogação da suspensão pode ser decretada antes do termo do prazo que lhe foi fixada, logo que for possível concluir pelo incumprimento do plano de conduta.

A suficiente indiciação dos factos teve de ser adquirida no inquérito como condição da aplicação da suspensão do processo, mas o contexto sócio-familiar-educativo e a necessidade de educação do menor para o direito poderão ter tido, entretanto, alterações mais ou menos significativas. Por isso, revogada a suspensão, importa atualizar aquela informação (cfr., art. 71.º) antes de ser formulado novo despacho final do inquérito, nomeadamente o requerimento para abertura da fase jurisdicional.

4. O n.º 3 deste artigo prevê a possibilidade de, no decurso da suspensão, ser recebida outra notícia de facto qualificado pela lei penal como crime, determinando que esta denúncia seja junta aos autos suspensos e que o inquérito prossiga, "sendo o objeto do processo alargado aos novos factos". O que não significa a automática revogação da suspensão em curso, pois esta obedece ao disposto no n.º 2 deste artigo, ou seja, decorre do não cumprimento do plano de conduta no prazo estabelecido. Como já escrevi em 2000, "nenhum sentido faria que a simples notícia do facto tivesse aquele efeito sobre a suspensão em curso, porque se pode concluir pela sua inexistência, pela insuficiência de indícios da sua prática ou pela desnecessidade de aplicação de medida tutelar por referência a esse novo facto – casos em que nenhuma razão existiria para revogar a suspensão, por não ter sido posta em causa a intenção subjacente ao plano de conduta ou o alcançar das suas finalidades" (CARMO, Rui do, "Lei Tutelar Educativa – Traços essenciais...", *loc. cit.*, p. 130). Ou seja, após a receção da notícia de novo facto a suspensão do processo permanece válida e o menor continua obrigado ao cumprimento do plano de conduta.

O que a lei determina neste preceito é que a investigação e avaliação dos novos factos devem decorrer nos mesmos autos em que foi decidida a suspensão. O que, a meu ver, "é tão-só a reafirmação do disposto no art. 34.º, que manda organizar um único processo relativamente a cada menor, ainda que lhe sejam atribuídos factos diversos na mesma ou em diferentes comarcas, desde que o seu tratamento se encontre na mesma fase processual. Parece, pois, que nada impede que o processo seja arquivado relativamente ao facto que determinou a suspensão (pelo decurso do prazo e cumprimento do plano), podendo prosseguir no que respeita aos outros entretanto conhecidos" (CARMO, Rui do, "Lei Tutelar Educativa – Traços essenciais...", *loc. cit.*, p. 130).

RUI DO CARMO

SECÇÃO IV
Encerramento

ARTIGO 86.º
Modalidades

O Ministério Público encerra o inquérito, arquivando-o ou requerendo a abertura da fase jurisdicional.

O despacho de encerramento do inquérito.

1. O inquérito é encerrado com um despacho de arquivamento (nos termos dos arts. 78.º, 85.º/2 ou 87.º) ou com a formulação pelo Ministério Público de um requerimento para abertura da fase jurisdicional (arts. 89.º e 90.º).

2. O despacho de suspensão do processo (art. 84.º) é também proferido no termo do inquérito, ou seja, quando se consideram realizadas as diligências necessárias e suficientes para esclarecer os factos, o contexto sócio-educativo-familiar do menor e a necessidade de educação para o direito. Contudo, diferentemente do que acontece no processo penal, o legislador entendeu não o qualificar como despacho de encerramento do inquérito, considerando que este ocorre quando houver lugar ao arquivamento subsequente ou, prosseguindo o processo, quando for requerida a abertura da fase jurisdicional (art. 85.º/2).

Rui do Carmo

ARTIGO 87.º
Arquivamento

1 – O Ministério Público arquiva o inquérito logo que conclua pela:

a) Inexistência do facto;

b) Insuficiência de indícios da prática do facto;

c) Desnecessidade de aplicação de medida tutelar, sendo o facto qualificado como crime punível com pena de prisão de máximo não superior a três anos.

2 – O Ministério Público pode ainda determinar o arquivamento do inquérito quando, tratando-se de facto qualificado pela lei como crime de natureza semipública ou particular, o ofendido manifeste no pro-

cesso oposição ao seu prosseguimento, invocando fundamento especialmente relevante.

3 – É correspondentemente aplicável o disposto no n.º 3 do artigo 78.º.

Fundamentos do arquivamento do inquérito; indícios suficientes; o juízo de desvalor objetivo do facto praticado; causas de exclusão da ilicitude e da culpa; desnecessidade de educação para o direito: competência do MP para o arquivamento do inquérito; a oposição do ofendido nos crimes semipúblicos e particulares; comunicação do despacho de arquivamento ao ofendido.

1. O arquivamento do inquérito nos termos deste artigo tem como fundamentos:

a) A inexistência ou a insuficiente indiciação do facto [n.º 1, a) e b)];
b) A desnecessidade de educação para o direito, se o facto não for qualificado como crime punível com pena de prisão superior a 3 anos [n.º 1, c)];
c) A verificação de uma causa de exclusão da ilicitude ou da culpa (art. 2.º/2);
d) A oposição relevante do ofendido ao prosseguimento do processo, quando esteja em causa facto qualificado pela lei penal como crime semipúblico ou particular (n.º 2).

2. Como refere Anabela Miranda Rodrigues, "[s]e não se prova que o menor praticou o facto, o estado não se legitima para intervir no plano educativo" (Rodrigues, Anabela Miranda, "Justiça Juvenil e Delinquência...", *ob. e loc. cit.*, p. 785). No encerramento do inquérito, o Ministério Público procede à avaliação da prova dos factos para concluir se existem ou não indícios suficientes de ato que integre a descrição típica de um crime e da identificação do seu autor – e só a conclusão de que existem indícios suficientes o legitima a requerer a abertura da fase jurisdicional.

Nos termos do CPP, "[c]onsideram-se suficientes os indícios sempre que deles resulte uma possibilidade razoável de ao arguido vir a ser aplicada, por força deles, em julgamento, uma pena ou uma medida de segurança" (art. 283.º/2 CPP). Na sua compreensão, importa recordar as esclarecedoras palavras de A. Castanheira Neves: "não se trata de aceitar um grau menor de comprovação, uma mera presunção ou uma probabilidade insegura (...), antes se impõe também aqui uma comprovação acabada e objectiva, isto é, a mesma exigência de prova e de convicção probatória, a mesma exigência de «verdade» requerida pelo julgamento final", com a diferença de que o inquérito pode não conter "todos os elementos de convicção que estarão ao dispor do juiz na fase final do julgamento", nomeadamente "elementos que anulem ou contrabalancem a força convincente dos elementos incriminadores obtidos" (NEVES, A. Castanheira, *Sumários de Processo Penal*, Coimbra, 1968, pp. 38 e 39).

Portanto, "na decisão sobre a existência de indícios suficientes não há um juízo de verdade menos exigente do que no julgamento, antes são dois distintos momentos cognitivos e comunicacionais. E a prova conhecida no inquérito, bem como os dados para a sua valoração, podem sofrer alterações, muitas vezes não antecipáveis, na fase de julgamento, porque ocorreu a impossibilidade de aí os reproduzir, porque surgiram outros elementos não conhecidos até então, porque o contraditório pleno alterou a força da prova que já se conhecia no inquérito, ou (e quantas vezes isso acontece!) as mesmas fontes não produziram prova semelhante numa e noutra das fases do processo" (CARMO, Rui do, "Algumas Notas sobre o Encerramento do Inquérito", *in Que Futuro para o Direito Processual Penal? Simpósio em Homenagem a Jorge de Figueiredo Dias, por ocasião dos 20 anos do Código de Processo Penal Português*, Coimbra, Coimbra Editora, 2009, p. 108).

E do juízo sobre a existência, ou não, de indícios suficientes não pode excluir-se a aplicação do princípio *in dubio pro reo* [neste sentido: Ac. TC 439/2002, de 29/11/2002, e RODRIGUES, Anabela Miranda/DUARTE-FONSECA, António Carlos, *ob. cit.*, p. 202; em sentido contrário, *Relatório Final da Comissão para a Reforma do Sistema de Execução de Penas e Medidas* – MINISTÉRIO DA JUSTIÇA/MINISTÉRIO DO TRABALHO E DA SOLIDARIEDADE, "Relatório Final da Comissão para a Reforma do Sistema de Execução de Penas e Medidas", *in Reforma do Direito de Menores*, 1999, p. 95).

3. Mesmo existindo indícios suficientes de factos que integrem a tipicidade penal, "o tribunal deverá estabelecer se aquele facto concretamente praticado pelo menor é susceptível de um juízo de desvalor objectivo pelo menos análogo ao que é vertido na incriminação típica (...) se aquele concreto facto detém, quando praticado por um menor com idade inferior a 16 anos, o mesmo significado ético-social do facto incriminado no tipo legal". Por exemplo: "a) o próprio facto de ser um menor a praticar a conduta pode afastar, em concreto, o desvalor objectivo abstracto vertido na incriminação típica (v.g. as relações sexuais entre menores de 14 anos – em que está ausente qualquer forma de coação ou violência, como ali é referido); b) tratando-se do preenchimento de um ilícito-típico negligente, há que apurar se sobre o menor impende o dever objectivo de cuidado pressuposto no tipo em causa" (Ministério da Justiça/Ministério do Trabalho e da Solidariedade, "Relatório Final da Comissão...", *loc. cit.*, pp. 76 e 81).

4. E se se verificar uma causa de exclusão da ilicitude ou da culpa?

O art. 2.º/1 LTE estabelece que "as causas que excluem ou diminuem a ilicitude ou a culpa são consideradas para a avaliação da necessidade e da espécie da medida". O que esta norma sublinha, uma vez mais, é que não basta a tipicidade penal da conduta do menor, é necessário que esta se traduza numa efetiva e censurável violação dos bens jurídicos essenciais da comunidade corporizados na lei penal entendida como um quadro de valores.

"Assim, se se verificar uma causa de exclusão da ilicitude ou que excluiria a culpa de imputável (cf. arts. 31.º a 39.º CP), não se pode afirmar que o facto praticado por um menor entre os 12 e os 16 anos seja uma manifestação de desrespeito por aqueles valores essenciais, podendo até expressar uma atitude de congruência com eles. Não se verifica nestas situações, a meu ver, o pressuposto da aplicação de qualquer medida tutelar educativa: a prática de facto qualificado pela lei como crime" (Carmo, Rui do, "Lei Tutelar Educativa – Traços essenciais...", *loc. cit.*, pp. 121 e 122).

Razão porque, quando tal ocorre no decurso do inquérito, o Ministério Público deve arquivá-lo independentemente da pena máxima aplicável ao respetivo crime.

5. Nos casos em que o Ministério Público entende não existir necessidade de educação para o direito mas o respetivo crime é punível com pena de prisão superior a 3 anos, requererá a abertura da fase jurisdicional com proposta fundamentada de arquivamento, sendo a decisão final da competência do juiz [art. 93.º/1, b)].

O Ac. TRL 6/2/2007 (10950/2006-5), disponível em *www.dgsi.pt*, consultado a 5 de fevereiro de 2018, entendeu que "em processo tutelar no qual estão em causa vários crimes praticados pelo mesmo menor, cada um deles com pena inferior a três anos de prisão mas cuja soma ultrapassa este limite, o Ministério Público, considerando desnecessária a aplicação de qualquer medida, deve submeter a proposta de arquivamento à apreciação do juiz, requerendo, para tanto, a abertura da fase jurisdicional".

6. O n.º 2 deste artigo foi introduzido na redação da Lei n.º 4/2015, de 15 de janeiro, na sequência da revogação do art. 72.º/2; ou seja, da eliminação da denúncia do ofendido como condição de legitimidade do MP para instaurar inquérito por factos qualificados como crime semipúblico ou particular. E constitui uma verdadeira "válvula de escape" para proteção de interesses relevantes do ofendido.

Quatro notas sobre a aplicação deste preceito:

1.ª Quando a denúncia não foi feita pelo ofendido, o Ministério Público deve comunicar-lha de imediato ou agendar diligência para a sua audição, informando-o da possibilidade legal de apresentar oposição ao prosseguimento dos autos. Por duas ordens de razões: para que o ofendido tome conhecimento deste direito de oposição fundamentada; e para que, entendendo exercê-lo, o faça em tempo útil;

2.ª Se for apresentada oposição, deve ser ponderado se "a eventual exposição de factos do processo tutelar educativo [poderia provocar] um dano gravoso e insuportável na esfera patrimonial e imaterial do ofendido, de tal forma que o bem jurídico prosseguido na intervenção tutelar educativa não deverá exigir ao ofendido essa exposição, sob pena de uma compressão significativa e inconstitucional dos seus próprios direitos" (Fialho, António José, "A Primeira Revisão da Lei Tutelar Educativa", *in I Congresso de Direito da Família e das Crianças. A criança e a família no colo da lei – as causas não se medem aos* palmos, Coimbra, Almedina, 2016, p. 245).

3.ª Nada impede, contudo, que o ofendido que denunciou ou concordou com a denúncia possa vir a invocar, no decurso do inquérito, razões que legitimem a oposição ao seu prosseguimento (cfr., Cascão, Henrique, "Questões práticas suscitadas pela aplicação da lei tutelar educativa", *Revista do Centro de Estudos Judiciários*, 2015-II, p. 161).

4.ª As razões invocadas pelo ofendido podem, também, decorrer de atitudes e comportamentos posteriores do menor que, no entender daquele, tornem desnecessário o prosseguimento do processo (Silva, Júlio Barbosa e, "E se todo o mundo ...", *loc. cit.*, p. 56).

Esta alteração legal não deve significar e muito menos promover o desinteresse do ofendido, enquanto membro da comunidade com uma especial relação com o caso, pelo processo de educação para o direito do menor infrator.

7. O art. 78.º/3, para o qual remete o n.º 3 deste artigo, não prevê a comunicação do despacho ao ofendido, o que não é compreensível. Em particular quando foi por sua iniciativa que o inquérito se iniciou ou quando o arquivamento é proferido nos termos do n.º 2, situações em que ao ofendido deve ser comunicado o despacho do Ministério Público nos termos do art. 277.º/3 CPP, por força do disposto no art. 128.º/1 LTE.

Rui do Carmo

ARTIGO 88.º
Intervenção hierárquica

No prazo de 30 dias, contado da data da notificação do despacho de arquivamento, o imediato superior hierárquico do Ministério Público pode determinar o prosseguimento dos autos, indicando as diligências ou a sequência a observar.

Intervenção hierárquica oficiosa ou a requerimento; despacho do superior hierárquico; prazo.

1. A intervenção hierárquica pode ocorrer a requerimento das pessoas a quem o despacho deve ser comunicado ou oficiosamente.

2. O imediato superior hierárquico do magistrado que proferiu o despacho de arquivamento pode determinar a realização de novas diligências de inquérito, que se desenvolvam iniciativas com vista à suspensão do processo ou que seja requerida a abertura da fase jurisdicional.

3. O prazo de 30 dias inicia-se na data da notificação do despacho de arquivamento. Prazo que terá de ser igualmente respeitado no caso de intervenção oficiosa.

Aplicam-se aqui, por identidade de razão, as conclusões do Parecer n.º 31/2009, de 16/9/2010, do Conselho Consultivo da Procuradoria-Geral da República, sobre o art. 278.º CPP (Intervenção hierárquica), o que significa que:

a) O imediato superior hierárquico do magistrado do Ministério Público que proferiu o despacho de arquivamento pode, por sua iniciativa ou a requerimento, determinar que seja requerida a abertura da fase jurisdicional ou que a investigação prossiga, "devendo, neste caso, indicar as diligências que reputa necessárias e o prazo para a sua realização";

b) O prazo de 30 dias "é perentório, quer nos casos em que a intervenção hierárquica é oficiosa, quer quando é requerida por quem tenha legitimidade para o efeito, pelo que o imediato superior hierárquico não poderá decidir após o seu decurso".

Rui do Carmo

ARTIGO 89.º
Requerimento para abertura da fase jurisdicional

Devendo o processo prosseguir, o Ministério Público requer a abertura da fase jurisdicional.

Pressupostos do requerimento de abertura da fase jurisdicional.

1. O processo prossegue para a fase jurisdicional quando:

a) Forem recolhidos indícios suficientes da prática de facto qualificada pela lei penal como crime e da necessidade de educação do menor para o direito, quando não possa ou não deva ser aplicada a suspensão do processo ou o plano de conduta que a sustentou não tenha sido cumprido;

b) Forem recolhidos indícios suficientes da prática de facto qualificado pela lei penal como crime punível com pena de prisão superior a 3 anos e o MP entender que não existe necessidade de educação para o direito.

Rui do Carmo

ARTIGO 90.º
Requisitos do requerimento

1 – O requerimento para abertura da fase jurisdicional contém:

a) A identificação do menor, seus pais, representante legal ou quem tenha a sua guarda de facto;

b) A descrição dos factos, incluindo, quando possível, o lugar, o tempo e motivação da sua prática e o grau de participação do menor;

c) A qualificação jurídico-criminal dos factos;

d) A indicação de condutas anteriores, contemporâneas ou posteriores aos factos e das condições de inserção familiar, educativa e social que permitam avaliar da personalidade do menor e da necessidade da aplicação de medida tutelar;

e) A indicação da medida a aplicar ou das razões por que se torna desnecessária;

f) Os meios de prova, limitando-se o rol de testemunhas a vinte;

g) A data e a assinatura.

2 – O limite do número de testemunhas previsto na alínea f) do número anterior pode ser ultrapassado desde que tal se afigure necessário para a descoberta da verdade material, designadamente quando tiver sido praticado facto qualificado como crime a que corresponda algum dos crimes referidos no n.º 2 do artigo 215.º do Código de Processo Penal ou se o processo se revelar de excecional complexidade, devido ao número de arguidos ou ofendidos ou ao carácter altamente organizado do crime, sem prejuízo do disposto no n.º 4 do artigo 340.º do Código de Processo Penal.

Requisitos do requerimento; educação do menor para o direito; compreensibilidade do requerimento pelo menor; limitação do número de testemunhas; remessa imediata do requerimento ao juiz.

1. Os requisitos deste requerimento têm claras semelhanças com os que caraterizam o requerimento para aplicação de pena em processo sumaríssimo penal (cf. art. 394.º CPP).

Destacam-se as exigências das als. d) e e) do n.º 1.

Alínea d) – É nas "condutas anteriores, contemporâneas ou posteriores aos facto" e nas "condições de inserção familiar, educativa e social" que se encontram os factos que consubstanciam a necessidade (ou desnecessidade) de educação para o direito. Não podem consistir em formulações gerais, tabelares e não concretizadas, nem numa mera sucessão sem critério de transcrições dos relatórios e informações sociais. Terão de ser o resultado de uma análise e avaliação criteriosas feita pelo Ministério Público dos elementos probatórios recolhidos, selecionando e expondo os factos relevantes para um bom conhecimento do menor, seu percurso pessoal e inserção sociofamiliar e educativa, que permita enquadrar e compreender o seu comportamento e justificar a adequação de uma determinada medida tutelar educativa, ou a sua desnecessidade.

Alínea e) – A medida tutelar educativa cuja aplicação é requerida pelo MP terá de ser: (a) uma das que se encontram elencadas no n.º 1 do art. 4.º, de grande plasticidade; (b) com a concretização do seu efetivo conteúdo, nomeadamente a respetiva duração, quantificação (quando for o caso), obrigações que a integram e prazo de cumprimento.

2. Existe necessidade de educação do menor para o direito quando a intervenção se mostrar "necessária para garantir que o seu desenvolvimento ocorra de forma harmoniosa e socialmente integrada e responsável, tendo como referência o dever-ser jurídico consubstanciado nos valores fundamentais tutelados pela lei penal, enquanto valores mínimos e essenciais da convivência social. Não há, pois, lugar à intervenção tutelar educativa, por desnecessidade de aplicação de qualquer medida, quando, como se pode ler na Exposição de Motivos, "a prática do facto, posto que objectivamente desvaliosa, se insira nos processos normais de desenvolvimento da personalidade que incluem, dentro de limites razoáveis, a possibilidade de o menor testar a vigência das normas através da infracção" (Carmo, Rui do, "Lei Tutelar Educativa - Traços essenciais...", *loc. cit.*, p. 123).

Como refere Anabela Miranda Rodrigues, "[e]ntendeu-se que, no caso de delinquentes menores, as necessidades de defesa da sociedade têm de se considerar satisfeitas na estrita medida em que a intervenção seja exigida pelo «direito» que eles têm a uma intervenção que os eduque para o direito. Só nestes termos é legítimo assegurar a satisfação das exigências de prevenção. Que não se pode também descurar, é certo, quando está em causa a delinquência juvenil. Mas que, nalguns casos, pode frustrar-se, como «custo» a suportar pela própria sociedade pela preservação de certos valores essenciais à sua organização como um estado de direito, no caso, o direito do menor à socialização, que prevalece sobre o direito da sociedade à segurança." (Rodrigues, Anabela Miranda, "Justiça Juvenil e Delinquência...", *ob. e loc. cit.*, p. 798).

3. Dispõe o art. 6.º/3. que "a escolha da medida tutelar aplicável é orientada pelo interesse do menor". Como é sublinhado pelo Conselho da Europa, "[é] surpreendente que o princípio do «interesse superior» seja tão pouco utilizado nos processos judiciais de jovens, ao contrário do que sucede em matéria de direito da família. Há uma tendência preocupante, em muitos Estados membros do Conselho da Europa, para se tratar os menores delinquentes como adultos. É evidente que há que respeitar os direitos de todas as crianças, incluindo os direitos das crianças que violam a lei. Uma abordagem estritamente punitiva não é conforme com os princípios orientadores da justiça relativa aos jovens, tal como são formulados no artigo 40.º da Convenção das Nações Unidas sobre os Direitos da Criança. As intervenções de natureza mais socioeducativa são muito mais consentâneas com este instrumento e, além disso, já demonstraram ser mais eficazes na prática" (*Diretrizes do Comité de Ministros do Conselho da Europa sobre a justiça adaptada às crianças*, 2010, Exposição de Motivos, ponto 38.).

4. O requerimento de abertura da fase jurisdicional define e delimita o objeto do processo, pelo que deve ser compreensível pelo menor, condição indispensável para que tenha condições de nele participar e para que possam ser alcançados os objetivos educativos. As exigências de compreensibilidade expressas nos arts. 99.º/1 e 104.º/1 não se confinam à fase jurisdicional, antes se estendem a todo o processo tutelar educativo, mormente ao requerimento do MP para aplicação de medida.

5. A revisão de 2015 estabeleceu um limite de 20 testemunhas a indicar no requerimento [n.º 1, f)], que pode ser excedido quando se "afigure necessário para a descoberta da verdade material" ou "se o processo se revelar de excecional complexidade" (n.º 2). E manda aplicar o disposto no art. 340.º/4 CPP.

6. Não há lugar a comunicação deste requerimento por parte do Ministério Público, mais uma vez a exemplo do que ocorre com o requerimento para aplicação de pena em processo sumaríssimo penal [cfr., art. 396.º/1, b) CPP]. O requerimento do Ministério Público é imediatamente enviado ao juiz.

RUI DO CARMO

ARTIGO 91.º
Princípio da não adesão

O pedido civil é deduzido em separado perante o tribunal competente.

Princípio da não adesão.

1. A Exposição de Motivos da proposta de lei que deu origem à LTE justificou assim a consagração do princípio da não adesão: "Pareceu (...) que o enxerto do pedido cível teria o duplo inconveniente de prejudicar a celeridade do processo sem cobrar a sua própria eficácia.

Efectivamente, pretendendo-se salvaguardar o máximo de genuinidade das provas, este objectivo ficaria comprometido se a prova do facto se associasse à prova do dano.

Por outro lado, o devedor da indemnização não é, por regra, o menor mas os responsáveis pela sua educação, guarda ou vigilância. Esta circunstância estabeleceria uma situação adversarial entre a pretensão do Estado e a dos detentores do poder paternal, contrariando frontalmente a intenção político-criminal a que se procura dar corpo" (Ministério da Justiça/Ministério do Trabalho e da Solidariedade, "Proposta de Lei n.º 266/VII...", *ob. e loc. cit.*, p. 314).

Rui do Carmo

CAPÍTULO V
Fase jurisdicional

SECÇÃO I
Natureza e atos preliminares

ARTIGO 92.º
Natureza

1 – A fase jurisdicional compreende:

a) A comprovação judicial dos factos;

b) A avaliação da necessidade de aplicação de medida tutelar;

c) A determinação da medida tutelar;

d) A execução da medida tutelar.

2 – A fase jurisdicional é presidida pelo juiz e obedece ao princípio do contraditório.

Fase jurisdicional; natureza

1. Esta norma não foi mexida na alteração da LTE levada a cabo pela Lei n.º 4/2015, de 15 de janeiro.

2. Esta norma representa o novo paradigma da intervenção tutelar educativa, após o tempo nebuloso da simplística aplicação da OTM aos comportamentos delituosos dos jovens inimputáveis em razão da idade, terminado, em boa hora, em 31 de dezembro de 2000. No dia 1/1/2001 entrou em vigor a LTE que veio implementar um garantístico Modelo de Justiça.

3. No Modelo de Justiça, como atualmente é o nosso, a restrição de direitos fundamentais inerente à aplicação de uma medida tutelar educativa justifica-se pela prossecução de outros interesses constitucionalmente protegidos, nomeadamente aqueles que integram os objetivos prioritários da política de juventude estadual, como "o desenvolvimento da personalidade dos jovens, a criação de condições para a sua efectiva integração na vida activa e o sentido de serviço à comunidade" – art. 70.º/2 CRP.

Para além disso, o Estado deve assegurar as exigências comunitárias da segurança e da paz social.

Encontrando-se a personalidade do jovem ainda em formação, o Estado tem o direito e o dever de intervir corretivamente neste processo sempre que ele, ao ofender valores essenciais da comunidade e as regras mínimas que regem a vida social, revele uma personalidade hostil ao dever-ser jurídico básico.

A intervenção tutelar educativa importa restrições a direitos da criança (como o direito à liberdade e à autodeterminação pessoal) e dos progenitores (como o direito à educação e à manutenção dos filhos).

Ela deve ser excecional e obedecer aos princípios da necessidade e da proporcionalidade.

Se o jovem entra em rutura com o mínimo ético e social em que assenta a vida em sociedade, ofendendo bens jurídicos tutelados pelo Direito Penal, o Estado, através dos Tribunais, deve intervir com o objetivo de fazer compreender ao agente os valores essenciais da comunidade e as regras básicas de convivência social a que qualquer cidadão deve obediência.

A intervenção tutelar educativa só se justifica, assim, se o interesse da criança ou do jovem o determinar, tendo em vista o direito de desenvolver a sua personalidade de forma socialmente responsável, ainda que, para esse efeito, a prestação estadual implique uma compressão de outros direitos de que é igualmente titular.

Esta intervenção não visa a punição e só deve produzir-se quando a necessidade de correção da personalidade subsista no momento da aplicação da medida. Quando tal não aconteça, a ausência de intervenção representará uma justificada prevalência do interesse da criança ou do jovem sobre a defesa dos bens jurídicos e das expectativas da comunidade.

A intervenção tutelar educativa do Estado justifica-se quando se tenha manifestado uma situação desviante que torne clara a rutura com elementos nucleares da ordem jurídica, legitimando-se o Estado para educar o jovem para o direito, mesmo contra a vontade de quem está investido das responsabilidades parentais.

Assim, são pressupostos da intervenção tutelar educativa:

- a existência de uma ofensa a bens jurídicos fundamentais traduzido na prática de um facto considerado por lei como crime;
- a exigência ao jovem do dever de respeito pelas disposições jurídico-penais essenciais à vida em comunidade, conformando a sua personalidade de forma socialmente responsável – necessidade de ser educado para o direito;
- a idade mínima de 12 anos, fazendo coincidir o início da puberdade com o limiar da maturidade requerida para a compreensão do sentido da intervenção tutelar educativa.

4. Estamos na entrada da fase processual presidida por um juiz, onde se deve acatar o princípio do contraditório que é uma clara assunção da desejada dimensão de participação de todos na decisão que vier a ser tomada a favor da criança.

5. Segundo o princípio do contraditório, nenhuma decisão deve ser proferida sobre um pedido ou um argumento de uma das partes sem se facultar à outra a oportunidade de se pronunciar sobre esse pedido ou sobre esse argumento.

Com efeito, se perante o julgador ambas as «partes» estão em igualdade, ambas devem ter idêntica oportunidade de expor as suas razões, além de que a melhor fiscalização da atividade de uma das partes é a sua sujeição à pronúncia da parte contrária, tudo resultando em favor da procura da decisão mais justa.

O princípio do contraditório (com incidência constitucional – art. 32.º/5 CRP) é, em todos os ramos de direito processual, um elemento absolutamente estruturante das ferramentas processuais disponibilizadas pela ordem jurídica. A sua exclusão é sempre excecional, apenas se verificando quando a audição da parte contrária ponha em causa o efeito útil da atividade judicial, seja pela necessária delonga do processo decisório, seja pela possibilidade que dela resulta para a parte contrária se eximir ao efeito da decisão, seja a título de sanção pela indiciação de comportamento censurável.

Tal princípio tem uma incidência concreta, relativamente a toda e qualquer questão suscitada no processo, e não apenas um carácter genérico, por referência ao processo na sua globalidade.

No processo tutelar educativo, tal como afinal no processo penal, não há propriamente «partes» mas «sujeitos do processo» – aqui são sujeitos processuais, relativamente aos quais deve ser cumprido o dito contraditório: o jovem prevaricante (sempre representado por advogado defensor), os seus pais, o seu representante legal ou quem tenha a sua guarda de facto, estes últimos, de futuro, apelidados de cuidadores (representados ou não por advogado), o Ministério Público e o ofendido, em certas situações tipificadas.

6. Longe estamos do tempo da OTM em que tudo começava por uma participação policial e cedo estávamos a *proteger* o autor dos factos delituosos, sem sequer tratar de saber se ele era de facto o autor da façanha. Bastava vir um relatório social a dar conta da disfuncionalidade familiar na vida desta criança (que o é, à luz do art. 1.º CDC) para logo o tribunal, sem qualquer impulso processual, tutelar a existência do jovem, colocando a ênfase na sua proteção.

Agora, esta fase jurisdicional pode ter, à partida, 4 momentos (podendo não os ter todos, como é óbvio):

a) em primeiro lugar, quer-se comprovar judicialmente os factos denunciados ou noticiados – foi mesmo o jovem o autor do facto? O facto provado constitui crime à luz do Código Penal ou de alguma legislação penal extravagante? (temos como assente que não estão aqui em causa contraordenações ou transgressões);

b) depois, pergunta o juiz: este jovem que praticou estes factos que constituem crimes sob a égide da legislação penal portuguesa, necessita de ser educado para o direito? Ou seja, há necessidade de lhe aplicar uma medida tutelar educativa?

c) se a resposta for afirmativa, há que escolher a medida tutelar educativa do art. 4.º (uma ou várias, quando podem ser aplicadas no plural – cfr., art. 19.º/1);

d) finalmente, há que a colocar em execução, sendo o juiz que a aplica que monitoriza a sua execução.

7. Decidi, na Relação de Coimbra, o seguinte [Ac. TRC 12/10/2011 (243/10.9T3ETR.C1), disponível em www.dgsi.pt, consultado a 5 de fevereiro de 2018]:

"1. No âmbito da Lei Tutelar Educativa, no que tange à impugnação da matéria dada como provada e em sede de recurso, aplicam-se as regras do CPP, por força do comando legal do artigo 128.º da LTE.

2. Nos termos da LTE, só podemos aplicar a um menor inimputável uma qualquer medida tutelar educativa desde que se tenha provado, fora de qualquer dúvida razoável, que ele participou no concreto facto qualificado pela lei como crime, mesmo que se saiba que estamos perante um jovem habitualmente avesso aos valores do nosso Estado de Direito, por força da investigação sócio-familiar levada a cabo.

3. Sem factos provados não há hipótese de se accionar os meios ressocializadores e reeducadores ínsitos na LTE, sob pena de voltarmos ao formal e agarantístico processo tutelar da OTM e à zona negra e nebulosa, comprometida com um Modelo de Protecção, em que caminhava a Justiça das Crianças antes de 2001.

4. Considerando que o depoimento indirecto é uma comunicação, com função informativa, de um facto de que o sujeito teve conhecimento por um terceiro, parece-nos razoavelmente claro que não constitui depoimento indirecto – portanto não enquadrável no art. 129.º do C.P.P. e, portanto, não constituindo prova proibida –, o depoimento de uma testemunha que relata o que ouviu o arguido dizer, isto mesmo que o arguido não preste declarações na audiência, no exercício do seu direito ao silêncio".

8. Pode ser requerida a abertura da fase jurisdicional do Processo Tutelar Educativo se não tiver sido possível a audição do jovem (art. 77.º)? Parece-nos que sim, concordando-se aqui com a posição assumida por Rui Amorim, Procurador da República, em ação de formação contínua do CEJ-2012:

- A audição do jovem, para além de ser um direito de defesa, constitui também um meio de prova. No entanto, o direito de defesa do mesmo não pode inviabilizar a própria intervenção tutelar educativa nos casos em que o Tribunal tudo fez para o ouvir.
- Neste sentido, cfr., Rodrigues, Anabela Miranda/Duarte-Fonseca, António Carlos, ob. cit., p. 189, que defendem que "não se

consagra neste preceito qualquer «dever» de audição em sentido jurídico".

- Interpretação distinta seria a consagração da absoluta ineficácia do sistema. Por mais prementes que fossem as necessidades educativas do jovem e por mais gravosa que se revelasse a sua conduta, bastaria que ele se ausentasse numas férias providenciais para o processo ser arquivado. E, já agora, pergunta-se, qual o prazo durante o qual o Ministério Público deveria continuar a procurar o jovem? Até ao termo do prazo de conclusão do Inquérito previsto no art. 75.º/4, ou até o jovem atingir a maioridade, o que acarretará necessariamente a cessação da competência do Tribunal de Família e Menores, por força da al. b) do n.º 2 do art. 28.º?
- O dever de busca da verdade e a homenagem ao direito de defesa não podem cercear o Tribunal de prosseguir o objetivo último da intervenção: a educação do jovem para o direito e a sua inserção, de forma digna e responsável, na vida em comunidade.
- De resto, o mesmo se passa no processo penal. Se a constituição como arguido do suspeito da prática de um crime constitui uma obrigação (art. 58.º/1, CPP), em caso de impossibilidade de cumprimento de tal dever o processo prossegue, ficcionando o legislador que passa a assumir a qualidade de arguido todo aquele contra quem for deduzida acusação ou requerida a instrução (art. 57.º/1, CPP).

Paulo Guerra

ARTIGO 92.º-A
Saneamento do processo

1 – Recebido o requerimento para abertura da fase jurisdicional, o juiz verifica se existem questões prévias que obstem ao conhecimento da causa.

2 – O juiz rejeita o requerimento:

a) Que não contenha os requisitos que constam do artigo 90.º;

b) Se os factos nele descritos não forem qualificados pela lei penal como crime.

Saneamento do processo

1. Esta norma foi acrescentada na alteração da LTE levada a cabo pela Lei n.º 4/2015, de 15 de janeiro.

2. Após a receção do requerimento para a abertura da fase jurisdicional elaborada pelo Ministério Público, o juiz do processo saneia os autos, verificando, à partida, se existe alguma circunstância jurídico-processual que obste à continuidade do processo para aquela fase, mormente, curando de saber se o tribunal é competente em termos materiais e territoriais, devendo também verificar se estamos perante alguma ou algumas das situações previstas no art. 28.º/2, a) e b), e 3.

3. Como já se insinuava no espírito do anterior art. 93.º, o ato de receber um requerimento abrange a sua possível rejeição (que leva a que não possa aquela peça imperfeita ser de novo instaurada em juízo nos mesmos autos). Agora a lei é clara nesse sentido, aditando-se neste novo normativo os dois possíveis motivos para essa rejeição – os factos não constituem, afinal, crime ou o requerimento do MP não contém os constitutivos elementos apostos no art. 90.º.

4. Caso haja discordância do MP em relação a tal rejeição, pode haver recurso nos termos do art. 121.º/1, a).

5. A jurisprudência anterior a esta alteração dividiu-se sobre esta questão. Assinalando a essencialidade da narração dos factos a que alude a al. d) do n.º 1 do artigo 90º, cfr., Ac. TRL 17/4/2007 (10902/2006-5), e RP de 19/12/2007 (0716253), disponíveis em *www.dgsi.pt*, consultados a 5 de fevereiro de 2018 – assim, deveria ser rejeitado, por ser manifestamente infundado, o requerimento do MP para abertura da fase jurisdicional em que não são alegados os factos que integram o requisito essencial da al. d) do n.º 1 do art. 90.º da LTE, não substituindo esta narração a simples remissão para os relatórios sociais constantes do processo. Em sentido contrário, sustentando que o requerimento omisso naquela indicação não deveria ser rejeitado, pois tal omissão não constituía uma questão prévia impeditiva do conhecimento do mérito, cfr., Ac. TRP 27/10/2004 (0414556), disponível em *www.dgsi.pt*, consultado a 5 de fevereiro de 2018.

6. Num sistema, como o nosso, em que as medidas tutelares «visam a educação do menor para o direito e a sua inserção, de forma digna e responsável, na vida em comunidade» (art. 2.º/1), sendo manifestamente insuficientes os factos narrados sobre a personalidade do menor, o seu percurso de vida, o agregado familiar em que se insere, os apoios de que beneficia e a evolução que tudo isto tem tido ao longo do tempo, há que determinar o reenvio do processo para novo julgamento relativamente a tais concretas questões [arts. 410.º/2, a), 426.º e 426.º-A CPP, aplicáveis *ex vi* art. 128.º LTE – cfr., Ac. TRL 23/11/2005 (6035/2005-3), disponível em www.dgsi.pt, consultado a 5 de fevereiro de 2018].

7. Note-se ainda que a falta de indicação de provas, no requerimento de abertura da fase jurisdicional pelo MP, à semelhança do regime previsto para a acusação nos termos do art. 311.º/3 c) CPP, conduz à rejeição liminar daquele requerimento [Ac. TRL 10/12/2002 (0025865), disponível em www.dgsi.pt, consultado a 5 de fevereiro de 2018]. Também a falta de descrição de factos delituosos e de indicação de normas aplicáveis devem ter a mesma consequência.

8. Face à nova redação deste artigo, não parece agora haver dúvidas de que deve haver rejeição judicial do requerimento do MP, caso este não contenha, de forma bastante, os elementos/requisitos do art. 90.º.

9. Pergunta-se: quando é requerida a abertura da fase jurisdicional, o juiz pode apreciar a competência territorial do tribunal se tiver havido alteração da residência do menor entre a fase do Inquérito e a fase seguinte? (alcance do art. 32.º).

a) O art. 31.º estipula que "*é competente para a apreciação dos factos e para a aplicação de medida tutelar o Tribunal da residência do menor no momento em que for instaurado o processo*".

b) É claro que o processo se inicia com a apresentação da denúncia nos Serviços do Ministério Público ou no Órgão de Polícia Criminal.

c) Por seu turno, o art. 32.º é inequívoco ao afirmar que "*são irrelevantes as modificações que ocorram posteriormente ao momento da instauração do processo*".

d) Da conjugação de tais preceitos resulta, no meu entendimento, que está vedada ao juiz a possibilidade de apreciar a competência territorial do Tribunal se tiver havido alteração da residência do jovem entre a fase de Inquérito e a fase jurisdicional.

e) Neste sentido, cfr., Rodrigues, Anabela Miranda/Duarte-Fonseca, António Carlos, *ob. cit.*, p. 122, que defendem que "não são tomadas em consideração, para efeitos de determinação do tribunal territorialmente competente, as modificações, designadamente de residência do menor, que ocorram posteriormente ao momento da instauração do processo".

Paulo Guerra

ARTIGO 93.º
Despacho inicial

1 – Resolvidas as questões referidas no artigo anterior, o juiz:

a) (*Revogada.*)

b) Arquiva o processo quando, sendo o facto qualificado como crime punível com pena de prisão de máximo superior a três anos, lhe merecer concordância a proposta do Ministério Público no sentido de que não é necessária a aplicação de medida tutelar;

c) Designa dia para audiência prévia se, tendo sido requerida a aplicação de medida não institucional, a natureza e gravidade dos factos, a urgência do caso ou a medida proposta justificarem tratamento abreviado.

2 – Não se verificando nenhuma das situações referidas no número anterior, o juiz determina o prosseguimento do processo, mandando notificar o menor, os pais, representante legal ou quem tenha a sua guarda de facto e o defensor de que podem:

a) Requerer diligências, no prazo de 10 dias;

b) Alegar, no mesmo prazo, ou diferir a alegação para a audiência;

c) Indicar, no mesmo prazo, os meios de prova a produzir em audiência, se não requererem diligências.

3 – É correspondentemente aplicável o disposto no n.º 3 do artigo 78.º.

Despacho inicial; arquivamento; designação de dia para audiência prévia; prosseguimento do processo

1. Esta norma foi alterada pela Lei n.º 4/2015, de 15 de janeiro.

2. A anterior al. *a*) foi transportada para o novo art. 92.º-A/1.

3. Acrescentou-se na revisão de 2015, no que tange à redação do n.º 2, «*ou quem tenha a sua guarda de facto*», definida no art. 5.º, b) LPCJP, não se compreendendo o esquecimento do mesmo aditamento na letra do art. 94.º/6.

4. Nesse momento inicial, o juiz, após aceitar o requerimento do MP por ter passado no crivo do art. 92.º-A, pode:

a) arquivar o processo quando, tratando-se de facto qualificado pela lei como crime punível com pena de prisão superior a 3 anos, concordar com a proposta do MP no sentido da desnecessidade de aplicar qualquer medida tutelar educativa [art. 93.º/1, b)];

b) determinar o prosseguimento do processo, com vista à realização de audiência, quando não concorde com a proposta do MP (art. 93.º/2) – note-se que esta decisão não admite recurso (art. 121.º/1);
c) designar dia para audiência prévia (outrora preliminar), quando tiver sido requerida medida que não o internamento em Centro Educativo e se justificar o tratamento abreviado, dada a natureza dos factos, a urgência do caso ou a medida proposta [art. 93.º/1, c)];
d) determinar o prosseguimento do processo, ordenando as notificações a que se refere o n.º 2 do art. 93.º, quando tiver sido requerida a aplicação de medida de internamento em Centro Educativo, não concordar com a proposta do MP de arquivamento, nos termos supra aludidos, ou, nos restantes casos, não houver fundamento para o tratamento abreviado próprio da audiência prévia (art. 93.º/2).

5. A propósito da al. b) do n.º 1 deste normativo, note-se que o juiz não pode arquivar o processo se não houver proposta do MP no sentido de que não é necessária a aplicação da medida tutelar. Assim, se o MP não considerar tal opção, embora discordando, o juiz tem de fazer prosseguir o processo, recebendo o seu requerimento. Conforme foi decidido pelo Ac. TRC 7/3/2007 (793/06.1TAACB.C1), disponível em www.dgsi.pt, consultado a 5 de fevereiro de 2018: *"O juiz não pode deixar de receber o requerimento para abertura da fase jurisdicional do processo se os factos forem puníveis com pena de prisão de máximo superior a três anos"*, se o Ministério Público não requereu esse arquivamento e mesmo que os autos apontem para a desnecessidade de aplicação de uma medida tutelar (*in casu*, os factos encontravam-se previstos na lei penal como crime de incêndio, mas tratou-se de um comportamento meramente negligente, sendo que tudo se passou no seio familiar e estando o jovem bem inserido social e familiarmente) – ou seja, o juiz não pode liminarmente ordenar o arquivamento do processo, por discordar do juízo do MP de necessidade de aplicação de uma medida tutelar educativa.

6. Aqui se recorda que, sendo o facto qualificado como crime punível com pena de prisão até 3 anos (inclusive), pode o MP arquivar o inquérito tutelar educativo sem qualquer controlo judicial [art. 87.º/1, c)], ficando apenas sujeito à intervenção hierárquica prevista no art. 88.º.

7. Tem-se considerado – e nós com esta tese – que em processo tutelar, no qual estão em causa vários crimes praticados pelo mesmo jovem, *cada um deles punível com pena inferior a três anos de prisão mas cuja soma ultrapassa este limite,* o MP, considerando desnecessária a aplicação de qualquer medida tutelar, deve submeter a proposta de arquivamento à apreciação do juiz, requerendo, para tanto, a abertura da fase jurisdicional [nesse sentido, Ac. TRL 6/02/2007 (10950/2006-5), disponível em www.dgsi.pt, consultado a 5 de fevereiro de 2018].

8. Tal aresto de 2007 do TRL sustenta, assim, esta tese alinhavada na anterior anotação:

a) "Cabe, porém, perguntar a quem compete a decisão de arquivamento (ao Ministério Público ou ao juiz) quando o menor pratica, não um, mas vários factos qualificados como crime e cujas penas não ultrapassam, individualmente consideradas, três anos de prisão. Não respondendo directamente o texto legal à questão suscitada, o espírito que esteve subjacente à solução legislativa consagrada nos citados artigos 87.º, n.º 1, al. c), e 93.º, n.º 1, al. b), da Lei Tutelar Educativa e a solução legislativa adoptada no lugar paralelo do art. 14.º, n.º 2, al. b), do Cód. de Proc. Penal (onde se defere ao tribunal colectivo a competência para o julgamento dos processos respeitantes a crimes cuja pena máxima, abstractamente aplicável, for superior a cinco anos de prisão, mesmo quando, no caso de concurso de infracções, for inferior o limite máximo correspondente a cada crime) apontam no sentido de dever ser o juiz (e não o Ministério Público) a tomar a decisão de arquivamento".

b) "Efectivamente – (...) – a prática isolada de um crime, ou a prática de vários crimes, pelo mesmo menor, releva para efeitos de medida a aplicar e para efeitos de tramitação adjectiva do procedimento tutelar. Com efeito, logo no art. 6.º, n.º 4 da LTE se refere que "Quando o menor for considerado autor da prática de uma pluralidade de factos qualificados como crime o Tribunal aplica uma ou várias medidas tutelares, de acordo com a concreta necessidade de educação". Depois, no art. 7.º, n.º 1, refere-se que "A medida tutelar deve ser proporcionada à gravidade do facto e à necessidade de educação do menor para o Direito manifestada na prática do facto e subsistente no momento da decisão". Ora, a proporcionalidade e a necessidade de educação para o Direito estão intimamente ligadas à reiteração de factos qualificados por lei como crime, pelo que não é indiferente a análise da necessidade de educação do menor, a prática de um só facto e a prática de vários factos qualificados por lei como crime. Mesmo que seja a prática reiterada de factos qualificados por lei como crime aos quais apenas caiba a aplicação de penas de prisão não superiores a 3 anos".

c) "Desta pequena incursão pelos princípios da Lei Tutelar Educativa retira-se, sem dúvida, que não está em causa apenas a pena abstractamente aplicável ao agente do crime para efeitos de averiguação da sua necessidade de educação para o direito, mas também a realização plúrima e reiterada daqueles factos!
(...) Ao transmitir para o Juiz o poder de análise final da desnecessidade de educação para o Direito de um menor que pratica facto qualificado como crime a que corresponde pena, abstractamente aplicável, superior a 3 anos de prisão, quer o legislador dizer que, nas situações de maior melindre penal, o poder de decisão final cabe ao Juiz".

d) "Ora, não está excluída por lei a inserção da prática plural de vários factos cujas penas sejam até 3 anos de prisão, nas situações de maior melindre penal. Consequentemente, deve-se entender que, no caso de o menor praticar, num período de tempo definido e averiguado num único inquérito, vários factos qualificados por lei como crime e cujas penas de prisão, abstractamente aplicáveis, sejam inferiores a três anos de prisão, o Ministério Público, mesmo que considere desnecessária a aplicação de qualquer medida tutelar, deve submeter a proposta de arquivamento à apreciação do juiz, requerendo para tanto a abertura da fase jurisdicional".

9. Devendo os autos prosseguir, cabe ao juiz notificar o jovem, os pais, representante legal ou quem tenha a sua guarda de facto e o defensor de que podem:

a) Requerer diligências, no prazo de 10 dias;

b) Alegar, no mesmo prazo, ou diferir a alegação para a audiência (final);

c) Indicar, no mesmo prazo, os meios de prova a produzir em audiência (final), se não requererem diligências (cfr., ainda o n.º 5 do art. 116.º).

10. Na situação aposta em 6., realizadas as diligências eventualmente requeridas (art. 93.º/2, c), *in fine*), o juiz designa dia para a audiência [não a audiência prévia – outrora preliminar – mas a que poderíamos chamar audiência final (arts 115.º a 119.º)].

11. Note-se que se o juiz, logo nos termos temporais desta norma, considerar que a medida adequada é a de internamento, deve logo passar ao n.º 2 de tal normativo, nem sequer marcando data para a audiência prévia.

12. Quando estivermos perante um despacho judicial de arquivamento, o mesmo é notificado ao jovem e seus cuidadores mas não ao ofendido (n.º 3 deste normativo que remete apenas para o n.º 3 – e já não o n.º 4 – do art. 78.º), sendo recorrível este despacho [art. 121.º/1, a)].

PAULO GUERRA

SECÇÃO II
Audiência prévia

ARTIGO 94.º
Designação da audiência

1 – A designação da audiência prévia faz-se dentro dos 10 dias imediatos ao recebimento do requerimento para a abertura da fase jurisdicional, para a data mais próxima compatível com a notificação das pessoas que nela devem participar.

2 – Se o menor se encontrar sujeito a medida cautelar, a data de audiência é designada com precedência sobre qualquer outro processo.

3 – O despacho que designa dia para a audiência prévia contém:

a) A indicação dos factos imputados ao menor e a sua qualificação criminal;

b) Os pressupostos de conduta e de personalidade que justificam a aplicação de medida tutelar;

c) A medida proposta;

d) A indicação do lugar, dia e hora da comparência, o número de sessões da audiência e a sua provável duração;

e) A indicação de defensor, se não tiver sido constituído.

4 – As indicações constantes das alíneas a) a c) podem ser exaradas por remissão, no todo ou em parte, para o requerimento de abertura da fase jurisdicional.

5 – O despacho é notificado ao Ministério Público.

6 – O despacho, com o requerimento do Ministério Público quando tenha havido remissão, é ainda notificado ao menor, aos pais ou representante legal e ao defensor, com indicação de que podem ser apresentados meios de prova na audiência prévia.

Audiência prévia; despacho que designa o dia para a sua realização

1. Esta norma foi alterada pela Lei n.º 4/2015, de 15 de janeiro.

2. Trata-se de uma novidade a nomenclatura desta audiência – de preliminar passou, em 2015, a *prévia*, mudança feliz que revela melhor o seu propósito e a sua inclusão no trajeto do processo tutelar educativo (o «preliminar» indiciava uma diligência estranhamente quase pré-processual, anterior mesmo à instauração do próprio processo).

3. Em 2015, aditou-se o prazo de designação desta audiência prévia – *10 dias imediatos ao recebimento do requerimento do art. 87.º* –, anotando-se aqui um desejo de maior celeridade num processo que não pode esperar tanto como os outros [urgência clara nestes processos – cfr., art. 40.º, b), iii), da Convenção sobre os Direitos da Criança, a Regra de *Beijing* n.º 20.1 e a Recomendação colocada no parágrafo n.º 83 do Comentário Geral n.º 10 – Direitos da Criança na Justiça Juvenil (2007) – do Comité sobre os Direitos da Criança, segundo a qual "a decisão final sobre as imputações ao jovem não deve ser dada para lá do prazo máximo de seis meses desde o seu recebimento"].

4. Ainda em 2015, aditou-se à al. d) do n.º 3: *"o número de sessões da audiência e a sua provável duração"*, sempre com a nota da celeridade em jogo, com vista à eficácia desta intervenção corretiva na vida e personalidade do jovem infrator.

5. Se o jovem se encontrar sujeito a medida cautelar [o que transforma o processo em urgente se estivermos perante as medidas cautelares previstas no art. 57.º, b) e c) – cfr., art. 44.º], a data de audiência é designada com precedência sobre qualquer outro processo.

6. Não se compreende o esquecimento do aditamento na letra do art. 94.º/6, da expressão "ou quem tenha sua guarda de facto", a exemplo do que se fez na letra do art. 93.º/2.

7. A obrigatoriedade da nomeação de um defensor ao jovem nesta audiência prévia resulta inequivocamente da letra do art. 101.º/1 (cfr., ainda art. 46.º/4 e 5).

8. Razões de celeridade e aproveitamento razoável do já processado – aqui de aplaudir – ditam a letra do n.º 4.

9. Estas normas – do art. 94.º ao art. 114.º – são supletivamente aplicáveis à audiência (final) dos arts. 115.º a 119.º, por força do art. 120.º, desde que não haja incompatibilidade com a natureza dessa audiência.

PAULO GUERRA

ARTIGO 95.º
Notificações

O despacho que designa dia para audiência prévia é notificado às pessoas que nela devam comparecer com a antecedência mínima de oito dias.

Notificações

1. Esta norma foi alterada pela Lei n.º 4/2015, de 15 de janeiro.

2. Apenas a assinalar a mudança do termo "preliminar" para "prévia".

3. Embora se possa preferir a presença física dos intervenientes chamados para esta audiência, não é de colocar fora de cogitação a hipótese de se lançar mão da videoconferência aludida no art. 318.º CPP ou do mecanismo processual do art. 319.º do mesmo diploma, *«ex vi»* art. 128.º desta LTE.

4. Esta notificação é pessoal ou por carta registada – art. 113.º/1, a) e b) CPP *ex vi* art. 128.º LTE.

PAULO GUERRA

ARTIGO 96.º
Local da audiência e trajo profissional

1 – Oficiosamente ou a requerimento, o juiz pode determinar que a audiência prévia decorra fora das instalações do tribunal, tendo em conta, nomeadamente, a natureza e gravidade dos factos e a idade, personalidade e condições físicas e psicológicas do menor.

2 – Os magistrados, os advogados e os funcionários de justiça usam trajo profissional na audiência prévia, salvo quando o juiz, oficiosamente ou a requerimento, considerar que não é aconselhado pela

natureza ou gravidade dos factos, pela personalidade do menor ou pela finalidade da intervenção tutelar.

Local da audiência; trajo profissional

1. Esta norma foi alterada pela Lei n.º 4/2015, de 15 de janeiro.

2. A possível desformalização da audiência prévia é ainda e sempre consentânea com a necessidade de fazer compreender ao jovem infrator o sentido da intervenção judiciária que o quer educar para o direito: desta forma, pondera-se a hipótese excecional de se realizar a audiência fora do edifício do tribunal – p. ex. numa casa de acolhimento, se a criança estiver residencializada (o moderno termo para o outrora "institucionalizado") no âmbito da LPCJP. Se for no foro, deverá ter a mesma lugar em sala adequada às finalidades do ato e a uma saudável e não intimidatória discussão entre todos os intervenientes sobre o melhor caminho a dar ao processo do jovem, que a tudo assiste e que nesta decisão também toma parte (opina-se também que o gabinete do juiz não será o local ideal).

3. Abre-se aqui a possibilidade de os magistrados, advogados ou funcionários de justiça despirem as suas becas, togas e capas, sem, contudo, se retirar a solenidade que o ato, em si, deve ter.

4. Esta norma é aplicável à audiência final, por força do art. 120.º.

5. Esta norma, na palavra de RODRIGUES, Anabela Miranda/DUARTE-FONSECA, António Carlos, *ob. cit.*, p. 210, representa a assunção do princípio da humanização no processo tutelar educativo, princípio este também convocado pela letra dos arts 47.º, 48.º, 97.º, 99.º ou 100.º/2.

6. O processo deverá favorecer os interesses da criança sujeito do processo (e note-se que na LTE os processos não correm contra ela mas a seu favor), devendo ser conduzido numa atmosfera de compreensão, que permita a adesão do jovem às possíveis medidas a aplicar e a sua espontânea e viva intervenção nos debates (cfr., Regra de *Beijing* n.º 14.2).

7. O TEDH já concluiu, em diversos arestos (devidamente analisados na anotação ao artigo 97.º por parte de SILVA, Júlio Barbosa e, Lei Tutelar Educativa comentada...*ob.cit.*, pp. 329-333), que podem existir criticáveis e desajustados formalismos excessivos num "julgamento" de crianças (cfr., Caso T. contra RU, datado de 16/12/1999 e Caso V. contra RU, da mesma data, em que a vítima era o tristemente célebre

"James Bulger", ambos disponíveis em www.echr.coe.int, consultado a 5 de fevereiro de 2018).

Paulo Guerra

ARTIGO 97.º
Restrições e exclusão da publicidade

1 – O juiz, oficiosamente ou a requerimento, pode restringir, por despacho fundamentado, a assistência do público ou determinar que a audiência prévia decorra com exclusão da publicidade, para salvaguarda da dignidade das pessoas e da moral pública ou para garantir o normal funcionamento do tribunal.

2 – A restrição ou exclusão de publicidade destinada a garantir o normal funcionamento do tribunal compreende os casos em que a presença do público é suscetível de afetar psíquica ou psicologicamente o menor ou a genuinidade das provas.

3 – O juiz, oficiosamente ou a requerimento, pode determinar, por despacho fundamentado, que a comunicação social, sob cominação de desobediência, não proceda à narração ou à reprodução de certos atos ou peças do processo nem divulgue a identidade do menor.

4 – A leitura da decisão é sempre pública.

Restrições a assistência do público; exclusão da publicidade

1. Esta norma foi alterada pela Lei n.º 4/2015, de 15 de janeiro.

2. São aqui consagradas óbvias exceções ao princípio da publicidade, apanágio geral de qualquer audiência forense.

3. Estas exceções são sempre ditadas pelo interesse maior do jovem sujeito do processo (art. 41.º/2).

4. Relembre-se aqui que o processo tutelar educativo deixou de ser secreto desde o despacho que designou dia para esta audiência prévia (art. 41.º/1).

5. Quanto à comunicação social, cfr., ainda art. 176.º, no que tange à situação dos jovens internados em centros educativos.

6. Esta restrição ou exclusão da publicidade da audiência prévia pode ser oficiosamente decidida pelo juiz, após contraditório a fazer aos intervenientes na mesma. O mesmo deverá acontecer caso o pedido seja feito por requerimento ao tribunal.

7. Exige-se aqui ao juiz, nos n.os 1, 2 e 3, uma fundamentação sumária mas suficiente – esta decisão deve, pois, ser suficientemente adequada e equilibrada para ser compreensível em si mesma e tão aprofundada quanto o caso justifique. E não mais do que isso... (justo equilíbrio entre qualidade e quantidade). De facto, um dos princípios processuais a ter aqui também em conta é o de que algumas decisões, que não sejam de mero expediente, podem ser sucintamente fundamentadas, em nome da desejada agilização processual, havendo aqui uma atenuação excecional das exigências de fundamentação.

8. A cominação do crime de desobediência aposta no n.º 3 poderá, a nosso ver, ser estendida a outros intervenientes processuais.

9. Quanto à leitura pública da decisão, ela justifica-se mesmo nos casos em que há restrição ou exclusão da publicidade.

10. Nesta leitura pública, o jovem tem de estar presente, a não ser que, no seu interesse, o tribunal decida pela sua dispensa (art. 113.º/1).

11. Esta restrição ou exclusão de publicidade não colocam em crise o estatuído no art. 45.º/2, f) – o direito de o jovem ser acompanhada pelos pais, representante legal ou pessoa que tiver a sua guarda de facto (direito que poderá ser excluído na prática por decisão judicial que fundamente o prejuízo para o jovem nesse acompanhamento).

12. Cfr., art. 114.º/1, f) – esta decisão fica exarada em ata da audiência prévia ou audiência final.

13. Constitui nulidade insanável a realização de audiência – prévia ou final – com exclusão de publicidade fora das circunstâncias apostas neste normativo e sem causa justificativa declarada (art. 321.º/1 CPP, aplicado subsidiariamente).

Paulo Guerra

ARTIGO 98.º
Audição separada

1 – O juiz pode ordenar que o menor seja temporariamente afastado do local da audiência, quando houver razões para crer que a sua presença possa:

a) Afetá-lo na sua integridade psíquica, diminuir a sua espontaneidade ou prejudicar a sua capacidade de reconstituição dos factos;

b) Inibir qualquer participante de dizer a verdade.

2 – Voltando ao local da audiência, o menor é resumidamente informado pelo juiz do que se tiver passado na sua ausência.

3 – O juiz pode ouvir as pessoas separadamente ou em conjunto.

Afastamento do menor da audiência; audição separada

1. Esta norma não foi alterada pela Lei n.º 4/2015, de 15 de janeiro.

2. Trata-se de uma ténue limitação aos direitos previstos nos arts. 45.º/1 e 2 e 101.º/2, a).

3. Se o jovem for retirado da sala onde decorre a audiência prévia, é o mesmo sempre representado pelo seu defensor.

4. Voltando o jovem ao local da audiência, deve sempre ele ser informado do que se passou na sua ausência, nomeadamente, sobre os meios de prova entretanto produzidos (sem leitura ou audição seja do que for), e dos incidentes eventualmente acontecidos. Desta forma, o jovem pode contrariar o que foi dito na sua ausência, dando azo a que possa haver mais questões a si formuladas.

5. Se for um perito a depor, entendemos que também deverá ser feito ao jovem – não dispensado de comparecer, nos termos do art. 101.º/3, mas retirado da sala da audiência –, um resumo das suas declarações, impondo-se aqui alguma contenção na forma como tal se transmite, de forma a não lhe provocar acrescido e escusado dano psíquico.

6. Face à possibilidade de o jovem poder requerer que sejam feitas perguntas suplementares às testemunhas e declarantes, estes apenas poderão ser dispensados após o cumprimento do n.º 2.

7. Cfr., art. 101.º/3, *in fine*.

8. Cfr., art. 114.º/1, f).

Paulo Guerra

ARTIGO 99.º
Assistência

1 – O juiz assegura que a prova seja produzida de forma a não ferir a sensibilidade do menor ou de outros menores envolvidos e que o decurso dos atos lhes seja acessível, tendo em conta a sua idade e o seu grau de desenvolvimento intelectual e psicológico.

2 – Para efeito do disposto no número anterior, o juiz pode determinar a assistência de médicos, de psicólogos, de outros especialistas ou

de pessoa da confiança do menor e determinar a utilização dos meios técnicos ou processuais que lhe pareçam adequados.

Produção de prova; compreensibilidade; assistência e proteção do menor

1. Esta norma não foi alterada pela Lei n.º 4/2015, de 15 de janeiro.

2. Cfr., o direito do jovem aposto no art. 45.º/2, d).

3. Cfr., *Guidelines* 58 a 60 do Comité de Ministros do Conselho da Europa para uma justiça amiga das crianças – "*Deve ser permitido às crianças que se façam acompanhar pelos pais ou, quando apropriado, por um adulto da sua escolha, a não ser que uma decisão fundamentada tenha sido tomada em contrário em relação àquela pessoa*".

4. Trata-se de um princípio não de aquisição de prova mas de assistência ao jovem durante a produção da prova.

5. A linguagem usada deve ser acessível, simples, compreensível e não traumatizante para o jovem.

Paulo Guerra

ARTIGO 100.º
Organização e regime da audiência

1 – A audiência prévia é contínua, decorrendo sem interrupção ou adiamento até ao encerramento, salvo as suspensões necessárias para alimentação e repouso dos participantes.

2 – Se a audiência prévia não puder ser concluída no dia em que tiver iniciado, é interrompida, para continuar no dia útil imediatamente posterior.

3 – O adiamento da audiência só é admissível quando, não sendo a simples interrupção bastante para remover o obstáculo:

a) Faltar ou ficar impossibilitada de participar pessoa que não possa ser de imediato substituída e cuja presença seja indispensável por força da lei ou de despacho do tribunal, exceto se estiverem presentes outras pessoas, caso em que se procederá à sua inquirição ou audição, mesmo que tal implique a alteração da ordem de produção de prova;

b) For absolutamente necessário proceder à produção de qualquer meio de prova superveniente e indisponível no momento em que a audiência estiver a decorrer;

c) Surgir qualquer questão prejudicial, prévia ou incidental, cuja resolução seja essencial para a boa decisão da causa e que torne altamente inconveniente a continuação da audiência; ou

d) For absolutamente necessário proceder à atualização de relatório social ou de informação dos serviços de reinserção social, nos termos previstos no artigo 71.º

4 – Em caso de interrupção da audiência ou do seu adiamento, a audiência retoma-se a partir do último ato processual praticado na audiência interrompida ou adiada.

5 – A interrupção e o adiamento dependem sempre de despacho fundamentado do juiz que é notificado a todos os sujeitos processuais.

6 – Se a continuação da audiência não puder ocorrer dentro dos 30 dias subsequentes à data do adiamento, por impedimento do tribunal ou por impedimento do defensor, em consequência de outro serviço judicial já marcado, deve o respetivo motivo ficar consignado em ata, identificando-se expressamente a diligência e o processo a que respeita.

7 – Sem prejuízo do previsto no artigo 44.º, para efeitos do disposto no número anterior, não é considerado o período das férias judiciais, nem o período em que, por motivo estranho ao tribunal, os autos aguardem a realização de diligências de prova.

8 – O anúncio público em audiência do dia e hora para continuação ou recomeço daquela vale como notificação das pessoas que devam considerar-se presentes.

9 – Na organização da agenda e na programação das sessões são especialmente ponderadas a idade e a condição física e psicológica do menor.

Continuidade da audiência; adiamento; interrupção

1. Esta norma foi alterada pela Lei n.º 4/2015, de 15 de janeiro.

2. Este artigo é novo nos seus n.os 2, 3, 4, 5, 6, 7 e 8.

3. Reproduz aqui os princípios da continuidade ou concentração da audiência prévia (ou audiência final, por força do art. 120.º) – devem-se evitar demoras gratuitas ou desnecessárias para o processo.

4. A audiência pode ser interrompida (n.º 2) ou adiada (n.º 3), dependendo ambas as situações de despacho fundamentado do juiz (n.º 5), e retomando-se sempre a audiência no ponto em que ficou interrompida ou adiada (n.º 4).

5. Cfr., art. 44.º/2 (natureza urgente dada ao processo em casos pontuais) – pode a continuação de uma audiência vir a ser marcada em férias judiciais se a demora provocar prejuízo ao jovem.

6. Deve também o tribunal ter em conta os horários escolares do jovem infrator e da vítima, se escolarizados.

Paulo Guerra

ARTIGO 101.º
Deveres de participação e de presença

1 – É obrigatória a participação na audiência prévia do Ministério Público e do defensor.

2 – São convocados para a audiência prévia:

a) O menor;

b) Os pais, representante legal ou quem tenha a guarda de facto do menor;

c) O ofendido;

d) Qualquer pessoa cuja participação seja necessária para assegurar as finalidades da audiência.

3 – Oficiosamente ou a requerimento, o juiz pode dispensar a comparência do menor ou de quaisquer outras pessoas ou ouvi-los separadamente, se o interesse do menor o justificar.

Deveres de participação e de presença na audiência

1. Esta norma foi alterada pela Lei n.º 4/2015, de 15 de janeiro.

2. Apenas a assinalar a mudança do termo "preliminar" para "prévia".

3. Apenas é obrigatória a presença em audiência do juiz, do Magistrado do MP e do defensor (cfr., art. 330.º/1 CPP, *ex vi* 128.º LTE).

4. O jovem tem direito a participar nesta audiência (art. 45.º). Contudo, a sua presença pode ser dispensada (n.º 2), por despacho fundamentado do juiz. E se o jovem mesmo assim quiser comparecer? Acho que não haverá forma de o impedir.

5. Pode o jovem ser ouvido em separado, nos termos do art. 98.º.

6. Se houver falta de outros intervenientes que não os previstos no n.º 1 ou o jovem, cfr., art. 331.º CPP.

7. Se o jovem faltar, estando convocado e não dispensado de comparecer, adia-se a audiência (art. 102.º/1) ou determina-se a sua detenção (art. 103.º).

8. A regra será a audição conjunta dos intervenientes processuais presentes na audiência prévia ou final. A exceção será a audição separada (a norma do art. 101.º/3 explicita melhor o teor do art. 98.º/3).

Paulo Guerra

ARTIGO 102.º
Comparência do menor

1 – Em caso de falta do menor a audiência é adiada e os pais, representante legal ou quem tenha a sua guarda de facto devem apresentar justificação no próprio dia, em que se especifique a razão da impossibilidade e o tempo provável da duração do impedimento.

2 – Sempre que possível, a justificação de falta é acompanhada de prova, sendo exigido atestado médico se o motivo for doença.

3 – O valor probatório do atestado médico pode ser contrariado por outro meio de prova.

Comparência do menor; justificação de falta

1. Esta norma não foi alterada pela Lei n.º 4/2015, de 15 de janeiro.

2. Se o jovem faltar, estando convocado e não dispensado de comparecer, compreensivelmente adia-se a audiência (art. 102.º/1 – a sua presença, quando não dispensada, é fundamental para que ele se envolva na própria tomada da decisão, aderindo às medidas pensadas para si) ou determina-se a sua detenção (art. 103.º).

3. Cfr., art. 117.º CPP, *ex vi* 128.º LTE.

4. Se houver alegação de doença como causa da falta, exige-se atestado médico que a justifique, atestado esse cujo valor probatório pode ser contrariado por outro meio de prova (n.º 2 e 3).

5. Todas as justificações de falta que não por doença podem ser provadas por quaisquer meios.

6. Cfr., art. 67.º – convocação de menores de idade como testemunhas e responsabilidade parental pelo pagamento de multas processuais por faltas injustificadas dos primeiros.

Paulo Guerra

ARTIGO 103.º
Medida compulsória

1 – Se se tornar necessário para assegurar a realização da audiência, o juiz emite mandados de detenção do menor e determina as diligências necessárias para a realização da audiência no mais curto prazo que não pode exceder doze horas.

2 – É correspondentemente aplicável o disposto no n.º 2 do artigo 51.º.

Medida compulsória; mandado de detenção do menor

1. Esta norma não foi alterada pela Lei n.º 4/2015, de 15 de janeiro.

2. Esta detenção – obviamente fora de flagrante delito – só se determina quando a presença do jovem não puder ser assegurada pelos seus pais ou cuidadores (arts 103.º/2 e 51.º/2, 1ª parte).

3. Se o jovem faltar, estando convocado e não dispensado de comparecer, adia-se a audiência (art. 102.º/1) ou determina-se a sua detenção (art. 103.º).

4. Cfr., art. 51.º/1, b), *in fine*, e n.º 2 (detenção fora de flagrante delito para assegurar a presença do jovem em ato processual presidido por autoridade judiciária) – a audiência deve realizar-se, após detenção consumada do jovem, nas 12 horas seguintes, interrompendo-se a mesma para se continuar após a sua detenção e vinda compulsiva ao foro (respeitadas as 12 horas), podendo adiar-se a audiência se for previsível que não se vai conseguir cumprir naquele dia os mandados de detenção (nessa circunstância, o juiz designa novo dia para a audiência prévia, com suficiente dilação para que permita o cumprimento hábil e eficaz dos competentes mandados de detenção, acatando-se, na altura dessa privação de liberdade, o prazo intocável das 12 horas).

5. É possível a detenção do jovem no dia anterior à audiência desde que na sua apresentação em juízo, na manhã seguinte, seja acatado o prazo das 12 horas.

PAULO GUERRA

ARTIGO 104.º
Formalidades

1 – Aberta a audiência, o juiz expõe o objeto e a finalidade do ato, em linguagem simples e clara, por forma a ser compreendido pelo menor, tendo em atenção a sua idade e grau de desenvolvimento.

2 – De seguida, se não considerar que a medida proposta pelo Ministério Público é desproporcionada ou desadequada, o juiz:

a) Interroga o menor e pergunta-lhe se aceita a proposta;

b) Ouve, sobre a proposta, os pais, o representante legal ou a pessoa que tenha a guarda de facto do menor, o defensor e, se estiver presente, o ofendido.

3 – Não sendo obtido consenso, o juiz pode:

a) Procurar consenso para outra medida que considere adequada, salvo a medida tutelar de internamento;

b) Determinar a intervenção de serviços de mediação e suspender a audiência por prazo não superior a 30 dias.

4 – Se for obtida a concordância de todos, o juiz homologa a proposta do Ministério Público ou aplica a medida proposta nos termos do número anterior.

5 – Quando considerar desproporcionada ou desadequada a medida proposta pelo Ministério Público ou não existir consenso sobre ela, o juiz determina a produção dos meios de prova apresentados e:

a) Profere decisão quando considerar que o processo contém todos os elementos;

b) Determina o prosseguimento do processo, nos outros casos.

6 – Sempre que possível, a decisão é ditada para a ata.

7 – Em caso de complexidade, é designada data para leitura da decisão, dentro de cinco dias.

Formalidades; audiência prévia; decisão

1. Esta norma foi alterada pela Lei n.º 4/2015, de 15 de janeiro.

2. Foi acrescentada, na revisão de 2015, a referência, na al. b) do n.º 2, às pessoas que têm a guarda de facto do jovem.

3. Havendo lugar à audiência prévia, que é por natureza um espaço de consenso que, conjugado com a menor gravidade do caso, viabiliza o seu (desejável) tratamento abreviado, se o juiz entender que a medida proposta pelo MP não é desproporcionada ou desadequada, procura a concordância para a sua aplicação e, se conseguir, homologa aquela proposta (n.ºs 2 e 4).

4. Para tanto, interroga o jovem, pedindo que ele se comprometa quanto à aceitação ou não da medida proposta, e ouve sobre tal proposta os participantes aludidos no n.º 2, al. b), não lhes pedindo expresso consentimento.

5. No caso de não haver concordância, o juiz procura consenso para outra medida que considere adequada (salvo a de internamento) e se o conseguir, e com ela concordar, aplica a medida assim sugerida (n.ºs 3 e 4).

6. Se não houver logo consenso, pode fazer funcionar a mediação tutelar educativa que, por ora, ainda é uma gota de água dirigida pela DGRSP (suspendendo a audiência por 30 dias) – n.º 3, b).

7. Quando considerar desproporcionada ou desadequada a medida proposta pelo MP ou não se reunir o consenso necessário sobre ela ou sobre qualquer outra, o juiz determina a produção dos meios de prova apresentados (fazendo os legais contraditórios, numa audiência mais formalizada e complexa) e:

a) profere decisão, quando considerar que o processo contém todos os elementos;
b) determina o prosseguimento do processo, com vista à realização da audiência, nos outros casos (n.º 5).

8. Durante uma audiência prévia, e após o não acordo, apenas na situação em que o juiz considere que não tem todos os elementos para decidir de mérito ou quando estiver em cima da mesa a probabilidade séria de aplicação de uma medida de internamento, é que ele deverá determinar o prosseguimento dos autos para audiência final (cfr., art. 115.º).

9. Note-se que quanto ao regime das provas em audiência prévia, só valem as produzidas ou examinadas em audiência, salvo as provas contidas nos atos processuais a que se refere o art. 106.º (cfr., art. 105.º).

10. Enunciem-se mais notas legais quanto à audiência prévia:

a) Local da audiência e trajo profissional – art. 96.º;
b) Restrições e exclusão da publicidade – art. 97.º;
c) Obrigatoriedade de comparência do MP e do defensor, sendo convocados o jovem, os pais, representante legal ou quem tenha a

guarda de facto daquele, o ofendido e qualquer pessoa cuja participação seja necessária para assegurar as finalidades da audiência – art. 101.º/1 e 2;

d) Declarações e inquirições: quem pode inquirir quem – art. 107.º;
e) As declarações prestadas em audiência são documentadas em ata – art. 108.º;
f) Alegações do MP e do defensor e possibilidade do jovem, os pais, representante legal ou quem tiver a sua guarda de facto serem ouvidos até ao encerramento da audiência – art. 109.º;
g) Estrutura da decisão que, sempre que possível, deve ser ditada para a ata, podendo, em caso de complexidade, ser lida em data posterior (no prazo de 5 dias) – art. 110.º (cfr., ainda art. 104.º/6 e 7);
h) A decisão pode ser de arquivamento (por não se provarem os factos imputados ao jovem, por não se provar que foi ele que os praticou, por se provar que não foi ele que os praticou ou pelo facto de o juiz concluir pela desnecessidade de aplicação de medida tutelar educativa), ou de aplicação de medida tutelar, de acordo com o que dispõem os arts. 2.º, 3.º, 6.º e 7.º – art. 110.º;
i) Nulidade, correção e publicidade da decisão – arts. 111.º a 113.º;
j) Ata da audiência prévia – art. 114.º.

11. Que se deve aqui (n.º 7) entender por «complexidade» ou por «especial complexidade» no artigo 60.º/1? Não necessariamente o que o CPP propugna. Entendemos que o que deve aqui relevar é um juízo de razoabilidade e da justa medida na apreciação das dificuldades do procedimento, tendo em conta nomeadamente, as dificuldades da investigação, o número de intervenientes processuais, a deslocalização de atos, as contingências procedimentais provenientes das intervenções dos sujeitos processuais, ou a intensidade de utilização dos meios, tratando-se de um conceito aberto e casuístico, na mão do juízo da entidade decisora – MP ou juiz, conforme a fase processual.

12. Se o juiz entender que a medida a aplicar deve ser a institucional, então deve logo passar para o n.º 5. Note-se que se o juiz, logo nos termos do art. 93.º, considerar que é essa a medida adequada, deve logo passar ao n.º 2 de tal normativo, nem sequer marcando data para a audiência prévia.

13. E se o jovem foi dispensado de comparecer nesta audiência? É representado pelo seu defensor que emitirá a posição do jovem ausente mas devida e legalmente representado. Isto leva a que o defensor terá de levar essa posição já estudada junto do seu representado para a diligência, prevendo os cenários possíveis.

14. Cfr., art. 22.º/1 (execução participada).

15. Se a medida a aplicar for a de reparação ao ofendido [art. 11.º, b) e c)], deverá estar este sempre em audiência prévia pois vamos precisar do seu expresso consentimento (art. 11.º/6). Se não estiver logo presente, pelo facto singelo de nem sequer ter sido convocado, pode interromper-se ou adiar-se a audiência para o notificar. Isto não invalida que a sua posição não possa estar já exarada em documento escrito junto aos autos.

16. Quem são os "todos" a que alude o n.º 4 (concordância de todos)? Só podem ser o Juiz, MP e o jovem – e já não também os pais ou cuidadores – (com a exceção aposta na anotação 15 quanto ao ofendido). Nunca o defensor de *per si* mas sempre veiculando a vontade do jovem, valendo sempre a posição do representado.

Paulo Guerra

ARTIGO 105.º
Regime das provas

1 – Para a formação da convicção do tribunal e a fundamentação da decisão valem apenas as provas produzidas ou examinadas em audiência.

2 – Ressalvam-se do disposto no número anterior as provas contidas em atos processuais cuja leitura em audiência seja permitida nos termos dos artigos seguintes.

Regime das provas; provas produzidas ou examinadas em audiência

1. Esta norma não foi alterada pela Lei n.º 4/2015, de 15 de janeiro.

2. Note-se que quanto ao regime das provas em audiência prévia, só valem as produzidas ou examinadas em audiência, salvo as provas contidas nos atos processuais a que se refere o art. 106.º (cfr., art. 105.º).

3. Cfr., art. 355.º CPP *ex vi* 128.º LTE.

4. No n.º 2 deve agora incluir-se a referência a meios de prova gravados em áudio e vídeo.

Paulo Guerra

ARTIGO 106.º
Leitura de autos

1 – Sem prejuízo do disposto no número seguinte, é permitida a leitura em audiência de autos de qualquer das fases do processo tutelar que não contenham declarações do menor, seus pais, representante legal ou quem tenha a sua guarda de facto.

2 – A leitura de declarações anteriormente prestadas pelo menor, pelos pais ou representante legal ou por quem tenha a sua guarda de facto é permitida:

a) A pedido dos próprios ou, se não houver oposição, independentemente da entidade perante a qual tenham sido prestadas;

b) Quando tenham sido prestadas perante a autoridade judiciária.

Leitura de autos em audiência; utilização em audiência de declarações anteriormente prestadas pelo menor

1. Esta norma não foi alterada pela Lei n.º 4/2015, de 15 de janeiro.

2. Esta normação é muito diferente da prevista nos arts. 356.º e 357.º CPP.

3. À partida, não é permitida a leitura em audiência de autos de qualquer das fases do processo em causa que contenham declarações do jovem, seus pais, representante legal ou quem tenha sua guarda de facto. Contudo, as declarações do jovem são sempre prestadas perante o Magistrado do MP ou o Juiz, e nunca perante forças policiais (art. 47.º, n.º 1), o que equivale a dizer que sempre podem elas ser lidas em audiência, nos termos do n.º 2, al. b).

4. É permitida a leitura de declarações anteriormente prestadas pelas outras pessoas referidas no n.º 2, quando se perfectibilizarem as condições aí mencionadas:

a) quando tenham sido prestadas perante juiz ou MP, independentemente de pedido dos próprios ou independentemente de haver ou não oposição dos próprios;

b) a pedido dos próprios, independentemente da entidade que presidiu a tais declarações;

c) desde que os próprios não se oponham ao pedido de terceiros, independentemente da entidade que presidiu a tais declarações.

5. Todos os outros autos (nomeadamente reconhecimento de pessoas, reconstituições de factos e declarações de ofendidos, testemunhas, técnicos de reinserção social ou peritos) poderão ser lidos em audiência.

6. Sobre as declarações para memória futura em sede tutelar educativa,

a) Cfr., Ac. TRL 30/06/2011 (4752/10.1T3AMD-A.L1), disponível em *www.dgsi.pt*, consultado a 5 de fevereiro de 2018:

"I – A admissão de declarações para memória futura, no caso previsto no n.º 2, do art. 271.º do Código de Processo Penal, visa a protecção do menor vítima de crime contra a liberdade e autodeterminação sexual, poupando-o ao trauma de reviver vezes sem conta os acontecimentos e ao constrangimento inerente à solenidade e formalismo de uma audiência de julgamento;

II – Aquela norma, por força do art. 128.º, n.º 1, da Lei Tutelar Educativa, é subsidiariamente aplicável ao inquérito tutelar educativo, devendo a vítima de menoridade ser ouvida pelo juiz nesta fase processual".

b) Cfr., Ac. TRL 7/02/2012 (3610/10.4TAALM.L1-5), disponível em *www.dgsi.pt*, consultado a 5 de fevereiro de 2018:

"I – Em processo tutelar educativo, não é admissível recurso do despacho proferido no decurso da audiência, considerando nula a prova traduzida em declarações para memória futura de uma testemunha prestadas em processo-crime, junta em momento anterior;

II – Em processo tutelar educativo, é de admitir a junção de certidão do auto de declarações de testemunha (menor vítima de crime contra a liberdade e auto-determinação sexual), prestadas para memória futura em processo-crime instaurado pelos mesmos factos, mesmo não tendo intervindo nesse processo o menor/arguido do processo tutelar, nem o seu defensor;

III – Não estando a defesa do menor/arguido, impedida de indicar outra prova que contradite aquelas declarações, de confrontar o menor com as mesmas, ou de as discutir em contra-argumentação, com a sua produção em audiência não são afectadas as exigências de contraditório e de possibilidade de defesa;

IV – Não tendo sido admitida a produção daquela prova em julgamento, ocorreu uma omissão de diligência reputada essencial para a descoberta da verdade, ou seja, a nulidade relativa prevista na al. d) do n.º 2 do art.120.º, do Código de Processo Penal, aplicável por força do art. 128.º, da LTE, que tem por consequência necessária a nulidade do próprio acórdão proferido, devendo ser reaberta a audiência de julgamento para que, na sua continuação, aquela prova possa ser produzida, discutida e valorada".

7. A este propósito, Silva, Júlio Barbosa e, *Lei Tutelar Educativa Comentada..., ob. cit.*, pp. 234-238, opina, quanto à aplicação do art. 271.º CPP ao processo tutelar educativo, o seguinte:

"Ora, segundo uma visão das coisas, sempre que estejamos em face de uma destas situações (refere-se às enumeradas no art. 271.º CPP – doença grave de uma testemunha ou deslocação para o estrangeiro de uma testemunha), em sede de inquérito, pode e deve lançar-se mão deste procedimento, solicitando ao Juiz a designação de data para o efeito e fundamentando devidamente o pedido. A inquirição da vítima competirá não ao Ministério Público mas sim ao Juiz do Tribunal de Família, actuando com JIC, de acordo com o n.º 5 daquele artigo 271.º do CPP, tratando-se, assim, de um acto jurisdicional na sua acepção corrente *(...)*

Uma vez que somos do entendimento que o depoimento de crianças e jovens vítimas pode e deve ser sempre gravado em sede de inquérito – e de preferência em vídeo –, podendo ter a intervenção de outras entidades [OPC, psicólogos, serviços de reinserção social, com o objectivo de evitar a repetição futura da inquirição (...)], perde totalmente a razão de ser que poderia subsistir no evitar da repetição da tomada de declarações daqueles. Nada obsta a que isto se leve a cabo por escrito.

Daí que se considere que a decisão de 30 de Junho de 2011 do TRL não teve em conta nem as especificidades da justiça juvenil portuguesa bem como, em conjunto com estas, as orientações e recomendações internacionais (...).

Na verdade, não colocando em causa o objectivo protector por detrás da decisão, entendemos que a visão de conjunto da LTE prescinde, sem margem para grandes dúvidas, da formalidade da audiência que ali se quis recriar, tratando laconicamente o problema colocado como um simples caso processual penal quando não era isso que estava em causa, já que a LTE tem regras próprias para a produção da prova testemunhal".

8. Já Rui Amorim, em ação de formação contínua do CEJ, quanto à mesma matéria, defendeu que:

a) Para uma abordagem correta a esta questão, torna-se necessário compreender a ratio do art. 271.º CPP, na redação introduzida pela Lei n.º 48/2007, de 29 de agosto.
b) Reza o n.º 2 de tal artigo que "no caso de processo por crime contra a liberdade e autodeterminação sexual de menor, procede-se sempre à inquirição do ofendido no decurso do Inquérito, desde que a vítima não seja ainda maior". Tal inquirição tem por finalidade que o depoimento "possa, se necessário, ser tomado em conta no julgamento" (n.º 1 do mesmo preceito).
c) A razão de ser da norma prende-se com a proteção dos menores vítimas de crimes contra a liberdade e autodeterminação sexual, poupando-os ao trauma de reviver vezes sem conta os acontecimentos e ao constrangimento inerente à solenidade e formalismo da audiência de julgamento.
d) Esta ratio tem cabal aplicação na LTE, onde, de resto, as vítimas são alvo de uma proteção ainda maior, na medida em que só prestam declarações "quando a autoridade o entender conveniente para a boa decisão da causa" (art. 66.º/4). Acontece que na LTE não existe norma reguladora para a inquirição de menor vítima desse tipo de crimes.
e) Assim, por força do art. 128.º/1 LTE, deve aplicar-se subsidiariamente o disposto no art. 271.º CPP.
f) Portanto, a meu ver, nos inquéritos tutelares educativos podem ser tomadas declarações para memória futura aos menores vítimas de crimes contra a liberdade e autodeterminação sexual, em diligência a presidir pelo Juiz, nos termos ao art. 271.º/5 CPP.
g) Tal posição foi, aliás, sufragada pelo Ac. TRL 30/6/2011 (4572/10.1T3AMD-A.L1-9), disponível em *www.dgsi.pt*, consultado a 5 de fevereiro de 2018.
h) Um recente Acórdão do mesmo Tribunal, de 7/02/2012 (3610/10.4TAALM.L1-5), disponível em *www.dgsi.pt*, consultado a 5 de fevereiro de 2018, vai mais longe ao admitir, em sede tutelar educativa, a junção de certidão do auto de declarações de menor vítima de crime contra a liberdade e autodeterminação sexual, prestadas para memória futura em processo-crime instaurado pelos mesmos factos relativamente a coautores criminal-

mente imputáveis, mesmo não tendo intervindo nesse processo o menor denunciado no processo tutelar nem o seu defensor.

i) Nesse Acórdão, os Srs. Desembargadores realçam que o processo-crime, onde as declarações para memória futura foram prestadas, "é o que de forma paradigmática mais confere proteção aos direitos que tem em vista garantir". E, se assim é, questiona-se o que relevantemente poderá obstar à valoração daquela prova.

j) As declarações prestadas para memória futura não são algo a que, sem mais, se atribua prova plena. Elas podem ser objeto de discussão em audiência, sendo que a defesa não está impedida de indicar outra prova que a contradite. Não há aqui, pois, nada de fechado, de inelutável e exterior à própria audiência. Trata-se de um simples elemento probatório sujeito à livre apreciação do julgador.

k) Em suma, todas as razões de salvaguarda e proteção da vitimização secundária do visado e as exigências relacionadas com a conservação e frescura da prova que se encontram subjacentes ao processo penal, têm inteira aplicação em sede de inquérito tutelar educativo, não se vislumbrando qualquer motivo substancial válido que impeça a utilização deste instrumento processual.

l) Aliás, o recurso a este instituto contribui de forma determinante para o melhor esclarecimento dos factos, promovendo a verdade histórica, sem entorses na aquisição de uma prova que se dilui rapidamente na memória de uma criança que foi sexualmente molestada e cuja preservação não é compatível com as naturais delongas de um processo.

m) O que se poderá, porém, discutir é se as declarações para memória futura são pertinentes em Processo Tutelar Educativo ou se, pelo contrário, o regime que resulta das disposições conjugadas dos arts 105.º, 106.º/1, e 66.º/3 dispensa tal regime.

n) Na verdade, uma vez que nos termos do art. 106.º LTE, é permitida a leitura em audiência de autos de declarações de testemunhas prestadas em qualquer fase do processo, nomeadamente em inquérito, e estas declarações, assim lidas, valem para a convicção do tribunal (art. 105.º/2), tal regime torna inútil a produção de declarações para memória futura, atendendo a que estas são prestadas precisamente para que o depoimento possa, se necessário, ser tomado em conta no julgamento.

o) De resto, o art. 66.º/4, de modo harmonioso com toda esta ampla possibilidade de valoração, determina que quando tenham idade inferior a 16 anos, o ofendido e as testemunhas são inquiridos pela autoridade judiciária, precisamente como modo de proporcionar às declarações uma garantia acrescida.

p) Em conclusão, as declarações para memória futura são admissíveis em Processo Tutelar Educativo, embora sejam dispensáveis, face ao regime que resulta das disposições conjugadas dos arts. 105.º, 106.º/1, e 66.º/3.

Paulo Guerra

ARTIGO 107.º
Declarações e inquirições

1 – O menor, os pais, o representante legal ou quem tenha a sua guarda de facto são ouvidos pelo juiz.

2 – Se o interesse do menor não o desaconselhar, e for requerido, o juiz pode autorizar que o Ministério Público e o defensor inquiram diretamente os pais, o representante legal ou quem tenha a guarda de facto do menor.

3 – As testemunhas, os peritos e os consultores técnicos são inquiridos diretamente pelo Ministério Público e pelo defensor.

4 – O Ministério Público e o defensor podem sempre propor a formulação de perguntas adicionais.

Declarações e inquirições no decurso da audiência

1. Esta norma não foi alterada pela Lei n.º 4/2015, de 15 de janeiro.

2. Tem-se entendido, e bem, que deverão os pais (ou os cuidadores) do jovem sujeito a um processo tutelar educativo ser ouvidos, não na qualidade de testemunhas, mas, na qualidade de pais (ou cuidadores, respetivamente) do jovem quanto a factos juridicamente relevantes relativos à personalidade e ao carácter deste, bem como às suas condições pessoais e à sua conduta anterior e posterior, quer para prova do facto, quer para avaliação da necessidade de medida tutelar e determinação da medida a aplicar, e de acordo com os específicos formalismos prescritos nos mencionados preceitos legais (arts. 66.º/1, 107.º/1, 109.º/2 e 120.º).

3. É sempre o juiz que ouve o jovem, sem nunca o ajuramentar (art. 45.º/3), primeiro quanto à sua identificação, sendo sempre ele informado dos seus direitos processuais, mormente, os referentes à fase processual que se vive [direito ao silêncio – art. 45.º, b) e c)].

4. Pode o juiz autorizar – pelo que tem de ser requerido – que o MP e defensor inquiram diretamente os seus pais e cuidadores.

5. Cfr., art. 66.º/3 (a inquirição de testemunhas/ofendidos menores de 16 anos é sempre feita, nesta fase, por um Juiz).

6. As testemunhas, peritos e consultores técnicos – quanto a estas duas categorias, cfr., art. 350.º CPP – são inquiridos pelo MP e pelo defensor, podendo, como é óbvio, o Juiz fazer as perguntas que entender por convenientes.

7. Os pais e os cuidadores do jovem também não são ajuramentados (cfr., art. 66.º/1). O mesmo acontece quanto aos técnicos que elaboram relatórios sociais (art. 71.º/4).

Paulo Guerra

ARTIGO 108.º
Documentação

1 – As declarações prestadas em audiência são documentadas em ata quando o tribunal dispuser de meios idóneos para assegurar a sua reprodução integral.

2 – Se o tribunal não dispuser dos meios referidos no número anterior, o juiz dita para a ata uma súmula das declarações, podendo o Ministério Público e o defensor requerer que sejam aditados os elementos que se mostrarem necessários à boa decisão da causa.

Documentação; declarações prestadas em audiência

1. Esta norma não foi alterada pela Lei n.º 4/2015, de 15 de janeiro.

2. Cfr., arts 363.º e 364.º CPP *ex vi* 128.º LTE.

3. As declarações oralmente prestadas em audiência são sempre gravadas pois o tribunal de recurso – à partida, o da Relação pois os recursos perante o STJ são apenas os previstos no art. 127.º – decide de facto e de direito (cfr., art. 121.º/2).

4. O n.º 2 será aplicado nos casos em que a audiência decorre em local que não o foro.

5. Comina-se com o vício da nulidade sanável a omissão da documentação da audiência (cfr., arts 363.º, 118.º e 120.º CPP, *ex vi* 128.º LTE).

Paulo Guerra

ARTIGO 109.º
Alegações

1 – Produzida a prova, o juiz concede a palavra ao Ministério Público e ao defensor para alegações, por trinta minutos cada uma, prorrogáveis por mais quinze, se o justificar a complexidade da causa.

2 – Oficiosamente ou a requerimento, o juiz pode ouvir o menor e os pais, o representante legal ou quem tiver a sua guarda de facto até ao encerramento da audiência.

Alegações

1. Esta norma não foi alterada pela Lei n.º 4/2015, de 15 de janeiro.

2. Após a produção da prova, o MP e o defensor do jovem alegam em meia hora, podendo ir tais alegações até aos 45 minutos cada, em casos complexos, o que requer uma especial fundamentação em despacho judicial anterior ou posterior às ditas alegações.

3. Poderá aqui ser lançada mão do art. 360.º/4 CPP, *ex vi* 128.º LTE, em casos excecionais e em situação de necessidade de produção de prova superveniente.

4. O n.º 2 é claro – podem ser de novo ouvidos o jovem e seus pais ou cuidadores após as alegações e antes do encerramento da audiência.

Paulo Guerra

ARTIGO 110.º
Decisão

1 – A decisão inicia-se por um relatório que contém:

a) As indicações tendentes à identificação do menor e dos pais, representante legal ou de quem tenha a sua guarda de facto e do ofendido, quando o houver;

b) A indicação dos factos imputados ao menor, sua qualificação e medida tutelar proposta, se a houver.

2 – Ao relatório segue-se a fundamentação que consiste na enumeração dos factos provados e não provados, indicação da sua qualificação e exposição, tão completa quanto concisa, das razões que justificam o arquivamento ou a aplicação de medida tutelar, com indicação das provas que serviram para formar a convicção do tribunal.

3 – A decisão termina pela parte dispositiva que contém:

a) As disposições legais aplicáveis;

b) A decisão de arquivamento ou de aplicação de medida tutelar;

c) A designação das entidades, públicas ou privadas, a quem é deferida a execução da medida tutelar e o seu acompanhamento;

d) O destino a dar a coisas ou objetos relacionados com os factos;

e) A ordem de remessa de boletins ao registo;

f) A data e a assinatura do juiz.

Decisão; estrutura; custas

1. Esta norma não foi alterada pela Lei n.º 4/2015, de 15 de janeiro.

2. A estrutura da decisão – a proferir em caso de aplicação do art. 104.º/4 e 5, a) – obedece ao preceituado neste normativo.

3. Esta decisão contém:

a) Relatório

b) Fundamentação de facto (enumeração dos factos provados e não provados, bem como dos meios de prova que serviram para formar a convicção do tribunal)

c) Fundamentação de direito (indicação da qualificação jurídico-penal dos factos e exposição das razões que justificam o arquivamento ou a aplicação de medida tutelar educativa)

d) DISPOSITIVO

- disposições legais aplicáveis
- decisão de arquivamento ou de aplicação de medida tutelar educativa
- designação das entidades públicas ou privadas a quem é deferida a execução da medida e o seu acompanhamento
- destino a dar aos objetos relacionados com os factos

- a ordem de remessa de boletins ao registo (cfr., arts. 210.º a 224.º e Dec-Lei n.º 323-E/2000, de 20 de dezembro)
- a data e assinatura do juiz (aqui sempre singular, mas já singular ou colegial, no caso da audiência final, sendo colegial se for requerida a aplicação de uma medida de internamento)

4. É nula a decisão judicial que não contiver as menções do n.º 2 e da al. b) do n.º 3 (cfr., artigo seguinte).

5. Não vemos qualquer obstáculo jurídico a que se possa aplicar nesta justiça tutelar educativa o princípio constitucional do *«in dubio pro reo»* (art. 32.º, n.º 2 CRP): tal direito – *e este direito/princípio constitui uma imposição dirigida ao julgador no sentido de se pronunciar de forma favorável ao arguido, quando não tiver certeza sobre os factos decisivos para a decisão da causa, sendo um princípio que tem a ver com a questão de facto, não tendo aplicação no caso de alguma dúvida assaltar o espírito do juiz acerca da matéria de direito, ou seja, o mesmo tem implicações exclusivamente quanto à apreciação da matéria de facto, quer seja nos pressupostos do preenchimento do tipo de crime, quer seja nos factos demonstrativos da existência de uma causa de exclusão da ilicitude ou da culpa* – do jovem, aqui não réu ou arguido, como é óbvio, é o corolário de um processo justo e equitativo e que vai dar sentido ao estatuído nos arts 87.º, n.º 1, al. b) e 92.º, n.º 1, al. a).

6. Quanto aos critérios de escolha da medida tutelar educativa, decidiu o Ac. TRP 22/05/2013 (2289/12.3TAVNG.P1), disponível em www.dgsi.pt, consultado a 5 de fevereiro de 2018: "I – A intervenção tutelar educativa do Estado relativamente aos jovens justifica-se quando "se tenha manifestado uma situação desviante que tome clara a ruptura com elementos nucleares da ordem jurídica", legitimando-se o Estado para educar o jovem para o direito, mesmo contra a vontade de quem está investido das responsabilidades parentais; II – São pressupostos da intervenção tutelar educativa: A existência de uma ofensa a bens jurídicos fundamentais traduzido na prática de um facto considerado por lei como crime; A exigência ao jovem do dever de respeito pelas disposições jurídico-penais essenciais à normalidade da vida em comunidade, conformando a sua personalidade de forma socialmente responsável – necessidade de ser educado para o direito; A idade mínima de 12 anos, fazendo coincidir o início da puberdade com o limiar da maturidade requerida para a compreensão do sentido da intervenção tutelar educativa; III – E é ainda necessário que a necessidade de correcção subsista no momento da decisão; IV – Tal como acontece com as penas, exclui-se qualquer finalidade retributiva: as medidas tutelares não são um castigo, uma expiação ou compensação do mal do crime (punitur quia peccatum est), mas visam garantir que o desenvolvimento do menor "ocorra de forma harmoniosa e socialmente integrada e responsável, tendo como referência o dever-ser jurídico consubstanciado nos valores juridicamente tutelados pela lei penal, enquanto valores mínimos e essenciais da convivência social"; V – À semelhança do que sucede no processo penal, em que a tarefa primeira do juiz é a escolha da pena a aplicar, também no processo tutelar deve o julgador começar por ponderar e decidir qual a medida tutelar mais adequada, a que melhor serve o interesse do menor, dando-se preferência àquela que realize de forma adequada e suficiente a finalidade subjacente à sua aplicação, isto é, a socialização do menor; VI – Na determinação da dosimetria concreta da medida a aplicar importa observar os critérios de proporcionalidade e necessidade de correcção da personalidade do menor manifestada na prática do facto e que subsista no momento da decisão; VII – Na fixação da duração da medida concretamente aplicada, o tribunal deve ter em conta a gravidade do facto cometido, a necessidade de correcção da personalidade do menor, manifestada na prática do facto, e a actualidade dessa necessidade de correcção; VIII – O Tribunal deve dar preferência, de entre as medidas que se mostrem adequadas e suficientes, à medida que represente menor intervenção na autonomia de decisão e de condução de vida do jovem e que seja susceptível de obter a sua maior adesão e a adesão dos pais, representante legal ou pessoa que tenha a sua guarda de facto; IX – A escolha da medida tutelar aplicável é orientada pelo interesse do jovem (balizado pela protecção dos seus direitos fundamentais, assim se exigindo a observância no âmbito do processo tutelar educativo dos princípios da legalidade, tipicidade, oficialidade, obtenção da verdade material, contraditório, livre apreciação da prova e celeridade processual); X – A medida, sempre de duração determinada, deve ser proporcionada à gravidade do facto e à necessidade de educação do jovem para o direito, manifestada na prática do facto e subsistente no momento da decisão".

7. Quanto a custas, cfr., art. 4.º/1, i) do RCP (estão isentos de custas os menores ou respetivos representantes legais, nos recursos de decisões relativas à aplicação, alteração ou cessação de medidas tutelares, aplicadas em processos de jurisdição de menores, havendo custas em decisões proferidas na 1ª instância).

Ou seja:

a) A isenção prevista na al. i) respeita a uma fase facultativa específica do processo tutelar educativo: a fase de recurso. Não abrange, portanto, os jovens ou os respetivos representantes legais na fase do processo tramitado no tribunal de 1.ª instância, o qual não beneficia de isenção. A isenção subjetiva em apreço está limitada aos recursos das decisões relativas à aplicação, alteração ou cessação de medidas tutelares educativas aplicadas no âmbito do processo tutelar educativo, não se encontrando aqui abrangidas as medidas aplicadas no âmbito do processo de promoção e proteção nem qualquer providência tutelar cível.

b) Nos demais processos da jurisdição de crianças e jovens não abrangidos pela isenção prevista no art. 4.º do RCP, são devidas custas, sendo, quanto à taxa de justiça, aplicável a tabela I-A – cfr., arts. 6.º/1, e 7.º RCP.

c) A responsabilidade pelo pagamento das custas nos processos tutelares educativos encontra-se apenas definida na Portaria n.º 419-A/2009, de 17 de abril. Assim, nos processos tutelares educativos, as custas ficam a cargo dos jovens, se forem maiores de 16 anos, por força do disposto no art. 11.º/2, da Portaria n.º 419-A/2009, de 17 de abril. Se, ao invés, os jovens tiverem idade inferior a 16 anos, são responsáveis pelo pagamento das custas os representantes legais, considerando-se para este efeito os pais (incluindo, naturalmente, os adotantes), os padrinhos civis, os tutores e os curadores (arts. 124.º, 1586.º, 1878.º/1, 1921.º/1 CC e 7.º/1, da Lei n.º 103/2009, de 11 de setembro, alterada pela Lei n.º 141/2015, de 8 de setembro), conforme resulta do referido art. 11.º/2.

Paulo Guerra

ARTIGO 111.º
Nulidade da decisão

É nula a decisão:

a) Que não contenha as menções referidas no n.º 2 e na alínea b) do n.º 3 do artigo anterior;

b) Que dê como provados factos que constituam alteração substancial dos factos descritos no requerimento para abertura da fase jurisdicional.

Nulidade da decisão

1. Esta norma não foi alterada pela Lei n.º 4/2015, de 15 de janeiro.

2. Estamos perante nulidades especiais deste processo, não coincidentes com as previstas nos arts 119.º e 120.º CPP, aqui também aplicáveis por força do art. 128.º.

3. Cfr., nulidades deste processo tutelar educativo:

a) art. 110.º/2 [v.g. art. 111º, a)]

b) art. 110.º/3, b) [v.g. art. 111º, a)]

c) art. 111.º, b) – cfr., art.1.º, f) CPP, *ex vi* art. 128.º (pode haver alteração da qualificação jurídica dos factos em que estes se mantém intocados)

d) arts. 30.º/2 e 119.º – aplicação de medida de internamento por juiz singular, gerando nulidade por força do art. 119.º, a) CPP

e) arts. 93.º, c) e 104.º/3, a) – aplicação em sede de audiência prévia de uma medida de internamento

4. A alteração dos factos narrados no art. 90.º/1, d) não conta para efeitos da aplicação da al. b) deste normativo – cfr., Ac. TRL 26/05/2009 (1935/08.8TASXL.L1-5), disponível em www.dgsi.pt, consultado a 5 de fevereiro de 2018.

5. Cfr., art. 379.º/2 CPP *ex vi* 128.º LTE.

6. Decidiu o Ac. TRE 20/03/2012 (315/11.2TAPTM.E1), disponível em www.dgsi.pt, consultado a 5 de fevereiro de 2018: "I. As normas do Código de Processo Penal apenas se aplicam na sede tutelar a título subsidiário (cfr., art. 128.º, n.º 1 da LTE), ou seja, desde que inexista regulação específica da situação na própria LTE; II – Tal lacuna, como se infere da mera leitura da LTE, não ocorre no que respeita aos requisitos da decisão tutelar; III – Com efeito, existem normas específicas que regulam os requisitos específicos das decisões em matéria tutelar, bem como a cominação para a inobservância dos mesmos, maxime, a nulidade da decisão".

Paulo Guerra

ARTIGO 112.º
Correção da decisão

1 – O tribunal procede, oficiosamente ou a requerimento, à correção da decisão quando:

a) Fora dos casos previstos no artigo anterior, não tiver sido observado, no todo ou em parte, o disposto no artigo 110.º;

b) A decisão contiver erro, lapso, obscuridade ou ambiguidade cuja eliminação não afete o seu conteúdo essencial.

2 – Se o recurso tiver subido, a correção é feita pelo tribunal competente para dele conhecer.

3 – O disposto nos números anteriores é correspondentemente aplicável a despachos judiciais.

Correção da decisão

1. Esta norma não foi alterada pela Lei n.º 4/2015, de 15 de janeiro.

2. Há possibilidade de correção da sentença quando não tiver sido observado, no todo ou em parte, o disposto no art. 110.º [que não o seu n.º 2 ou 3, b), cuja omissão gera nulidade] – cfr., Ac. TRL 4/07/2002 (0019419), disponível em www.dgsi.pt, consultado a 5 de fevereiro de 2018, quanto ao nome e idade do jovem.

3. Contempla-se aqui a correção da decisão judicial quando o vício que a inquina não for a nulidade.

4. Quanto ao n.º 1, b) – «Com Leal Henriques e Simas Santos (CPP, 2.º vol., p. 130) acrescenta-se que é necessário que o erro, lapso, obscuridade ou ambiguidade resulte dos próprios termos da decisão, "por forma a que se prefigure algum controle do exercício, pelo tribunal, do poder de correcção, limite que a referência ao seu pensamento não será suficiente para assegurar"», Rodrigues, Anabela Miranda/Duarte-Fonseca, António Carlos, *ob. cit.*, p. 228.

5. Esta correção é feita oficiosamente pelo tribunal que proferiu a decisão – singular ou colegial, no caso de audiência final e de aplicação de medida de internamento (cfr., exceção aposta no n.º 2) – ou a requerimento.

6. Esta norma é aplicável a despachos judiciais e não só a sentenças ou acórdãos (n.º 3).

7. Cfr., art. 380.º CPP.

Paulo Guerra

ARTIGO 113.º
Publicidade da decisão

1 – É obrigatória a presença do menor na sessão em que for tornada pública ou lida a decisão, salvo se, no seu interesse, for dispensada.

2 – É também obrigatória a presença do Ministério Público e do defensor.

3 – A decisão é explicada ao menor.

4 – A leitura da decisão equivale à sua notificação.

5 – Após a leitura, o juiz procede ao depósito da decisão na secretaria, devendo o secretário apor a data e subscrever a declaração de depósito.

Publicidade da decisão; presenças obrigatórias no ato; dispensa da presença do menor

1. Esta norma não foi alterada pela Lei n.º 4/2015, de 15 de janeiro.

2. A presença do jovem sujeito do processo é obrigatória na sessão de leitura pública da decisão, podendo haver dispensa da sua presença por despacho fundamentado e motivado pelo seu melhor interesse. Nesta situação de dispensa, o jovem é representado pelo defensor, cuja presença é sempre obrigatória (cfr., ainda art. 101.º/3), sendo notificado o jovem – dispensado ou ausente – na pessoa do seu defensor (art. 373.º/3 CPP, por aplicação subsidiária).

3. A decisão deve ser explicada em linguagem mais comum e acessível ao jovem que tem direito a, antes de começar a cumprir uma medida, compreender as razões pelas quais ela lhe foi aplicada. Será também uma forma de legitimação da decisão do próprio foro.

4. Parece-nos que se a decisão for colegial (intervenção do juiz becado e de dois juízes sociais, em sede de audiência final), a leitura é feita pelo juiz presidente, com a presença dos restantes julgadores.

5. Pode a decisão ser ditada para a ata, não se aplicando aqui o n.º 5 (art. 104.º/6).

6. Pode haver renúncia ao recurso, aposta em ata (cfr., art. 140.º/1 – aplicação imediata da medida de admoestação – e 107.º/1 CPP *ex vi* art. 128.º LTE).

Paulo Guerra

ARTIGO 114.º
Ata

A ata de audiência contém:

a) O lugar, a data e a hora de abertura e de encerramento da audiência e das sessões que tiverem ocorrido;

b) O nome do juiz e do representante do Ministério Público;

c) A identificação do menor, dos pais, do representante legal ou de quem tenha a sua guarda de facto e do defensor;

d) A identificação das testemunhas, peritos, consultores técnicos, intérpretes e pessoas que tenham intervindo para prestar assistência ao menor;

e) A indicação das provas produzidas ou examinadas;

f) A decisão de exclusão ou restrição da publicidade e as medidas tomadas relativamente à audição de pessoas em separado ou ao afastamento do menor da audiência;

g) Os requerimentos, decisões e quaisquer outras indicações que, por força da lei, dela devem constar;

h) A assinatura do presidente e do funcionário de justiça que a lavrar.

Ata de audiência; conteúdo

1. Esta norma não foi alterada pela Lei n.º 4/2015, de 15 de janeiro.

2. Cfr., art. 108.º.

3. A sentença pode ser ditada para a ata (art. 104.º/6).

4. Deve ficar exarado em ata a permissão para leitura de declarações anteriores produzidas nos autos (art. 106.º).

5. Pode haver renúncia ao recurso, aposta em ata (cfr., arts 140.º/1 aplicação imediata da medida de admoestação – e 107.º/1 CPP *ex vi* 128.º LTE).

Paulo Guerra

SECÇÃO III
Audiência

ARTIGO 115.º
Notificações

Se, realizada a audiência prévia, o processo tiver de prosseguir, é correspondentemente aplicável o disposto no n.º 2 do artigo 93.º.

Audiência; notificações; remissão

1. Esta norma foi alterada pela Lei n.º 4/2015, de 15 de janeiro.

2. Quando o processo tiver que prosseguir, após a audiência prévia, ou quando nem sequer tiver havido tal audiência, o juiz determina o prosseguimento do processo, mandando notificar o menor, os pais, representante legal ou quem tenha a sua guarda de facto e o defensor de que podem:

a) Requerer diligências, no prazo de 10 dias;

b) Alegar, no mesmo prazo, ou diferir a alegação para a audiência;

c) Indicar, no mesmo prazo, os meios de prova a produzir em audiência, se não requererem diligências.

3. Nos casos em que o processo deva prosseguir com vista à realização da audiência (chamemos-lhe "final" para a distinguir da "prévia") e uma vez realizadas as diligências que devam ter lugar antes dela, o juiz designa data para a mesma, sendo o despacho, acompanhado de cópia para abertura da fase jurisdicional, transmitido no mais curto prazo, aos juízes sociais, quando devam intervir – art. 116.º.

4. E quando é que os juízes sociais intervêm na audiência? Quando esteja em causa a aplicação de medida internamento (podendo o tribunal, a final, chegar à conclusão de que não a vai aplicar – não pode é ser aplicada uma medida de internamento sem decisão colegial), sendo que, nestes casos, o tribunal é constituído pelo juiz do processo, que preside, e por dois juízes sociais. Podem ser nomeados juízes sociais cidadãos portugueses de reconhecida idoneidade que tenham mais de 25 anos de idade e menos de 65 anos; que saibam ler e escrever português, que estejam no pleno gozo dos direitos civis e políticos e que não estejam pronunciados nem ter sofrido condenação por crime doloso (art. 1.º do Dec.-Lei n.º 156/78, de 30 de junho).

5. Esta audiência final terá lugar quando estiver em causa a aplicação de uma medida de internamento (apesar de o coletivo de juízes não ser obrigado a aplicar tal medida), quando seja requerida a aplicação de uma medida não institucional e o tratamento do caso não requeira um desenvolvimento processual abreviado ou ainda quando, na audiência prévia, o juiz entenda, após a produção de prova, que não tem todos os elementos factuais para decidir de mérito.

Paulo Guerra

ARTIGO 116.º
Vistos

1 – No prazo de 10 dias sobre o termo de realização das diligências a que houver lugar, o juiz designa dia para a audiência.

2 – O despacho que designa dia para a audiência, acompanhado de cópia do requerimento para abertura da fase jurisdicional, é transmitido, no mais curto prazo, aos juízes sociais, se deverem intervir.

3 – Os juízes sociais podem solicitar vistos, cujo prazo o juiz fixa, tendo em conta a data da audiência.

4 – Sempre que a complexidade do processo o justifique, o juiz manda extrair cópia dos autos para realização de vistos simultâneos.

5 – Sem prejuízo do disposto na alínea c) do n.º 2 do artigo 93.º, o menor, os pais, o representante legal ou quem tenha a sua guarda de facto e o defensor indicam, no prazo de cinco dias, contados da notificação do despacho que designa dia para audiência, as testemunhas e os peritos ou técnicos de reinserção social e oferecem outros meios de prova.

Vistos; dia para audiência; juízes sociais

1. Esta norma foi alterada pela Lei n.º 4/2015, de 15 de janeiro.

2. Especial atenção deve ser dada, aquando da marcação do dia para a audiência, para os prazos máximos da medida cautelar de guarda em Centro Educativo, apostos no art. 60.º/1.

3. Cfr., anotação 4 ao artigo anterior.

4. Cfr., arts. 30.º/2 e 119.º – aplicação de medida de internamento por juiz singular, gerando nulidade por força do art. 119.º, a) CPP.

5. O jovem, os pais, o representante legal ou quem tenha a sua guarda de facto e o defensor indicam, no prazo de cinco dias, contados da notificação do despacho que designa dia para audiência, as testemunhas e os peritos ou técnicos de reinserção social e oferecem outros meios de prova.

6. Esta notificação não deve ser considerada uma repetição da prevista na al. c) do n.º 2 do art. 93.º, sendo certo que pode haver elementos novos que deverão ser levados à ribalta do julgamento.

Paulo Guerra

ARTIGO 117.º
Regime

1 – Aberta a audiência, o juiz expõe as questões que considera relevantes para a solução do caso, precisando as que são controvertidas.

2 – De seguida, indica os meios de prova a produzir e concede a palavra ao Ministério Público e ao defensor para dizerem se têm provas complementares a oferecer, deferindo as que considerar necessárias ao esclarecimento do caso.

3 – Segue-se a produção de prova, decidindo o juiz, por despacho, os incidentes que sobre ela se suscitarem.

Regime da audiência

1. Esta norma não foi alterada pela Lei n.º 4/2015, de 15 de janeiro.

2. Aberta a audiência, o juiz:

a) Enuncia as questões controvertidas;

b) Indica os meios de prova a produzir;

c) Questiona o MP e o defensor sobre se há prova suplementar a produzir, decidindo sobre tais pedidos;

d) Dirige a produção da prova, decidindo os eventuais incidentes processuais que ocorram.

3. O regime processual atinente ao julgamento em processo tutelar educativo está previsto nos arts. 116.º e 117.º, inexistindo qualquer previsão na mesma lei relativa a impedimentos do julgador, pelo que não cabe ao intérprete distinguir quando o legislador não o fez, sob pena de se desvirtuar os objetivos visados pela lei tutelar educativa, sendo ainda certo que, ao contrário do juiz do processo penal, o juiz do processo tutelar educativo não formula qualquer juízo de estrita culpabilidade em sentido técnico-jurídico, carecendo assim de sentido o alegado impedimento.

4. Por isso, o Ac. TRE 7/01/2014 (14/13.0TQFAR-A.E1), disponível em *www.dgsi.pt*, consultado a 5 de fevereiro de 2018, decidiu:

"I – Os princípios que informam a aplicação das medidas de coação em processo penal são substancialmente distintos daqueles que subjazem à aplicação das medidas cautelares em processo tutelar educativo.

II – O juiz que aplicou ao menor medida cautelar de guarda em Centro Educativo na fase do inquérito não está impedido de intervir na fase jurisdicional do processo.

III – No regime processual atinente ao julgamento em processo tutelar educativo, não estão previstas situações de impedimento".

5. Raciocinou Rui Amorim desta forma, em acção de formação contínua do CEJ, em 2014, agora publicado em *e-book* CEJ, visitável em *http://www.cej.mj.pt/cej/recursos/ebooks/familia/Intervencao_Tutelar_Educativa.pdf*:

"A resposta a esta questão passa pelo estudo do art.º 40.º do CPP e das sucessivas alterações de que foi objeto na decorrência da corrente jurisprudencial que se gerou no Tribunal Constitucional.

É conhecida de todos a problemática. O Acórdão do Tribunal Constitucional n.º 186/98, proferido a 18/2/98 (D.R. I Série-A, de 20/3/98), declarou a inconstitucionalidade, com força obrigatória geral, do art.º 40.º do CPP, na parte em que permitia a intervenção no julgamento do juiz que, na fase do Inquérito, decretou e posteriormente manteve a prisão preventiva de um arguido, por violação do art.º 32.º, n.º 5, da Constituição da República Portuguesa.

Conclui-se nesse Acórdão que, a perfilhar-se entendimento diverso, poderiam estar em causa as garantias de independência, imparcialidade e objetividade do julgador, asseguradas pelo princípio constitucional que impõe a estrutura acusatória do processo penal ou, pelo menos, poderia gerar-se uma desconfiança geral sobre essa imparcialidade e independência.

A declaração de inconstitucionalidade motivou a alteração dessa norma, através da Lei n.º 59/98, de 25/8, tendo sido aditado, como causa de impedimento do juiz de julgamento, o facto de ter "*aplicado e poste-*

riormente mantido a prisão preventiva do arguido". Por sua vez, a Lei n.º 3/99, de 13/1, aditou a expressão "*no Inquérito ou na instrução*", clarificando o que já antes parecia óbvio, pois que o juiz de julgamento não toma posição sobre prova indiciária (doutro modo seríamos levados ao absurdo de ter que mudar de julgador a cada trimestre, por força da aplicação do art.º 213.º, n.º 1, do CPP).

Não obstante, a posição dominante no Tribunal Constitucional sempre foi no sentido da prática de atos isolados durante o Inquérito não constituir, em princípio, causa de quebra objetiva da imparcialidade do juiz, determinante do seu impedimento no julgamento.

Por exemplo: – Acórdão do Tribunal Constitucional n.º 338/99, que julgou não inconstitucional a norma do art.º 40.º do Código de Processo Penal "*quando interpretada no sentido de permitir a intervenção no julgamento do juiz que, findo o primeiro interrogatório judicial do arguido detido, determinou a respetiva libertação, mediante a adoção de medidas de coação não privativas da liberdade, medidas de coação que posteriormente manteve no momento em que recebeu a acusação e marcou o dia para o julgamento*";

– Acórdão do Tribunal Constitucional n.º 297/2003 (D.R. 2.ª Série, de 3/10/03), que julgou não inconstitucional a norma do art.º 40.º do Código de Processo Penal "*quando interpretada no sentido de permitir a intervenção no julgamento do juiz que, no início do Inquérito, interrogou os arguidos que lhe são apresentados detidos e decretou prisão preventiva desses arguidos, autorizando no mesmo dia uma busca domiciliária*";

– Acórdão do Tribunal Constitucional n.º 129/2007 (D.R. 2.ª Série, de 24/4/07), que julgou não inconstitucional a norma do art.º 40.º do Código de Processo Penal "*quando interpretada no sentido de permitir a intervenção simultânea, no julgamento, de juiz que, findo o primeiro interrogatório judicial de arguido detido, decretou a sua prisão preventiva e de juiz que, no decorrer do Inquérito, manteve a prisão preventiva e, posteriormente à acusação, indeferiu o pedido da sua revogação*".

Como é sabido, o Prof. Figueiredo Dias criticou veementemente quer a posição do Tribunal Constitucional, quer a postura de adaptação do legislador às flutuações jurisprudenciais. Segundo ele, só a decisão do juiz de instrução que, a final, profere despacho de pronúncia ou não pronúncia é que contende direta e necessariamente com o objeto do processo, sendo que a pronúncia serve exatamente para fixar os poderes de cognição do Tribunal de julgamento.

Como quer que seja, salientava-se nos Acórdãos do Tribunal Constitucional que não era *qualquer* intervenção do juiz de julgamento na fase de Inquérito que era apta a pôr em causa a sua independência e imparcialidade ou a confiança do arguido e do público nessa mesma isenção. O entendimento sobre tal objetividade teria de resultar do tipo e frequência da intervenção que o juiz teve, na fase de Inquérito, com especial relevância do momento em que tal intervenção ocorreu. Se se tratasse de uma avaliação realizada numa fase embrionária do Inquérito e sem repetições, considerava-se que não seria suscetível de afetar a imparcialidade do juiz.

Daí a atual estatuição do art.º 40.º, al. a), do CPP (na redacção introduzida pela Lei n.º 48/2007, de 29/8), ter reduzido os impedimentos do julgador à aplicação das medidas de coação mais gravosas, como sejam a proibição e imposição de condutas (art.º 200.º), a obrigação de permanência na habitação (art.º 201.º) e a prisão preventiva (art.º 202.º).

Posto este introito, reitera-se a questão: será de aplicar tal regime de impedimentos à LTE? Parece-me que não.

A posição de um menor face ao processo tutelar educativo não é a mesma que a do arguido em relação ao processo penal. O estatuto dos jovens previsto no art.º 45.º da LTE é substancialmente distinto do estatuto do arguido. Na LTE não existe a possibilidade de aplicação de uma sanção de natureza tão gravosa como a prisão, nem o funcionamento de um sistema tão fortemente estigmatizante que justifique um esquema garantístico da mesma natureza do processo penal.

É óbvio que a intervenção educativa também pode conduzir a situações que contendam com direitos, liberdades e garantias e, por isso, haja também necessidade neste ordenamento de salvaguardar o conteúdo essencial dos princípios consagrados na Constituição.

"A partir daqui, o processo perfilha uma orientação em que a formalidade e o consenso se combinam, na procura de uma eficácia permanente ligada a três noções: a dignidade do menor, a de tempo processual e a da interdecorrência entre exigências de educação e necessidade de proteção" (Rodrigues, Anabela Miranda/Duarte-Fonseca, António Carlos, *ob. cit.*, p. 22).

A intervenção tutelar educativa não é, pois, encarada como punição do mal causado, antes surge como intervenção responsabilizadora do jovem, ordenada ao seu superior interesse.

Apesar da prática de um facto qualificado pela lei penal como crime, a intervenção estatal não é imperativa em sede tutelar educativa. Tudo dependerá da avaliação das necessidades educativas do jovem no momento da decisão, podendo concluir-se que a rutura com os valores comunitários é, ainda assim, socialmente tolerável.

Os critérios de escolha fundam-se no interesse do menor, no princípio da intervenção mínima e na procura da adesão.

Além disso, as medidas tutelares educativas são obrigatoriamente revistas, podendo ser mantidas, modificadas no seu regime de execução, substituídas, aumentadas ou reduzidas na sua duração ou mesmo extintas, em função da sua adequação à evolução das necessidades educativas do jovem.

Ou seja, o sistema tutelar educativo, em virtude dos princípios que o enformam, particularmente os da necessidade e da actualidade, assume uma especificidade que implica uma autonomia fundamental em relação à ordem jurídica penal. É certo que recorre a alguns elementos da ordem jurídico-penal, porém, o âmbito e o sentido do recurso a esses elementos não podem conflituar como os valores, princípios e fins próprios do sistema tutelar educativo, descaraterizando-o e comprometendo-o.

O direito tutelar educativo não constitui, pois, um sucedâneo do direito penal, sendo primacialmente ordenado ao interesse do menor, fundado no seu direito à realização de condições que lhe permitam desenvolver a sua personalidade de forma socialmente responsável.

Toda a intervenção tutelar educativa está necessariamente orientada nesse sentido, daí que as normas processuais tenham de o refletir e respeitar.

Por outro lado, o próprio regime de revisão das medidas tutelares é incompatível com o regime de execução das penas. A todo o tempo, a personalidade do menor pode dar sinais de transformação, pelo que importa responder adequadamente às suas necessidades educativas em mutação, dominadas pela ideia de que o tempo de um jovem não é igual ao de um adulto, havendo, pois, que adequar a medida a uma personalidade em evolução, através de uma avaliação contínua.

A tudo acresce que a medida cautelar de guarda em centro educativo não é comparável à prisão preventiva, podendo até ser aplicável em regime semiaberto.

Mas apesar de tão substancialmente distintas as intervenções em sede penal e tutelar educativa, será que estamos perante uma lacuna que importe integrar?

O caso omisso não postula, necessariamente, uma lacuna, uma incompletude da lei. O acentuar do conceito de lacuna só surge quando a questão de que se trata está necessitada de solução jurídica, reconhecendo a doutrina, desde o séc. XIX, «um espaço livre de Direito», enquanto sector que a ordem jurídica deixa por regular, sem exageradas preocupações de certeza e segurança do direito.

Nos dizeres de Karl Larenz, *Metodologia da Ciência do Direito*, Lisboa, Fundação Caloustre Gulbenkian, pág. 527) "uma lei (...) só pode conter «lacunas» sempre e na medida em que falte pelo menos uma regra que se refere a uma questão que não tenha sido deixada ao «espaço livre do Direito»".

Nesta perspetiva, não nos parece que possa defender-se estarmos perante um vazio legal que importe preencher através da aplicação subsidiária do processo penal.

Aliás, o Acórdão do Supremo Tribunal de Justiça n.º 3/2009, de 8 de Outubro de 2008 (Processo n.º 2030/07) veio prescrever, com força obrigatória geral, que «*não há lugar, em processo tutelar educativo, ao desconto do tempo de permanência do menor em centro educativo, quando, sujeito a tal medida cautelar, vem, posteriormente, a ser-lhe aplicada a medida tutelar de internamento*».

Todos estes argumentos nos devem fazer refletir sobre as especificidades do processo tutelar educativa face ao processo penal.

Nesse pressuposto, não parece que um juiz fique coartado na sua independência e imparcialidade ou veja abalada a confiança da sociedade nessa mesma isenção só porque julgou um jovem relativamente ao qual decretara uma medida cautelar de guarda em Centro Educativo. Tal intervenção cautelar não subverte a estrutura acusatória do processo tutelar nem, pela sua perfunctória relevância, conduz o julgador a pré-juízos sobre a culpabilidade do jovem, suscetíveis de ferir a sua objetividade e isenção".

6. Vejam-se agora algumas notas legais sobre a audiência final e eventual processualismo subsequente:

a) Regime da audiência – art. 117.º;

b) Decisão – art. 118.º (de salientar que, no caso de ser aplicada medida de internamento, o tribunal deve indicar o regime de execução da medida – art. 118.º/4);
c) Intervenção do tribunal misto – art. 119.º;
d) A estrutura da decisão obedece ao preceituado no art. 110.º, por remissão do art. 120.º da mesma Lei;
e) Esta decisão contém:
- Relatório;
  - Fundamentação de facto (enumeração dos factos provados e não provados, bem como dos meios de prova que serviram para formar a convicção do tribunal);
  - Fundamentação de direito (indicação da qualificação jurídico-penal dos factos e exposição das razões que justificam o arquivamento ou a aplicação de medida tutelar educativa;
  - DISPOSITIVO
    - disposições legais aplicáveis
    - decisão de arquivamento ou de aplicação de medida tutelar educativa
    - designação das entidades públicas ou privadas a quem é deferida a execução da medida e o seu acompanhamento
    - destino a dar aos objetos relacionados com os factos
    - a ordem de remessa de boletins ao registo
    - a data e assinatura do juiz (ou juízes)

6. É nula a decisão judicial que não contiver as menções do n.º 2 e da al. b) do n.º 3.

7. Pode lançar-se mão do estatuído no art. 340.º/1 e 2 CPP, por força do art. 128.º desta lei.

8. Cfr. anotação 5 ao artigo 110.º.

9. Quanto a custas, cfr., art. 4.º/1, i) RCP (estão isentos de custas os menores ou respetivos representantes legais, nos recursos de decisões relativas à aplicação, alteração ou cessação de medidas tutelares, aplicadas em processos de jurisdição de menores, havendo custas em decisões proferidas na 1ª instância).

Ou seja:

a) A isenção prevista na al. i) respeita a uma fase facultativa específica do processo tutelar educativo: a fase de recurso. Não abrange, portanto, os menores ou os respetivos representantes legais na fase do processo tramitado no tribunal de 1.ª instância, o qual não beneficia de isenção. A isenção subjetiva em apreço está limitada aos recursos das decisões relativas à aplicação, alteração ou cessação de medidas tutelares educativas aplicadas no âmbito do processo tutelar educativo, não se encontrando aqui abrangidas as medidas aplicadas no âmbito do processo de promoção e proteção nem qualquer providência tutelar cível.

b) Nos demais processos da jurisdição de crianças e jovens não abrangidos pela isenção prevista no art. 4.º do RCP, são devidas custas, sendo, quanto à taxa de justiça, aplicável a tabela I-A – cfr., arts. 6.º/1, e 7.º RCP.

c) A responsabilidade pelo pagamento das custas nos processos tutelares educativos encontra-se apenas definida na Portaria n.º 419-A/2009, de 17 de abril. Assim, nos processos tutelares educativos, as custas ficam a cargo dos menores, se forem maiores de 16 anos, por força do disposto no art. 11.º/2 da Portaria n.º 419-A/2009, de 17 de abril. Se, ao invés, os jovens tiverem idade inferior a 16 anos, são responsáveis pelo pagamento das custas os representantes legais, considerando-se para este efeito os pais (incluindo, naturalmente, os adotantes), os padrinhos civis, os tutores e os curadores (arts. 124.º, 1586.º, 1878.º/1, 1921.º/1 CC e 7.º/1 da Lei n.º 103/2009, de 11 de setembro, alterada pela Lei n.º 141/2015, de 8 de setembro), conforme resulta do referido art. 11.º/2.

Paulo Guerra

ARTIGO 118.º
Decisão

1 – Encerrada a audiência, o tribunal recolhe para decidir.

2 – Sempre que possível, a leitura da decisão é feita em ato contínuo à deliberação.

3 – O presidente tem voto de qualidade e lavra a decisão.

4 – No caso de ser aplicada medida de internamento, o tribunal indica o regime de execução da medida.

Decisão

1. Esta norma não foi alterada pela Lei n.º 4/2015, de 15 de janeiro.

2. Cfr., anotação aos arts 115.º a 117.º.

3. A decisão pode ser lida algum tempo após a deliberação (n.º 2, *a contrario sensu*), acatando-se aqui o prazo aposto no art. 104.º/7.

4. Não é possível a prolação de decisão em ata (o art. 104.º, n.º 6 apenas o permite no caso de decisão na sequência de uma audiência prévia).

5. Sendo colegial a decisão, o acórdão é redigido pelo Juiz becado que tem voto de qualidade (pode ficar vencido e pode desempatar – se ficar vencido, redige a decisão, como é óbvio, não se aplicando aqui o disposto no artigo 372.º, n.º 1 CPP pois os dois juízes sociais não são necessariamente juristas).

6. Não vemos impedimento legal a que o juiz vencido não possa indicar os motivos do seu voto (art. 372.º/2 CPP, *ex vi* 128.º LTE).

7. Sendo aplicada pelo tribunal uma medida de internamento (e definido qual o seu regime de execução – em regime aberto, semiaberto ou fechado), cabe à DGRSP definir qual o Centro Educativo no qual o jovem a vai cumprir (art. 149.º).

8. Cfr., arts. 133.º e 8.º/6 (execução sucessiva de medidas tutelares educativas) – é o tribunal que determina a ordem do cumprimento.

9. Se se decidir pelo cumprimento simultâneo de medidas, cfr., art. 8.º/1.

10. Se não houver compatibilidade entre medidas, que inviabilize o seu cumprimento simultâneo, cfr., art. 8.º/2, 3 e 5.

11. Cfr., art. 8.º/4 e 7 (cúmulo jurídico de medidas de internamento).

12. No requerimento de abertura da fase jurisdicional, o Ministério Público indica como medida adequada o internamento em Centro Educativo. Na audiência (arts 115.º e segs.), conclui-se que é outra medida a mais adequada no momento, nomeadamente, o acompanhamento educativo. É óbvio que é possível a sua aplicação por acordo entre todos os intervenientes processuais (cfr., arts. 6.º, 22.º/1 e 104.º/2, a) e b), 3, a) e 4, a aplicar supletivamente).

Paulo Guerra

ARTIGO 119.º
Tribunal misto

1 – Intervindo os juízes sociais, a deliberação é tomada por maioria e incide, em primeiro lugar, sobre os factos, votando primeiramente os juízes sociais, por ordem crescente de idade, e, no fim, o juiz presidente.

2 – Se forem dados como provados os factos ou parte dos factos, o tribunal decide, pela mesma forma e sequência, sobre a necessidade de medida tutelar e sobre a medida tutelar a aplicar; se não forem dados como provados os factos ou se não houver necessidade de medida tutelar, o tribunal arquiva os autos.

Tribunal misto; deliberação por maioria

1. Esta norma não foi alterada pela Lei n.º 4/2015, de 15 de janeiro.

2. E quando é que os juízes sociais intervêm na audiência? Quando esteja em causa a aplicação de medida internamento (podendo o tribunal, a final, chegar à conclusão de que não a vai aplicar – não pode é ser aplicada uma medida de internamento sem decisão colegial), sendo que, nestes casos, o tribunal é constituído pelo juiz do processo, que preside, e por dois juízes sociais. Podem ser nomeados juízes sociais cidadãos portugueses de reconhecida idoneidade que tenham mais de 25 anos de idade e menos de 65 anos; que saibam ler e escrever português, que estejam no pleno gozo dos direitos civis e políticos e que não estejam pronunciados nem ter sofrido condenação por crime doloso (art. 1.º do Dec.-Lei n.º 156/78, de 30 de junho).

3. Apelo à necessidade inelutável de revisão do diploma de 1978, adaptando-o aos novos tempos jurídicos e processuais.

4. Nesta deliberação colegial, a ordem da pronúncia sobre os Factos e o Direito (pois, ao contrário do Júri penal, os juízes sociais conhecem os factos e aplicam medidas) a aplicar na decisão final deve mesmo ser acatada – primeiro, opinam os juízes sociais e só no fim o juiz becado, para evitar qualquer tipo de influência (natural) deste sobre aqueles.

5. O tribunal arquiva o processo (não se fala aqui em absolvição do jovem) caso não se provem os factos imputados ao jovem ou se conclua que o mesmo, mesmo com a prova da prática de factos, não careça de intervenção tutelar educativa.

6. Caso prove factos e entenda que o jovem precisa de ser reeducado para o direito, o tribunal aplica a medida tida como mais adequada, de acordo com os critérios dos arts. 6.º e 7.º (a escolha da medida tutelar educativa tem como critério o princípio da adequação e suficiência, dando-se preferência àquela que melhor contribua para que o jovem seja educado para o direito e se insira de forma digna e responsável na vida em sociedade).

7. Note-se que só é legítima a aplicação de medida tutelar educativa desde que verificados, cumulativamente, os seguintes pressupostos: *o jovem, entre os 12, inclusive, e os 16, exclusive, cometa facto ilícito tipificado na lei penal como crime; necessidade de correção da sua personalidade no plano do dever-ser jurídico manifestada na prática do facto; que essa necessidade subsista no momento da decisão da aplicação da medida.*

8. Recordemos os critérios para a aplicação das medidas tutelares educativas:

- Dará o Tribunal preferência, de entre as medidas que se mostrem adequadas e suficientes, à medida que represente menor intervenção na autonomia de decisão e de condução de vida do menor e que seja suscetível de obter a sua maior adesão e a adesão dos pais, representante legal ou pessoa que tenha a sua guarda de facto.
- A escolha da medida tutelar aplicável é orientada pelo interesse do jovem (balizado pela proteção dos seus direitos fundamentais, assim se exigindo a observância no âmbito do processo tutelar educativo dos princípios da legalidade, tipicidade, oficialidade, obtenção da verdade material, contraditório, livre apreciação da prova e celeridade processual).

A medida, sempre de duração determinada, deve ser proporcionada à gravidade do facto e à necessidade de educação do jovem para o direito, manifestada na prática do facto e subsistente no momento da decisão.

Paulo Guerra

ARTIGO 119.º-A

Princípio da plenitude da assistência dos juízes

1 – Só podem intervir na sentença os juízes que tenham assistido a todos os atos de instrução e discussão praticados na audiência, salvo o disposto nos números seguintes.

2 – Se durante a discussão e julgamento falecer ou se impossibilitar permanentemente algum dos juízes sociais, não se repetirão os atos já praticados, a menos que as circunstâncias aconselhem, de preferência, a repetição de algum ou alguns dos atos já praticados, o que será decidido sem recurso, mas em despacho fundamentado, pelo juiz que deva presidir à continuação da audiência.

3 – Sendo temporária a impossibilidade, interrompe-se a audiência pelo tempo indispensável, a não ser que as circunstâncias aconselhem, de preferência, a substituição do juiz impossibilitado, o que será decidido pelo presidente do tribunal, em despacho fundamentado. É correspondentemente aplicável o disposto no n.º 2.

4 – O juiz substituto continuará a intervir, não obstante o regresso ao serviço do juiz efetivo.

5 – No caso previsto no n.º 2, falecendo o juiz presidente ou ficando este permanentemente impossibilitado, repetem-se os atos já praticados.

6 – O juiz que for transferido, promovido ou aposentado ou o juiz social a quem tenha sido deferida a escusa, concluirá o julgamento, exceto se a aposentação tiver por fundamento a incapacidade física, moral ou profissional para o exercício do cargo, ou a escusa tiver por fundamento a incapacidade física ou moral para o exercício do cargo, ou se em qualquer dos casos as circunstâncias aconselharem, de preferência, a substituição do juiz impossibilitado, o que será decidido pelo presidente do tribunal, em despacho fundamentado. É correspondentemente aplicável o disposto nos n.os 2 e 5.

Princípio da plenitude da assistência dos juízes

1. Esta norma foi acrescentada na alteração da LTE levada a cabo pela Lei n.º 4/2015, de 15 de janeiro.

2. Corresponde ao art. 328.º-A CPP.

Paulo Guerra

ARTIGO 120.º

Normas supletivas

São supletivamente aplicáveis as disposições constantes da secção anterior.

Normas supletivas

1. Esta norma não foi alterada pela Lei n.º 4/2015, de 15 de janeiro.

2. Esta norma manda aplicar ao regime processual da audiência final o regime da audiência prévia.

3. Em termos de remissões e de aplicações subsidiárias, haverá que aqui chamar à colação o disposto no art. 128.º. Ele manda aplicar subsidiariamente o CPP às disposições do respetivo Título IV (relativo ao processo tutelar), sendo que no n.º 2 do mesmo preceito se estatui que, nos casos omissos, observam-se as normas do processo civil que se harmonizem com o processo tutelar.

4. Contudo, a norma é omissa quanto à aplicação subsidiária do CP.

5. É elementar que o CP tem de ser aplicado nesta sede, desde logo, para se descortinar e decidir se os factos imputados ao jovem são ou não qualificados pela lei como crime. O que significa que a parte especial do CP constituirá um elemento de suporte essencial à definição da intervenção em sede tutelar educativa. Mas será que o legislador pretendeu também aplicar subsidiariamente à LTE a parte geral do CP? E, se sim, por que motivo não o disse expressamente?

6. Relembremos aqui o que escreve Amorim, Rui, "Fundamentos e alcance da recente revisão da Lei Tutelar Educativa", *Revista do Centro de Estudos Judiciários*, 2015-II, p. 185: "É certo que existem situações em que as especificidades da intervenção tutelar educativa demandam um tratamento autónomo face ao Direito Penal e a própria LTE se encarrega de estabelecer regras próprias que garantem essa resposta diferenciada, como sucede com o art. 2.º, n.º 2, ao determinar que as causas que excluem ou diminuem a ilicitude ou a culpa são consideradas para a avaliação da necessidade e da espécie da medida. Mas a restante parte geral do Código Penal será ou não de aplicar subsidiariamente?

Há normativos, como os capítulos I e II do Título V, referentes à extinção da responsabilidade criminal por efeito da prescrição do procedimento criminal e das penas, que não serão subsidiariamente aplicáveis à LTE porque este diploma dispõe de normas especiais que, de alguma maneira, já versam sobre a matéria aí regulada, designadamente os arts. 5.º, 8.º, n.º 6 e 28.º, n.º 2, al. b), e n.º 3, que fixam o limite etário de aplicabilidade de uma medida tutelar educativa.

Do mesmo modo, com a revogação do n.º 2 do art. 72.º, deixou de ser admissível a aplicação à LTE, por muitos defendida, dos normativos constantes do Título IV, relativos à titularidade, extensão, extinção, renúncia e desistência do direito de queixa.

Todavia, entendemos que já serão subsidiariamente aplicáveis à LTE as chamadas «*normas processuais materiais*», ou seja, os preceitos substantivos relativos à procedibilidade da ação penal, designadamente o Título II, que contém as disposições relativas aos pressupostos da punição, às formas do crime e às causas que excluem a ilicitude e a culpa".

Paulo Guerra

SECÇÃO IV
Recursos

ARTIGO 121.º
Admissibilidade do recurso

1 – Só é permitido recorrer de decisão que:

a) Ponha termo ao processo;

b) Aplique ou mantenha medida cautelar;

c) Aplique ou reveja medida tutelar;

d) Recuse impedimento deduzido contra o juiz ou o Ministério Público;

e) Condene no pagamento de quaisquer importâncias;

f) Afete direitos pessoais ou patrimoniais do menor ou de terceiros.

2 – O recurso é interposto para o tribunal da Relação que julga definitivamente, de facto e de direito.

3 – O juiz do tribunal recorrido fixa provisoriamente o efeito do recurso.

Admissibilidade do recurso

1. Normativo que mantém a redação original, sendo certo que, em matéria de recursos, a Lei n.º 4/2015, de 15 de janeiro, apenas veio introduzir alterações nos arts. 123.º e 125.º.

2. Consagra-se o *princípio da taxatividade*, em função do qual só são recorríveis as decisões enunciadas nas als. a) a f) do n.º 1. De todo o modo, no que ao menor diz respeito e tendo em vista o direito ao recurso enquanto direito fundamental e garantia integrante do processo justo e equitativo (cfr. art. 20.º/4 CRP, art. 40.º/2, m), CDC, regra 7.1. das Regras Mínimas para a Administração da Justiça de Menores – "Regras de Beijing" e Diretriz 34 da Diretrizes do Comité de Ministros do Conselho da Europa sobre a Justiça adaptada às crianças, adotadas pelo Comité de Ministros em 17 de novembro de 2010), o conceito "decisão que afete direitos pessoais ou patrimoniais do menor" é suficientemente abrangente para, em complemento das situações previstas nas restantes alíneas da norma em análise, assegurar um pleno e efetivo direito a um duplo grau de jurisdição.

3. Põe termo ao processo [cfr. al. a) do n.º 1] a decisão que põe fim ao mesmo, quer conheça do mérito ou fundo da causa, quer só o faça em relação a aspetos formais.

Neste sentido, põe termo ao processo o despacho que rejeita o requerimento para abertura da fase jurisdicional, por os factos nele descritos não serem qualificados pela lei penal como crime – cfr. art. 92.º-A/2, b). Quanto ao despacho de rejeição do requerimento que não contém os requisitos que constam do art. 90.º, previsto no art. 92.º-A/2, a), o mesmo porá termo ao processo se a omissão que conheceu respeita a elementos essenciais de ordem substancial e não meramente formal, impedindo, por um lado, que o juiz exerça a atividade da fase jurisdicional e, por outro, que o menor veja asseguradas as garantias processuais de defesa: será o caso analisado no Ac. TRP 19/12/2007 (JTRP00040890), disponível em www.dgsi.pt, consultado a 2 de março de 2018. Pelo contrário, no Ac. TRL 17/04/2007 (10902/2006-5), disponível em www.dgsi.pt, consultado a 2 de março de 2018, entendeu-se ser irrecorrível, por não pôr termo ao processo, o despacho que considerou manifestamente infundado e rejeitou o requerimento de abertura da fase jurisdicional que não continha a narração dos factos indicados na al. d) do art. 90.º.

Noutro plano, a decisão de arquivamento proferida no âmbito do art. 110.º (e, bem assim, a do art. 118.º) é, por natureza, uma decisão que põe termo ao processo, pelo que a não aplicação de medida tutelar educativa que aí se determine é passível de ser sindicada por via da presente al. a).

4. O princípio da taxatividade ínsito na norma do n.º 1 e a indicação feita na sua al. b) levam a concluir que é irrecorrível a decisão que não aplica medida cautelar, solução que quanto a nós é a mais consentânea com as exigências de necessidade e proporcionalidade a que está sujeita qualquer restrição dos direitos fundamentais do menor à liberdade e à autodeterminação pessoal, sendo que no caso em análise o interesse do Estado na intervenção tutelar educativa, também constitucionalmente legitimado, não fundamenta maior limitação àqueles direitos do menor. Em sentido contrário, cfr. SILVA, Júlio Barbosa e, *Lei Tutelar Educativa Comentada..., ob. cit.*, pp. 381 e 382.

5. No seguimento do apontado princípio da taxatividade e constatando o não preenchimento de qualquer das alíneas do n.º 1, entendeu-se no Ac. TRL 07/02/2012 (3610/10.4TAALM.L1-5), disponível em *www.dgsi.pt*, consultado a 2 de março de 2018, que "em processo tutelar educativo, não é admissível recurso do despacho proferido no decurso da audiência, considerando nula a prova traduzida em declarações para memória futura de uma testemunha prestadas em processo-crime, junta em momento anterior".

6. Em processo tutelar educativo o recurso é apenas de um único grau, para o tribunal da Relação (n.º 2). Por outro lado, à semelhança do que sucede no processo penal (art. 428.º CPP), a Relação tem poderes de cognição em matéria de facto e de direito.

7. Por força da remissão para as regras do CPP operada pelo art. 128.º/1, a decisão sobre a matéria de facto é suscetível de ser sindicada por duas vias: a) no contexto mais restrito dos vícios previstos no art. 410.º/2 CPP; b) mediante a impugnação ampla regulada no art. 412.º/3, 4 e 6 CPP.

Quanto à primeira via, os vícios decisórios elencados no art. 410.º/2 CPP devem resultar do texto da decisão recorrida, por si ou conjugada com as regras da experiência comum, não podendo, pois, estender-se a outros elementos, nomeadamente que resultem do processo, mas que não façam parte da decisão (cfr. SILVA, Germano Marques da, *Direito Processual Penal Português*, vol. 3, Lisboa, Universidade Católica Editora, 2015, p. 324, e SANTOS, Manuel Simas/LEAL-HENRIQUES, Manuel, *Recursos Penais*, 8.ª ed., Lisboa, Rei dos Livros, 2011, pp. 84-85). São eles: insuficiência para a decisão da matéria de facto provada – al. a); contradição insanável da fundamentação ou entre a fundamentação e a decisão

– al. b); erro notório na apreciação da prova – al. c). A sua verificação leva a que o tribunal de recurso determine o reenvio do processo para novo julgamento, nos termos do disposto no art. 426.º CPP, sempre que por força de tais vícios não for possível decidir a causa recursória.

8. A propósito do vício decisório descrito na al. a), no Ac. TRL 23/11/2005 (6035/2005-3), disponível em *www.dgsi.pt*, consultado a 2 de março de 2018, entendeu-se o seguinte: «Num sistema, como o nosso, em que as medidas tutelares "visam a educação do menor para o direito e a sua inserção, de forma digna e responsável, na vida em comunidade" (artigo 2.º, n.º 1, da LTE), sendo manifestamente insuficientes os factos narrados sobre a personalidade do menor, o seu percurso de vida, o agregado familiar em que se insere, os apoios de que beneficia e a evolução que tudo isto tem tido ao longo do tempo, há que determinar o reenvio do processo para novo julgamento relativamente a tais concretas questões (artigos 410.º, n.º 2, alínea a), 426.º e 426.º-A do Código de Processo Penal)».

9. Na impugnação ampla da matéria de facto a sindicância não se limita ao texto da decisão e estende-se à análise da prova produzida em audiência e documentada (audiência prévia e audiência – cfr. arts. 108.º/1 e 120.º), dentro dos limites resultantes do que foi fornecido pelo recorrente, em cumprimento do ónus de especificação estabelecido nos n.os 3 e 4 do art. 412.º CPP, o qual deve poder deduzir-se das conclusões do recurso (art. 417.º/3 CPP) Assim, o recorrente deve especificar: a) os concretos pontos de facto que considera incorretamente julgados; b) as concretas provas que impõem decisão diversa da recorrida; c) as provas que devem ser renovadas, neste caso apenas se se verificarem os vícios da sentença e houver razões para crer que a renovação permitirá evitar o reenvio do processo para novo julgamento (art. 430.º/1 CPP; quanto ao reenvio, cfr. art. 426.º CPP). Quando as provas tenham sido gravadas, as especificações previstas nas als. b) e c) fazem-se por referência ao consignado em ata, nos termos do art. 364.º/3 CPP, *ex vi* art. 128.º/1, devendo o recorrente indicar concretamente as passagens em que se funda a impugnação (art. 412.º/4 CPP).

Note-se que a reapreciação se restringe aos concretos pontos de facto que o recorrente entende incorretamente julgados e às concretas razões da discordância, sendo necessário que as provas especificadas imponham uma decisão diversa da recorrida e não apenas que permitem uma outra decisão [Ac. STJ 12/06/2008 (07P4375) e Ac. TRC 18/02/2009 (1019/05.0GCVIS.C1), disponíveis em www.dgsi.pt, consultados a 2 de março de 2018]. Na análise da prova produzida em audiência e gravada a Relação procede não só à audição ou visualização das passagens indicadas, como de outras que considere relevantes para a descoberta da verdade e a boa decisão da causa (art. 412.º/6 CPP).

10. Versando sobre esta via de sindicância recursória no processo tutelar educativo, no Ac. TRC 12-10-2011 (243/10.9T3ETR.C1), disponível em www.dgsi.pt, consultado a 2 de março de 2018, entendeu-se que "é exactamente porque o recurso em que se impugne (amplamente) a decisão sobre a matéria de facto não constituiu um novo julgamento do objecto do processo, mas antes um remédio jurídico que se destina a despistar e corrigir, cirurgicamente, erros *in judicando* ou *in procedendo*, que o recorrente deverá expressamente indicar, é que se impõe a este o ónus de proceder a uma tríplice especificação, já aqui aludida, prevista no artigo 412.º, n.º 3, do CPP. A dita especificação dos «concretos pontos de facto» traduz-se na indicação dos factos individualizados que constam da sentença recorrida e que se consideram incorrectamente julgados, só se satisfazendo tal especificação com a indicação do conteúdo especifico do meio de prova ou de obtenção de prova e com a explicitação da razão pela qual essas «provas» impõem decisão diversa da recorrida".

11. Para além do que ficou dito em 7, o recurso pode ter como fundamento quaisquer questões de que pudesse conhecer a decisão recorrida (art. 410.º/1 CPP), podendo ainda ter como motivo a inobservância de requisito cominado sob pena de nulidade que não deva considerar-se sanada (art. 410.º/3 CPP). Quanto a este último, veja-se o art. 111.º, que versa sobre as nulidades da decisão proferida em audiência prévia (aplicável também à decisão proferida na sequência de audiência, por força do disposto no art. 120.º).

12. O juiz do tribunal *a quo* fixa provisoriamente o efeito do recurso (n.º 3), de acordo com as finalidades e princípios inerentes à intervenção tutelar educativa, determinando neste contexto as providências adequadas (quanto às comunicações das decisões sujeitas a registo, cfr., o que dispõe o art. 214.º/3 para os recursos com efeito meramente devolutivo). Efeito este que se refere, quer ao âmbito mais amplo do processo (e, por conseguinte, também à decisão), quer ao contexto mais restrito da decisão recorrida (RODRIGUES, Anabela Miranda/DUARTE-FONSECA, António Carlos, *ob. cit.*, p. 233). Assim, o efeito suspensivo estende-se ao processo quando a validade ou a eficácia dos atos subsequentes estiver dependente do recurso. Nos restantes casos o recurso suspende apenas a decisão recorrida – art. 408.º/3 CPP, *ex vi* art. 128.º/1.

O efeito fixado pela 1.ª instância será mantido ou alterado pelo tribunal *ad quem*, nos termos estabelecidos no art. 125.º/1 (cfr. anotação 1 ao referido artigo).

13. Retira-se do princípio de que só são exequíveis as decisões transitadas em julgado, consagrado no art. 129.º e, no caso da medida de admoestação, no art. 140.º/1, *in fine*, que os recursos de decisões de aplicação das medidas tutelares educativas têm *efeito suspensivo.*

Neste contexto, pode ler-se no Relatório Final da Comissão para a Reforma da Execução de Penas e Medidas (Secção C, Propostas, 16.18) que "[t]êm efeito suspensivo do processo os recursos interpostos de decisões finais em que se aplique uma medida. Fora destes casos, cabe ao tribunal recorrido fixar o efeito dos recursos".

Exceção feita, claro está, ao recurso interposto de decisão que aplique medida de internamento, que passou a ter o *efeito devolutivo* atribuído pelo n.º 4 aditado ao art. 125.º (cfr. anotações 5 a 7 a esta norma).

HELENA BOLIEIRO

ARTIGO 122.º
Prazo de interposição

1 – O prazo para interposição do recurso é de cinco dias.

2 – Se o recurso for interposto por declaração na ata, a motivação pode ser apresentada no prazo de cinco dias contado da data da interposição.

Prazo de interposição do recurso

1. O art. 411.º CPP, relativo aos termos da interposição e notificação do recurso, aplica-se ao processo tutelar educativo por força do disposto no art. 128.º/1, salvo no que respeita ao prazo de cinco dias fixado no n.º 1, cuja duração reduzida visa assegurar celeridade à tramitação processual.

Como se lê no Ponto 25 da Exposição de Motivos da Proposta de Lei n.º 266/VII, que deu origem à LTE, "[e]m matéria de recursos, o diploma reflecte as características que dominam todo o processo, desde as que se referem à relevância do facto até às que interessam a noção de tempo processual".

2. Quanto ao prazo para a apresentação da resposta ao recurso, não pode deixar de ser também de cinco dias, uma vez que o prazo de trinta dias estabelecido no art. 413.º/1 CPP representaria um tratamento processual diferenciado que é claramente incompatível com o princípio da igualdade de armas que decorre da garantia do processo equitativo consagrada no art. 20.º/4 CRP (neste sentido, cfr. SILVA, Júlio Barbosa e, *Lei Tutelar Educativa Comentada..., ob. cit.*, p. 385. Sustentando também que o prazo de resposta deve coincidir com o de interposição de recurso, cfr. RAMIÃO, Tomé d' Almeida, *Lei Tutelar Educativa..., ob. cit.*, p. 165).

Por outro lado, face ao "tempo processual" que o legislador entendeu ser de acolher no sistema de recursos em sede tutelar educativa (objetivos de celeridade levaram-no a optar pelo critério dos cinco dias, que expressamente consagrou na norma em análise) e às exigências ditadas pelo princípio constitucional da igualdade de armas, revela-se também injustificado o entendimento segundo qual à apresentação da resposta se aplica o prazo supletivo de 10 dias consagrado no art. 127.º-A/1, ou seja, o dobro do limite estabelecido para a própria interposição do recurso.

3. No seguimento do acima exposto, também se revela inaceitável que o prazo para a reclamação contra o despacho que não admitir ou que retiver o recurso seja superior ao previsto para a interposição de recurso e apresentação de resposta (cfr. art. 405.º/2 CPP), devendo, assim, entender-se que aquele não poderá ultrapassar o limite de cinco dias consagrado na presente norma.

4. O mesmo sucede com o prazo para o menor e outros recorrentes e/ou recorridos responderem ao parecer formulado pelo Ministério Público na vista a que se refere o art. 416.º CPP (cfr. art. 417.º/2 CPP), devendo também aqui o limite máximo respeitar o critério dos cinco dias, nos termos atrás apontados.

HELENA BOLIEIRO

ARTIGO 123.º
Legitimidade

Têm legitimidade para recorrer:

a) O Ministério Público, mesmo no interesse do menor;

b) O menor, os pais, o representante legal ou quem tenha a sua guarda de facto;

c) Qualquer pessoa que tiver a defender direito afetado pela decisão, limitada à parte em que a decisão recorrida afete tal direito.

Legitimidade para recorrer

1. Resulta da al. a), em conjugação com o art. 40.º/1, b), que ao Ministério Público é atribuída legitimidade para recorrer não só em defesa da lei (cfr. arts. 219.º/1 CRP e 1.º Estatuto do Ministério Público), como no interesse do menor. Neste contexto, interesse do menor reflete o dever que ao Estado incumbe de garantir o gozo e o exercício dos direitos fundamentais à liberdade e à autodeterminação pessoal de que aquele é titular e reconduz-se, na prática, às decisões que o afetem desfavoravelmente [cfr. art. 45.º/2, i)].

2. Os pais, o representante legal ou quem tenha a guarda de facto têm legitimidade para, em nome do menor, recorrer das decisões que lhe forem desfavoráveis. É o que resulta da conjugação da al. b) com o disposto no art. 45.º/4, com referência ao n.º 2, i), do mesmo normativo. Em sentido contrário, sustentando que aqueles têm legitimidade para recorrer, mas em nome próprio e não do menor, uma vez que de acordo com o art. 45.º/4 o direito de recorrer conferido ao menor apenas por ele pode ser exercido, cfr. Ramião, Tomé d'Almeida, Lei Tutelar Educativa..., *ob. cit.*, p. 166. Sucede, porém, que conforme esclarecem Rodrigues, Anabela Miranda/Duarte-Fonseca, António Carlos, *ob. cit.*, p. 142, a remissão feita no art. 45.º/4 para as als. f) e h) do n.º 2, sem incluir, pois, a al. i) em foco na presente anotação, constitui um manifesto lapso que historicamente advém da circunstância de no processo legislativo ter sido acrescentada uma alínea ao elenco de direitos que figurava na proposta governamental, sem que se efetuasse a correspondente alteração na remissão feita naquele n.º 4. É, aliás, absurda a referência à al. f), na redação em vigor, o que só vem reforçar a existência do apontado lapso que continua por corrigir.

3. A guarda de facto consiste na relação que se estabelece entre o menor e a pessoa que com ele vem assumindo, continuadamente, as funções essenciais próprias de quem tem responsabilidades parentais – cfr. art. 5.º, b), LPCJP. Vale aqui também o entendimento formulado no Ac. TC 141/2004 (10-03-2004) para o processo de promoção e proteção, no sentido de que não se encontra na situação de "guarda de facto" para efeitos da legitimidade para recorrer, a instituição de acolhimento a quem o menor foi confiado na sequência de medida aplicada pelo tribunal, uma vez que "está em causa uma pessoa colectiva que apenas é chamada a intervir em colaboração com o tribunal, por incumbência deste, em termos precários e provisórios, para acolher crianças e prover ao seu sustento, educação e conforto, mas sem que lhe sejam concedidos poderes de representação e sempre sob o poder decisório do tribunal com que colaboram". Sobre esta questão no âmbito do processo de promoção e proteção, cfr. Guerra, Paulo, *Lei de Proteção de Crianças e Jovens em Perigo Anotada*, Coimbra, Almedina, 2016, pp. 196-197.

4. Os menores ou respetivos representantes legais estão isentos de custas nos recursos de decisões relativas à aplicação, alteração ou cessação de medidas tutelares – cfr. art. 4.º/1, i), RCP.

5. A al. c), com a redação originária "c) Qualquer pessoa que tiver a defender direito afetado pela decisão", foi objeto de alteração pela Lei n.º 4/2015, de 15 de janeiro, estando agora a legitimidade do recorrente limitada à parte em que a decisão recorrida afete o seu direito.

6. Para além da legitimidade para recorrer, exige-se também ao recorrente o interesse em agir – cfr. art. 401.º/2 CPP, *ex vi* art. 128.º/1.

A este respeito, conforme se assinala no Ac. STJ 18-10-2000 (2116/ /00-3), in *Sumários de Acórdãos do STJ*, 2000, p. 168, «A "legitimidade" consubstancia-se na posição de um sujeito processual face a determinada decisão proferida no processo, justificativa da possibilidade de a impugnar através de um dos recursos tipificados na lei. Ou seja: diz-se parte legítima aquela que pode, segundo o Código, recorrer de uma determinada decisão judicial. Trata-se, portanto, aqui, de uma posição subjetiva perante o processo, que é avaliada "a priori". (...) Outra coisa diferente é o "interesse em agir", que consiste na necessidade de apelo aos tribunais para acautelamento de um direito ameaçado que precisa de tutela e só por essa via se logra obtê-la. Portanto, o interesse em agir radica na utilidade e imprescindibilidade do recurso aos meios judiciários para assegurar um direito em perigo. Trata-se, portanto, de uma posição objetiva perante o processo, que é ajuizada "a posteriori"».

7. Ao ofendido não é conferida legitimidade para, em geral, recorrer, apenas dela dispondo no termos da al. c), ou seja, quando tiver a defender direito afetado pela decisão, limitada à parte em que a decisão recorrida afete tal direito.

Para além disso, tem de ter interesse em agir, conforme exigido pelo art. 401.º/2 CPP, no sentido exposto em 6.

Assim, na senda do entendimento proposto pela Comissão para a Reforma da Execução de Penas e Medidas, «[n]ão pode recorrer quem não tiver interesse em agir. Considera-se que o ofendido não tem interesse em agir quando o recurso tiver por objeto a existência ou inexistência dos pressupostos de aplicação de uma medida tutelar» (cfr. Relatório Final, Secção C, Propostas, 16.3) – entendimento unânime e pacífico, como se pode ler em Rodrigues, Anabela Miranda/Duarte-Fonseca, António Carlos, *ob. cit.*, p. 235, Ramião, Tomé d' Almeida, Lei Tutelar Educativa..., *ob. cit.*, p. 166, e Silva, Júlio Barbosa e, Lei Tutelar Educativa Comentada..., *ob. cit.*, p. 386.

Helena Bolieiro

ARTIGO 124.º
Âmbito do recurso

1 – O recurso abrange toda a decisão.

2 – O recurso interposto em matéria de facto aproveita a todos os menores que tenham sido julgados no mesmo processo.

Âmbito do recurso

1. Norma pensada para a decisão com o sentido que lhe é dado pelos arts. 110.º, 118.º e 119.º, sendo nela que se fixam os factos provados e não provados, se aprecia se os primeiros são qualificáveis pela lei como crime e se avalia, também à luz da factualidade assente, a necessidade de educação do menor para o direito, dando-se, pois, corpo à "unidade" que liga os dois pressupostos da aplicação de uma medida tutelar educativa, apontada como razão que justifica os amplos poderes de cognição reconhecidos ao tribunal de recurso (Rodrigues, Anabela Miranda/ /Duarte-Fonseca, António Carlos, *ob. cit.*, p. 235).

Contudo, como nada vem excecionado na lei, o princípio do conhecimento amplo aplica-se também à reapreciação das demais decisões objeto de recurso, nos termos previstos no art. 121.º/1.

2. A delimitação introduzida na al. c) do art. 123.º funciona como critério de aferição da legitimidade de quem recorre e define o âmbito das questões que lhe é permitido suscitar no recurso, restringindo-o à parte da decisão recorrida que afetou o seu direito. Tal não significa, porém, que, em derrogação ao princípio assinalado em 1, se admita agora a cindibilidade da decisão e limitação do recurso a apenas uma parte daquela. Aliás, se atentarmos ao texto aditado, verificamos que este refere *decisão recorrida* (ou seja, um todo unitário) e não apenas *parte recorrida* e *parte não recorrida da decisão* (cfr. o conceito de limitação do recurso definido no art. 403.º/1 CPP).

3. O n.º 2 estende o âmbito subjetivo do recurso que verse sobre a matéria de facto a todos os menores que nos termos do art. 35.º/1 tenham sido julgados no processo, pelo que ainda que o recurso tenha sido interposto por um só menor, a modificação da decisão factual que eventualmente daí resulte (cfr. art. 431.º CPP, *ex vi* art. 128.º/1) e as correspondentes consequências jurídicas aproveitam também aos não recorrentes.

4. Atendendo a que não existe norma expressa que a admita, por força da remissão prevista no art. 128.º/1 aplica-se ao processo tutelar educativo a proibição de *reformatio in pejus*, consagrada no art. 409.º/1 CPP (assim, cfr. Ramião, Tomé d' Almeida, Lei Tutelar Educativa..., *ob. cit.*, p. 165. Também sustentando a aplicação do princípio, por falta de disposição em contrário na LTE, cfr. Silva, Júlio Barbosa e, Lei Tutelar Educativa Comentada..., *ob. cit.*, p. 383). Garante-se, assim, que o exercício do direito a recorrer das decisões que lhe forem desfavoráveis [art. 45.º/1, i)] não pode agravar a posição do menor, em termos de maior restrição dos seus direitos fundamentais, mormente do direito à liberdade e à autodeterminação pessoal.

Helena Bolieiro

ARTIGO 125.º
Efeito do recurso

1 – No exame preliminar o relator verifica se deve manter o efeito atribuído ao recurso e confirma-o ou altera-o, determinando, neste caso, as providências adequadas.

2 - O recurso interposto de decisão que aplique ou mantenha medida cautelar é decidido no prazo máximo de 15 dias, a contar da data de receção dos autos no tribunal superior.

3 - O recurso interposto de decisão que aplique ou mantenha medida tutelar de internamento é decidido no prazo máximo de 60 dias, a contar da data de receção dos autos no tribunal superior.

4 - Ao recurso interposto de decisão que aplique medida tutelar de internamento é atribuído efeito devolutivo, aguardando o menor em Centro Educativo até ao trânsito em julgado da decisão.

Efeito do recurso

1. O efeito do recurso é fixado provisoriamente pelo juiz do tribunal recorrido (art. 121.º/3). No exame preliminar o relator verifica se deve manter aquele efeito, confirmando-o ou alterando-o (n.º 1). A modificação do efeito pelo tribunal de recurso pode tornar necessária a tomada de providências como, nomeadamente, as que se prendem com a imediata execução de medida cautelar aplicada por decisão de que houve recurso admitido na 1.ª instância com efeito suspensivo e que a Relação alterou para devolutivo, o que passará pela pertinente comunicação ao tribunal recorrido e remessa de todos os elementos necessários a que o mesmo dê início a tal execução [cfr. art. 51.º/1, b), *in fine*; tratando-se de medida de guarda em centro educativo, cfr., ainda art. 153.º/3]. Podendo ainda consistir na comunicação ao registo de decisão que tenha revisto ou declarado cessada ou extinta a medida tutelar educativa, nos casos em que o relator modificou para devolutivo o efeito do recurso que dela foi interposto (cfr. art. 214.º/3).

2. O n.º 2 foi objeto de alteração pela Lei n.º 4/2015, de 15 de janeiro, que aditou à norma o segmento final *a contar da data de receção dos autos no tribunal superior*, clarificando-se, assim, qual o *dies a quo* do prazo de 15 dias para o recurso ser decidido.

O cômputo de acordo com o critério *supra* referido levanta sérias dificuldades à observância daquele limite máximo de 15 dias, face à circunstância de a marcha do processo no tribunal superior incluir a possibilidade de o Ministério Público emitir parecer na vista a que se refere o art. 416.º CPP e de o menor e demais pessoas afetadas pela interposição do recurso responderem, nos termos previstos no art. 417.º/2 CPP. Será caso de se dizer que o apertado limite temporal fixado na lei sugere fortemente que o Ministério Público apenas aponha o seu visto e que a tramitação subsequente traçada nos arts. 417.º/9 (elaboração do projeto de acórdão pelo relator), 418.º (vistos) e 419.º/1 e 2 (conferência), todos do CPP, prossiga com a maior celeridade permitida pela natureza e características de tais atos processuais.

3. Nos termos do art. 44.º/1, correm durante as férias judiciais os processos relativos a menor sujeito a medida cautelar de guarda em instituição pública ou privada ou em centro educativo.

4. O n.º 3 foi aditado pela Lei n.º 4/2015, de 15 de janeiro, e com ele definiu-se o prazo máximo de 60 dias para a tramitação do recurso interposto de decisão que aplique medida de internamento, prazo esse que se conta a partir da data de receção dos autos no tribunal da Relação e dentro do qual deve o recurso ser julgado (em conferência ou em audiência, consoante as situações indicadas no art. 126.º).

5. Também aditado pelo diploma de 2015, o n.º 4 estabelece a regra do efeito devolutivo do recurso interposto de decisão que aplique medida de internamento.

Aponta-se como vantagem da solução acolhida, sob o ponto de vista da eficácia da intervenção educativa, a circunstância de possibilitar a imediata execução da medida e assim promover em tempo útil a reeducação do menor para o direito – cfr. Pareceres do Conselho Superior da Magistratura (elaborado pelo Juiz Desembargador Paulo Guerra) e da Procuradoria-Geral da República sobre o Projeto de Lei n.º 537/XII, disponíveis em https://www.parlamento.pt/ActividadeParlamentar//Paginas/DetalheIniciativa.aspx?BID=38312 (consultado a 12 de janeiro de 2018). Embora em sentido crítico, cfr. ainda SAN-BENTO, Marta, "A Lei Tutelar Educativa – que futuro?", *ob.* e *loc. cit.* (consultado a 12 de janeiro de 2018).

No entanto, uma vez que o resultado que advém do efeito devolutivo interfere com a liberdade do menor, é legítimo questionar se esta nova solução, enquanto regra aplicável a todo e qualquer caso, com dispensa de ponderação concreta à luz das exigências de proporcionalidade e a impor mesmo a quem não se encontre sujeito a medida cautelar de guarda em centro educativo, é conforme ao direito ao recurso e à garantia constitucional de uma tutela jurisdicional efetiva (art. 20.º/5 CRP), no sentido de que pela via recursória o menor possa não só ver reapreciados os fundamentos da decisão que aplicou a medida de internamento, como evitar os seus efeitos, o que não logrará conseguir se o eventual desfecho revogatório que venha a ser determinado pelo tribunal superior se revelar inútil por, entretanto, se ter verificado o cumprimento, ainda que parcial, da medida.

A este respeito veja-se a decisão tomada no Ac. TC 48/2013 (22-01-2013) ainda na vigência lei anterior, num recurso de constitucionalidade relativo a decisão proferida pela 1.ª instância e confirmada pela Relação, que aplicou ao menor recorrente a medida de internamento em centro educativo, em que se concluiu no sentido de fixar oficiosamente e a título excecional efeito meramente devolutivo, nos termos previstos no art. 78.º/5 LTC, quando pela aplicação das regras estatuídas nos n.os 1 a 4 do mesmo normativo cabia efeito suspensivo, o que no caso levaria a que aquele fosse posto em liberdade, por a medida cautelar de guarda em centro educativo a que fora sujeito ter atingido já o limite máximo de prorrogação. Para tanto entendeu o Tribunal Constitucional o seguinte: «*In casu* justifica-se a adoção de tal solução excecional, em virtude das razões que justificaram a prorrogação da duração da medida tutelar cautelar de guarda em centro educativo constantes do despacho de fls.184 do 1.º volume, nomeadamente, "a gravidade dos factos cometidos, realidade em que o mesmo [o menor ora recorrente] se encontra envolvido e a sua própria personalidade", tal como oportunamente avaliadas, razões essas agora reforçadas pela confirmação pelo Tribunal da Relação do Porto da aplicação pelo Tribunal Coletivo de Família e Menores de Vila Nova de Gaia da medida tutelar de internamento, em regime semiaberto, em centro educativo pelo período de um ano. Conforme resulta do despacho de fls.253 do 2.º volume, o ora recorrente "já se encontrará a cumprir" a mencionada medida tutelar, verificando-se existirem razões válidas para não alterar tal situação. Ora, tal só é possível, desde que o efeito confirmativo da medida tutelar aplicada decorrente da decisão adotada pelo acórdão ora recorrido não seja suspenso».

6. Naturalmente que o menor aguardará em centro educativo *até ao trânsito em julgado da decisão* apenas nos casos em que a Relação vem *confirmar* a aplicação da medida institucional. Já quando o desfecho do recurso for de *revogação*, deixa de haver medida para cumprir e tal deve produzir efeitos imediatos (para além de extinguir a medida cautelar – cfr. art. 64.º/2).

7. O legislador, em 2015, entendeu que, estando em causa a liberdade do menor, se impunha alargar a natureza urgente do processo, em fase de recurso, à medida tutelar de internamento (cfr. Exposição de Motivos do Projeto de Lei n.º 520/XII). Assim, passou a consagrar no art. 44.º/3 que o processo assume natureza urgente e corre durante férias, sempre que for aplicada medida de internamento e houver recurso.

HELENA BOLIEIRO

ARTIGO 126.º
Conferência

O recurso é julgado em conferência, salvo quando tenha sido requerida renovação da prova.

Julgamento do recurso; conferência

1. A redação da norma, que até à data não sofreu qualquer alteração, parece querer afastar do sistema de recursos em processo tutelar educativo a possibilidade de julgamento por decisão sumária do relator, nos casos em que no processo penal tal passou a ser permitido pela reforma operada pela Lei n.º 48/2007, de 29 de agosto (cfr. art. 417.º/6 CPP). Ressalvando-se, claro está, tudo o que respeita ao exercício dos poderes expressamente atribuídos ao relator em matéria de apreciação do efeito atribuído ao recurso pela 1.ª instância (cfr. art. 125.º/1).

2. Assim, da conjugação desta norma com o regime subsidiário consagrado no CPP (art. 128.º/1) e sem prejuízo do que dispõe o art. 125.º/1, o tribunal de recurso funcionará nos seguintes moldes:

- Por regra, o recurso é julgado em *conferência*, aplicando-se as normas dos arts. 416.º (vista ao Ministério Público), 417.º/9 (elaboração do projeto de acórdão pelo relator), 418.º (vistos) e 419.º/1 e 2 (conferência) e 420.º (rejeição do recurso), todos do CPP, por força do disposto no art. 128.º/1.
- Só assim não será quando tiver sido requerida renovação da prova no contexto da impugnação da decisão proferida sobre matéria de facto [art. 412.º/3, c) CPP], se verificam os vícios indicados no n.º 2 do art. 412.º CPP e houver razões para crer que a renovação permitirá evitar o reenvio do processo, nos termos do art. 426.º/1

CPP (art. 430.º/1 CPP). Neste caso, o art. 128.º/1 convoca a aplicação subsidiária dos arts. 421.º (prosseguimento do processo), 422.º (adiamento da audiência), 423.º (audiência), 424.º (deliberação), 425.º (acórdão), 429.º (composição do tribunal), 430.º (renovação da prova) e 431.º (modificabilidade da decisão recorrida), todos do CPP.

Helena Bolieiro

ARTIGO 127.º
Recursos extraordinários

São admitidos recursos extraordinários:

a) Para fixação de jurisprudência;

b) De revisão.

Recursos extraordinários; admissibilidade

1. O Título II do Livro IX do CPP (arts. 437.º a 466.º) ocupa-se dos recursos extraordinários para fixação de jurisprudência e de revisão, sendo a respetiva disciplina aqui aplicável subsidiariamente, por força do disposto no art. 128.º/1.

2. No âmbito do recurso previsto na al. a), foi proferido o Ac. STJ 3/2009, de 8 de outubro de 2008 (Diário da República, n.º 33/2009, Série I, 17-02-2009), que fixou a seguinte jurisprudência: "Não há lugar, em processo tutelar educativo, ao desconto do tempo de permanência do menor em centro educativo, quando, sujeito a tal medida cautelar, vem, posteriormente, a ser-lhe aplicada a medida tutelar de internamento".

Helena Bolieiro

CAPÍTULO VI
Tempos dos atos

ARTIGO 127.º-A
Prazo e seu excesso

1 – Salvo disposição legal em contrário, é de 10 dias o prazo para a prática de qualquer ato processual.

2 – Os despachos ou promoções de mero expediente, bem como os considerados urgentes, devem ser proferidos no prazo máximo de dois dias.

3 – Decorridos três meses sobre o termo do prazo fixado para a prática de ato próprio do juiz sem que o mesmo tenha sido praticado, deve o juiz consignar a concreta razão da inobservância do prazo.

4 – A secretaria remete, mensalmente, ao presidente do tribunal informação discriminada dos casos em que se mostrem decorridos três meses sobre o termo do prazo fixado para a prática de ato próprio do juiz, ainda que o ato tenha sido entretanto praticado, incumbindo ao presidente do tribunal, no prazo de 10 dias contado da data de receção, remeter o expediente à entidade com competência disciplinar.

Prazo para a prática de atos processuais

1. O art. 127 – A foi aditado pela Lei n.º 4/2015, de 15 de janeiro.

2. O artigo em anotação vem fixar prazos para a prática de atos processuais, estipulando uma regra geral (o prazo para a prática de qualquer ato processual é de 10 dias) e uma regra especial (o prazo para serem proferidos os despachos ou promoções de mero expediente, bem como os considerados urgentes, é de dois dias no máximo (n.os 1 e 2).

3. No articulado dos n.os 3 e 4 introduz-se o processualismo referente ao controlo da prática de atos do juiz (afigurando-se mister indagar se as obrigações de cumprimento presentes no normativo não deveriam igualmente aplicar-se ao magistrado do MP – assim, ver a indagação de Amorim, Rui, "Fundamentos e alcance da recente revisão da Lei Tutelar Educativa", *Revista do Centro de Estudos Judiciários*, 2015-II, p. 178).

4. Norma semelhante existe no art. 105.º CPP, com as alterações oriundas da Lei n.º 27/2015, de 14 de abril. Refira-se, contudo, que esta norma do processo penal aplica-se quer à inobservância dos prazos processuais por parte do juiz, quer por parte do MP, estipulando-se (art. 105.º/3 e 4): "3 – Decorridos três meses sobre o termo do prazo fixado para a prática de ato próprio do juiz ou do Ministério Público sem que o mesmo tenha sido praticado, devem o juiz ou o magistrado do Ministério Público consignar a concreta razão da inobservância do prazo. 4 – A secretaria remete, mensalmente, ao presidente do tribunal de comarca e ao magistrado do Ministério Público coordenador de comarca informação discriminada dos casos em que se mostrem decorridos três meses sobre o termo do prazo fixado para a prática de ato próprio do juiz ou do Ministério Público, respetivamente, acompanhada da exposição das razões que determinaram os atrasos, ainda que o ato tenha sido entretanto praticado, incumbindo ao presidente do tribunal de comarca e ao magistrado do Ministério Público coordenador de comarca, no prazo de 10 dias contado da data de receção, remeter o expediente à entidade com competência disciplinar".

Margarida Santos

CAPÍTULO VII
Direito subsidiário

ARTIGO 128.º
Direito subsidiário e casos omissos

1 – Aplica-se subsidiariamente às disposições deste título o Código de Processo Penal.

2 – Nos casos omissos observam-se as normas do processo civil que se harmonizem com o processo tutelar.

Direito subsidiário

1. O art. 128.º não sofreu alterações com a Lei n.º 4/2015, de 15 de janeiro, mantendo-se a redação originária (Lei n.º 166/99, de 14 de setembro).

2. Em termos de direito subsidiário, determina o art. 128.º/1 a aplicação subsidiária do CPP às disposições do Título IV (relativo ao processo tutelar).

3. No art. 128.º/2 estabelece-se que, nos casos omissos, observam-se as normas do processo civil que se harmonizem com o processo tutelar. Importa sublinhar que situações existirão em que a interpretação sistemática, assente na LTE, dá resposta, por si, à questão presente, afastando a ideia de lacuna.

4. Como resulta do texto do art. 128.º/1, a norma nada refere quanto à aplicação subsidiária do CP. Não obstante, parece ser de entender que há uma remissão para este ordenamento jurídico no art. 1.º "[a] prática (...) de facto qualificado pela lei como crime". Ou seja, é, desde logo, à luz do ordenamento jurídico-penal (Parte Especial do Código Penal ou legislação extravagante) que se deve investigar se os factos imputados ao menor preenchem uma conduta típica, de acordo com o princípio da legalidade.

5. Cumpre, ainda, indagar da aplicação subsidiária da Parte Geral do Código Penal, nas situações em que não existem regras específicas. Ou seja, não obstante a intervenção tutelar educativa ser enformada por especificidades que implicam uma autonomia relativamente ao ordenamento jurídico-penal, afigura-se mister, nas situações em que inexiste regra específica, o recurso a alguns elementos desde ordenamento para aferir da efetiva imputação dos factos ao menor. O que significa que a parte geral do CP constituirá um elemento de suporte essencial à existência da intervenção em sede tutelar educativa, desde que não colida com os objetivos e princípios específicos da justiça juvenil, colocando em causa os seus traços essenciais. Como observa Amorim, Rui, "Fundamentos e alcance...", *loc. cit.*, p. 185: "[é] certo que existem situações em que as especificidades da intervenção tutelar educativa demandam um tratamento autónomo face ao Direito Penal e a própria LTE se encarrega de estabelecer regras próprias que garantem essa resposta diferenciada (...). Todavia, entendemos que já serão subsidiariamente aplicáveis à LTE as chamadas «normas processuais materiais», ou seja, os preceitos substantivos relativos à procedibilidade da ação penal, designadamente o Título II, que contém as disposições relativas aos pressupostos da punição, às formas do crime e às causas que excluem a ilicitude e a culpa".

7. Decidiu o Ac. TRE 20/03/2012 (315/11.2TAPTM.E1), disponível em *www.dgsi.pt*, consultado a 1 de fevereiro de 2018: "I. As normas do Código de Processo Penal apenas se aplicam na sede tutelar a título subsidiário (cfr., art. 128.º, n.º 1 da LTE), ou seja, desde que inexista regulação específica da situação na própria LTE; II – Tal lacuna, como se infere da mera leitura da LTE, não ocorre no que respeita aos requisitos da decisão tutelar; III – Com efeito, existem normas específicas que regulam os requisitos específicos das decisões em matéria tutelar, bem como a cominação para a inobservância dos mesmos, maxime, a nulidade da decisão (...)".

Margarida Santos

TÍTULO V
Da execução das medidas

CAPÍTULO I
Princípios gerais

ARTIGO 129.º
Exequibilidade das decisões

A execução de medida só pode ter lugar por força de decisão reduzida a escrito e transitada em julgado que determine a medida aplicada.

Exequibilidade das decisões

1. Esta norma não foi alterada pela Lei n.º 4/2015, de 7 de janeiro.

2. Este normativo exige para a entrada na fase da execução da medida [art. 92.º/2, d)] a prévia existência de um título executivo de natureza judiciária, ou seja, o trânsito em julgado de uma decisão que aplique medidas tutelares educativas (cfr., art. 122.º quanto ao trânsito das decisões).

3. Nos termos do art. 38.º, o tribunal que aplica a medida tem o ónus de acompanhar a sua execução (aqui se incluindo as legais revisões).

4. Cfr., art. 39.º, quanto a execução de medidas (corre a execução nos próprios autos perante o magistrado judicial do juízo de família e menores ou constituído como tal, nos casos de não especialização – art. 29.º).

5. Nos termos do art. 5.º, a execução das medidas tutelares educativas pode prolongar-se até o jovem completar 21 anos, momento em que cessa obrigatoriamente.

6. Uma decisão ditada para a ata está reduzida a escrito.

7. Recordemos aqui, em sede de execução das medidas tutelares educativas aplicadas pelos tribunais, quais as fontes internacionais dos novos ventos da LTE:

- Recomendação R (87) 20 do Comité de Ministros do Conselho da Europa – reações sociais à delinquência juvenil;
- Recomendação R (88) 6 do Comité de Ministros do Conselho da Europa – reações sociais ao comportamento delinquente dos jovens de famílias imigrantes;
- As regras de Beijing (Pequim) – Regras Mínimas das Nações Unidas para a administração da Justiça de Menores de 1985;
- CDC – a saber o art. 40.º que prevê regras que asseguram garantias mínimas de natureza processual: presunção de inocência; notificação da acusação; direito ao silêncio; patrocínio judiciário; presença dos pais;
- Princípios Orientadores de Riade – Princípios orientadores das Nações Unidas para a prevenção da delinquência juvenil de 1990;
- Regras de Havana – Regras Mínimas das Nações Unidas para a proteção dos menores privados de liberdade de 1990;
- Regras de Tóquio – Regras Mínimas das Nações Unidas para a elaboração de medidas não privativas de liberdade de 1990;

8. Os pressupostos do novo modelo de justiça juvenil passam pelo seguinte:

- Privilegiar a maior autonomia hoje reconhecida aos jovens (direito de ser, não apenas protegido, mas também sujeito do seu próprio destino);
- Maior responsabilização nas suas relações, perante os outros e a sociedade;
- Salvaguarda dos direitos do jovem (confere legitimidade à intervenção);
- Satisfação das expectativas comunitárias em relação aos jovens infratores (confere eficácia à intervenção);
- A função "segurança da sociedade" esbate-se perante a função "educação do jovem", esta primordial e prioritária nesta atuação judiciária.

9. Como tal, defende-se neste modelo:

- Prevalência das medidas de conteúdo reparador, do ofendido ou da comunidade, e das medidas de conteúdo probatório e educativo, cumpridas na comunidade;
- Medidas detentivas apenas para os casos mais graves;
- Adesão do jovem ao cumprimento da medida e intervenção individualizada;
- Envolvimento dos pais;
- Celeridade do processo judicial;
- Importância dos conteúdos pedagógicos na aplicação de qualquer medida;
- Importância da mediação;
- Articulação entre a intervenção tutelar educativa e a de promoção e proteção das crianças em perigo (que também podem prevaricar) – ponte entre as duas Leis (a LTE e a LPCJP, aprovada pela Lei n.º 147/99, revista em 2003, em 2015 e em 2017), defendendo-se a desejável comunicabilidade entre a intervenção tutelar educativa e a de promoção e protecção, na consideração de que um jovem que transgride pode estar também em perigo, podendo continuar em perigo após a saída de um centro educativo (razão pela qual defendo que um jovem, aí internado e com prévio processo protetivo, não deverá ver este arquivado, mas suspenso, durante o período do internamento em sede de LTE).

Paulo Guerra

ARTIGO 130.º
Entidades encarregadas de acompanhar e assegurar a execução das medidas tutelares

1 – Na decisão o tribunal fixa a entidade encarregada de acompanhar e assegurar a execução da medida aplicada.

2 – Excetuados os casos em que a entidade encarregada de acompanhar e assegurar a execução da medida está determinada na lei, o tribunal pode encarregar da sua execução serviço público, instituição de solidariedade social, organização não-governamental, associação, clube desportivo e qualquer outra entidade, pública ou privada, ou pessoa, a título individual, considerados idóneos.

Entidades encarregadas de acompanhar e assegurar a execução das medidas

1. Esta norma não foi alterada pela Lei n.º 4/2015, de 7 de janeiro.

2. Cfr., art. 110.º/3, c) – o tribunal, na sentença, designa as entidades, públicas ou privadas, a quem é deferida a execução da medida tutelar e o seu acompanhamento.

3. Há casos em que é a lei que determina quem é a entidade competente para fazer tal acompanhamento executivo – arts 16.º/4 e 142.º (acompanhamento educativo) e 142.º, 144.º, 149.º e 150.º (medida de internamento): nestes casos, é sempre a DGRSP a entidade pública competente.

4. As medidas tutelares educativas, elencadas no art. 4.º, são taxativamente as seguintes:

a) Medidas não institucionais

- Admoestação (arts. 9.º e 140.º);
- Privação do direito de conduzir ciclomotores ou de obter permissão para conduzir ciclomotores (arts. 10.º e 19.º/2);
- Reparação ao ofendido (arts. 11.º e 141.º/1) – a executar eventualmente pela DGRSP nos casos do art. 11.º/1, b) e c);
- Realização de prestações económicas ou de tarefas a favor da comunidade (máximo 60 horas/3 meses) – arts. 12.º, 20.º e 141.º/2 – a executar eventualmente pela DGRSP;
- Imposição de regras de conduta (art. 13.º)
- Imposição de obrigações (arts. 14.º e 21.º)
- Frequência de programas formativos (ocupação tempos livres; educação sexual; educação rodoviária; orientação psicopedagógica; despiste e orientação profissional; aquisição de competências pessoais e sociais; programas desportivos) – arts. 15.º e 21.º;
- Acompanhamento educativo (projeto educativo pessoal – 3 meses a 2 anos) – arts. 16.º/3 e 4 e 142.º – acompanhamento obrigatório pela DGRSP.

b) Medidas institucionais

– Internamento em Centro Educativo (arts. 17.º, 18.º e 143.º a 209.º) – acompanhamento obrigatório pela DGRSP

- em regime aberto
- em regime semiaberto
- em regime fechado

5. Estatui o art. 22.º que o tribunal associa à execução de todas as medidas tutelares, sempre que for possível e adequado aos fins educativos visados, os pais ou outras pessoas de referência para o jovem, familiares ou não, delimitando a colaboração dessas pessoas relativamente a serviços e entidades encarregados de acompanhar e assegurar a execução das medidas, em ordem a garantir a conjugação de esforços. Note-se que na ausência de qualquer pessoa de referência e colaborante, o tribunal associa uma entidade de proteção social à execução das medidas tutelares educativas.

6. No fundo, o que se pretende é encorajar os pais ou cuidadores a tomar consciência das suas responsabilidades, devendo estar presentes nas audiências e ser, se necessário, submetidos a acompanhamento psicossocial, podendo ainda receber formação sobre o exercício das responsabilidades parentais.

7. No acompanhamento educativo, particularmente (a medida não institucional mais gravosa para o jovem), este e os seus pais, representante legal ou pessoa que tiver a sua guarda de facto devem ser motivados para a participação na elaboração do projeto educativo pessoal do primeiro (art. 142.º/3).

8. Durante a execução de uma medida não institucional, são várias as entidades com as quais a DGRSP tem de se articular, desde logo a família, mas também a escola, a entidade beneficiária de trabalho, a Segurança Social, a entidade formadora, os serviços médicos, os tribunais, etc, surgindo, por vezes, alguns problemas. Há um consenso generalizado quanto à necessidade, em geral, de melhorar os canais de articulação.

9. No que se refere à família, considera-se que é difícil motivar a família e fazê-la entender a necessidade de participar na execução da medida, sobretudo no que se refere às medidas não institucionais. Há quem defenda, mesmo, que deveria existir uma forma de corresponsabilização dos pais, monetária ou legal.

10. A articulação entre a DGRSP e o tribunal começa, desde logo, com o pedido de relatório social, no qual a primeira propõe uma medida tutelar educativa para o jovem e mantém-se durante a execução da medida – também no âmbito da prevenção da delinquência, é necessária uma maior articulação, não só com a segurança social, mas também com outras instituições, designadamente com a escola.

11. No que se refere aos serviços médicos, esta articulação é importante não só durante a execução da medida, como após o seu *terminus*. No entanto, muitas vezes essa articulação tem de ser feita através de contactos informais, dada a inexistência de protocolos, e nem sempre esses serviços estão disponíveis na zona de residência do jovem.

12. A necessidade de acompanhar o jovem após o cumprimento da medida tutelar faz-se sentir, também, ao nível da proteção, uma vez cessada a execução da medida tutelar. Deste modo, os operadores reforçaram a necessidade de uma maior articulação entre as equipas da DGRSP, as Comissões de Proteção de Crianças e Jovens em Perigo e a Segurança Social.

13. Resulta evidente a necessidade de se efetivar um Plano Integrado de Intervenção na área da Infância e Juventude, prevenindo a entrada precoce de jovens no campo da justiça juvenil e permitindo uma intervenção integrada que responda às necessidades de prevenção da recidiva, do tratamento dos comportamentos violentos e das questões de saúde mental associadas, bem como no desenvolvimento de ações dirigidas à aplicação de medidas de execução na comunidade como forma de melhor integrar e responsabilizar os jovens que cometem factos qualificados na lei penal como crimes.

14. Especial intervenção tem nesta sede, como se viu, a DGRSP – a Direção-Geral dos Serviços Prisionais (DGSP) foi extinta, tendo sido criada a **Direção-Geral de Reinserção e Serviços Prisionais (DGRSP)**, pelo Dec.-Lei n.º 215/2012, de 28 de setembro, alterado pela Declaração de Retificação n.º 63/2012, de 6 de novembro.

15. A estrutura nuclear da **DGRSP** e as competências das respetivas unidades orgânicas estão definidas na Portaria n.º 118/2013, de 25 de março.

16. Onde é que a LTE requer a útil e criativa intervenção dos serviços desta Direção-Geral?

- Elaboração do plano de conduta do jovem durante a suspensão do processo – art. 84.º/3;
- Acompanhamento da situação do jovem durante a suspensão do processo, em sede de inquérito;
- Elaboração para o Tribunal de relatórios – com ou sem avaliação psicológica – ou de informações sociais sobre o jovem (art. 71.º);
- Mediação tutelar educativa (art. 42.º);
- Execução de medida cautelar de guarda de "menor" em Centro Educativo;
- Confiança do jovem após detenção e antes da apresentação a tribunal (art. 54.º);
- Execução de algumas medidas tutelares educativas – Prestações Económicas ou de Tarefas a favor da comunidade/Imposição de

obrigações/frequência de programas formativos/Acompanhamento Educativo/Internamento em Centros Educativos (Projeto Educativo Pessoal);

- Elaboração de perícia sobre a personalidade (obrigatória quando for de aplicar medida de internamento em regime fechado) – art. 69.º;
- Enquanto *"longa manus"* do Tribunal na árdua e delicada execução das medidas tutelares, nomeadamente na colaboração com as autoridades policiais no cumprimento dos mandados de condução de jovens a Centros Educativos.

17. Quanto aos relatórios previstos no art. 71.º, direi que eles deverão analisar:

a) o indivíduo visualizado no facto (a precocidade do facto, a sua variedade, a sua persistência e os seus motivos, ligado à idade/sexo do jovem, às suas condições biopsicológicas, aos tipos de atos cometidos e ao circunstancialismo dos atos em si);

b) o indivíduo inserido no seu meio sociológico (família, escola, comunidade, aferindo a qualidade dos vínculos estabelecidos, as possíveis causas de constrangimentos do meio exterior e a exposição do jovem a fatores adversos);

c) o indivíduo com os seus específicos fatores pessoais (com as suas potencialidades e as suas fragilidades), fazendo apelos aos seus recursos psicológicos (emocionais, cognitivos e comportamentais), à sua capacidade de descentração, de auto-controlo, de "comunicação assertiva" e de resolução de conflitos).

18. Nesses relatórios, far-se-á, finalmente, uma síntese/diagnóstico de todos estes elementos apurados, concluindo por uma/um proposta/ /prognóstico, seguida ou não, após, pelo tribunal.

Paulo Guerra

ARTIGO 131.º

Dever de informação

1 – As entidades encarregadas de acompanhar e assegurar a execução das medidas informam o tribunal, nos termos e com a periodicidade estabelecida na lei ou, sendo esta omissa, por este determinados, sobre a execução da medida aplicada e sobre a evolução do processo

educativo do menor, bem como sempre que se verifiquem circunstâncias suscetíveis de fundamentar a revisão das medidas.

2 – O menor, os pais, o representante legal ou quem tenha a sua guarda de facto e o defensor têm acesso, nos termos previstos na lei, às informações referidas no número anterior, sempre que o solicitem e o tribunal autorize.

Dever de informação; entidades encarregadas de acompanhar e assegurar a execução das medidas

1. Esta norma não foi alterada pela Lei n.º 4/2015, de 7 de janeiro.

2. As entidades a que a lei ou o tribunal entrega a monitorização e o acompanhamento da execução da medida tutelar educativa aplicada informam o foro sobre as vicissitudes dessa execução, nos prazos legais, com vista também à sua revisão (arts. 136.º a 139.º).

3. O tribunal, independentemente dos relatórios com vista à revisão periódica da medida, pode sempre, a todo o tempo, pedir alguma informação relevante sobre o percurso do jovem.

4. Tais informações podem ser notificadas ao jovem/defensor e aos pais/cuidadores, sempre que estes o solicitem e o tribunal autorize (até hoje não viu a luz do dia o diploma que regulamente este acesso).

5. Cfr., arts 154.º/1 e 2, 171.º/3, n) e 173.º/2, b), quanto à medida de internamento.

Paulo Guerra

ARTIGO 132.º

Dossier individual do menor

1 – A informação relativa a menor em acompanhamento educativo ou internado em Centro Educativo integra um dossier individual.

2 – Por cada menor é organizado um único dossier.

3 – O dossier acompanha sempre o menor em caso de transferência ou mudança de Centro Educativo.

4 – O acesso ao dossier individual é reservado às entidades e pessoas previstas na lei, podendo o juiz, nos casos em que esteja em causa a intimidade do menor ou de outras pessoas, restringir o direito de acesso.

5 – Os dossiers são obrigatoriamente destruídos decorridos cinco anos sobre a data em que os jovens a quem respeitam completarem 21 anos.

Dossier individual do menor

1. Esta norma não foi alterada pela Lei n.º 4/2015, de 7 de janeiro.

2. Esta norma determina que, na execução judiciária das medidas tutelares educativas mais gravosas (o acompanhamento educativo e o internamento), haja a organização de um dossier individual, tutelado pelo tribunal e apenas mostrado às partes interessadas nos termos do n.º 4. Contudo, tal dossier parece-nos ser de organizar fisicamente na DGRSP, a entidade encarregada da execução desta medida de internamento.

3. Tais documentos são sempre destruídos após o prazo de 5 anos sobre a data em que os jovens perfizeram os 21 anos de idade (logo, aos 26 anos do jovem), corolário da premissa de que «um erro na vida não significa uma vida de erros» (cfr. art. 220.º quanto ao cancelamento do registo das medidas tutelares educativas).

PAULO GUERRA

ARTIGO 133.º
Execução sucessiva de medidas tutelares

1 – Quando for determinada a execução sucessiva de medidas tutelares no mesmo processo, a ordem pela qual são executadas é fixada pelo tribunal, que pode ouvir, para o efeito, as pessoas, entidades ou serviços que entender convenientes.

2 – No caso de execução sucessiva de medidas tutelares a execução efetua-se por ordem decrescente do grau de gravidade, salvo quando o tribunal entender que a execução prévia de uma determinada medida favorece a execução de outra aplicada ou entender que a situação concreta e o interesse do menor aconselham execução segundo ordem diferente.

3 – Para efeito do disposto no número anterior:

a) A execução de medida institucional prevalece sobre a execução de medida não institucional, cujo cumprimento se suspende, se for o caso;

b) A execução de medida de internamento de regime mais restritivo prevalece sobre medida de internamento de regime menos restritivo, cujo cumprimento se suspende, se for o caso.

4 – O grau de gravidade das medidas tutelares afere-se pela ordem crescente da sua enumeração no n.º 1 do artigo 4.º, e relativamente às modalidades de cada uma, pelo grau de limitação que, em concreto, impliquem na autonomia de decisão e de condução de vida do menor.

Execução sucessiva de medidas tutelares

1. Esta norma não foi alterada pela Lei n.º 4/2015, de 7 de janeiro.

2. Cfr., art. 8.º/6 (execução sucessiva de medidas tutelares educativas) – é o tribunal que determina a ordem do cumprimento.

3. Há critérios legais para tal ordenação – a execução efetua-se por ordem decrescente do grau de gravidade, salvo quando o tribunal entender que a execução prévia de uma determinada medida favorece a execução de outra aplicada ou entender que a situação concreta e o interesse do jovem aconselham execução segundo ordem diferente.

4. Para os efeitos de aferição da gravidade da medida, a LTE estabelece que:

- a execução de medida institucional prevalece sobre a execução de medida não institucional, cujo cumprimento se suspende, se for o caso;
- a execução de medida de internamento de regime mais restritivo prevalece sobre medida de internamento de regime menos restritivo, cujo cumprimento se suspende, se for o caso.

5. E como aferir a gravidade de uma medida de internamento? Relativamente às modalidades – regimes – das medidas de internamento, afere-se a sua gravidade pelo grau de limitação que, em concreto, cada regime implica na autonomia de decisão e de condução de vida do jovem (logo, não há dúvidas de que o regime fechado é mais grave do que o regime semiaberto e este mais grave do que o regime aberto).

6. Decidiu, a este propósito, o Ac. TRL 31/03/2009 (11250/2008 5), disponível em *www.dgsi.pt*, consultado a 5 de fevereiro de 2018: "I – A escolha da medida é sempre orientada pelo interesse do menor nos termos do art. 6.º n.º 3 da LTE. II – O tribunal deve de entre o leque de medidas possíveis escolher a que realize de forma adequada, e suficiente as finalidades visadas com a aplicação, ou seja, a socialização do menor. III – A lei atribui uma preferência pela medida não institucional, face à institucional, pois na verdade a medida de internamento, é a que acaba sempre por representar maior intervenção na autonomia de decisão, e condução de vida do menor".

7. Se se decidir pelo cumprimento simultâneo de medidas, cfr., art. 8.º/1.

8. Se não houver compatibilidade entre medidas, que inviabilize o seu cumprimento simultâneo, cfr., art. 8.º/2, 3 e 5.

9. Cfr., art. 8.º/4 e 7 (cúmulo jurídico de medidas de internamento):

a) Importante aqui uma palavra para a instituto do cúmulo jurídico agora previsto no n.º 4 do art. 8.º. Foi a proposta de alteração da LTE subscrita pela Comissão de Acompanhamento e Fiscalização dos Centros Educativos (da qual fiz parte de 2012 até 2014, tendo eu subscrito esta proposta também) que primeiro veio falar do instituto processual penal aplicado à LTE. No fundo, defendeu-se a transferência do instituto penal – com provas dadas no Direito Penal e Processual Penal – do "cúmulo jurídico" para a LTE, por se verificar que o art. 8.º da mesma tem permitido que o jovem cumpra sucessiva e longamente medidas tutelares educativas, arrastando-se no tempo uma situação indesejável e com pouca prognose de êxito, no que tange aos objetivos da intervenção tutelar educativa.

b) De facto, à luz do anterior regime tutelar educativo plasmado pela Lei n.º 166/99, de 14 de setembro, a aplicação de várias medidas tutelares educativas não simultaneamente exequíveis – porque concretamente incompatíveis na perspetiva do julgador, *ex vi* pretérito art. 8.º/1 – convocava a problemática do seu cumprimento sucessivo (em especial nos casos em que eram aplicadas várias medidas de internamento em regime fechado).

c) Em rigor, o anterior regime permitia – em limite *ad absurdum* – que um jovem que tivesse praticado – dos 12 aos 16 anos, exclusive – vários factos qualificados como crime, numa mesma época, pudesse ficar internado dos 16 aos 21 anos de idade. Tal solução ou possibilidade normativa apresentava-se como diametralmente oposta aos objetivos de ressocialização e inserção socioeducativa da criança infratora.

d) De facto, se tivermos em conta que quando a medida é aplicada ela traduz também a necessidade de educação do jovem para o direito à data da decisão, percebemos, que em caso de aplicação sucessiva de medidas de internamento, as necessidades de educação do jovem para o direito irão sendo desejavelmente atenuadas, à medida que as medidas são executadas, pelo que se impõe reequacionar a adequação da duração dessas medidas, para que o internamento dure o tempo estritamente necessário à prossecução dos objetivos delineados e de forma a potenciar a sua inserção responsável na comunidade.

e) Em 2015 existiu o propósito legiferante de ultrapassar os referidos constrangimentos do sistema normativo tutelar educativo, tornando-o mais consentâneo com os seus inerentes princípios normativos estruturantes – o cumprimento sucessivo de medidas de internamento poderia induzir na praxis judiciária uma certa "lógica carcerária", disruptiva dos propósitos de socialização primária que edificam o sistema tutelar educativo.

f) No fundo, queria ultrapassar-se a situação subjacente ao Ac. TRP 22/03/2007 (1063/07.9), disponível em *www.dgsi.pt*, consultado a 5 de fevereiro de 2018: "I. As medidas tutelares educativas podem não ser compatíveis entre si, quer pelo seu tipo, quer pela sua modalidade ou regime, o que inviabiliza a respectiva execução durante o mesmo período de tempo; II. Estando-se perante o cumprimento de medidas da mesma espécie (duas medidas tutelares de internamento, em regime fechado, pelo período de 2 anos e 6 meses e 2 anos, respectivamente), não é possível o seu cumprimento simultâneo, devendo a sua execução ser sucessiva, conforme preceituam os arts. 8.º, n.os 3 e 5 e 133.º, da LTE".

g) O que já era pressentido por toda a jurisprudência (a pouca que vai conhecendo de recursos da LTE) – veja-se o Ac. TRL 31/03/2004 (1382/2004-3), disponível em *www.dgsi.pt*, consultado a 5 de fevereiro de 2018, que deixa escrito: "Efectivamente, o menor cumpre, já, uma medida tutelar de internamento, por dois anos, e, como refere o recorrente, "(...) de seguida iria, ou irá, cumprir mais 18 meses de internamento, ou seja, o menor ficará privado de liberdade por três anos e meio (cfr., art. 8.º). Não podemos deixar de ter em conta o tempo útil para um adolescente:

três anos e meio de privação de liberdade é uma «eternidade», aos seus olhos configurará uma injustiça, um castigo exagerado face ao seu actual comportamento, empenho e esforço. E como tal gerará revolta, incompreensão, desânimo, isto é, será contraproducente e deseducativo, exactamente o oposto ao objectivo legal. Parece-nos, pois, que o tempo de duração da medida (18 meses) é altamente exagerado, desproporcionado à gravidade do facto (roubo sem arma), desproporcionado à necessidade de educação do menor para o direito, subsistente no momento".

h) Duas propostas foram então postas em cima da mesa:

- o Projeto-lei n.º 520/XII/3.ª propunha a importação do instituto penal do cúmulo jurídico para o sistema tutelar educativo, impondo em tais casos a aplicação oficiosa de uma única medida de internamento (o que acabaria por ficar plasmado em letra de lei, no n.º 4 do art. 8.º) e,
- o Projeto-lei n.º 534 534/XII/3.ª, que propunha, ao invés, o recurso ao mecanismo de revisão das medidas já previsto na lei, permitindo não só fazer cessar a medida de internamento mais cedo, como também suspendê-la na sua execução ou, inclusivamente, determinar a sua cessação.

i) Independentemente da opção pela tese do cúmulo, o legislador manteve esse mecanismo do cúmulo a par da possibilidade de revisão. Tal dado normativo sugere a possibilidade de uma ulterior harmonização sistemática entre os dois instrumentos, indo de encontro ao espírito legiferante que presidiu à alteração: o de evitar o condicionalismo estratificante ou formalista do regime do cumprimento sucessivo de medidas de internamento e correlativos efeitos nocivos do processo de reeducação.

j) A nova redacção dada ao art. 8.º impõe, então, a realização de cúmulo jurídico apenas e quando sejam aplicadas mais do que uma medida de internamento ao mesmo jovem, sem que se encontre integralmente cumprida uma delas (se se entender que penas cumpridas não entram em cúmulo).

k) Quando as várias medidas aplicadas ao jovem sejam de internamento, proceder-se-á a cúmulo jurídico de medidas, nos termos previstos na lei penal (n.º 4 do art. 8.º), ou seja, aplicando-se o estabelecido no art. 77.º/2 CP, devendo escolher-se, no caso de medidas parcelares com diferentes regimes de execução, aquele que, em concreto, se mostre necessário à educação do jovem para o Direito (art. 6.º).

l) Nesta sede, há que atentar no *"plafond"* do n.º 7 do art. 8.º quando os internamentos tenham diferentes regimes de execução, ao dispor que "(...) o tempo total de duração não pode ultrapassar o dobro do tempo de duração da medida mais grave aplicada (...)".

m) Se as medidas de internamento tiverem o mesmo regime de execução, tendo presente o disposto no art. 77.º/2 CP, *ex vi* n.º 4 do art. 8.º LTE, os limites do cúmulo a realizar encontram-se balizados entre a duração da medida mais grave – aqui o critério só pode ser o da duração da medida pois não há diferentes regimes – (que constituirá o mínimo legal do cúmulo) e a soma de todas as medidas (que constituirá o máximo da medida do cúmulo jurídico);

n) Se as medidas de internamento tiverem diferentes regimes de execução, aplica-se o disposto no n.º 7 do art. 8.º LTE: o limite mínimo do cúmulo será sempre o da medida mais grave (art.77.º/2 CP, por força do n.º 4 do art. 8.º LTE) e o *tempo total de duração não pode ultrapassar* o seu dobro (n.º 7 do art. 8.º LTE).

o) Olhando para a norma do art. 133.º/4, e para os pressupostos legais do art. 17.º (o regime mais fechado é mais limitativo da liberdade e da autonomia do jovem), parece dever colocar-se o acento tónico, não na duração da medida, mas na natureza do regime do internamento (1.ª tese).

p) Logo, o regime fechado seria mais grave do que o semiaberto e este mais grave do que o aberto.

q) Para a tese (2.ª tese) que defende que releva o tempo de duração do internamento, independentemente do regime, as contas são outras...

r) O grande argumento da 1.ª tese reside na literalidade do normativo que ora se anota. De facto, a literalidade das normas dos arts. 6.º e 133.º/4 e os pressupostos legais do art. 17.º (o regime mais fechado é mais limitativo da liberdade e da autonomia do jovem) apontam para que o acento tónico deva ser colocado, não na duração da medida, mas na natureza do regime do internamento.

s) A 2.ª tese argumenta, essencialmente, que para efeito de realização de cúmulo jurídico de medidas de internamento e de determinação da sua maior ou menor gravidade, não deve atender-se ao art. 133.º, norma inserta no *Título V – Execução das medidas* e que tem por epígrafe *Execução sucessiva de medidas*, regendo tal preceito exclusivamente nesse domínio.

t) Perante esta indefinição do texto legal, cabe ao intérprete encontrar a tese mais aconselhável, sendo certo que, quer aplicando uma tese quer a outra, podem, em concreto, alcançar-se resultados menos aceitáveis.

u) Estamos num processo que não é classificado como de jurisdição voluntária – contudo, o juiz pode orientar-se pelos mecanismos do art. 7.º (determinação da duração das medidas), com alguma maleabilidade (princípio regulativo da proporcionalidade).

v) Entendo que a norma do n.º 4 deste normativo, bem como os pressupostos legais do art. 17.º, sugerem que o regime de execução mais fechado é também o mais limitativo da liberdade e da autonomia do jovem, pelo que o regime fechado será mais grave do que o semiaberto e, por sua vez, este último será mais grave do que o aberto.

w) O critério distintivo será, não o tempo de duração do internamento, mas o grau de compressão de liberdade e autonomia do jovem.

x) Por essa razão também defendemos a ideia de que no cúmulo de várias medidas de internamento aberto e/ou semiaberto não é possível operar-se uma substituição do modo de execução por um regime fechado, ainda que apenas no cômputo final da medida tutelar única estejam reunidos os pressupostos dos n.os 1 e 4 do art. 17.º.

y) Se o cúmulo for superveniente, deverá ser de novo o tribunal coletivo a fazê-lo, mesmo que o jovem já tenha mais de 18 anos (não pode ter é mais de 21).

Paulo Guerra

ARTIGO 134.º
Recursos

1 – O menor, os pais, o representante legal ou quem tenha a sua guarda de facto e o defensor podem interpor recurso de qualquer decisão tomada durante a execução de medida tutelar que imponha restrições superiores às decorrentes da decisão judicial.

2 – O recurso é dirigido, por escrito, ao tribunal competente para a execução, que decide em definitivo.

3 – O tribunal pode fixar efeito suspensivo ao recurso relativamente às decisões suscetíveis de alterar substancialmente as condições de execução da medida.

4 – O recurso é decidido no prazo de cinco dias a contar da data do seu recebimento, ouvidos o Ministério Público e as pessoas que o tribunal considere necessárias.

Recursos

1. Esta norma não foi alterada pela Lei n.º 4/2015, de 7 de janeiro.

2. Pode haver recurso para o tribunal competente (o da execução, logo, o que aplicou a medida) de decisões tomadas pela direção de um Centro Educativo onde o jovem cumpre a medida de internamento, alegando-se que as mesmas restringem, para além do tolerável e do legal, direitos fundamentais do internando.

3. O tribunal em sede de recurso decide definitivamente, sem hipótese de ulterior recurso judicial.

4. O tribunal pode fixar o efeito suspensivo ao recurso das decisões suscetíveis de alterar substancialmente as condições de execução da medida (não se executa a decisão enquanto o tribunal não decidir em última instância).

5. Especial celeridade se requer nesta decisão de recurso – cfr., prazo do n.º 4.

O recurso interposto por jovem internado em Centro Educativo, pelos pais, pelo representante legal ou por quem tenha a sua guarda de facto ou pelo defensor pode ser dirigido, por escrito, ao diretor do centro, que o remete ao tribunal no prazo máximo de dois dias (art. 156.º, n.º 1), com a sua alegação de sustentação da decisão. Contudo, o recurso pode ser remetido diretamente ao Tribunal que apenas deverá, antes de decidir, ouvir o diretor do Centro Educativo (o autor da decisão recorrida e em nome de um salutar contraditório) e o Ministério Público.

PAULO GUERRA

ARTIGO 135.º
Extinção das medidas tutelares

O tribunal competente para a execução declara extinta a medida, notificando por escrito o menor, os pais, o representante legal ou quem tenha a sua guarda de facto, o defensor e a entidade encarregada de acompanhar e assegurar a execução.

Extinção das medidas tutelares

1. Esta norma não foi alterada pela Lei n.º 4/2015, de 7 de janeiro.

2. O tribunal é a entidade a quem compete declarar a extinção da medida aplicada, notificando todos os interessados.

3. Tal despacho é recorrível pois põe termo à causa [art. 121.º/1, a)].

4. Estas medidas tutelares educativas extinguem-se pelo seu cumprimento integral ou por decisão de revisão [arts. 138.º/1, e) e 139.º/1, f)], extinguindo-se ainda quando o jovem atinge os 21 anos de idade (arts. 5.º e 8.º/6).

5. Este despacho está sujeito a registo no boletim das medidas tutelares educativas (art. 210.º/1).

6. Note-se que o registo de medidas tutelares educativas tem por finalidade a recolha, o tratamento e a conservação dos extratos de decisões judiciais por forma a possibilitar o conhecimento das decisões proferidas.

7. Cfr., art. 158.º/1 – o diretor do Centro Educativo onde o jovem cumpre a medida de internamento deve informar o tribunal, com pelo menos 15 dias de antecedência, da data prevista para a cessação da medida de internamento, de acordo com a decisão que a determinou.

8. A cessação da medida de internamento só pode ter, assim, lugar por decisão do tribunal (art. 158.º/2), comunicada, expressamente e por escrito, ao diretor do Centro Educativo.

Paulo Guerra

CAPÍTULO II
Revisão das medidas tutelares

ARTIGO 136.º
Pressupostos

1 – A medida tutelar é revista quando:

a) A execução se tiver tornado impossível, por facto não imputável ao menor;

b) A execução se tiver tornado excessivamente onerosa para o menor;

c) No decurso da execução a medida se tiver tornado desajustada ao menor por forma que frustre manifestamente os seus fins;

d) A continuação da execução se revelar desnecessária devido aos progressos educativos alcançados pelo menor;

e) O menor se tiver colocado intencionalmente em situação que inviabilize o cumprimento da medida;

f) O menor tiver violado, de modo grosseiro ou persistente, os deveres inerentes ao cumprimento da medida;

g) O menor com mais de 16 anos cometer infração criminal.

2 – A medida tutelar de internamento é obrigatoriamente revista, para efeitos de avaliação da necessidade da sua execução, quando:

a) A pena ou a medida devam ser executadas nos termos do artigo 25.º;

b) For aplicada prisão preventiva a jovem maior de 16 anos que esteja a cumprir medida tutelar de internamento;

c) Nos casos previstos no n.º 6 do artigo 27.º, o jovem for absolvido.

Revisão das medidas tutelares; pressupostos

1. A norma mantém a redação da Lei n.º 166/99, de 14 de setembro. Está inserida no Capítulo II do Título V, sob a epígrafe *Revisão das medidas tutelares* regendo, assim, quer para as medidas institucionais, quer para as que são executadas no meio natural de vida do jovem.

2. A intervenção tutelar educativa consubstanciada na aplicação e subsequente execução de qualquer uma das medidas elencadas no art. 4.º/1 – exceto a medida de admoestação prevista na al. a) desse dispositivo legal, que se esgota no momento da sua aplicação – permite ade-

quar-se ao desenvolvimento do jovem e aos progressos ou retrocessos que, durante o período de execução da medida, devem ser verificados pela entidade encarregada de acompanhar e assegurar a execução da medida, transmitindo ao tribunal a pertinente informação – arts. 130.º e 131.º.

3. Esta adaptabilidade da medida às circunstâncias pessoais do jovem fundamenta-se nos princípios da proporcionalidade, intervenção mínima e do seu superior interesse, visando alcançar, de modo adequado, a sua educação para o direito.

4. As Regras de Beijin – regra 23 – e a Recomendação CM/Rec (2008) 11 do Comité de Ministros dos Estados-Membros relativamente às "Regras Europeias para jovens infratores sujeitos a sanções ou medidas", na sua Parte II, ponto 27, estabelecem orientações no sentido de ser possível a modificação da decisão inicial, a efetuar durante a execução da medida aplicada ao jovem. De igual modo, a Diretriz 82 das Diretrizes do Comité de Ministros do Conselho da Europa sobre a justiça adaptada às crianças (2010) apela ao princípio da proporcionalidade nas medidas ou sanções aplicadas às crianças em conflito com a lei. Está, assim, refletida na norma em análise a preocupação decorrente das orientações ínsitas nos instrumentos internacionais nesta específica matéria.

5. A estipulação legal de revisão obrigatória da medida, com a periodicidade indicada – cfr., art. 137.º – fundamenta-se no desejável e regular acompanhamento, por parte do tribunal, da forma como decorre a execução da medida – institucional ou não – estando garantida a realização do controlo jurisdicional inerente à ponderação sobre o resultado da intervenção tutelar educativa, no caso concreto.

6. Para além do circunstancialismo que justifica a revisão obrigatória da medida – o decurso de certo período temporal – o legislador prevê ainda que a revisão da medida possa ocorrer nas situações elencadas nas diversas alíneas do n.º 1, e ainda naquelas que são referidas no n.º 2.

7. A situação descrita no n.º 1, a) está relacionada com fatores externos à vontade do jovem, tais como, a título exemplificativo, doença ou incapacidade que obste ao desempenho de tarefas ou obrigações que lhe tenham sido impostas; o encerramento da entidade onde desempenhava tarefas a favor da comunidade; o encerramento do estabelecimento onde frequentava formação profissional, ou a decisão dos pais, representante legal ou da pessoa que tenha a sua guarda de facto, no sentido de a família se fixar noutro país, para ali trabalhar, levando o jovem. Note-se que, para a execução de medidas tutelares educativas, contrariamente ao que sucede com as medidas protetivas, não existe instrumento internacional que permita a solicitação de pedido nesse sentido ao país onde se encontra o jovem.

8. A situação descrita no n.º 1, b) está, de igual modo, relacionada com fatores externos à vontade do jovem, e pode verificar-se quando, por exemplo, em execução da medida aplicada, frequenta um dos programas formativos indicados no art. 15.º e a entidade que o ministrava mudou de instalações para localidade distante da sua residência, implicando custos económicos e de dispêndio de tempo em deslocações, sendo estas incompatíveis com a frequência escolar do jovem. Ainda que, a título excecional, e por forma a ultrapassar a referida dificuldade, o tribunal possa optar pela solução prevista no art. 15.º/3, essa decisão será sempre tomada em sede de revisão, nos termos do art. 136.º/1, b).

9. A situação descrita no n.º 1, c) pode exemplificar-se com a ocorrência de factos no seio familiar que tenham levado o jovem, a quem foi aplicada a medida de reparação ao ofendido na modalidade de compensação económica em prestações – art. 11.º/1, b), e 3 – a aplicar os seus proventos de forma justificada, não lhe restando outros que permitam compensar integralmente o ofendido.

10. A situação descrita no n.º 1, d) está intrinsecamente ligada aos fatores internos do jovem que lhe permitiram a execução da medida com plena interiorização dos objetivos pretendidos sendo de tal forma relevante e favorável à sua educação para o direito que a respetiva continuação se mostra desnecessária, justificando a extinção da medida, nos termos dos arts. 138.º/1, e) (medida não institucional) e 139.º/1, f) (medida de internamento). A título exemplificativo, podemos referir a obtenção da formação escolar ou profissional antes do prazo fixado ou a progressão mais rápida na concretização faseada dos diversos objetivos constantes do projeto educativo pessoal.

11. A situação descrita no n.º 1, e) reporta-se a fatores decorrentes da própria vontade do jovem que levam à impossibilidade de execução, total ou parcial, da medida tutelar educativa aplicada. Por exemplo, durante a execução de medida não institucional, o jovem, maior de 18 anos, ausenta-se, por sua iniciativa, para parte incerta do território nacional, sendo infrutíferas as diligências no sentido de se obter alguma indicação sobre o respetivo paradeiro, ou viaja para o estrangeiro, onde fixa residência, não tencionando regressar a Portugal.

12. A situação descrita no n.º 1, f) consubstancia-se numa atuação intencional do jovem tendente a desrespeitar, de forma sistemática, *os deveres inerentes ao cumprimento da medida* o que demonstra a total falta de interiorização dos objetivos preconizados pela intervenção justificando, por isso, que a medida seja revista e, provavelmente, agravada na sua forma de execução, única forma de colmatar as notórias insuficiências reveladas. A título exemplificativo, podemos referir as faltas injustificadas do jovem na frequência das aulas; do curso profissional; do programa formativo; das sessões de orientação; a prestação de tarefas a favor da comunidade de forma atabalhoada e/ou imperfeita, não por incapacidade mas porque, intencionalmente, o jovem quis criar aquela situação; a permanência em locais cuja frequência lhe foi vedada, ou a manutenção, nos seus relacionamentos sociais, das pessoas com as quais está proibido de conviver.

13. A situação descrita no n.º 1, g) está intrinsecamente ligada às normas constantes do Capítulo IV, do Título II, sob a epígrafe *Interatividade entre penas e medidas tutelares* – arts. 23.º a 27.º. De acordo com a regra a que alude o art. 23.º, há cumprimento simultâneo da medida tutelar educativa e da pena em que tiver sido condenado o jovem, salvo se forem incompatíveis entre si. Esta incompatibilidade surge, desde logo, na norma constante do art. 24.º/1, que impõe a cessação da medida tutelar educativa se a condenação do jovem implicar o cumprimento de prisão efetiva, com as ressalvas das medidas enunciadas no n.º 2 do mesmo preceito legal, que permitem, ainda assim, o cumprimento simultâneo.

14. Os arts. 24.º a 26.º preveem as situações que justificam o apelo à interatividade entre as penas e as medidas tutelares educativas, aqui se remetendo para os respetivos comentários.

15. A obrigatoriedade de revisão imposta pela al. g) do n.º 1 deste art. 136.º, só pode concretizar-se, em nosso entender, se o jovem, sujeito a medida tutelar educativa, vier a ser condenado no âmbito do processo penal e após trânsito em julgado da decisão condenatória. Os efeitos desta específica revisão devem, assim, procurar-se nos arts. 23.º a 26.º, não sendo aplicável a esta concreta situação nenhum daqueles que, expressamente, constam dos arts. 138.º e 139.º e, por isso, a referência à al. g) do n.º 1 do art. 136.º, está omissa nestes preceitos.

16. O conhecimento de situação que implique tal revisão impõe a existência de controlo apertado, por parte da entidade encarregada da execução da medida tutelar educativa, sobre os comportamentos do jovem, maior de 16 anos, no sentido de apurar se o mesmo se envolveu em práticas ilícitas, de natureza criminal, comunicando-as ao tribunal, podendo este, em articulação com o processo penal, obter elementos úteis à ponderação sobre a referida revisão.

17. O art. 136.º/2 impõe ainda a obrigatoriedade de revisão da medida tutelar educativa nos casos expressamente previstos nas suas als. a), b) e c). Relativamente à primeira previsão [al. a)], que remete para as condenações referidas no art. 25.º e, consequentemente para a interatividade entre penas e medidas, cumpre referir que os regimes de execução dessas penas, ali concretamente enunciados, não têm, por ora, suporte legal. Na verdade, a sua inserção na LTE deveu-se à circunstância de ter sido elaborada a Proposta de Lei n.º 275/VII relativa ao Regime Especial para Jovens Adultos, que continha novas penas de substituição detentiva. Todavia, aquela Proposta não veio a ser aprovada aquando da Reforma do Direito de Menores, que levou à publicação das Leis n.os 147/99, de 1 de setembro (LPCJP) e 166/99, de 14 de setembro (LTE) e, até à presente data, a situação mantém-se inalterada – neste sentido, v., Rodrigues, Anabela Miranda/Duarte-Fonseca, António Carlos, *ob. cit.*, p. 109. De todo o modo, sempre se dirá que, caso venham a ser instituídos tais regimes de execução de penas em benefício do jovem adulto, e se este já estiver a cumprir uma dessas penas, impor-se-á o seu prévio cumprimento integral, se o internamento for executado nos regimes aberto e semiaberto – cfr., art. 25.º/3. Tratando-se de medida de internamento em regime fechado, justificar-se-á o cumprimento parcial da pena, cessando esta quando o seu limite corresponder a tempo igual ou inferior ao período fixado para a medida tutelar, cuja execução se inicia de imediato – cfr., art. 25.º/4. Em ambas as situações, será adequada a imposta revisão da medida tutelar, ponderando o tribunal se a mesma ainda se mostrará necessária nos moldes em que foi aplicada. Se ocorrer o inverso, ou seja, se o jovem adulto vier a ser condenado numa daquelas penas encontrando-se internado em Centro Educativo, sujeito a medida de internamento, a execução desta medida ocorrerá de forma integral, iniciando-se, então, o cumprimento da pena – art. 25.º/1. O legislador privilegia, nesta concreta situação, a intervenção tutelar educativa. Porque tal medida se mantém em execução, mostrar-se-á desnecessária, em nosso entender, a respetiva revisão.

18. No que tange à segunda previsão [al. b)], a norma impõe a revisão obrigatória da medida tutelar de internamento quando for aplicada prisão preventiva a jovem maior de 16 anos. Considerando o disposto no art. 27.º/5, prevalece a execução da medida tutelar, que não se interrompe, mas o jovem será integrado em Centro Educativo de regime fechado, ou aí mantido, durante o período temporal em que se mantiver aquela medida de coação. Importa que a intervenção tutelar educativa em curso não seja interrompida, tendo em vista a plena concretização dos objetivos delineados, ainda que deva revestir forma mais contentora. Se cessar a aplicação da medida de coação, mantém-se o cumprimento da medida tutelar de internamento, pelo tempo que falta cumprir justificando-se, nesse momento, a revisão desta medida.

19. Finalmente, quanto à terceira previsão [al. c)], atenta a expressa remissão para o art. 27.º/6, a revisão da medida de internamento aplicada no processo tutelar educativo, quando o jovem estava sujeito à medida de coação de prisão preventiva, é obrigatória se o jovem vier a ser absolvido no âmbito daquele processo penal. O objetivo da norma é, em nosso entender, a ponderação sobre a necessidade de execução do internamento em Centro Educativo face à situação atual do jovem, já anteriormente objeto de intervenção através do sistema prisional.

20. Os efeitos da revisão das medidas tutelares educativas estão consagrados, consoante se trate de medidas não institucionais ou de medidas institucionais, nos arts. 138.º e 139.º, respetivamente, para cujos comentários aqui se remete. Assinala-se, ainda assim, que a revisão por motivos referentes ao jovem, caso se trate das situações elencadas nas als. a) a d) do art. 136.º/1, ou nas als. e) e f) do citado preceito legal, será suscetível de diminuir ou agravar o modo de execução da medida tutelar educativa, ou mesmo determinar a sua extinção, o que se verifica de igual modo nos casos de revisão obrigatória constantes do art. 136.º/2 – cfr., art. 139.º/4, com as necessárias adaptações. Após a revisão da LTE (Lei n.º 4/2015, de 15 de janeiro), é mesmo possível a aplicação de medida de internamento em Centro Educativo, em regime semiaberto, nos casos em que o jovem, em benefício do qual foi aplicada medida não institucional, se tiver colocado nas situações descritas no art. 136.º/1, e) e f), o que constitui novidade legal.

Ana Massena

ARTIGO 137.º

Modalidades e periodicidade da revisão das medidas tutelares

1 – A revisão tem lugar oficiosamente, a requerimento do Ministério Público, do menor, dos pais, do representante legal, de quem tenha a sua guarda de facto ou do defensor ou mediante proposta da entidade encarregue de acompanhar e assegurar a execução da medida.

2 – A revisão oficiosa pode ter lugar a todo o tempo, sendo obrigatória decorrido um ano após:

a) O início da execução da medida;

b) A anterior revisão;

c) A aplicação de medida cuja execução não se tiver iniciado, logo que for cumprido mandado de condução do menor ao local que o tribunal tiver determinado.

3 – Para efeitos de se dar início ao processo de revisão nos termos da alínea c) do número anterior, a entidade encarregada de acompanhar e assegurar a execução da medida comunica, de imediato, ao tribunal competente a data do início da execução.

4 – A medida de internamento, em regime semiaberto e em regime fechado, é obrigatoriamente revista seis meses após o início da execução ou a anterior revisão.

5 – A revisão, a requerimento, de medidas tutelares pode ter lugar a todo o tempo, salvo no caso da medida de internamento.

6 – A revisão, a requerimento, da medida de internamento pode ter lugar três meses após o início da sua execução ou após a última decisão de revisão.

7 – No caso de revisão a requerimento das pessoas referidas no n.º 1, o juiz deve ouvir o Ministério Público, o menor e a entidade encarregada da execução da medida. Nos restantes casos, ouve o menor, sempre que o entender conveniente.

8 – No caso previsto no n.º 2 do artigo anterior, o juiz ouve o Ministério Público, o menor e os serviços de reinserção social.

9 – A decisão de revisão é notificada ao menor, aos pais, ao representante legal ou a quem tenha a sua guarda de facto, ao defensor e às entidades encarregadas da execução.

Modalidades e periodicidade da revisão das medidas tutelares

1. A alteração introduzida neste artigo pela Lei n.º 4/2015, de 15 de janeiro, prendeu-se com a substituição no seu n.º1 da menção aos *"serviços de reinserção social"* por *"entidade encarregue de acompanhar e assegurar a execução da medida"*.

Esta mudança visou colmatar a dificuldade gerada pelo facto de, anteriormente, não ser possível à entidade que acompanhava a execução da medida, que não fosse os serviços de reinserção social, propor a sua revisão.

Na verdade, é quem acompanha a execução da medida que tem uma perceção mais próxima da realidade de como está a mesma a decorrer, da sua adequação ao projeto educativo e de inserção visados e da necessidade ou não de se proceder à sua revisão, pelo que há muito se vinha sentindo necessidade desta alteração legislativa, o que veio agora a acontecer.

2. A revisão das medidas tutelares pode acontecer:

- Oficiosamente,
- A requerimento, (i) do Ministério Público (ii) do jovem (iii) dos pais, representante legal ou de quem tenha a sua guarda, e ainda
- Sob proposta da entidade encarregue de assegurar a execução da medida.

A entidade encarregue de acompanhar a respetiva execução é a que, nos termos do art. 130.º, for fixada pelo tribunal na decisão judicial de aplicação da medida e, nos termos deste preceito, tanto pode ser a DGRSP como qualquer outro serviço público, instituição, associação ou organização, quer tenha natureza pública ou privada, desde que o tribunal considere que reúne as melhores condições para efetuar o respetivo acompanhamento, excetuando-se apenas as situações previstas no n.º 2 do mencionado art. 130.º.

Nos termos do art. 154.º/3, o diretor do Centro Educativo pode fazer acompanhar o relatório, a cuja elaboração está obrigado, de uma proposta de revisão da medida, proposta esta baseada na avaliação da execução da mesma, que é feita pela DGRSP.

3. Quanto ao momento em que ocorre, a revisão da medida tem lugar obrigatoriamente nos prazos previstos na lei ou pode suceder fora desses prazos, oficiosamente, a requerimento ou sob proposta da entidade que acompanha a execução.

Oficiosamente ou a requerimento a revisão da medida pode ter lugar a qualquer tempo, mas neste último caso com a restrição imposta pelos n.os 5 e 6 do preceito.

O normativo é omisso no que tange à oportunidade da revisão da medida sob proposta da entidade que acompanha e assegura a sua execução, pelo que julgamos poder, também ela, ter lugar a qualquer tempo.

Certo é que esta entidade é quem mais próxima se encontra da realidade subjacente ao cumprimento da medida tutelar e a que melhor posicionada se encontra para aferir da verificação das circunstâncias a que alude o art. 136.º, pelo que faz todo o sentido considerar que, a par da revisão oficiosa, possa, também neste caso, ter lugar a todo o tempo.

4. A revisão obrigatória da medida tutelar encontra-se consagrada nos n.os 2 e 4 do preceito.

O prazo regra é de um ano para todas as medidas e a exceção prende-se com as medidas de internamento em regime semiaberto e regime fechado, cuja revisão acontece obrigatoriamente ao fim de seis meses.

5. O respetivo prazo conta-se do início da execução da medida ou da sua última revisão.

No caso de não ter tido início a execução, qualquer das medidas é revista obrigatoriamente logo que seja dado cumprimento ao mandado de condução do jovem ao local determinado pelo tribunal, desde que sobre a decisão que a aplicou tenha decorrido um ano.

Não estabelecendo o n.º 4 para as medidas de internamento aí consagradas qualquer exceção ao determinado na al. c) do n.º 2, esta regra também lhes é aplicável, pelo que no caso de não ter tido início a sua execução, a revisão é obrigatória aquando do cumprimento do mandado de condução do jovem, sempre que sobre a decisão que a aplicou tenha decorrido mais de um ano.

6. O n.º 3 do preceito impõe à entidade encarregada de acompanhar e assegurar a execução da medida um dever de comunicação ao tribunal do início da execução da mesma.

7. Quanto à oportunidade da revisão da medida a requerimento, como já vimos e nos termos dos n.os 5 e 6 pode acontecer a qualquer tempo, com exceção da medida de internamento, cuja revisão apenas pode ser requerida se sobre o início da sua execução ou sobre a data da decisão da última revisão tiverem decorrido três meses.

8. Os n.os 7 e 8 do preceito estabelecem quem deve ser ouvido aquando da revisão da medida tutelar.

Subjacente a estes normativos está também o exercício do contraditório que, no caso, é centralizado no jovem, o qual poderá pronunciar-se por si ou através do seu defensor ou mandatário constituído que, para o efeito, deverá ser notificado.

Nas situações de revisão a requerimento, previstas no n.º 1, deve ser ouvido o Ministério Público, o jovem e a entidade encarregue do acompanhamento da execução da medida.

Nos casos em que está em causa medida de internamento, cuja revisão é também obrigatória para efeitos de avaliação da necessidade da sua execução, por força do estabelecido no art. 136.º/2, deve ser ouvido o Ministério Público, o jovem e os serviços de reinserção social (a DGRSP, por força do disposto no art. 3.º/1, c) Dec.-Lei n.º 215/2012, de 28 de setembro).

Fora da previsão da primeira parte deste n.º 7 ficam todas as restantes situações de revisão oficiosa ou sob proposta da entidade encarregue de assegura a execução da medida, casos em que o legislador não impôs a audição de ninguém, apenas consagrando a possibilidade da audição do jovem quando o juiz o *"entender conveniente"*.

Julgamos, no entanto, que a harmonia do sistema e a sua compatibilização com regras de direito internacional a que Portugal está sujeito, impõe uma interpretação desta expressão, muito mais lata e abrangente do que aquela que, na prática, tem vindo a acontecer.

Num primeiro segmento temos que, por força do disposto no art. 40.º/1, c), ao Ministério Público cabe *" promover a execução das medidas tutelares"* e nos termos do art. 131.º, impende sobre as entidades encarregadas de acompanhar e assegurar a execução das medidas um dever de informação ao tribunal.

Daqui decorre, em nosso entender, que aquando da revisão de qualquer medida tutelar, institucional ou não, a audição do Ministério Publico, mesmo que não seja o requerente, e da entidade que acompanha a execução da medida, mesmo que não seja o proponente, deve sempre ter lugar.

9. No respeitante à audição do jovem, embora a questão tivesse sido já objeto de discussão anterior, o legislador manteve a sua opção de não a impor na revisão das medidas, exceto quando seja a requerimento, deixando ao juiz o poder discricionário de o fazer ou não.

Temos algumas reservas quanto a esta escolha legislativa, até porque a mesma se mostra contrária ao princípio geral da audição da criança, consagrado no art. 12.º CDC, assinada em Nova Iorque, em 26 de janeiro de 1990, aprovada para ratificação pela Resolução da Assembleia da República n.º 20/90, de 8 de junho de 1990, e ratificada pelo Decreto do Presidente da República n.º 49/90, de 12 de setembro, e no art. 24.º/1, 2.ª parte da Carta dos Direitos Fundamentais da União Europeia, publicada no JOUE C 326, de 26 de outubro de 2012.

Do mesmo modo, as Diretrizes do Comité de Ministros do Conselho da Europa sobre a justiça adaptada às crianças, adotadas pelo Comité de Ministros do Conselho da Europa em 17 de novembro de 2010, estabelece o direito da criança a ser ouvida, encontrando tal direito consagração nas regras 44 a 49.

A criança tem o direito a participar nos processos que a ela respeitem e a que a sua opinião seja tomada em consideração na decisão a proferir. Decorre destas normas de direito internacional, a que Portugal está vinculado, que não podem ser estabelecidas restrições ao princípio geral da audição da criança.

Nesta medida, a última parte do n.º 7 do preceito tem de ser interpretada à luz dos normativos internacionais mencionados, pelo que a audição do jovem deve constituir a regra e apenas em circunstâncias particulares considerar-se a possibilidade da sua não audição.

Nas situações em que o tribunal, em sede de revisão oficiosa, considere ser de reduzir a duração da medida podemos equacionar a possibilidade da não audição do jovem e sempre que o tribunal entenda pôr-lhe termo e declará-la extinta, consideramos que tal audição não se justificará.

Doutro modo, se o tribunal tiver, por exemplo, que se pronunciar sobre a execução de uma medida cujo cumprimento se iniciou recentemente, designadamente por virtude de ter sido junto aos autos uma informação intercalar, onde apenas se dá conta de que a execução da medida decorre da forma prevista e sem qualquer outra nota particular que possa ser objeto de apreciação relevante por parte do jovem, em sede da sua audição, também aqui poderemos equacionar a desnecessidade de auscultar a sua opinião.

Estas são, no entanto, sempre situações particulares. Reafirmamos o nosso entendimento de que a norma é a de que deve ser dada ao jovem a possibilidade de se pronunciar.

10. A omissão da audição do jovem constituirá uma irregularidade nos termos do art. 123.º CPP, aplicável por força do disposto no art.

128.º, tendo que ser arguida *"nos três dias seguintes a contar daquele em que tiverem sido notificados para qualquer termo do processo ou intervindo em algum acto nele praticado"*, podendo a sua reparação ocorrer oficiosamente.

11. Sobre esta questão e em sentido contrário ao entendimento que perfilhamos, pronunciou-se o Ac. TRC 23/10/2013 (1233/11.0TAGRD--B.C1), disponível em www.dgsi.pt, consultado a 5 de fevereiro de 2018, onde se defende que «Quando a revisão da medida tutelar é oficiosa fica ao critério do juiz a audição do M.º P.º, do menor e a da entidade encarregada da execução da medida para efeitos do reexame dos pressupostos da medida tutelar aplicada ouvindo-os "sempre que necessário"». No mesmo aresto é também referido que a necessidade ou não de ouvir o jovem fica ao critério do juiz, aferindo-se essa necessidade pelo desenvolvimento do jovem no decurso do seu acompanhamento pelos serviços sociais.

No mesmo sentido pronunciou-se o Ac. TRL 27/02/2013 (219//09.9T2AMD-B.L1-3) e o Ac. TRP 12/08/2015 (859/11.6TQMTS-C.P1), disponíveis em www.dgsi.pt, consultados a 5 de fevereiro de 2018. Em ambos os arestos foi defendida a desnecessidade de audição do jovem com base no argumento de que na revisão oficiosa está em causa apenas a verificação da subsistência ou não dos pressupostos que alicerçaram a aplicação da medida, não havendo por isso lugar ao contraditório.

Ora o que está em causa é o cumprimento de um princípio geral mais lato de obrigação de auscultar a opinião do jovem sobre todas as questões que o afetem, não podendo tal princípio ser espartilhado por um outro mais circunscrito e, por isso, mais redutor, como é o do contraditório.

12. Não estabelecendo o legislador a forma que devem revestir as audições em causa, podem as mesmas acontecer por escrito ou oralmente, em diligência presidida pelo juiz.

13. O jovem, ao ser-lhe dada a possibilidade para se pronunciar, deve estar na posse de todos os elementos do processo que o habilitem a fazê-lo de forma sustentada e fundamentada, designadamente deverá ter acesso às informações a que alude o art. 131.º.

14. O n.º 9 do preceito prevê a notificação da decisão e enuncia a quem a mesma deve ser comunicada, ao jovem, a seus pais, representante legal ou quem tenha a sua guarda, ao defensor e às entidades encarregues da execução.

ANA TERESA LEAL

ARTIGO 138.º

Efeitos da revisão das medidas tutelares não institucionais

1 – Quando proceder à revisão das medidas não institucionais, pelas razões indicadas nas alíneas a) a d) do artigo 136.º, o tribunal pode:

a) Manter a medida aplicada;

b) Modificar as condições da execução da medida;

c) Substituir a medida por outra mais adequada, igualmente não institucional, desde que tal não represente para o menor uma maior limitação na sua autonomia de decisão e de condução da sua vida;

d) Reduzir a duração da medida;

e) Pôr termo à medida, declarando-a extinta.

2 – Quando proceder à revisão das medidas não institucionais, pelas razões indicadas nas alíneas e) e f) do artigo 136.º, o juiz pode:

a) Advertir solenemente o menor para a gravidade da sua conduta e para as eventuais consequências daí decorrentes;

b) Modificar as condições da execução da medida;

c) Substituir a medida por outra mais adequada, igualmente não institucional, mesmo que tal represente para o menor uma maior limitação na sua autonomia de decisão e de condução da sua vida;

d) Ordenar o internamento em regime semiaberto, nos casos em que o facto qualificado como crime praticado pelo menor admitisse a aplicação de medida de internamento em regime semiaberto ou fechado.

3 – A substituição da medida, nos termos previstos na alínea c) do n.º 1 e nas alíneas c) e d) do n.º 2, pode ser determinada por tempo igual ou inferior ao que falte para o cumprimento da medida substituída.

Revisão das medidas tutelares não institucionais; efeitos

1. Em sede de revisão da medida, de acordo com os relatórios de acompanhamento a cargo da DGRSP ou com qualquer informação relevante proveniente de outra entidade (por exemplo denunciando o cometimento, pelo jovem, de um novo facto qualificado como crime, ou reportando o desempenho do jovem na escola), o tribunal terá de considerar e avaliar o grau de adesão e porfia no seu cumprimento por parte do jovem e os progressos feitos no que concerne ao respeito pelos valores ético-jurídicos; caso a avaliação seja positiva ou, não o sendo, o jovem não possa considerar-se como o causador da frustração dos objetivos que a nortearam – hipóteses previstas nas als. a) a d) do art. 136.º – o tribunal deverá optar por uma das consequências elencadas nas várias alíneas do n.º 1 deste art. 138.º, podendo manter a medida, modificar as condições da sua execução, substituí-la por outra que considere então mais indicada mas também não institucional e que não implique uma diminuição da autonomia de decisão e de condução da vida do jovem, reduzir-lhe a duração, ou mesmo pôr-lhe tempo se os objetivos que estiveram na base da aplicação da medida tutelar estiverem já alcançados.

2. Mas se a avaliação da execução da medida for negativa e o jovem for considerado como o causador da frustração dos objetivos que a nortearam – hipóteses previstas nas als. e) a f) do art. 136.º – o tribunal deverá optar por uma das consequências elencadas nas várias alíneas do n.º 2 deste art. 138.º: numa escala de crescente severidade, o tribunal pode fazer ao jovem uma advertência solene, ou modificar as condições de execução da medida, ou substitui-la por outra mais adequada, também não institucional, ainda que implicando uma diminuição da autonomia de decisão e de condução da vida do jovem, ou impor-lhe uma medida de internamento em regime semiaberto, por tempo igual ou inferior ao que faltasse para cumprimento da primitiva medida substituída.

3. A redação dos n.os 2, d) e 3 desta norma foi alterada pela Lei n.º 4/2015, de 15 de janeiro, que também revogou a al. e) do art. 145.º, pois aboliu a cominação sancionatória de internamento por um a quatro fins-de-semana para os jovens em sede de revisão das medidas não institucionais pelas razões constantes das als. e) e f) do n.º 1 do art. 136.º.

4. Esta alteração legislativa respondeu eficazmente ao problema da insuficiência de respostas sancionatórias eficazes e dissuasoras para o incumprimento das medidas não institucionais, situação em que apenas o cometimento de novos delitos pelo menor, se assumissem a gravidade que legalmente o permitia, poderia levar ao seu internamento em Centro Educativo por mais do que apenas um a quatro fins de semana, que era a sanção por incumprimento mais gravosa que a LTE na sua versão originária consagrava. Era unânime a opinião de operadores judiciários e técnicos de reinserção social quanto à ineficácia do internamento por alguns fins de semana, quer porque funcionava como apenas um castigo para o jovem relapso ao cumprimento das medidas institucionais, não operando na primacial vertente da sua educação para o Direito por manifesta falta de tempo dos Centros Educativos poderem delinear e executar qualquer plano de reeducação do jovem, quer porque desorganizava o funcionamento dos Centros Educativos com o surgimento algo inopinado de jovens incumpridores que apareciam quase como "visitantes compelidos" e não se chegavam a integrar minimamente no espírito e na rotina de funcionamento desses Centros Educativos. Com a nova redação da LTE, o incumprimento reiterado e culposo das medidas não institucionais por um jovem, nos termos previstos nas als. e) e f) do art. 136.º, que não possa colmatar-se com uma advertência solene feita pelo tribunal, ou com a modificação das condições de execução da medida, ou com a sua substituição por outra mais adequada mas também não institucional ainda que implicando uma diminuição da autonomia de decisão e de condução da vida do jovem, passou a estar sujeito à possibilidade de imposição pelo tribunal, com a devida fundamentação, de uma medida de internamento em regime semiaberto, por tempo igual ou inferior ao que faltasse para cumprimento da primitiva medida substituída, desde que o facto, ou factos, qualificados como crime que o jovem praticara permita legalmente a aplicação de medida de internamento em regime semiaberto ou fechado, de acordo com o disposto no art. 17.º/3 e 4.

5. A referida alteração legislativa não resolve, contudo, as situações de incumprimento reiterado e culposo, por parte do jovem, das medidas tutelares não institucionais, quando os factos qualificados como crime que tenha cometido não obedeçam aos requisitos do art. 17.º/3 e 4, ou seja, quando não estiver em causa a prática de um crime contra as pessoas punível com pena máxima, abstratamente aplicável, de prisão superior a três anos, ou a prática de dois ou mais crimes puníveis com pena máxima, abstratamente aplicável, de prisão superior a três anos. Contudo, essas situações que apenas poderão ser enfrentadas com os mecanismos previstos nas als. a) a c) do n.º 2 deste art. 138.º, respeitam a casos de gravidade mitigada, traduzida nas molduras penais mais leves dos crimes em causa, que mesmo na primitiva aplicação da medida tutelar ao jovem pelo tribunal não poderiam ter sido alvo de medidas de internamento em Centro Educativo sob regime semiaberto.

6. Em comentário às alterações introduzidas nesta norma feito por Silva, Júlio Barbosa e, "E se todo o mundo...", *loc. cit.*, pp. 61-65, defendeu-se, com inteira pertinência, que "(...) apesar de agora haver um internamento em regime semiaberto, na sequência de um incumprimento de uma medida não institucional, não faz sentido nem tem efeito útil exigir-se ou proceder-se a relatório social com avaliação psicológica do jovem prevista no art. 71.º, n.º 5, da LTE, já que essa obrigatoriedade apenas existe para aplicação originária da medida institucional, para escolha de medida e de avaliação inicial do jovem. Tratando-se aqui de um incidente já na fase de execução de uma medida não institucional e sendo já o jovem conhecido (podendo ser de forma bastante completa nos casos de acompanhamento educativo, havendo em todo o caso uma intervenção anterior) não faz sentido perder tempo com essa avaliação, sendo certo que irá ser elaborado um PEP, onde se efetua também algum tipo de avaliação psicológica, podendo considerar-se que a alteração da medida de não institucional para institucional já deve ter em conta as necessidades educativas e uma avaliação da sua personalidade, espelhada naquelas violações e informação dos serviços de reinserção social".

José António Carvalho

ARTIGO 139.º
Efeitos da revisão da medida de internamento

1 – Quando proceder à revisão da medida de internamento pelas razões indicadas nas alíneas a) a d) do n.º 1 do artigo 136.º, o tribunal pode:

a) Manter a medida aplicada;

b) Reduzir a duração da medida;

c) Modificar o regime da execução, estabelecendo um regime mais aberto;

d) Substituir a medida de internamento por qualquer medida não institucional, por tempo igual ou inferior ao que falte cumprir;

e) Suspender a execução da medida, por tempo igual ou inferior ao que falte para o seu cumprimento, sob condição de o menor não voltar a praticar qualquer facto qualificado como crime;

f) Pôr termo à medida aplicada, declarando-a extinta.

2 – Quando proceda à revisão da medida de internamento em Centro Educativo pelas razões indicadas nas alíneas e) e f) do n.º 1 do artigo 136.º, o juiz pode, sem prejuízo do disposto no número seguinte:

a) Advertir solenemente o menor para a gravidade da sua conduta e para as eventuais consequências daí decorrentes;

b) Prorrogar a medida aplicada, sem alteração do respetivo regime, por um período até um sexto da sua duração, nunca excedendo o limite máximo legal de duração previsto;

c) Modificar o regime da execução, substituindo-o por outro de grau imediatamente mais restritivo, pelo tempo que falte cumprir.

3 – A substituição do regime de execução nos termos da alínea c) do número anterior apenas pode ser determinada quando, consoante o caso, se verifiquem os pressupostos previstos nos n.ºs 3 e 4 do artigo 17.º, sendo correspondentemente aplicável, com as devidas adaptações, o disposto no artigo 150.º

4 – O disposto no n.º 1 é aplicável, com as devidas adaptações, aos casos de revisão obrigatória da medida a que se refere o n.º 2 do artigo 136.º.

Revisão da medida de internamento; efeitos

1. A intervenção do Estado em sede tutelar educativa legitima-se pela existência de necessidades educativas e pela atualidade dessas exigências.

Por tal motivo, a execução da medida de internamento tem de manter-se a par com as necessidades educativas do jovem e com os propósitos de interiorização de valores e de aquisição de recursos que a motivaram, repercutindo as incidências previstas no art. 136.º/1, o que é logrado pelo conjunto alargado de soluções que o presente artigo coloca à disposição do tribunal.

Esta ligação umbilical da execução da medida ao estado de evolução do jovem internado, mediante instrumentos de decisão que permitam a modelação constante, acolhe o que se encontra previsto em vários instrumentos internacionais, relativamente à privação de jovens da liberdade, salientando-se a Diretriz 82 das das Diretrizes do Comité de Ministros do Conselho da Europa sobre a justiça adaptada às crianças (2010), a Recomendação do Conselho da Europa 6. CM/Rec(2008)11 e a Regra 2 da RNUPJPL.

2. A revisão da medida de internamento é sempre da competência do tribunal que a aplicou – arts. 38.º e 39.º/1 e 2, d) e e).

3. Em síntese, ao rever a medida de internamento, o tribunal,

a) se persistirem no momento da revisão as exigências educativas que a ditaram, manterá a medida;

b) se concluir que as necessidades de educativas já não subsistem no momento da revisão, mercê, designadamente, dos progressos que o jovem tenha feito, porá termo à medida;

c) se resultarem aumentadas as exigências educativas por comparação do momento da revisão com o da aplicação, e se concluir que a singela manutenção da medida é insuficiente, advertirá solenemente o jovem, prorrogará a medida ou agravará o seu regime de execução;

d) se, pelo contrário, as exigências educativas resultarem afrouxadas e se entender que já não requerem a medida aplicada, reduzirá a sua duração, desagravará o seu regime de execução, substitui-la-á por medida não institucional ou suspenderá a sua execução.

4. O facto de a medida de internamento, em qualquer dos regimes, ter a duração mínima de seis meses –art. 18.º/1 e 2 – não impede que o tribunal a reveja antes desse prazo, como resulta claro do art. 137.º/2 e 6; em tese, nessa revisão o tribunal pode concluir, como em qualquer outra, que já não subsistem as necessidades educativas ou que se mostram mais moderadas, decidindo em conformidade, podendo, inclusive, pôr termo à medida.

Esta será, porém, uma situação muito excecional, uma vez que a implementação e o desenvolvimento do projeto educativo pessoal, em que se baseia a intervenção em Centro Educativo, requerem tempo e paciência; aliás, foi a constatação desta necessidade de tempo para o projeto educativo pessoal e para os programas que o integram que motivou o alargamento de três para seis meses da duração mínima da medida de internamento em regime aberto e semiaberto, operado pela Lei n.º 4/2015, de 15 de janeiro.

5. A prorrogação da medida aplicada ao abrigo da al. b), do n.º 2, está prevista de modo a coadunar-se com o princípio da duração determinada das medidas tutelares – arts. 7.º e 18.º; assim, a prorrogação está balizada pelo limite, prévio e inultrapassável, de um sexto da duração fixada no acórdão final, sem prejuízo:

a) da cessação obrigatória quando o jovem completar 21 anos – art. 5.º;

b) do limite máximo da pena de prisão prevista para o crime correspondente ao facto, que não pode ser excedido em caso algum – art. 7.º/2;

c) da duração máxima da medida de internamento prevista no art. 18.º.

6. A prorrogação da medida aplicada, sem alteração do respetivo regime, e a modificação do regime de execução, com substituição por outro de grau imediatamente mais restritivo, radicam ainda e sempre no facto praticado, uma vez que, mesmo nesta fase, o tribunal continua vinculado ao disposto no art. 7.º; por tal motivo, o tribunal só pode usar para fundamentar a opção por estas soluções as subsistentes necessidades de educação do jovem para o direito que ainda encontrem eco na prática do facto; não pode usar-se o instituto da revisão para sancionar violações de deveres inerentes ao cumprimento da medida que descolem do facto quanto a exigências educativas; para isso lá está o regime disciplinar –arts. 185.º e segs.

7. O regime previsto no preceito aplica-se também ao internamento resultante da revisão operada nos termos do art. 138.º/2, d) – internamento ordenado em substituição de medida não institucional; contudo, a revisão não pode agravar os limites legais imperativos a que este específico internamento está vinculado: a) regime de execução semiaberto e b) duração nunca superior ao que faltasse para o cumprimento da medida substituída.

8. A prorrogação da medida e a modificação do seu regime, com agravamento, nomeadamente por violação de deveres inerentes ao cumprimento, coexistem com a eventual aplicação de sanção disciplinar pela prática da conduta em que se tenha corporizado a violação, sem afronta do princípio do *ne bis in idem*.

A punição disciplinar atenta a um momento do jovem e só ao seu contexto de confinamento; a revisão da medida olha ao seu todo e ao seu contexto global.

E como referiu o Conselho Consultivo da Procuradoria-Geral da República, "[s]obre o princípio *non bis in idem* importa sublinhar que subsiste pacífico o entendimento tradicional de que o mesmo não obsta ao duplo sancionamento do mesmo facto e agente a título de responsabilidade penal e disciplinar, admissibilidade sancionatória cuja constitucionalidade tem sido afirmada de forma perentória pelo Tribunal Constitucional – nomeadamente, nos acórdãos n.os 263/94, 161/95, 306/03 e, mais recentemente, na decisão sumária n.º 745/15" –Parecer n.º 19/2016, do Conselho Consultivo da PGR, Diário da República n.º 101/2017, Série II, de 25/05/2017; defendendo, porém, que "[a]s respostas não podem ser estabelecidas em abstrato, mas antes obtidas, mediante a ponderação dos princípios constitucionais, a partir dos dados do caso", Leite, Inês, *Ne (Idem) Bis in Idem*, vol. II, Lisboa, AAFDL, 2016, p. 636.

9. No caso de revisão que prorrogue a medida de internamento ou modifique o seu regime com agravamento, é à medida tal como resultante da revisão que deve atender-se para efeitos do disposto no art. 8.º, e não à medida tal como conformada na sua aplicação inicial; só assim se respeita o comando do art. 7.º, atendendo às atuais necessidades de educação do jovem – neste sentido Maximiano, Ana Cristina, *A Lei Tutelar Educativa –desafios da sua aplicação prática, Intervenção Tutelar Educativa, e-book*, CEJ, 2015, *http://www.cej.mj.pt/cej/recursos/ebooks/familia/Intervencao_Tutelar_Educativa.pdf* (21.06.2017).

10. A modificação do regime de execução da medida de internamento, passando-o de semiaberto para fechado, ao abrigo do n.º 2, c), dispensa a elaboração da perícia sobre a personalidade prevista no art. 69.º; de facto, nesta fase, o conhecimento que o tribunal tem da personalidade do jovem, da sua conduta, das suas condições sociais, económicas, familiares e educativas, está assente em todo o manancial de informação que sobre ele se colheu nas fases do processo que antecederam a aplicação da medida – cfr., nomeadamente, art. 71.º/5 –, nos relatórios de execução da medida de internamento – art. 154.º – nos elementos obtidos para elaboração do projeto educativo pessoal – arts. 164.º e 21.º RGDCE – e em toda a informação prestada no âmbito da articulação do Centro Educativo com o tribunal – art. 50.º RGDCE.

11. A medida tutelar de internamento é obrigatoriamente revista, para efeitos de avaliação da necessidade da sua execução, quando for aplicada prisão preventiva a jovem maior de 16 anos que esteja a cumprir medida tutelar de internamento – art. 136.º/2, b).

A LTE assume que o internamento em regime fechado é adequado para assegurar as exigências cautelares que presidem à aplicação da prisão preventiva.

Assim, nos termos do art. 27.º/5, a aplicação de prisão preventiva a jovem maior de 16 anos que se encontre a cumprir medida tutelar de internamento não determina a interrupção deste, sendo o jovem mantido ou colocado em regime fechado – se o jovem estiver internado em regime fechado, assim continuará; se o regime de cumprimento for o aberto ou semiaberto, passará a regime fechado.

Se o internamento findar antes de cessada a prisão preventiva, o jovem ingressará em estabelecimento prisional, à ordem do processo onde tal medida de coação tenha sido decretada.

Nos casos em que a prisão preventiva cesse antes de findo o internamento:

a) se o regime de execução do internamento antes de decretada a prisão preventiva fosse o fechado, o jovem prosseguirá o cumprimento da medida, não havendo lugar à revisão obrigatória do art. 136.º/2, b);

b) se o regime fosse o aberto ou semiaberto, procede-se à referida revisão obrigatória, dispondo para a mesma a norma do n.º 4 do preceito em anotação; assim, cessada a prisão preventiva que sustentava o regime fechado, o jovem, consoante as circunstâncias, passará ao regime inicial aberto ou semiaberto ou poderá beneficiar de qualquer outra das soluções previstas no n.º 1 deste preceito, tudo em função da aferição que se fizer das necessidades educativas.

12. A medida de internamento é também obrigatoriamente revista quando, nos casos previstos no n.º 6 do art. 27.º, o jovem for absolvido – art. 136.º /2, c).

Reporta-se esta norma aos casos em que a jovem que se encontre em prisão preventiva é aplicada medida tutelar de internamento.

Nestas situações, o jovem mantém-se em prisão preventiva e a execução da medida depende do resultado do processo penal:

a. se o jovem for condenado, a questão é resolvida pelo regime de interatividade entre penas e medidas tutelares, constante dos arts. 23.º a 26.º;

b. se o jovem for absolvido, a medida de prisão preventiva cessa e já não impede a execução do internamento; porém, nem por isso se executa de imediato a medida; antes, importa aferir se as necessidades educativas que presidiram à sua aplicação ainda se mantêm, procedendo-se para isso à revisão obrigatória; a medida só será executada caso se conclua que as exigências educativas que a motivaram ainda persistem – n.os 1 e 4 do preceito em anotação.

José Eduardo Lima

CAPÍTULO III
Regras de execução das medidas não institucionais

ARTIGO 140.º
Admoestação

1 – A medida de admoestação é executada imediatamente, se houver renúncia ao recurso, ou no prazo de oito dias contado do trânsito em julgado da decisão.

2 – A admoestação é feita na presença do defensor do menor e do Ministério Público, podendo o juiz autorizar a presença de outras pessoas, se a considerar conveniente.

3 – Os pais do menor, o representante legal ou quem tiver a sua guarda de facto podem estar presentes, salvo se o juiz entender que a isso se opõe o interesse do menor.

Execução das medidas não institucionais; admoestação

1. Estabelecem-se nesta norma as regras para aplicação da medida de admoestação, prevista no art. 4.º/1, a) e definida quanto ao seu conteúdo no art. 9.º.

2. A medida de admoestação, apesar de ser a menos grave das previstas no elenco taxativo do art. 4.º, por ser a que menos interfere na autonomia de decisão e de condução de vida do jovem, tem características que, em certo sentido, a distingue das demais. Desde logo é insuscetível de revisão porquanto se esgota no momento da sua aplicação; por outro lado, decidida a medida (cfr., art. 129.º), na audiência prévia ou finda a audiência, deve ser executada de imediato, desde que haja renúncia ao recurso (cfr., art. 123.º relativo à legitimidade para o recorrer). Se tal não ocorrer, o tribunal tem oito dias para executar a medida depois de esgotado o prazo de recurso.

3. A admoestação tem de ser feita na presença do defensor do jovem e do Ministério Público, podendo os pais ou cuidadores assistir ao ato a não ser que o juiz considere que essa presença é prejudicial para aquele.

Prevê o n.º 2 que o juiz pode autorizar a presença de outras pessoas, "*se a considerar conveniente*", importando ponderar se também a vítima/ /ofendido poderá, em alguns casos, assistir à admoestação, sendo seguro que a intervenção tutelar educativa não tem nos seus desígnios o ressarcimento do ofendido, que não pode constituir-se assistente nem obter indemnização civil.

Ainda assim, dependendo dos casos e da personalidade do jovem, julgamos que a presença do ofendido naquele ato, para além de "*representante dos valores comunitários lesados*" (cfr., exposição de motivos) pode contribuir de forma decisiva para a pacificação do conflito e, em última análise, servir os interesses do jovem facilitando a sua inserção na comunidade.

4. No mesmo sentido, também no regime especial para jovens adultos (cfr., art. 7.º Dec.-Lei n.º 401/82, de 23 de setembro) a admoestação – prevista apenas para penas de prisão até 2 anos –, ainda que efetuada "*de forma pública*" deve igualmente consumar-se com o recato e o resguardo necessários ao acautelamento da dignidade do jovem e tendo sempre em consideração os fins de reinserção social.

Norberto Martins

ARTIGO 141.º
Reparação ao ofendido e realização de prestações económicas ou de tarefas a favor da comunidade

1 – No caso de aplicar a medida de reparação ao ofendido nas modalidades previstas nas alíneas b) e c) do n.º 1 do artigo 11.º, o tribunal pode encarregar os serviços de reinserção social de acompanhar a execução da medida.

2 – No caso de aplicar a medida de realização de prestações económicas ou de tarefas a favor da comunidade, o tribunal pode encarregar os serviços de reinserção social de acompanhar a execução da medida sempre que esse acompanhamento não possa ser adequadamente assegurado pela entidade destinatária da prestação ou da tarefa.

Reparação ao ofendido e realização de prestações económicas ou de tarefas a favor da comunidade; execução das medidas

1. Quando aplica a medida o tribunal deve indicar a entidade que fica encarregada de assegurar a sua execução (cfr., art. 130.º), que pode ser um serviço público, IPSS ou qualquer entidade pública ou privada, reservando para os serviços de reinserção social, atualmente a DGRSP, a exclusividade do acompanhamento e execução de algumas medidas, de que são exemplo mais impressivo o acompanhamento educativo e o internamento. Em qualquer caso, o tribunal e a entidade encarregada do acompanhamento devem ter sempre presente o princípio da menor interferência na vida do jovem e no seu percurso para a autonomia de vida.

2. No caso da medida de reparação ao ofendido, nas modalidades de compensação económica e exercício de atividade em benefício deste, o juiz está limitado à indicação dos serviços de reinserção social para acompanhar e executar a medida.

Quando a reparação consistir no exercício de uma atividade, deve merecer especial cuidado a observância da distribuição do tempo que o jovem tem de afetar ao cumprimento da medida, cujos limites estão fixados nos n.os 4 e 5 do art. 11.º, sem nunca perder de vista os períodos de descanso e de cumprimento de outras tarefas próprias, designadamente os compromissos escolares. (no mesmo sentido, RODRIGUES, Anabela Miranda/DUARTE-FONSECA, António Carlos, *ob. cit.*, p. 83).

3. Diferentemente, no caso da medida de realização de prestações económicas ou de tarefas a favor da comunidade – art. 4.º/1, d) –, o legislador deu preferência ao acompanhamento pela entidade beneficiária da prestação ou tarefa, pelo que só nos casos em que esse acompanhamento não se mostrar adequado é que pode ser deferida à reinserção social essa incumbência.

NORBERTO MARTINS

ARTIGO 142.º
Acompanhamento educativo

1 – No prazo de três dias a contar do trânsito em julgado da decisão que aplicar a medida de acompanhamento educativo, o tribunal remete cópia aos serviços de reinserção social, acompanhada de cópia dos elementos necessários para a execução de que aqueles serviços não disponham.

2 – Os serviços de reinserção social procedem à elaboração do projeto educativo pessoal e ao seu envio ao tribunal, em prazo não superior a um mês, para homologação.

3 – O menor e os seus pais, representante legal ou pessoa que tiver a sua guarda de facto devem ser motivados para a participação na elaboração do projeto educativo pessoal.

Acompanhamento educativo; execução da medida

1. Estabelecem-se neste artigo as regras para a execução da medida de acompanhamento educativo, prevista no art. 4.º/1, i) e definida quanto ao seu conteúdo no art. 16.º.

2. Tal como já referido na anotação do art. 142.º, compete exclusivamente à DGRSP a execução desta medida (cfr., n.º 4 do art 16.º), pelo que o tribunal está impedido de solicitar a outra entidade, pública ou privada, a elaboração do projeto educativo pessoal (PEP) do jovem.

Durante o ano de 2015 a DGRSP[1] recebeu 358 pedidos dos tribunais para a elaboração de PEP (embora uma pequena parte relativa a jovens a quem foi aplicada a medida de internamento em Centro Educativo).

3. O PEP tem de ser homologado judicialmente, após prévia audição do Ministério Público, como decorre imperativamente do disposto no art. 40.º/1, e).

4. Na elaboração do PEP, que deve estar concluído em 30 dias, os serviços de reinserção social têm necessariamente de *"acolher as áreas de intervenção fixadas pelo tribunal"*, sem perder de vista que a medida de acompanhamento educativo pode conter em si várias *medidas* (p. ex., regras de conduta ou obrigações e a frequência de programas formativos). De resto, neste sentido, a medida de acompanhamento educativo, pelo seu carácter multifacetado, como que *afronta* a regra de não acumulação fixada no art. 19.º (cfr., art. 16.º/1).

Por outro lado, o projeto educativo, enquanto intervenção intensiva junto do jovem, tem de adaptar-se às suas potencialidades e características e responder às necessidades de melhorar as suas competências pessoais e sociais que o facto criminoso praticado evidenciou.

5. Decorre do n.º 3 desta norma que a DGRSP tem o dever de convocar e motivar o jovem e os seus cuidadores de direito ou de facto para participarem na elaboração do projeto educativo. No mesmo sentido, tenha-se em atenção o disposto no art. 21.º Dec. Lei n.º 323-D/2000, de 20 de dezembro, que aprova o RGDCE.

O fim perseguido é o de conseguir a adesão do jovem e dos cuidadores aos objetivos e metas fixadas pelo PEP que seguramente visam que o jovem interiorize "o respeito pelos valores ético-jurídicos fundamentais da comunidade e adquira (alguns) recursos que lhe permitam, no futuro, conduzir a sua vida de modo socialmente responsável" (Ac. TRL 25/01/2011 (2581/09.4TQLSB.L1-5), disponível em *www.dgsi.pt*, consultado a 5 de fevereiro de 2018.

NORBERTO MARTINS

CAPÍTULO IV
Internamento em Centro Educativo

SECÇÃO I
Disposições gerais

ARTIGO 143.º
Âmbito

O disposto na presente secção é aplicável à execução da medida de internamento em Centro Educativo, bem como a todos os internamentos determinados em processo tutelar e previstos na presente lei que tenham de ser realizados em Centro Educativo.

Internamento em Centro Educativo; execução da medida; âmbito de aplicação

1. Esta norma, iniciando o Capítulo IV da LTE, sob a epígrafe "Internamento em Centro Educativo", não sofreu alterações com a publicação da Lei n.º 4/2015, de 15 de janeiro, mantendo, assim, a redação que lhe foi conferida pela Lei n.º 166/99, de 14 de setembro.

2. O art. 143.º enuncia o âmbito de aplicação da Secção I deste Capítulo, referente às "Disposições Gerais" relacionadas com a execução da medida de internamento em Centro Educativo e ainda com os internamentos previstos na LTE que devam, de igual modo, ocorrer em Centro Educativo.

3. A medida de internamento em Centro Educativo constitui a mais gravosa das medidas tutelares elencadas no art. 4.º/1 [prevista na al. i)], sendo a única medida de cariz institucional, e pode vir a ser executada sob os seguintes regimes: aberto, semiaberto e fechado – cfr., arts. 4.º/3, e 17.º.

4. Qualquer que seja o regime fixado – com respeito pelos parâmetros legalmente estabelecidos no art. 17.º – a execução desta medida tem lugar, necessariamente, em Centro Educativo – cfr., ainda al. a) do art. 145.º.

5. As situações enunciadas nas als. b) e c) do art. 145.º, não configuram a aplicação de medida tutelar educativa. Porém, o jovem deve, naquelas circunstâncias, permanecer internado em Centro Educativo, com observância de regras próprias, adequadas ao caso concreto – cfr., art. 165.º.

6. Tal permanência justifica-se quando é aplicada ao jovem a medida cautelar de guarda em Centro Educativo, nos termos dos arts. 57.º, c), e 58.º, ou quando é ordenada a realização de perícia sobre a personalidade em regime de internamento, total ou parcial, após prévia decisão judicial – cfr., art. 68.º/2.

7. E justifica-se ainda quando, face ao que dispõe o art. 145.º, d), nas circunstâncias previstas nos arts. 51.º/1, a), e 54.º/2, tiverem que ser asseguradas as finalidades da detenção ou garantida a presença do jovem perante o juiz para interrogatório na sequência de detenção em flagrante delito.

8. Os arts. 143.º a 158.º-B (excluindo o art. 148.º que foi revogado pela Lei n.º 4/2015, de 15 de janeiro) contêm as regras gerais a observar relativas à permanência dos jovens em Centro Educativo quer se trate de execução de medida tutelar que determinou o internamento do jovem – sujeito a qualquer um dos regimes citados – ou sob outra das formas de internamento, taxativamente mencionadas no art. 145.º.

9. No que concerne ao internamento a que se refere o art. 14.º/2, e), destinado à realização de tratamento específico das patologias ali mencionadas, aceitando o jovem tal encaminhamento no âmbito da execução de medida tutelar educativa de cariz não institucional (imposição de obrigações), não ocorre tal internamento em Centro Educativo, o mesmo sucedendo com o internamento aludido no art. 49.º – necessidade de intervenção médica em virtude de anomalia psíquica – estando excluídas da previsão desta norma ambas as situações.

10. Tendo em consideração o que dispõe o art. 5.º Dec. Lei n.º 401/82, de 23 de setembro, que aprovou o regime penal aplicável a jovens delinquentes, coloca-se a questão de saber se a expressa referência às medidas previstas no art. 18.º Dec.-Lei n.º 314/78, de 27 de outubro (OTM já revogada), onde se inclui, entre outras medidas, o internamento em *estabelecimento de reeducação* [al. l) do citado preceito legal], encontra paralelismo com a atual LTE podendo, nesse caso, o juiz do processo-crime, quando decide aplicar ao jovem pena de prisão efetiva inferior a dois anos, determinar a sua substituição por essas medidas, isolada ou cumulativamente, incluindo o internamento em Centro Educativo.

11. A OTM, aprovada pelo Dec.-Lei n.º 314/78, de 27 de outubro, foi sendo objeto de diversas alterações, estando atualmente revogada – art. 6.º, a), Lei 141/2015 de 8 de setembro. Porém, com a publicação da Lei n.º 166/99, de 14 de setembro, que aprovou a LTE, já tinham sido expressamente revogados, entre outros, os arts. 18.º e 19.º da OTM – cfr., art. 4.º/1 da citada Lei – e o legislador criou as normas transitórias constantes do art. 2.º, para exclusiva resolução das questões suscitadas nos processos pendentes.

12. Entretanto, o Dec.-Lei n.º 401/82, de 23 de setembro, não sofreu qualquer alteração legislativa tendo em vista, designadamente, a sua adequação à LTE, não sendo possível, em nosso entender, recorrer a uma interpretação atualista do citado art. 5.º daquele diploma. Com efeito, é patente a visão protecionista ínsita na norma em causa – compreensível nas datas em que foram publicados cada um dos diplomas – permitindo, inclusive, que o juiz aplicasse ao jovem delinquente a medida prevista no art. 18.º, e) [colocação em família idónea], ou que determinasse que o jovem se manteria no estabelecimento de reeducação até aos 21 anos, prorrogando a medida para além do limite da pena aplicada [art. 18.º, e), OTM e art. 5.º/2 Dec.-Lei n.º 401/82, de 23 de setembro]. Visava-se, deste modo, um alargamento excecional do regime de proteção consagrado na OTM aos jovens com idade inferior a 18 anos que se encontrassem na situação prevista no art. 5.º/1 Dec.-Lei n.º 401/82, de 23 de setembro.

13. Todavia, a entrada em vigor das Leis n.º 147/99, de 1 de setembro (LPCJP), e n.º 166/99, de 14 de setembro (LTE), introduziu inovações paradigmáticas, que subsistem, sendo de destacar, desde logo, a concreta definição dos objetivos de promoção e proteção dos direitos das crianças e dos jovens, por um lado, e a educação para o direito dos jovens entre os 12 e os 16 anos de idade que pratiquem factos suscetíveis de integrar ilícito criminal, por outro. Assim, em nossa opinião, o art. 5.º do Dec.-Lei n.º 401/82, de 23 de setembro, encontra-se tacitamente revogado, tanto mais que a remissão para o art. 18.º da OTM se faz *in totu* estando, por isso, inviabilizada qualquer interpretação que permitisse a sua parcial aplicação, designadamente no que tange ao *internamento em estabelecimento de reeducação*, equiparando tal estabelecimento ao Centro Educativo.

14. Face à revogação tácita do art. 5.º do Dec.-Lei n.º 410/82, de 23 de setembro, entendemos que, no âmbito do regime penal aplicável a jovens delinquentes, não é possível a substituição da pena ali referida por outra medida, incluindo a referida equiparação ao internamento em Centro Educativo, concluindo-se que este art. 143.º não abrange tal situação.

ANA MASSENA

ARTIGO 144.º
Centros educativos

1 – Os centros educativos são estabelecimentos orgânica e hierarquicamente dependentes dos serviços de reinserção social.

2 – A intervenção em Centro Educativo obedece a regulamento geral e a orientações pedagógicas estabelecidas para todos os centros educativos, com vista à realização uniforme dos princípios fixados na lei em matéria tutelar educativa.

3 – Dentro dos limites referidos no número anterior, a intervenção orienta-se, em geral, pelo projeto de intervenção educativa do centro e, em especial, pelo projeto educativo pessoal do menor.

4 – A criação, a organização e a competência dos órgãos dos centros educativos e seu funcionamento, bem como o regulamento geral e a regulamentação do regime disciplinar dos centros educativos, constam de legislação própria.

Centros educativos

1. Esta norma mantém a redação da Lei n.º 166/99, de 14 de setembro. Decorre do seu n.º 1 que todos os centros educativos estão orgânica e hierarquicamente dependentes dos serviços de reinserção social, atualmente, DGRSP.

2. Prevê o art. 8.º/3 RGDCE a possibilidade de celebração de acordo de cooperação entre a DGRSP e entidades particulares sem fins lucrativos para a gestão de centros educativos onde sejam executadas medidas de internamento em regime *aberto* e *semiaberto*. A redação daquela norma harmonizava-se com o disposto no art. 208.º/1, na redação da Lei n.º 166/99, de 14 de setembro. Contudo, com a alteração deste preceito legal introduzida pela Lei n.º 4/2015, de 15 de fevereiro, constata-se que o referido acordo de cooperação se estendeu, de igual modo, aos centros educativos onde seja executada a medida de internamento em regime *fechado*, havendo, assim, discordância entre as duas normas – a da LTE e a do RGDCE (que não foi alterado). De todo o modo, em qualquer situação, a responsabilidade pelo acompanhamento da execução das medidas (qualquer que seja o regime de internamento), mantém-se atribuída à DGRSP com a afetação de uma equipa técnica – art. 208.º/2 e art. 8.º/4 RGDCE.

3. Compreendia-se a expressa exclusão do acordo de gestão com entidades particulares quanto a centros educativos onde seja executada a medida de internamento em regime fechado face às particulares exigências desta medida – a mais grave do catálogo legal – quer quanto às razões de segurança que impõem a sua concretização, quer quanto ao específico programa que importa delinear e implementar. Não obstante, face à atual redação do art. 208.º/1, considera agora o legislador a possibilidade da gestão dos centros educativos por entidades particulares sem fins lucrativos também quanto ao regime fechado, o que representa, a nosso ver, uma maior confiança por parte do Estado naquelas entidades quanto à gestão dos centros educativos independentemente do regime de internamento que ali seja executado.

4. Existiu um acordo de cooperação, durante alguns anos (2010-2014), entre a DGRSP e a associação sem fins lucrativos "União Meridianos" relativamente à gestão dos centros educativos da Madeira e de Vila do Conde. Atualmente, todos os centros educativos são geridos pela DRGSP.

5. Compete a esta entidade difundir as orientações pedagógicas a vigorar em todos os centros educativos pretendendo-se alcançar a uniformização da intervenção tutelar educativa na específica vertente da execução das medidas de internamento, encontrando-se a organização, funcionamento e regime de pessoal dos centros educativos prevista no Capítulo IV do RGDCE – arts. 124.º a 144.º – bem como na lei orgânica da DGRSP, aprovada pelo Dec.-Lei n.º 215/2012, de 28 de setembro, com a retificação n.º 63/2012 de 6 de novembro.

6. Para além desta incidência geral no que tange às orientações pedagógicas a observar por todos os centros educativos, a cargo da DGRSP, regem ainda, de acordo com o n.º 3 deste art. 144.º, o projeto educativo do centro e, especialmente, o PEP do jovem, para a completa e profícua intervenção tutelar educativa.

7. De acordo com o disposto no art. 162.º, cada centro dispõe de *projeto de intervenção educativo próprio* com os objetivos expressamente referenciados na norma. Tal projeto deve ser aprovado pelo Conselho Pedagógico e submetido, pelo diretor do Centro Educativo, à apreciação da DGRSP – cfr., arts. 127.º/1, d), e 128.º, a) RGDCE.

8. O *projeto educativo pessoal* do jovem é elaborado no prazo e com os objetivos mencionados no art. 164.º e no art. 21.º RGDCE, e depende de homologação judicial para ser exequível – cfr., n.º 3 do art. 164.º.

9. Na sequência da expressa previsão contida no n.º 4 deste artigo, veio a ser publicado o Dec.-Lei n.º 323-D/2000, de 20 de dezembro, contendo o RGDCE que ainda não sofreu alterações.

Ana Massena

ARTIGO 145.º
Fins dos centros educativos

Os centros educativos destinam-se exclusivamente, consoante a sua classificação e âmbito:

a) À execução da medida tutelar de internamento;

b) À execução da medida cautelar de guarda em Centro Educativo;

c) Ao internamento para a realização de perícia sobre a personalidade quando incumba aos serviços de reinserção social;

d) Ao cumprimento da detenção;

e) *(Revogada)*

Fins dos centros educativos

1. Este preceito foi objeto de alteração introduzida pela Lei n.º 4/2015, de 15 de janeiro, com a supressão da al. e), que dizia respeito ao internamento em fins-de-semana, decorrente da opção revogatória do legislador no que concerne ao art. 148.º, na redação da Lei n.º 166/99, de 14 de setembro – cfr., arts. 1.º e 3.º, d) e e) Lei n.º 4/2015, de 15 de janeiro.

2. Reitera-se o conteúdo do comentário ao art. 143.º quanto às situações taxativamente enunciadas nas diversas alíneas deste art. 145.º, implicando a permanência do jovem em Centro Educativo.

3. O legislador materializa, nesta norma, a disposição contida no citado art. 143.º.

4. A existência de centros educativos justifica-se para a execução da medida tutelar de internamento (arts. 17.º e 18.º) e para as demais situações constantes das als. b), c) e d), ou seja, a execução da medida cautelar de guarda em Centro Educativo [art. 57.º, c)]; o internamento para realização de perícia sobre a personalidade quando incumba aos serviços de reinserção social (arts. 51.º/1, c) e 69.º), e ainda quando se destina ao cumprimento da detenção (arts. 51.º/1, a) e 54.º/2), sendo legalmente impostas tais finalidades exclusivas.

5. Tendo em consideração o disposto no art. 27.º/5, nas circunstâncias ali referidas, o jovem cumpre no Centro Educativo, no regime fechado, a medida de coação de prisão preventiva que lhe foi aplicada.

6. Aludindo o art. 145.º à classificação e âmbito dos centros educativos, importa referenciar o que dispõem os arts. 206.º e 207.º. Da análise conjunta destas normas resulta, em nosso entender, que os centros educativos podem classificar-se em quatro categorias: abertos, semiabertos, fechados e mistos. Na verdade, ainda que a redação do art. 206.º mencione a existência de três categorias (abertos, semiabertos e fechados) – intrinsecamente relacionadas com a fixação do regime de execução da medida de internamento aplicada – certo é que, no art. 207.º, o legislador admite a possibilidade de coexistência de "unidades residenciais diferenciadas segundo os regimes de execução das medidas, projetos de intervenção educativa e tipos de internamento", permitindo concluir que, no mesmo Centro Educativo, é possível a permanência de jovens sujeitos a regimes distintos e a diversos tipos de internamento, desde que existam unidades residenciais diferenciadas, o que classificará tal Centro Educativo como misto – neste sentido, v., Rodrigues, Anabela Miranda/Duarte-Fonseca, António Carlos, *ob. cit.*, p. 100.

7. Atento o disposto nos arts. 144.º/1 LTE e 8.º/1 RGDCE, aprovado pelo Dec.-Lei n.º 323-D/2000, de 20 de dezembro, os centros educativos integram-se na estrutura orgânica da DGRSP. E são criados por ato legislativo ou regulamentar do Governo – art. 10.º/1 citado Decreto-Lei.

8. O art. 8.º/2 RGDCE reproduz o conteúdo do art. 145.º LTE (não tendo o legislador, por ora, procedido à revogação da respetiva al. e), em consonância com a atual redação da Lei n.º 166/99, de 14 de setembro, introduzida pela Lei n.º 4/2015, de 15 de janeiro, devendo o intérprete, recorrendo à regra consagrada no art. 9.º/1 CC, considerar suprimida a referência ao internamento em fins-de-semana ali mencionado).

9. O legislador reforça a finalidade exclusiva dos centros educativos para as concretas atribuições enunciadas nas als. a) a d) do citado art. 8.º/2, competindo-lhes, através de métodos e programas adequados lograr obter o cumprimento dessas atribuições – cfr., art. 9.º Regulamento citado.

10. No que tange à classificação dos centros educativos, em complemento do que já referimos relativamente ao disposto nos arts. 206.º e 207.º LTE, cumpre ainda destacar o conteúdo do art. 10.º/4 RGDCE que prevê, de igual modo, a coexistência de unidades residenciais diferenciadas em função do regime de execução alicerçando o entendimento, já expendido, quanto à previsão legal de outra categoria de centros educativos: os de natureza mista.

11. Aliás, tendo em consideração o disposto no n.º 3 do art. 10.º do Regulamento, o legislador admite ainda que os centros educativos possam classificar-se como especiais, com os concretos objetivos ali delineados, constituindo resposta adequada às situações mencionadas a título meramente exemplificativo. E, por outro lado, prevê a existência de unidades residenciais especiais – cfr., art. 11.º/2, d) do Regulamento. Concluindo-se, de igual modo, que tais unidades especiais podem coexistir com aquelas que estão elencadas nas restantes alíneas do citado art. 11.º/2, caracterizando o Centro Educativo como misto.

12. Concretizando essa opção, dispõe o art. 16.º/2 do Regulamento que a integração do jovem pode ser efetuada num centro ou unidade especial, através de prévia proposta dos serviços de reinserção social e da elaboração de um plano de intervenção, elementos que devem ser objeto de apreciação judicial, uma vez que tal encaminhamento carece de autorização do tribunal.

13. Ainda assim, como prevê o n.º 4 do citado art. 16.º, caso surja durante o internamento situação de crise que exija urgente intervenção terapêutica especializada, o jovem pode vir a ser transferido, a título provisório, para o centro ou unidade especial. Neste caso, os serviços de reinserção social devem solicitar ao tribunal a ratificação dessa decisão, no prazo de 48 horas. Trata-se de um procedimento urgente, adotado por uma entidade administrativa, que deve ser apreciado pelo tribunal que determinou o internamento por forma a manter, ou não, aquela decisão.

14. Em suma, a permanência do educando em centro ou unidade especial dependerá, sempre, da decisão do tribunal, proferida previamente quando exista proposta dos serviços de reinserção social ou *a posteriori* nos casos em que haja ratificação do procedimento urgente adotado por aqueles serviços.

ANA MASSENA

ARTIGO 146.º
Medida cautelar de guarda e detenção

A detenção e a medida cautelar de guarda em Centro Educativo são cumpridas em Centro Educativo de regime semiaberto ou fechado, preferencialmente em unidade residencial especialmente destinada para este fim.

Medida cautelar de guarda e detenção; cumprimento

1. Para execução quer da detenção, quer da medida cautelar de guarda em Centro Educativo, o legislador impõe que o internamento se realize nos regimes semiaberto ou fechado excluindo, assim, o regime aberto, o que se mostra consentâneo com a gravidade da conduta do jovem e com as necessidades inerentes a cada uma das situações previstas. As características do internamento em regime aberto – cfr., art. 167.º – tornariam, desde logo, essa modalidade inadequada tanto para a execução da detenção como para o cumprimento da medida cautelar de guarda. Acresce que, o disposto nos arts. 51.º, 52.º, 54.º e 58.º, não permitiria tal solução.

2. Relativamente à detenção, remete-se para as anotações aos arts. 51.º, 52.º e 54.º, sublinhando-se ainda que a condução do jovem ao Centro Educativo mais próximo – com os objetivos referidos no n.º 2 do art. 54.º – surge como solução residual e perdurará, apenas, até ser possível a sua apresentação ao juiz, o que sucederá, impreterivelmente, no prazo máximo de 48 horas – cfr., art. 51.º/1, a) *ex vi* art. 54.º/3. Aliás, incumbe ao diretor do Centro Educativo proceder à imediata comunicação ao tribunal do cumprimento da detenção – cfr., art. 50.º/2, a) RGDCE – acautelando-se, assim, o respeito por aquele prazo. A curta permanência do jovem no Centro Educativo em virtude da detenção referida justifica, por outro lado, que o legislador nada tenha previsto, na norma constante do art. 165.º, quanto a esta concreta situação considerando, a nosso ver, que as atividades ali referidas não podem vir a ser desenvolvidas dada a escassez de tempo útil para o efeito – no art. 22.º do RGDCE o legislador incluiu todas as situações de internamento previstas no art. 145.º LTE exceto, obviamente, o internamento para execução de medida aplicada. Atualmente, face à expressa revogação da al. e) do art. 145.º e do art. 148.º LTE na redação originária (art. 3.º, d) e e) Lei n.º 4/2015, de 15 de janeiro), deve considerar-se que a referência às diversas alíneas do art. 145.º não inclui a al. e) relativa ao antigo internamento em fins-de-semana. De todo o modo, subsiste a referência à al. d) do art. 145.º, o que nos parece contraditório com o teor do art. 165.º (que exclui aquela situação) sendo, na prática, incompatível a existência de um *plano de intervenção* nos casos de permanência do jovem para cumprimento da detenção.

Refira-se ainda que a detenção só pode manter-se nos casos em que o jovem tenha cometido factos qualificados como crime com a natureza e as molduras penais expressamente referenciadas no art. 52.º/2, quando é legalmente admissível a futura aplicação da medida de internamento em Centro Educativo, nos regimes semiaberto ou fechado – cfr., art. 17.º/3 e 4 – e nunca o internamento no regime aberto.

3. No que respeita ao cumprimento da detenção, o artigo não distingue entre regime semiaberto e fechado para os jovens com idade inferior, ou igual e superior a 14 anos, tendo em consideração o disposto no art. 17.º/4, b), que restringe a aplicação da medida de internamento no regime fechado àqueles últimos. Tal opção legislativa permite concluir que, independentemente da idade do jovem (desde que tenha mais de 12 anos), inexiste óbice à sua permanência em Centro Educativo no regime fechado. Contudo, em nosso entender, ainda que se trate apenas do cumprimento da detenção, nos moldes acima referidos, não deverá o jovem, com idade inferior a 14 anos, vir a ser colocado no Centro Educativo em regime fechado. Com efeito, no âmbito do processo tutelar educativo a medida de internamento, eventualmente a aplicar, jamais poderá vir a ser executada em regime fechado por não se verificar um dos pressupostos legalmente exigidos [art. 17.º/4, b)], seja qual for a natureza do crime e a moldura penal correspondente. Tendo o legislador demonstrado preocupação com a existência de harmonização entre os regimes em que o futuro internamento (a ser aplicada esta medida tutelar educativa) pode vir a ser executado e a atual situação do jovem (detido ou sujeito a medida cautelar de guarda), consideramos que esse objetivo deve nortear, de igual modo, a interpretação da norma nos termos supra aludidos. Concluímos, assim, que nos casos de cumprimento da detenção relativamente a jovens com idade inferior a 14 anos, não poderá tal detenção ser executada no regime fechado por contrariar frontalmente a disposição contida no art. 17.º/4, b). Por outro lado, a questão da idade do jovem constitui, de igual modo, especial preocupação das RNUPJPL (Resolução da AGNU n.º 45/113 de 14/12/90) estabelecendo orientação no sentido de se atender à mesma aquando da colocação do jovem detido – cfr., regra 28. Consequentemente, a nosso ver, no momento em que a DGRSP seleciona o Centro Educativo onde o jovem com idade inferior a 14 anos irá cumprir a detenção, deve optar sempre pela sua colocação no regime semiaberto.

4. No que concerne ao cumprimento da medida cautelar de guarda em Centro Educativo, cujo início deve ser obrigatoriamente comunicado ao tribunal (art. 50.º/2, a) RGDCE), remete-se para as anotações aos arts. 56.º a 64.º. Atento o disposto no art. 58.º/3, não surgem dúvidas sobre a ponderação a ser feita, também, em função da idade do jovem (inferior, igual ou superior a 14 anos) sobre a execução da medida cautelar de guarda no regime semiaberto ou fechado, o que constará, necessariamente, da decisão judicial que aplicou essa medida, estando expressamente vedado o cumprimento da medida cautelar de guarda em Centro Educativo no regime fechado relativamente a jovens com menos de 14 anos de idade. O art. 165.º determina a inserção dos jovens em cumprimento de medida cautelar de guarda em Centro Educativo em qualquer um dos regimes (semiaberto ou fechado) nas atividades ali mencionadas. Pretende-se, em nosso entender, que no período temporal em que perdurará a medida, o jovem usufrua da melhor inserção possível na dinâmica do Centro Educativo e que beneficie dos programas e atividades específicas ali desenvolvidas, designadamente a formação escolar, pelo que, ainda que não possa ser elaborado qualquer projeto educativo pessoal (exclusivo para a execução da medida de internamento – cfr., art. 164.º), deverá o acompanhamento do jovem sujeito a medida cautelar de guarda reger-se pelas finalidades expressamente referenciadas no citado art. 165.º.

5. De igual modo, o art. 22.º RGDCE impõe que, em benefício dos jovens sujeitos à medida cautelar de guarda em Centro Educativo, seja elaborado *um plano de intervenção* com os mesmos objetivos. Ou seja, a permanência do jovem naquela situação não pode ser desperdiçada de forma alguma, competindo ao Centro Educativo diligenciar, de forma efetiva, pela concretização deste tipo de intervenção, ainda que temporária e sujeita a iminente cessação, nos termos do art. 62.º, decisão que deve ser comunicada pelo tribunal ao diretor do Centro Educativo, tal como sucede com a comunicação a que alude o art. 158.º/2 relativamente à medida de internamento. Durante o ano de 2015, a DGRSP recebeu 46 pedidos de execução de medida cautelar de guarda em Centro Educativo. No regime semiaberto, foram colocados 24 jovens (5 raparigas e 19 rapazes) e no regime fechado 13 jovens (2 raparigas e 11 rapazes). Durante o ano de 2016 (até 20/10/2016), foram feitos 30 pedidos da mesma natureza relativamente a 17 internamentos no regime semiaberto (2 raparigas e 15 rapazes) e a 7 internamentos no regime fechado (3 raparigas e 4 rapazes).

6. O art. 146.º refere ainda que o cumprimento da detenção e da medida cautelar de guarda ocorrerá *preferencialmente em unidade residencial especialmente destinada para esse fim*. O legislador revelou preocupação com o cumprimento das orientações decorrentes dos instrumentos internacionais, designadamente as RNUPJPL (cfr., regra 17). Contudo, até à presente data, a DGRSP não criou, nos diversos centros educativos existentes, qualquer unidade residencial específica, nem se mostra previsível a sua criação, não obstante a previsão legal referida e o disposto no art. 207.º. Assim, o jovem é encaminhado para o Centro Educativo, desejavelmente o mais próximo da respetiva área de residência (pretende-se que sejam facilitados os contactos com a família e incentivada a participação desta na execução da medida cautelar), permanecendo internado no regime semiaberto ou fechado, consoante os casos, e a sua integração será feita no grupo de jovens existente no Centro Educativo, mesmo que estes últimos já cumpram medida tutelar educativa de internamento (salvo o cumprimento da detenção em que, pelas razões já expostas, não se mostra viável qualquer integração). O jovem sujeito a medida cautelar de guarda é imediatamente inserido nas atividades a que alude o art. 165.º conjuntamente com os restantes jovens. A utilização do advérbio *preferencialmente*, que não contém qualquer imposição, permite a opção por esta solução que tem vindo a ser seguida desde a entrada em vigor da Lei n.º 166/99, de 14 de setembro. Acresce que, a patente redução, em termos estatísticos, a partir de 2011, dos casos de aplicação da medida cautelar de guarda em Centro Educativo (a par da diminuição de decisões judiciais que aplicam medida de internamento em Centro Educativo), tem justificado a manutenção desta solução. Por outro lado, a criação/implementação destas unidades residenciais especiais pode, ao contrário do que a norma pretende, trazer consequências nefastas para o jovem. Com efeito, a existência de uma unidade própria, dentro do Centro Educativo, é suscetível de lançar algum estigma sobre os jovens que se encontrem naquela unidade, dificultar a sua integração e, simultaneamente, isolá-los dos outros residentes. Na verdade, serão compatíveis os objetivos referidos nos arts. 165.º LTE e 22.º RGDCE com a colocação destes jovens em espaço distinto, sem contacto com os outros? E se estivesse apenas um jovem em cumprimento de medida cautelar, permaneceria sozinho na unidade especial? Ademais, face ao reduzido número de jovens que, anualmente, cumpre medida cautelar de guarda, a criação de unidades residenciais especiais em todos os centros educativos não se mostraria viável, em termos económicos, mormente pela necessidade de afetação de recursos humanos, o que implicaria, a nosso ver, a escolha de determinado Centro Educativo para a implementação dessa unidade própria. Consequentemente, uma grande percentagem dos jovens nessa situação seria afastada do local da respetiva área de residência, pelo menos, enquanto perdurasse a execução da medida cautelar de guarda, implicando notória dificuldade quanto à preservação dos laços familiares, à participação da família, e à manutenção da proximidade ao seu meio de origem, constituindo violação destes direitos do jovem internado em Centro Educativo – veja-se, a este propósito, a Diretriz 21 (Primeira parte) do documento elaborado em 17/10/2010 pelo Conselho da Europa relativo às *"Diretrizes do Comité de Ministros do Conselho da Europa sobre a justiça adaptada às crianças"*.

7. Deverá a DGRSP comunicar ao tribunal, no próprio dia, o Centro Educativo adequado ao cumprimento da detenção ou à execução da medida cautelar de guarda aplicada ao jovem, nos termos do art. 152.º/2, celeridade que bem se compreende atenta a urgência inerente a cada uma daquelas situações concretas.

8. A cessação e a extinção da medida cautelar de guarda em Centro Educativo devem ser comunicadas pelo tribunal, por escrito, ao diretor do Centro Educativo, pelo meio mais expedito, entendendo-se aqui aplicável a regra contida no art. 158.º/2.

Ana Massena

ARTIGO 147.º

Internamento para perícia sobre a personalidade

O internamento para a realização de perícia sobre a personalidade pode ser realizado em Centro Educativo de regime semiaberto ou fechado, preferencialmente em unidade residencial especialmente destinada para esse fim.

Internamento para perícia sobre a personalidade

1. Relativamente às perícias, reiteram-se as anotações constantes dos arts. 68.º e 69.º.

2. Cumpre sublinhar que a realização de perícia, no âmbito do processo tutelar educativo, se insere na desejável abordagem multidisciplinar da situação do jovem por forma a obter-se o melhor conhecimento possível sobre a sua situação *psicológica, social, emocional, física e cognitiva* podendo, desse modo, ser avaliada, em concreto, a sua necessidade de educação para o direito. São estas as orientações constantes das *"Diretrizes do Comité de Ministros do Conselho da Europa sobre a justiça adaptada às crianças"* – cfr., Diretriz 16 (primeira parte), e Diretrizes 70 e 72 (segunda parte). Também as RNUPJPL impõem tal visão multidisciplinar quando apelam à observância de diversos ditames relacionados com o conhecimento global da situação do jovem, designadamente após a sua detenção ou internamento – cfr., Regras 27 e 28.

3. Decorre do art. 69.º que, sendo previsível a aplicação da medida tutelar educativa de internamento em regime fechado – o que só poderá suceder nas situações expressamente elencadas no art. 17.º/4 – é obrigatória a sujeição do jovem a perícia sobre a personalidade e esta tem, necessariamente, de ser realizada pela DGRSP (nos casos em que não é obrigatória a realização da perícia, p. ex. se não for previsível a aplicação da medida acima referida, pode ser solicitada a qualquer instituição ou serviço diferente da DGRSP).

4. A perícia sobre a personalidade pode ser efetuada em regime de internamento, com prévio despacho judicial – cfr., art. 68.º/2 – considerando o legislador que apenas se mostram adequados à concretização dessa finalidade os regimes semiaberto e fechado, atentas as características destas modalidades de internamento melhor adaptadas à intervenção pericial em causa – cfr., arts. 168.º e 169.º e arts. 14.º e 15.º RGDCE.

5. Assim, ainda que se trate de situação em que é previsível a aplicação da medida tutelar educativa de internamento em regime fechado (com obrigatoriedade de perícia), nada obsta a que, para este efeito, o jovem venha a ser internado em Centro Educativo, no regime semiaberto, enquanto perdurar a intervenção pericial.

6. No que concerne à perícia sobre a personalidade, entendemos que a possibilidade de internamento *total ou parcial*, a que alude a regra geral contida no art. 68.º/2, não tem aplicação neste caso. Com efeito, considerando a expressa exigência, no artigo em anotação, quanto à execução do internamento naqueles dois regimes, obviamente incompatíveis com um *internamento parcial*, forçoso é concluir que o internamento para realização de perícia sobre a personalidade há de ser, sempre, *total*, o que sucederá em qualquer um dos regimes (semiaberto ou fechado), permanecendo o jovem no Centro Educativo durante o período temporal em que decorrer a perícia.

7. Sendo possível, em nosso entender, a realização desta perícia no regime ambulatório – podendo, inclusive, virem a ser emitidos mandados de detenção com essa finalidade – cfr., art. 51.º/1, c) – o tribunal só ordenará o internamento do jovem nos casos em que este recusa, de modo reiterado, prestar a colaboração necessária, p. ex., faltando nas datas designadas para as avaliações determinadas pela DGRSP, o que inviabilizará o desenvolvimento e a conclusão da perícia.

8. A detenção do jovem para sujeição a perícia em regime de internamento será ordenada, por despacho judicial, nos termos das disposições contidas no art. 51.º/1, c), e 2. Compete à DGRSP a indicação do Centro Educativo adequado ao internamento com aquela finalidade – cfr., art. 150.º/1, 2, e 3 *ex vi* art. 152.º/1. Durante o ano de 2015, a DGRSP recebeu 9 pedidos de internamento para realização de perícia sobre a personalidade. No regime semiaberto, foram colocados 6 jovens (rapazes) e no regime fechado 3 jovens (rapazes). Durante o ano de 2016 (até 20/10/2016), foram feitos 6 pedidos da mesma natureza, realizando-se 2 perícias no regime semiaberto (2 rapazes) e 4 no regime fechado (1 rapariga e 3 rapazes).

9. Após a condução do jovem ao Centro Educativo, o respetivo diretor deve comunicar esse facto ao tribunal, atento o disposto no art. 50.º/2, a) RGDCE, iniciando-se a contagem do prazo para a realização da perícia.

10. Com a execução do ordenado internamento do jovem para realização da perícia sobre a personalidade, o processo tutelar educativo (em inquérito ou na fase jurisdicional) passa a revestir natureza urgente – cfr., art. 44.º/1.

11. Este internamento tem a duração máxima de dois meses, salvo se houver prorrogação, por despacho judicial, pelo prazo máximo de um mês, apenas *em caso de especial complexidade devidamente fundamentado* – cfr., art. 68.º/3.

12. Enquanto perdurar o internamento para realização de perícia sobre a personalidade, o jovem integra o programa de atividades a que se refere o art. 165.º, tal como sucede quanto ao cumprimento da medida cautelar de guarda em Centro Educativo, pelo que aqui se reitera o que, a esse propósito, se anotou no art. 146.º.

13. De igual modo, aqui se reafirma o que ficou dito naquela anotação no que tange à referência da parte final da norma: o internamento deve ocorrer *preferencialmente em unidade residencial especialmente destinada para esse fim*. Na verdade, à semelhança do que acontece na execução da medida cautelar de guarda em Centro Educativo, não existem unidades especiais onde os jovens devam permanecer durante o período de internamento destinado à realização da perícia em causa.

14. Relativamente à cessação do internamento para realização de perícia sobre a personalidade do jovem, surgiram interpretações diversas sobre a aplicação do art. 158.º ao internamento com esta finalidade. Acresce que, o RGDCE é omisso quanto ao modo de atuação do diretor do Centro Educativo logo que tenha conhecimento do *terminus* da perícia em causa.

15. Com o objetivo de harmonizar os procedimentos requeridos pelo Ministério Público em processos onde haja sido determinado o internamento do jovem para realização de perícia sobre a personalidade, a Procuradoria-Geral da República difundiu a Circular n.º 2/2012, de 26 de janeiro de 2012, dando orientações aos magistrados do Ministério Público no sentido de, ocorrendo a finalização da perícia, pugnarem pela imediata restituição dos jovens ao seu meio natural de vida, depois de cumpridas as formalidades impostas pelos n.os 3 e 4 do art. 158.º. A Procuradoria-Geral da República apelou ainda, *num registo de boas práticas,* como se refere na Circular em causa, à necessidade de o diretor do Centro Educativo comunicar ao processo, com a antecedência mínima de 5 dias, a data previsível do termo da perícia.

ANA MASSENA

ARTIGO 148.º
Internamento em fins-de-semana

(Revogado)

ARTIGO 149.º
Definição do Centro Educativo adequado ao internamento

Compete aos serviços de reinserção social definir o Centro Educativo para os fins indicados no artigo 145.º ou para a transferência do menor entre centros educativos de igual regime.

Centro Educativo adequado ao internamento; definição do centro

1. A escolha do Centro Educativo que no caso concreto irá receber o jovem na observância de uma das finalidades estabelecidas no art. 145.º, bem como a sua transferência entre centros educativos cabe aos *"serviços de reinserção social"*, depois de estudada a situação em concreto e verificada a existência de vagas em Centro Educativo com um regime de funcionamento compatível com a decisão judicial de aplicação da medida tutelar educativa e com o regime estabelecido para a sua execução.

Na escolha do Centro Educativo poderão ser ponderados e apreciados fatores que se prendem, designadamente, com a sua proximidade da residência do jovem, a fim de que a possibilidade de visitas por parte da família possa efetivar-se com regularidade, e também com a adequação do projeto educativo, próprio de cada um dos centros, às necessidades concretas em causa.

Esta ponderação poderá determinar a necessidade de uma mudança de Centro Educativo, ocorrendo, então, a transferência do jovem, que deve ser, de imediato, comunicada ao tribunal.

2. A definição do Centro Educativo por parte da DGRSP terá naturalmente que se conter dentro dos exatos termos definidos na decisão judicial no que respeita à medida e requisitos da sua execução, não podendo existir aqui qualquer margem de ponderação ou de oportunidade.

3. Por força do estabelecido no art. 3.º/1, i) Dec.-Lei n.º 215/2012, de 28 de setembro, é a DGRSP a entidade a quem cabe a *"gestão das populações"* dos centros educativos.

A Portaria n.º 118/2013, de 25 de março, criou a Direção de Serviços de Justiça Juvenil (DSJJ), unidade orgânica nuclear dos serviços centrais da DGRSP, a quem cabe, por força do disposto no seu art. 5.º, e) *"assegurar a colocação de jovens nos centros educativos e supervisionar e acompanhar o funcionamento destes"*.

A Portaria n.º 102/2008, de 1 de fevereiro, veio estabelecer a Rede Nacional dos Centros Educativos, constituída por nove centros educativos, o de Santa Clara, em Vila do Conde; de Santo António, no Porto; do Mondego, em Cavadoude, Guarda; dos Olivais, em Coimbra; Padre António Oliveira, em Caxias, Oeiras; da Bela Vista, em Lisboa; Navarro de Paiva, em Lisboa; da Madeira, no Santo da Serra, Funchal e dos Açores. Destes apenas se encontram em funcionamento seis, uma vez que o da Madeira foi encerrado em 2013, o de Vila do Conde foi encerrado em 2014 e o dos Açores nunca chegou a ser instalado.

Ana Teresa Leal

ARTIGO 150.º
Escolha e determinação do Centro Educativo para a execução da medida de internamento

1 – No prazo de três dias, a contar do trânsito em julgado da sentença que aplicar medida de internamento em Centro Educativo, o tribunal remete aos serviços de reinserção social cópia da decisão, acompanhada de cópia de todos os elementos necessários para a execução, nomeadamente do relatório social, dos relatórios relativos a perícias sobre a personalidade e exames psiquiátricos ou outros que se encontrem no processo.

2 – Na definição de qual o Centro Educativo mais adequado para a execução da medida aplicada, os serviços de reinserção social tomam em conta as necessidades educativas do menor e, tanto quanto possível, a maior proximidade do centro relativamente à sua residência.

3 – Definido o Centro Educativo, os serviços de reinserção social informam o tribunal, no prazo de cinco dias a contar da receção dos documentos referidos no n.º 1.

4 – Não sendo possível a colocação imediata no Centro Educativo considerado mais adequado à execução da medida aplicada e às necessidades educativas do menor, os serviços de reinserção social informam o tribunal, no prazo referido no número anterior, da data a partir da qual a colocação no referido centro será possível ou, em alternativa, de outro Centro Educativo onde a colocação imediata pode ter lugar.

5 – Ponderadas as informações referidas no número anterior e a situação do menor, o tribunal comunica aos serviços de reinserção social a solução que considera preferível, competindo a este fixar em conformidade, no prazo de três dias, o Centro Educativo para a colocação e informar o tribunal da data e período horário da admissão.

Escolha e determinação do Centro Educativo para a execução da medida de internamento

1. Regula o presente preceito a forma como é decidido e selecionado o Centro Educativo onde deve ter lugar o cumprimento da medida de internamento aplicada ao jovem.

A medida institucional de internamento em Centro Educativo vê os seus regimes de execução definidos nos arts. 4.º/3 e 17.º/2, 3 e 4, sendo estes que originam a classificação dos centros educativos em abertos, semiabertos e fechados, nos termos dos arts. 206.º e 10.º RGDCE. Por força do disposto no art. 118.º/4, o regime de execução da medida de internamento tem obrigatoriamente que constar da decisão.

2. Atualmente e atenta a redação do art. 125.º/4, para cujas anotações se remete, tendo o recurso da decisão que aplique medida tutelar de internamento efeito meramente devolutivo, os procedimentos de execução necessários ao seu cumprimento iniciam-se de imediato, não havendo agora que aguardar o trânsito em julgado da decisão. Só esta interpretação da norma a torna compatível com o preceituado no mencionado art. 125.º/4 e apenas por manifesto lapso do legislador não foi a sua redação alterada em conformidade.

A comunicação por parte do tribunal à DGRSP dos elementos necessários à execução tem que ter lugar no prazo de três dias e a esta entidade deve ser enviada não só a decisão mas também todos os elementos que constem do processo e que, de modo direto ou indireto, a possam habilitar a efetuar uma escolha o mais criteriosa possível do centro onde terá lugar o cumprimento da medida.

O n.º 1 do preceito enuncia de forma exemplificativa alguns dos elementos que devem integrar o lote dos que acompanham a decisão, como sejam relatório social, perícias sobre a personalidade ou exames psiquiátricos mas outros poderão revelar-se importantes, designadamente aqueles que constem do processo e digam, por exemplo, respeito ao percurso educativo e profissional do jovem ou sobre a sua dinâmica familiar.

Por princípio, deverão acompanhar a sentença todos os elementos documentais constantes do processo e relativos à pessoa do jovem que tenham servido para fundamentar a decisão nos segmentos da escolha da medida e do seu tempo de duração.

O legislador não impôs qualquer certificação dos elementos a enviar, bastando as meras cópias.

3. Nos termos já referidos na anotação ao anterior artigo, incumbe à DGRSP as atribuições que se prendem com a eleição do Centro Educativo onde o jovem irá cumprir a medida aplicada, tendo sempre por reporte o regime de execução fixado na decisão judicial que a aplicou.

Nos termos do art. 5.º/2, e), Portaria n.º 118/2013, de 25 de março, à DSJJ caberá, a jusante, as atribuições que se prendem com a colocação de jovens nos centros educativos e com a supervisão e acompanhamento do funcionamento destes.

Para a determinação do Centro Educativo que melhores condições reúne para satisfazer as necessidades de educação para o direito do jovem a DGRSP deverá, em face da decisão judicial e de todos os elementos que lhe foram enviados pelo tribunal, sopesar os diversos fatores em equação, designadamente aqueles que se prendem com a lotação dos centros educativos e com os programas educativos e terapêuticos implementados em cada um deles.

Como objetivos a alcançar na execução das medidas tutelares educativas temos a "educação para o direito" e a " inserção de forma digna e responsável, na vida em comunidade" – art. 2.º/2.

São estes dois aspetos que irão balizar a atuação da DGRSP na escolha do Centro Educativo que melhor se adeque ao jovem, na medida que possibilite uma intervenção com o mesmo de modo a que ganhe competências pessoais e sociais que lhe permitam conduzir a sua vida futura sem reincidir.

A família, os amigos e as pessoas que lhe estão próximas integrarão, na maior partes das vezes, o programa de intervenção estabelecido para o jovem, razão pela qual o legislador elegeu o critério da proximidade do Centro Educativo com a sua residência como um dos fatores a ter em consideração na escolha a fazer sobre o Centro Educativo que melhor se adequa aos objetivos prosseguidos.

A regra 26.5 das «Regras de Beijing» para a Administração da Justiça de Menores, que constituem a Resolução 40/33 da Assembleia Geral das Nações Unidas, estabelece que "no interesse e para o bem estar do jovem colocado em instituição os pais ou o tutor gozarão de um direito de visita".

Doutro modo, encontra-se na previsão do art. 159.º/2 o favorecimento dos vínculos sociais e o contacto com familiares e amigos, como forma de minorar os efeitos negativos que do internamento possam advir para o jovem e as suas relações com a comunidade exterior encontram consagração nos arts. 38.º, 39.º e 40.º RGDCE.

O encerramento dos centros educativos da Madeira e de Vila do Conde e a nunca concretizada instalação do Centro Educativo dos Açores determina para os jovens residentes naquelas áreas geográficas, o que assume particular relevância no que respeita às ilhas, uma muito difícil se não mesmo irrealizável oportunidade de contactos regulares com os familiares e amigos, o que em algumas das situações poderá constituir um revés assinalável nos objetivos que se pretendem atingir com a aplicação da medida de internamento.

Porém, como nota Silva, Júlio Barbosa, *Lei Tutelar Educativa Comentada...*, *ob. cit.*, p. 432, em determinadas situações pode ser contraindicada a permanência do jovem em Centro Educativo situado em local próximo da sua residência pois tal poderá, em circunstâncias particulares, colocar em causa os próprios desígnios do plano educativo a seguir, mormente se tal permitir ao jovem contactos pessoais com amigos ou conhecidos que tenham estado na génese ou contribuído para o seu comportamento contrário ao direito.

4. Após receção da decisão e restante documentação a DGRSP deve definir qual o Centro Educativo onde o jovem irá cumprir a medida e, no prazo de 5 dias, informar o tribunal da sua deliberação.

5. Na sua maioria, os centros encontram-se, atualmente, com uma taxa de ocupação abaixo da sua capacidade, mas pode sempre ocorrer a possibilidade de não existir vaga no Centro Educativo considerado mais adequado às necessidades educativas do jovem.

É para esta hipótese que o n.º 4 do preceito prevê que, também no prazo de 5 dias a DGRSP, deve informar o tribunal:

- Da inexistência de vaga no imediato;
- Da data a partir da qual é possível a colocação ou;
- Da possibilidade de, em alternativa, a colocação ter lugar noutro Centro Educativo.

Não será demais referir que também nesta última hipótese, o Centro Educativo indicado como alternativa nunca poderá ter um regime de execução diverso daquele que foi fixado na decisão.

6. Em face das informações recebidas o tribunal avalia qual das soluções propostas melhor satisfaz as necessidades educativas do jovem.

Situações haverá em que se mostra forçoso o início imediato do cumprimento da medida, mormente em casos de comportamentos particularmente graves a necessitar de uma intervenção que não se compadece com quaisquer delongas, e aqui pode sempre o tribunal decidir-se pela colocação imediata em centro que, não sendo o que em primeira linha se perfilava como o mais adequado, não deixará, no entanto, de satisfazer as necessidades educativas em causa.

Previamente à decisão deve sempre ser ouvido o Ministério Público a quem cabe, por força do disposto no art. 40.º/1, c), "promover a execução das medidas tutelares".

A solução pela qual o tribunal optou é depois comunicada à DGRSP, para que proceda em conformidade.

A colocação do jovem em Centro Educativo alternativo àquele sobre o qual a escolha recaiu inicialmente determinará a reapreciação desta opção logo que exista vaga neste último, a justificar uma transferência sempre que se considere continuar esta a ser a melhor solução para o processo educativo em curso.

7. Logo que o tribunal, nos termos referidos no ponto anterior, tenha feito a sua escolha, comunica-a à DGRSP, a quem cabe determinar:

- Qual o Centro Educativo onde irá ter lugar o cumprimento da medida;
- Em que data e em que horário terá lugar a admissão do jovem no mesmo.

Estas informações são transmitidas ao tribunal no prazo de 3 dias, a contar da comunicação por aquele efetuada.

8. Todos os prazos estabelecidos neste preceito têm natureza meramente ordenatória e o seu não cumprimento não acarreta qualquer consequência processual na execução da medida, exceto se a demora no início da execução for de molde a justificar uma eventual revisão, nos termos do disposto no art. 137.º.

9. Por força do determinado no art. 139.º/3, o estabelecido no preceito aqui em análise aplica-se, com as devidas adaptações, às situações de substituição do regime de execução da medida.

Ana Teresa Leal

ARTIGO 151.º
Apresentação do menor no Centro Educativo para execução de medida de internamento

1 – Logo que recebida a informação sobre a data e hora da admissão no Centro Educativo, o tribunal notifica do facto o menor, os pais, o representante legal ou quem tenha a sua guarda de facto e o defensor.

2 – No caso de a medida aplicada ser executada em Centro Educativo de regime aberto ou semiaberto, o tribunal notifica igualmente os pais, o representante legal ou quem tenha a sua guarda de facto para que o apresentem no Centro Educativo, na data e hora fixadas, dando conhecimento aos serviços de reinserção social, a quem aqueles podem solicitar apoio.

3 – O tribunal emite mandado de condução, a cumprir por entidades policiais, no caso de a medida ser de executar em Centro Educativo de regime fechado ou quando a apresentação do menor, nos termos do n.º 2, não possa ou não tenha podido realizar-se por causa imputável ao menor, aos pais, ao representante legal ou a quem tenha a sua guarda de facto.

4 – A menos que o tribunal o proíba, o disposto no n.º 3 não obsta a que o menor possa ser acompanhado por um dos pais, representante legal ou quem tenha a sua guarda de facto, se as condições da viatura das entidades encarregadas da apresentação o permitirem.

5 – No caso de o menor já se encontrar internado em Centro Educativo diferente do fixado para a execução da medida, a sua condução ao novo centro cabe aos serviços de reinserção social, sendo correspondentemente aplicável, se tal não for possível, o disposto no n.º 4, com as devidas adaptações.

6 – Se o menor não der entrada no Centro Educativo fixado pelos serviços de reinserção social, nos 30 dias imediatos à comunicação deste ao tribunal, nos termos do n.º 5 do artigo anterior, e se o lugar nesse centro não puder permanecer reservado ao menor, os serviços de reinserção social fixam outro Centro Educativo para a execução da medida e informam o tribunal.

7 – No caso previsto no número anterior, o juiz emite mandado de condução do menor ao Centro Educativo, a cumprir pelas entidades policiais.

Execução de medida de internamento; apresentação do menor no Centro Educativo

1. Neste preceito encontra-se regulada a forma de, na sequência do determinado no anterior artigo, dar cumprimento ao ingresso do jovem no Centro Educativo e começa por se estabelecer a obrigação de notificação da data e hora em que terá lugar a sua admissão, a ser efetuada ao jovem e aos seus pais, representante legal ou de quem tenha a sua guarda de facto, bem como ao seu defensor.

2. O legislador consagrou duas maneiras possíveis de fazer conduzir o jovem ao Centro Educativo, a voluntária, com a colaboração da família, mormente por parte de quem detenha no momento a sua guarda, e a coerciva, a efetivar pelas entidades policiais.

3. A condução do jovem ao respetivo centro, por parte de quem detenha no momento a sua guarda ou que por ele seja responsável legalmente, ocorre sempre que a medida de internamento tenha lugar em Centro Educativo de regime aberto ou semiaberto.

Duas formalidades processuais hão de aqui que ser cumpridas pelo tribunal, a notificação dos responsáveis pelo jovem para o apresentarem no Centro Educativo na data e horário fixados e a informação correspondente à DGRSP.

A quem incumbir a apresentação do jovem no centro cabe a possibilidade de solicitar o apoio da DGRSP na efetivação dessa tarefa.

A notificação a realizar conterá obrigatoriamente:

a) Trecho informativo

- Data de admissão no Centro Educativo;
- Qual o horário em que o jovem ali deve dar entrada;
- A possibilidade de ser solicitado o apoiou da DGRSP para cumprimento do determinado;

b) Trecho mandatório

- A obrigação de apresentação do jovem no Centro Educativo;
- A cominação de que se não for dado cumprimento ao estabelecido, serão emitidos os competentes mandados de condução, a cumprir pela entidade policial.

4. A condução levada a cabo por forma coativa tem lugar sempre que a execução da medida tenha lugar em Centro Educativo de regime fechado.

A emissão de mandados tem ainda lugar sempre que se tenha frustrado a condução voluntária prevista no número precedente, por razões imputáveis ao jovem ou a quem impendia a obrigação da sua condução.

Neste último caso a emissão de mandados será sempre precedida de despacho judicial, após audição do Ministério Público.

Neste despacho serão apreciados os motivos da não apresentação voluntária do jovem no respetivo centro e apreciar-se-á se a causa pode ser imputada ao jovem ou a quem é por ele responsável.

Consideramos que o princípio do contraditório impõe que a não apresentação voluntária do jovem no Centro Educativo deva ser sempre seguida de notificação para que, em prazo a determinar, possa ser alegado o que houver por conveniente sobre o facto.

Se as razões invocadas se prenderem com factos alheios à vontade do jovem ou de quem impende a obrigação da sua apresentação, desde que estes tenham desenvolvido todas as diligências necessárias para cumprimento da determinação, designadamente o pedido de apoio à DGRSP, julgamos que a emissão de mandados não deverá ter lugar desde logo.

Claro está que uma situação inultrapassável, mesmo que involuntária, determinará, em última linha, a emissão de mandados de condução, pois aqui, o interesse de se dar início célere à execução da medida, na senda dos objetivos prosseguidos pela sua aplicação, sempre se sobreporá aos que se encontram subjacentes à apresentação voluntária no Centro Educativo.

5. Do mandado de condução, emitido pelo juiz, deverá constar, para além da respetiva ordem de condução, a identificação completa do jovem e a referência à decisão condenatória que o sustenta.

O transporte do jovem ao Centro Educativo respetivo é da responsabilidade da entidade policial que executa o mandado, a quem cabe certificar o seu cumprimento e enviá-lo ao processo no mais breve espaço de tempo possível.

6. O n.º 4 do preceito prevê a possibilidade de o jovem, mesmo nas situações de emissão de mandados de condução, poder ser acompanhado no ingresso no Centro Educativo pelos pais, pessoa por ele responsável ou por quem tenha a sua guarda.

Pretende-se, tanto quanto possível, que o impacto para o jovem decorrente do ingresso no Centro Educativo seja atenuado e aconteça de modo tranquilo, sendo que a presença de alguém que lhe é próximo pode constituir um contributo decisivo para tal.

Por outro lado, como destaca RODRIGUES, Anabela Miranda/DUARTE-FONSECA, António Carlos, *ob. cit.*, p. 280, pretende-se que os pais "possam participar no acolhimento do jovem no centro e obter, mais direta e rapidamente, informação concreta sobre este, sobre o projeto de intervenção educativa e sobre o seu funcionamento", com o objetivo de darem a sua colaboração na execução do projeto desenhado e desde logo poderem ser equacionadas as possíveis saídas do jovem durante o período de cumprimento da medida.

Este preceito constitui uma manifestação da "execução participada" prevista no art. 22.º.

No entanto, esta presença dos pais ou do responsável pelo jovem pode ser sempre impedida por decisão do tribunal, se entender que a mesma lhe é prejudicial.

Doutro modo, este acompanhamento do jovem pode ser condicionado por razões meramente logísticas, no caso de o meio de transporte utilizado pelas forças policiais não comportar lugares suficientes ou não estarem reunidas as condições de segurança para o efeito.

7. Quando o jovem estiver já internado em Centro Educativo, diverso daquele que foi em momento posterior definido para a execução da medida, o seu transporte para o novo local é da responsabilidade da DGRSP, tal como dispõe o n.º 5 do preceito.

A mudança de Centro Educativo pode acontecer:

- Quando seja efetuado um cúmulo jurídico, nos termos do art. 8.º/4 e tal represente a necessidade de mudança de centro, designadamente para um com regime de execução de medida diferente do anterior;
- Quando tenha havido modificação do regime de execução, nos termos do art. 139.º/1, c);
- Quando a colocação no Centro Educativo tenha ocorrido nos termos da parte final do art. 150.º/4 e, em momento posterior, ocorra vaga no centro considerado mais adequado e se justifique a correspondente transferência.

Consideramos que aquando da mudança do jovem para novo centro poderá também ter lugar o acompanhamento por parte de um dos progenitores ou da pessoa por ele responsável, nos mesmos termos definidos no número 4 do preceito, pois as razões subjacentes a tal acompanhamento e que atrás referimos mantêm-se igualmente válidas na situação em que exista alteração de Centro Educativo. Só assim não será se não existirem meios materiais para tal ou quando o tribunal o proíba.

A mudança de Centro Educativo nas situações mencionadas é sempre precedida de despacho judicial a determiná-la. Excetuam-se os casos previstos nos arts. 16.º/4 e 36.º/4 RGDCE, em que a intervenção judicial ocorre *a posteriori*, através de despacho de ratificação, na primeira situação e de despacho de homologação, na segunda.

Estas decisões têm necessariamente que ser notificadas ao jovem, aos seus pais ou a quem tenha a sua guarda ou ao seu represente legal e ainda ao seu defensor.

A remissão feita para o n.º 4 tem sido comummente aceite como se tratando de um lapso do legislador já que a mesma se refere ao n.º 3.

Pretende-se deste modo dar resposta às ocorrência em que à DGRSP não é possível, por falta de meios ou por razões de segurança, proceder à condução do jovem ao Centro Educativo para onde haja sido determinada a sua mudança.

8. A situação prevista no n.º 6 deste preceito prende-se com o facto de o jovem não ter dado entrada no Centro Educativo designado, no prazo de 30 dias contados da comunicação por parte do tribunal, a que alude o n.º 5 do artigo anterior.

Neste caso e sempre que a vaga não possa manter-se, a DGRSP terá que indicar ao tribunal outro Centro Educativo onde o jovem possa ingressar para executar a medida de internamento.

9. Prevê o n.º 7 do preceito que nas situações em que tal aconteça há sempre lugar à emissão de mandados de condução, a cumprir pelas entidades policiais, o que sucede independentemente de o regime de execução da medida ser fechado, aberto ou semiaberto.

No entanto, o preceituado neste n.º 7 apenas se aplicará aos casos de o não ingresso no Centro Educativo ser imputável ao jovem, aos pais ou à pessoa por ele responsável, pois de outro modo não se justificará.

Basta pensar numa situação em que o ingresso do jovem no Centro Educativo não tenha acontecido, no prazo em causa, por razões que se prendem com a sua saúde.

Nestes termos, a emissão de mandados de condução nunca pode acontecer de forma automática e está sempre dependente de despacho do juiz.

Ana Teresa Leal

ARTIGO 152.º
Escolha e determinação do Centro Educativo para a execução de outros internamentos

1 – É correspondentemente, com as devidas adaptações, o disposto nos n.os 1, 2 e 3 do artigo 150.º quanto à escolha e determinação pelos serviços de reinserção social do Centro Educativo para a execução dos internamentos referidos nas alíneas b), c) e d) do artigo 145.º, sem prejuízo do disposto no número seguinte.

2 – Os serviços de reinserção social informam o tribunal, no próprio dia da solicitação, quanto ao Centro Educativo para a execução da detenção e da medida cautelar de guarda.

Execução de outros internamentos; escolha e determinação do Centro Educativo

1. A alteração introduzida neste artigo pela Lei n.º 4/2015, de 15 de janeiro, prendeu-se apenas com a revogação da al. e) do art. 145.º.

2. As regras estabelecidas nos n.os 1, 2 e 3 do art. 150.º, relativas à escolha do Centro Educativo, para cujas anotações se remete, são aplicáveis, devidamente adaptadas, quando em causa está a execução de medida cautelar de guarda em Centro Educativo, o internamento para a realização de perícia sobre a personalidade que incumba aos serviços de reinserção ou o cumprimento de detenção.

3. Na definição do Centro Educativo devemos ainda ter presente que quanto ao cumprimento de uma medida cautelar de guarda, tal como dispõem os arts. 58.º/3 e 146.º, a sua execução tem que ter lugar em Centro Educativo de regime semiaberto se o jovem tiver menos de 14 anos e se tiver idade igual ou superior a 14 anos a execução da medida pode ter lugar em Centro Educativo de regime semiaberto ou fechado.

No que concerne ao internamento para realização de perícia que incumba aos serviços de reinserção social, tal como preceituado no art. 147.º, o mesmo terá lugar em Centro Educativo de regime semiaberto ou fechado.

Já quanto à detenção em Centro Educativo, como dispõem os arts. 54.º/2 e 146.º, a mesma tem lugar no Centro Educativo de regime semiaberto ou fechado mais próximo do local onde vai ocorrer o primeiro interrogatório.

4. Mesmo na execução de internamento que não seja para cumprimento de medida tutelar, dita o art. 22.º RGDCE que, tendo em consideração a sua duração e finalidade e sempre que possível, haverá igualmente uma intervenção educativa moldada segundo as características e necessidades próprias do jovem.

5. No que toca à execução de detenção ou de medida tutelar de guarda, nos termos do n.º 2 deste preceito, a DGRSP indica ao tribunal, no próprio dia em que o pedido é feito, qual o Centro Educativo onde o cumprimento da mesma terá lugar, o que facilmente se compreende tendo em conta a sua natureza e urgência.

Ana Teresa Leal

ARTIGO 153.º
Apresentação do menor no Centro Educativo para execução de outros internamentos

1 – É correspondentemente aplicável o disposto no n.º 1 do artigo 151.º aos internamentos previstos nas alíneas b), c) e d) do artigo 145.º

2 – É correspondentemente aplicável, com as devidas adaptações, o disposto nos n.os 2, 3, 4, 6 e 7 do artigo 151.º ao internamento previsto na alínea c) do artigo 145.º

3 – O tribunal emite mandado de condução ao Centro Educativo, a cumprir pelas entidades policiais, para a execução da detenção e da medida cautelar de guarda, podendo o menor, a menos que o tribunal o proíba, ser acompanhado por um dos pais, representante legal ou quem tenha a sua guarda de facto, se as condições da viatura o permitirem.

Execução de outros internamentos; apresentação do menor no Centro Educativo

1. A alteração introduzida neste artigo pela Lei n.º 4/2015, de 15 de janeiro, prendeu-se apenas com a revogação da al. e) do art. 145.º.

2. Regendo o presente preceito o modo como ocorre a apresentação do jovem no Centro Educativo quando em causa está a execução de internamentos que não para cumprimento de medida tutelar, remete o mesmo para o que se encontra consagrado nos n.os 1, 2, 3, 4, 6 e 7 do art. 151.º, com os necessários ajustes, pelo que são aqui válidas as considerações feitas nas anotações a este preceito.

3. A notificação a que alude o n.º 1 do art. 151.º tem lugar em qualquer dos internamentos a que se reporta o preceito aqui em apreciação e as regras contidas nos n.os 2, 3, 4, 6 e 7 do mencionado art. 151.º são aplicáveis ao internamento para realização de perícia sobre a personalidade.

4. Nesta última situação, se o internamento acontecer em Centro Educativo de regime semiaberto, a apresentação do jovem no centro designado é, em primeira linha, assegurada pelos pais, representante legal ou por quem tenha a sua guarda de facto.

A emissão de mandados de condução pelo tribunal, nestes casos, tem lugar apenas quando a apresentação voluntária se tenha frustrado, pelas razões enunciadas no n.º 3 do art. 151.º.

Quando o internamento tenha lugar em Centro Educativo de regime fechado, a apresentação do jovem ocorre sempre mediante emissão de mandado judicial de condução.

De igual modo, é emitido mandado de condução sempre que o jovem não dê entrada no Centro Educativo designado, no prazo de 30 dias posterior à comunicação ao tribunal, ressalvadas as situações a que aludimos no ponto 9 da anotação ao art. 151.º.

5. Nos termos do n.º 3, quando em causa está a detenção ou a medida cautelar de guarda, há sempre lugar à emissão por parte do tribunal de mandados de condução, a cumprir pela entidade policial.

Também aqui e analogamente ao estabelecido no n.º 4 do art. 151.º, o jovem pode ser acompanhado por um dos progenitores, pelo seu representante legal ou por quem tenha a sua guarda de facto. Excetuam-se as situações em que o próprio tribunal impede essa companhia ou quando a mesma não é possível por razões logísticas que se prendam com as condições da viatura utilizada pelas forças policias.

Ana Teresa Leal

ARTIGO 154.º
Relatórios de execução da medida de internamento

1 – O diretor do Centro Educativo remete ao tribunal, com a periodicidade estabelecida no número seguinte, relatórios sobre a execução da medida de internamento aplicada e sobre a evolução do processo educativo do menor.

2 – Os relatórios são trimestrais no caso de medidas de duração de seis meses a um ano e semestrais no caso de medidas de duração superior a um ano.

3 – Os relatórios referidos nos números anteriores podem ser acompanhados de proposta de revisão da medida.

4 – O diretor do centro remete ao tribunal o relatório final de execução da medida com a antecedência de 15 dias relativamente à data da sua cessação. Este relatório substitui o relatório periódico que, nos termos do n.º 2, devesse ser enviado no mesmo trimestre ou semestre.

5 – Os relatórios a que se referem os números anteriores são igualmente remetidos ao juiz que aplicou a prisão preventiva, no caso previsto no n.º 5 do artigo 27.º, para efeitos do disposto no artigo 213.º do Código de Processo Penal.

Execução da medida de internamento; relatórios emitidos pelo diretor do Centro Educativo

1. Os relatórios previstos nesta norma, da responsabilidade do diretor do Centro Educativo onde o jovem estiver internado, são obrigatórios e destinam-se a concretizar o dever de informação consagrado no art. 131.º: por um lado possibilitando ao tribunal o controlo jurisdicional da execução das medidas de internamento, por outro disponibilizando-lhe informação relevante sobre a evolução do cumprimento do projeto educativo pessoal regulado no art. 164.º.

2. Será essencialmente com base no conteúdo desses relatórios que o tribunal estará habilitado a proceder às revisões da medida tutelar decorrentes do disposto no art. 137.º, podendo, no seu âmbito e se tal se justificar, reduzir a sua duração, modificar o regime da sua execução, substitui-la por uma medida não institucional, suspender a sua execução por tempo igual ou inferior ao que faltar para o seu cumprimento integral, ou mesmo pôr-lhe fim, por se ter entretanto alcançado o objetivo de educação para o Direito que determinara a sua aplicação.

3. Nos termos do n.º 5 desta norma, os relatórios também terão de ser enviados ao Juiz de Instrução que tenha aplicado prisão preventiva ao jovem em causa, por factos delituosos cometidos após ter completado 16 anos de idade, limiar mínimo da imputabilidade penal consagrado no art. 19.º CP, mas tendo ainda pendente processo tutelar educativo originado por conduta delituosa levada a cabo antes de haver atingido a idade supra referida. Recorde-se que, segundo dispõe o art. 27.º/5, a aplicação de tal medida de coação é possível em relação a jovens que se encontrem já em pleno cumprimento de medida tutelar de internamento, que não se interrompe mas passa a decorrer sob regime fechado pelo tempo correspondente à prisão preventiva. Se esta for levantada o jovem continua em execução da medida, eventualmente passando do regime fechado para semiaberto ou aberto, se for aquele em que se encontrava primitivamente. Findo o cumprimento da medida de internamento o jovem passará a ficar sob a alçada do processo penal, podendo o Juiz de Instrução manter a prisão preventiva anteriormente decidida, ou substituí-la por medida de coação menos gravosa caso se tenham entretanto diluído as necessidades cautelares do caso, nomeadamente pelo efetivo e adequado cumprimento do plano educativo pessoal definido ao jovem em causa no Centro Educativo, o que bem atesta, também nessa sede, a cardeal importância dos relatórios da execução da medida de internamento.

4. Sobre relatórios e outros suportes formais de registo da intervenção técnica dos centros educativos dispõem os arts. 23.º e 50.º RGDCE, aprovado e publicado pelo Dec.-Lei n.º 323-D/2000, de 20 de dezembro.

José António Carvalho

ARTIGO 155.º
Ausência não autorizada do menor

1 – Considera-se ausência não autorizada a fuga e o não regresso ao centro, após uma saída autorizada.

2 – A execução da medida de internamento é interrompida se o menor se ausentar sem autorização do Centro Educativo, não contando o tempo da ausência na duração da medida e do internamento.

3 – A ausência de Centro Educativo de regime fechado é imediatamente comunicada ao tribunal pelo respetivo diretor. A ausência de Centro Educativo com outro regime é comunicada pelo respetivo diretor no prazo máximo de vinte e quatro horas a contar da data do conhecimento da ocorrência.

4 – Cabe ao tribunal determinar que a localização e recondução do menor ausente sem autorização seja feita, se necessário, por entidades policiais, emitindo mandado de condução.

5 – A recondução do menor e a continuação da execução da medida de internamento podem realizar-se no Centro Educativo onde o mesmo se encontrava internado ou noutro, classificado com o mesmo regime de funcionamento e grau de abertura ao exterior, igualmente adequado à execução dessa medida, a definir pelos serviços de reinserção social.

6 – É correspondentemente aplicável, com as devidas adaptações, o disposto nos n.os 1, 3, 4 e 5 aos internamentos referidos nas alíneas b), c) e d) do artigo 145.º.

Ausência não autorizada do menor

1. A redação dos n.os 2 e 6 desta norma foi alterada pela Lei n.º 4/ /2015, de 15 de janeiro, que suprimiu a referência ao internamento em fins-de-semana, como consequência da alteração também introduzida no art. 138.º/2, d), e da revogação da alínea e) do art. 145.º, que aboliram essa cominação sancionatória para os jovens em sede de revisão das medidas não institucionais pelas razões constantes das als. e) e f) do n.º 1 do art. 136.º. No restante, a redação da norma permaneceu inalterada em relação ao texto original, introduzido pela Lei n.º 166/99, de 14 de setembro.

2. Em anotação a esta norma feita em Rodrigues, Anabela Miranda/ /Duarte-Fonseca, António Carlos, *ob. cit.*, p. 286, definiu-se que "[a] fuga consiste na saída do menor do Centro Educativo, sem lhe ter sido concedida autorização ou licença para o efeito, ou desobedecendo a proibição de saída que foi legitimamente estabelecida (o que corresponde também à violação do dever de obediência, previsto na alínea c) do n.º 1, do art. 172.º e é descrito no n.º 4 do mesmo artigo)". Aí se considerou ainda que "[a] ausência por não regresso ao centro na data e/ou hora que tiver sido fixada como limite de autorização de saída concedida é possível ocorrer em qualquer dos regimes de internamento em Centro Educativo, uma vez que em qualquer deles está previsto que os menores sejam autorizados a sair, sem acompanhamento. (...) Em qualquer dos casos, se omenor não respeitar o prazo de duração de saída autorizado e não regressar ao centro até ao termo desse prazo (data e/ou hora) não só incorre em violação do dever de pontualidade, previsto na alínea g) do n.º 1, do art. 172.º e descrito no n.º 8 do mesmo artigo, como pode mesmo ser considerado, logo a partir desse momento, como ausente sem autorização, ficando sujeito às consequências previstas na lei".

3. É óbvia a ressalva que o n.º 2 desta norma faz, ao estipular que o tempo de ausência injustificada do jovem do Centro Educativo não vale para a contagem do tempo de duração da medida pois, a ser de outro modo, essa ausência traria um benefício ao infrator, o que, além de injusto, constituiria até um encorajamento e uma tentação acrescida para que os jovens em internamento se procurassem subtrair ao cumprimento das medidas fugindo dos centros educativos, ou não regressando após uma saída autorizada.

4. Para além de não poderem beneficiar do tempo de ausência injustificada, os jovens em causa ficam ainda sujeitos às consequências previstas no art. 192.º,g) e h), e/ou 193.º, e), porque o não regresso, injustificado, ao centro até ao termo da saída autorizada e a tentativa de fuga, ou a instigação à fuga de outro jovem internado são consideradas infrações disciplinares graves, e a fuga consumada, ou a instigação ou facilitação, logradas, da fuga de outro jovem internado são consideradas infrações disciplinares muito graves, podendo acarretar a imposição das medidas disciplinares respetivamente elencadas nos arts. 196.º e 197.º, após instauração de procedimento disciplinar, se não for considerado possível e adequado reagir às infrações através de outro tipo de resposta educativa voluntariamente aceite pelo jovem (cfr., o disposto no art. 185.º/2).

5. Além das consequências disciplinares, o jovem que incorra em situação de ausência injustificada pode ainda, em casos mais graves (por exemplo pelo elevado tempo de duração da ausência, por na origem desta não haver qualquer circunstância atenuante, por ser caso de comportamento reincidente, ou porque o jovem, durante o período de ausência, cometeu novos delitos criminais), implicar uma revisão, pelo tribunal, da medida aplicada, de acordo com o disposto no art. 136.º/1, e) e f), e com as consequências previstas no art. 139.º/2, a), b) e c), mas no último caso com a salvaguarda do disposto no n.º 3 (advertência solene ao jovem; ou prorrogação da medida aplicada, sem alteração do respetivo regime, por um período de até um sexto da sua duração, nunca excedendo o limite máximo legal de duração previsto; ou modificar o regime de execução, substituindo-o por outro de grau imediatamente mais restritivo, pelo tempo que falte cumprir – nesta última hipótese, como acima ressalvamos, apenas quando se verifiquem os pressupostos previstos no art. 17.º/3 e 4).

6. Poderia equacionar-se a questão da eventual indiciação de crime de "evasão", previsto e punível pelo art. 352.º CP, pelos jovens que encetassem uma fuga do Centro Educativo (mas já não, mesmo em termos meramente teóricos, no que toca aos jovens em situação de ausência não autorizada). Contudo parece-nos que a previsão de tal tipo de crime respeita apenas a "presos", ou seja a agentes criminalmente imputáveis, em situação de prisão preventiva ou cumprimento de pena criminal pois, embora o texto do art. 352.º CP se refira a "quem encontrando-se legalmente privado de liberdade se evadir", o que não é inequívoco quanto à exclusão da aplicação desta norma penal aos jovens que fujam de Centro Educativo, já a epígrafe dessa Secção II (do Título V, Livro II, do CP), da qual faz parte o art. 352.º, taxativamente se refere apenas à "Tirada e evasão de presos" e ao "não cumprimento de obrigações impostas por sentença criminal", o que exclui a hipótese de se imputar a prática do referido crime aos jovens internados que encetem fuga do Centro Educativo – os quais, estando privados da liberdade não estão "presos" em sentido estrito e seguramente não foram aí colocados por sentença criminal. Em sentido contrário se pronuncia, contudo, em anotação a esta mesma norma, SILVA, Júlio Barbosa e, *Lei Tutelar Educativa Comentada...*, *ob. cit.*

7. Se o jovem se encontrar em situação de internamento sob regime fechado, o diretor do centro tem de comunicar imediatamente ao tribunal a sua ausência não autorizada; se o jovem se encontrar em situação de internamento sob regime semiaberto ou aberto, tal comunicação pode ser feita até 24 horas após o momento do conhecimento da ausência. Esta distinção assenta na diferente intensidade das necessidades educativas para o Direito inerentes à opção do tribunal pela aplicação da medida de internamento sob regime fechado, semiaberto ou aberto, que postula uma urgência decrescente na retoma da execução da medida por parte do jovem ausente. De resto, nos internamentos sob regime fechado serão mais improváveis as hipóteses de regresso voluntário por parte do jovem ausente, ou por condução assegurada pelos seus progenitores ou representante legal, que têm de ser logo informados dessa ausência não autorizada, nos termos estipulados pelo art. 173.º/2, a), ou por iniciativa do próprio jovem, entretanto arrependido da sua fuga ou não regresso injustificado, ou tendo conseguido ultrapassar os fatores emocionais ou psicológicos (saudades da família, ou da/o namorada/o, ou doença de ente querido, ou complicações familiares a que quer obviar, etc.) que o induziram à ausência não autorizada.

8. Após receber a comunicação da ausência não autorizada do jovem o tribunal deverá, em regra, determinar a passagem de mandados de condução do jovem ao Centro Educativo, a cumprir pelas entidades policiais, para o que lhe cabe a competência exclusiva. Embora a lei enuncie a emissão desses mandados como uma mera possibilidade – veja-se a expressão "se necessário" – diz-nos a experiência que, mal haja notícia da ausência não autorizada, a passagem de mandados deve ser a regra a seguir e de imediato; se entretanto houver um regresso voluntário do jovem nos termos que acima enunciamos, os mandados serão devolvidos pelas entidades policiais sem cumprimento, por desnecessidade superveniente; se porventura não houver regresso voluntário, a única forma prática de o impor é através da emissão e cumprimento dos mandados porque a possibilidade do regresso do jovem ser assegurado, por exemplo, por técnicos da DGRSP, é meramente teórica face à falta de pessoal e condições logísticas com que se deparam, além das dificuldades inerentes à previsível resistência de jovens recalcitrantes perante a possibilidade do regresso – pois se nao o fossem regressariam voluntariamente –, e quiçá com características pessoais de alguma perigosidade.

9. Resulta do disposto no n.º 5 desta norma que, logo que seja assegurado o fim da ausência não autorizada do jovem, retomar-se-á o cumprimento da medida, podendo sê-lo no mesmo Centro Educativo de onde estava ausente, ou noutro, classificado com o mesmo regime de funcionamento ou grau de abertura ao exterior, a definir pela DGRSP; caso a ausência tenha sido de curta duração, será normal e desejável que não haja mudança de Centro Educativo; mas tal mudança poderá ser necessária se a ausência tiver sido algo demorada, levando ao preenchimento da vaga no Centro Educativo em causa por outro jovem, para se evitarem situações de sobrelotação, impeditivas de um adequado funcionamento dos centros; do disposto no art. 151.º/6, interpretado por analogia, resulta que, em regra, a vaga do menor ficará cativa até 30 dias, podendo/devendo ser preenchida por outro jovem a quem seja entretanto aplicada medida de internamento se o regresso não ocorrer nesse prazo.

10. O n.º 6 desta norma estende a aplicação do disposto nos n.os 1, 3, 4 e 5, com as necessárias adaptações, aos casos previstos no art. 145.º, b), c) e d) – execução de medidas cautelares de guarda, internamentos para realização de perícia sobre a personalidade quando incumba aos serviços de reinserção social, e internamentos para cumprimento de detenção (prevista nos arts. 52.º e 53.º).

11. Esta matéria encontra-se minuciosamente regulada nos arts. 48.º e 49.º RGDCE, aprovado e publicado pelo Dec.-Lei n.º 323-D/2000, de 20 de dezembro.

José António Carvalho

ARTIGO 156.º

Apresentação de recurso ao diretor do centro

1 – O recurso interposto por menor internado em Centro Educativo, pelos pais, pelo representante legal ou por quem tenha a sua guarda de facto ou pelo defensor pode ser dirigido, por escrito, ao diretor do centro, que o remete ao tribunal no prazo máximo de dois dias.

2 – É correspondentemente aplicável o disposto no n.º 2 do artigo 134.º.

Apresentação de recurso ao diretor do centro

1. Embora deva ser dirigido ao diretor do Centro Educativo, o recurso interposto por quem tem legitimidade para o fazer (jovem internado, os pais, quem for detentor da sua guarda de facto, ou o seu defensor) será decidido, em definitivo, pelo juiz do processo à ordem do qual o jovem se encontra internado, conforme decorre do disposto no art. 134.º/2, para o qual remete o n.º 2 deste art. 156.º.

2. Apesar da remissão ser apenas para o n.º 2 do art. 134.º, é patente que todo esse preceito se mostra aqui aplicável, designadamente nas partes em que se refere à fixação do efeito do recurso, ao prazo para a sua decisão e à audição do Ministério Público e demais pessoas que o tribunal considere necessárias.

3. Entre essas pessoas estará por regra, senão sempre, o recorrido, ou seja o diretor do Centro Educativo que tomou a decisão sobre a qual incide o recurso. Em anotação a esta norma feita em SILVA, Júlio Barbosa e, *Lei Tutelar Educativa Comentada..., ob. cit.*, é proposto, com indiscutível acuidade, que o diretor do Centro Educativo responda ao recurso mal o recebe e ainda antes de o enviar ao Juiz do processo, com os ganhos de celeridade inerentes e a poupança de notificações posteriores para que se pronuncie, que sempre seriam feitas pelo tribunal após tomar conhecimento do recurso.

JOSÉ ANTÓNIO CARVALHO

ARTIGO 157.º
Pedidos e reclamações

1 – Os menores podem dirigir, verbalmente ou por escrito, em sobrescrito aberto ou fechado, pedidos ou reclamações aos serviços de reinserção social sobre assuntos relativos ao seu internamento.

2 – Os pedidos ou reclamações referidos no número anterior podem também ser dirigidos ao diretor do Centro Educativo que decide, se constituírem matéria da sua competência, ou que, em caso contrário, os remete superiormente ou às autoridades competentes.

3 – O disposto nos números anteriores é aplicável aos pedidos ou reclamações efetuados pelos pais, representante legal ou por quem tiver a guarda de facto dos menores internados.

Pedidos e reclamações

1. O texto desta norma tem de complementar-se com o dos arts. 171.º, 173.º, 174.º, 175.º e 176.º, que corporizam os direitos do jovem internado e também os dos seus pais ou detentor da guarda de facto.

2. Além de pugnar pela efetiva observância de todos os direitos aí consagrados, o jovem internado poderá sempre reivindicar, ou protestar contra o que se lhe oferecer, e todas as suas queixas e reclamações devem ser cuidadosamente apreciadas e encaminhadas para decisão por quem tenha competência para tal. Além de se assegurar o respeito pela dignidade do jovem e a manutenção do exercício de todos os seus direitos de personalidade e outros que não sejam incompatíveis com a medida de internamento, é importante ter em consideração que a aceitação interior da justeza da medida constitui um importante fator para o seu êxito e para que a conduta do jovem no Centro Educativo seja de molde a permitir-lhe progredir em todas as fases da execução da medida de internamento, conexionadas com o seu projeto educativo pessoal. Um jovem internado não deve experimentar motivos suplementares de rancor que acresçam à natural contrariedade de se ver privado de liberdade e afastado do seu meio, família, amigos e eventual namorada(o). Para tanto é imprescindível que constate que as regras de funcionamento e o regulamento do Centro Educativo são respeitados e se impõem a todos, diretor, monitores, auxiliares, e demais pessoas que aí trabalham ou colaboram, e não são meramente um acervo de regras para controlo, monitorização e coerção dos jovens internados. Assim, se a sua violação por estes os pode sujeitar a procedimento disciplinar, também a sua violação por outrem em detrimento do jovem, tem de ser passível de imediata denúncia para seu ressarcimento e reposição da legalidade regulamentar. E o que se diz em relação aos jovens internados vale igualmente, embora com menos vigor, para os seus pais ou detentores da guarda de facto, sobretudo nas matérias relativas à obtenção de informações ou prerrogativas de visita.

3. Ao Juiz do processo cabe, nos termos do disposto no art. 39.º/2, g), decidir sobre os pedidos e queixas apresentados sobre quaisquer circunstâncias da execução das medidas suscetíveis de pôr em causa os direitos dos jovens. É em conjugação com esta norma que haverá de ser interpretado o n.º 2 do art. 157.º: sempre que o diretor do Centro Educativo considerar que não é da sua competência a decisão sobre pedidos ou reclamações dos jovens deve reexpedi-los de imediato ao tribunal, assim procedendo também se o conteúdo da reclamação o puser pessoalmente em causa; como salvaguarda adicional e derradeira "válvula de escape" (para a hipótese teórica do diretor do centro reter, ignorar ou desvalorizar queixas legítimas e pertinentes) deve ser sempre concedida ao jovem internando a possibilidade de enviar diretamente cartas ao processo, veiculando as suas queixas e reclamações, para apreciação pelo Juiz, após parecer do Ministério Público, nos termos que decorrem do disposto no art. 171.º/3, j) e o). Aliás, a lei permite mesmo, nos seus arts. 39.º/2, h), e 40.º/1, f), que o Juiz e o Magistrado do Ministério Público, visitem os Centros Educativos – faculdade que infelizmente pouco será exercida, devido ao elevado volume de trabalho funcional que se regista nas Instâncias Centrais de Família e Menores – pelo que, se o fizerem, poderão inteirar-se no próprio local do conteúdo das queixas e sobre elas tomar posição.

José António Carvalho

ARTIGO 158.º
Cessação do internamento

1 – O diretor do centro deve informar o tribunal, com pelo menos 15 dias de antecedência, da data prevista para a cessação da medida de internamento, de acordo com a decisão que a determinou.

2 – A cessação da medida de internamento só pode ter lugar por decisão do tribunal comunicada, expressamente e por escrito, ao diretor do Centro Educativo.

3 – Antes da saída do menor, o diretor do centro deve confirmar a inexistência, nos serviços de reinserção social, de outras decisões pendentes de internamento em Centro Educativo, relativamente ao mesmo menor.

4 – No caso de se encontrarem a aguardar execução outras decisões de internamento em Centro Educativo, os serviços de reinserção social solicitam ao tribunal competente a emissão das orientações que tiver por adequadas.

5 – É correspondentemente aplicável o disposto nos n.os 3 e 4 à cessação da medida cautelar de guarda em Centro Educativo e do internamento para realização de perícia sobre a personalidade.

Cessação da medida de internamento

1. Sobre a matéria regulada nesta norma há que ter em atenção a interpretação fixada para o Ministério Público pela Circular n.º 2/2012, de 26/01/2012, da Procuradoria-Geral da República, que dispôs assim:

a) A cessação e a extinção da medida cautelar de guarda em Centro Educativo, à semelhança da cessação da medida de internamento (n.º 2 do art. 158.º LTE), apenas podem ter lugar por decisão do tribunal, comunicada expressamente e por escrito, ao diretor do Centro Educativo;

b) Quanto à cessação e à extinção do internamento com vista à realização de perícia (n.º 5 do art. 158.º LTE), uma vez verificada a entrada do menor no Centro Educativo, compete ao respetivo diretor, em cumprimento da decisão judicial: – assegurar de imediato a pronta realização da perícia; – diligenciar, quando for caso disso, pela obtenção da prorrogação do prazo de 2 meses; – concluída a perícia e cumpridos os passos indicados nos n.os 3 e 4 do art. 158.º LTE, providenciar pela imediata restituição do menor ao seu meio natural de vida, sendo recomendável, num registo de boas práticas, que o diretor do Centro Educativo comunique ao processo, com uma antecedência de pelo menos 5 dias, o termo do prazo previsível para a conclusão da perícia.

2. Conjugando o teor da norma com a interpretação estabelecida pela mencionada Circular da Procuradoria-Geral da República, resulta que tanto a cessação dos internamentos para cumprimento de medida, como para execução de medida cautelar de guarda apenas poderão ter lugar após decisão do tribunal expressamente comunicada ao diretor do Centro Educativo. Estando em causa uma restituição do jovem internado à liberdade não poderá haver aqui quaisquer atrasos pelo que o n.º 1 deste artigo incumbiu o diretor do Centro Educativo de fazer uma espécie de lembrete ao processo a cuja ordem o jovem se encontra no Centro Educativo, embora seja exigível que no próprio processo haja uma contagem do tempo do internamento devidamente efetuada e que, mesmo sem qualquer comunicação do diretor do Centro Educativo, o processo seja movimentado a tempo da decisão judicial de cessação do internamento ser comunicada ao diretor do Centro Educativo com a antecedência necessária para que não se verifique qualquer excesso de prazo de internamento.

3. Se o internamento do jovem for para realização de perícia compreende-se que a gestão do seu tempo de duração fuja um pouco ao alcance do tribunal e seja deixada à esfera de atuação e decisão do diretor do centro, que é a entidade que providencia e controla a execução dessa perícia; mas parece-nos que a al. b) da Circular n.º 2/2012 da Procuradoria-Geral da República compatibiliza esse poder do diretor do centro com o controlo judicial do Juiz do processo aconselhando que o primeiro comunique ao segundo, com cinco dias de antecedência, o termo do prazo de conclusão da perícia o que permitirá ao Juiz decretar formalmente, também nestes casos, o fim do internamento do jovem.

4. Os n.os 3, 4 e 5 desta norma acautelam as situações em que os jovens internados tenham pendentes, em relação a si, outras decisões de internamento em Centro Educativo à ordem de outros processos, pelo que impõe ao diretor do Centro Educativo uma prévia consulta à DGRSP, entidade à qual essas decisões têm de ter sido comunicadas; caso se confirme a existência dessas decisões, o que deverá ocorrer ainda antes de estar decorrido todo o tempo de cumprimento da medida em curso, terá de ser estabelecida uma rápida troca de comunicações entre o diretor do centro e o processo ou processos cuja decisão de internamento (seja para medida cautelar de guarda, seja para cumprimento de medida, seja para realização de perícia) esteja pendente "em espera", para que o Juiz desse processo possa ordenar a continuação do internamento do jovem à sua ordem, após desligamento do primeiro processo mal tiver sido recebida a comunicação da decisão de cessação do primitivo internamento proferida pelo juiz do respetivo processo; esta prática é desejável para se evitar quer um possível futuro internamento do jovem em Centro Educativo diferente, com a perda da identificação e das referências alcançadas em relação a outros jovens internados e aos monitores e técnicos de reinserção social que o acompanharam e têm conhecimento direto, imediato e prolongado do seu perfil e evolução, quer também para poupar ao jovem a desilusão inerente a um precipitado regresso ao meio natural de vida, logo brevemente interrompido com a execução de mandados para o novo internamento que estava em espera.

5. Consumada a cessação do internamento e o regresso do jovem ao seu meio natural de vida, o diretor do Centro Educativo tem de fazer a comunicação correspondente ao processo, por força do disposto no art. 50.º/2, v) RGDCE, assim cumprindo um último requisito que permita ao tribunal o controlo da efetiva restituição do jovem à liberdade e, sendo caso disso, dê azo à oportuna prolação de decisão de arquivamento do processo.

6. Por força do estatuído no art. 173.º/2, c), o diretor do Centro Educativo tem também de comunicar a iminente cessação do internamento aos pais, legais representantes ou detentores da guarda de facto do jovem, para que estes possam preparar o seu regresso ao meio natural de vida.

José António Carvalho

ARTIGO 158.º-A
Período de supervisão intensiva

1 – Por decisão judicial, a execução das medidas de internamento pode compreender um período de supervisão intensiva, o qual visa aferir o nível de competências de natureza integradora adquiridas pelo menor no meio institucional, bem como o impacto no seu comportamento social e pessoal, tendo sempre por referência o facto praticado.

2 – A decisão prevista no número anterior é sempre precedida de parecer dos serviços de reinserção social.

3 – A duração do período de supervisão intensiva não pode ser inferior a três meses nem superior a um ano, cabendo aos serviços de reinserção social avaliar e propor a duração do período de supervisão intensiva em cada caso.

4 – Em qualquer caso, o período de supervisão intensiva não pode ser superior a metade do tempo de duração da medida.

5 – A supervisão intensiva é executada em meio natural de vida ou, em alternativa, e sempre que possível, em casa de autonomia, gerida pelos próprios serviços de reinserção social, por entidades particulares sem fins lucrativos, ou por organismos da Segurança Social, mediante formalização de acordos de cooperação, assegurando-se em qualquer caso a supervisão do período pelos serviços de reinserção social.

6 – O tribunal pode sujeitar o menor ao cumprimento de obrigações e, ou, impor-lhe regras de conduta durante o período de supervisão intensiva.

7 – As obrigações e regras de conduta previstas no número anterior podem consistir no seguinte:

a) Obrigação de frequentar o sistema educativo e formativo, se o menor estiver abrangido pela escolaridade obrigatória;

b) Obrigação de se submeter a programas de tipo formativo, cultural, educativo, profissional, laboral, de educação sexual, de educação rodoviária ou outros similares;

c) Obrigação de assiduidade no posto de trabalho;
d) Proibição de frequentar determinados meios, locais ou espetáculos;
e) Proibição de se ausentar do local de residência sem autorização judicial prévia;
f) Obrigação de residir num local determinado;
g) Obrigação de comparecer perante o tribunal ou os serviços de reinserção social, sempre que for convocado, para os informar sobre as atividades realizadas;
h) Quaisquer outras obrigações que o tribunal considere convenientes para a reinserção social do menor, desde que não atentem contra a sua dignidade como pessoa.

8 – Durante o período de supervisão intensiva, o menor é acompanhado pela equipa de reinserção social competente, que para o efeito prepara e executa um plano de reinserção social, em colaboração com o menor, os pais ou outras pessoas de referência significativa para o menor, ou com a entidade de proteção social designada pelo tribunal, de acordo com o n.º 3 do artigo 22.º

9 – Para efeitos de avaliação da execução do período de supervisão intensiva, os serviços de reinserção social remetem ao tribunal relatórios trimestrais.

10 – Findo o período de supervisão intensiva, e sempre que se comprove que o menor cumpriu as obrigações impostas pelo tribunal, a medida é extinta e o processo arquivado.

11 – Em caso de grave ou reiterada violação das obrigações e regras de conduta impostas ao menor, o tribunal determina o seu internamento, para cumprimento do tempo de medida que lhe faltar cumprir, sempre que possível, no mesmo Centro Educativo onde cumpriu a medida.

12 – Serão estabelecidas, em termos a definir por decreto-lei, as normas reguladoras das condições de instalação e funcionamento das casas de autonomia.

Execução das medidas de internamento; período de supervisão intensiva

1. O presente artigo foi aditado pela Lei n.º 4/2015, de 15 de janeiro; cfr., também a Declaração de Retificação n.º 9/2015, de 3 de março; o

Dec.-Lei n.º 42/2018, de 12 de junho, regula as condições de instalação e funcionamento das casas de autonomia a que se refere o n.º 5 do preceito, dando concretização ao disposto no n.º 12.

2. A estatuição, pela Lei n.º 4/2015, de 15 de janeiro, de um período de supervisão intensiva, correspondente à execução de uma parcela da medida de internamento em meio natural de vida ou em casa de autonomia, satisfez algumas reclamações que nesse sentido vinham sendo formuladas.

Assim, em 2013, a Comissão de Acompanhamento e Fiscalização dos Centros Educativos constatava a urgência de "complementar intervenção educativa em sede institucional com a experiência da continuidade da intervenção em meio natural de vida, ainda sob a tutela do tribunal que aplicou a medida, com vista a supervisionar e testar a aplicação da aprendizagem efetuada em microcosmos de confinamento" e formulava, em conformidade, uma proposta de alteração da LTE, prevendo um período de supervisão intensiva obrigatório na execução das medidas de internamento de duração igual ou superior a um ano, "de forma a testar-se, ainda em sede tutelar educativa, com maior eficácia, o resultado do processo educativo levado a efeito nos CE" – cfr., proposta anexa ao "Relatório 2014 da Comissão de Acompanhamento e Fiscalização dos Centros Educativos", consultado em *http://app.parlamento.pt/webutils/docs/doc.PDF?path=6148523063446f764c324679626d56304c334e706447567a4c31684a53556c4d5a5763765130394e4c7a45775131525455793942636e463161585a765132397461584e7a59573876556d56735958544473334a7062334d76556d56735958544473334a70627930794d4445304a5449775a47456c4d6a424462323170633350446f32386c4d6a426b5a5355794d45466a623231775957356f5957316c626e52764a5449775a5355794d455a7063324d754a5449775a47397a4a544977513256756443346c4d6a42465a48566a59585270646d397a4c6c424552673d3d&fich=Relat%C3%B3rio2014+da+Comiss%C3%A3o+de+Acompanhamento+e+Fisc.+dos+Cent.+Educativos.PDF* (24.06.2017).

Na doutrina, Silva, Júlio Barbosa e, *Lei Tutelar Educativa Comentada...*, *ob. cit.*, p. 96, considerava, sobre o internamento, "que a esta medida tutelar se mostra incompleta no seu desenho, devendo prever duas fases necessárias e obrigatórias: uma caracterizada pelo internamento em Centro Educativo propriamente dito, a outra caracterizada pela reinserção e tratamento, fase essa, necessariamente, no meio social e em liberdade (por oposição a privação em Centro Educativo)".

3. A solução seria ainda imposta, dizia-se, por instrumentos internacionais a que o Estado Português se vinculara, apontando-se

a) as RMNUAJJ, que recomendam a aplicação frequente e precoce da liberdade condicional (regras 28.1 e 28.2) e o estabelecimento de regimes de semidetenção utilizando estabelecimentos de transição, lares educativos, centros diurnos de formação profissional e outros estabelecimentos apropriados, capazes de ajudar os jovens a reintegrarem-se devidamente na sociedade (regra 29);

b) a regra 79 das RNUJPL, que estatui que todos os jovens devem beneficiar de medidas destinadas a auxiliá-los no seu regresso à sociedade, à vida familiar, à educação ou ao emprego depois da libertação e que para isso devem ser concebidos procedimentos, incluindo a libertação antecipada, e cursos especiais; e, por fim

c) a Recomendação do Conselho da Europa CM/Rec (2008)11, que dedica toda a secção E15 à "preparação para a liberdade", estabelecendo, entre o mais, que todos os jovem privados de liberdade devem beneficiar de apoio na transição para a inserção na vida em comunidade, que esta deve processar-se de modo gradual e que a liberdade condicional é um modo de o conseguir.

4. Contudo, apesar de tais ânsias pela supervisão intensiva, parece-nos claro que o mecanismo processual não veio suprir qualquer lacuna de que padecesse a LTE, sem prejuízo dos aperfeiçoamentos que esta pudesse merecer; pelo contrário, estamos convictos de que este mecanismo, ou outro similar, foi de propósito descartado do desenho inicial que a LTE traçou para a execução das medidas.

5. O equívoco resulta da configuração manifesta da supervisão intensiva à imagem do instituto da liberdade condicional do direito penal dos adultos, como se a execução das medidas tutelares educativas comungasse da rigidez que carateriza a execução da pena de prisão.

Embora mitigada por mecanismos de flexibilização que visam prosseguir a reinserção social do recluso, favorecer os contactos com o exterior e a aproximação à comunidade, manter e promover os laços familiares, sociais, afetivos e profissionais do recluso e preparar a vida deste em liberdade – cfr., os arts. 12.º/1 e 3, 58.º/2 e 76.º/2 e 3 CEPMPL – a execução da pena de prisão é tendencialmente rígida. E é esta rigidez que justifica um período de adaptação como a liberdade condicional, durante o qual se processa a transição progressiva e vigiada da vida confinada em estabelecimento prisional para a vida em liberdade.

Foi deste mesmo pressuposto de rigidez da execução da medida de internamento, e como tal a requerer o mesmo período de transição, que nasceu a supervisão intensiva. Como afirmou Maria do Rosário Carneiro na audição parlamentar do dia 11 de junho de 2016, no âmbito da apreciação na especialidade das iniciativas legislativas referentes à LTE [Projetos de Lei n.os 520/XII/3.ª (PS)/534/XII/3.ª (PSD)/535/XII/3.ª (PCP)/537/XII/3.ª (CDS-PP)], "não é pensável que alguém que tenha estado confinado durante um período determinante do seu crescimento, de repente consiga aplicar em situação de não confinamento o que aprendeu em confinamento".

Mas nem esta rigidez existe, nem as situações de repentismo mencionadas na aludida audição parlamentar podiam assacar-se ao quadro legal traçado pela LTE, na versão anterior à Lei n.º 4/2015.

A intervenção tutelar legitima-se e limita-se por ação de dois princípios estruturantes, sempre em relação entre si – o da necessidade de educação para o direito – art. 2.º – e o da atualidade da necessidade de educação – art. 7.º –, por via dos quais o processo tutelar educativo se desenvolve "sempre inspirado na necessidade de adequar a intervenção a uma personalidade em rápida transformação" – cfr., RODRIGUES, Anabela Miranda/DUARTE-FONSECA, António Carlos, *ob. cit.*, p. 254.

Esta inspiração, que se constata ao longo de todas as fases do processo tutelar, é particularmente exuberante durante a execução da medida e tem tradução concreta nas múltiplas possibilidades que o art. 139.º confere ao tribunal para ir moldando a execução do internamento às exigências educativas do jovem, incluindo mesmo a de pôr termo à medida.

A flexibilidade é tal que no Relatório Final da Comissão para a Reforma da Execução de Penas e Medidas (secção B, ponto 7.7) se fez constar que o procedimento de revisão "leva ao limite o princípio da adequação/necessidade da intervenção tutelar, procurando que a medida tutelar se mostre ajustada, de forma quase contínua, à evolução da situação do menor".

A transição gradual do jovem internado para o ambiente em liberdade foi, por conseguinte, pensada no âmbito da revisão da medida e se os tribunais não a operavam não foi tanto por falta de solução legal mas, porventura, pelas razões que Maria do Rosário Carneiro também invocou na já referida audição parlamentar: "Muitas das dificuldades que nós encontrámos com a aplicação da Lei Tutelar Educativa, não têm tanto a ver com o que está preconizado; têm a ver com a forma como depois o sistema veio a aplicar o que está previsto na letra da lei".

6. O cumprimento do recomendado nos instrumentos internacionais supra referidos também não impõe a criação de um regime de liberdade condicional em sede tutelar educativa; apenas que a transição do regime de confinamento se faça de modo gradual, com acompanhamento e medidas de suporte, o que já decorria do regime da LTE prévio à introdução do período de supervisão intensiva.

7. Neste equívoco parece ter origem a notória sobreposição de razões fáticas subjacentes à aplicação da supervisão intensiva e à revisão da medida de internamento.

A supervisão intensiva carateriza-se pela colocação do jovem internado em liberdade, em meio natural de vida ou em casa de autonomia, de acordo com um plano de reinserção social e por período entre três meses e um ano, período que, porém, não pode ultrapassar metade do tempo de duração da medida.

Diz ainda a lei que durante este período o tribunal pode sujeitar o menor ao cumprimento de obrigações, e, ou, impor-lhe regras de conduta.

Embora a lei não especifique em que casos de internamento deve existir período de supervisão intensiva, deixando tal matéria à decisão do tribunal, estabelece, contudo, um requisito: o jovem há de ter adquirido competências de natureza integradora em meio institucional, com impacto no seu comportamento social e pessoal, que importe testar em ambiente livre.

Ora, se um jovem internado adquiriu já estas competências, ainda que sem atingir os objetivos especificados no seu projeto educativo pessoal, e se pode equacionar-se a sua colocação em ambiente livre para testar a consistência da sua aprendizagem, então será também caso de revisão, acompanhando-se a atualidade das exigências educativas do jovem – art. 136.º/1, b), c) e d).

Acresce que a opção, em sede de revisão, pela suspensão da execução da medida, por tempo igual ou inferior ao que falte para o seu cumprimento – art. 139.º/1, e) – ou pela substituição por medida de acompanhamento educativo, eventualmente com sujeição a regras de conduta ou obrigações, por tempo igual ou inferior ao que falte para o cumprimento – arts. 139.º/1, d), e 16.º –, conduzirá ao mesmo resultado que a supervisão intensiva.

A nosso ver, melhor fora que o período de supervisão intensiva tivesse sido enquadrado como um dos efeitos da revisão da medida de internamento, a par dos já previstos no art. 139.º/1, e com estes conjugado, assim se aperfeiçoando este regime; de qualquer modo, parece-nos claro que a supervisão intensiva e a revisão do internamento concorrem entre si, cabendo ao tribunal, de acordo com as exigências educativas do jovem em cada caso concreto, optar pela solução mais adequada.

8. De todo o modo, o período de supervisão intensiva constitui um especial efeito da revisão da medida de internamento, a somar aos previstos nas alíneas do n.º 1 do art. 139.º, já que materialmente é disso que se trata – um pedido de aplicação do regime de supervisão intensiva corresponde, no fundo, a um pedido de revisão da medida tutelar de internamento.

Em obediência ao princípio da contingência, os pressupostos de revisão da medida de internamento previstos no art. 136.º/1, a), b), c), d) e g), e 2, b), continuam operantes durante o período de supervisão intensiva.

Não operam os previstos os previstos no art. 136.º/1, e) e f), e 2, a) e c) – afastados pelo regime especial dos n.os 10 e 11 do preceito em análise, por não existirem centros de detenção e por ser irrelevante a situação no contexto da supervisão intensiva, respetivamente.

O tribunal pode em função das informações constantes dos relatórios trimestrais enviados nos termos do n.º 9, continuar a optar pelas soluções previstas no art. 139.º/1 e 2 que se mostrem adequadas e compagináveis com a supervisão intensiva – a título de exemplo, se antes de findo, o período de supervisão intensiva revelar progressos do jovem que tornem desnecessária a medida de internamento, deve o tribunal pôr-lhe termo – art. 136.º/1, d), e 139.º/1, f); se for aplicada prisão preventiva ao jovem durante o período da supervisão intensiva deve determinar que retome o internamento, agora imperativamente em regime fechado – art. 136.º/2, b), e 27.º/5; se constatar incumprimentos de obrigações ou regras de conduta que a manter-se possam conduzir ao internamento previsto no n.º 11 deve advertir solenemente o menor para a gravidade da sua conduta e para as eventuais consequências daí decorrentes –n.ºs 9 e 11 do preceito em análise e art. 139.º/2, a).

9. Uma vez que a supervisão intensiva decorre de uma operação de revisão da medida de internamento, são convocáveis as regras relativas às modalidades e periodicidade da revisão das medidas tutelares, constantes do art. 137.º, em tudo o que não for especialmente regulado pelo presente preceito. Tal como ali se dispõe, a revisão da medida tutelar de internamento, tendo em vista a aplicação do regime de supervisão intensiva, pode operar-se oficiosamente, a requerimento – (i) do Ministério Público, (ii) do jovem e (iii) dos pais, representante legal ou de quem tenha a sua guarda –, e ainda sob proposta da entidade encarregue de assegurar a execução da medida.

10. Como especial efeito da revisão, a supervisão intensiva só pode equacionar-se no âmbito da execução da medida de internamento, em função das competências de natureza integradora que o jovem for adquirindo no decurso desta.

A fixação de um período obrigatório de supervisão intensiva logo na decisão que aplicar a medida de internamento contraria frontalmente o princípio da adequação/necessidade da intervenção tutelar, que enforma toda a LTE.

11. As condições de instalação e funcionamento das casas de autonomia a que alude o n.º 5 foram reguladas pelo Dec.-Lei n.º 42/2018, de 12 de junho, dando cumprimento ao anunciado no n.º 12.

De facto, a supervisão intensiva é executada em meio natural de vida ou, em alternativa, e sempre que possível, em casa de autonomia – n.º 5.

Com todas as reservas que tal técnica legislativa possa suscitar, certo é que o preâmbulo do Dec.-Lei n.º 42/2018, de 12 de junho, pretende clarificar o critério com que o aplicador deve manejar a alternatividade prevista no n.º 5, dando às casas de autonomia um cunho de solução alternativa meramente subsidiária ou residual – a supervisão decorre preferentemente em meio natural de vida, só decorrendo em casa de autonomia na impossibilidade do jovem poder beneficiar daquele.

Embora as casas de autonomia possam ser geridas pelos próprios serviços de reinserção social, por entidades particulares sem fins lucrativos, ou por organismos da Segurança Social, o acompanhamento e execução da supervisão intensiva cabe sempre aos serviços de reinserção social – n.ºs 5 e 8, art. 130.º/2 e art. 3.º/3, este do Dec.-Lei n.º 42/2018, de 12 de junho.

Cada casa de autonomia rege-se pelo seu regulamento interno que especifica as condições de funcionamento da casa, nomeadamente os horários aplicáveis, os regimes de entradas, saídas e visitas, as normas de segurança e as regras sobre o uso de roupa, calçado e artigos de higiene pessoal e sobre a guarda e entrega de objetos e valores pessoais – art. 4.º/6 Dec.-Lei n.º 42/2018, de 12 de junho. Afigura-se de toda a conveniência que o respeito pelas normas do regulamento interno seja previsto nas obrigações a que o tribunal pode sujeitar o jovem ou nas regras de conduta que lhe pode impor – n.os 6 e 7.

12. Embora o n.º 6 possa inculcar a ideia de que a sujeição do jovem ao cumprimento de obrigações e, ou, regras de conduta é facultativo – "O Tribunal pode –, e de, em tese, poder decretar-se o período de supervisão intensiva sem elas, certo é que estas obrigações/regras de conduta não devem deixar de ser impostas; na verdade, nos termos dos n.os 10 e 11, a avaliação da situação do jovem e do destino do processo no final do período de supervisão intensiva é feita, e só feita, em função do cumprimento/incumprimento das obrigações e regras de conduta".

A prática pelo jovem, durante o período de supervisão intensiva, de novos factos qualificados como crime pela lei penal não está prevista no n.º 11 como fundamento para fazer cessar, incumprida, a supervisão intensiva e determinar o internamento; só a violação grave ou reiterada das obrigações e regras de conduta impostas constitui tal fundamento, pelo que é avisado prever a abstenção de tal prática como regra de conduta.

Incumprimentos pontuais ou que devam considerar-se não graves, assim como os casos em que o jovem, não aderindo ao plano de reinserção social, não incumpra obrigações e regras de conduta por não terem sido fixadas, não implicam o internamento, devendo considerar-se abrangidos pelo n.º 10.

13. Para achar o tempo de medida que falta cumprir, nos termos do n.º 11, contabiliza-se o tempo de supervisão intensiva como tempo de internamento -contra, argumentando que a lógica deverá ser semelhante à da revogação da liberdade condicional e que outra solução constituirá um prémio ao infrator, cfr., Silva, Júlio Barbosa e, "E se todo o mundo...", *loc. cit.*, p. 73.

Por um lado, a aplicação da supervisão intensiva tem de fazer-se à luz das finalidades da intervenção tutelar educativa e não da lógica da liberdade condicional do direito penal de adultos, como se deixou explicitado supra em 5.; por outro, nem sequer é consensual que não deva descontar-se o período de liberdade condicional – defendendo que "para determinar a pena de prisão ainda não cumprida deve deduzir-se ao quantum da condenação o tempo de pena já cumprido na prisão e o período em que o condenado esteve em liberdade condicional", cfr., ANTUNES, Maria João, *Consequências Jurídicas do Crime*, Coimbra, Coimbra Editora, 2013, p. 90.

O período de supervisão intensiva foi pensado para fazer "parte integrante do cumprimento da medida imposta", como se refere no Relatório de 2014 da Comissão de Acompanhamento dos Centros Educativos, acima aludido em 2., espírito que teve correspondência no texto legal do n.º 1: "(...) a execução das medidas de internamento pode compreender um período de supervisão intensiva (...); esta conformação legal corre no sentido, tal como defendido em 8., de ser o período de supervisão intensiva um especial efeito da revisão da medida de internamento, um modo especial de ajustar a execução da medida às necessidades educativas do jovem, que acresce ao elenco constante do art. 139.º – durante a supervisão intensiva é a execução do internamento que prossegue, com nova modulação, sem que haja qualquer suspensão, pelo que este tempo deve descontar-se à duração da medida de internamento aplicada para achar o tempo a cumprir nos termos do n.º 11.

Por fim, esta é também a solução em sede de revisão da medida de internamento para situações materialmente idênticas à supervisão intensiva – no caso de incumprimento do acompanhamento educativo aplicado em substituição do internamento o jovem pode ser internado mas o tempo de acompanhamento conta como tempo de cumprimento da medida – cfr., arts. 139.º/1, d), e 138.º/2, d), e 3.

14. As decisões que determinem período de supervisão intensiva ou que determinem o internamento do jovem por violação grave ou reiterada das obrigações e regras de conduta são suscetíveis de recurso, seja porque a supervisão intensiva é um especial efeito de revisão da medida de internamento, seja porque tais decisões afetam direitos pessoais do jovem – art. 121.º/1, c) e f).

JOSÉ EDUARDO LIMA

ARTIGO 158.º-B
Acompanhamento pós-internamento

1 – Não sendo determinado período de supervisão intensiva, nos termos do n.º 1 do artigo anterior, cessada a medida de internamento, os serviços de reinserção social acompanham o regresso do menor à liberdade, nos termos dos números seguintes.

2 – O diretor do centro deve informar os serviços de reinserção social, com, pelo menos 3 meses de antecedência, da data prevista para a cessação da medida de internamento.

3 – Recebida a comunicação prevista no número anterior, os serviços de reinserção social avaliam as condições de integração do menor no seu meio natural de vida, e propõem fundamentadamente, sendo caso disso, junto da comissão de proteção de crianças e jovens territorialmente competente, a instauração de processo de promoção e proteção, nos termos da Lei de Proteção de Crianças e Jovens em Perigo, aprovada pela Lei n.º 147/99, de 1 de setembro, disso dando, em simultâneo, conhecimento ao Ministério Público.

4 – Podem ser criadas, em termos a definir por decreto-lei, unidades residenciais de transição destinadas a jovens saídos de Centro Educativo.

Acompanhamento pós-internamento

1. Este artigo foi introduzido pela Lei n.º 4/2015, de 15 de janeiro.

2. O retorno do jovem ao seu meio sociofamiliar após o cumprimento da medida tutelar de internamento sempre se afigurou como um dos momentos mais delicados do processo encetado com vista à *educação do menor para o direito e a sua inserção, de forma digna e responsável, na vida em comunidade.* De facto, após um tempo mais ou menos longo em que esteve afastado do seu meio habitual e de ter beneficiado de programas e métodos pedagógicos num contexto "artificial", em que teve de cumprir um conjunto de regras, práticas e horários monitorizados à vista e ao minuto por educadores, técnicos e pessoal da segurança, é chegado o momento de regressar ao meio que, por uma ou outra razão, foi o *habitat* que facilitou o cometimento de um ou vários ilícitos típicos criminais que determinaram a aplicação da mais gravosa das medidas tutelares.

Ora, se a saída do jovem deve ser trabalhada desde o primeiro dia em que é admitido no Centro Educativo, então é forçoso, sob pena de todo o trabalho desenvolvido durante o período de internamento colapsar, que o esforço de acompanhamento do jovem se prolongue fora dos muros do estabelecimento onde esteve privado da sua liberdade, sempre que não beneficie de uma adequada retaguarda familiar, como sucede com a esmagadora maioria dos jovens a quem foi aplicada a medida de internamento.

Estes foram, no essencial – tanto mais que não existia mecanismo legal especificamente vocacionado para assegurar a transição do jovem para o seu meio natural de vida – os objetivos que estiveram na base da proposta de alterações à LTE que foi apresentada em 2013 à Assembleia da República pela Comissão de Acompanhamento dos Centros Educativos, na sequência do Relatório de 2012, e que esteve na génese dos diversos Projetos de Lei apresentados pelos partidos políticos ali representados que desaguaram na Lei n.º 4/2015.

3. O acompanhamento previsto nesta norma não pode ser determinado nos casos em que o jovem beneficiou de supervisão intensiva prevista no antecedente artigo.

4. O diretor do Centro Educativo deve informar os serviços de Reinserção Social da área da residência do internando, com pelo menos 3 meses de antecedência, da data do termo da medida, para que estes procedam à avaliação da situação sociofamiliar do jovem com vista à eventual instauração de processo de promoção e proteção pela CPCJ territorialmente competente. Se anteriormente tiver sido instaurado PP a favor do jovem, deverá ser a este processo, esteja no tribunal ou na Comissão de Proteção, que deve ser feita a comunicação.

Considerando, porém, a atual redação do art. 81.º Lei n.º 147/99, de 1 de setembro, introduzida pela Lei n.º 142/2015, de 8 de setembro, que determina a *apensação* dos processos relativos à mesma criança ou jovem independentemente da sua natureza – promoção, tutelar cível ou tutelar educativo – *ainda que pendentes na CPCJ*, a comunicação à Comissão de Proteção pelos serviços de reinserção social relativa à saída do jovem redundará num ato inútil, posto que esta, autuado o processo, terá de o remeter de imediato ao Ministério Público para ser apensado ao processo tutelar educativo (cfr., art. 11.º/1, i) e 3 Lei n.º 147/99, de 1 de setembro). Assim, afigura-se-nos que nestas situações será recomendável que DGRSP faça sempre a comunicação ao MP.

5. A instauração de processo de promoção e proteção ou a comunicação a processo já existente, por parte dos serviços de reinserção social, só deve ocorrer se, *fundadamente*, se verificar uma situação de perigo, tal como configurada no art. 3.º/2 LPCJP, aprovada pela Lei n.º 147/99, de 1 de setembro.

6. Daqui resulta que os procedimentos exigidos para o acompanhamento do jovem fora do Centro Educativo são da competência das equipas que prestam assessoria ao tribunal, embora seja imperiosa uma *efetiva articulação* com os serviços de reinserção social, que naturalmente possuem um relevante manancial de informações sobre a personalidade, características, competências e necessidades do jovem.

7. Questão que importará ponderar é se o tribunal, nos termos do disposto no art. 139.º/1, b), quando conclui que a medida deve ser reduzida na sua duração pode determinar oficiosamente o acionamento dos mecanismos previstos neste artigo. A nosso ver, a resposta é negativa.

No momento em que procede à revisão o que importa avaliar é se os objetivos perseguidos pela medida de internamento foram atingidos independentemente de não se ter ainda esgotado o tempo fixado. As iniciativas de proteção são da responsabilidade do Ministério Público e podem ser alcançadas através dos mecanismos previstos no art. 39.º ou, por iniciativa da DGRSP, nos termos acabados de analisar, ainda que no caso que vimos a ponderar – redução da duração da medida – possa não ser já viável a comunicação antes dos 3 meses.

NORBERTO MARTINS

SECÇÃO II
Princípios da intervenção em Centro Educativo

ARTIGO 159.º
Socialização

1 – A atividade dos centros educativos está subordinada ao princípio de que o menor internado é sujeito de direitos e deveres e de que mantém todos os direitos pessoais e sociais cujo exercício não seja incompatível com a execução da medida aplicada.

2 – A vida nos centros educativos deve, tanto quanto possível, ter por referência a vida social comum e minimizar os efeitos negativos que o internamento possa implicar para o menor e seus familiares, favorecendo os vínculos sociais, o contacto com familiares e amigos e

a colaboração e participação das entidades públicas ou particulares no processo educativo e de reinserção social.

3 – O regulamento geral dos centros educativos e o regulamento interno de cada centro estabelecem as autorizações ordinárias e extraordinárias de que o menor pode usufruir para manutenção de contactos benéficos com o exterior.

Princípios da intervenção em Centro Educativo; socialização

1. Esta norma mantém a redação da Lei n.º 166/99, de 14 de setembro. Sob a mesma epígrafe *Socialização*, o art. 38.º/1 RGDCE contém norma idêntica ao n.º 2 deste artigo, e o n.º 2 do mesmo art. 38.º, concretiza o modo como são exequíveis as autorizações a que alude o n.º 3, dependendo, assim, os contactos do jovem internado com o exterior do regime de internamento a que está sujeito bem como da fase de execução em que se encontra o seu projeto educativo.

2. Antes de mais, o legislador pretende sublinhar a manutenção do exercício dos direitos pessoais e sociais do jovem internado desde que tal exercício não seja incompatível com a execução da medida aplicada, deste modo se compreendendo o conteúdo do art. 38.º/2 RGDCE.

3. É também este o princípio orientador constante do art. 2.º/1 RGDCE.

4. Nas Diretrizes do Comité de Ministros do Conselho da Europa sobre a justiça adaptada às crianças (2010) a preocupação com o exercício dos direitos pessoais e sociais da criança privada de liberdade consta expressamente prevista nas diversas alíneas da Diretriz 21 [als. a), b) e c)].

5. A execução da medida de internamento implica limitações ao pleno exercício de todos os direitos pessoais e sociais do jovem. Contudo, porque este é sujeito de direitos, a lei pretende salvaguardar a possibilidade, dentro dos condicionalismos a que está vinculado decorrentes do cumprimento da medida em causa, continuar a usufruir dos meios que lhe permitam manter o exercício dos direitos que não se mostrem incompatíveis com a situação pessoal que vivencia enquanto estiver internado no Centro Educativo.

6. Aliás, no elenco dos direitos legalmente consagrados ao jovem internado consta expressa referência ao exercício dos seus direitos civis, políticos, sociais, económicos e culturais, salvo quando incompatíveis com o internamento – cfr., art. 171.º/3, e).

7. Da regra contida no n.º 2 deste art. 159.º resultam obrigações específicas quanto à organização da vida nos centros educativos por forma a incutir obrigações no sentido de se delinearem estratégias que permitam o menor impacto negativo possível, quer na vida dos jovens internados quer na vida dos seus familiares, sendo um dos objetivos a manutenção ou o reforço dos vínculos com a família e com as pessoas de referência para o jovem.

8. Para alcançar tal desiderato, a lei apela, desde logo, à necessidade de colaboração de entidades públicas ou particulares no processo educativo do jovem. Tal participação constará expressamente prevista no regulamento interno de cada Centro Educativo para que este constitua uma entidade com ligações à comunidade, o que permitirá a imprescindível socialização do jovem internado – cfr., art. 18.º/2, i) RGDCE.

9. A título meramente exemplificativo, assinalamos alguns protocolos existentes entre os Centros Educativos e a comunidade. Assim: o Centro Educativo de Santo António (Porto) tem programas em curso junto dos jovens internados que contam com a colaboração do Museu de Serralves; Agrupamento de Escolas Carolina Michaelis; ARS Norte; Câmara Municipal do Porto; Associação de Voluntariado Universitário, etc; o Centro Educativo dos Olivais (Coimbra) beneficia de protocolos estabelecidos com o Museu Nacional Machado de Castro; Centro Tecnológico da Cerâmica e do Vidro do Centro; CAOJ-Centro de Aconselhamento e Orientação de Jovens de Coimbra; Comissão de Mercado de Valores Mobiliários – Banco de Portugal e Ministério da Educação e Ciência, etc; o Centro Educativo da Bela Vista (Lisboa) tem protocolos com a Cruz Vermelha Portuguesa; Chapitô; Escola Gil Vicente; "Vidas Ubuntu", etc.

10. Esta ligação do Centro Educativo à comunidade é essencial ao objetivo desta norma – a socialização do jovem internado – sendo desejável que, na prática, a situação atual apresente aspetos mais positivos do que a realidade tida em consideração nas análises que têm vindo a ser feitas pela Comissão de Acompanhamento e Fiscalização dos Centros Educativos, nos relatórios anuais elaborados e remetidos à Assembleia da República, sublinhando a existência de um "fechamento ao mundo exterior".

11. Por outro lado, a adesão dos pais, do representante legal ou de outras pessoas de referência para o jovem, à concretização do projeto educativo elaborado insere-se no princípio da execução participada a que se refere o art. 22.º, suscitando a sua colaboração ativa na prossecução das finalidades da medida de internamento aplicada – cfr., art. 51.º/1 RGDCE.

12. A previsão do n.º 3, relacionada com a possibilidade de o jovem internado manter contactos benéficos com o exterior, deve harmonizar-se, necessariamente, com as limitações decorrentes do tipo de regime de execução fixado para o cumprimento da medida. Na verdade, como dispõe o art. 12.º/1 RGDCE: *"Os regimes de execução do internamento são fixados pelo tribunal e diferenciam-se pelo grau de limitação da liberdade e da autonomia dos educandos, designadamente na relação com o meio exterior"*. Assim, para cada uma das tipologias de regime de execução (aberto, semiaberto e fechado), são concretizadas, nos arts. 167.º, 168.º e 169.º e nos arts. 13.º, 14.º e 15.º RGDCE, as regras atinentes ao exercício do direito do jovem à manutenção dos contactos com o exterior desde que, em termos gerais, tais contactos sejam benéficos, isto é, desde que representem uma mais-valia para a adequada prossecução do projeto educativo pessoal em curso. A execução da medida de internamento no regime fechado é aquela que representa maior grau de limitação do exercício daquele direito restringindo-se os contactos do jovem com o meio exterior às saídas previstas no art. 169.º/1 e no art. 15.º/4 RGDCE (em regra, por motivos judiciais e de saúde) e, excecionalmente, com prévia autorização do tribunal, nos casos previstos no art. 169.º/2 e no art. 15.º/5 RGDCE.

13. Tendo em consideração as fases progressivas definidas no respetivo projeto educativo pessoal, a fixar em cada regime de execução – cfr., art. 12.º/2 RGDCE – o jovem pode adquirir um maior grau de contacto com o exterior de acordo com os progressos que vier a demonstrar em prol do cumprimento da intervenção educativa delineada no caso concreto, o que é especialmente relevante nos regimes aberto e semiaberto.

14. Esta norma, complementada pelos procedimentos expressamente definidos no RGDCE, tem em consideração o princípio da socialização do jovem delinquente estabelecido na regra n.º 26.1 das "Regras de Beijing" e ainda nas regras 59 a 62 das RNUPJPL, Resolução 45/113 da Assembleia-Geral da ONU de 14/12/90.

ANA MASSENA

ARTIGO 160.º
Escolaridade

1 – Os menores internados continuam sujeitos aos deveres decorrentes da escolaridade obrigatória, devendo ser incentivados a prosseguir ou a completar estudos em estabelecimento de ensino no exterior, desde que o regime de internamento o permita.

2 – Quando o regime de internamento não permita a frequência pelo menor internado de estabelecimento de ensino no exterior, a atividade escolar oficial desenvolvida nos centros educativos deve ser orientada de modo a adaptar-se às particulares necessidades dos menores e a facilitar a sua inserção social.

Princípios da intervenção em Centro Educativo; escolaridade

1. Esta norma mantém a redação da Lei n.º 166/99, de 14 de setembro. Em face do que dispõe a Lei n.º 85/2009, de 27 de agosto, alterada pela Lei n.º 65/2015, de 3 de julho, e regulamentada pelo Dec.-Lei n.º 176/2012, de 2 de agosto, encontra-se estabelecido o regime da escolaridade obrigatória para as crianças e jovens entre os 6 e os 18 anos de idade – cfr., art. 2.º/1 da citada Lei e art. 2.º do Dec.-Lei referido. Tendo em consideração a faixa etária da maioria dos jovens internados em Centro Educativo, inserida no período correspondente a essa obrigatoriedade de frequência escolar, deve necessariamente harmonizar-se tal exigência com a permanência do jovem em meio institucional. A frequência da escolaridade obrigatória constitui um direito do jovem internado – cfr., art. 171.º/3, c) – e deve ser atendida, de forma especial, na elaboração do respetivo projeto educativo pessoal para que se adapte *às suas particulares necessidades de formação* – cfr., art. 171.º/3, b).

2. A norma prioriza a prossecução da formação escolar do jovem em estabelecimento de ensino no exterior *desde que o regime de internamento o permita*, o que afasta, desde logo, a execução do internamento no regime fechado – art. 169.º e art. 15.º RGDCE.

3. Relativamente ao internamento nos regimes aberto e semiaberto, neste particular aspeto, deve atender-se às disposições contidas nos arts. 167.º/1 e 168.º/1, bem como nos arts. 13.º/1 e 14.º/1 RGDCE. No que tange ao regime aberto, a frequência de estabelecimento escolar no exterior é preferencial. Atendendo à preferência legalmente imposta, e que visa a melhor socialização do jovem, apenas equacionamos a possibilidade de não se verificar tal frequência no exterior nos casos em que o Centro Educativo se situe em área geográfica muito distante da escola mais próxima, e/ou se a escola da área não ministrar o currículo educativo mais adequado às necessidades do jovem, plasmadas no seu projeto educativo pessoal. Na execução da medida de internamento no regime semiaberto, a frequência de estabelecimento escolar no exterior surge dependente de autorização e nesta deve ser ponderada a adequação dessa saída para o exterior com a execução inicial ou faseada do projeto educativo pessoal. Ou seja, a possibilidade de contacto do jovem com o meio exterior, ainda que destinado ao exercício do seu direito à escolaridade, está dependente dos objetivos traçados tendo em vista a sua educação para o direito, bem como da evolução que vier a ser demonstrada pelo jovem durante o cumprimento desse projeto educativo.

4. Para as situações em que está impossibilitada a frequência escolar no exterior deve o Centro Educativo dispor de todos os meios que permitam ao jovem internado beneficiar da escolaridade obrigatória a que tem direito, competindo ao Ministério da Educação estabelecer as regras destinadas à concretização desse objetivo – art. 27.º/1 e 4 RGDCE. Foi, por isso, publicado o Despacho conjunto n.º 998/2003 de 13/10 (*Diário da República*, II série, n.º 249, de 27/10/2003) dos Ministérios da Justiça, da Educação e da Segurança Social e do Trabalho, contendo a regulamentação específica atinente *à formação escolar e vocacional e ou profissional no âmbito de internamento em Centro Educativo*, incluindo concretas orientações quanto aos programas curriculares bem como quanto ao corpo docente a prestar funções nos centros educativos.

5. Da análise daquele diploma destacamos a reafirmação do princípio da preferência pela frequência de estabelecimento escolar no exterior – v., ponto 4 do citado Despacho conjunto – e a preocupação plasmada, no ponto 5, em consonância com o n.º 2 deste art. 160.º, quanto à necessidade de ser delineado um programa adaptado às concretas *necessidades, motivações e interesses* do jovem internado, com apelo aos *princípios da individualização e da flexibilidade* tendo sempre em consideração a melhor e mais adequada execução do projeto educativo pessoal, materializando, de igual modo, a regra contida no art. 27.º/2 RGDCE.

6. Salientamos ainda a possibilidade de matrícula do jovem fora do prazo legalmente estabelecido e o imediato retorno à escola, estando garantida vaga, logo que seja adequada a frequência no exterior – v., pontos 11 e 15. Essa prerrogativa deverá, em nosso entender, estender-se ao momento em que termina a execução da medida e o jovem regressa ao seu meio familiar e social, garantindo-se, desse modo, a sua imediata inserção escolar prosseguindo a formação realizada enquanto esteve internado.

7. A formação escolar do jovem é enriquecida com a sua inserção noutras atividades que incluem programas de animação sociocultural e desportivos com obrigatoriedade de frequência de duas atividades regulares semanais, com o mínimo de cinco horas, privilegiando-se aquelas que mais correspondem aos interesses do jovem – art. 28.º/1 e 2 RGDCE.

8. Para a execução destas atividades é desejável a colaboração do Centro Educativo com instituições da comunidade – art. 28.º/3 RGDCE – procurando-se, desta forma, implementar o princípio da socialização a que alude o art. 159.º, constando expressamente tal colaboração do regulamento interno do centro, atento o disposto no art. 18.º/2, i) RGDCE.

9. Sendo legalmente admissível o cumprimento de medida tutelar educativa, inclusive o internamento em Centro Educativo, até aos 21 anos de idade – cfr., art. 5.º – e não estando o jovem, a partir dos 18 anos, abrangido pela escolaridade obrigatória, deve beneficiar das modalidades especiais de educação previstas no ponto 9 do citado Despacho conjunto.

10. Acresce que, a frequência de programas escolares e de ações de formação profissional pode originar a atribuição ao jovem internado de bolsa de estudo ou de formação, a conceder pela entidade promotora dessa formação, com os objetivos preconizados no art. 70.º RGDCE.

11. Esta norma, complementada pelos procedimentos expressamente definidos no RGDCE e no Despacho conjunto n.º 998/2003, tem em consideração as orientações decorrentes da regra n.º 26.6 das "Regras de Beijing"; das regras 38 a 41das RNUPJPL, Resolução 45/113 da Assembleia-Geral da ONU de 14/12/90, observando-se, de igual modo, as orientações definidas pelas Diretrizes do Comité de Ministros do Conselho da Europa sobre a justiça adaptada às crianças (2010) – cfr., Diretrizes 21, als. b) e c), e 82, referindo esta última, na sua parte final: "*Deve ser garantido o direito à educação, à formação profissional, ao emprego, à reabilitação e à reintegração*", relativamente às crianças em conflito com a lei e à inerente necessidade do Estado intervir nesse contexto.

ANA MASSENA

ARTIGO 161.º

Orientação vocacional e formação profissional e laboral

Conforme a sua idade, regime e duração do internamento, os menores internados devem participar em atividades de orientação vocacional e de formação profissional ou laboral, dentro ou fora do estabelecimento, de acordo com as necessidades especificamente previstas no projeto educativo pessoal.

Princípios de intervenção em Centro Educativo; orientação vocacional e formação profissional e laboral

1. Esta norma mantém a redação da Lei n.º 166/99, de 14 de setembro. Os objetivos estão elencados no art. 29.º/1 RGDCE pretendendo-se, assim, possibilitar ao jovem internado o desenvolvimento das suas vocações e aptidões de modo a adquirir competências, qualificações e hábitos de trabalho que lhe permitam, futuramente, inserir-se, de forma digna e responsável, na comunidade, preferencialmente em área profissional do seu agrado e em relação à qual tenha obtido, por esta via, a formação adequada.

2. Na certificação destas competências profissionais não deve constar menção à institucionalização do jovem, cumprindo-se dessa forma a orientação decorrente da regra n.º 40 das RNUPJPL, Resolução 45/113, da Assembleia-Geral da ONU de 14/12/90, o que bem se compreende face à necessidade de evitar a criação de qualquer estigma que pudesse por em causa a desejável integração do jovem.

3. Decorre do art. 29.º/5 RGDCE o princípio da obrigatoriedade da frequência de atividades de orientação vocacional e profissional, existindo maior carga horária para os casos em que o jovem não esteja sujeito à escolaridade obrigatória. Atender-se-á, em qualquer caso, às regras estabelecidas no art. 26.º RGDCE, estando salvaguardado o período mínimo de repouso noturno do jovem (8 horas) e as necessárias interrupções para descanso a que se refere o n.º 4 da citada disposição legal.

4. A dispensa destas atividades apenas é concedida nas situações expressamente previstas no art. 29.º/6 RGDCE. Relativamente à situação prevista na al. c), importa sublinhar que o exercício de funções laborais no exterior por jovem internado com idade superior a 16 anos, deve compatibilizar-se com a sujeição do mesmo à formação escolar obrigatória até aos 18 anos de idade, imposta pela Lei n.º 85/2009, de 27 de agosto, bem como com a regra estabelecida no art. 69.º/1 Código do Trabalho (Lei n.º 7/2009, de 12 de fevereiro).

5. Os programas de formação são, preferencialmente, ministrados no Centro Educativo, sendo possível a sua frequência no exterior – cfr., art. 29.º/3 RGDCE – o que apenas poderá suceder relativamente aos jovens que cumpram a medida de internamento nos regimes aberto e semiaberto, atentas as limitações de contactos com o exterior inerentes à execução daquela medida no regime fechado – art. 169.º e art. 15.º RGDCE.

6. No programa de orientação vocacional e/ou de formação profissional ministrado ao jovem deve atender-se, especificamente, aos objetivos delineados no seu projeto educativo pessoal, estando ambos intrinsecamente relacionados com as finalidades a atingir na concreta intervenção tutelar educativa.

7. Mostra-se imprescindível, para a plena execução dos objetivos preconizados nesta norma e no art. 29.º RGDCE, que os centros educativos se encontrem apetrechados com as diversas respostas formativas nestas áreas podendo recorrer a protocolos com entidades e instituições. Aliás, no que diz respeito à execução da medida no regime fechado, impeditiva da saída do jovem do Centro Educativo para este fim, o art. 15.º/2 RGDCE prevê expressamente a intervenção de elementos da comunidade nas atividades formativas, desportivas e de tempos livres.

8. Os programas de atividades desta natureza devem constar do regulamento interno do Centro Educativo, atento o disposto no art. 18.º/1 RGDCE.

9. Resulta do Despacho Conjunto n.º 998/2003, de 13 de outubro, dos Ministérios da Justiça, da Educação e da Segurança Social e do Trabalho (*Diário da República*, II série, n.º 249, de 27/10/2003) – cfr., ponto 9 – bem como do disposto no art. 29.º/8 RGDCE, que as específicas regras dos cursos ministrados e a atribuição de certificação da formação obtida, são da competência dos Ministérios da Educação e da Segurança Social e do Trabalho.

10. Estão acauteladas na norma em análise, complementada com o art. 29.º RGDCE, as recomendações decorrentes das regras 42 a 46 das RNUPJPL, Resolução 45/113 da Assembleia-Geral da ONU de 14/12/90.

11. As Diretrizes do Comité de Ministros do Conselho da Europa sobre a justiça adaptada às crianças (2010) expressam preocupação sobre esta vertente de intervenção em relação à criança privada de liberdade incentivando os Estados-Membros a garantir ao jovem o exercício destes direitos – cfr., Diretrizes 21, al. c), e 82.

Ana Massena

ARTIGO 162.º
Projeto de intervenção educativo

Cada Centro Educativo dispõe de projeto de intervenção educativo próprio que deve permitir a programação faseada e progressiva da intervenção, diferenciando os objetivos a realizar em cada fase e o respetivo sistema de reforços positivos e negativos, dentro dos limites fixados pelo regulamento geral e de harmonia com o regulamento interno.

Princípios de intervenção em Centro Educativo; projeto de intervenção educativo

1. Esta norma foi alterada pela Lei n.º 4/2015, de 15 de janeiro. A alteração introduzida foi muito discreta resumindo-se ao corte da expressão *"sempre que possível"*, mantendo-se integralmente o restante conteúdo. Contudo, ainda que singela, a referida alteração assume, a nosso ver, importância relevante na medida em que, atualmente, não surgem dúvidas sobre as exigências legalmente impostas na elaboração do projeto de intervenção educativa de cada centro, com especial incidência nos itens enunciados, que devem constar com caráter de obrigatoriedade.

2. O Dec.-Lei n.º 323-D/2000, de 20 de dezembro, que aprovou o RGDCE, não foi objeto de alteração legislativa. Deste modo, o art. 17.º/2 daquele diploma mantém a expressão *"sempre que possível"*, como constava na primitiva redação do art. 162.º. Tendo em consideração a atual redação da norma, em nosso entender, o projeto de intervenção educativa deve conter, necessariamente, a especificação das exigências mencionadas, ou seja, a programação faseada e progressiva da intervenção; a diferenciação dos objetivos a realizar em cada fase e o respetivo sistema de reforços positivos e negativos.

3. Relativamente à organização, funcionamento e regime de pessoal dos centros educativos regem as normas constantes no Capítulo IV do

RGDCE – arts. 124.º a 144.º – competindo à DGRSP difundir as orientações pedagógicas que devem reger todos os centros educativos – cfr., art. 20.º RGDCE.

4. Cfr., comentários ao art. 144.º.

5. Cada Centro Educativo goza de autonomia para elaborar o respetivo projeto de intervenção educativa, dentro dos condicionalismos referidos no art. 17.º/1 RGDCE, e com a observância das orientações pedagógicas transmitidas regularmente pela DGRSP, nos termos do art. 20.º RGDCE.

6. Caso existam, no mesmo Centro Educativo, *unidades residenciais diferenciadas* – cfr., arts. 10.º/4 e 5, e 16.º RGDCE – o projeto de intervenção educativa é distinto para cada unidade e poderá conter objetivos terapêuticos.

7. Relativamente ao projeto delineado, pronunciar-se-á o conselho pedagógico, atento o disposto no art. 128.º, a) RGDCE, com ulterior aprovação pelo Diretor-Geral da DGRSP. Só depois dessa aprovação, o projeto revestirá caráter vinculativo, nos termos definidos no art. 19.º/1 RGDCE.

8. É da competência do diretor do Centro Educativo a elaboração e a divulgação do conteúdo do projeto de intervenção educativo devendo ainda diligenciar pelo seu cumprimento – arts. 19.º/2 e 127.º/1, d) e e) RGDCE.

Ana Massena

ARTIGO 163.º
Regulamento interno

É obrigatória a existência em cada Centro Educativo de um regulamento interno cujo cumprimento visa garantir a convivência tranquila e ordenada e assegurar a realização do projeto de intervenção educativa do centro e dos programas de atividades.

Princípios de intervenção em Centro Educativo; regulamento interno

1. Mantém-se a redação da norma na versão da Lei n.º 166/99, de 14 de setembro. O regulamento interno contém as regras de funcionamento do Centro Educativo visando alcançar o regular e pacífico desenvolvimento do projeto de intervenção educativa delineado pelo diretor do centro e superiormente aprovado pela DGRSP.

2. Não obstante o dever de obediência relativamente às orientações pedagógicas gerais transmitidas pela DGRSP, o diretor do Centro Educativo tem plena autonomia para elaborar o referido projeto de intervenção, bem como o regulamento interno, sendo este que permitirá a sua concretização – arts. 19.º/2 e 127.º/1, d) e e) RGDCE.

3. O art. 18.º/2 RGDCE contém elenco meramente exemplificativo das matérias que devem constar do regulamento interno, existindo norma expressa na LTE quanto à inserção dos contactos do jovem com o exterior no regulamento interno do centro – art. 159.º/3.

4. O diretor do centro poderá incluir na elaboração do regulamento interno outras matérias, para além das mencionadas no referido art. 18.º RGDCE, que se mostrem pertinentes à plena execução do projeto de intervenção educativa delineado.

5. Na elaboração do regulamento interno do Centro Educativo serão ainda considerados os dias da semana e os horários das visitas a realizar aos jovens internados, de acordo com o disposto no art. 39.º/2 RGDCE. A previsão de convivência regular do jovem internado com a família e amigos constitui preocupação plasmada nas orientações difundidas através das Diretrizes do Comité de Ministros do Conselho da Europa sobre a justiça adaptada às crianças (2010) – v., Diretriz 21, al. a).

6. Se, no mesmo Centro Educativo, coexistirem as *unidades residenciais diferenciadas* previstas nos arts. 10.º/4 e 5, e 16.º RGDCE, deverá o regulamento interno conter regras distintas quanto ao funcionamento geral e quanto ao funcionamento de cada unidade, atento o disposto no art. 18.º/3 RGDCE. O regulamento interno é submetido à apreciação do conselho pedagógico – art. 128.º, a) RGDCE – e adquire força vinculativa após aprovação pelo responsável máximo da DGRSP – art. 19.º/1 RGDCE.

7. O jovem internado, no momento da sua admissão, tem o direito a ser informado, para além do mais, *sobre os regulamentos em vigor,* atento o disposto no art. 171.º/3, p), o que materializa o conteúdo das regras 24 a 25 das RNUPJPL, Resolução n.º 45/113 da Assembleia-Geral da ONU de 14/12/90.

8. Essa informação incluirá, em nosso entender, as específicas regras do regulamento interno do Centro Educativo, bem como sobre as normas do RGDCE relativas às matérias ali enunciadas: direitos e deveres, regime disciplinar, formalização de pedidos, de queixas e de interposição de recursos.

9. A transmissão dessa informação deve ser feita *pessoal e adequadamente*, impondo o legislador o contacto com o próprio jovem e a utilização de linguagem simples e adequada à sua idade e condição pessoal, de modo a alcançar-se a melhor interiorização possível do conteúdo da informação em causa, o que respeita as orientações das Diretrizes do Comité de Ministros do Conselho da Europa sobre a justiça adaptada às crianças (2010) – diretrizes 44, 56, e 57.

Ana Massena

ARTIGO 164.º
Projeto educativo pessoal

1 – Para cada menor em execução de medida tutelar de internamento é elaborado um projeto educativo pessoal, no prazo de 30 dias após a sua admissão, tendo em conta o regime e duração da medida, bem como as suas particulares motivações, necessidades educativas e de reinserção social.

2 – O projeto educativo pessoal deve especificar os objetivos a alcançar durante o tratamento, sua duração, fases, prazos e meios de realização, nomeadamente os necessários ao acompanhamento psicológico, por forma a que o menor possa facilmente aperceber-se da sua evolução e que o centro possa avaliá-lo.

3 – O projeto educativo pessoal é obrigatoriamente enviado ao tribunal para homologação, no prazo máximo de 45 dias a contar da admissão do menor no centro.

Princípios de intervenção em Centro Educativo; projeto educativo pessoal

1. Mantém-se a redação da norma na versão da Lei n.º 166/99, de 14 de setembro. O legislador de 2015 deveria ter procedido à necessária alteração, no n.º 2, da expressão *"tratamento"* substituindo-a por *"internamento"*, considerando o notório lapso de escrita que terá ocorrido na transcrição do conteúdo que constava da Proposta que deu origem à aprovação da Lei n.º 166/99, de 14 de setembro – neste sentido,

Rodrigues, Anabela Miranda/Duarte-Fonseca, António Carlos, *ob. cit.*, p. 310.

2. Após a admissão do jovem no Centro Educativo para execução da medida de internamento, em qualquer um dos regimes previstos no art. 4.º/3, devem os serviços de reinserção social, numa atuação multidisciplinar, proceder à análise de todos os elementos já recolhidos referentes ao jovem e elaborar aqueles que ainda se mostrem pertinentes, por forma a apurar as motivações do jovem, as suas necessidades educativas e de reinserção social, considerando o regime e a duração do internamento, fixados na decisão do tribunal.

3. O resultado daquele trabalho constituirá o projeto educativo pessoal, doravante PEP, contendo os elementos expressamente referenciados no n.º 2, e a elaborar no prazo de 30 dias a contar da admissão do jovem no Centro Educativo.

4. O PEP constitui a base da intervenção tutelar educativa, no caso concreto, permitindo o desenvolvimento da execução da medida de internamento aplicada – cfr., art. 21.º/1 RGDCE.

5. O jovem tem direito a esse projeto; a participar na sua elaboração, bem como a obter regular informação sobre a respetiva execução – art. 171.º/3, b) e n), e art. 21.º/2 RGDCE – respeitando a lei interna as orientações dos instrumentos internacionais que impõem o direito de participação da criança ou do jovem nos processos que lhe dizem respeito – cfr., regra 27 das RNUPJPL, Resolução 45/113 da Assembleia-Geral da ONU de 14/12/90, e diretriz 45 das Diretrizes do Comité de Ministros do Conselho da Europa sobre a justiça adaptada às crianças (2010).

6. Destaca-se a obrigatoriedade de serem consideradas, na elaboração do PEP, as específicas necessidades de formação do jovem em matéria de educação cívica, escolaridade, preparação profissional e ocupação útil dos tempos livres, atenta a disposição contida no art. 171.º/3, b).

7. Os pais, o representante legal, ou a pessoa que tiver a guarda de facto do jovem participam, de igual modo, na elaboração do PEP – cfr., art. 21.º/3 RGDCE – pretendendo-se, assim, a maior adesão possível daquelas pessoas à intervenção a realizar, o que é corolário do princípio da execução participada consagrado no art. 22.º LTE.

8. Compete ao diretor do Centro Educativo aprovar o PEP de cada educando e decidir quanto à sua execução e avaliação, com prévia audição do conselho pedagógico – cfr., art. 127.º/1, f) RGDCE.

9. O PEP será remetido ao tribunal no prazo máximo de 45 dias, contados a partir da admissão do jovem no Centro Educativo, nos termos do n.º 3, e será objeto de homologação judicial, após prévio parecer do Ministério Público – cfr., arts. 39.º/2, c) e 40.º/1, e).

10. Face ao que dispõe atualmente o art. 125.º/4, atribuindo efeito meramente devolutivo ao recurso interposto da decisão que aplicar medida de internamento, o que implicará a imediata execução dessa medida, poderá suceder que o PEP venha a ser homologado judicialmente ainda antes de haver decisão sobre o recurso interposto, uma vez que o mesmo deve ser apreciado no prazo de 60 dias, contados da receção dos autos no tribunal superior – cfr., art. 125.º/3.

11. Caso a decisão da instância superior conceda provimento ao recurso, não aplicando medida ou aplicando medida não institucional, não podemos deixar de realçar a inutilidade do trabalho realizado na elaboração do PEP e sua subsequente homologação, o que poderia ter sido evitado, em nosso entender, se o legislador de 2015 tivesse harmonizado os prazos referidos neste artigo com aquele que se encontra fixado no art. 125.º/3.

12. O diretor do Centro Educativo enviará ao tribunal relatórios periódicos sobre a execução da medida de internamento, com regularidade trimestral, se a medida tiver a duração de seis meses a um ano, e com regularidade semestral, quanto a medidas de duração superior a um ano, qualquer que seja o regime de execução – cfr., art. 154.º/2. Tais relatórios devem basear-se na ponderação dos elementos recolhidos no decurso do cumprimento do PEP, atestando os progressos realizados pelo jovem na prossecução dos objetivos delineados naquele projeto, ou, pelo contrário, relatando os insucessos e/ou dificuldades nesse cumprimento.

13. Essa evolução, favorável ou desfavorável, pode justificar a proposta de revisão da medida a que alude o art. 154.º/3. A ter lugar a revisão, na sequência da proposta referida, devem verificar-se os pressupostos fixados no art. 136.º/1, produzindo os efeitos previstos no art. 139.º, consoante a situação concreta.

14. A desejável obtenção de progressos na execução do PEP tem, por outro lado, relevante importância na socialização do jovem internado por ser um dos fatores determinantes para a concessão de autorização quanto a saídas para o exterior, quer para frequência de atividades, quer para fins-de-semana ou férias – cfr., art. 40.º/3 RGDCE.

15. Face à atuação dinâmica que deve ser implementada na intervenção a realizar em benefício do jovem, o PEP pode/deve ser adaptado à execução da medida, tendo em consideração as necessidades do jovem ao longo da sua permanência no Centro Educativo e de acordo com o faseamento fixado.

16. Se, na sequência de revisão efetuada, se verificar a alteração do regime de internamento, passando p. ex. de fechado para semiaberto, ou de semiaberto para aberto, com mudança de Centro Educativo, deverá ser elaborado novo PEP com subsequente homologação judicial, ainda que a LTE seja omissa quanto a essa necessidade – neste sentido, Rodrigues, Anabela Miranda/Duarte-Fonseca, António Carlos, *ob. cit.*, p. 309.

17. Na verdade, mostra-se premente que seja elaborada uma nova estrutura de intervenção, adequada às necessidades educativas que o jovem ainda demonstra, a ser executada em centro que desenvolve projeto de intervenção educativa de natureza distinta, devendo o tribunal pronunciar-se, obviamente, sobre a adequação deste novo projeto educativo pessoal à concretização dos objetivos que ainda se visam alcançar na educação do jovem para o direito.

18. A medida de internamento é obrigatoriamente revista, nos termos do art. 139.º, espelhando o relatório elaborado pelo Centro Educativo o que resultar da execução do PEP.

19. O PEP deve constar do *dossier* individual do jovem – art. 132.º/1.

20. Tendo em consideração o disposto no art. 23.º, f) RGDCE, os serviços de reinserção social podem estabelecer regras uniformizadoras quanto aos modelos a adotar para a elaboração do PEP, a observar pelo diretor do Centro Educativo – cfr., art. 127.º/1, f), parte final, RGDCE. Em termos gerais, podemos afirmar que o modelo de PEP utilizado destaca o seguinte: *áreas a privilegiar na execução da medida*, onde se inserem os fatores pessoais e sociais do jovem com relevância no seu comportamento desconforme ao direito; inserção sociofamiliar; saúde e higiene pessoal; formação escolar e socioeducativa; *faseamento e progressividade da execução da medida*, com indicação dos objetivos a atingir em cada uma das fases de intervenção: 4 fases de progresso: Integração (Fase I); Aquisição (Fase II); Consolidação (Fase III) e Autonomia (Fase IV), e a *adesao ao PEP* por parte do jovem e da família.

Ana Massena

ARTIGO 165.º

Atividades para menores não sujeitos a medida de internamento

1 – Os menores internados pelos motivos referidos nas alíneas b) e c) do artigo 145.º frequentam diariamente um programa diversificado de atividades, tendo por objetivos principais a aquisição de competências sociais e a satisfação das necessidades de desenvolvimento físico e psíquico comuns para o seu nível etário.

2 – *(Revogado.)*

Princípios de intervenção em Centro Educativo; atividades para menores não sujeitos a medida de internamento

1. O n.º 2 desta norma foi revogado pelo art. 3.º, f) Lei n.º 4/2015, de 15 de janeiro, face à revogação do art. 148.º LTE – cfr., al. e) do mesmo preceito legal.

2. A redação do n.º 1 é a da Lei n.º 166/99, de 14 de setembro, e remete para as alíneas b) e c) do art. 145.º, sendo objetivo da norma a específica previsão das atividades a desenvolver no Centro Educativo pelos jovens que ali se encontram nas situações referidas: em execução de medida cautelar de guarda e em internamento para realização de perícia sobre a personalidade quando incumba aos serviços de reinserção social, ou seja, no caso previsto no art. 69.º.

3. A medida cautelar de guarda pode, excecionalmente, ter a duração de 6 meses, em casos de especial complexidade – art. 60.º/1 – sendo, em regra, de 3 meses. A permanência do jovem no Centro Educativo durante esse período temporal terá, necessariamente, de acordo com a norma em análise, de estar sujeita a um programa específico relacionado com a aquisição de competências sociais, o que bem se compreende tendo em consideração que, no caso concreto, não se encontra em execução qualquer projeto educativo pessoal. Mostra-se premente a inserção do jovem em atividades que preencham o seu quotidiano de forma útil ao seu desenvolvimento, afastando-se, deste modo, a hipótese da referida permanência constituir um mero "depósito" do jovem no Centro Educativo aguardando o desenvolvimento do processo no âmbito do qual lhe foi aplicada a medida cautelar de guarda.

4. Idêntica necessidade se verifica quanto ao internamento do jovem em Centro Educativo para a realização da perícia sobre a personalidade, face ao disposto no art. 69.º, e não tendo sido viável a sua execução no regime ambulatório. Tal internamento tem a duração máxima de dois meses, podendo ser prorrogado por mais um mês, em casos excecionais – art. 68.º/3. Neste tipo de internamento haverá, certamente, uma maior ocupação do tempo do jovem uma vez que está a ser avaliado. Porém, a avaliação pericial não pode constituir a única "atividade" quotidiana do jovem, sob pena de vir a ser infrutífera, pelo que o legislador prevê, e bem, a organização de programa que integre também este jovem.

5. Tendo em consideração o respeito pela norma que impõe a frequência do ensino obrigatório até aos 18 anos de idade (art. 2.º/1 Lei n.º 85/2009, de 27 de agosto, e art. 2.º Dec.-Lei n.º 176/2012, de 2 de agosto), entendemos que, no desenvolvimento das atividades próprias para os jovens que se encontram internados nas situações previstas nas als. b) e c) do art. 145.º, deverá ser permitida a frequência das aulas ministradas no Centro Educativo, concretizando, dessa forma, o direito do jovem plasmado no art. 171.º/3, c).

6. A permanência do jovem em Centro Educativo durante o período de execução da medida cautelar de guarda deve ser devidamente avaliada assumindo a mesma especial relevância quando considerada pelo tribunal, nos termos do art. 63.º. Deve, pois, facultar-se ao jovem, mesmo que não cumpra um projeto educativo pessoal, os meios adequados a demonstrar que está, ainda assim, a desenvolver competências na sua educação para o direito.

7. Relativamente a esta matéria, o art. 22.º RGDCE contém idêntica formulação legal, com o aditamento *"sempre que possível"*. Entendemos que o comando ínsito na norma do art. 165.º, ora em análise, se sobrepõe a esta regra do RGDCE concluindo-se, assim, que assume caráter de obrigatoriedade a existência da planificação programada das atividades dos jovens que se encontrem internados nas situações previstas no art. 145.º, b) e c), visando prosseguir os objetivos acima referenciados.

8. Sublinhamos ainda as orientações decorrentes dos pontos 113.1 e 113.2 da Parte Especial da Recomendação CM/Rec (2008) 11 do Comité de Ministros dos Estados-Membros relativamente às "Regras Europeias para jovens infratores sujeitos a sanções ou medidas" que preveem a existência de intervenção específica destinada a jovens *cuja culpa ainda não tenha sido determinada* e a possibilidade de os mesmos serem integrados nas atividades daqueles que já se encontrem em cumprimento de medida.

Ana Massena

ARTIGO 166.º
Horário de funcionamento

Cada Centro Educativo dispõe de um horário de funcionamento pelo qual se regulam os horários das atividades da vida diária do estabelecimento, que não podem, em caso algum, implicar para os menores internados um período de descanso noturno inferior a oito horas seguidas.

Princípios de intervenção em Centro Educativo; horário de funcionamento

1. Esta norma mantém a redação da Lei n.º 166/99, de 14 de setembro. O horário do Centro Educativo deve constar do respetivo regulamento interno, nos termos do disposto no art. 18.º/2, a) RGDCE.

2. A organização do tempo está obrigatoriamente delimitada pela garantia de repouso noturno, não inferior a oito horas seguidas, o que constitui previsão expressa de um período adequado às necessidades do jovem internado. Durante o horário de funcionamento do Centro Educativo devem ocorrer as visitas a que o jovem tem direito – art. 39.º RGDCE –, sem prejuízo da observância daquele período de repouso.

3. Por outro lado, a fixação desse período mínimo de descanso noturno, delimita o horário das atividades de caráter obrigatório – programas de orientação vocacional e de formação profissional – como resulta das regras constantes do art. 26.º/2, 3 e 4 RGDCE.

4. De igual modo, se o jovem exercer funções laborais no exterior – cfr., art. 29.º/6, c) RGDCE e comentário ao art. 161.º – entendemos que tal período obrigatório de repouso noturno terá de ser respeitado.

ANA MASSENA

ARTIGO 167.º
Regime aberto

1 – Nos centros educativos de regime aberto os menores residem e são educados no estabelecimento, mas frequentam no exterior, preferencialmente, as atividades escolares, educativas ou de formação, laborais, desportivas e de tempos livres previstas no seu projeto educativo pessoal.

2 – Os menores podem ser autorizados a sair sem acompanhamento e a passar períodos de férias ou de fim-de-semana com os pais, repre-

sentante legal, pessoa que tenha a sua guarda de facto ou outras pessoas idóneas.

3 – No desenvolvimento da atividade educativa os centros educativos de regime aberto devem incentivar a colaboração do meio social envolvente, abrindo ao mesmo, tanto quanto possível, as suas próprias estruturas.

Princípios de intervenção em Centro Educativo; Centro Educativos de regime aberto

1. Esta norma mantém a redação da Lei n.º 166/99, de 14 de setembro.

2. Os regimes de execução da medida de internamento estão definidos no art. 4.º/3, correspondendo a al. a) ao regime aberto.

3. O regime aberto é a forma de execução da medida de internamento menos intrusiva na vida do jovem e pode ser fixada entre o mínimo de seis meses e o máximo de dois anos – cfr., art. 18.º/1.

4. Quanto à classificação dos centros educativos de acordo com o regime de internamento em que é executado, rege o art. 206.º. Os centros educativos para execução deste regime dispõem da maior abertura ao exterior, como decorre do n.º 2 da citada disposição legal.

5. O n.º 1 deste art. 167.º impõe, como critério preferencial, a frequência no exterior das atividades escolares, de formação, laborais, desportivas e de tempos livres, optando o legislador pela solução mais harmonizável com a socialização a que se refere o art. 159.º tendo ainda em consideração a classificação do Centro Educativo.

6. O objetivo da socialização do jovem é bem patente na previsão contida no n.º 3 da norma em análise que impulsiona os centros educativos de regime aberto a obter a colaboração das instituições existentes na comunidade numa atuação desenvolvida de forma recíproca, com a finalidade da melhor integração possível do jovem internado no meio social envolvente.

7. Quanto à socialização do jovem internado – v., anotações ao art. 159.º.

8. O jovem pode ser autorizado a sair sozinho do Centro Educativo – o que será desejável quando tais saídas se destinem às concretas atividades mencionadas no n.º 1 – e pode passar fins de semana ou períodos de férias em casa dos pais, representante legal ou pessoa que tenha a sua guarda de facto, ou outra pessoa idónea, necessariamente, em nosso entender, com quem o jovem mantém vinculação afetiva.

9. Relativamente à autorização das saídas desacompanhadas para frequência de atividades no exterior, resulta do disposto no art. 40.º/1 RGDCE que as mesmas devem ser autorizadas pelo diretor do Centro Educativo mediante pareceres prévios favoráveis do técnico que acompanha o jovem e do coordenador da equipa técnica, tendo em consideração os critérios estabelecidos nos arts. 13.º/3, e 40.º/3 RGDCE, destacando-se *a fase do projeto educativo pessoal* e o *grau de responsabilização que o jovem consegue assumir* como determinantes para que exista a referida autorização.

10. Se tal autorização não puder ser concedida, por falta de preenchimento dos requisitos impostos, o jovem pode frequentar as atividades no exterior sendo, então, acompanhado por funcionário do centro, ou por pessoa idónea, designadamente um seu familiar, acautelando-se a necessária reserva perante terceiros sobre a sua situação vivencial, sendo este um direito que lhe assiste, nos termos do art. 171.º/3, d) – cfr., art. 40.º/2 RGDCE.

11. No que concerne às saídas do jovem para gozo de períodos de fim-de-semana e/ou férias, a autorização do diretor do Centro Educativo rege-se, de igual modo, pelos critérios acima referidos e pode sofrer as modificações previstas no art. 40.º/4 RGDCE, sendo possível a intervenção do tribunal na situação a que alude o n.º 5 da citada disposição legal.

12. O art. 42.º RGDCE impõe a existência de controlo regular das saídas autorizadas com o objetivo de se proceder à respetiva avaliação, efetuada em 24 horas e registada no dossier individual do jovem.

13. Essa avaliação é necessariamente tida em consideração na manutenção da autorização – cfr., parte final do art. 40.º/3 RGDCE.

14. Enquanto permanece no exterior, durante saída autorizada do Centro Educativo, o jovem mantém-se vinculado ao regime disciplinar do centro – cfr., arts. 191.º, 192.º e 193.º.

15. A autorização de saída para frequência de atividades no exterior pode ser suspensa, em alguma ou em todas as atividades, na sequência da aplicação de medida disciplinar, variando o período de suspensão consoante se trate da prática de infração leve, grave ou muito grave – arts. 194.º/1, e) e f), 195.º, e), 196.º, d) e e), e 197.º, c) e d).

16. A perda de autorização de saída ao fim de semana ou nas férias constitui, de igual modo, uma medida disciplinar, contudo, apenas para as infrações graves e muito graves – cfr., arts. 194.º/1, g), 196.º, f), e 197.º, e).

17. A norma em análise, complementada com os arts. 13.º, 40.º e 42.º RGDCE, segue as recomendações decorrentes da regra 30 das RNUPJPL, Resolução 45/113 da Assembleia-Geral da ONU de 14/12/90.

18. No que se refere aos contactos com a família em períodos de fins-de-semana e férias, está acautelada a recomendação da regra 59 das RNUPJPL, Resolução 45/113 da Assembleia-Geral da ONU de 14/12/90, bem como a orientação da Diretriz 21, al. a), das Diretrizes do Comité de Ministros do Conselho da Europa sobre a justiça adaptada às crianças (2010), incentivando os Estados-Membros a criar mecanismos legais que permitam à criança privada de liberdade a manutenção de contactos com os pais, família e amigos *através de visitas e de troca de correspondência.*

Ana Massena

ARTIGO 168.º
Regime semiaberto

1 – Nos centros educativos de regime semiaberto os menores em execução de medida de internamento residem, são educados e frequentam atividades educativas e de tempos livres no estabelecimento, mas podem ser autorizados a frequentar no exterior atividades escolares, educativas ou de formação, laborais ou desportivas, na medida do que se revele necessário para a execução inicial ou faseada do seu projeto educativo pessoal.

2 – As saídas são normalmente acompanhadas por pessoal de intervenção educativa, mas os menores podem ser autorizados a sair sem acompanhamento para a frequência das atividades referidas no número anterior e a passar períodos de férias com os pais, representante legal, pessoa que tenha a sua guarda de facto ou outras pessoas idóneas.

Princípios de intervenção em Centro Educativo; centros educativos de regime semiaberto

1. Esta norma mantém a redação da Lei n.º 166/99, de 14 de setembro.

2. Os regimes de execução da medida de internamento estão definidos no art. 4.º/3, correspondendo a al. b) ao regime semiaberto.

3. A execução da medida de internamento no regime semiaberto pode ser fixada entre o mínimo de seis meses e o máximo de dois anos – cfr., art. 18.º/1 – e revela um grau de contenção maior em relação ao regime aberto, o que se compreende atenta a prática de factos de natureza ilícita considerados mais graves – art. 17.º/3.

4. Quanto à classificação dos centros educativos de acordo com o regime de internamento em que é executado, rege o art. 206.º.

5. No regime semiaberto a regra é a permanência do jovem no Centro Educativo, onde frequentará atividades formativas e de tempos livres, só podendo obter autorização para a frequência no exterior dessas atividades *na medida do que se revele necessário para a execução inicial ou faseada do seu projeto educativo pessoal.*

6. Existe, assim, uma inversão do critério de ligação preferencial ao exterior consagrado no art. 167.º para execução do internamento no regime aberto, recorrendo a lei a um modelo mais restritivo que, não impedindo totalmente esse contacto com o meio envolvente, o reveste de maiores exigências. Na verdade, as saídas autorizadas apenas podem ser concedidas se for demonstrada a necessidade desse contacto social do jovem para a concretização dos objetivos que tiverem sido delineados no seu projeto educativo pessoal.

7. Em regra, é feito um acompanhamento dessas saídas por funcionário do Centro Educativo, como resulta das disposições conjugadas do n.º 2 deste art. 169.º e do art. 14.º/2 RGDCE. Ainda assim, está prevista a possibilidade de vir a ser autorizada a saída do jovem sem aquele acompanhamento para a frequência das atividades expressamente referenciadas no n.º 1, ou seja, escolares, educativas ou de formação, laborais ou desportivas, de acordo com os progressos que forem sendo realizados na execução do projeto educativo pessoal e na evolução gradual da responsabilização do jovem na observância das normas impostas – cfr., art. 14.º/2 RGDCE.

8. Pode ainda ser concedida autorização ao jovem para passar períodos de férias com os pais, representante legal, pessoa que tenha a sua guarda de facto, ou outras pessoas idóneas, o que também depende da evolução favorável do projeto educativo pessoal – art. 14.º/3 RGDCE.

Contrariamente ao que sucede no regime aberto, não é permitida ao jovem a saída para passar fins de semana com aquelas pessoas.

9. Na execução da medida de internamento no regime semiaberto, a autorização de saída desacompanhada surge quase como um "prémio" concedido ao jovem pela evolução favorável do seu projeto educativo pessoal patenteada nos progressos que vão sendo observados.

10. Relativamente à autorização das saídas desacompanhadas para frequência de atividades no exterior, resulta do disposto no art. 40.º/1 RGDCE que as mesmas devem ser autorizadas pelo diretor do Centro Educativo mediante pareceres prévios favoráveis do técnico que acompanha o jovem e do coordenador da equipa técnica, tendo em consideração os critérios estabelecidos nos arts. 14.º/1 e 2, e 40.º/3 RGDCE, destacando-se a fase do projeto educativo pessoal e o grau de responsabilização que o jovem consegue assumir como determinantes para que exista a referida autorização.

11. O art. 42.º RGDCE impõe a existência de controlo regular das saídas autorizadas com o objetivo de se proceder à respetiva avaliação, efetuada em 24 horas e registada no dossier individual do jovem.

12. Essa avaliação é necessariamente tida em consideração na manutenção da autorização – cfr., parte final do art. 40.º/3 RGDCE.

13. Enquanto permanece no exterior, durante saída autorizada do Centro Educativo, o jovem mantém-se vinculado ao regime disciplinar do centro – cfr., arts. 191.º, 192.º e 193.º.

14. A autorização de saída para frequência de atividades no exterior pode ser suspensa, em alguma ou em todas as atividades, na sequência da aplicação de medida disciplinar, variando o período de suspensão consoante se trate da prática de infração leve, grave ou muito grave – arts. 194.º/1, e) e f), 195.º, e), 196.º, d) e e), e 197.º, c) e d), e art. 104.º RGDCE.

15. A perda de autorização de saída nas férias constitui, de igual modo, uma medida disciplinar, contudo, apenas para as infrações graves e muito graves – cfr., arts. 194.º/1, g), 196.º, f), e 197.º, e), e art. 105.º RGDCE.

16. A norma em análise, complementada com os arts. 14.º, 40.º, e 42.º RGDCE, segue a recomendação da regra 59 das RNUPJPL, Resolução 45/113 da Assembleia-Geral da ONU de 14/12/90, que prevê a necessidade de virem a ser realizadas visitas à família.

17. De igual modo, as Diretrizes do Comité de Ministros do Conselho da Europa sobre a justiça adaptada às crianças (2010) incentivam os Estados-Membros a criar mecanismos legais que permitam à criança privada de liberdade a manutenção de contactos com os pais, família e amigos *através de visitas e de troca de correspondência* – cfr., Diretriz 21, al. a).

Ana Massena

ARTIGO 169.º
Regime fechado

1 – Durante o internamento em Centro Educativo de regime fechado os menores residem, são educados e frequentam atividades formativas e de tempos livres exclusivamente dentro do estabelecimento, estando as saídas, sob acompanhamento, estritamente limitadas ao cumprimento de obrigações judiciais, à satisfação de necessidades de saúde ou a outros motivos igualmente ponderosos e excecionais.

2 – Para efeitos do disposto no n.º 1 do artigo 139.º, pode o tribunal autorizar, mediante proposta dos serviços de reinserção social, saídas sem acompanhamento por períodos limitados.

Princípios de intervenção em Centro Educativo; centros educativos de regime fechado

1. Esta norma mantém a redação da Lei n.º 166/99, de 14 de setembro.

2. Os regimes de execução da medida de internamento estão definidos no art. 4.º/3, correspondendo a al. c) ao regime fechado.

3. A execução da medida de internamento no regime fechado tem duração entre o mínimo de seis meses e o máximo de dois anos, podendo, contudo, ser fixada a duração máxima de três anos, quando verificados os requisitos legais – cfr., art. 18.º/2 e 3.

4. Tal regime revela o maior grau de contenção legalmente previsto, o que se compreende atenta a prática de factos de natureza ilícita considerados muito graves – art. 17.º/4, a) – e a especial necessidade de educação para o direito demonstrada pelo jovem.

5. Acresce que, a execução da medida de internamento no regime fechado só pode ser determinada pelo tribunal se, para além dos requisitos aludidos na citada al. a) do n.º 4 do art. 17.º, o jovem tiver idade igual ou superior a 14 anos na data da aplicação da medida – cfr., art. 17.º/4, b).

6. Quanto à classificação dos centros educativos de acordo com o regime de internamento em que é executado, rege o art. 206.º.

7. No regime fechado o jovem permanece no Centro Educativo ali frequentando as atividades formativas e de tempos livres. As saídas, sempre sob acompanhamento de um funcionário do Centro Educativo, restringem-se às deslocações ao tribunal, a consultas e/ou tratamentos médicos, ou por motivos considerados, de igual modo, ponderosos e excecionais, como p. ex., a comparência no funeral de um familiar.

8. A autorização para estas saídas cabe ao diretor do Centro Educativo que a concede pelo tempo estritamente necessário – cfr., art. 15.º/4 RGDCE.

9. O art. 15.º/2 RGDCE prevê a participação de elementos da comunidade na animação das atividades ministradas no centro permitindo-se, dessa forma, algum contacto do jovem com o meio social envolvente. Mostra-se necessário que os centros educativos utilizem parcerias e protocolos com entidades que atuam naquela zona incentivando-as a colaborar na prossecução da finalidade pretendida o que, na prática, vem sucedendo – cfr., anotação ao art. 159.º.

10. O reforço da componente de acompanhamento psicológico e terapêutico individualizado a prestar ao jovem internado é destacado no art. 15.º/3 RGDCE considerando-se que, nestes casos, tais necessidades se evidenciam sobremaneira.

11. A regra 30 das RNUPJPL, Resolução 45/113 da Assembleia-Geral da ONU de 14/12/90, consagra a necessidade de as instalações fechadas terem apenas capacidade para um número reduzido de jovens detidos possibilitando, dessa forma, um tratamento individualizado.

12. A 1ª parte da Diretriz 82 das Diretrizes do Comité de Ministros do Conselho da Europa sobre a justiça adaptada às crianças (2010) apela, de igual modo, a que os Estados-Membros tenham em consideração a intervenção individualizada junto da criança em conflito com a lei.

13. Da análise conjunta das disposições contidas no n.º 2 deste artigo e no n.º 5 do art. 15.º RGDCE resulta que, numa fase avançada do projeto educativo pessoal, pode ser autorizada a saída do jovem, desacompanhada, por períodos limitados e sempre com prévia autorização do tribunal, sob proposta fundamentada do diretor do centro.

14. Atenta a expressa remissão para o art. 139.º/1, aquela situação apenas pode ter lugar para efeitos da revisão da medida de internamento pelas razões indicadas nas als. a) a d) do art. 136.º, podendo o tribunal decidir de acordo com as previsões das als. a) a f) do citado art. 139.º/1, o que inclui a modificação do regime de execução da medida de internamento, com a fixação de um regime mais aberto.

15. Permite-se, deste modo, nos casos em que são evidentes os progressos favoráveis no cumprimento do projeto educativo pessoal, que seja concedida ao jovem a possibilidade de serem testados tais progressos autorizando-o a sair sem acompanhamento do funcionário do centro, com ulterior avaliação e, sendo a mesma positiva, poderá fundamentar a modificação do regime alterando-o para o de grau imediatamente inferior de contenção (regime semiaberto).

16. A autorização de saída desacompanhada deve ser limitada a curtos períodos de experimentação de contacto do jovem com o meio envolvente, excluindo-se a frequência de atividades no exterior porque a mesma não se encontra prevista no regime fechado. Se, porventura, na sequência da revisão da medida, vier a ser alterado o regime de internamento, terá o jovem, a partir desse momento, a possibilidade de frequentar essas atividades no exterior, com prévia autorização do diretor do centro, nos moldes previstos para a execução do internamento nos regimes menos contentores (semiaberto ou aberto).

17. Enquanto permanece no exterior, durante saída autorizada do Centro Educativo, o jovem mantém-se vinculado ao regime disciplinar do centro – cfr., arts. 191.º, 192.º, e 193.º.

Ana Massena

ARTIGO 170.º
Medidas preventivas e de vigilância

Em ordem a assegurar a tranquilidade, disciplina e segurança o pessoal dos centros educativos, nos termos previstos no regulamento geral, pode realizar:

a) Inspeções a locais e dependências individuais ou coletivas;

b) Revistas pessoais, bem como às roupas e objetos dos menores internados.

Princípios de intervenção em Centro Educativo; medidas preventivas e de vigilância

1. Esta norma mantém a redação da Lei n.º 166/99, de 14 de setembro.

2. A expressa remissão para o regulamento geral impõe a aplicação direta das regras contidas nos arts. 76.º a 88.º RGDCE, sob a epígrafe *"Prevenção da segurança e da ordem"*, abrangendo os utentes do Centro Educativo, bem como pessoas externas ao centro, incluindo visitantes.

3. Estamos, assim, perante normas regulamentares que permitem garantir a organização do Centro Educativo tendo em vista a segurança das instalações e das pessoas, bem como o respeito pela ordem que deve ser implementada num estabelecimento desta natureza.

4. As inspeções referidas na al. a) podem estar diretamente relacionadas com a verificação das condições de segurança das próprias instalações do Centro Educativo, designadamente os sistemas de prevenção de incêndios e de acidentes, com respeito pelas regras legalmente impostas, zelando-se pela vida, a integridade física e a saúde do jovem internado, tal como garante o art. 171.º/3, a), bem como das restantes pessoas (funcionários e visitantes).

5. Quando se realizem inspeções nas dependências individuais, entendendo-se como tal o quarto do jovem internado ou o espaço individualizado que lhe foi atribuído no dormitório, incluindo o seu armário (cfr., art. 58.º/1 e 2 RGDCE), quer para verificação das condições de segurança, quer por outros motivos, mormente a suspeita de que o jovem guarda nesses locais algum objeto ou substância cuja detenção não é permitida, importa que seja respeitado o seu direito à intimidade – art. 171.º/3, d) – devendo, por isso, tal ação cingir-se ao estritamente necessário à concretização do objetivo em causa, tendo em consideração os princípios da proporcionalidade e do superior interesse do jovem.

6. Nas revistas pessoais, bem como às roupas ou objetos, a que alude a al. b), presidirá a mesma preocupação de respeito pelo direito à intimidade do jovem internado, e as mesmas justificam-se apenas na situação descrita no art. 79.º/2 RGDCE ou, como expressamente previsto no art. 84.º/1 RGDCE, *sempre que existam fundadas suspeitas de introdução ou existência de substâncias ou objetos perigosos*. Relativamente ao tipo de substâncias e objetos cuja detenção não é permitida, regem os arts. 82.º e 83.º RGDCE.

7. Quanto à forma como devem ser executadas as revistas pessoais estabelece o art. 84.º/2 RGDCE que serão realizadas apenas na presença de funcionários do mesmo sexo, observando-se as necessárias cautelas que permitam preservar a dignidade pessoal, o que respeita o direito do jovem internado – art. 171.º/3, d).

8. Se, eventualmente, vierem a ser apreendidos objetos ou substâncias na posse do jovem internado, suscetíveis de indiciarem a prática de ilícito penal, o diretor do Centro Educativo deve comunicar os factos ao tribunal e enviar-lhe o produto da apreensão, nos termos dos arts. 50.º/2, i), e 88.º/2, a), RGDCE.

9. Nos restantes casos, ou seja, quando aquelas apreensões tiverem sido efetuadas a pessoas externas ao Centro Educativo, a comunicação é feita ao magistrado do Ministério Público junto do tribunal da comarca onde se situa o Centro Educativo para instauração do competente Inquérito – art. 88.º/2, b), RGDCE.

10. As normas ora em análise respeitam as recomendações constantes dos pontos 89.1 a 89.4 da Parte III da Recomendação CM/Rec (2008) 11 do Comité de Ministros dos Estados-Membros sobre "Regras Europeias para jovens infratores sujeitos a sanções ou medidas", de 5/11/2008.

Ana Massena

SECÇÃO III
Direitos e deveres dos menores

ARTIGO 171.º
Direitos

1 – Os menores internados em Centro Educativo têm direito ao respeito pela sua personalidade, liberdade ideológica e religiosa e pelos seus direitos e interesses legítimos não afetados pelo conteúdo da decisão de internamento.

2 – O internamento em Centro Educativo não pode implicar privação dos direitos e garantias que a lei reconhece ao menor, a menos que o tribunal expressamente os suspenda ou restrinja para proteção e defesa dos interesses deste.

3 – De acordo com o disposto no número anterior e com o tipo de internamento e respetivo regime, e nos termos regulamentares, o menor tem direito:

a) A que o centro zele pela sua vida, integridade física e saúde;

b) A um projeto educativo pessoal e à participação na respetiva elaboração, a qual terá obrigatoriamente em conta as suas particulares necessidades de formação, em matéria de educação cívica, escolaridade, preparação profissional e ocupação útil dos tempos livres;

c) À frequência da escolaridade obrigatória;

d) À preservação da sua dignidade e intimidade, a ser tratado pelo seu nome e a que a sua situação de internamento seja estritamente reservada perante terceiros;

e) Ao exercício dos seus direitos civis, políticos, sociais, económicos e culturais, salvo quando incompatíveis com o fim do internamento;

f) A usar as suas próprias roupas, sempre que possível, ou as fornecidas pelo estabelecimento;

g) A usar artigos próprios, autorizados, de higiene pessoal ou os que, para o mesmo efeito, forem fornecidos pelo centro;

h) À posse de documentos, dinheiro e objetos pessoais autorizados;

i) À guarda, em local seguro, dos valores e objetos pessoais, não proibidos por razões de segurança, que não queira ou não possa ter consigo, e à restituição dos mesmos à data da cessação do internamento;

j) A contactar, em privado, com o juiz, com o Ministério Público e com o defensor;

l) A manter outros contactos autorizados com o exterior, nomeadamente por escrito, pelo telefone, através da receção ou da realização de visitas, bem como da receção e envio de encomendas;

m) A ser ouvido antes de lhe ser imposta qualquer sanção disciplinar;

n) A ser informado, periodicamente, sobre a sua situação judicial e sobre a evolução e avaliação do seu projeto educativo pessoal;

o) A efetuar pedidos, a apresentar queixas, fazer reclamações ou interpor recursos;

p) A ser informado pessoal e adequadamente, no momento da admissão, sobre os seus direitos e deveres, sobre os regulamentos

em vigor, sobre o regime disciplinar e sobre como efetuar pedidos, apresentar queixas ou interpor recursos;

q) Sendo mãe, a ter na sua companhia filhos menores de 3 anos.

Direitos dos menores internados em Centro Educativo

1. No presente preceito são enunciados os direitos dos jovens internados em Centro Educativo – consagrados igualmente no art. 4.º RGDCE – e o seu n.º 1 contém duas categorias desses direitos, os fundamentais constitucionalmente consagrados e outros direitos e interesses individuais legítimos que não se encontrem prejudicados pela decisão que determinou o internamento. Ao jovem é assegurado o exercício de todos os direitos constitucionalmente consagrados e a sua suspensão ou limitação só é admitida na exata medida em que o seu exercício não seja compatível com a medida de internamento que se encontra a cumprir.

2. O direito ao respeito pela personalidade e o direito à liberdade ideológica e religiosa, no seu conjunto, inserem-se no conceito mais lato dos direitos fundamentais absolutos de personalidade, reconhecidos nos arts. 26.º e 41.º CRP. A sua enunciação no presente preceito constitui uma garantia destinada a assegurar ao jovem a sua plena fruição.

3. Também a Diretriz IV – 21. b), das Diretrizes do Comité de Ministros do Conselho da Europa sobre a Justiça Adaptada às Crianças estabelece que a criança privada de liberdade deve, em particular, receber cuidados médicos e gozar de liberdade de pensamento, consciência e religião.

4. Em termos gerais os direitos não são ilimitados e até mesmos os direitos fundamentais podem ser comprimidos quando colidam com outros constitucionalmente consagrados.

O direito à liberdade, consagrado no art. 27.º CRP, em face do disposto no seu n.º 3, e), está excecionado nos casos em que, por decisão judicial, um menor fica sujeito a "medidas de proteção, assistência ou educação em estabelecimento adequado".

Para além da privação da liberdade, a execução de uma medida institucional pode determinar a suspensão ou limitação de direitos e garantias do jovem internado, tal como consagrado no n.º 2 do preceito em anotação. Esta compressão de direitos tem necessariamente que estar alicerçada numa decisão judicial e apenas na medida em que a defesa dos interesses do jovem e a sua proteção o impuserem.

5. O n.º 3 do preceito contém a enunciação dos direitos próprios do jovem internado em Centro Educativo, que encontram a sua regulação no RGDCE. O art. 2.º deste regulamento consagra o princípio geral de que a intervenção em Centro Educativo apenas pode comprimir direitos e deveres pessoais e sociais do jovem internado na estrita medida em que os mesmos não sejam compagináveis com a sua situação particular decorrente da medida tutelar que lhe foi aplicada. Mas o exercício pleno dos direitos e também o cumprimento dos deveres, pressupõe o seu conhecimento e daí a norma contida no art. 5º RGDCE impor ao Centro Educativo a obrigação de informar o jovem, os seus pais, representante legal ou quem tenha a sua guarda de facto, desses direitos e deveres, no mais curto espaço de tempo após o acolhimento, concretizando-se tal obrigação nos n.os 3, 4 e 5 do art. 53.º do mesmo diploma. O direito à informação encontra consagração constitucional no art. 27.º/4 CRP e é também reconhecido nas Regras n.os 24 e 25 das RNUPJPL, Resolução 45/113, da Assembleia – Geral da ONU, de 14 de Dezembro de 1990.

6. Especificamente quanto a alguns dos direitos próprios do jovem em situação de internamento:

a) Ao Centro Educativo cabe o dever geral de cuidar do bem-estar físico e emocional dos jovens sob a sua responsabilidade. Em sede de cuidados de saúde, compete ao Centro Educativo a inscrição do jovem na unidade de saúde territorialmente competente a fim de obter o correspondente cartão de utente do Serviço Nacional de Saúde e de providenciar pela marcação de consultas e exames que se venham a mostrar necessários. Nos termos do art. 53.º/11 RGDCE o jovem deve ser examinada pelos serviços de saúde no prazo máximo de 48 horas após a sua admissão. Outro reflexo do dever de salvaguarda do bem-estar físico e psíquico do jovem pode ser encontrado no art. 54.º do mesmo regulamento, onde se impõe um especial cuidado de vigilância nas primeiras 48 horas de internamento do jovem. Importa aqui fazer uma referência especial à questão de particular relevância que se prende com a saúde mental dos jovens, cabendo aos Centros Educativos o desenvolvidos de programas terapêuticos cujo objetivo principal é o de ajudar os jovens a superar os problemas emocionais associados à sua vivência pessoal e a todo o processo que determinou os comportamentos antissociais, encontrando estes programas acolhimento nos arts. 25.º e 31.º RGDCE. Nos arts. 56.º, 62.º/3 e 80.º/1 e 2 RGDCE podem encontrar-se outras concretizações do dever de cuidado que recai sobre os centros educativos, no segmento que aqui nos ocupa. Os deveres de prestação de cuidados médicos ao jovem encontram acolhimento nas Regras 49 a 55 das RNUPJPL e nas Regras 26.1 e 26.2 das RMNUAJJ, Resolução 40/33 da Assembleia Geral das Nações Unidas (Regras de Beijing).

b) O PEP, que encontra previsão no art. 164.º e para cujas anotações se remete, tem igualmente acolhimento no art. 21.º RGDCE e constitui um direito do jovem internado. A participação e envolvimento do jovem na sua conceção e elaboração estão previstos no n.º 2 do mencionado art. 21.º, o que, para além de também constituir um seu direito, aumenta a possibilidade de sucesso na sua aplicação e execução. Naturalmente que a individualidade do projeto e o seu ajustamento às especificidades do jovem é característica inerente a um projeto pessoal, que abrangerá as diversas vertentes da sua formação.

c) No segmento do ensino, temos que aos Centros Educativos cabe proporcionar aos jovens que os integram o acesso à educação, garantindo, deste modo, o direito ao ensino consagrado no art. 74.º CRP. O direito à formação e educação encontram igualmente acolhimento nas Regras 18.b) e 39 das RNUPJPL e nas já mencionadas Regras 26.1 e 26.2, das "Regras de Beijing". A escolaridade obrigatória, que se encontra estabelecida na Lei nº 85/2009, de 27 de agosto, situa-se atualmente entre os 6 e 18 anos. No Despacho Conjunto n.º 998/2003, de 13 de outubro, publicado no Diário da República, II série, de 27/10/2003, encontramos a regulamentação especial relativa ao funcionamento do ensino básico e qualificação escolar e profissional dos jovens internados em Centro Educativo. Tal como é salientado no relatório das visitas realizadas aos Centros Educativos no ano de 2015 pelo "Mecanismo Nacional de Prevenção" (consultável em *http://www.provedor-jus.pt/archive/doc/O_Mecanismo_Nacional_Prevencao_centros_educativos_Relatorio_visitas_realizadas_2015.pdf*) é muito baixa a escolaridade dos jovens internados, sendo reduzido o número que se encontra a frequentar o grau de ensino correspondente à sua faixa etária, pelo que o papel a desempenhar pelos Centros Educativos é também nesta vertente uma absoluta necessidade e também um desafio. Neste domínio mostra-se particularmente relevante encontrar mecanismos que permitam assegurar a continuidade do ensino ministrado ao jovem depois de terminada a medida de internamento e aqui o acompanhamento pós-internamento, consagrado no inovador art. 158º-B, pode ter, também neste concreto aspeto, um papel de especial relevo.

d) A preservação da dignidade e intimidade do jovem passa pelo direito a ser tratado com respeito e a não ser objeto de comportamentos ou atitudes humilhantes ou degradante. Este direito encontra também reflexo no princípio da individualização da intervenção, com obrigatoriedade de um projeto individual de educação, feito à medida de cada um dos jovens e à sua não submissão a um tratamento impessoal e padronizado. O jovem tem direito ao tratamento pelo próprio nome e não por qualquer a designação estandardizada e é imposta absoluta descrição sobre a sua situação de internamento. Neste último aspeto, a proteção da privacidade para evitar a estigmatização mostra-se de particular relevância nas relações com o exterior que o jovem mantém durante o período de confinamento. Relacionado com este particular aspeto, temos o disposto nos arts. 40.º/1 e 2 e 65.º/2 RGDCE, onde se impõe que, aquando do acompanhamento do jovem para fora do centro, haja absoluto sigilo sobre a sua situação e donde resulta a proibição de constar dos certificados de habilitações qualquer menção sobre o cumprimento de medida tutelar.

e) A individualidade e dignidade do jovem encontram também proteção no direito que tem a utilizar roupa própria e artigos de higiene pessoais e no direito de estar na posse de bens materiais e de documentos pessoais, embora obedecendo, para tanto, a regras específicas

f) Manter contactos com o exterior faz igualmente parte do elenco dos direitos do jovem internado. Nestes incluem-se os convívios com familiares ou outras pessoas a quem tenha ligação e que se podem materializar não só nas visitas mas também na possibilidade de comunicação por outros meios disponíveis. As relações do jovem com o exterior encontram consagração expressa e pormenorizada na secção V do RGDCE e constitui o objeto da Diretriz 21.a) das Diretrizes do Comité de Ministros do Conselho da Europa sobre a Justiça Adaptada às Crianças. Nesta vertente há a salientar um aspeto particular, ao qual nem sempre é dada a atenção devida, e que se prende com os contactos do jovem com os magistrados a quem se encontra atribuído o seu processo, bem como com o seu defensor. O jovem que se encontra internado tem o direito de contactar em privado com os magistrados, judicial e do Ministério Público, podendo fazê-lo por escrito ou pessoalmente. Mesmo que a iniciativa não parta do jovem, cabe aos magistrados promover esta interligação, com idas aos centros. De notar que no relatório supramencionado se salienta a ausência de visitas dos magistrados aos Centros Educativos. Mostra-se urgente inverter esta realidade mas admitimos que só a dotação dos tribunais de família e menores de magistrados em número adequado ao volume de serviço existente poderá alterar, de forma significativa, a situação.

g) Uma particular chamada de atenção para o facto de jovens mães internadas terem o direito de manterem consigo filhos de tenra idade, até aos 3 anos.

Ana Teresa Leal

ARTIGO 172.º
Deveres

1 – São deveres do menor internado em Centro Educativo:

a) O dever de respeito por pessoas e bens;

b) O dever de permanência;

c) O dever de obediência;

d) O dever de correção;

e) O dever de colaboração;

f) O dever de assiduidade;

g) O dever de pontualidade.

2 – O dever de respeito por pessoas e bens consiste em não cometer atos lesivos ou que coloquem em perigo a pessoa ou bens de outrem.

3 – O dever de permanência consiste em não sair sem autorização do Centro Educativo ou de instalações onde decorra atividade prevista no projeto educativo pessoal.

4 – O dever de obediência consiste em cumprir os regulamentos, as atividades previstas no projeto educativo pessoal e as orientações legítimas dos responsáveis do estabelecimento.

5 – O dever de correção consiste em tratar educadamente com outrem e em se apresentar adequadamente limpo e arranjado.

6 – O dever de colaboração consiste em participar nas atividades do centro, de interesse coletivo, designadamente na manutenção da limpeza e arrumação dos materiais, equipamentos e instalações do centro.

7 – O dever de assiduidade consiste em o menor comparecer, regular e continuamente, às atividades previstas no projeto educativo pessoal ou outras previstas para o seu tipo de internamento.

8 – O dever de pontualidade consiste em comparecer, às horas fixadas, nas atividades referidas no número anterior e no Centro Educativo, após saída autorizada.

Deveres do menor internado em Centro Educativo

1. Contraponto dos direitos consagrados no artigo precedente são os deveres do jovem em regime de internamento e que se encontram enunciados neste preceito. Estes deveres têm de ser observados pelo jovem dentro do Centro Educativo e mesmo fora dele, quando autorizada a sua permanência no exterior, quer esteja acompanhado ou não por pessoal adstrito à intervenção educativa em curso.

2. O jovem está vinculado ao cumprimento dos deveres enunciados e a sua violação pode determinar, em último recurso, a abertura de um procedimento disciplinar e aplicação de uma medida, nos termos consagrados no art. 185.º e segs. Quando o recurso a metodologias educativas falha no caminho de fazer o jovem interiorizar e observar os deveres que é imperiosos cumprir, pode o mesmo ser sujeito a procedimento disciplinar, sempre que a sua conduta constitua uma infração tipificada na lei como infração disciplinar.

3. A conduta do jovem que viole (i) o dever de respeito por pessoas e bens, consagrado na al. a) do n.º 1 e delimitado no n.º 2, poderá fazê-lo incorrer na prática de infração disciplinar leve, com previsão nas als. d) e f) do art. 191.º, na prática de infração disciplinar grave, com previsão nas als. a), i) e l) do art. 192.º ou ainda de infração disciplinar muito grave, com previsão nas als. a), f), e i) do art. 193.º; (ii) o dever de permanência, consagrado na al. b) do n.º1 e definido no n.º 3 pode fazer incorrer o jovem em infração disciplinar grave, com consagração na al. h) do art. 192.º ou em infração muito grave, com consagração na al. e) do art. 193.º; (iii) o dever de obediência constante da al. c) do n.º 1 e definido no n.º 4, sendo violado pelo jovem, pode fazê-lo incorrer em infração disciplinar leve, prevista na al. e) do art. 191.º, em infração disciplinar grave, prevista nas als. d) e j) do art. 192.º ou em infração muito grave, prevista nas als. b), c), d), g) e h); (iv) o dever de correção, consagrado na al. d) do n.º 1, e definido no n.º 5, pode fazer incorrer o jovem na prática de infração disciplinar leve, com consagração na al. a) do art. 191.º ou na prática de infração grave, com consagração na al. b) do art. 192.º; (v) o dever de assiduidade, previsto na al. f) do n.º 1 e definido no n.º 7, pode constituir infração disciplinar leve, da al. b) do art. 191.º ou infração disciplinar grave, prevista na al. e) do art. 192.º; e (vi) a violação do dever de pontualidade consagrado na al. g) do n.º 1 e definido no n.º 8, pode fazer incorrer o jovem em infração disciplinar leve, prevista na al. c) do art. 191.º ou em infração disciplinar grave, com previsão nas als. f) e g) do art. 192.º.

4. O dever de colaboração, previsto na al. e) e definido no n.º 6, não encontra consagração nas condutas suscetíveis de constituir infração disciplinar pelo que a sua violação apenas pode constituir uma infração atípica, a corrigir por meio de métodos educativos, tal como dispõe o art. 187º, bem como o art. 97º RGDCE.

Ana Teresa Leal

ARTIGO 173.º

Direitos dos pais, representante legal ou pessoa que tenha a guarda de facto do menor

1 – Os pais, o representante legal ou a pessoa que tenha a guarda de facto do menor conservam, durante o internamento, todos os direitos e deveres relativos à pessoa do menor, que não sejam incompatíveis com a medida tutelar, salvas as restrições ou proibições impostas pelo tribunal.

2 – Os pais, representante legal ou pessoa que tenha a guarda de facto do menor têm direito, nos termos regulamentares, salvas as restrições ou proibições impostas pelo tribunal:

a) A ser imediatamente informados pelo Centro Educativo da admissão, transferência, ausência não autorizada, concessão ou suspensão de autorizações de saída, bem como doença, acidente ou outra circunstância grave referente ao menor;

b) A ser informados sobre a execução da medida de internamento e sobre a evolução do processo educativo do menor, nos termos do n.º 2 do artigo 131.º;

c) A ser avisados pelo Centro Educativo, em tempo útil, da cessação do internamento.

Direitos dos pais, representante legal ou pessoa que tenha a guarda de facto do menor

1. A alteração introduzida na epígrafe e nos n.os 1 e 2 deste artigo pela Lei n.º 4/2015 prendeu-se apenas com o aditamento da "pessoa que tenha a guarda de facto do menor", que, a par dos pais e ao representante legal, também agora figura como titular de direitos e deveres sobre a pessoa do jovem.

2. Este preceito, centrado nos direitos dos pais, representante legal ou guardião de facto do jovem internado em Centro Educativo, estabelece que tais direitos devem ser limitados no menor grau possível, apenas podendo ser afetados pela intervenção tutelar educativa na exata medida da decisão judicial. A ingerência estadual na relação entre pais e filho deve cingir-se ao estritamente necessário e não isenta aqueles dos seus deveres parentais em tudo o que não colida com a decisão, nem pode atingir as relações afetivas entre eles.

3. Os direitos constitucionalmente consagrados no art. 68.º CRP quanto aos progenitores, designadamente o de educação dos filhos, cedem perante a necessidade de realizar outros direitos, que igualmente encontram consagração constitucional, como sejam os de desenvolvimento da personalidade do jovem e da criação de condições para a sua efetiva integração na vida ativa, com aumento do seu sentido de serviço à comunidade (art. 70.º/2 CRP). A delimitação da compressão dos direitos é dada pela própria decisão do tribunal que aplica a medida tutelar de internamento onde podem ser impostas limitações ou proibições.

4. O conhecimento de aspetos da vida pessoal do menor, que se prendam com a sua saúde ou com outras circunstâncias graves, e daqueles que estão interligados com o próprio cumprimento da medida de internamento, são objeto de referência particular no n.º 2 deste preceito, onde se consagra o direito à informação dos pais ou de outros responsáveis pelo menor, salvo quando o tribunal o restringir ou proibir. Este direito à informação encontra acolhimento nas Regras 22 e 56 das RNUPJPL.

5. O envolvimento dos pais, representante legal ou de quem tenha a guarda de facto do menor na elaboração e execução do PEP e em aspetos determinados da própria execução da medida, implica que estas pessoas sejam devidamente informadas do percurso do jovem durante o internamento. Podemos encontrar outros reflexos desse direito nos arts. 5.º/2, 36.º/4, 48.º/8, 53.º/3,4 e 5 e 116.º/2 RGDCE.

Ana Teresa Leal

ARTIGO 174.º
Assistência e internamento hospitalar

1 – Os menores dispõem de assistência hospitalar ou outra sempre que necessidades de saúde a exijam.

2 – O internamento hospitalar nos termos do número anterior é autorizado pelo diretor do Centro Educativo que dele dará imediato conhecimento ao tribunal.

Assistência e internamento hospitalar

1. Neste preceito estabelece-se uma vertente particular do direito à saúde consagrado na al. a) do n.º 1 do art. 171.º. A assistência e internamento hospitalar devem ser assegurados sempre que se mostrem necessários, cabendo ao diretor do centro autoriza-los e informar o tribunal.

2. Os cuidados de saúde a prestar ao jovem encontram a sua norma regulamentadora no art. 56.º RGDCE e nos textos internacionais encontram consagração na Diretriz 6, 21, al. b), das Diretrizes do Comité de Ministros do Conselho da Europa sobre a Justiça Adaptada às Crianças e nas Regras 49 a 55 das RNUPJPL.

Ana Teresa Leal

ARTIGO 175.º
Liberdade de religião

1 – Durante o internamento é respeitada a liberdade de religião do menor.

2 – O horário das atividades dos centros educativos deve permitir, sempre que possível, aos menores internados a prática de atos da sua confissão religiosa.

Liberdade de religião do menor

1. A liberdade religiosa consagrada no presente preceito, que constitui um dos direitos do jovem elencado no n.º 1 do art. 171.º, vê a sua regulamentação vertida no art. 75.º RGDCE. Estas normas constituem um corolário lógico do art. 41.º CRP, que consagra o direito fundamental de liberdade de consciência, de religião e de culto, materializado na Lei n.º 16/2001, de 22 de junho – Lei da Liberdade Religiosa.

2. Ao jovem internado é dado o direito de professar a religião que abraçou e de a praticar dentro do próprio Centro Educativo, na medida que tal exercício não colida com o próprio funcionamento do centro e não constitua um prejuízo para os seus próprios interesses. Porém, seguindo de perto os ensinamentos de Rodrigues, Anabela Miranda/ /Duarte-Fonseca, António Carlos, *ob. cit.*, p. 325, desde que a prática de determinada religião não colida com o normal funcionamento do Centro Educativo, mesmo que, a título de exemplo, afete a saúde ou até a formação do jovem, apenas poderá ser a sua prática proibida ou restringida por decisão do tribunal, depois de ponderados os interesses em causa para aquele jovem em concreto.

3. A liberdade de religião configura também uma vertente negativa, traduzida no direito que o jovem tem de não participar em quaisquer atividades religiosas e de recusar qualquer educação ou doutrinação religiosa.

4. O Dec.-Lei n.º 252/2009, de 23 de setembro, que regulamenta a assistência espiritual e religiosa nos estabelecimentos prisionais é, por força do disposto no seu art. 18.º, aplicável, com as necessárias adaptações, aos centros educativos. Nos termos deste diploma, ao jovem internado que o solicite, por si ou através dos seus pais ou outro seu representante legal, pode ser prestada assistência espiritual e religiosa, por qualquer igreja ou comunidade religiosa reconhecida legalmente.

5. Por força do vertido no art. 1886.º CC, sendo o jovem menor de 16 anos, caberá aos seus pais decidir sobre a sua educação religiosa.

ANA TERESA LEAL

ARTIGO 176.º
Proteção da intimidade

1 – Os menores internados em Centro Educativo têm o direito a não ser fotografados ou filmados, bem como a não prestar declarações ou a dar entrevistas, contra a sua vontade, a órgãos de informação.

2 – Antes da manifestação de vontade referida no número anterior, os menores têm o direito a ser inequivocamente informados, por um responsável do Centro Educativo, do teor, sentido e objetivos do pedido de entrevista que lhes for dirigido.

3 – Independentemente do consentimento dos menores, são proibidas:

a) Entrevistas que incidam sobre a factualidade que determinou a intervenção tutelar;

b) A divulgação, por qualquer meio, de imagens ou de registos fonográficos que permitam a identificação da sua pessoa e da sua situação de internamento.

Proteção da intimidade

1. Neste preceito encontram-se consagrados direitos pessoais de reserva da intimidade da vida privada do jovem, reconhecidos constitucionalmente no art. 26.º da nossa lei fundamental, em particular o seu direito à imagem. A norma mostra-se de particular relevância nos dias que correm, numa altura em que alguns meios de comunicação utilizam métodos muito agressivos para a obtenção de informação e o jovem em internamento podem ser um alvo fácil e até desejável em determinados casos mais mediáticos. O direito à intimidade do jovem é aqui consagrado como prevalente em face do direito à liberdade de informação, quando com ele conflitue.

2. Não estamos, no entanto, perante uma proibição geral e absoluta pois o jovem, depois de devidamente informado pelo diretor do Centro Educativo, pode sempre formar a sua vontade de modo esclarecido e aceitar ou não dar a entrevista, prestar declarações e deixar-se filmar ou fotografar. Entendeu aqui o legislador que o menor, neste particular, pode exercer por si os seus direitos de personalidade, não necessitando para tanto do consentimento dos seus representantes legais.

3. No entanto, o n.º 3 do preceito contém, esta sim, uma proibição absoluta. Mesmo havendo consentimento do jovem, o conteúdo da entrevista não pode nunca versar sobre a situação subjacente à medida que lhe foi aplicada e da divulgação de imagens ou sons não pode resultar a sua identificação nem a sua situação de internamento. A divulgação da sua identidade e da sua situação de internamento pode constituir um grave prejuízo para o interesse do jovem, na medida em que pode causar um dano irreparável na sua reputação social, com consequentes danos na sua dignidade e autoestima, e pode vir a gerar dificuldades no desenvolvimento da sua personalidade e na sua reinserção na sociedade. Mesmo que assim não fosse, esta proibição sempre seria de acolher, pois a revelação da identidade do jovem não é, por si só, um dado de interesse público, nem relevante para a formação da opinião pública, pelo que nunca beliscaria o direito à liberdade de informação.

4. Revelar-se-ia útil que no presente preceito tivesse sido inserida uma norma idêntica à constante do art. 90.º/1 LPCJP, onde se estabelece que os órgãos de comunicação social que violem a proibição de identificação das crianças em situação de perigo, incorrem na prática do crime de desobediência, o que estaria também em sintonia com o disposto para as audiências, no arts. 97.º/3 e 120.º, onde também se consagra a possibilidade da prática do crime de desobediência por parte dos órgãos de comunicação social mas, neste caso, dependendo o preenchimento do tipo objetivo da correspondente cominação, a ser feita pelo juiz.

5. A possibilidade de restrição à publicidade da audiência, consagrada nos arts. 97º e 120º, constitui um reflexo da proibição de divulgação da identidade do jovem e da sua situação de internamento, defendendo Duarte-Fonseca, António Carlos, *Internamento de Menores Delinquentes..., ob. cit.*, p. 443, que quando na audiência está em causa a aplicação da medida de internamento em Centro Educativo, tal "constitui fundamento para o exercício daquela faculdade, sem o qual perderá grande parte do sentido a proibição absoluta expressa no art. 176.º".

6. A proteção da vida privada do jovem, nos segmentos que aqui nos ocupam, encontra consagração na Diretriz IV 2.6 e 2.8 das Diretrizes do

Comité de Ministros do Conselho da Europa sobre Justiça Adaptada às Crianças, onde se prevê que não devem ser disponibilizados ou publicados, em especial à comunicação social, elementos sobre a identidade da criança ou imagens suas e que a audição das crianças deve ser realizada, preferencialmente, à porta fechada.

Ana Teresa Leal

SECÇÃO IV
Prémios

ARTIGO 177.º
Requisitos de atribuição

O Centro Educativo, de acordo com o previsto no regulamento geral e no respetivo regulamento interno, pode atribuir prémios a menor em execução de medida de internamento pela evolução positiva do seu processo educativo, pelo empenho demonstrado no cumprimento das atividades previstas no projeto educativo pessoal, bem como pelo seu sentido de responsabilidade e bom comportamento individual ou em grupo.

Prémios; requisitos de atribuição

1. A atribuição de prémios encontra-se prevista nos arts. 33.º e 34.º RGDCE que, por seu turno, remete para o regulamento interno do Centro Educativo, no qual deverão encontrar-se definidos a natureza dos prémios e os critérios precisos da sua atribuição. Estes prémios serão constituídos por bens ou vantagens a que o jovem, por princípio, não acederia pelo facto de se encontrar na situação de internamento e a sua atribuição terá sempre que ter como baliza a decisão judicial que aplicou a medida, a qual, em caso algum, pode ser colocada em causa.

2. Como destaca Rodrigues, Anabela Miranda/Duarte-Fonseca, António Carlos, *ob. cit.*, p. 339, o disposto no presente artigo visa estimular o jovem à participação na execução do PEP "e a obter resultados positivos na evolução do seu percurso educativo, bem como manter um comportamento correcto e responsável durante o internamento".

Ana Teresa Leal

SECÇÃO V
Medidas de contenção

ARTIGO 178.º
Medidas de contenção

São autorizadas em Centro Educativo as seguintes medidas de contenção:

a) Contenção física pessoal;

b) Isolamento cautelar.

Medidas de contenção

1. A importância desta norma radica tanto naquilo que nos diz, como naquilo que não nos diz: trata-se de tipificar as duas únicas medidas de contenção permitidas aos centros educativos, não sendo admissíveis quaisquer outras. Para salvaguarda da dignidade e da integridade física e psicológica de jovens que temporariamente têm já alguns direitos restringidos por força do seu internamento no Centro Educativo, compreende-se a cautela do legislador em delimitar com rigor as situações em que possa haver ainda maior compressão desses direitos, para se evitarem abusos e disparidade de atuações entre os vários centros educativos.

2. Os artigos seguintes dispõem, também taxativamente, sobre os casos em que tais medidas de contenção podem ser adotadas e, em seguida, o diploma legal procede a uma caraterização dos moldes concretos que tais medidas de contenção podem revestir.

3. Esta matéria encontra-se igualmente regulada nos arts. 89.º e 91.º RGDCE.

José António Carvalho

ARTIGO 179.º
Casos em que podem ser adotadas

1 – As medidas de contenção apenas podem ser adotadas nos casos seguintes:

a) Para impedir que os menores cometam atos lesivos ou que coloquem em perigo a sua pessoa ou a de outrem;

b) Para impedir fugas;

c) Para evitar danos importantes nas dependências ou equipamentos dos centros;

d) Para vencer a resistência violenta dos menores às ordens e orientações do pessoal do centro no exercício legítimo das suas funções.

2 – O recurso às medidas de contenção só é admissível em casos de inexistência de outra forma efetiva e eficaz de evitar os atos e situações referidos no número anterior.

Casos de aplicação de medidas de contenção

1. As medidas de contenção revestem uma natureza cautelar e assumem formas de reação imediata, ou quase imediata por parte do pessoal dos centros educativos, se possível com autorização do respetivo diretor, com o fim de prevenir ou pôr cobro a infrações iminentes e graves dos jovens internandos aos seus deveres, tipificados no art. 172.º, e não podem ser confundidas com medidas sancionatórias.

2. A enumeração efetuada pelas várias alíneas deste art. 179.º parece-nos taxativa, esgotando as situações em que o pessoal do Centro Educativo pode legitimamente fazer uso das medidas de contenção.

3. Contudo, o n.º 2 da norma restringe ainda mais as hipóteses de atuação neste âmbito exigindo não só a verificação ou a iminência das ocorrências descritas no seu n.º 1, como também que o uso das medidas de contenção seja o único, ou o último recurso para se poderem evitar tais ocorrências.

4. Em anotação a esta norma feita em Silva, Júlio Barbosa e, *Lei Tutelar Educativa Comentada..., ob. cit.*, sublinha-se que uma das duas medidas de contenção admissíveis – a contenção física pessoal – pode ter lugar quer no interior das instalações do Centro Educativo, quer no exterior no caso de saídas autorizadas dos jovens internandos em companhia de técnicos do Centro Educativo, não sendo difícil imaginar a possibilidade dos jovens em causa aproveitarem a maior liberdade relativa sentida após a saída para levarem a cabo ações enquadráveis nas als. a), b) e d) do n.º 1 desta norma, embora não na al. c) por razões óbvias.

José António Carvalho

ARTIGO 180.º
Duração das medidas de contenção

As medidas de contenção só podem durar o tempo estritamente necessário para garantir o efeito que justificou a sua utilização.

Duração das medidas de contenção

1. Como medidas de emergência destinadas a acautelar, prevenir ou pôr cobro à ocorrência dos atos previstos no n.º 1 do art. 179.º, as medidas de contenção só podem ser aplicadas pelo tempo mínimo indispensável à produção dos efeitos visados, cessando logo de imediato.

2. No que concerne à maior parte das situações de emprego de contenção física pessoal essa duração será diminuta e se for excedida equivalerá a transformar uma atuação preventiva, destinada a impedir ou fazer cessar o comportamento do jovem violador dos seus deveres, num castigo corporal ministrado ao jovem infrator, pelo que neste aspeto terá de haver um grande autodomínio e uma adequada preparação física, ético-normativa e psicológica por parte dos Técnicos dos centros educativos para não serem eles a violar os seus próprios deveres ao intervirem sobre os jovens internandos com falta de adequação e proporcionalidade, ou por tempo excessivo.

3. No que concerne às situações que implicam o isolamento cautelar do jovem infrator haverá em regra uma maior possibilidade de controlo e graduação da intervenção, pois esta dependerá, em regra, da autorização do diretor do Centro Educativo e, mesmo em situações de urgência que não possibilitem a sua prévia consulta, serão sempre sujeitas à sua apreciação, aval e supervisão subsequentes, no que respeita à admissibilidade e justificação da medida, mas também no que concerne à sua duração, tendo esta, em todo o caso, o limite legal de 24 horas.

José António Carvalho

ARTIGO 181.º
Adoção em casos urgentes

1 – A adoção de medidas de contenção é autorizada pelo diretor do centro.

2 – Sempre que a urgência da situação o exija as medidas de contenção podem ser tomadas por outro responsável ou elemento do pessoal do centro, sem prejuízo da sua imediata comunicação ao diretor.

Adoção de medidas de contenção em casos urgentes

1. Esta norma estabelece como regra a existência de uma prévia autorização do diretor do centro de detenção para que o pessoal técnico seu subordinado possa executar as medidas de contenção; supletivamente, se não for possível contactar o diretor em tempo útil, a competência para a autorização transmite-se a outro responsável técnico – desejavelmente quem imediatamente lhe suceda na cadeia hierárquica; ou, se tal também não for possível com a celeridade necessária à eficácia da reação, caberá ao elemento do pessoal do centro que tenha detetado a situação justificativa da aplicação da medida de contenção.

2. Conforme já escrevemos na anotação à norma imediatamente anterior, a possibilidade de obtenção da autorização do diretor do centro será habitual nos casos do isolamento cautelar, que em regra respeitam a situações que requerem uma reação breve mas não imediata da parte do pessoal técnico do Centro Educativo; mas o recurso à contenção física pessoal, quer porque a necessidade do seu emprego pode até verificar-se fora das instalações do Centro Educativo, quer porque, mesmo no interior dessas instalações, a necessidade do seu emprego ocorrerá em verdadeiras situações de emergência, ou seja quando a medida de contenção física seja o único, adequado e proporcional meio de reagir de imediato a uma atuação do jovem internando gravemente violadora dos seus deveres consagrados no art. 172.º, ocorrerá geralmente em moldes que não permitem a obtenção, em tempo útil, de autorização do diretor do Centro Educativo.

José António Carvalho

ARTIGO 182.º
Contenção física pessoal

A contenção física pessoal limita-se à utilização da força física para imobilização do menor.

Contenção física pessoal

1. Esta matéria encontra-se igualmente regulada no art. 90.º do RGDCE, aprovado e publicado pelo Dec.-Lei n.º 323-D/2000, de 20 de dezembro, que claramente limita a contenção física pessoal à utilização da força física por parte do pessoal técnico do Centro Educativo para imobilização e remoção dos jovens internandos e consagra a necessidade da existência de formação adequada por parte dos técnicos, para conseguirem imobilizar os jovens sem lhes causar lesões por excesso de emprego da força física.

2. O emprego deste tipo de medida de contenção só pode, pois, ser adotado para "impedir" ou "fazer cessar", mas não para "obrigar", "compelir" e muito menos "castigar". Estas limitações, destinadas a salvaguardar os direitos fundamentais dos jovens internandos e a interditar ao pessoal técnico dos centros educativos o uso das punições físicas e do desforço, são sobretudo curiais face à tentação de se fazerem interpretações demasiado abrangentes do disposto no al. d) do art. 179.º/1, cuja redação "Para vencer a resistência violenta dos menores às ordens e orientações do pessoal do centro no exercício legítimo das suas funções" de alguma maneira poderia induzir, erradamente, a ideia da legitimidade do emprego da força física para obrigar o jovem a obedecer a ordens legítimas às quais recalcitrasse – imagine-se o exemplo do jovem que se recusasse a tomar banho fazendo gestos agressivos; numa ocorrência desse tipo seria legítimo ao técnico do centro usar a força física para impedir a consumação de alguma agressão ou destruição de material ou equipamentos do centro por parte do jovem, mas já não o seria utilizar a força física para levar o jovem para o banho e o forçar a lavar-se.

3. Para reagir ao puro desrespeito passivo, pelo jovem, das ordens legítimas dos técnicos do centro, ou ao incumprimento não violento dos deveres do jovem, existem as medidas disciplinares previstas no art. 194.º, e os métodos educativos previstos no art. 187.º, verificados que estejam os pressupostos da sua aplicação e cumpridos os requisitos do respetivo procedimento.

4. Em anotação a esta norma feita em Rodrigues, Anabela Miranda/ /Duarte-Fonseca, António Carlos, *ob. cit.*, p. 343, exclui-se expressamente a possibilidade de emprego de dispositivos, mecanismos e instrumentos, tais como cordas, algemas ou coletes de forças, para imobilizar o jovem, considerando-se que o emprego da força física por parte dos técnicos dos centros educativos, sob os pressupostos e com os limites acima especificados, terá de ter natureza humana corporal.

5. Diga-se, contudo, que a salvaguarda de todos os direitos dos jovens internandos e a interpretação desta norma feita no sentido da maximização das garantias da sua integridade física e psicológica, pode levantar problemas práticos de difícil solução em situações de tentativa de recurso à fuga, sobretudo se levadas a cabo fora das instalações dos centros educativos, durante saídas permitidas na companhia de técnicos. Nessa hipótese, além da permitida imobilização do jovem, resta o problema bicudo de o trazer de volta ao Centro Educativo contra a sua vontade. E se falhar a "(...) intervenção pedagógica no sentido de o fazer reflectir sobre as causas que levaram à sua contenção física, relembrando-lhe os deveres a que está sujeito e as consequências do seu incumprimento", que o art. 90.º/3 do RGDCE, estipula como incluída no dever de atuação dos técnicos, parece-nos que restará ao técnico tentar convocar o auxílio da Polícia para consumar a recondução do jovem ao Centro Educativo, se tiver meios ou possibilidades de estabelecer tal contacto.

José António Carvalho

ARTIGO 183.º
Isolamento cautelar

1 – O isolamento cautelar pode ter lugar em dependência especialmente adequada a evitar os atos e as situações justificativas do recurso a este tipo de medidas.

2 – O isolamento cautelar não pode prolongar-se para além de vinte e quatro horas consecutivas.

3 – No caso previsto no n.º 1, o menor deve ser observado pelo médico do centro, com recurso, se necessário, a especialista em psicologia ou psiquiatria, com a maior brevidade possível, devendo a medida ser interrompida se for considerado que a sua continuação é prejudicial para a saúde física ou psíquica do menor.

4 – Sobrevindo aplicação de medida disciplinar pelos mesmos factos que o originaram, o tempo de duração do isolamento cautelar é obrigatoriamente tido em conta na aplicação de medida disciplinar.

Isolamento cautelar

1. Os centros educativos têm necessariamente de estar providos de instalações que permitam a correta execução da medida de contenção prevista nesta norma, ou seja, de possuir dependências onde o jovem que tenha assumido um comportamento disruptivo, violador dos seus deveres e não controlável de outra forma possa ser colocado pelo tempo indispensável ao seu restabelecimento emocional e à cessação das condições potenciadoras da situação-problema (por exemplo um agudo conflito com outros jovens ou com pessoal técnico do Centro Educativo, que tenha passado ao patamar da confrontação física).

2. A dependência em questão tem de estar equipada e materialmente estruturada em moldes que não permitam ao jovem magoar-se ou causar depredações como expressão do seu estado de descontrolo; ao mesmo tempo devem permitir-lhe a satisfação das necessidades mais imediatas de forma digna (hidratar-se, satisfazer necessidades fisiológicas com o mínimo de privacidade, etc). Mas também deve ser possível ao pessoal técnico do Centro Educativo uma acessibilidade rápida ao local e uma fiscalizaçao visual para permanente monitorização da evolução do estado de espírito do jovem.

3. A norma proíbe terminantemente a extensão do isolamento cautelar do jovem além de 24 horas consecutivas, entendendo-se que se tal período ainda não for suficiente para acalmar o jovem e fazer cessar a sua predisposição para cometer o tipo de atos que estiveram na base da adoção da medida, o caso revestirá uma natureza de descompensação psíquica, carente de outro tipo de resposta, do âmbito da psicologia ou da psiquiatria. Aliás, o n.º 3 da norma expressamente estipula que o jovem em causa deve ser observado pelo médico do Centro Educativo com a brevidade possível e por psicólogo, ou psiquiatra se tal se mostrar indicado. Para as situações mais complicadas, em anotação a esta norma feita em Silva, Júlio Barbosa e, *Lei Tutelar Educativa Comentada..., ob. cit.*, comentou-se que nada obsta a que tenha lugar o internamento compulsivo do jovem, verificados que estejam os requisitos previstos nos arts. 12.º e 22.º LSM, nos termos e de acordo com o disposto no art. 174.º.

4. O art. 91.º RGDCE, aprovado e publicado pelo Dec.-Lei n.º 323-D/ /2000, de 20 de dezembro, repete a redação do n.º 3 deste art. 183.º, o que enfatiza a preocupação do legislador em assegurar aos jovens internados o integral respeito pela sua integridade física e psíquica, direito que lhes é reconhecido pelo disposto no art. 171.º/3, a).

5. Apesar de o isolamento cautelar não estar incluído no elenco taxativo das medidas disciplinares previsto no art. 194.º, sendo apenas uma medida de contenção com as características e as justificações preventivas e cautelares que referimos acima, na anotação ao art. 179.º, o tempo que o jovem tiver passado em isolamento cautelar é obrigatoriamente levado em consideração na aplicação de medida disciplinar sancionadora dos mesmos factos que o determinaram, opção tomada pelo legislador por consideração aos efeitos compressores do isolamento cautelar no ânimo e na já limitada liberdade do jovem internado em Centro Educativo, que constituem, assim e ainda que não seja essa a finalidade da medida, uma espécie de "crédito" do jovem sobre a futura sanção disciplinar.

José António Carvalho

ARTIGO 184.º
Dever de informação

O recurso ao isolamento cautelar é imediatamente comunicado ao tribunal.

Dever de informação; isolamento cautelar

1. Trata-se de mais uma expressão do dever de informação ao tribunal por parte dos responsáveis do Centro Educativo – em primeiro lugar o seu diretor e, não estando este disponível, por quem seja o responsável pela aplicação do isolamento cautelar –, que se encontra consagrado no art. 131.º/1, relativamente à execução da medida de internamento em curso e sobre a evolução do processo educativo do menor.

2. O art. 52./2, j) RGDCE, aprovado e publicado pelo Dec.-Lei n.º 323-D/2000, de 20 de dezembro, prevê expressamente a obrigação da comunicação do isolamento cautelar do jovem internando ao tribunal; mas o prazo máximo geral de 48 horas estabelecido por essa disposição regulamentar para todas as numerosas comunicações nela previstas tem de ser aqui interpretado de acordo com o prazo máximo de 24 horas consecutivas fixado no art. 183.º/2 para esse tipo de medida de contenção, pelo que a comunicação desta ao tribunal deve ser o mais célere possível para não lhe retirar parte do efeito útil, permitindo ao Juiz intervir – por exemplo fazendo cessar de imediato uma extensão temporal abusiva do isolamento cautelar, ou uma sua aplicação injustificada à luz das normas legais.

José António Carvalho

SECÇÃO VI
Regime disciplinar

SUBSECÇÃO I
Princípios gerais

ARTIGO 185.º
Subsidiariedade do procedimento e das medidas disciplinares

1 – O procedimento e as medidas disciplinares constituem o último recurso dos centros educativos para corrigir as condutas dos menores internados que constituam infrações disciplinares, nos termos da presente lei e do regulamento geral.

2 – Não há lugar a procedimento nem a medidas disciplinares sempre que se considere possível e adequado reagir perante infração disciplinar através de outro tipo de respostas educativas, voluntariamente aceites pelo menor.

Regime disciplinar; subsidiariedade do procedimento e das medidas disciplinares

1. O jovem internado em Centro Educativo é visto como sujeito de direitos e de deveres, que enquadram a sua situação jurídica enquanto dura o internamento, de uma banda protegendo-o de intervenções abusivas do Estado, da outra garantindo as finalidades do tipo de internamento a que esteja sujeito – cfr., arts. 17.º/1, para o internamento enquanto medida tutelar educativa, 57.º, c), para o internamento como medida cautelar, e 68.º/2 e 3, quanto ao internamento instrumental da realização de perícia.

Quanto aos deveres, constam elencados no art 172.º/1: respeito por pessoas e bens, permanência, obediência, correção, colaboração, assiduidade e pontualidade; o preceito também procede à descrição minuciosa de cada um deles – cfr., ainda o art. 1.º RGDCE.

O art. 18.º RGDCE consagra a obrigatoriedade da existência em cada Centro Educativo de um regulamento interno que estabeleça as normas de funcionamento do centro; as matérias a disciplinar no regulamento são todas as necessárias para garantir a convivência tranquila e ordenada e assegurar a realização do projeto de intervenção educativa e dos programas de atividades; deste regulamento podem resultar para o jovem internado outros deveres para além dos alinhados no art. 172.º.

A noção de infração, para efeitos do regime disciplinar, consta do art. 95.º RGDCE e reconduz-se à violação pelo jovem destes deveres: "Constitui infração a violação pelo educando dos deveres e regras a que está sujeito durante o internamento previstos na Lei Tutelar Educativa, no presente Regulamento e no regulamento interno de cada Centro Educativo".

2. Porém, nem toda a infração, ou seja, nem toda a violação pelo jovem dos deveres a que está vinculado, integra infração disciplinar.

Infrações disciplinares são apenas as condutas violadoras de deveres que o legislador selecionou e recortou tipicamente nos arts. 191.º, 192.º e 193.º, pela relevância do desajuste comportamental que traduzem, e que classifica no art. 96.º/2 RGDCE como infrações típicas.

Todas as demais violações de deveres integram meras infrações classificadas como atípicas, não constituindo infração disciplinar e não podendo, por conseguinte, ser sancionadas com medida disciplinar.

3. A constatação da violação de um dever tipicamente recortada como infração disciplinar não dá necessariamente lugar a procedimento disciplinar, nem à aplicação de medida disciplinar.

Vigora em pleno o princípio da subsidiariedade, consagrado no n.º 1 do preceito em anotação; assim, só quando de todo em todo se mostre inviável atalhar à violação do dever violado através de respostas educativas diversas se pode optar pela medida disciplinar; esta inviabilidade pode derivar de inexistirem respostas educativas possíveis e adequadas ou de, existindo, não serem aceites pelo jovem.

No mesmo sentido, o RGDCE elege, no art. 93.º, os reforços positivos e negativos dos comportamentos dos jovens como os meios de regulação normal da vivência no seio do Centro Educativo.

Diga-se, ainda, que o próprio rito de aplicação de uma medida disciplinar, solenizado num procedimento regulado, contribui também decisivamente para preservar o regime disciplinar da banalização e para que efetivamente constitua o último dos redutos de regulação do quotidiano no Centro Educativo.

4. São assim pressupostos para aplicação do regime disciplinar:

i. a violação por jovem internado em Centro Educativo;

ii. de dever que lhe seja imposto pelo art. 172.º, pelo RGDCE ou pelo regulamento interno do centro;

iii. que esteja tipicamente prevista nos arts. 191.º, 192.º e 193.º como infração disciplinar;

iv. desde que a correção da conduta do jovem não possa operar-se por via diversa da aplicação de medida disciplinar.

José Eduardo Lima

ARTIGO 186.º
Tipicidade das infrações e das medidas disciplinares

As infrações cometidas pelo menor que constituam infração disciplinar nos termos desta lei só podem ser corrigidas através da aplicação das medidas disciplinares previstas no artigo 191.º, sem prejuízo do disposto no artigo anterior.

Tipicidade das infrações e das medidas disciplinares

1. A referência ao art. 191.º remonta à proposta de lei governamental; está incorreta e deve reportar-se ao art. 194.º; o lapso deve-se ao facto de não se ter relevado na redação da norma a introdução, na fase de discussão da proposta, dos atuais arts. 191.º, 192.º e 193.º, com a consequente alteração de numeração dos subsequentes.

2. O preceito define a infração disciplinar cometida pelo menor internado como uma infração típica, optando-se por recortar rigorosamente, nos termos próprios do direito penal, as condutas que integram infração disciplinar – cfr., os arts. 191.º, 192.º e 193.º.

O legislador não era obrigado a seguir esta via, uma vez que "(...) a infracção disciplinar decorre mais da violação de um dever e menos da adopção de uma conduta descrita na lei (descrição essa que pode nem sequer ser efectuada) (...)" – cfr., Moura, Paulo Veiga, *Estatuto Disciplinar dos Trabalhadores da Administração Pública*, 2.ª edição, Coimbra, Coimbra Editora, 2011, p. 41; e como tal, "[d]iferentemente do direito penal, e até do direito de ordenação social, o direito disciplinar utiliza, na definição das infracções disciplinares, a técnica da cláusula geral com enumeração exemplificativa, excepto no caso da menos grave das infracções disciplinares em que há apenas a cláusula geral." – cfr., Carvalho, Américo Taipa, *Direito Penal, Parte Geral, Questões Fundamentais, Teoria Geral do Crime*, 2.ª edição, Coimbra, Coimbra Editora, 2008, p. 147.

Também o Tribunal Constitucional vem reiteradamente decidindo que o legislador não é obrigado a "aproximar o direito disciplinar das exigências de tipificação rigorosa do direito criminal" –cfr., por todos, o Ac. TC 229/2012 (02-05-2012), disponível em *www.dgsi.pt*, consultado a 5 de fevereiro de 2018.

Contudo, agindo com prudência acrescida, a LTE optou por consagrar disposições que tipificam as infrações disciplinares, seguindo escrupulosamente a orientação estabelecida na regra 68 das RNUPJPL, segundo a qual a legislação ou os regulamentos adotados pela autoridade administrativa competente devem estabelecer normas referentes à conduta que constitui uma infração disciplinar.

O art. 96.º RGDCE precisa este regime, dispondo expressamente que são infrações típicas apenas os comportamento descritos como infração disciplinar na LTE.

3. Em coerência com esta opção, a LTE não esgota a tipificação na previsão das condutas que integram infração disciplinar, estendendo-a às medidas disciplinares por duas vias: a) com a previsão das que são admissíveis no catálogo fechado do art. 194.º, e b) tecendo uma relação que intercede entre as infrações disciplinares que recorta e as medidas que lhes são aplicáveis, por via da qual a determinadas infrações são aplicáveis apenas determinadas medidas, conforme decorre dos arts. 195.º, 196.º e 197.º.

O art. 99.º RGDCE reproduz o conteúdo normativo do preceito em análise, estabelecendo que as medidas disciplinares aplicáveis são apenas as previstas no art. 194.º LTE.

José Eduardo Lima

ARTIGO 187.º
Infrações atípicas

1 – As infrações cometidas pelo menor durante a execução da medida de internamento, que não constituam infração disciplinar nos termos legais, são corrigidas mediante métodos educativos, oportunos e exequíveis, não lesivos dos direitos do menor.

2 – Os métodos referidos no número anterior não podem, em caso algum, revestir igual ou maior gravidade do que as medidas disciplinares previstas na lei.

Infrações atípicas; correção por métodos educativos

1. São infrações atípicas todas as violações dos deveres a que o jovem está sujeito enquanto internado, que não estejam recortadas como infração disciplinar nos arts. 191.º, 192.º e 193.º.

As infrações atípicas não são infrações disciplinares e por isso não motivam a aplicação de sanção disciplinar. São corrigidas mediante métodos educativos oportunos e exequíveis, conforme estabelece o n.º 1 do presente normativo.

2. Quanto a estes, clarifica o art. 97.º/1 RGDCE, remetendo, a título de exemplo, para o que está previsto no art. 93.º do mesmo diploma – e não no art. 92.º, como por lapso consta da redação da norma; assim, de acordo com este preceito, são os reforços positivos e negativos os meios de regulação normal de vivência em internato.

Os reforços são um incentivo que visa alcançar uma mudança comportamental do jovem – mediante a atribuição de recompensas sempre que se comporte da maneira desejada, os reforços positivos, ou mediante a eliminação de uma situação adversa para conduzir ao comportamento pretendido, os reforços negativos.

No relatório das visitas aos centros educativos realizadas no ano de 2015, o Mecanismo Nacional de Prevenção constatou que "A generalidade dos centros educativos possui sistemas de avaliação comportamental dos jovens assentes em uma ideia de reforço positivo, isto é, com vista a atribuição de prémios (*v.g.*, possibilidade de ter um objeto decorativo, de ter dinheiro semanal de bolso, de realizar telefonema ou ter visita adicional, de beneficiar de autorização para saída extraordinária, com ou sem acompanhamento) nos termos dos respetivos regulamentos internos" – cfr., "O Mecanismo Nacional de Proteção e os centros educativos. Relatório das visitas efectuadas durante o ano de 2015", consultado em *http://www.provedor-jus.pt/site/public/archive/doc/O_Mecanismo_Nacional_Prevencao_centros_educativos_Relatorio_visitas_realizadas_2015.pdf (21.11.2016)*.

3. Ao reservar a reação através de sanção disciplinar apenas para as violações de deveres mais gravosas, a LTE respeita o que vem preconizado em instrumentos internacionais, nomeadamente nos pontos 66 RNUPJPL e 94.2 Recomendação do Conselho da Europa CM/Rec (2008)11, segundo os quais só as condutas que coloquem em causa a ordem e segurança podem constituir infração disciplinar.

José Eduardo Lima

ARTIGO 188.º

Respeito pela saúde física e psíquica e pela dignidade do menor

1 – É proibida a aplicação de medidas que se traduzam em tratamento cruel, desumano, degradante ou que possam comprometer a saúde física ou psíquica do menor.

2 – A aplicação de medida disciplinar não pode, em caso algum, de maneira direta ou indireta, traduzir-se em castigos corporais, privação de alimentos ou do direito a receber visitas, não proibidas pelo tribunal, dos pais, representante legal ou pessoa que tenha a guarda de facto do menor.

3 – Nenhuma sanção disciplinar pode ser executada com violação do respeito pela dignidade da pessoa do menor.

Respeito pela saúde física e psíquica e pela dignidade do menor na aplicação das medidas

1. O n.º 2 do presente artigo foi alterado pela Lei n.º 4/2015, de 15 de janeiro, passando a acautelar também as visitas da pessoa que tenha a guarda de facto do jovem.

2. O princípio da dignidade humana é "um verdadeiro princípio regulativo primário da ordem jurídica, fundamento e pressuposto de validade das respectivas normas" – cfr., por todos, o Ac. TC 105/1990 (29-03-1990), disponível em www.dgsi.pt, consultado a 5 de fevereiro de 2018; não traduz uma realidade predeterminada e adquirida mas que "se vai fazendo (e que vai progredindo) na história, assumindo, assim, uma dimensão eminentemente «cultural»" – cfr., Ac. TC citado.

Sendo um princípio com elevado grau de indeterminação, tal não impede que se lhe reconheça um "núcleo essencial objeto de adesão consensual": "a ideia de um valor próprio, supremo e inalienável atribuído à pessoa só pelo facto de o ser, por simples facto da sua humanidade; a ideia de respeito, de igual consideração dos interesses de cada pessoa, da sua vida, da sua autonomia, liberdade e bem-estar; a ideia da pessoa como fim e não como mero meio ou instrumento de outros; a ideia de que é a pessoa individualmente considerada, e não qualquer outra realidade transpersonalista, que justifica a existência do Estado e do poder político organizado da comunidade" – cfr., Novais, Jorge Reis, *A Dignidade da Pessoa Humana, Volume I, Dignidade e Direitos Fundamentais*, reimpressão, Coimbra, Almedina, 2016, p. 58.

3. O art. 5.º DUDH estipula que ninguém seja submetido a tortura nem a penas ou tratamentos cruéis, desumanos ou degradantes.

Por seu turno, o art. 37.º, a) e c) CDC estabelece que a criança privada de liberdade deve ser tratada com a humanidade e o respeito devidos à dignidade da pessoa humana e de forma consentânea com as necessidades das pessoas da sua idade, estando proibidos os tratamentos cruéis, desumanos ou degradantes; o ponto 89 do Comentário Geral n.º 10, do Comité dos Direitos das Crianças, sobre os direitos das crianças na justiça de jovens, esclarece que o respeito desta norma impõe que qualquer medida disciplinar seja compatível com a manutenção da dignidade inerente ao jovem e com os objetivos fundamentais do internamento; e ainda que medidas disciplinares violadoras do art. 37.º CDC devem ser estritamente proibidas, incluindo castigos corporais, colocação em celas desprovidas de iluminação, confinamentos em solitárias ou qualquer outra punição que possa comprometer a saúde física ou psíquica ou o bem-estar do jovem –*http://www2.ohchr.org/english/bodies/crc/docs/CRC.C.GC.10.pdf* (28.11.2016).

Este preceito da CDC tem tradução e desenvolvimento nos pontos 66 e 67 RNUPJPL.

Já no âmbito europeu, a presente norma observa o art. 3.º CEDH, que proíbe a sujeição as torturas, penas ou tratamentos desumanos ou degradantes, e os pontos 95.1, 95.2 e 95.3 Recomendação do Conselho da Europa CM/Rec (2008)11.

4. A dignidade da pessoa humana vem afirmada, como princípio basilar da República Portuguesa, logo no art. 1.º CRP, o que revela bem o quão fundante, estruturante e iluminador do ordenamento jurídico é tal princípio.

Por seu turno, o art. 30.º/5 CRP, pensado para a privação de liberdade decorrente de pena criminal mas cujo espírito se pode convocar, estipula que os condenados a quem sejam aplicadas pena ou medida de segurança privativas da liberdade mantêm a titularidade dos direitos fundamentais, salvas as limitações inerentes ao sentido da condenação e às exigências próprias da respetiva execução.

5. No que concerne ao figurino legal das medidas disciplinares, em abstrato encarado, a LTE exibe um escrupuloso respeito por todas as supra referidas regras internacionais e constitucionais, proclamadas também neste artigo; ou seja, não é no plano jurídico-formal da aplicação das sanções disciplinares que os desvios têm o seu campo mais fértil mas na matéria da sua execução concreta; como refere NOVAIS, Jorge Reis, *ob. cit.*, p. 151, "(...) a dimensão normativa da dignidade da pessoa humana (o princípio jurídico) é uma relação e, enquanto princípio constitucional, é uma relação em que o obrigado é primariamente, ainda que não exclusivamente, o Estado e os poderes públicos. Há violação da dignidade da pessoa humana quando os poderes públicos falham os deveres (de respeito, de protecção e de promoção) que a norma constitucional lhes impõe".

Assim, por exemplo, a repreensão, conforme o art. 100.º RGDCE, consiste numa censura firme, solene e inequívoca que caraterize ou destaque a regra ou o dever infringidos e as respetivas consequências, sendo aplicável às infrações disciplinares leves – arts. 194.º/1, a), e 195.º, a); se for aplicada em contexto que sirva para humilhar o jovem, nomeadamente perante os seus companheiros, além de não servir os propósitos que a motivam, constituirá por parte do Estado uma violação da dignidade da pessoa do jovem e, por conseguinte, do presente preceito e dos preceitos constitucionais que traduz.

6. A violação de direitos fundamentais, constitui o Estado na obrigação de indemnizar, em forma solidária com os titulares dos seus órgãos, funcionários ou agentes, por ações ou omissões praticadas no exercício das suas funções e por causa desse exercício – arts. 22.º CRP e 8.º Lei n.º 67/2007, de 31 de dezembro.

7. Recurso – arts. 201.º, 156.º e 134.º.

JOSÉ EDUARDO LIMA

ARTIGO 189.º
Outros princípios fundamentais da intervenção disciplinar

1 – Nenhuma medida disciplinar pode ser aplicada sem o menor ter sido informado da infração disciplinar cuja prática lhe é atribuída, de modo apropriado à sua completa compreensão.

2 – Não pode ser aplicada medida disciplinar sem ouvir o menor e sem lhe dar a oportunidade de se defender.

3 – Nenhum menor pode ser disciplinarmente punido mais de uma vez pela mesma infração.

4 – É proibida a aplicação de medida disciplinar por tempo indeterminado.

5 – É proibida a aplicação de medidas disciplinares coletivas ou abrangendo um número indeterminado de menores.

Outros princípios fundamentais da intervenção disciplinar

1. Nos termos do art. 12.º da CDC os Estados Partes garantem à criança com capacidade de discernimento o direito de exprimir livremente a sua opinião sobre as questões que lhe respeitem, sendo devidamente tomadas em consideração as opiniões da criança, de acordo com a sua idade e maturidade, sendo-lhe assegurada a oportunidade de ser ouvida nos processos judiciais e administrativos que lhe respeitem.

Estabelecendo orientações no mesmo sentido, especificamente para procedimentos disciplinares que visem o jovem em privação de liberdade, a regra 70.º da RNUPJPL estabelece que nenhum jovem deve ser punido sem ter sido informado da infração que lhe é imputada de um modo que lhe permita compreender cabalmente o caso, e sem que lhe tenha sido dada a oportunidade de apresentar a sua defesa, e em particular de recorrer para uma autoridade competente e imparcial; ainda no mesmo sentido, o ponto 94.4 da Recomendação do Conselho da Europa CM/Rec (2008)11.

A LTE vai ao encontro destas orientações no art. 171.º, sobre os direitos dos jovens internados em Centro Educativo, conferindo ao jovem o direito a ser ouvido antes de lhe ser imposta qualquer sanção disciplinar.

O mesmo direito de ser ouvido e de se defender assegura o art. 110.º RGDCE.

2. O n.º 3 proíbe a aplicação de múltiplas sanções a uma única infração disciplinar – cfr., a regra 67.ª das RNUPJPL; mas sobre a aplicação de várias medidas disciplinares quando o jovem cometer mais que uma infração disciplinar, cfr., o art. 199.º.

Sobre o princípio do *ne bis in idem* e a convivência da punição disciplinar com a revisão agravante da medida de internamento, cfr., anotação ao art. 139.º, ponto 8.

3. Sobre a duração das medidas disciplinares ver os arts. 195.º a 197.º.

4. Sobre a proibição do sancionamento coletivo, cfr., a regra 67.ª RNUPJPL e o ponto o ponto 95.2 da Recomendação do Conselho da Europa CM/Rec (2008)11.

José Eduardo Lima

ARTIGO 190.º
Classificação das infrações disciplinares

As infrações disciplinares classificam-se, segundo a sua gravidade, em leves, graves e muito graves.

Classificação das infrações disciplinares: leves, graves e muito graves

O preceito gradua a tonalidade das infrações disciplinares cometidas por jovem internado em Centro Educativo, distribuindo-as por três níveis de gravidade: leves, graves e muito graves.

A classificação da infração releva para a medida disciplinar aplicável.

José Eduardo Lima

ARTIGO 191.º
Infrações disciplinares leves

Consideram-se infrações disciplinares leves as seguintes condutas do menor internado em Centro Educativo:

a) Faltar ao respeito a funcionário do centro, a companheiro ou a outra pessoa, dentro do Centro Educativo ou fora dele, durante saída autorizada, sem consequências importantes;

b) Não comparecer, injustificadamente, a atividades previstas no projeto educativo pessoal;

c) Não cumprir, injustificadamente, as horas de início e termo das atividades previstas no projeto educativo pessoal;

d) Destruir ou danificar, intencionalmente ou por falta censurável de cuidado, bens móveis ou imóveis, dentro do Centro Educativo ou fora dele, durante saída autorizada, causando pequeno prejuízo;

e) Fazer uso abusivo e prejudicial de objetos ou substâncias não proibidos por lei ou regulamento, dentro do Centro Educativo ou fora dele durante saída autorizada;

f) Apoderar-se de bens de outrem ou de pequeno valor, dentro do Centro Educativo ou fora dele, durante saída autorizada.

Infrações disciplinares leves

V., comentário ao art. 193.º.

José Eduardo Lima

ARTIGO 192.º
Infrações disciplinares graves

Consideram-se infrações disciplinares graves as seguintes condutas do menor internado em Centro Educativo:

a) Ameaçar pessoa, dentro do Centro Educativo ou fora dele, durante saída autorizada;

b) Insultar ou faltar gravemente ao respeito a funcionário do centro, a companheiro ou a outra pessoa, dentro do Centro Educativo ou fora dele, durante saída autorizada;

c) Instigar, sem êxito, os companheiros à prática de motins ou de atos coletivos de insubordinação ou de desobediência às ordens do pessoal do centro no exercício legítimo das respetivas funções;

d) Resistir ou desobedecer às ordens do pessoal do centro no exercício legítimo das respetivas funções, dentro do Centro Educativo ou fora dele, durante saída autorizada;

e) Não comparecer, repetida e injustificadamente, a atividades previstas no projeto educativo pessoal;

f) Não cumprir, repetida e injustificadamente, as horas de início e termo das atividades previstas no projeto educativo pessoal;

g) Não regressar ao centro, injustificadamente, na data e até à hora fixadas como termo de saída autorizada;

h) Tentar a fuga do centro, bem como instigar a fuga de menor internado;

i) Destruir ou danificar, intencionalmente ou por falta censurável de cuidado, bens móveis e imóveis, dentro do Centro Educativo ou fora dele, durante saída autorizada, causando prejuízo elevado;

j) Introduzir, distribuir, transacionar ou guardar, no centro, objetos proibidos por lei ou regulamento;

l) Apoderar-se de bens de valores de outrem, dentro do Centro Educativo ou fora dele, durante saída autorizada.

Infrações disciplinares graves

V., comentário ao art. 193.º.

José Eduardo Lima

ARTIGO 193.º
Infrações disciplinares muito graves

Consideram-se infrações disciplinares muito graves as seguintes condutas do menor internado em Centro Educativo:

a) Praticar um ato de violência física ou de coação contra uma pessoa, dentro do Centro Educativo ou fora dele, durante saída autorizada;

b) Participar em motins ou em atos coletivos de insubordinação ou de desobediência às ordens do pessoal do centro no exercício legítimo das respetivas funções;

c) Instigar, com êxito, os companheiros à prática de motins ou de atos coletivos de insubordinação ou de desobediência às ordens do pessoal do centro no exercício legítimo das respetivas funções;

d) Resistir com violência ou desobedecer ostensivamente em público às ordens do pessoal do centro no exercício legítimo das respetivas funções, dentro do Centro Educativo ou fora dele, durante saída autorizada;

e) Consumar a fuga do centro, bem como instigar com êxito ou facilitar a fuga de outro menor internado;

f) Destruir ou danificar, intencionalmente ou por falta censurável de cuidado, bens móveis ou imóveis, dentro do Centro Educativo ou fora dele, durante saída autorizada, causando prejuízo muito elevado;

g) Introduzir, distribuir, transacionar, guardar ou consumir, no centro, droga, álcool ou qualquer outra substância tóxica;

h) Introduzir, distribuir, transacionar ou guardar, no centro, armas ou outros objetos igualmente perigosos e proibidos por lei ou regulamento;

i) Apoderar-se com violência de bens de outrem, dentro do Centro Educativo ou fora dele, durante saída autorizada.

Infrações disciplinares muito graves

1. Em consonância com o princípio da tipicidade previsto no art. 186.º, os arts. 191.º a 193.º recortam os comportamentos que configuram infrações disciplinares.

Cada infração corresponde à violação de um ou mais dos deveres elencados no art. 172.º, a que o jovem internado está obrigado.

Outras violações de deveres que não estejam aqui previstas constituem infrações atípicas e são corrigidas mediante métodos educativos oportunos e exequíveis, conforme estabelece o n.º 1 do art. 189.º.

2. Nos termos do art. 50.º/2, i), RGDCE, o diretor do Centro Educativo deve enviar ao tribunal, no prazo máximo de quarenta e oito horas, informação sobre indícios da prática de ilícito penal pelo educando ou em que o educando seja ofendido, como sucede com várias das condutas descritas nos tipos disciplinares que são, ao mesmo tempo, suscetíveis de integrar infração criminal.

3. Para uma aproximação aos conceitos de "pequeno valor", "pequeno prejuízo", "prejuízo elevado" e "prejuízo muito elevado" cfr., o art. 202.º CP.

José Eduardo Lima

ARTIGO 194.º
Medidas disciplinares

1 – São aplicáveis as seguintes medidas disciplinares:

a) Repreensão;

b) Suspensão do uso de dinheiro de bolso concedido pelo Centro Educativo, por período não superior a dois meses;

c) Não atribuição de dinheiro de bolso pelo Centro Educativo, por período não superior a dois meses;

d) Suspensão do uso pelo menor de dinheiro do seu pecúlio, por período não superior a um mês;

e) Suspensão da participação em algumas atividades recreativas programadas, dentro ou fora do centro, por período não superior a um mês;

f) Suspensão da participação em todas as atividades recreativas programadas, dentro ou fora do centro, por período não superior a um mês;

g) Perda de autorizações de saída de fim de semana ou férias, por período não superior a dois meses;

h) Suspensão do convívio com os companheiros, por período não superior a uma semana.

2 – A competência para a aplicação e revisão das medidas disciplinares é definida em regulamento geral.

Medidas disciplinares

1. Depois de nos artigos anteriores ter elencado os três níveis de infrações disciplinares, serve esta norma para tipificar taxativamente as medidas disciplinares suscetíveis de serem aplicadas aos jovens internados em centros educativos autores de uma daquelas infrações.

2. As medidas estão ordenadas por ordem crescente de gravidade, como resulta da sua simples leitura, mas também do disposto no n.º 4 do art. 205.º.

3. É o RGDCE, aprovado pelo Dec.-Lei n.º 323-D/2000, de 20 de dezembro, especialmente a partir do art. 99.º, que define as medidas disciplinares, as quais *visam incutir no educando o respeito pelos valores que inspiram os deveres ou regras violadas e a sua motivação para a não repetição de tais condutas.*

4. O RGDCE define com alguma minúcia cada uma das medidas, começando pela repreensão que, *mutatis mutandis*, se assemelha à medida tutelar da admoestação e, como esta, encerra algumas particularidades, desde logo não é objeto de registo no dossier do jovem nem é passível de recurso (cfr., arts. 201.º/2, 100.º e 118.º/2, estes últimos do regulamento).

5. As três medidas que se seguem neste elenco têm em comum o dinheiro e consistem na não atribuição e suspensão de uso, neste último caso seja o de bolso ou do pecúlio (cfr., art. 66.º do regulamento); a respetiva duração é diferente consoante a medida atinja um ou outro – dinheiro de bolso ou pecúlio.

Estabelece o art. 69.º RGDCE que mensalmente é atribuído aos jovens educandos uma quantia pecuniária a título de dinheiro de bolso, em montante a fixar pelos serviços de reinserção social, e que no ano de 2015 era de cerca de 20€ por mês. Essa quantia em dinheiro não é na sua totalidade entregue aos jovens, porquanto uma parte, pelo menos um terço quando a duração da medida é superior a 6 meses, se destina ao fundo de reserva, tal como resulta do art. 67.ºdo regulamento.

A atribuição de um pecúlio e as respetivas regras servem *objetivos pedagógicos mas também garantísticos, privilegiando-se a transparência e a participação do educando na gestão dos seus bens*- cfr., Preâmbulo do Regulamento.

6. As medidas de suspensão de participação em algumas, ou em todas, as atividades recreativas programadas, dentro ou fora do centro, por um período não superior a um mês, previstas nas als. e) e f), visam privar o jovem infrator de integrar e participar nas iniciativas de cariz recreativo organizadas pelo Centro Educativo ou outras entidades, dentro ou fora das respetivas instalações. Conforme decorre deste normativo, bem como do disposto no art. 104.º do regulamento, as atividades vedadas à participação do jovem serão as que têm natureza preponderantemente lúdica e recreativa e não as que estão pensadas para a formação pessoal, escolar ou profissional do educando. Nos termos do n.º 2 daquele art. 104.º, o jovem sancionado deve ocupar o tempo com tarefas relacionadas com o estudo ou formação educativa.

7. A medida disciplinar de perda de autorizações de saída de fim-de-semana ou férias está pensada exclusivamente para os jovens que cumpram a medida de internamento em regime aberto ou semiaberto, porquanto, como decorre do estabelecido no art. 169.º, o regime fechado não consente quaisquer saídas dos jovens, com as óbvias exceções decorrentes de obrigações judiciais e à satisfação de necessidades de saúde ou outros motivos excecionais e ponderosos.

O art. 105.º do regulamento concretiza esta medida disciplinar que nos remete ainda para o art. 40.º do mesmo diploma onde se estabelece, além do mais, a quem compete autorizar as saídas dos jovens, se são acompanhadas ou não por pessoal do Centro Educativo, e a respetiva duração. Do preceito ressalta a ideia central de que as saídas serão progressivas, funcionando como prémio para os esforços e os progressos obtidos pelo jovem no cumprimento do seu projeto educativo. Nesta mesma norma especificam-se os termos da autorização de saída bem como os procedimentos a adotar quando os pais ou cuidadores não reúnam as condições para acolher o jovem, designadamente por se temer que possam por em causa as finalidades da visita.

Por sua vez, no art. 42.º estabelecem-se os procedimentos conexionados com o registo e avaliação das visitas, matéria que tem de constar do dossier individual do jovem.

8. Para o fim fica a medida disciplinar de suspensão do convívio com os companheiros, regulamentada no art. 106.º RGDCE, que pode ter a duração máxima de 3 dias, no caso de uma infração grave, ou uma semana se tiver ocorrido uma infração muito grave, tal como resulta dos arts. 196.º, g) e 197.º, f), respetivamente. Atente-se que em ambos os preceitos se estabelece que a suspensão deve ser *"sempre que possível* *parcial*", isto é, só em casos excecionais se deve impor a privação absoluta de convívios e contactos com os companheiros. Na verdade, o isolamento total de um jovem por períodos longos pode ser profundamente desestruturante e gerador de um sentimento de rejeição incompatível com a ideia que subjaz a todo o sistema tutelar educativo de socialização e aquisição de competências para uma plena integração social dos jovens em conflito com a lei. Se ao afastamento da família, dos amigos, da comunidade juntarmos um isolamento total dos companheiros, ainda que por poucos dias, é séria a probabilidade de se enraizar no jovem sancionado um sentimento de revolta e marginalização que se deve evitar.

Em qualquer dos casos, este afastamento não pode nunca ocorrer em qualquer "quarto de castigo", "solitária" ou espaço especialmente pensado para cumprimento destes períodos de isolamento forçado, mas antes naqueles que são os espaços normalmente usados pelo jovem designadamente o quarto, assim se dando cumprimento às RNUPJPL ("Regras de Havana"), especialmente o disposto no art. 67.º. No projeto inicial da CRSEPM – direito de menores, previa-se a existência de um *quarto disciplinar* afeto ao cumprimento desta medida, porém nuns moldes que não punham em xeque a regra supra (cfr., Rodrigues, Anabela Miranda/ /Duarte-Fonseca, António Carlos, *ob. cit.*, p. 359).

Norberto Martins

ARTIGO 195.º
Medidas disciplinares aplicáveis por infrações leves

São aplicáveis por infrações leves as seguintes medidas disciplinares:

a) Repreensão;

b) Suspensão do uso de dinheiro de bolso concedido pelo Centro Educativo, por período não superior a uma semana;

c) Não atribuição de dinheiro de bolso pelo Centro Educativo, por período não superior a uma semana;

d) Suspensão do uso pelo menor de dinheiro do seu pecúlio, por período não superior a uma semana;

e) Suspensão da participação em algumas atividades recreativas programadas, dentro ou fora do centro, por período não superior a três dias.

Infrações leves; medidas disciplinares

1. Cfr., o disposto nos arts. 99.º a 106.º RGDCE e comentários ao artigo antecedente.

2. Mesmo tratando-se de infrações leves, importa relembrar que apenas são suscetíveis de procedimento disciplinar, e eventual aplicação de medida disciplinar, as infrações tipificadas no art. 191.º, ainda que o jovem tenha violado algum dos deveres elencados no art. 172.º.

3. As demais infrações – infrações atípicas – são corrigidas, como decorre do art. 97.º do regulamento, *"mediante métodos educativos oportunos e exequíveis, não lesivos dos educandos"* e jamais podem revestir o mesmo valor sancionatório das medidas disciplinares previstas na lei e no regulamento. No mesmo sentido os pontos 66 RNUPJPL e 94.2 da Recomendação do Conselho da Europa CM/Rec (2008)11, reservando as sanções disciplinares para as condutas que coloquem em causa a ordem e segurança.

4. A tramitação para o apuramento dos factos, procedimento disciplinar, competência e prazos, aplicação da medida disciplinar e registo das medidas está previsto nos arts. 109.º a 119.º RGDCE, para onde se remete, importando apenas salientar que o jovem tem direito a ser ouvido e se defender e que a competência para aplicação da medida é do respetivo diretor do Centro Educativo.

Norberto Martins

ARTIGO 196.º
Medidas disciplinares aplicáveis por infrações graves

São aplicáveis por infrações graves as seguintes medidas disciplinares:

a) Suspensão do uso de dinheiro de bolso concedido pelo Centro Educativo, por período não superior a um mês;

b) Não atribuição de dinheiro de bolso pelo Centro Educativo, por período não superior a 15 dias;

c) Suspensão do uso pelo menor de dinheiro do seu pecúlio, por período não superior a uma semana;

d) Suspensão da participação em algumas atividades recreativas programadas, dentro ou fora do centro, por período não superior a 15 dias;

e) Suspensão da participação em todas as atividades recreativas programadas, dentro ou fora do centro, por período não superior a uma semana;
f) Perda de autorizações de saída de fim de semana ou férias, por período não superior a 15 dias;
g) Suspensão, sempre que possível parcial, do convívio com os companheiros, por período não superior a três dias.

Infrações graves; medidas disciplinares

1. Cfr., o disposto nos arts. 99.º a 106.º RGDCE e comentários aos arts. 194.º e 195.º.

Norberto Martins

ARTIGO 197.º
Medidas disciplinares aplicáveis por infrações muito graves

São aplicáveis por infrações muito graves as seguintes medidas disciplinares:
a) Não atribuição de dinheiro de bolso pelo Centro Educativo, por período não superior a um mês;
b) Suspensão do uso pelo menor de dinheiro do seu pecúlio, por período não superior a 15 dias;
c) Suspensão da participação em algumas atividades recreativas programadas, dentro ou fora do centro, por período não superior a um mês;
d) Suspensão da participação em todas as atividades recreativas programadas, dentro ou fora do centro, por período não superior a um mês;
e) Perda de autorizações de saída de fim-de-semana ou férias, por período não superior a um mês;
f) Suspensão, sempre que possível parcial, do convívio com os companheiros, por período não superior a uma semana.

Infrações muito graves; medidas disciplinares

1. Cfr., o disposto nos arts. 99.º a 106.º RGDCE e comentários aos arts. 194.º e 195.º.

2. A medida de suspensão do convívio com os companheiros, tal como assinalado no comentário ao art. 194.º, não é passível de ser cumprida em *quarto disciplinar* apesar do disposto na al. a) do n.º 3 do art. 205.º. De facto, a manutenção desta alínea só se deve, como assinalam RODRIGUES, Anabela Miranda/DUARTE-FONSECA, António Carlos, *ob. cit.*, em comentário a esta norma, a imprudência do legislador que nesta parte manteve a proposta inicial que acabou por ser afastada no projeto final. De resto, como também é assinalado pelos mesmos autores, o elenco das medidas disciplinares previsto no art. 194.º é taxativo, o que desde logo resulta do disposto no art. 186.º.

No mesmo sentido, estabelece o art. 99.º do regulamento que "*as medidas disciplinares aplicáveis são apenas as previstas no art. 194.º da LTE*".

NORBERTO MARTINS

ARTIGO 198.º
Critério de escolha das medidas disciplinares

A escolha e aplicação da medida disciplinar obedece aos princípios da adequação, da proporcionalidade e da oportunidade, tendo em conta, nomeadamente, a natureza e a gravidade da infração, as circunstâncias em que a mesma foi praticada, a idade e a personalidade do menor e a exequibilidade da medida no mais curto período de tempo.

Escolha e aplicação da medida disciplinar; critério de escolha

1. Considerando os objetivos perseguidos pela intervenção disciplinar – incutir nos educandos o respeito pelos valores que inspiram os deveres ou regras violadas e a sua motivação para a não repetição de tais condutas – a escolha da medida adequada e a sua duração há de resultar da ponderação da gravidade da conduta (leve, grave ou muito grave), das consequências produzidas, das circunstâncias em que ocorreu, da idade do jovem, da motivação do comportamento, dos sentimentos evidenciados pela conduta, da existência ou não de anteriores atitudes violadores das regras do Centro Educativo, do comportamento posterior, eventualmente indiciador de arrependimento e desejo de evitamento de novas situações atentatórias da disciplina e, finalmente, tem de ser ponderada a sua exequibilidade prática e o momento da aplicação.

Em suma, verificando-se a necessidade de uma medida disciplinar, esta deve ser proporcional, adequada e oportuna.

2. A escolha, o *quantum* e a duração da medida não pode desconsiderar, por um lado, o PEP do educando, por outro, o desígnio central da intervenção tutelar educativa que se reconduz à efetiva interiorização pelo (a) jovem dos valores fundamentais assimilados pela comunidade em que se insere.

NORBERTO MARTINS

ARTIGO 199.º
Aplicação de várias medidas disciplinares

1 – Quando um menor internado praticar duas ou mais infrações disciplinares são-lhe aplicáveis as medidas disciplinares correspondentes a cada uma das infrações.

2 – Se a mesma conduta constituir duas ou mais infrações disciplinares ou se uma infração disciplinar for instrumental relativamente a outra, apenas é aplicável ao menor a medida disciplinar correspondente à mais grave das infrações cometidas.

Aplicação de várias medidas disciplinares

1. O n.º 1 consagra a possibilidade de aplicar ao educando, sempre que se mostre necessário, mais do que uma medida disciplinar, desde que correspondam a factos diferentes. As regras para a execução (simultânea ou sucessiva) de várias medidas disciplinares estão consagradas no art. 205.º, para onde se remete.

O disposto no n.º 2 exceciona o princípio de que a cada infração corresponde, eventualmente, uma medida disciplinar, desde que estejamos perante a mesma conduta do educando ou se uma infração disciplinar for instrumental da outra, casos em que ao jovem será aplicada uma única medida disciplinar correspondente à infração mais grave.

NORBERTO MARTINS

ARTIGO 200.º

Obrigatoriedade do registo das medidas disciplinares

Com exceção da repreensão, é obrigatório o registo das medidas disciplinares aplicadas no dossier individual do menor, nos termos previstos no regulamento geral.

Obrigatoriedade do registo das medidas disciplinares

1. O art. 118.º/3 RGDCE, para onde esta norma remete, consagra a obrigatoriedade do registo no *dossier* individual do jovem (cfr., art. 132.º LTE e 24.º do Regulamento) das medidas disciplinares aplicadas, procedendo-se à junção de cópia do relatório que conclui pela aplicação da medida. Com exceção da repreensão, todas as medidas são registadas.

2. O *dossier* individual serve para registar os momentos essenciais da estadia do jovem no Centro Educativo e acompanha-o no caso de transferência. Nele são integrados, além do mais, as decisões judiciais, os documentos técnicos (v.g. relatórios e perícias), ausências não autorizadas, a conta corrente – cfr., arts. 49.º/1 e 74.º/1 RGDCE .

3. Para além de ser o suporte de todos estes registos, o *dossier* servirá de barómetro para aferir da evolução do jovem e permitir a periódica ponderação sobre a progressividade, posto que, tal como resulta do art. 12.º do Regulamento, em cada regime de intervenção (aberto, semiaberto e fechado), esta desenvolve-se por fases progressivas em vista, dentro do projeto educativo pessoal, a aquisição pelo educando de maior liberdade e autonomia.

4. As diversas fases progressivas representam para o jovem um verdadeiro desafio, pois, atingidos os objetivos de cada uma delas, pode prosseguir para a seguinte, onde experimenta bocados de autonomia e outras *benesses*: acesso a jogos, poder fazer e receber mais telefonemas, etc.

5. Por outro lado, se conseguir progredir rapidamente nas diversas fases, chegado à derradeira poderá, em sede de revisão da medida, nos termos do disposto no art. 139.º/1, beneficiar, na melhor das hipóteses, de decisão que ponha termo à medida.

Norberto Martins

ARTIGO 201.º
Interposição de recurso

1 – O menor, os pais, o representante legal ou quem tenha a sua guarda de facto e o defensor podem interpor recurso da decisão que aplicou a medida disciplinar, nos termos definidos no regulamento geral.

2 – A repreensão é insuscetível de recurso.

3 – Do indeferimento cabe recurso para o tribunal. É correspondentemente aplicável o disposto no artigo 134.º.

Recurso da decisão

1. A consagração do direito ao recurso no concernente à aplicação de medidas disciplinares decorre, para além dos princípios gerais, das regras 68.º, d) e 70 das RNUPJPL.

2. Com exceção da medida de repreensão (tal como sucede com a medida tutelar educativa da admoestação), pode o educando, pais, cuidadores legais ou de facto e o defensor recorrerem da decisão que aplicou uma medida disciplinar, nos termos do disposto nos arts. 120.º a 123.º RGDCE .

3. O recurso é apresentado por escrito, sem especiais formalismos, no prazo máximo de 48 horas a contar da notificação ao jovem da decisão que aplicou a medida, dirigido ao diretor do Centro Educativo ou ao seu superior hierárquico, podendo ser aquele a decidir, no prazo máximo de 5 dias após o recebimento, apenas no caso de não ter sido ele o aplicador da medida.

4. Por regra a interposição do recurso não suspende a aplicação da medida, embora o n.º 2 do art. 121.º RGDCE consagre uma "escapatória" ao estipular que "*a entidade competente para a sua (do recurso) decisão pode determinar a suspensão da continuidade da execução se, pele análise sumária das razões invocadas, for de concluir que o mesmo tem fundamentos atendíveis*". Porém, uma hermenêutica mais rígida deste n.º 2 pode, na prática, conduzir à inutilidade do recurso se, entretanto, o jovem já tiver cumprido a medida disciplinar, sobretudo nas situações mais gravosas como seja a medida de suspensão do convívio com os companheiros.

5. Não obtendo vencimento, o jovem, pais, cuidadores legais ou de facto e o defensor podem agora, subsidiariamente, recorrer judicialmente, nos termos do art. 134.º.

NORBERTO MARTINS

ARTIGO 202.º
Prescrição das infrações disciplinares

1 – As infrações disciplinares prescrevem 30, 60 e 90 dias após a data em que foram cometidas, consoante se trate de infrações leves, graves ou muito graves, respetivamente.

2 – O prazo da prescrição interrompe-se com a comunicação ao menor sobre o início do procedimento disciplinar.

Prescrição das infrações disciplinares

A relativa curta duração dos prazos de prescrição das infrações disciplinares (tenha-se em consideração, p. ex., os prazos previstos no art. 115.º CEPMPL, aprovado pela Lei n.º 115/2009, de 12 de outubro), decorre seguramente da circunstância de estarmos perante jovens, necessariamente numa fase de formação da sua personalidade, pelo que se impõe uma premente proximidade temporal entre a consumação da conduta violadora dos deveres e a aplicação da medida "sancionatória" sob pena de se esbater o efeito pedagógico pretendido.

Norberto Martins

ARTIGO 203.º
Prescrição das medidas disciplinares

1 – As medidas disciplinares prescrevem 30, 60 e 90 dias a contar do dia seguinte ao da data da decisão ou deliberação que as aplicou, consoante se trate de infrações leves, graves ou muito graves, respetivamente.

2 – A notificação ao menor do início do cumprimento da medida disciplinar interrompe o prazo da prescrição, o qual retomará o decurso no caso de a execução ser interrompida durante 30 dias por causa não imputável ao presumível infrator.

Prescrição das medidas disciplinares

1. Cfr., anotação do artigo antecedente.

Norberto Martins

SUBSECÇÃO II
Procedimento disciplinar

ARTIGO 204.º
Procedimento disciplinar

1 – A aplicação de medidas disciplinares por infrações graves ou muito graves só pode ter lugar após procedimento disciplinar nos termos previstos no regulamento geral.

2 – A aplicação de medidas disciplinares por infrações leves é precedida de procedimento disciplinar sumário, sem prejuízo para o menor das garantias do direito a ser informado dos factos que lhe são atribuídos e das medidas disciplinares que lhes são aplicáveis e do seu direito de defesa.

Procedimento disciplinar; aplicação de medidas disciplinares

1. Esta norma mantém a redação da Lei n.º 166/99, de 14 de setembro. As infrações disciplinares cometidas pelo jovem internado em Centro Educativo são classificadas como *leves*, *graves* e *muito graves* – cfr., art. 190.º – contendo os arts. 191.º, 192.º e 193.º o respetivo elenco que se deve considerar taxativo. O art. 95.º RGDCE inclui, no conceito de infração, os comportamentos que se relacionam com a violação, pelo educando, de deveres e regras mencionadas naquele diploma legal e ainda no regulamento interno do Centro Educativo. Porém, considera o legislador que o desrespeito pelo cumprimento desses deveres e pela observância daquelas específicas regras, constitui *infração atípica* e, consequentemente, não pode ser sancionada com medida disciplinar – cfr., art. 187.º/1, arts. 96.º/3 e 97.º RGDCE.

2. Com efeito, apenas as infrações expressamente mencionadas na LTE – nos arts. 191.º a 193.º – podem desencadear reação disciplinar, aplicando o diretor do Centro Educativo, em regra, a medida que for considerada mais adequada, de acordo com o critério previsto no art. 198.º. São, por isso, consideradas *infrações típicas*, na definição contida no art. 186.º e no art. 96.º/2 RGDCE.

3. No elenco dos direitos do jovem internado em centro educativo, consagrados no art. 171.º, consta a informação pessoal que deve ser prestada, no momento da respetiva admissão, sobre *os regulamentos em vigor,* *e sobre o regime disciplinar*. Desta forma, o jovem adquire pleno conhecimento das obrigações que sobre si impendem e sobre as consequências do seu eventual incumprimento, designadamente das medidas disciplinares a que pode estar sujeito.

4. A intervenção disciplinar deve obedecer aos princípios fundamentais a que aludem os arts. 188.º e 189.º e, por isso, se destaca o direito do jovem a ser informado, em concreto, sobre a infração disciplinar que lhe é imputada, o que deve ser feito em linguagem apropriada à sua completa compreensão – cfr., n.º 1 do citado art. 189.º.

5. A LTE e o RGDCE alicerçam este tipo de intervenção na vida do jovem internado em Centro Educativo no princípio da subsidiariedade classificando o procedimento disciplinar e a aplicação das respetivas medidas como *o último recurso dos centros educativos para corrigir as condutas dos educandos que constituam infrações disciplinares* – cfr., art. 185.º e art. 94.º RGDCE – sendo patente a opção do legislador, quanto à necessidade de alteração da conduta desajustada do educando, pela forma menos intrusiva de correção – neste sentido, v., arts. 185.º/2 e 93.º RGDCE.

6. As condutas do jovem internado em Centro Educativo que podem originar a aplicação de medida disciplinar estão catalogadas nos arts. 191.º, 192.º e 193.º, contendo tais preceitos, em ordem crescente de censurabilidade, a descrição de comportamentos desconformes com os deveres e regras vigentes constituindo, assim, de acordo com a disposição contida no art. 190.º, a prática de infração disciplinar leve, grave ou muito grave.

7. As medidas disciplinares estão sujeitas ao princípio da tipicidade sendo legalmente admissíveis as que constam enumeradas no art. 194.º/1 – v., ainda art. 99.º RGDCE.

8. Podemos afirmar que, em regra, a aplicação de uma medida disciplinar ao educando, na sequência da prática de infração tipificada, está dependente da prévia instauração de procedimento disciplinar. E dizemos *em regra* porque, no que concerne à medida disciplinar de repreensão, o art. 111.º/4 RGDCE prevê que a mesma possa vir a ser aplicada ao educando, em determinadas circunstâncias sem que, previamente, tenha sido instaurado o respetivo procedimento, situação que melhor desenvolveremos *infra*.

9. Quanto à finalidade e formalismo do procedimento disciplinar a instaurar, o n.º 1 do art. 204.º remete-nos para as previsões constantes do regulamento geral dispondo, desde logo, o art. 109.º RGDCE sobre o objetivo desse procedimento. Trata-se, em síntese, de averiguar e apreciar a factualidade participada, concluindo (ou não) pela sua qualificação como infração disciplinar tipificada na LTE; de apurar a sua autoria e a gravidade da conduta do jovem infrator, e de elaborar uma proposta de aplicação da medida disciplinar que, no caso concreto, se afigurar a mais adequada, tendo presentes os critérios a que alude o art. 198.º.

10. Quanto ao formalismo do procedimento disciplinar, antes de mais, refira-se a imperiosa necessidade de ser cumprido o direito de audição e de defesa do jovem no âmbito daquele processo, consagrado no art. 110.º RGDCE. Por força desta disposição legal, que respeita as orientações dos instrumentos internacionais relativos à audição e participação da criança ou jovem nos processos que lhe dizem respeito, o educando deve ter conhecimento da instauração do procedimento em causa e deve ainda ser ouvido sobre a factualidade que lhe é imputada.

11. Se a infração disciplinar for qualificada como *muito grave*, ou seja, se tiverem sido participados factos suscetíveis de integrar qualquer uma das condutas descritas nas diversas alíneas do art. 193.º, o procedimento reveste obrigatoriamente a *forma comum* – cfr., art. 111.º/2 RGDCE –; é composto pelos elementos enunciados no art. 112.º RGDCE e deve ser tramitado com observância dos prazos estabelecidos no art. 114.º do citado Regulamento. A instauração deste tipo de procedimento é comunicada ao tribunal no prazo de 48 horas – art. 114.º/4 RGDCE – atuação que se insere, em nossa opinião, no dever geral de informação que impende sobre as entidades que acompanham e asseguram a execução das medidas – art. 131.º/1. Ainda que o Regulamento seja omisso quanto à comunicação sobre o desfecho do procedimento disciplinar, entendemos que, por força daquele dever geral de informação, competirá, de igual modo, ao diretor do Centro Educativo informar o tribunal em conformidade.

12. Nos casos previstos no art. 116.º/1 RGDCE deverá ser proposto o arquivamento do procedimento disciplinar, decisão que será comunicada ao educando, nos termos do n.º 2 do mesmo preceito legal.

13. Se o instrutor designado, após a realização das diligências necessárias de instrução, considerar que o jovem cometeu infração disciplinar com aquela natureza (muito grave), elabora relatório donde constará proposta fundamentada sobre a medida disciplinar a aplicar e submete o procedimento à apreciação do diretor do Centro Educativo – cfr., arts. 112.º, d), e 117.º/1 RGDCE – competindo-lhe, em exclusivo, a decisão sobre a aplicação da medida, constante do catálogo do art. 197.º, tendo sempre presentes os critérios referidos no art. 198.º. Note-se que, a aplicação desta medida, nos casos expressamente previstos, pode ser feita pelo substituto legal do diretor do Centro Educativo – art. art. 107.º/3 RGDCE.

14. É legalmente possível ao diretor do Centro Educativo agir em conformidade com o disposto no art. 117.º/2 e 3 RGDCE, o que tem a sua génese, em nosso entender, nos princípios da intervenção mínima e da subsidiariedade – arts. 6.º/1 e 185.º.

15. Da decisão que aplica medida disciplinar por infração muito grave, a comunicar nos termos do art. 118.º/1 RGDCE, cabe recurso para o superior hierárquico do diretor do Centro Educativo, a interpor pelo jovem, pelos pais, pelo representante legal do jovem ou por quem tenha a sua guarda de facto. No caso de indeferimento caberá recurso para o tribunal – cfr., arts. 120.º/1, 122.º/1 e 123.º/3 RGDCE. O recurso será decidido, em termos definitivos, pelo juiz do processo, com prévio parecer do Ministério Público – arts. 134.º *ex vi* 201.º, 39.º/2, g), e 40.º/1, d).

16. É também obrigatória a instauração de procedimento para aplicação de medida disciplinar pelo cometimento das infrações leves ou graves enumeradas nos arts. 191.º e 192.º, sancionadas com as medidas disciplinares constantes dos arts. 195.º e 196.º – cfr., art. 204.º/1. Em termos formais, deverá ser instruído o procedimento disciplinar *sumário* previsto no art. 113.º RGDCE, sujeito aos prazos fixados para o procedimento disciplinar comum – cfr., 114.º/5 RGDCE.

17. É aplicável à tramitação do procedimento disciplinar na *forma sumária* o que supra se referiu quanto ao procedimento na forma comum, *exceto* o que se reporta à possibilidade de interposição de recurso relativamente à aplicação da medida disciplinar de repreensão atento o disposto no art. 120.º/4 RGDCE que fixa a irrecorribilidade da decisão que aplicar medida dessa natureza, restringida às condutas que integram infração leve – cfr., art. 195.º, a).

18. Como já *supra* referimos, o art. 111.º/4 RGDCE prevê a possibilidade de vir a ser aplicada a medida de repreensão sem que, previamente, haja sido instaurado o competente procedimento disciplinar. Nessa situação, legalmente prevista, devem verificar-se os seguintes requisitos cumulativos: *que a infracção seja leve* **e** *que tenha sido diretamente presenciada por profissional diretamente envolvido na intervenção junto do educando,* dispondo o n.º 5 do mesmo preceito legal que o direito de audição do jovem se mantém, podendo exercê-lo, *oralmente e de forma sumária,* em momento prévio à aplicação da medida em causa.

19. Tendo em consideração o primeiro daqueles requisitos, apenas pode verificar-se uma tal situação se o educando praticar qualquer uma das condutas tipificadas no art. 191.º e, por outro lado, deve ser tal comportamento presenciado pelo técnico que acompanha o jovem e que zela pela execução concreta do seu projeto educativo. Trata-se de uma situação excecional que o legislador justifica com um tratamento abreviado do caso, atuando aquele profissional de forma imediata com a aplicação da medida disciplinar menos grave: a repreensão.

20. Em nosso entender, tal solução excecional é idónea a resolver, com maior celeridade e eficácia, e de modo mais informal, a necessidade de correção verificada pelo cometimento de infrações daquela natureza suscetíveis de colocar diretamente em causa a execução do projeto educativo do jovem internado, e materializa o princípio da subsidiariedade do procedimento disciplinar consignado no art. 185.º/1 com expressa referência às normas contidas no regulamento geral.

21. Nos termos do art. 200.º e art. 118.º/3 RGDCE, é obrigatório o registo das medidas disciplinares aplicadas ao jovem no seu *dossier* individual, exceto a medida de repreensão.

22. No art. 204.º/2 o legislador quis realçar a observância dos direitos de audição e de defesa do jovem internado em Centro Educativo quando lhe é instaurado procedimento disciplinar sob a forma sumária, sendo certo que a norma constante do art. 110.º RGDCE se aplica a qualquer das formas do procedimento disciplinar que vier a ser instaurado e mesmo nos casos previstos no art. 111.º/4 e 5 RGDCE é assegurado o exercício deste direito, materializando o direito de audição prévia do jovem garantido no art. 171.º, m), o que também respeita a norma constante do art. 12.º/2 CDC.

23. Esta norma, complementada pelos procedimentos expressamente definidos no RGDCE, materializa as orientações decorrentes dos princípios plasmados nos instrumentos internacionais relativos a esta matéria, designadamente as RNUPPJPL, Resolução 45/113 da Assembleia-Geral das ONU de 14/12/90 – regras 68 a 70.

Ana Massena

SUBSECÇÃO III
Execução das medidas disciplinares

ARTIGO 205.º
Execução de várias medidas disciplinares

1 – Quando um menor internado tiver de cumprir duas ou mais medidas disciplinares, a sua execução é simultânea, sempre que forem concretamente compatíveis.

2 – No caso de não ser possível, por incompatibilidade, a execução simultânea das medidas disciplinares aplicadas, a sua execução é sucessiva por ordem decrescente da respetiva gravidade e duração.

3 – O disposto no número anterior não pode determinar em nenhum caso:

a) A permanência do menor em quarto disciplinar por período superior a três dias consecutivos;

b) A suspensão do menor do convívio com os companheiros por período superior a sete dias consecutivos ou a três quando não se trate de suspensão parcial;

c) A execução continuada das medidas disciplinares das alíneas f) e g) do artigo 194.º por período superior a uma vez e meia o seu limite máximo.

4 – A gravidade das medidas disciplinares afere-se pela ordem crescente da sua enumeração no artigo 194.º.

Execução de várias medidas disciplinares

1. Por força do disposto no art. 189.º/3 o jovem não pode ser disciplinarmente punido mais do que uma vez pela mesma infração mas poderão ser-lhe aplicadas várias medidas disciplinares por diversas infrações, regulando-se neste preceito a respetiva forma de execução quando para cumprir se encontra mais do que uma medida.

2. A par do que acontece com a execução das medidas tutelares não institucionais, se as medidas disciplinares em causa forem conciliáveis entre si, o seu cumprimento ocorre em simultâneo e, não existindo compatibilidade, o cumprimento acontece por forma sucessiva, começando pela mais grave, ou em caso de igual gravidade, pela de maior duração temporal e assim prosseguindo, sempre por ordem decrescente.

3. Tal como dispõe o n.º 4 do preceito, a gravidade das medidas disciplinares afere-se pela designação constante do art. 194.º, cuja ordem é apresentada de forma crescente, sendo que o cumprimento sucessivo de tais medidas terá lugar na sequência inversa à estabelecida neste preceito.

4. O n.º 3 estabelece o período temporal máximo que a execução simultânea das medidas mais gravosas, previstas nas als. f), g) e h) do art. 194.º, pode ter quando ocorrem situações de execução sucessiva. Assim, a medida de suspensão parcial do convívio do menor com os companheiros não pode ultrapassar os 7 dias seguidos e se tal suspensão for total não poderá ultrapassar os 3 dias seguidos. No que se refere à suspensão de participação em todas as atividades recreativa, dentro ou fora do Centro Educativo, e a perda de autorização de saída aos fins de semana ou férias, a execução sucessiva das medidas não pode exceder um mês e meio ou três meses, respetivamente.

5. Tendo em consideração a natureza taxativa das medidas disciplinares, tal como resulta do art. 186.º, o disposto no n.º 3, a), do preceito em análise não tem qualquer aplicação pois do elenco do art. 194.º não consta a medida de permanência do menor em quarto disciplinar. Com a revisão da lei em 2015 poderia ter sido aproveitada a oportunidade para corrigir esta imprecisão, mas tal não aconteceu.

Ana Teresa Leal

SECÇÃO VII
Centros educativos

ARTIGO 206.º
Classificação dos centros educativos

1 – Os centros educativos classificam-se em abertos, semiabertos e fechados em função do regime de execução das medidas de internamento.

2 – A classificação dos centros educativos condiciona o seu regime de funcionamento e grau de abertura ao exterior.

3 – Os centros educativos podem ainda ser classificados em função dos projetos de intervenção educativa que desenvolvem para grupos específicos de menores, de acordo com as suas particulares necessidades educativas.

Classificação dos centros educativos

1. A classificação dos centros educativos está estreitamente conexionada com os vários regimes de execução das medidas de internamento, definidos e caracterizados nos arts. 17.º e 167.º a 169.º, de acordo com o grau de abertura ao exterior, os moldes de funcionamento dos centros na execução das medidas e o concomitante grau de limitação da liberdade e da autonomia permitido aos jovens internados.

2. Esta matéria encontra-se minuciosamente regulada nos arts. 10.º a 16.º do RGDCE, aprovado e publicado pelo Dec.-Lei n.º 323-D/2000, de 20 de dezembro.

José António Carvalho

ARTIGO 207.º
Âmbito dos centros educativos

No mesmo Centro Educativo podem coexistir unidades residenciais diferenciadas segundo os regimes de execução das medidas, projetos de intervenção educativa e tipos de internamento.

Âmbito dos centros educativos; unidades residenciais diferenciadas

1. Os centros educativos podem, de acordo com a norma, funcionar em regime misto, mediante a coexistência no mesmo Centro Educativo de unidades residenciais diferenciadas segundo o regime de execução do internamento.

Aliás, este modo de funcionamento é, na prática, a regra, já que em todos os seis centros educativos em atividade no ano de 2016 coexistem diferentes regimes de execução, tal como previsto pela Portaria n.º 102/2008, de 1 de fevereiro: todos executam o internamento em regime semiaberto, coexistindo num com os regimes aberto e fechado, em dois com o regime aberto e em três com o regime fechado.

2. Esta coexistência está igualmente prevista no art. 10.º/4 RGDCE.

No n.º 3 este normativo prevê também que os centros educativos podem classificar-se em especiais, quando se destinem ao desenvolvimento de projetos de intervenção educativa e terapêutica especialmente orientados para grupos de educandos com necessidades específicas.

Como se refere no art. 16.º/1 RGDCE, estes centros educativos ou unidades residenciais especiais caracterizam-se pelo desenvolvimento de projetos de intervenção educativa e terapêutica especialmente orientados para grupos de educandos com necessidades específicas, nomeadamente no domínio da saúde ou decorrentes do tipo de comportamento delinquente.

A falta destas estruturas é particularmente notória no âmbito da saúde mental.

Já no relatório apresentado em 2012, a Comissão de Acompanhamento dos Centros Educativos considerava haver que "adequar o sistema a jovens que sofram de perturbações mentais, separando dos restantes aqueles que careçam de tratamentos que envolvam exposição pública das suas consequências ou cuja gravidade ou qualidade possam interferir na sua recuperação ou de outros", constatando o relatório que a DGRSP assumia esta necessidade de reforçar o acompanhamento psicológico ou psiquiátrico aos jovens.

Aliás, esta assunção teve compromisso expresso e formal na Resolução do Conselho de Ministros 46/2013, que traçou o Plano Nacional de Reabilitação e Reinserção – Justiça Juvenil – 2013-2015, DR, I-A, de 23 de julho; aí se perspetiva, a curto e médio prazo, "a criação de uma unidade residencial diferenciada com objetivos de intervenção psicoterapêutica especializada dirigida ao tratamento de situações de jovens com quadros clínicos agudos, onde funcione uma equipa terapêutica que possa também, em sistema ambulatório, prestar apoio a jovens na área da saúde mental, acompanhados pelas equipas de reinserção social". A mesma intenção foi assumida pela DGRSP perante o Mecanismo Nacional de Prevenção através de um programa de intervenção específica em contexto clínico multidimensional, a passar, além do mais, pela organização de uma unidade terapêutica autónoma, com capacidade para 10 vagas, aproveitando as valências oferecidas por Centro Educativo em funcionamento – cfr., "O Mecanismo Nacional de Proteção e os centros educativos, Relatório das visitas efectuadas durante o ano de 2015", consultado em *http://www.provedor-jus.pt/site/public/archive/doc/O_Mecanismo_Nacional_Prevencao_centros_educativos_Relatorio_visitas_realizadas_2015.pdf* (30/12/2016).

Contudo, apesar de tudo isto, estes centros educativos, ou meras unidades residenciais, especiais não saíram ainda do papel. Até lá, os jovens beneficiam de acompanhamento psicológico no interior do Centro Educativo, bem como de alguns programas específicos no âmbito da saúde mental – por ex. de prevenção do suicídio, da ansiedade e da depressão –, mas o diagnóstico e tratamento de doenças psiquiátricas estão entregues às instituição de saúde competentes, com as quais a DGRSP se articula para o efeito.

3. Sobre as consequências nefastas do regime misto ou polivalente na dinâmica de funcionamento dos centros educativos cfr., Rodrigues, Anabela Miranda/Duarte-Fonseca, António Carlos, *ob. cit.*, pp. 100-102, e Duarte-Fonseca, António Carlos, "Privação de Liberdade na Justiça Juvenil: Contornos de Problemas entre Meios e Fins", *Julgar*, n.º 22, 2014, pp. 75 a 95.

José Eduardo Lima

ARTIGO 208.º
Cooperação de entidades particulares

1 – Os serviços de reinserção social podem celebrar acordos de cooperação com entidades particulares, sem fins lucrativos, com experiência reconhecida na área da delinquência juvenil, para a execução de internamentos em regime aberto, semiaberto e fechado, nos termos previstos na lei.

2 – O disposto no número anterior não pode, em caso algum, determinar a transferência para a entidade cooperante da responsabilidade de acompanhar a execução das medidas que cabe aos serviços de reinserção social.

3 – Para garantir o previsto no número anterior, a direção do Centro Educativo é assegurada por um diretor designado pelos serviços de reinserção.

4 – Nos casos em que a dimensão do Centro Educativo o justifique pode também ser designado pelos serviços de reinserção um coordenador técnico.

Acordos de cooperação com entidades particulares

1. A presente norma tem a redação que lhe foi dada pela Lei n.º 4/2015, de 15 de janeiro; os acordos de cooperação só podem ser agora celebrados com entidades particulares com experiência reconhecida na área da delinquência juvenil; por outro lado, foram estendidos à execução de internamentos em regime fechado, anteriormente não prevista; por fim, acautelou-se sempre a direção pública do Centro Educativo e a eventual designação pelos serviços de reinserção social de um coordenador técnico.

2. O preceito permite que o Estado transfira para entidades privadas a tarefa de executar os internamentos, em modulações de conteúdo variável, conforme seja entendido mais conveniente; aspetos como o alojamento dos jovens, alimentação, execução dos programas de educação e de formação, vigilância e segurança, encargos com instalações e equipamentos, telecomunicações, deslocações e transportes... são suscetíveis de assunção por privados, em termos a contratar.

De fora ficará sempre o cargo de direção do Centro Educativo, sempre exercido por pessoa designada pelos serviços de reinserção social; assim pretende a lei assegurar que estes manterão intactas as suas competências de acompanhar a execução das medidas.

3. Este sistema de cooperação já foi implementado nos centros educativos da Madeira e de Santa Clara (Vila do Conde); presentemente, porém, nenhum funciona nestes termos.

José Eduardo Lima

ARTIGO 209.º
Entidade fiscalizadora

1 – Sem prejuízo da competência dos tribunais, do Ministério Público e demais entidades a quem incumbe a defesa da legalidade, o funcionamento dos centros educativos será especialmente acompanhado por uma comissão independente composta por dois representantes da Assembleia da República, um do Governo, um do Conselho Superior da Magistratura, um do Conselho Superior do Ministério Público e dois de organizações não-governamentais de apoio à criança.

2 – A comissão pode solicitar informação sobre o funcionamento dos centros, nas suas várias vertentes, e efetuar visitas sempre que o julgue necessário.

3 – A comissão tem livre acesso aos centros educativos, podendo contactar em privado com o menor internado.

4 – A Comissão é apoiada pelo Ministério da Justiça nos termos que forem fixados por portaria.

Entidade fiscalizadora; comissão independente

1. O presente artigo foi alterado pela Lei n.º 4/2015, de 15 de janeiro.

2. A existência de uma Comissão Independente com funções de acompanhamento do funcionamento dos centros educativos resulta expressamente das regras 14 e 72 das RNUPJPL: "*Os inspetores qualificados ou uma entidade devidamente constituída, de nível equivalente, que não pertençam à administração do centro deverão ter a faculdade de efetuar visitas periódicas, sem prévio aviso, por iniciativa própria e gozar de plenas garantias de independência no exercício desta função. Os inspetores deverão ter acesso, sem restrição, a todas as pessoas empregadas ou que trabalhem nos estabelecimentos ou instalações onde haja, ou possa haver, jovens privados de liberdade, e a todos os jovens e a toda a documentação dos estabelecimentos*" – Regra 72.

3. A composição heterogénea da Comissão de Fiscalização composta por elementos indicados pela Assembleia da República, um representante de cada um dos Conselhos Superiores, representante da Ordem dos Advogados, do Ministério da Justiça e ainda dois representantes de Organizações Não Governamentais que trabalhem com crianças e jovens, assegura uma efetiva independência e um olhar multidisciplinar sobre as problemáticas dos educandos acolhidos em centros educativos sendo seu papel primeiro, no contacto com os jovens, equipas técnicas e responsáveis, denunciar situações que não acautelem os direitos dos educandos especialmente o de beneficiarem de acompanhamento e de programas educativos e profissionais que promovam a aquisição de competências com vista à *sua inserção, de forma digna e responsável, na vida em comunidade.*

4. A circunstância de na Comissão estarem representantes das duas magistraturas em nada colide com as prerrogativas (deveres?) atribuídas ao juiz e ao magistrado do Ministério Público, nos termos dos arts. 39.º/2, h) e 40.º/1, f), de realizar visitas aos centros educativos e aí contactarem com os educandos, tanto mais que a execução das medidas e a revisão são competência do tribunal que as aplicou.

5. Embora só com a atual redação tenha ficado expressamente consagrada a possibilidade de os membros da Comissão de Fiscalização poderem contactar em privado com o jovem internado, desde que a Comissão foi constituída, através do Despacho n.º 2191/2005, de 31 de janeiro, publicado no *Diário da República* n.º 21/2005, Série II, de 31/01/2005, sempre teve oportunidade de reunir em privado com os educandos acolhidos em cada um dos Centros Educativos, como resulta dos Relatórios publicados por esta entidade.

6. Com regularidade a Comissão de Fiscalização procede a visitas aos Centros Educativos, sem pré-aviso, produzindo intermitentemente Relatórios – o último data de 2014 – que entrega na Comissão de Assuntos Constitucionais, Direitos, Liberdades e Garantias da Assembleia da República e demais entidades representadas na sua composição.

Norberto Martins

TÍTULO VI
Registo de medidas tutelares educativas

ARTIGO 210.º
Objeto e finalidade do registo

1 – Estão sujeitas a registo as decisões judiciais que apliquem, revejam ou que declarem a cessação ou extinção de medidas tutelares educativas.

2 – O registo de medidas tutelares educativas tem por finalidade a recolha, o tratamento e a conservação dos extratos de decisões judiciais por forma a possibilitar o conhecimento das decisões proferidas.

O registo de medidas tutelares educativas; decisões sujeitas a registo

1. A LTE, em 1999, estabeleceu "um regime próprio relativo às medidas tutelares educativas", nos arts. 210.º a 224.º, visando-se "a sua definitiva separação do registo criminal, em conformidade com o propósito anunciado com a reformulação do regime de identificação criminal aprovado pela Lei n.º 57/98, de 18 de agosto, e revogando-se, em consequência, os arts. 23.º e 24.º do Decreto-Lei n.º 39/83, de 25 de janeiro" (Ministério da Justiça/Ministério do Trabalho e da Solidariedade, "Proposta de Lei n.º 266/VII. Aprova a Lei Tutelar Educativa. Exposição de Motivos", *in Reforma do Direito de Menores*, 1999, p. 318). E o Dec.-Lei n.º 323-E/2000, de 20 de dezembro, regulamentou a organização e funcionamento do novo registo de medidas tutelares educativas. Mas, tendo a Lei n.º 37/2015 (LIC) atribuído aos "serviços de identificação criminal [a competência para] a organização e o funcionamento do registo de medidas tutelares educativas, nos termos constantes do título VI da Lei Tutelar Educativa, aprovada pela Lei n.º 166/99, de 14 de setembro, e alterada pela Lei n.º 4/2015, de 1 de janeiro" (art. 3.º/3.), o Dec.-Lei que a regulamentou (Dec.-Lei n.º 171/2015, de 25 de agosto) revogou o Dec.-Lei n.º 323-E/2000 e integrou o registo de medidas tutelares educativas no Sistema de Informação de Identificação Criminal (SICRIM) – arts. 1.º, 2.º/1, 9.º e 38.º, c).

2. Apenas estão sujeitas a registo as decisões judiciais transitadas em julgado ou cujo recurso tenha efeito meramente devolutivo (art. 214.º):

a) que apliquem medidas tutelares educativas;

b) que as revejam (arts. 136.º a 139.º);

c) que declarem a cessação de medida de internamento (art. 158.º); e

d) que declarem a extinção de medida tutelar educativa (art. 135.º).

3. O registo visa "possibilitar o conhecimento das decisões proferidas" (n.º 2), tendo a ele acesso as pessoas e entidades referidas no art. 215.º.

Rui do Carmo

ARTIGO 211.º
Princípios

O registo de medidas tutelares educativas deve processar-se no estrito respeito pelos princípios da legalidade, da autenticidade, da veracidade, da univocidade e da segurança.

Princípios relativos ao tratamento de dados pessoais

1. Estes mesmos princípios estão consignados no art. 4.º LIC.

2. O art. 5.º do Regulamento (EU) 2016/679 do Parlamento Europeu e do Conselho, de 27/4/2016, relativo à proteção das pessoas singulares no que diz respeito ao tratamento de dados pessoais e à livre circulação desses dados, estabelece os seguintes "princípios relativos ao tratamento de dados pessoais":

"1. Os dados pessoais são:

a) Objeto de um tratamento lícito, leal e transparente em relação ao titular dos dados («licitude, lealdade e transparência»);

b) Recolhidos para finalidades determinadas, explícitas e legítimas e não podendo ser tratados posteriormente de uma forma incompatível com essas finalidades; o tratamento posterior para fins de arquivo de interesse público, ou para fins de investigação científica ou histórica ou para fins estatísticos, não é considerado incompatível com as finalidades iniciais, em conformidade com o artigo 89.º, n.º 1 («limitação das finalidades»);

c) Adequados, pertinentes e limitados ao que é necessário relativamente às finalidades para as quais são tratados («minimização dos dados»);

d) Exatos e atualizados sempre que necessário; devem ser adotadas todas as medidas adequadas para que os dados inexatos, tendo em conta as finalidades para que são tratados, sejam apagados ou retificados sem demora («exatidão»);

e) Conservados de uma forma que permita a identificação dos titulares dos dados apenas durante o período necessário para as finalidades para as quais são tratados; os dados pessoais podem ser conservados durante períodos mais longos, desde que sejam tratados exclusivamente para fins de arquivo de interesse público, ou para fins de investigação científica ou histórica ou para fins estatísticos, em conformidade com o artigo 89.º, n.º 1, sujeitos à aplicação das medidas técnicas e organizativas adequadas exigidas pelo presente regulamento, a fim de salvaguardar os direitos e liberdades do titular dos dados («limitação da conservação»);

f) Tratados de uma forma que garanta a sua segurança, incluindo a proteção contra o seu tratamento não autorizado ou ilícito e contra a sua perda, destruição ou danificação acidental, adotando as medidas técnicas ou organizativas adequadas («integridade e confidencialidade»)".

Rui do Carmo

ARTIGO 212.º

Entidade responsável pelo tratamento da base de dados

1 – O registo de medidas tutelares educativas funciona na Direção-Geral da Administração da Justiça, sendo o diretor-geral da Administração da Justiça a entidade responsável pela respetiva base de dados.

2 – Compete ao diretor-geral da Administração da Justiça assegurar o direito de informação e de acesso aos dados pelos respetivos titulares, a correção de inexatidões, o completamento de omissões, a supressão de dados indevidamente registados, bem como velar pela legalidade da consulta ou da comunicação da informação.

Competências da Direção-Geral de Administração da Justiça

A LIC estabelece:

a) que é da "competência [da Direção-Geral da Administração da Justiça através] dos serviços de identificação criminal a organização e o funcionamento do registo de medidas tutelares educativas, nos termos constantes do título VI da Lei Tutelar Educativa, aprovada pela Lei n.º 166/99, de 14 de setembro, e alterada pela Lei n.º 4/2015, de 1 de janeiro" (art. 3.º/3; art. 3.º Dec.-Lei n.º 171/2015, de 25 de agosto); e

b) que "cabe ao diretor-geral da Administração da Justiça assegurar o direito de informação e de acesso aos dados pelos respetivos titulares, a correção de inexatidões, o completamento de omissões, a supressão de dados indevidamente registados, bem como velar pela legalidade da consulta ou da comunicação da informação" (art. 38.º/2).

Rui do Carmo

ARTIGO 213.º
Ficheiro central

1 – O registo de medidas tutelares educativas é organizado em ficheiro central, que pode ser informatizado.

2 – O registo de medidas tutelares educativas é constituído pelos elementos de identificação civil do menor e por extratos de decisões sujeitas a registo, nos termos da presente lei.

3 – Os extratos das decisões contêm a indicação:

a) Do tribunal que proferiu a decisão e do número do processo;

b) Da identificação civil do menor;

c) Da data e forma da decisão;

d) Do conteúdo da decisão e dos preceitos aplicados.

4 – Os dados devem ser exatos, pertinentes e atuais e ser selecionados antes do seu registo informático.

5 – A recolha dos dados para tratamento automatizado deve limitar-se ao estritamente necessário ao exercício das atribuições legais referidas no n.º 2 do artigo 206.º, não podendo ser utilizada para qualquer outra finalidade com aquela incompatível.

Integração do registo de medidas tutelares educativas no SICRIM; informações a transmitir pelos tribunais

1. Como referido na anotação 1. ao art. 210.º, o registo de medidas tutelares educativas está integrado no SICRIM.

2. De acordo com o disposto neste artigo e no art. 6.º/1 Dec.-Lei n.º 171/2015, de 25 de agosto, deverão ser comunicados pelos tribunais aos serviços de identificação criminal e constar do registo os dados de identificação civil do menor referidos no art. 5.º e a informação referida no art. 9.º deste diploma (cf. também art. 31.º).

3. Quando o n.º 5 deste artigo refere o "n.º 2 do artigo 206.º", pretende referir-se ao art. 210.º/2 (finalidades do registo).

Rui do Carmo

ARTIGO 214.º
Comunicação ao registo

1 – As comunicações ao registo são efetuadas em boletim de registo de medidas tutelares educativas.

2 – A comunicação das decisões sujeitas a registo é efetuada imediatamente após trânsito em julgado.

3 – Sem prejuízo do disposto no número anterior, sendo interposto recurso com efeito meramente devolutivo, a decisão é comunicada antes da subida deste.

Meio e tempo da comunicação

1. Sobre a transmissão de informação aos serviços de identificação criminal, ver o art. 12.º Dec.-Lei n.º 171/2015, de 25 de agosto.

2. Ver nota 2. ao art. 210.º.

Rui do Carmo

ARTIGO 215.º
Acesso à informação

Podem apenas aceder aos dados contidos no registo de medidas tutelares educativas:

a) O titular dos dados e o seu defensor;

b) Os pais do menor e o seu representante legal, até o menor completar 18 anos;
c) Um terceiro, em nome e no interesse do titular maior de 18 de anos, em situações de comprovada ausência ou impossibilidade deste;
d) Os magistrados judiciais e do Ministério Público para a instrução de processo tutelar educativo;
e) Os serviços de reinserção social, por solicitação dos seus órgãos dirigentes, para instrução do dossier individual do menor;
f) As entidades autorizadas pelo Ministro da Justiça para a prossecução de fins de investigação científica ou estatísticos.

Legitimidade de acesso à informação constante do registo

1. Este artigo enumera quem tem legitimidade para aceder à informação que consta do registo de medidas tutelares educativas, restringindo-a: (I) ao titular dos dados (por si ou, após os 18 anos, por terceiro em caso de comprovada ausência ou impossibilidade); (II) aos seus pais ou representante legal (durante a menoridade do titular); (III) ao defensor; (IV) às autoridades judiciários e serviços de reinserção social para os fins estabelecidos nas alíneas d) e e); (V) e a entidades autorizadas para fins de investigação científica ou estatísticos. Há, portanto, um claro objetivo de restringir o acesso à informação, estabelecendo um *numerus clausus* de pessoas e entidades que a podem obter.

2. Quanto ao disposto nas alíneas a) e b), importa esclarecer que: (a) o menor titular dos dados, seja qual for a sua idade, e o seu defensor têm sempre acesso à informação que, sobre aquele, consta do registo de medidas tutelares educativas; (b) e durante a menoridade do titular dos dados também os pais e o representante legal podem aceder a essa informação.

3. A alínea d) limita o acesso aos magistrados judiciais e do Ministério Público com competência na área de família e menores e à finalidade de instrução de processo tutelar educativo. Já o acesso à informação do registo criminal tem finalidades muito mais amplas, estabelecendo o art. 8.º/2, a) LIC que pode visar "fins de investigação criminal, de instrução de processos criminais e de execução de penas, de decisão sobre adoção, tutela, curatela, acolhimento familiar, apadrinhamento civil, entrega, guarda ou confiança de crianças ou regulação do exercício de responsabilidades parentais e de decisão do incidente de exoneração do passivo restante do devedor no processo de insolvência de pessoas singulares".

Contudo, para além do previsto nos arts. 215.º, d) LTE e 8.º/2, a) LIC, os magistrados da área de família e menores devem poder aceder à informação que consta do registo criminal e os magistrados da área criminal devem poder aceder ao registo de medidas tutelares educativas quando e na estrita medida em que se mostrar necessário para efeitos de aplicação das regras da interatividade entre penas e medidas tutelares (arts. 23.º a 27.º), o que está em conformidade com a finalidade do registo definida no art. 210.º/2.

RUI DO CARMO

ARTIGO 216.º
Formas de acesso

O acesso aos dados realiza-se por uma das seguintes formas:

a) Certificado do registo;

b) Consulta do registo.

Meios de acesso à informação

Cfr., arts. 9.º LIC e 15.º a 29.º Dec.-Lei n.º 171/2015, de 25 de agosto.

RUI DO CARMO

ARTIGO 217.º
Certificado do registo

1 – O certificado do registo é emitido, com recurso preferencial a meios informáticos, pela Direção-Geral da Administração da Justiça.

2 – O certificado do registo é emitido mediante requisição ou requerimento, conforme se trate, respetivamente, de entidades públicas ou particulares, e constitui documento bastante de prova da medida tutelar educativa aplicada ao titular da informação.

3 – O certificado do registo de medidas tutelares educativas contém a transcrição integral do registo vigente.

4 – A emissão de certificados do registo de medidas tutelares educativas pode processar-se automaticamente em terminais de compu-

tador colocados nos tribunais, com garantia do controlo e segurança da transmissão dos dados.

5 – Não havendo possibilidade de emissão do certificado de registo através de plataforma informática disponível nos tribunais ou nos serviços de reinserção social, o envio daquele para instrução do processo tutelar educativo ou para a instrução do dossier individual do menor deve ser realizado no prazo máximo de dez dias.

Meios de acesso à informação

Cfr., arts. 9.º LIC e 15.º a 29.º Dec.-Lei n.º 171/2015, de 25 de agosto.

Rui do Carmo

ARTIGO 218.º
Consulta do registo

Na ausência de aplicação informática, a consulta do registo destina-se a facultar ao titular dos dados e aos seus pais ou representante legal, até aquele completar 18 anos, o conhecimento do conteúdo integral do registo a seu respeito, devendo o pedido ser dirigido ao diretor-geral da Administração da Justiça.

Meios de acesso à informação

Cfr., arts. 9.º LIC e 15.º a 29.º Dec.-Lei n.º 171/2015, de 25 de agosto.

Rui do Carmo

ARTIGO 219.º
Atualização e correção de inexatidões

1 – Desde que o solicitem, por escrito, ao responsável pela base de dados, o titular dos dados e os seus pais ou representante legal, até aquele completar 18 anos, têm o direito de exigir a atualização e a correção de informações inexatas e o completamento das total ou parcialmente omissas, bem como a supressão das indevidamente registadas, nos termos da alínea d) do n.º 1 do artigo 11.º da Lei n.º 67/98, de 26 de outubro.

2 – São dados incorretos ou indevidamente registados os que não se mostrem conformes com o teor da comunicação efetuada pelo tribunal.

Direito de retificação e direito ao apagamento de dados

1. O responsável pela base de dados é o diretor-geral da Administração da Justiça.

2. A Lei n.º 67/98, de 26 de outubro, transpôs para a ordem jurídica portuguesa a Diretiva 95/46/CE, do Parlamento Europeu e do Conselho, de 24/10/95, relativa à proteção das pessoas singulares no que diz respeito ao tratamento de dados pessoais e à livre circulação desses dados. Esta Diretiva foi revogada pelo Regulamento (EU) 2016/679 do Parlamento Europeu e do Conselho, de 27/4/2016, com efeitos a partir de 25 de maio de 2018 (art. 94.º).

O direito de retificação e o direito ao apagamento de dados estão hoje consignados nos arts. 16.º e 17.º deste Regulamento.

Rui do Carmo

ARTIGO 220.º
Cancelamento

1 – A informação constante do registo é cancelada no ficheiro informático ou retirada do ficheiro manual decorridos dois anos a contar da data de cessação ou extinção da medida tutelar educativa.

2 – A informação em registo é cancelada na data em que o respetivo titular completar 21 anos.

Cancelamento do registo e eliminação da informação

1. Mesmo que não tenham ainda decorrido dois anos após a cessação ou extinção da medida tutelar educativa, o registo é sempre cancelado quando o seu titular completar 21 anos, em consonância com o disposto no art. 5.º.

2. O art. 37.º/1 Dec.-Lei n.º 171/2015, de 25 de agosto, determina que "[a] informação cancelada dos registos que não possa ser mantida em ficheiro, nos termos da Lei n.º 37/2015, de 5 de maio, e da Lei Tutelar Educativa, aprovada pela Lei n.º 166/99, de 14 de setembro, alterada pela Lei n.º 4/2015, de 15 de janeiro, é eliminada, de forma segura e com impossibilidade de reconstituição".

3. Ver art. 132.º/5 quanto à destruição do dossiê individual respeitante à execução das medidas de acompanhamento educativo e internamento em centro educativo.

Rui do Carmo

ARTIGO 221.º
Violação de normas relativas a ficheiros

A violação das normas relativas ao ficheiro informatizado do registo de medidas tutelares educativas é punida nos termos dos artigos 43.º a 47.º da Lei n.º 67/98, de 26 de outubro.

Regime sancionatório

Ver anotação 2. ao art. 219.º. Confrontar os arts. 83.º e 84.º do Regulamento (EU) 2016/679 do Parlamento Europeu e do Conselho, de 27/4/2016.

Rui do Carmo

ARTIGO 222.º
Medidas de segurança do registo

A Direção-Geral da Administração da Justiça e as entidades mencionadas na alínea d) do artigo 215.º devem adotar as medidas de segurança referidas no n.º 1 do artigo 15.º da Lei n.º 67/98, de 26 de outubro.

Segurança do registo

Ver anotação 2. ao art. 219.º. Confrontar os arts. 32.º a 34.º do Regulamento (EU) 2016/679 do Parlamento Europeu e do Conselho, de 27/4/2016.

Rui do Carmo

ARTIGO 223.º
Reclamações e recursos

Compete ao director-geral da Administração da Justiça decidir sobre as reclamações respeitantes ao acesso à informação constante do

registo de medidas tutelares educativas e seu conteúdo, cabendo recurso da decisão para as secções de família e menores da instância central do tribunal de comarca, ou para as secções da instância local constituídas como secções de família e menores, da área de residência do menor.

Decisão do diretor-geral da Administração da Justiça e recurso judicial

A competência para decidir sobre as reclamações é do diretor-geral da Administração da Justiça, cabendo recurso para o juízo de família e menores ou, fora das áreas abrangidas pela jurisdição de família e menores, para o juízo local criminal ou de competência genérica da área da residência do menor.

Rui do Carmo

ARTIGO 224.º
Sigilo profissional

Quem, no exercício das suas funções, tomar conhecimento de dados registados fica obrigado a sigilo profissional, nos termos do n.º 1 do artigo 17.º da Lei n.º 67/98, de 26 de outubro.

Violação do sigilo profissional; crime de violação de segredo por funcionário

1. Ver anotação 2. ao art. 219.º.

2. O art. 383.º CP tipifica e pune o *crime de violação de segredo por funcionário* nos seguintes termos:

"1 – O funcionário que, sem estar devidamente autorizado, revelar segredo de que tenha tomado conhecimento ou que lhe tenha sido confiado no exercício das suas funções, ou cujo conhecimento lhe tenha sido facilitado pelo cargo que exerce, com intenção de obter, para si ou para outra pessoa, benefício, ou com a consciência de causar prejuízo ao interesse público ou a terceiros, é punido com pena de prisão até três anos ou com pena de multa.

2 – Se o funcionário praticar o facto previsto no número anterior criando perigo para a vida ou para a integridade física de outrem ou para

bens patrimoniais alheios de valor elevado é punido com pena de prisão de um a cinco anos.

3 – O procedimento criminal depende de participação da entidade que superintender no respetivo serviço ou de queixa do ofendido."

Rui do Carmo

TÍTULO VII
Acompanhamento da execução e avaliação da Lei Tutelar Educativa

ARTIGO 225.º
Avaliação e monitorização

1 – Com vista a avaliar a eficácia da Lei Tutelar Educativa nos objetivos a que se propõe, o Ministério da Justiça apresenta anualmente à Assembleia da República um relatório que, mediante recolha de informação junto dos contextos comunitários e sociofamiliares dos menores que cumpriram medida tutelar educativa de internamento em Centro Educativo e, no respeito pelos consentimentos devidos, designadamente dos referidos menores e respetivos representantes legais, permita aferir dos percursos seguidos pelos mesmos após o cumprimento daquela medida e, bem assim, da eventual ocorrência de reincidência.

2 – O relatório referido no número anterior deve, sempre que possível, e com observância de idênticos pressupostos, permitir aferir dos percursos seguidos pelos menores que cumpriram medidas tutelares educativas não institucionais, designadamente, a medida tutelar de acompanhamento educativo.

Relatório anual de avaliação

O relatório de "Avaliação do percurso dos jovens após a cessação das medidas tutelares de internamento e de acompanhamento educativo. Follow-up 2015-2017" foi entregue à Assembleia da República, para satisfazer o previsto neste artigo, em 22/2/2018.

ÍNDICE ANALÍTICO

Abertura
- do inquérito, art. 74.º

Acareação
- prova por acareação, art. 70.º

Acesso à informação
- de dados, art. 215.º

Acompanhamento
- educativo, arts. 4.º/1, h), art. 16.º, art. 142.º
- pós-internamento, art.º158.º-B

Atividades para menores não sujeitos a medidas de internamento
- art. 165.º

Acusação particular
- impossibilidade de manutenção da detenção em flagrante delito em caso de crime semipúblico ou particular, art. 52.º/2
- possibilidade de arquivamento do inquérito nas situações em que estando em causa um crime semipúblico ou particular o ofendido manifeste oposição fundamentada ao prosseguimento dos autos, art. 87.º/2

Adequação
- critérios de escolha das medidas tutelares educativas, art.º 6.º
- das medidas cautelares às exigências preventivas ou processuais, art. 56.º

Admissibilidade
- do recurso, art. 121.º

Adiamento
- da audiência, art. 102.º/1
- da sessão conjunta de prova, art. 83.º/ /2 e 3

Admoestação
- arts. 9.º e 140.º

Ajuramentação
- ausência de ajuramentação dos pais, o representante legal ou quem tenha a guarda de facto do menor que prestem declarações, art. 66.º/1
- ausência de ajuramentação dos técnicos que elaboraram o relatório social, art. 71.º/4

Âmbito
- de aplicação da lei, art. 1.º
- dos centros educativos, art. 207.º
- do recurso, art. 124.º

Anomalia psíquica
- inimputabilidade em razão da anomalia psíquica, art. 49.º
- submissão a programas de tratamento, art. 14.º/3, d)

Aplicação da lei
- aplicação de várias medidas disciplinares, art. 199.º
- aplicação de várias medidas tutelares, art. 8.º
- no espaço, art. 3.º-B
- no tempo, art. 3.º

Apresentação
- de recurso ao diretor do centro, art. 156.º
- do menor no centro educativo para execução de medida de internamento, art. 151.º
- do menor no centro educativo para execução de outros internamentos, art. 153.º

Assistência
- de médicos, de psicólogos ou outros especialistas ou de pessoa de confiança do menor na audiência, art. 99.º
- e internamento hospitalar, art. 174.º

Audição
- do menor, arts. 45.º/2, a), 47.º, 77.º, 104.º/2, a) e 107.º/1 e 8
- separada em audiência, art. 98.º

Arquivamento
- liminar, art. 78.º
- do inquérito, arts. 85.º/2 e 87.º
- do processo, arts. 93.º/1, b), 110/3, b) e 119/2
- por anomalia psíquica, art. 49.º/3

Audiência prévia
- designação da audiência prévia, 94.º
- formalidades, art. 104.º
- organização e regime, 100.º
- participação, 101.º, 103.º

Ausência
- não autorizada do menor, art. 155.º

Avaliação psicológica
- obrigatória – art. 71.º/5

Bens
- reparação ao ofendido através de bens ou verbas que estejam na disponibilidade do menor, art. 11.º/1, a)

Cancelamento
- da informação constante do registo – art. 220.º

Caráter individual do processo
- art. 34.º/1

Causas de exclusão da culpa ou da ilicitude
- art. 2.º/2

Centros educativos
- classificação, art. 206.º
- definição, art. 144.º
- definição do centro educativo adequado ao internamento, art. 149.º
- de regime aberto, art.167.º
- de regime fechado, art. 169.º
- de regime semiaberto, art. 168.º
- finalidade, art. 145.º

Certificado do registo
- art. 217.º

Cessação
- das medidas cautelares, art. 62.º
- do internamento, art. 158.º

Classificação
- dos centros educativos, art. 206.º
- das infrações disciplinares, art. 190.º

Comparência
- do menor à audiência, art. 102.º
- na sessão conjunta de prova, art. 82.º

Competência
- do Ministério Público, art.º 40.º
- material do Tribunal, art.º 28.º e 28.º
- momento da fixação da competência, art. 32.º
- para a prática de atos urgentes, art. 33.º
- para a execução e revisão das medidas, arts. 38.º e 39.º
- territorial do Tribunal, art. 31.º

Comunicação
- da detenção aos pais, representante legal ou pessoa que tiver a guarda de facto do menor, art.º 53.º
- ao registo, art.º 214.º

Conexão
- subjetiva, art.º 35.º

Confiança
- do menor, art.º 54.º

Consulta
- do registo, art.º 218.º

Consumo
- de estupefacientes, art. 14.º/3, b)

Contenção física pessoal
- art. 182.º

Convocação
- de menores, art. 67.º

Cooperação
- celebração de acordos de cooperação entre os serviços de reinserção social e entidades particulares, art. 208.º
- de entidades públicas ou privadas a solicitação do Ministério Público, art. 66.º

Correção
- da decisão, art. 112.º

Critério de escolha
- das medidas disciplinares, art. 198.º
- das medidas tutelares, art. 6.º

Cúmulo jurídico
- de medidas (de internamento), art. 8.º

Decisão
- correção da decisão, art. 112.º
- sentença, art. 110.º e 118.º
- nulidade da decisão, art. 111.º
- publicidade da decisão, art. 113.º

Declarações/inquirições
- do ofendido e das testemunhas, arts. 66.º/3 e 3 e 107.º/3
- dos pais, representante legal ou quem tenha a guarda de facto do menor, arts. 66.º, 107.º/1 e 2

- de peritos e consultores técnicos, 107.º/3

Defensor
- constituição/nomeação de defensor, 46.º
- direito a assistência, art. 45.º/2, e)
- obrigatoriedade de assistência, art. 46.º-A

Denúncia
- facultativa, art. 72.º
- obrigatória, art. 73.º

Despacho inicial
- Art. 93.º

Detenção do menor,
- em flagrante delito, art. 52.º
- finalidade, art. 51.º/1
- fora de flagrante delito, art. 51.º/2

Determinação
- da duração das medidas tutelares educativas, art. 7.º

Dever
- de informação, arts. 131.º e 134.º

Deveres
- de presença em audiência, art. 101.º
- do menor internado, art. 172.º

Diligências
- em fase de inquérito, art.º 79.º
- urgentes, art. 33.º

Direção
- da fase jurisdicional, art. 92.º/2
- do inquérito, art. 75.º/1

Direito subsidiário
- e casos omissos, art. 128.º

Direitos
- do menor, art. 45.º
- do menor internado, art. 171.º
- dos pais, representante legal ou pessoa que tenha a guarda de facto do menor, art. 173.º

Documentação
- da audiência, art. 108.º

Dossier individual
- do menor, art. 132.º

Duração
- da medida de acompanhamento educativo, art. 16.º/5
- da medida de frequência de programas formativos, art. 15.º/2
- da medida de imposição de obrigações, art. 14.º/5
- da medida de internamento, art. 7.º/2 e 18
- da medida de prestações económicas ou tarefas a favor da comunidade, art. 12.º/2 e 4
- da medida de reparação ao ofendido, art. 11.º/4 e 5
- das medidas cautelares, art. 60.º
- das medidas de contenção, art. 180.º
- determinação da duração das medidas tutelares educativas, art. 7.º/1

Educação para o direito
- arts. 2.º/1 e 6.º/4

Efeito
- do recurso, art. 125.º

Efeitos
- da revisão das medidas tutelares não institucionais, art. 138.º
- da revisão da medida de internamento, art. 139.º

Encerramento
- do inquérito, art. 86.º

Entidade
- fiscalizadora, art. 209.º
- responsável pelo tratamento da base de dados, art. 212.º

Entidades
- encarregadas de acompanhar e assegurar a execução das medidas, art. 130.º

Escolaridade
- arts. 11.º/4, 14.º/1, 160.º, 158.º-A/7, a)

Escolha
- e determinação do centro educativo para a execução da medida de internamento, art. 150.º
- e determinação do centro educativo para a execução de outros internamentos, art. 152.º

Exames
- e perícias, art. 68.º

Execução
- cumulativa de medidas tutelares educativas e penas, art. 23.º
- idade limite para a execução das medidas tutelares, art.º 5.º
- das medidas tutelares educativas, art. 39.º
- da medida de acompanhamento educativo, art. 142.º
- da medida de admoestação, art. 140.º
- da medida de internamento em centro educativo, arts. 4.º/2 e 3, 143.º e segs.
- da medida de reparação ao ofendido e realização de prestações económicas ou de tarefas a favor da comunidade, art. 11.º/4 e 5
- de várias medidas disciplinares, art. 205.º sucessiva de várias medidas tutelares, 133.º
- participada das medidas, art.º 22.º

Exequibilidade
- das decisões, art. 129.º

Extinção
- das medidas cautelares, art.º 64.º
- das medidas tutelares, art. 135.º

Fase jurisdicional
- natureza, art. 92.º

Finalidades
- das medidas tutelares educativas, art. 2.º

Formalidades
- aplicação de medidas cautelares, art. 59.º
- da audiência, art. 117.º
- da audiência prévia, art. 104.º
- do inquérito, arts. 75.º-83.º

Frequência
- de programas formativos, arts. 4.º/1, g), 15.º e 21.º

Identificação
- do menor, art. 50.º

Ilicitude
- causas de diminuição e exclusão, art. 2.º/2

Imposição
- de obrigações, arts. 4.º/1, f), 14.º e 21.º
- de regras de conduta, arts. 4.º/1, e), 13.º

Informação
- e relatório social , art. 71.º
- pedido de informação aos serviços de reinserção social, 63.º

Infrações
- atípicas, art. 187.º
- classificação das infrações disciplinares, art. 190.º
- disciplinares leves, art. 191.º
- disciplinares graves, art. 192.º
- disciplinares muito graves, art. 193
- tipicidade das infrações e das medidas disciplinares, art. 186.º

Iniciativas cíveis e de proteção
- art. 43.º

Inimputabilidade
- por anomalia psíquica, art. 49.º

Inquirições/declarações
- do ofendido e das testemunhas, arts. 66.º/3 e 3 e 107.º/3
- dos pais, representante legal ou quem tenha a guarda de facto do menor, arts. 66.º, 107.º/1 e 2
- de peritos e consultores técnicos, 107.º/3

Interatividade entre penas e medidas tutelares
- aplicação da prisão preventiva, art. 27.º
- condenação em pena de multa, prestação de trabalho a favor da comunidade ou suspensão da execução da pena de prisão, art. 26.º
- condenação em pena de prisão efetiva, art. 24.º

Interesse do menor
- art. 6.º/3

Internamento em centro educativo
- âmbito e pressupostos de aplicação, arts. 17.º e 143.º
- duração, art. 18.º
- para perícia sobre a personalidade, art. 147.º

Interposição de recurso
- da decisão, arts. 121.º-127.º
- da decisão disciplinar, art. 201.º

Interrogatório
- de menor detido, art. 55.º

Intervenção hierárquica
- art. 88.º

Isolamento cautelar
- art. 183.º

Juízes sociais
- arts 30.º e 119.º

Legitimidade
- para recorrer, art. 123.º

Leitura
- da decisão, arts. 104.º/66 e 7 e 118.º/2
- de autos, art. 106.º

Liberdade de religião do menor
- art. 175.º

Local da audiência
- e trajo profissional, art. 96.º

Mediação
- arts. 42.º, 84.º/3, 104/3, b)

Medidas cautelares
- cessação, art. 62.º
- duração, art. 60.º
- formalidades, art. 59.º
- pressupostos de aplicação, art. 58.º
- tipicidade, art. 57.º
- revisão, art. 61.º

Medida
- cautelar de guarda e detenção, art. 146.º
- compulsória, art. 103.º

Medidas de contenção
- casos em que podem ser adotadas, art. 179.º
- contenção física, art. 182.º
- duração, art. 180.º
- isolamento cautelar, art. 183.º
- tipicidade, art. 178.º

Medidas disciplinares
- aplicáveis por infrações graves, art. 196.º
- aplicáveis por infrações leves, art. 195.º
- aplicáveis por infrações muito graves, art. 197.º
- tipicidade, art. 194.º

Medidas preventivas
- e de vigilância, art. 170.º

Medidas tutelares educativas
- aplicação de várias medidas, arts. 8.º e 19.º
- critérios de escolha, art. 6.º
- duração, art. 7.º
- espécies:
- acompanhamento educativo, arts. 4.º/ /1, h), 16.º/3 e 4 e 142.º
- admoestação, arts. 4.º/1, a), 9.º e 140.º
- frequência de programas formativos, arts. 4.º/1, g), 15.º e 21.º
- imposição de obrigações, arts. 4.º/1, f), 14.º e 21.º
- imposição de regras de conduta, arts. 4.º/1, e) e 13.º
- internamento em centro educativo, arts. 4.º/2 e 3 e 143.º e segs.
- privação do direito de conduzir ciclomotores ou de obter permissão para conduzir ciclomotores, arts. 4.º/1, b) e 10.º
- realização de prestações económicas ou de tarefas a favor da comunidade, arts. 4.º/1, d) 12.º, 20.º e 141.º/2
- reparação ao ofendido, arts. 4.º/1, c), 11.º e 141.º/1)

Medidas de segurança do registo
- art. 222.º

Ministério Público
- competência, art. 40.º

Modalidades
- do encerramento do inquérito, art. 86.º
- e periodicidade da revisão das medidas tutelares, art. 137.º

Não acumulação
- das medidas, art. 19.º

Normas
- supletivas, art. 120.º

Notificações
- do despacho de arquivamento liminar do inquérito, art. 78.º/3
- do despacho que designa dia para a audiência prévia e audiência , arts. 95.º e 115.º
- para a sessão conjunta de prova, art. 83.º/1

Nulidade
- da decisão, art. 111.º

Objeto
- de prova, art. 65.º
- do inquérito, art. 75.º/2

Obrigatoriedade
- do registo das medidas disciplinares, art. 200.º

Ofendido
- arts. 66.º/3 e 4, 101.º/2, c) e 104.º/2, b)

Órgão de polícia criminal
- arts. 50.º, a), 72.º/1

Orientação vocacional
- e formação profissional e laboral, art. 161.º

Pedido
- civil, art. 91.º
- de informação aos serviços de reinserção social, art. 63.º

Pedidos
- pedidos e reclamações, art. 157.º

Perícias
- arts. 68.º e 69.º

Periodicidade da revisão das medidas tutelares
- art. 137.º

Prazos
- de apresentação de menor detido, art. 51.º/1
- de apresentação do relatório social, art. 71.º/4
- de duração da medida de acompanhamento educativo, art. 16.º/5
- de duração da medida cautelar de guarda em centro educativo, art. 60.º
- de duração da medida de frequência de programas formativos, art. 15.º/2
- de duração da medida de imposição de obrigações, art. 14.º/5
- de duração da medida de imposição de regras de conduta, art. 13.º/3
- de duração da medida de internamento em centro educativo, art. 18.º/1 e 2
- de duração da medida de privação do direito de conduzir ciclomotores ou de obter permissão para conduzir ciclomotores, art. 10.º
- de duração da medida de realização de prestações económicas ou de tarefas a favor da comunidade, art. 12.º/2
- de duração da medida de reparação ao ofendido, art. 11.º/4
- de identificação do menor detido, art. 50.º, b)
- do inquérito, art. 75.º/4
- do internamento para realização da perícia, art. 68.º/3
- de interposição de recurso, art. 122.º
- de revisão de medida tutelar, art. 61.º

Prémios
- requisitos de atribuição, art. 177.º

Prescrição
- das infrações disciplinares, art. 202.º
- das medidas disciplinares, art. 203.º

Prestações
- económicas, arts. 4.º/1, d), 12.º e 141.º/ /2

Primeiro interrogatório
- art. 55.º

Princípio da legalidade
- das medidas cautelares, art. 57.º
- abertura do inquérito, art. 74.º
- medidas tutelares aplicáveis, art. 4.º
- na aplicação das medidas tutelares, art. 3.º

Princípio
- da concentração, art. 100.º
- da não adesão, art. 91.º
- do contraditório, art. 92.º/2

Princípios
- gerais da execução das medidas, arts. 129.º e segs.

Privação
- do direito de conduzir, art. 10.º

Procedimento disciplinar
- art. 204.º

Processos urgentes
- art. 44.º

Projeto
- de intervenção educativa, art. 162.º
- educativo pessoal, art. 164.º

Proporcionalidade
- da medida tutelar à gravidade do facto e à necessidade de educação do menor para o direito, art. 7.º
- da medida cautelar à gravidade do facto e à medida tutelar aplicável, art. 56.º

Proteção
- da intimidade, art. 176.º

Provas
- acareação, art. 70.º
- declarações do menor na sua audição, arts. 51.º e 77.º
- declarações dos pais, representante legal ou quem tenha a guarda de facto do menor, arts. 66.º, 101.º/2, b), 1017.º/1
- exames e perícias, arts. 68.º e 69.º
- informações e relatórios sociais, art. 71.º
- testemunhal, arts. 66.º e 67.º

Publicidade
- da decisão, art. 113.º
- restrições e exclusão da publicidade, art. 97.º

Período de supervisão intensiva
- art. 158.º-A

Reclamações e recursos
- respeitantes ao acesso à informação constante do registo, art. 223.º

Recursos
- admissibilidade do recurso, art. 121.º
- âmbito do recurso, art. 124.º
- conferencia, art. 126.º

– de decisões tomamdas por entidades durante a execução de medida tutelar, art. 134.º
– efeito do recurso, art. 125.º
– extraordinários, art. 127.º
– legitimidade para recorrer, art. 123.º
– prazo de interposição, art. 122.º

Regime
– aberto, art. 167.º
– da audiência, art. 117.º
– da audiência prévia, art. 100.º e 104.º
– da suspensão do processo, art. 84.º
– das provas, art. 105.º
– fechado, art. 169.º
– semiaberto, art. 168.º

Regulamento interno
– art. 163.º

Relatório
– social, art. 71.º

Relatórios
– de execução da medida de internamento, art. 154.º

Reparação
– ao ofendido, arts. 11.º e 141.º

Requerimento
– para abertura da fase jurisdicional, arts. 89.º e 90.º

Requisitos
– do requerimento para abertura da fase jurisdicional, art. 90.º

Respeito
– pela saúde física e psíquica e pela dignidade do menor, art. 188.º

Revisão
– das medidas cautelares, art. 61.º
– das medidas tutelares, arts. 136.º-139.º

Sessão conjunta de prova
– adiamentos, art. 83.º/2 e 3
– notificações, art. 83.º/1
– objetivo, art. 81.º
– obrigação de comparência, art. 82.º

Sigilo
– profissional, art. 224.º

Socialização
– art. 159.º

Subsidiariedade
– do procedimento e das medidas disciplinares, art. 185.º

Suspensão do processo
– regime, art. 84.º
– termo da suspensão do processo, art. 85.º

Tarefas a favor da comunidade
– arts. 4.º/1, d), 12.º e 141.º/2

Tipicidade
– das infrações e das medidas disciplinares, art. 186.º
– das medidas cautelares, art. 57.º
– das medidas tutelares, art. 4.º

Trajo profissional
– art. 96.º

Transporte de menores
– art. 48.º

Tribunal
- competência, arts. 28.º e 29.º
- constituição, art. 30.º
- misto, art. 119.º

Violação
- de normas relativas a ficheiros, art. 221.º

Vistos
- art. 116.º

ÍNDICE

Principais Abreviaturas 7

Nota introdutória 11

LEI TUTELAR EDUCATIVA ANOTADA 13

TÍTULO I – Disposição introdutória 13
Artigo 1.º – Âmbito da lei 13
TÍTULO II – Das medidas tutelares educativas 23
CAPÍTULO I – Disposições gerais 23
Artigo 2.º – Finalidades das medidas 23
Artigo 3.º – Aplicação da lei no tempo 27
Artigo 3.º-A – Momento da prática do facto 29
Artigo 3.º-B – Aplicação da lei no espaço 29
Artigo 3.º-C – Lugar da prática do facto 31
Artigo 4.º – Princípio da legalidade 32
Artigo 5.º – Execução das medidas tutelares 35
Artigo 6.º – Critério de escolha das medidas 36
Artigo 7.º – Determinação da duração das medidas 43
Artigo 8.º – Aplicação de várias medidas 46
CAPÍTULO II – Conteúdo das medidas 52
Artigo 9.º – Admoestação 52
Artigo 10.º – Privação do direito de conduzir 55
Artigo 11.º – Reparação ao ofendido 59
Artigo 12.º – Prestações económicas ou tarefas a favor da comunidade 67

Artigo 13.º – Imposição de regras de conduta 72
Artigo 14.º – Imposição de obrigações 76
Artigo 15.º – Frequência de programas formativos 82
Artigo 16.º – Acompanhamento educativo 85
Artigo 17.º – Internamento 92
Artigo 18.º – Duração da medida de internamento 109
CAPÍTULO III – Regime das medidas 112
Artigo 19.º – Não cumulação 112
Artigo 20.º – Prestações económicas ou tarefas a favor da comunidade 113
Artigo 21.º – Imposição de obrigações, frequência de programas formativos e acompanhamento educativo 116
Artigo 22.º – Execução participada 116
CAPÍTULO IV – Interatividade entre penas e medidas tutelares 122
Artigo 23.º – Execução cumulativa de medidas e penas 122
Artigo 24.º – Condenação em pena de prisão efetiva 126
Artigo 25.º – Condenação nas penas de internamento em centro de detenção, colocação por dias livres em centro de detenção ou colocação em centro de detenção em regime de semi-internato 132
Artigo 26.º – Condenação em pena de multa, prestação de trabalho a favor da comunidade ou suspensão da execução da pena de prisão 135
Artigo 27.º – Prisão preventiva 139
TÍTULO III – Dos tribunais 146
CAPÍTULO I – Tribunal 146
Artigo 28.º – Competência 146
Artigo 29.º – Secções da instância local 149
Artigo 30.º – Constituição 152
Artigo 31.º – Competência territorial 154
Artigo 32.º – Momento da fixação da competência 156
Artigo 33.º – Atos urgentes 157
Artigo 34.º – Carácter individual do processo 158
Artigo 35.º – Conexão subjetiva 159
Artigo 36.º – Separação de processos 160
Artigo 37.º – Apensação 160
Artigo 38.º – Tribunal competente para a execução 162
Artigo 39.º – Execução 162
CAPÍTULO II – Ministério Público 163
Artigo 40.º – Competência 163
TÍTULO IV – Do processo tutelar 165
CAPÍTULO I – Princípios gerais 165

Artigo 41.º – Sigilo 165
Artigo 42.º – Mediação 167
Artigo 43.º – Iniciativas cíveis e de proteção 179
Artigo 44.º – Processos urgentes 187
Artigo 45.º – Direitos do menor 188
Artigo 46.º – Defensor 194
Artigo 46.º-A – Obrigatoriedade de assistência 198
Artigo 47.º – Audição do menor 199
Artigo 48.º – Condições dos meios de transporte utilizados nas deslocações de menores 200
Artigo 49.º – Inimputabilidade em razão de anomalia psíquica 201
CAPÍTULO II – Identificação, detenção e medidas cautelares 204
Secção I – Identificação 204
Artigo 50.º – Formalidades 204
Secção II – Detenção 208
Artigo 51.º – Pressupostos 208
Artigo 52.º – Flagrante delito 210
Artigo 53.º – Comunicação 213
Artigo 54.º – Confiança do menor 215
Artigo 55.º – Primeiro interrogatório 216
Secção III – Medidas cautelares 219
Artigo 56.º – Adequação e proporcionalidade 219
Artigo 57.º – Tipicidade 221
Artigo 58.º – Pressupostos 225
Artigo 59.º – Formalidades 228
Artigo 60.º – Duração 231
Artigo 61.º – Revisão 234
Artigo 62.º – Cessação 235
Artigo 63.º – Pedido de informação 237
Artigo 64.º – Extinção 238
CAPÍTULO III – Provas 242
Artigo 65.º – Objeto 242
Artigo 66.º – Declarações e inquirições 244
Artigo 67.º – Convocação de menores 246
Artigo 68.º – Exames e perícias 247
Artigo 69.º – Perícia sobre a personalidade 249
Artigo 70.º – Acareação 250
Artigo 71.º – Informação e relatório social 253
CAPÍTULO IV – Inquérito 258
Secção I – Abertura 258

Artigo 72.º – Denúncia 258
Artigo 73.º – Denúncia obrigatória 261
Artigo 74.º – Abertura 263
Secção II – Formalidades 263
Artigo 75.º – Direção, objeto e prazo 263
Artigo 76.º – Cooperação 265
Artigo 77.º – Audição do menor 267
Artigo 78.º – Arquivamento liminar 268
Artigo 79.º – Diligências 270
Artigo 80.º – Disciplina processual 271
Artigo 81.º – Sessão conjunta de prova 272
Artigo 82.º – Obrigação de comparência na sessão conjunta de prova 273
Artigo 83.º – Notificações e adiamento da sessão conjunta de prova 274
Secção III – Suspensão do processo 275
Artigo 84.º – Regime 275
Artigo 85.º – Termo 279
Secção IV – Encerramento 282
Artigo 86.º – Modalidades 282
Artigo 87.º – Arquivamento 282
Artigo 88.º – Intervenção hierárquica 287
Artigo 89.º – Requerimento para abertura da fase jurisdicional 288
Artigo 90.º – Requisitos do requerimento 288
Artigo 91.º – Princípio da não adesão 291
CAPÍTULO V – Fase jurisdicional 292
Secção I – Natureza e atos preliminares 292
Artigo 92.º – Natureza 292
Artigo 92.º-A – Saneamento do processo 297
Artigo 93.º – Despacho inicial 300
Secção II – Audiência prévia 304
Artigo 94.º – Designação da audiência 304
Artigo 95.º – Notificações 306
Artigo 96.º – Local da audiência e trajo profissional 306
Artigo 97.º – Restrições e exclusão da publicidade 308
Artigo 98.º – Audição separada 309
Artigo 99.º – Assistência 310
Artigo 100.º – Organização e regime da audiência 311
Artigo 101.º – Deveres de participação e de presença 313
Artigo 102.º – Comparência do menor 314

Artigo 103.º – Medida compulsória 315
Artigo 104.º – Formalidades 316
Artigo 105.º – Regime das provas 319
Artigo 106.º – Leitura de autos 320
Artigo 107.º – Declarações e inquirições 325
Artigo 108.º – Documentação 326
Artigo 109.º – Alegações 327
Artigo 110.º – Decisão 327
Artigo 111.º – Nulidade da decisão 332
Artigo 112.º – Correção da decisão 333
Artigo 113.º – Publicidade da decisão 334
Artigo 114.º – Ata 335
Secção III – Audiência 336
Artigo 115.º – Notificações 336
Artigo 116.º – Vistos 337
Artigo 117.º – Regime 338
Artigo 118.º – Decisão 345
Artigo 119.º Tribunal misto 347
Artigo 119.º-A – Princípio da plenitude da assistência dos juízes 348
Artigo 120.º – Normas supletivas 349
Secção IV – Recursos 351
Artigo 121.º – Admissibilidade do recurso 351
Artigo 122.º – Prazo de interposição 356
Artigo 123.º – Legitimidade 358
Artigo 124.º – Âmbito do recurso 360
Artigo 125.º – Efeito do recurso 361
Artigo 126.º – Conferência 365
Artigo 127.º – Recursos extraordinários 366
CAPÍTULO VI – Tempos dos atos 367
Artigo 127.º-A – Prazo e seu excesso 367
CAPÍTULO VII – Direito subsidiário 368
Artigo 128.º – Direito subsidiário e casos omissos 368
TÍTULO V – Da execução das medidas 370
CAPÍTULO I – Princípios gerais 370
Artigo 129.º – Exequibilidade das decisões 370
Artigo 130.º – Entidades encarregadas de acompanhar e assegurar a execução das medidas tutelares 372
Artigo 131.º – Dever de informação 376
Artigo 132.º – Dossier individual do menor 377
Artigo 133.º – Execução sucessiva de medidas tutelares 378

Artigo 134.º – Recursos 384
Artigo Artigo 135.º – Extinção das medidas tutelares 386
CAPÍTULO II – Revisão das medidas tutelares 387
Artigo 136.º – Pressupostos 387
Artigo 137.º – Modalidades e periodicidade da revisão das medidas tutelares 393
Artigo 138.º – Efeitos da revisão das medidas tutelares não institucionais 399
Artigo 139.º – Efeitos da revisão da medida de internamento 402
CAPÍTULO III – Regras de execução das medidas não institucionais 408
Artigo 140.º – Admoestação 408
Artigo 141.º – Reparação ao ofendido e realização de prestações económicas ou de tarefas a favor da comunidade 409
Artigo 142.º – Acompanhamento educativo 410
CAPÍTULO IV – Internamento em Centro Educativo 412
Secção I – Disposições gerais 412
Artigo 143.º – Âmbito 412
Artigo 144.º – Centros educativos 415
Artigo 145.º – Fins dos centros educativos 417
Artigo 146.º – Medida cautelar de guarda e detenção 420
Artigo 147.º – Internamento para perícia sobre a personalidade 425
Artigo 148.º – Internamento em fins-de-semana 428
Artigo 149.º – Definição do Centro Educativo adequado ao internamento 428
Artigo 150.º – Escolha e determinação do Centro Educativo para a execução da medida de internamento 429
Artigo 151.º – Apresentação do menor no Centro Educativo para execução de medida de internamento 434
Artigo 152.º – Escolha e determinação do Centro Educativo para a execução de outros internamentos 439
Artigo 153.º – Apresentação do menor no Centro Educativo para execução de outros internamentos 440
Artigo 154.º – Relatórios de execução da medida de internamento 442
Artigo 155.º – Ausência não autorizada do menor 444
Artigo 156.º – Apresentação de recurso ao diretor do centro 448
Artigo 157.º – Pedidos e reclamações 449
Artigo 158.º – Cessação do internamento 451
Artigo 158.º-A – Período de supervisão intensiva 454
Artigo 158.º-B – Acompanhamento pós-internamento 464
Secção II – Princípios da intervenção em Centro Educativo 466

Artigo 159.º – Socialização 466
Artigo 160.º – Escolaridade 470
Artigo 161.º – Orientação vocacional e formação profissional e laboral 473
Artigo 162.º – Projeto de intervenção educativo 475
Artigo 163.º – Regulamento interno 476
Artigo 164.º – Projeto educativo pessoal 478
Artigo 165.º – Atividades para menores não sujeitos a medida de internamento 482
Artigo 166.º – Horário de funcionamento 484
Artigo 167.º – Regime aberto 484
Artigo 168.º – Regime semiaberto 487
Artigo 169.º – Regime fechado 490
Artigo 170.º – Medidas preventivas e de vigilância 492
Secção III – Direitos e deveres dos menores 494
Artigo 171.º – Direitos 494
Artigo 172.º – Deveres 500
Artigo 173.º – Direitos dos pais, representante legal ou pessoa que tenha a guarda de facto do menor 502
Artigo 174.º – Assistência e internamento hospitalar 504
Artigo 175.º – Liberdade de religião 505
Artigo 176.º – Proteção da intimidade 506
Secção IV – Prémios 508
Artigo 177.º – Requisitos de atribuição 508
Secção V – Medidas de contenção 509
Artigo 178.º – Medidas de contenção 509
Artigo 179.º – Casos em que podem ser adotadas 509
Artigo 180.º – Duração das medidas de contenção 511
Artigo 181.º – Adoção em casos urgentes 511
Artigo 182.º – Contenção física pessoal 512
Artigo 183.º – Isolamento cautelar 514
Artigo 184.º – Dever de informação 516
Secção VI – Regime disciplinar 517
Subsecção I – Princípios gerais 517
Artigo 185.º – Subsidiariedade do procedimento e das medidas disciplinares 517
Artigo 186.º – Tipicidade das infrações e das medidas disciplinares 519
Artigo 187.º – Infrações atípicas 520
Artigo 188.º – Respeito pela saúde física e psíquica e pela dignidade do menor 522

Artigo 189.º – Outros princípios fundamentais da intervenção disciplinar 524
Artigo 190.º – Classificação das infrações disciplinares 526
Artigo 191.º – Infrações disciplinares leves 526
Artigo 192.º – Infrações disciplinares graves 527
Artigo 193.º – Infrações disciplinares muito graves 528
Artigo 194.º – Medidas disciplinares 529
Artigo 195.º – Medidas disciplinares aplicáveis por infrações leves 532
Artigo 196.º – Medidas disciplinares aplicáveis por infrações graves 533
Artigo 197.º – Medidas disciplinares aplicáveis por infrações muito graves 534
Artigo 198.º – Critério de escolha das medidas disciplinares 535
Artigo 199.º – Aplicação de várias medidas disciplinares 536
Artigo 200.º – Obrigatoriedade do registo das medidas disciplinares 537
Artigo 201.º – Interposição de recurso 538
Artigo 202.º – Prescrição das infrações disciplinares 539
Artigo 203.º – Prescrição das medidas disciplinares 539
Subsecção II – Procedimento disciplinar 540
Artigo 204.º – Procedimento disciplinar 540
Subsecção III – Execução das medidas disciplinares 545
Artigo 205.º – Execução de várias medidas disciplinares 545
Secção VII – Centros educativos 546
Artigo 206.º – Classificação dos centros educativos 546
Artigo 207.º – Âmbito dos centros educativos 547
Artigo 208.º – Cooperação de entidades particulares 549
Artigo 209.º – Entidade fiscalizadora 550
TÍTULO VI – Registo de medidas tutelares educativas 552
Artigo 210.º – Objeto e finalidade do registo 552
Artigo 211.º – Princípios 553
Artigo 212.º – Entidade responsável pelo tratamento da base de dados 554
Artigo 213.º – Ficheiro central 555
Artigo 214.º – Comunicação ao registo 556
Artigo 215.º – Acesso à informação 556
Artigo 216.º – Formas de acesso 558
Artigo 217.º – Certificado do registo 558
Artigo 218.º – Consulta do registo 559
Artigo 219.º – Atualização e correção de inexatidões 559
Artigo 220.º – Cancelamento 560

Artigo 221.º – Violação de normas relativas a ficheiros 561
Artigo 222.º – Medidas de segurança do registo 561
Artigo 223.º – Reclamações e recursos 561
Artigo 224.º – Sigilo profissional 562
TÍTULO VII – Acompanhamento da execução e avaliação da Lei Tutelar Educativa 563
Artigo 225.º – Avaliação e monitorização 563

Índice Analítico 565